# 扬中年鉴

YANGZHONG YEARBOOK

2017

（总第九卷）

顾　问　潘早云
主　审　张德军
审　稿　马家胜
　　　　孙冬梅

扬中市人民政府　主办
扬中市史志办公室　　编

方志出版社
Publishing House of Local Records

**图书在版编目(CIP)数据**

扬中年鉴. 2017 / 扬中市史志办公室编. —北京：方志出版社，

ISBN 978-7-5144-2818-6

Ⅰ.①扬… Ⅱ.①扬… Ⅲ.①扬中—2017—年鉴
Ⅳ.①Z525.34

中国版本图书馆 CIP 数据核字(2017)第 308847 号

**扬中年鉴(2017)**

**编　　者**：扬中市史志办公室
**责任编辑**：刘　珊

**出 版 人**：冀祥德
**出 版 者**：方志出版社
地址　北京市朝阳区潘家园东里 9 号(国家方志馆 4 层)
邮编　100021
网址　http://www.fzph.org
**发　　行**：方志出版社图书经销中心
电话(010)67110500
**经　　销**：各地新华书店
**印　　刷**：扬中市人民印刷有限公司

**开　　本**：889×1194　1/16
**印　　张**：25.25
**字　　数**：776千
**版　　次**：2017年12月第1版　2017年12月第1次印刷
**印　　数**：0001~2000册

ISBN 978-7-5144-2818-6　**定价**：260.00元

## 扬中年鉴编纂委员会

## 扬中年鉴编辑部



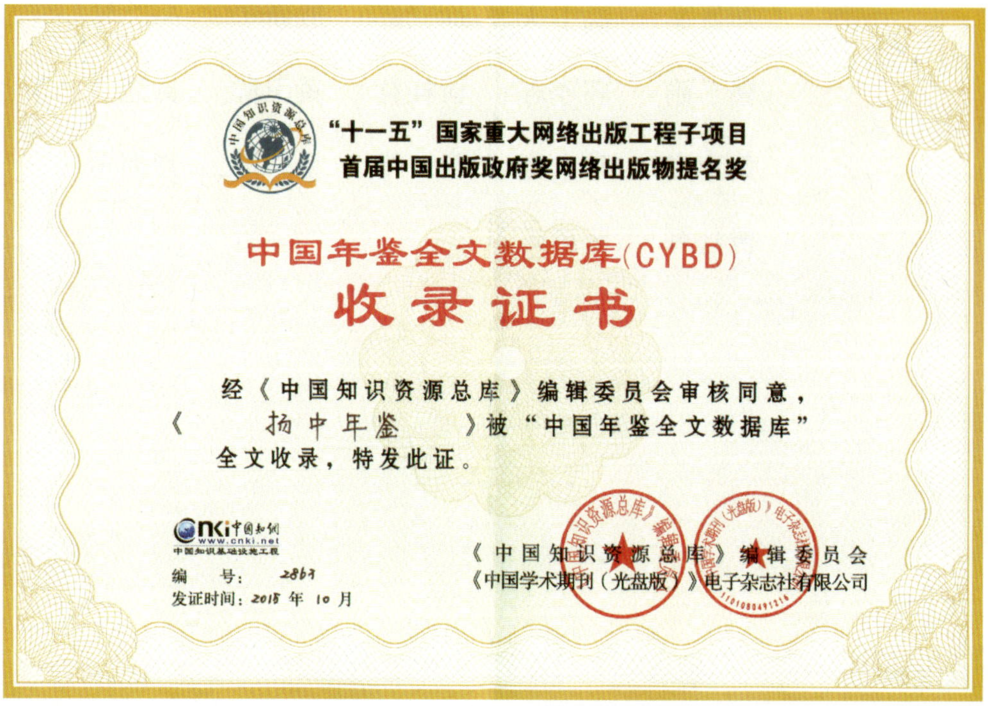

"十一五"国家重大网络出版工程子项目

首届中国出版政府奖网络出版物提名奖

中国年鉴全文数据库(CYBD)

收录证书

经《中国知识资源总库》编辑委员会审核同意，《扬中年鉴》被"中国年鉴全文数据库"全文收录，特发此证。

CNKI中国知网 www.cnki.net 中国知识基础设施工程

编　　号：2863

发证时间：2018年10月

《中国知识资源总库》编辑委员会

《中国学术期刊（光盘版）》电子杂志社有限公司

# 编辑说明

1.《扬中年鉴》以马克思列宁主义、毛泽东思想、邓小平理论、“三个代表”重要思想、科学发展观、习近平新时代中国特色社会主义思想为指导，坚持辩证唯物主义、历史唯物主义的立场、观点和方法，编年载录扬中市政治、经济、文化、社会、生态等方面的基本情况，为各级领导决策提供参考，为社会各界认识、研究、发展扬中提供基本资料，也为编纂各类志书积累史料。

2.《扬中年鉴》创刊于2009年，逐年出版，本卷为第九卷。《扬中年鉴（2017）》记述时间原则上为 2016年1月1日至2016年12月31日，部分内容适当上溯或下延，记载2016年度扬中市政治、经济、文化、社会、生态等方面的基本面貌、发展状况和各行各业取得的新进展、新成就、新经验。

3.《扬中年鉴（2017）》采用分类编辑法，全书分类目、分目、条目三个层次，部分分目下设副分目，副分目标题前后加“·”符号，条目为记述实体，标题用黑体字加【】表示。《扬中年鉴（2017）》继续贯彻江苏省地方志办公室年鉴创新与规范的有关要求，对框架结构进行适当调整，全书设特载、扬中概览、大事记、人居环境、区域经济、公共服务、社会管理、地方组织机构、镇街道区、人物荣誉、统计资料、附录、索引13个类目，共设50个分目、144个副分目、962个条目，随文表格80张，计77.6万字。

4.《扬中年鉴（2017）》卷首设数字扬中、重要会议、领导活动、要闻集粹、城市新貌、人民生活、扬中剪影7个图片专题，共选用图表74幅。随文设智慧长江论剑扬中、第十三届中国扬中河豚文化节、防汛抢险在行动、人欢鱼跃江之源、“新三板”崛起扬中板块、剪纸艺术传承、“群龙聚首”闹元宵、不忘初心一路向前、凡人善举传递道德之光、爱·让生活更美好10个图片专辑，随文图片247幅。

5.第八届江苏省园艺博览会简称“园博”或“园博会”，其办园场馆称为“园博园”；“亩”与“公顷”根据具体条目，予以共用，原始资料中的精确数字尽量予以保留，换算公式：15亩=1公顷。

6.全书配有多种检索方法、卷首设中、英文目录，卷末设主题分析索引。全书所有资料可通过目录、索引以及书眉等查询。

7.《扬中年鉴（2017）》所用稿件由全市各部门、单位、镇（街道、区）专人撰写，并经过各单位领导审阅，事实与数据均经过核实校对。“地方领导”“组织机构及领导人”由扬中市委组织部审核。正文统计数据由于统计来源、口径和时间不同而不尽一致，使用时请以扬中市统计局提供的统计资料为准。

8.《扬中年鉴（2017）》的编辑出版，得到全市各部门、单位、镇（街道、区）和社会各界人士的支持，在此深表谢忱。由于认识不足、编辑水平有限，疏漏欠妥之处，恳请广大读者批评指正。

# 扬中市政区图

扬州市
长江
夹江
扬中市
三茅街道
新坝镇
油坊镇
八桥镇
西来桥镇
兴隆街道
扬中经济开发区
扬中大桥
扬中长江大桥
扬中长江二桥
扬中长江三桥
泰州长江公路大桥
镇江市
常州市
高港区
泰兴经济开发区
扬中在镇江的位置
扬中市
润州区
京口区
镇江市
丹徒区
丹阳市
句容市
图例
街区
县(市)政府驻地
镇政府 街道办
村委会 社区 圩墩
省辖市界
县(市)区界
镇界
汽车客运站
高速公路及编号
省道及编号
环岛公路
县乡道
乡村路
河流 沟渠 码头
车渡 人渡
绿地 公园
比例尺 1：100000 地图审查号：苏S（2013）119号
江苏省金威测绘服务中心 2013年编制 扬中市史志办公室 监制
图内境界不作实地划界依据

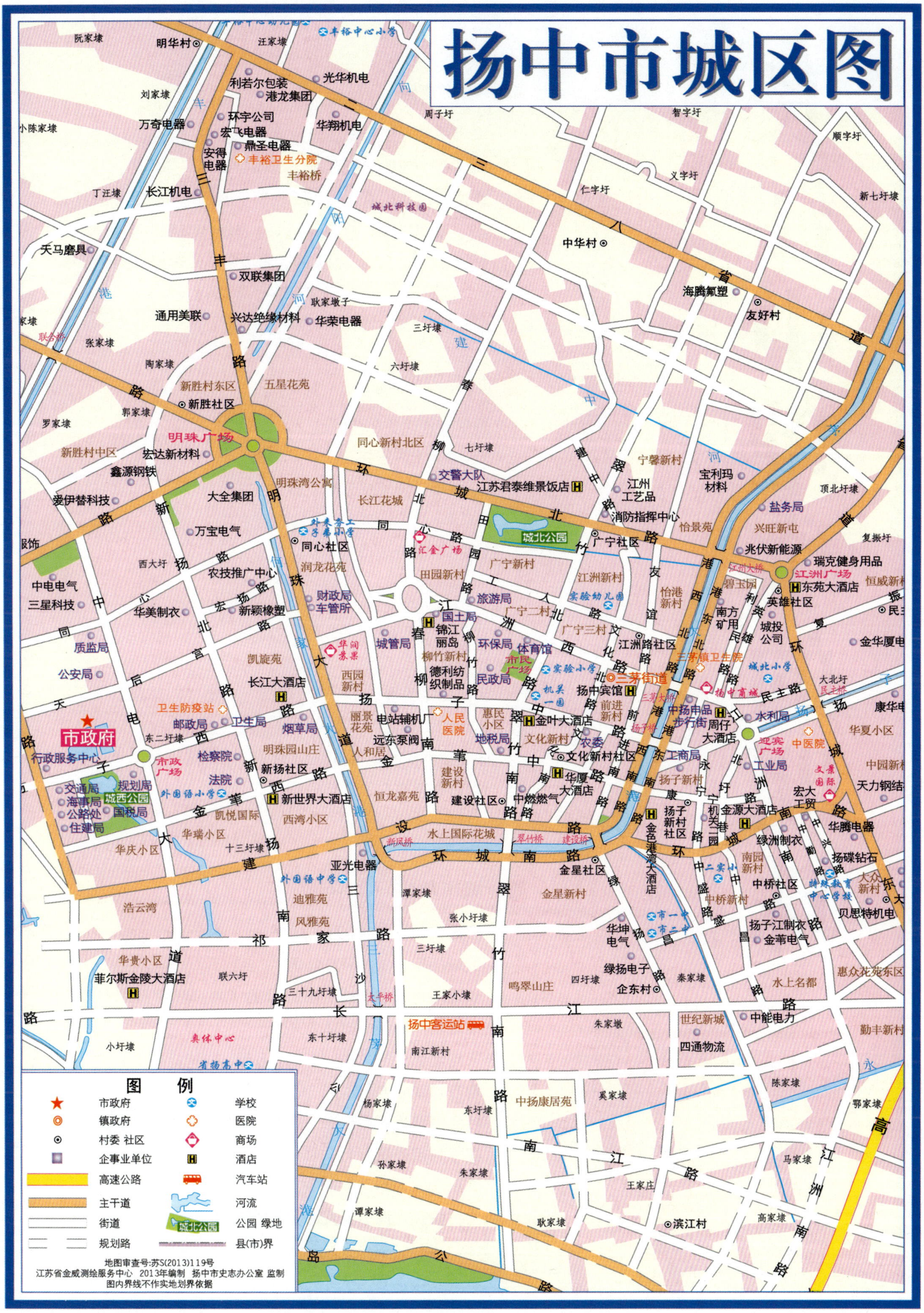
扬中市城区图
市政府
明珠广场
城北公园
城西公园
江洲广场
市民广场
三茅街道
汇金广场
扬中宾馆
人民医院
中医院
扬中客运站
水上国际花城
环城北路
环城南路
三八省道
丰裕路
建设路
金叶大酒店
东苑大酒店
新世界大酒店
长江大酒店
江苏君泰维景饭店
图例
市政府
镇政府
村委 社区
企事业单位
高速公路
主干道
街道
规划路
学校
医院
商场
酒店
汽车站
河流
公园 绿地
县(市)界
地图审查号:苏S(2013)119号
江苏省金威测绘服务中心 2013年编制 扬中市史志办公室 监制
图内界线不作实地划界依据

# 长江中璀璨的明珠

## 城市坐标 Chengshi Zuobiao

城市位置：位于长江三角洲腹地,处于上海都市圈和南京都市圈的交汇区域，东北与泰州、扬州隔江相望,西南与镇江、常州依夹江为邻。城区地理位置为北纬32°-32°42′、东经119°42′-119°58′

辖镇(街道、区)：新坝镇、油坊镇、八桥镇、西来桥镇、三茅街道、开发区

## 城市历史 Chengshi Lishi

扬中成洲始于东晋

1904年（清光绪三十年）建置，设太平厅

1911年（清宣统三年）改太平县

1914年（民国3年）改名为扬中县

1994年撤县设市

## 自然条件 Ziran Tiaojian

全市由太平洲、雷公岛、西沙、中心沙四个江岛组成，属亚热带季风气候，四季分明，气候适宜，年平均温度15.1℃，年平均降水量1000毫米左右，常年日照2135小时

## 城市数字（2016） Chengshi Shuzi

户籍人口：28.20万人

区域面积：331平方公里

长江沿线深水岸线：62.7公里

地区生产总值：504.73亿元

人均地区生产总值：14.70万元

地方财政收入：80.13亿元

社会消费品零售总额：140.92亿元

实际利用外资：1.41亿美元

城镇居民人均可支配收入：45841元

农村居民人均可支配收入：23853元

## 扬中精神 Yangzhong Jingshen

上善若水 自强不息

## 城市标志 Chengshi Biaozhi

市树：柳树

市花：桂花

## 城市特产 Chengshi Techan

江洲三宝：芦、竹、柳

长江三鲜：刀鱼、鲥鱼、河豚

特色农产品：秧草、马兰、苦瓜茶

## 城市荣誉 Chengshi Rongyu

国家生态文明建设示范区（生态市）

国家环保模范城市

国家卫生城市

国家园林城市

全国健康促进县

全国科普示范市

全国法治宣传教育先进市

全国文化工作先进市

全国基层中医药先进市

全国义务教育发展基本均衡市

中国河豚文化之乡

全国诗词之乡

中国江鲜菜之乡

全国县域经济最具创新力50强第1位

“国家产业集群区域品牌”建设试点

全国中低压工程电气产业知名品牌创建示范区

2016年度中国中小城市综合实力百强县（市）第23位

2016年度中国中小城市创新创业（双创）百强县市47名

2016年度中国中小城市新型城镇化质量百强县市32名

# 数字扬中

（2011~2016）

## 地区生产总值

单位：亿元

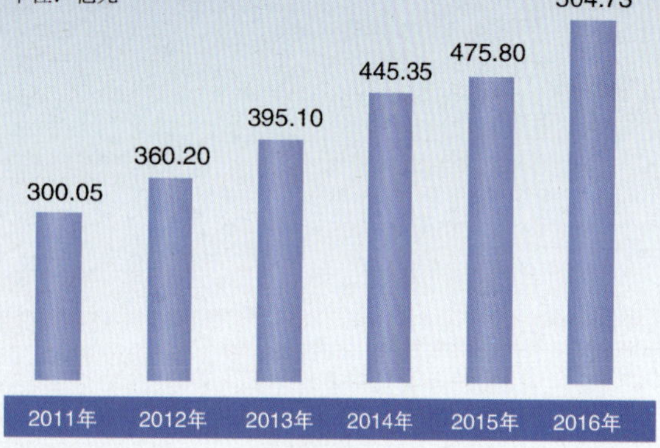


## 农林牧渔业总产值

单位：亿元

## 工业总产值

单位：亿元

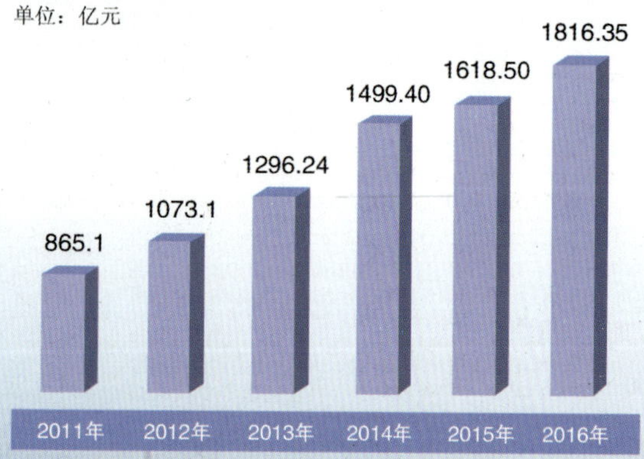


## 全社会固定资产投资总额

单位：亿元

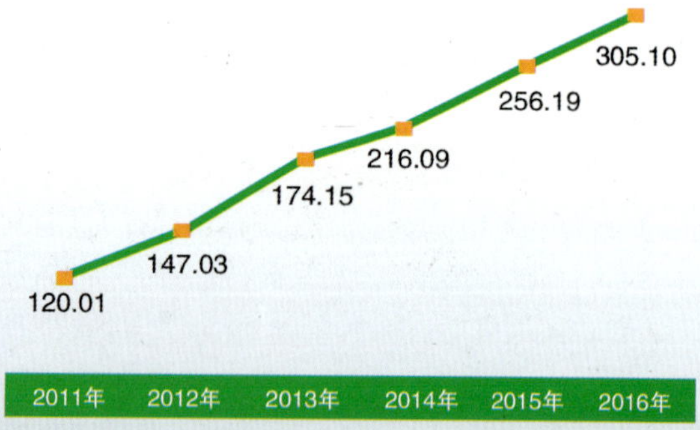

# 数字扬中

## 2016年地区生产总值构成

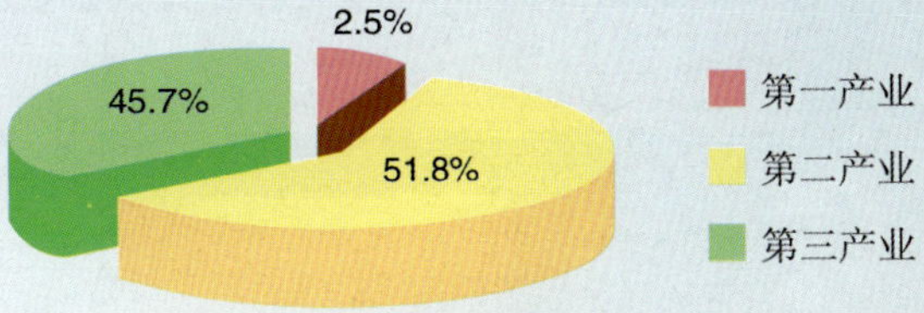


## 地方财政收入

单位：亿元

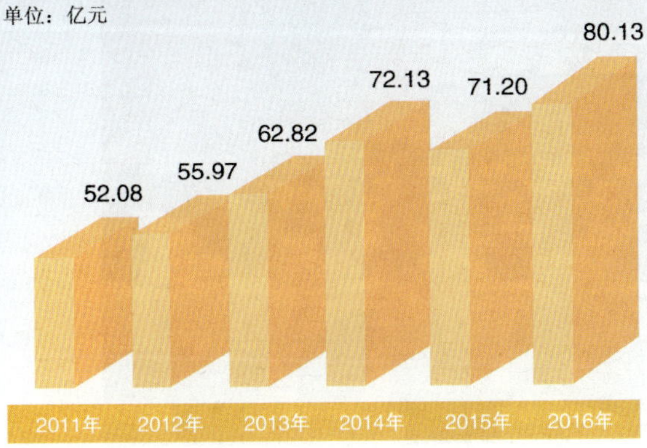


## 金融机构存款余额

单位：亿元

## 社会消费品零售总额

单位：亿元

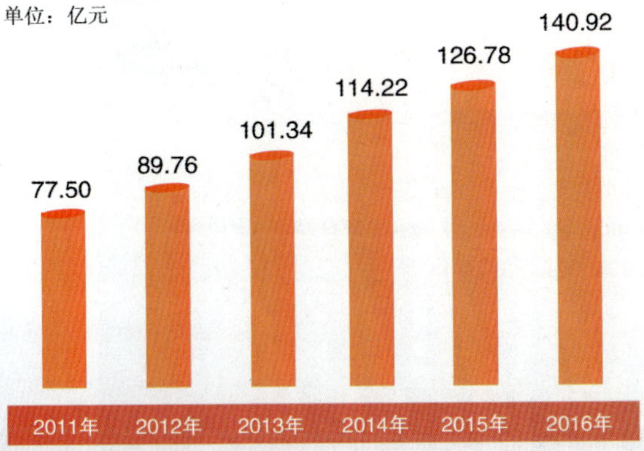


## 城镇居民人均可支配收入与农村居民人均纯收入

单位：元

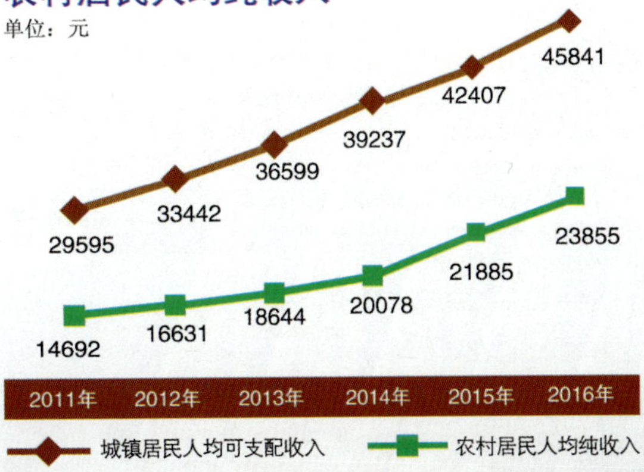

2016年7月26日，中国共产党扬中市第十二次代表大会开幕

2016年7月29日，中共扬中市委十二届一次全会举行，新一届常委会成员集体亮相

2016年1月6日，扬中市第十六届人民代表大会第五次会议开幕

2016年1月6日，中国人民政治协商会议扬中市第九届委员会第五次会议开幕

2016年1月6日，潘早云在扬中市第十六届人民代表大会第五次会议上做报告

2017年1月16日，张德军在扬中市第十七届人民代表大会第一次会议上做报告

2016年1月8日，扬中市十六届人大五次会议，冯锦跃高票当选新任人大常委会主任

2016年1月8日，扬中市政协九届五次会议，施健华高票当选新任政协主席

2016年8月11日，马家胜在全市村（社区）党组织书记培训暨“法治惠民村镇行”动员大会上讲话

2016年6月30日，陆艳华（左一）在“绿洲新城杯”纪念建党95周年“江洲颂”书画作品展上讲话

2016年7月26日，庄旭代表中共扬中市纪律检查委员会在市第十二次党代会上做报告

2016年3月22日，王成明（前左二）调研大航集团

黄子来（前左二）调研新坝镇立新村村集体经济发展，推进联系服务群众“六项工程”

孙健（前右二）调研妇联工作

2016年12月4日，刘永希在“法进万家”工程启动仪式上讲话

王汉英在三茅街道工作部署会议上讲话

王东浩（左四）现场指挥防汛工作

2016年10月27日，扬中市援建的灌云县龙苴镇嵇岭村综合服务中心开工奠基，潘杰（左二）在仪式上发表讲话

卜兴荣（右二）考察大津重工

于德祥在扬中市企业挂牌孵化基地揭牌仪式上讲话

2016年12月27日，宫金生（左一）调研粮食收储中心

吴明成（左二）检查消防工作

孙冬梅(中)参加西来桥镇教师节表彰活动

◆扬中市位列2016年度中国中小城市综合实力百强县市23位

◆2016年，扬中市高新技术产业产值占规模以上工业产值的75.1%，位居江苏省第一

◆2016年5月28日，扬中市获“国家园林城市”授牌

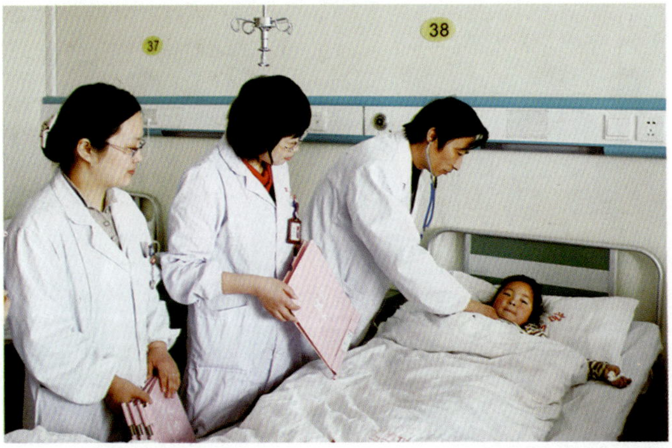

◆扬中市“全国健康促进县”试点建设顺利通过国家考核验收

◆扬中中低压工程电气入选国家首批产业集群区域品牌建设试点

◆2016年，扬中市获批创建“高比例可再生能源示范市”

◆新坝镇位列2016年全国综合实力千强镇榜单69位

◆2016年，扬中市新增上市企业17家，实现融资规模100亿元

◆扬中市市领导亲切接见邹莉娟（中），表彰她在里约残奥会上获F34级标枪、铅球金牌，打破世界记录。

◆2016年12月18日，总投资20亿元的“数字扬中”项目正式签约

◆2016年3月开始，扬中市开展“扬帆‘十三五’ 开启新征程”大讨论大推进活动

◆2016年4月23日，“放歌河豚岛”专场文艺晚会在扬中市奥体中心开演

◆城北公园

◆风帆广场

◆扬中市高新区

◆城西公园

◆滨江湿地公园

◆园博园喷泉

◆中央商场

◆火树银花不夜天

◆夜晚的园博园

◆老城商业集中区

◆泰州大桥

◆2016年4月28日，江苏省第三届道德模范与身边好热现场交流活动

◆2016年10月6日，孝老爱亲千岁宴

◆2016年10月5日，扬中市“一双球鞋的暴走”公益活动

◆牵手公益俱乐部

◆太极人

◆初夏晨练

◆2016年6月2日，“低碳生活，绿色骑行”百人环城公共自行车骑行活动

◆2016年5月18日，扬中市举办“家风润良缘”——第五届“中扬杯”公益集体婚礼

◆航拍城西

◆规划整齐的居民点

◆满城尽带黄金甲

◆ 迎宾大道

◆ 园博园航拍

泰州大桥扬中段互通立交

滨江暮色

千帆竞渡

渡江文化园

快乐剪纸

◆ 波漾湿地

# 目 录

## 特 载



## 扬 中 概 览



## 大 事 记

# 人居环境

# 区域经济

## 公共服务

## 社会管理

# 地方组织机构

## 镇 街道 区

## 人物 荣誉



## 统计资料



## 附 录



## 索 引

# CONTENTS

## Features



## Yangzhong Verview



## Events

## Inhabitation Environment



## Regional Economy



## Public Service

## Social Management



## Local Organizations



## Towns and Districts and Subdistrict



## Figures and Honors



## Statistital Materials

## Appendix

## Index

# 特 载

# 创新引领 富民优先
# 奋力谱写“强富美高”新篇章
## ——在中共扬中市委十二届二次全会上的报告

潘早云

2016年12月30日

这次市委全会的主要任务是，全面贯彻落实党的十八届六中全会，中央经济工作会议以及省、镇江市有关会议精神，总结今年工作，研判当前形势，部署明年工作，动员全市上下进一步振奋精神、锐意进取，创新引领、富民优先，奋力谱写“强富美高”新篇章。

现在，我代表市委常委会，讲四个方面的意见。

### 一、“十三五”发展实现良好开局

今年以来，面对复杂多变的宏观微观形势，全市上下牢牢把握供给侧结构性改革主线，大力弘扬“四千四万”精神，坚持稳中奋进，锐意创新转型，强化统筹协调，经济社会平稳健康发展，“十三五”实现良好开局。

1. 综合实力稳步提升。列2016年度中国中小城市综合实力百强县市第23位。经济运行稳中有进。全年预计(下同)完成GDP501亿元，增长9.5%；公共财政预算收入32.5亿元，同口径增长3.5%；工业应税销售510亿元，增长6.8%；工业用电量12.9亿千瓦时，增长6.1%；全社会消费品零售总额增长11.8%。产业转型提速升级。创成首批国家产业集群区域品牌建设试点市、全国中低压工程电气知名品牌创建示范区，大全集团荣登2016年中国品牌价值排行榜电气类第一名，香江科技“数字扬中”、威腾母线“工业互联网+智能制造”等一批新兴产业项目成功落户。发展后劲持续增强。中海粮油、鼎圣电器等项目建成投产，全年完成固定资产投资295亿元、实际利用外资1.4亿美元。组建金融控股集团、水务集团；新增上市企业17家。其中新三板挂牌企业4家；发行企业债券52亿元，全社会直接融资规模突破100亿元；兴业银行、华夏银行、南京银行在扬中设立分支机构，与国开行、农发行等政策性银行开展全面合作，连续获评江苏省金融生态优秀县。

2. 发展活力不断增强。改革发展稳步推进。认真落实“三去一降一补”(1)重点任务，深化行政审批制度改革，商品房去化周期降至12.3个月，企业项目审批周期压缩30%左右。土地确权登记颁证工作在镇江率先完成省级检查验收，农村土地经营权有序流转。创新要素加速集聚。全社会研发投入占比、高新技术产业产值占比、万人发明专利拥有量、科技进步贡献率等指标保持全省领先，新增国家“千人计划”人才5人、省“双创”人才3人，获批创建省知识产权强省建设区域示范市，获评中国中小城市创新创业百强市。载体平台提档升级。“三集”发展水平保持镇江领先，新坝科创服务有限公司获批国家级科技企业孵化器，长江特色渔业星创天地获国家首批“星创天地”备案，华北电力大学智能电气研究中心获省重大创新载体建设项目，全年新增省级工程技术研究中心2家、省企业技术中心6家。

3. 宜居品质持续彰显。入选2016年中国中小城市新型城镇化质量百强市。城市建设稳步推进。完成西城区控规及三桥互通口城市设计、各镇街区控规、地下管线综合规划。同心路、张家港西延等路网工程建成通车。新改建农村公路11公里、堤顶公路23公里、桥梁18座。扬子新村、园丁路南侧片区房屋征收快速推进。在镇江率先实现公交"一卡通"全省联网，城乡公交一体化获省5A级评定。不动产登记"四全模式"[2]在全国推广。城乡环境更加整洁。"五水联治"行动正式启动，广宁河片区水环境综合整治有序推进，低洼易淹易涝片区整治初见成效，农村生活污水治理工作列入全国试点，河道管理"河长制"经验在全国推介。累计查处各类违章建筑近4万平方米。农村公共服务运行标准化试点通过国家级考核，创成省级美丽乡村3个，镇江美丽宜居小镇1个、最美乡村2个。生态特质更有魅力。沿江岸线"留白"发展做法在全国产生较大影响。获批创建全国高比例新能源示范市，在全省率先启动绿色低碳示范村庄(小区)建设，居民屋顶光伏并网总量占镇江80%以上。中央环保督察组交办事项全部整改销号。

4. *群众生活日益改善*。百姓收入持续增加。在镇江率先实现"百村万户达新标"[3]，城乡居民人均可支配收入分别为4.5万元、2.3万元，城镇登记失业率控制在1.4%以内，"五大保险"覆盖率均达到98.9%以上。社会事业蓬勃发展。城乡教育资源配置进一步优化，新、改建各类学校17所，创成首批江苏省平安校园建设示范市。全国健康促进县通过国家级考核验收，获评江苏省人口协调发展先进市。残疾人托养中心、康复中心和特教中心开工建设，新建标准化居家养老服务中心(站)15家，首家公办医养融合机构挂牌运营。社会文明和谐有序。深入践行社会主义核心价值观，开展道德模范和身边好人评选活动，30余人次获评各级"好人"典型。志愿服务蓬勃发展，注册人数5万人。全市公共文体设施网络覆盖率100%，城市"15分钟文化圈"和农村"十里文化圈"逐步形成。公众安全感和法治建设满意度保持全省领先，连续获评江苏省法治建设示范市。

5. *党建保障全面加强*。思想政治建设深化。扎实开展"两学一做"学习教育[4]，市委常委带头参加党支部集体学习并讲党课，广大党员干部争当"四讲四有"[5]合格共产党员，帮助群众解决困难3000余件。坚决执行《准则》《条例》，严格"三会一课"[6]、民主生活会等组织生活制度，党内政治生活更加规范化、常态化。能力建设成效明显。市镇两级党委、村(社区)党组织及村(居)委会换届圆满完成，各级干部队伍结构优化、活力增强。深入推进联系服务群众"六项工程"[7]，深化"双型"党支部[8]建设，加强村(社区)干部考核激励，基层党组织战斗堡垒更加巩固。开展"法治惠民镇村行"工程，有效整合法治、纪检、组织、宣传等功能，基层党建触角进一步延伸。深入开展党员干部"六度"研判[9]和"考德"工作，实行"能上能下"的干部任用制度，被评为全国加强干部日常监督管理示范点。作风建设全面加强。完成中央和省委巡视组反馈意见整改任务，引导党员干部塑造好家风、展示好作风，相关经验在全国推广。扎实推进政务服务提升年"五大行动"[10]，出台《鼓励干事创业担当责任豁免办法》，各级党员干部干净干事、勇于担当的氛围进一步浓厚。反腐防线更加巩固。严格落实党风廉政建设"两个责任"，实施"清廉村风"工程，开展"三公"经费、公共资源交易市场等专项督查，惩防体系不断完善。

一年来，市人大、市政协围绕中心工作，主动建言献策，实施有效监督；统战、老干部、党校、人武、史志、档案及各民主党派、工商联和工青妇等群团组织自觉融入大局，主动履职奉献；各类协会、老年团体也积极作为、再创佳绩，全市上下精诚团结、励精图治的和谐局面更加巩固。

同志们，"十三五"良好开局，十分来之不易。这是全市各级党组织和广大党员干部担当奋进、拼搏奉献的结果，是广大企业家、社会各界人士同心同力、携手共建的结果，是全市人民自强不息、艰苦奋斗的结果。在此，我代表中共扬中市委，向所有为扬中发展作出贡献的同志们、朋友们，表示衷心的感谢，并致以崇高的敬意！

过去的一年，成绩令人鼓舞，经验值得珍惜：

1.*只有准确把握宏观大势的发展走向，才能顺势而为、赢得先机*。智者贵在乘势。一年来，我们密切关注宏观形势走向、上级政策指向，找准扬中发力点，将国家政策"红利"转化为特色发展优势。从大数据、绿色制造等新业态的培扶，到资智联动、产融互动等新模式的拓展；从"港产城人融合"的积极探索，到"留白也是发展"的主动实践，我们以"精准发力"实现"精明增长"。各镇街区在对接发展大势、谋求创新突破中交出满意的成绩单，新坝镇以智能制造提升发展能级，油坊镇光伏产业量质并举实现逆势上扬，八桥镇装备制造业向高端化集群化攀升，西来桥镇加快整岛开发打造"最美南大门"，三茅街道推进生产生活生态共荣发展，经开区创新创业资源加速集聚。实践证明，只要善于抓住宏观机遇、敢于大胆创新探索，扬中的发展就能行稳而致远。

2.*只有坚决确立克难奋进的工作导向，才能有的*

放矢、跨越赶超。知不足而后进。一年来,我们深入开展市、镇、村三级层面的"扬帆'十三五' 开启新征程"大讨论大推进活动,充分激发新时期"四千四万"精神动力,对照标准找差距、对比先进快赶超,不断接长短板、奋勇争先。面对产业转型的"阵痛",我们驱动创新主引擎,工程电气与新能源产业集成创新,装备制造业继续向高端攀升,"智造扬中"建设迈出坚实步伐。面对资源瓶颈的制约,我们内挖潜、外借力,以金融创新破解企业融资难题,大力推进零增地技改、围墙内扩能,不断拓展"内生空间"。面对实体经济困难增多的态势,我们将心比心、真诚服务,亲商氛围更加浓厚。实践证明,只要勇于直面问题,善于解决问题,就一定能创造更多的"扬中精彩"。

3.只有始终坚持民生为先的价值取向,才能凝聚合力、共建共享。万事民为先。一年来,我们始终把群众需求放在首位,着力保障底线民生,不断提高各类救助标准,分类施策、精准帮扶困难群体;我们着力补齐公共服务短板,提升教育、医疗卫生等公共资源优质均衡供给水平;我们致力放大生态惠民效应,努力为群众提供"天蓝、地绿、水清"的生态空间,扬中的发展越来越有温度和质感。实践证明,只要把群众对美好生活的向往作为矢志追求,在民富民享上求大突破、见大成效,就一定能汇聚起同心同德向前进的"扬中力量"。

在充分肯定成绩的同时,我们也要清醒地认识到发展中面临的困难和挑战:经济下行压力加大,部分企业生产经营困难,新技术、新产业、新业态的培扶还有一个较长的周期;城市基础设施建设还有不少欠帐,精细管理城市的要求会更高;市民素质提升、乡风民风建设等社会治理工作还有许多新课题;少数党员干部担当精神和履职能力还需进一步提升,等等。对此,我们必须高度重视,采取有力措施,切实加以解决。

## 二、在加快建设"强富美高"新扬中的征程中奋勇争先

明年是党的十九大召开之年,也是全面落实省市党代会部署的开局之年。谋定而后动。做好明年的各项工作,必须对我们所处的发展环境有一个准确的判断。应当看到,当前世界经济复杂性、不稳定性和不确定性进一步凸显,部分国家"逆全球化"思潮明显上扬,全球经济仍处在深度调整阶段。但是更应看到,新技术革命正在成为经济结构转型的"主引擎",信息技术与其他技术深度融合,各类新型供给能力正在加速形成,为我们对接国际市场、加速创新转型提供新的机遇;中央把"稳中求进"工作总基调提升到治国理政重要原则的新高度,深化供给侧结构性改革,推进关键领域改革,继续实施积极的财政政策和稳健的货币政策,为我们牢牢把握经济发展主动权、战胜各种困难挑战、推动经济稳步前进提供科学指引和根本遵循;随着"一带一路"、长江经济带、长三角区域发展一体化等国家战略的深入实施,长江两岸高铁环线和过江通道将加快建设,传统的苏南、苏中板块即将迎来深刻的"经济地理革命",为我们获取更大的发展空间、更多的资源要素提供良好契机。

总的来看,明年扬中尽管面临诸多矛盾叠加、竞争压力加大的严峻挑战,但总体仍将处在大有可为的重要战略机遇期。我们必须认清大势、坚定信心,发挥扬中在产业创新、富民惠民方面的比较优势,在高水平全面建成小康社会的进程中争一流、当示范。

创新发展要确立更高追求。创新一直是扬中城市的鲜明特质。长期以来,我们始终致力于推进"万众创新",涌现出一批高新技术企业,打造一批高新平台,创造创新发展的"高原"。但也应当看到,扬中高新技术产业结构比较单一,高端前沿的先进技术较少,总体附加值不高。置身苏南自主创新示范区的竞争格局,要实现"跟跑"向"并跑"甚至"领跑"的华丽转身,就必须确立更高的目标追求,在新技术、新业态、新机制上率先突破,培育站在技术前沿的优质产业化规模企业,形成创新发展的"高峰",奋力走在全省创新转型的最前列。

富民优先要体现更高标准。扬中一直富名在外,城乡居民收入水平、人均储蓄余额都居全省前列。但在经济调整时期,居民的工资性收入增长不快,经营性、财产性收入也难以大幅增长,持续增收的压力很大。民之"富",既要体现在收入水平的不断提升,更要体现在生活质量的持续改善。对照群众日益增长的物质文化需求,我们在优质公共服务保障、多层次消费产品供给、便捷舒适环境打造等方面,还存在不小的差距。因此,我们要在改革发展中强化民生导向,千方百计加快富民步伐,切实增强人民群众的获得感和幸福感。

基于以上分析,明年全市工作总的指导思想是:**全面贯彻落实党的十八大以来中央决策部署、习近平总书记系列重要讲话精神,牢牢把握"四个全面"[11]战略布局,坚持稳中求进工作总基调,认真践行新发展理念,扎实推进供给侧结构性改革,突出创新引领,强化富民优先,加快建设"创新之城、开放之城、生态之城、幸福之城",奋力谱写"强富美高"新篇章,以优异成绩迎接党的十九大胜利召开。**

对照上述要求,明年要实现"四个更"的发展目标:

——更富质效的创新成果。把改革创新贯穿全市

工作的各个层面，更加注重以科技创新为核心的全面创新，持续提升发展的质量和效益。确保GDP增长9%，公共财政预算收入同口径增长4%，固定资产投资增长15%以上，全社会研发经费支出占比提高到2.8%，万人发明专利拥有量23.5件以上，规模以上工业企业研发机构建有率50%以上，高新技术企业总数超过155家。

——*更有活力的开放格局*。充分释放体制机制活力，着力争创对外开放新优势，为经济社会发展注入强大动力。确保实际利用外资1.4亿美元，外贸进出口总额5.9亿美元；新增上市企业15家以上。其中新三板挂牌企业10家。

——*更具魅力的生态环境*。把生态文明作为全面小康的重要标杆，加快绿色能源岛建设，倡导绿色生产、绿色生活、低碳出行。确保单位GDP能耗、主要污染物排放强度继续保持在全省平均水平以下，新增分布式光伏电站装机容量40兆瓦以上。

——*更加幸福的人民生活*。顺应人民群众对民生需求的新变化，切实保障人民群众各方面权益。确保城乡居民人均可支配收入分别增长7.9%和8.6%，城镇登记失业率控制在1.35%以内，人均拥有公共文化体育设施面积3平方米，公众安全感和法治建设满意度保持全省领先。

## 三、奋力开创各项事业发展新局面

奋斗目标的实现，是靠干出来的。明年的各项工作，要按照“创新转型突破年”的要求，找准工作的着力点，确保各项工作干在实处、见到实效。突出抓好四个方面：

*1.突出创新转型，全面提升发展质态。*

一是发展新兴产业。坚定三大主导产业转型方向，引导智能电气企业细分市场、错位竞争、优化组合，光伏企业技术升级、集成应用、转型融合，装备制造企业拓展市场、高端攀升。加大对大数据、智慧产业、低碳产业、现代仓储物流等新业态的培扶，强化对储能、岸电等新技术的研发，提高产品的科技含量和附加值。大力推广“工业互联网+智能制造”，带动更多制造业企业迈向工业4.0。

二是培育创新企业。主动对接北上广深、苏锡常宁等地优质产业转移项目，引进华瀚管廊、招商资本等企业落户扬中。引导大中型企业、高新技术企业创建国家级研发机构，积极参与或主导国家标准制定，提高技术标准话语权。积极组建产业技术创新联盟，打造一批行业“单打冠军”和“小巨人”。

三是升级创新平台。提标升级智能电气研究中心、复旦科技园扬中技术转移中心等政产学研合作平台，提高合作项目的精准度和成功率。大力发展“三集”园区、楼宇经济、总部经济，新建、盘活楼宇40万平方米，运营20万平方米以上，“三集”发展保持镇江市第一方阵。继续推进科创中心、创客空间等创新创业平台建设，确保各镇街区众创空间实现全覆盖。高新区积极创成国家智能电气产业化基地、低碳示范园区，经开区力争创成国家级知识产权试验示范园区，不断夯实国家级园区创建基础。

四是整合创新要素。探索“资本+人才”“产业+金融”的投资模式。落实好“金山英才计划”“江雁计划”，深化与北京大学、华北电力大学、南昌大学等高等院校、研发机构、大型央企的战略合作，促进优质资本与人才、技术融合发展，让更多的新技术更快地实现产业化。启动实施“金融+”行动计划，实体化、市场化、专业化运营城投、绿洲新城、金控、水务等平台公司。支持已上市企业适时转板、股权融资、定向增发，拓展直接融资渠道。推动各类产业基金注册落地，促进投资机构和社会资本支持实体经济发展。创新金融产品，全力推进大全景成金融租赁公司组建运营。

*2.突出稳中求进，全面提升综合实力。*

一是振兴实体经济。加大对规模企业、传统产业改造升级的支持力度，引导企业发扬工匠精神，加强品牌建设，聚力深耕主业，用坚守和专注创造独特优势。加大对生产性服务业领军企业的培育，支持制造业企业从提供设备向咨询设计、系统维护和管理运营等集成服务转型。以农业产业化项目建设为载体，鼓励龙头企业与镇村合作发展优势特色产业，促进农产品就地转化增值。

二是扩大有效投入。把优质项目作为实体经济发展的“关键增量”，深化与哈尔滨工大集团、招商局资本在供应链金融、企业并购重组、产业基金设立、特色小镇建设等方面的合作，全力推进华电产业园、香江科技总部、大津清洁能源装备产业园等一批重大项目建设，加快形成一批具有爆发力和引领力的增长点。把握国家宏观政策导向，瞄准产业发展方向，积极推进现代仓储物流、储能设备制造等优质项目的洽谈，力争再引进一批科技含量高、带动能力强的重大项目。

三是持续深化改革。深化供给侧结构性改革，推动“三去一降一补”，激发稳中求进的强劲动力。鼓励企业引进风投、创投等战略投资，采取兼并重组、债务重组等措施，清退非主业投资，剥离非核心业务，做强做精做大做特主业。制度化化解互联互保风险，切实有效降低政府平台负债率。引导企业强化内控管理，推进管理信息化和服务网络化，逐步建立现代企业管理制度。积极落实结构性减税、降成本等政策，畅通增值税抵扣链条，加大对科技型、成长型企业的政策激励力度，持续提升企业盈利能力。

四是优化政务服务。启动市民服务中心建设，优化“e 办事”平台，融入全省政务服务“一张网”。开展新一轮“三集中三到位”[12]工作，简化审批程序和办事流程。严格执行“三重一大”[13]、平台预算资金申报、政府投资建设项目审计监督等制度，规范公共资源交易和中介服务收费。积极应对“后营改增”时代，推进综合治税、委托代征等工作。深化落实党政主要领导企业座谈会制度，开展多种形式的暖企行动，帮助企业提振发展信心。

3.突出绿色生态，全面提升城市品质。

一是全域化统筹城乡规划。坚持“多规融合”，推进城市总体规划和土地利用总体规划“两图合一”。动态维护滨江新城控制性详细规划，完成三茅大港风光带设计，编制全市水环境综合整治、特色小镇、综合交通等规划，优化提升农村居民点规划，启动市规划展示馆建设。

二是特色化塑造绿色品牌。以高比例新能源示范市建设、全国增量配电业务改革试点为契机，积极探索实践新能源微电网、能源互联网等试点项目建设，加快风电、渔光一体、生物质能、新能源汽车的推广应用，全力打造新能源高比例应用、市场交易、就地消纳等全国示范。全面落实“两减六治三提升”[14]环保专项行动要求，加快淘汰落后产能，不断完善环境保护长效机制。扎实推进“五水联治”[15]，回购扬中金州水务特许经营权，启动实施自来水厂扩容和管网改造工程，实施城西片区雨污分流工程，完成广宁河、绿柳河等片区水环境综合整治。深化村级公共服务“八位一体”[16]运行维护机制，建成一批“美丽宜居小镇”“美丽宜居村庄”，打造景美人和、特色鲜明的美丽乡村。

三是精品化推进城市建设。加快老城区更新改造步伐，建设世纪金源综合体、红星美凯龙等重点工程，全面实施扬子新村、园丁路等片区旧城改造，提升改造三桥互通口等城市关键节点，持续改善城市面貌。加快滨江新城开发，启动新文化中心、新人民医院建设，完善新民南路、联盟路、绿扬路南延等骨干路网，提升区域集聚吸纳能力。适时启动南部新城基础设施建设，对接落实 358 省道改线工程，逐步实现镇江东部片区更便捷的互联互通，加速助推港产城人融合发展。加快城乡交通运输一体化建设，推进雷公岛直达通道、江洲西路改道、扬中大道兴隆段拓宽改造等工程，运营公交主次枢纽，构建快速高效的内外交通体系。加大安置房统购力度，着力构建多层次、全覆盖的住房供应体系。

四是精细化提升管理水平。巩固“四城同创”、省优秀管理城市创建成果，深化相对集中行政处罚权工作，深入推进城乡环境综合整治，加快从突击整治向制度化、长效化管理转变。以“智慧停车”为切入口，启动全领域智慧城市顶层设计，推动大数据、物联网和云计算等现代信息技术与城市管理服务相融合，提升城市管理和服务体系的智能化水平。积极探索“政府购买服务”方式，用市场机制配置城市资源，用经营手段创新城市管理。因地制宜强化基层自治，在大型商品房小区、拆迁安置小区探索设置基层自治组织，或委托社区居委会管理，提高物业管理水平。

五是个性化打造全域旅游。高水平编制全域旅游发展规划，实施“旅游+”行动，推动旅游和农业、工业、商贸、城建等领域的全方位融合。积极推进际华目的地、雷公岛等重大项目建设，组织实施江堤提标升级工程、特色小镇建设、美丽宜居镇村创建，充分挖掘放大江岛风貌、江鲜美食等特色，打造“独特不可复制”的岛城旅游目的地。创新机制体制，优化政策扶持，引导各类社会资本参与旅游产业开发，各镇街区都要建有一批特色旅游项目。加大城市对外宣传推介力度，吸引更多的外地游客来扬中休闲度假。

4.突出富民惠民，全面提升幸福感受。

一是促进共同富裕。扶持实体经济发展，增强企业抗风险能力和核心竞争力，让居民在稳定的就业中提高工资性收入水平。发挥众创空间、科技孵化基地、各类产业园区的平台作用，引导更多的居民在创业中不断增加财产性收入、经营性收入。启动农村集体产权制度改革，鼓励引导农民将土地经营权转化为股权，激活资源、资产、资金、资本的增值功能。落实精准脱贫政策，完善城乡低保、特困人员社会救助和保障标准自然增长机制，推进“光伏扶贫”等特色工作，多举措增加困难群体的转移性收入，在全面小康路上不让一个人掉队。

二是提标公共服务。进一步深化教育综合改革，持续提升教育现代化水平，加快教育布局调整，规划新建青少年活动中心，推进好未来、青苗教育等重大项目落户。深化医药卫生体制改革，推进卫生计生资源布局调整，健全完善市、镇、村三级医疗卫生服务网络。积极探索社会资本举办医疗机构的多元合作模式，加大专业医疗卫生人才的培养引进力度，提高医疗卫生服务水平。加快养老服务业发展,科学规划养老服务体系,推进市级养老中心、老年活动中心建设,积极探索医养、康养融合发展。加快构建更加完善的社会保障体系,稳步推进省内异地就医联网结算,实现社保卡全覆盖。

三是强化法治保障。以“法治惠民镇村行”工程为纽带,推进社会治理创新和司法体制改革,培育承接政府服务的社会组织参与社会治理。积极防范化解金融风险,着力防控债务风险,守住不发生系统性区域性风险的底线。完善社会治安防控体系,健全群众利益诉求表达、矛盾预警、应急管理、群众工作等机制,妥善化解各类矛盾纠纷。切实加强安全生产,坚决杜绝各类安全事故,确保社会和谐稳定。加强法治文化建设,推进“七五”普法教育,提高全社会法治意识。确保省级双拥模范城创建实现“八连冠”。

四是深化文化建设。大力弘扬社会主义核心价值观,践行“上善若水、自强不息”的新时期扬中精神,厚植“四千四万”精神,大力弘扬家庭文明新风,营造知荣辱、讲正气、比奉献、促和谐的良好社会风尚。提升文体事业发展水平,深入推进“书香扬中”建设,高效运营奥体中心,开工建设曲棍球国少队新训练基地,推进公共文体资源的有效整合。大力推进文化惠民工作,力争创成10个文化惠民示范村。加强党报党刊、电台电视台、新闻网站和移动新闻客户端等媒体的创新转型,加速媒体融合,强化舆情引导,唱响主旋律、凝聚正能量。

## 四、坚定不移推进全面从严治党

在新形势下推进“强富美高”新扬中建设,是对各级领导班子、领导干部能力水平和工作作风的重大考验。全市各级必须牢牢把握全面从严治党走向“严紧硬”的新常态,以更强的担当、更实的作风、更廉的形象,共同创造更优的发展业绩。

1. 切实增强管党从紧、治党从严的政治自觉。各级党组织要时刻保持“六个从严”[17]的政治定力,把抓好管党治党责任作为“最大政绩”,推动党组织主体责任、党组织书记“第一责任人”、领导班子成员“一岗双责”[18]、纪检组织监督责任同步落实、同时过硬。各级党员干部要深学、精悟、笃行习近平总书记系列重要讲话精神,增强“四个意识”[19],坚定“四个自信”[20],在政治上始终与以习总书记为核心的党中央高度一致,在行动上始终与市委、市政府步调一致,当好扬中建设发展的中流砥柱。要牢牢抓住理论教育这一核心,深入开展“十百万”[21]学习教育活动,把“两学一做”常态化引向深入。要牢牢抓住党性锤炼这一根本,严格落实“三会一课”、警示教育等组织生活制度,不断增强政治性、时代性、原则性、战斗性,让党内“正能量”更加充沛。要牢牢抓住凝神聚气这一关键,认真落实意识形态工作责任制,强化融媒体矩阵和“强网工程”建设,将意识形态领域领导权、话语权牢牢把握在手中,提振奋进之气,补足精神之“钙”,为决胜高水平全面小康凝聚“最大公约数”。

2. 全力造就面向未来、担当奋进的干部队伍。扬中的创新转型等不来、慢不得,迫切需要更多勇立潮头的开拓者、锐意改革的实干家、担当奋进的带头人。开展“进村入户暖企”大走访活动,全体党员干部都要走到最前沿、深入第一线,说了算、定了干、马上办、回头看,以过硬的政治和业务素质勇挑重担,以舍我其谁的状态干好“小事情”、成就“大业绩”。市委将严格落实“20字”好干部标准[22],坚持基层一线锻炼、实绩择优使用,认真兑现“责任豁免”办法,真正让老实人不吃亏、优秀人得重用、正派人受尊重;通盘制定干部队伍建设战略规划,建立专业干部、党外干部信息库,搭建干部成长“四大平台”[23];广泛开展创新转型、融合发展、智慧城市、全域旅游等专题培训,让基层创新百花竞放,把扬中的“创新引擎”打造得更加强劲;坚定“进位奖励、退位处罚、末位重罚”的考核导向,倒逼各级各部门整改补短、升档进位,督促党员干部融身效能提升“五大行动”计划,自觉抵制慵懒散,打通“中梗阻”,用“四心”服务[24]激发转型提升的不竭动力。

3. 不断巩固全面进步、全面过硬的基层基础。当前,三级党委换届已经全面完成。新一届领导班子要把握“双聚双强”[25]的标准,把党组织的政治属性和服务属性统一起来,夯实引领创新、富民兴业的坚实根基。要从严落实管党治党“责任清单”。建立落实管党责任“质量评估标准”,引导各级“一把手”在党言党、在党管党,推动全面从严治党落实落细。要务实推进基层党建创新工程。实施“法治惠民镇村行”五大行动计划,培育更多带动性强的“双型”先进党支部。深化村(社区)“补短板、定目标”活动,探索“双联”帮扶模式,建立生态补偿机制,为经济薄弱村精准脱贫开辟更多通道;激活基层党组织功能,在优化基层治理、促进和谐稳定中发挥更大作用,不断深化拓展联系服务群众“六项工程”内涵。要严管厚爱培优基层干部队伍。通过实施村级“领头雁”工程、举办村(社区)党组织书记讲坛、建立村后备干部人才库,持续优化提升农村带头人的队伍结构和综合素质,引导党员干部扎根基层、奋发有为、建功立业,全面增强基层发展活力。

4. 持续优化严实相济、风清气正的政治生态。干部清正、政府清廉、政治清明，党才有战斗力，转型发展才有动力。要坚持“严管就是真爱”，注重激浊、扬清两手抓，监督、执纪两手硬，深入宣传贯彻加强党内政治生活和党内监督的《准则》《条例》，制定党委谈心谈话各项规章制度，把制度立起来，让监督严起来。抓住“关键少数”，管好“绝大多数”，把党内监督与干部监督、社会监督结合起来，构建全维度“监督网”，让监督伴随干部成长、保护干部一生。要发挥巡察利剑作用，探索应用专项巡察机制，及时解决党的领导弱化、党的建设缺失、从严治党不力等问题，严肃查处群众身边的不正之风和微腐败现象，规范工程招投标及农村“三资”管理，让权力在阳光下运行。每一名党员干部特别是领导干部都要勇于接受监督，在涉企服务中保持亲、清的政商关系。自觉弘扬孝、廉的优良家风，坚守本色、崇廉尚洁、拒腐防贪，争当组织信任的透明人、群众满意的贴心人，让清廉成为扬中干部最鲜明的特质。

同志们，创新引领，大势使然；富民优先，民心所盼。让我们更加紧密地团结起来，加速创新转型，增进民生福祉，奋力谱写“强富美高”的新篇章，以优异成绩迎接党的十九大胜利召开！

**注释：**

(1)“三去一降一补”：去产能、去库存、去杠杆、降成本、补短板

(2)不动产登记“四全模式”：不动产登记全流程优化审批、全区域便民服务、全业务网上办理、全节点效能监管的服务模式

(3)“百村万户达新标”：镇江市到2019年实现所有经济薄弱村集体年经营性收入稳定达到80万元以上，所有低收入人口人均年可支配收入达到8000元以上；到2020年，全面消除集体经济薄弱村

(4)“两学一做”学习教育：学党章党规，学系列讲话，做合格党员

(5)“四讲四有”：讲政治、有信念，讲规矩、有纪律，讲道德、有品行，讲奉献、有作为

(6)“三会一课”：定期召开支部党员大会、支部委员会、党小组会，按时上好党课

(7)“六项工程”：村级集体经济“升档进位”工程、村干部队伍“源头活水”工程、“政社互动”减负提效工程、“四个一”机制“深化拓展”工程、“四式”服务“规范提升”工程、三级联动“作风转改”工程

(8)“双型”党支部：“法治型、服务型”党组织

(9)“六度”研判：信念坚定度、班子融合度、实绩成效度、潜力发展度、岗位匹配度、群众满意度

(10)政务服务提升年“五大行动”：依法履职行动、提速增效行动、春风暖企行动、激励担当行动、整庸治懒行动

(11)“四个全面”：全面建成小康社会、全面深化改革、全面依法治国、全面从严治党

(12)“三集中三到位”：部门行政审批职能向一个科室集中、承担审批职能的科室向行政审批服务中心集中、行政审批事项向电子政务平台集中，切实做到审批事项进驻落实到位、授权到位、电子监察到位

(13)“三重一大”：重大问题决策、重要干部任免、重大项目投资决策、大额资金使用

(14)“两减六治三提升”：减少煤炭消费总量和减少落后化工产能；治理太湖水环境、生活垃圾、黑臭水体、畜禽养殖污染、挥发性有机物污染和环境隐患；提升生态保护水平、提升环境经济政策调控水平、提升环境监管执法水平

(15)“五水联治”：治污水、防洪水、排涝水、引活水、保洁水

(16)“八位一体”：对河道保洁、垃圾收运、绿化管护、农村道路养护、生活污水处理、村容村貌“三乱”整治、村级综合服务中心维护、文体活动设施管护等工作实施的一体化长效管理机制

(17)“六个从严”：抓思想从严、抓管党从严、抓执纪从严、抓治吏从严、抓作风从严、抓反腐从严

(18)“一岗双责”：指各级干部在履行本职岗位管理职责的同时，还要对所在单位和分管工作领域的党风廉政建设负责

(19)“四个意识”：政治意识、大局意识、核心意识、看齐意识

(20)“四个自信”：中国特色社会主义道路自信、理论自信、制度自信、文化自信

(21)“十百万”：全年开展10场理论专题讲座，组织策划全市100名基层党组织书记上党课活动，向全市81个村(社区)赠送1万册理论书籍

(22)“20字”好干部标准：信念坚定、为民服务、勤政务实、敢于担当、清正廉洁

(23)干部成长“四大平台”：“上派下挂”历练平台、“扬帆论坛”展示平台、“压担墩苗”磨练平台、“蓄能充电”提升平台

(24)“四心”服务：全心全意服务企业、一心一意服务项目、诚心诚意服务基层、真心实意服务发展

(25)“双聚双强”：聚力创新、强化推动发展能力，聚焦富民、强化服务员工能力

# 扬中市人民政府工作报告

## ——2017 年 1 月 16 日在扬中市第十七届人民代表大会第一次会议上

张德军

现在，我代表扬中市人民政府，向大会作工作报告，请予审议，并请市政协各位委员和其他列席人员提出意见。

### 2016 年工作情况和过去五年简要回顾

2016 年，在市委的正确领导和市人大、市政协的监督支持下，市政府及各部门积极抢抓机遇，科学应对挑战，攻坚克难，创先争优，实现了“十三五”发展良好开局。

**一、稳中求进，经济发展取得新业绩**

*经济总量持续提升。*预计（以下均为预计）完成地区生产总值 501 亿元、增长 9.5%；一般公共预算收入 32.5 亿元、同口径[1]增长 3.6%。实现工业应税销售 510 亿元，规模以上工业增加值 338 亿元、利税 164 亿元。实际利用外资 1.4 亿美元，外贸进出口总额 5.69 亿美元，服务外包执行额 1.6 亿美元。完成社会消费品零售总额 142 亿元，实现农业总产值 25.4 亿元。

*转型升级步伐加快。*实施重点产业项目 65 个。其中 10 亿元以上项目 22 个，中海粮油、鼎圣电器等 41 个项目竣工投产。完成固定资产投资 295 亿元、增长 14.8%。其中工业性投入 252 亿元、增长 14%。实施节能技改项目 9 个，淘汰落后产能设备 30 台（套），制造业固定资产申报抵扣 1.22 亿元。服务业增加值占比、文化产业增加值占比分别达 46%、4.85%。

*载体平台加速打造。*有序推进“三集”园区建设，新建标准化厂房 44.2 万平方米、楼宇产业园 35.7 万平方米。智能电气研究中心获批省重大创新载体项目，智能电气产业园获批国家级科技孵化器。入选首批“国家产业集群区域品牌”建设试点，创成“全国中低压工程电气产业知名品牌创建示范区”。

**二、精准施策，改革创新焕发新活力**

*突出资本金融创新。*新增上市挂牌企业 17 家，全社会直接融资规模达 100 亿元。组建金控集团、水务集团，推进平台“三控一增”[2]，规范“三重一大”[3]决策。新增贷款 82 亿元，新引进银行分支机构 3 家。积极化解企业互联互保风险，获评“省金融生态优秀县”。

*突出科技人才创新。*深化政产学研合作，新增省级以上研发机构 14 家、高新技术企业 23 家，全社会研发经费占比达 2.78%，高新技术产业产值占比达 75.2%。新建创新创业公共平台 6 家，新增创业孵化面积 3.1 万平方米。引进“千人计划”人才 5 人、“双创计划”人才 3 人。获评“中国中小城市创新创业百强市”。大全集团列 2016 年中国品牌价值排行榜电气类第一名，获国家技术发明奖二等奖。

*突出政务服务创新。*实施“政务服务提升年”行动，推行企业“五证合一”、个体工商户“两证合一”[4]，实施企业投资项目“多评合一”、并联审批。启动“e 办事”平台[5]建设，运行中小企业网络服务平台。全面实行“营改增”，多措并举压降企业生产经营成本，尽最大努力减轻企业负担。

**三、生态优先，城乡环境展现新面貌**

*环境保护不断加强。*大力推进“绿色能源岛”建设，屋顶光伏发电装机容量达 42.8 兆瓦，获批创建全国高比例新能源示范城市。策应长江流域“共抓大保护、不搞大开发”战略，开展非法码头专项整治，中央环保督察交办事项全部整改到位。关停并转化工企业 3 家，整治燃煤锅炉 74 台，淘汰报废黄标车 642 辆。完成覆盖拉网式农村环境综合整治，创成省级美丽乡村 3 个，新坝镇创成美丽宜居镇。

*“五水联治”全面启动。*编制《扬中市水环境综合整治规划》，实施广宁河片区水环境治理，完成工人路、友

谊路、翠竹路、同宁路雨污分流改造。建成兴隆污水处理厂二期,新增农村生活污水处理设施14座、管网29公里,成为"全国农村生活污水治理示范市"。开工建设沙家港闸站,疏浚夏家港、六圩港、张家港水系。新建改造城区排涝泵站8个,整治易淹易涝片区9个。有效处置坍江、跌塘等险情,实现安全度汛。

建设管理规范有序。南江路、同心路西延等建成通车,238省道改线西来桥段、中电大道北延、建设路等工程有序实施。加快城市片区改造,扬子新村、园丁路南侧片区房屋征收快速推进。强化建房秩序管理,加大查违控违力度,拆除各类违建3.68万平方米。划定城市边界,调整完善新一轮土地利用总体规划和老城区控制性详规,创成"省国土资源节约集约模范市"。

**四、惠民安民,民生幸福得到新提升**

注重办好民生实事。开工建设残疾人托养中心、康复中心和特教中心,新增标准化居家养老服务中心(站)15个。新建食品快速检测室10个。建设省扬中专实训楼,新建、改扩建初中3所、小学8所、幼儿园5所,完成校安工程面积24.6万平方米。实现城镇主要公共区域免费WIFI全覆盖,推进智慧停车系统建设,新增停车泊位500个。基本建成公交主枢纽,实现建成区公交站点500米半径全覆盖、全省公交"一卡通"。新建农民健身公园2个、基层综合性文化服务中心示范点7个。

注重完善保障体系。实施"四大创业"行动计划[6],扶持创业635人,新增城镇就业1.2万人。建成"金保工程",累计发放社会保障卡25万张。城镇、农村居民人均可支配收入分别达4.5万元、2.3万元。改造农村危房78户,建成残疾人无障碍示范村33个。开展农业普查,强化精准扶贫,基本消除年经营性收入低于100万元的经济薄弱村和年人均纯收入低于8000元的低收入户。

注重加强社会管理。圆满完成第十一届村委会和第六届居委会换届选举,创成"3A"级以上社会组织3家。启动"七五"普法,开展"法治惠民镇村行",新增省级法治文化示范点2家。健全事中事后监管和应急管理机制,全力做好欠薪处置、安全生产、食品药品及市场监管等工作。完成技防城升级改造工程,形成整岛一体化治安防控体系,人防事业、公众安全感、法治建设满意度、信访工作绩效继续保持全省领先。

注重统筹协调发展。优化公共卫生服务,实施"两孩"生育政策,"全国健康促进县"通过国家级考核验收。竞技体育取得新突破,获得里约残奥会金牌2枚,承办全国足协业余联赛总决赛。价格认定、基层妇联组织建设、残疾人工作等获得全国先进。新闻、供电、海事、航道、气象、粮食、供销、商业、盐务、石油、工会、档案、边检、国检、侨台、外事等工作取得新进展,地方志、红十字、共青团、双拥共建、民族宗教、文学艺术、广播电视、邮电通信、防震减灾等工作取得新进步,行政学校、工业集团、发展促进、群众工作、关心下一代、援藏援疆、南北挂钩等工作取得新成效。

**五、勤政廉政,作风建设呈现新气象**

开展"扬帆'十三五' 开启新征程"大讨论大推进活动,实施"补短板""创先争优"项目331个。扎实推进效能提升"五大行动"[7],健全容错纠错机制,浓厚干净干事、勇于担当的氛围。完善市政府重大行政决策制度,实施年度目录清单管理。建立健全督查工作网络,持续推进简政放权、放管结合,规范公共资源交易管理,加强政府投资建设项目招投标监管和审计监督。强化财政预算制度刚性执行,实行预决算公开,深化公务用车制度改革,"三公"经费支出持续下降。深入开展"两学一做"专题教育,自觉接受人大依法监督、政协民主监督,人大代表建议、政协委员提案办理满意和基本满意率99.8%,转作风的意识、优服务的能力得到进一步加强。

各位代表,2016年各项目标任务的完成,标志着本届政府工作的圆满收官。回顾这五年,我们经历了不平凡的发展历程,在复杂局面的考验中,较好地完成了各项目标任务。

——以地区生产总值突破500亿元和全国中小城市百强排名不断前移为标志,综合实力稳步提升。与2011年相比,全市地区生产总值增长70%,固定资产投资增长145%,一般公共预算收入增长65.8%。列"全国中小城市综合实力百强县(市)"第23位。

——以位列"全国县域经济最具创新力50强"第一名和全省高新技术产业产值占比第一为标志,创新发展的动能显著增强。累计实施省级以上科技项目200个,引进高层次专家人才(团队)320个,万人发明专利拥有量达23件,连续多次获评"全国科技进步先进市"。

——以“三集”发展持续领先和“绿色能源岛”建设扎实推进为标志，结构优化、产业升级进入加速期。实施10亿元以上项目56个，销售超亿元企业140家。服务业增加值占比提高5.8个百分点。

——以全面转变拆迁安置方式和深化行政审批制度改革为标志，各项改革深入推进。农村土地承包经营权确权登记颁证率先完成，不动产登记“四全模式”、村级“八位一体”运行维护、河道管理“河长制”等全国、全省推广，形成了一批“扬中经验”。

——以成功承办第八届省园艺博览会和“四城同创”圆满收官为标志，生态宜居品质得到彰显。创成省级市容管理示范路3条，获评首批“省优秀管理城市”。新增城市绿地面积13.95万平方米，林木覆盖率达20.31%，空气质量优良率达74%。

——以形成“一岛五桥、一环两纵”交通格局和旧城改造、新城建设深入推进为标志，城乡面貌日新月异。城市总体规划(2013~2030)获省政府批准，先后建成泰州大桥、扬中三桥、新238省道、滨江大道、奥体中心、高级中学新校区，完成片区改造、城中村改造31个，城市不断长高长大、变靓变美。

——以城乡居民收入七年翻一番和社会保障城乡并轨为标志，群众幸福指数持续攀升。每年集中75%以上可用财力用于保障和改善民生，社会保险覆盖率保持在98.9%以上。创成“全国义务教育发展基本均衡市”“全国基层中医药先进市”“全国法治宣传教育先进市”“全国文化工作先进市”“全国科普示范市”“中国河豚文化之乡”。

在过去五年的发展过程中，各镇街区勇挑重担，争先进位，新坝镇位列全国百强镇第69位，油坊镇、八桥镇入围全国千强镇，西来桥镇岸线开发取得突破，三茅街道产业结构调整走在前列，经开区跻身全省经济开发区第一方阵，为全市发展大局作出了重要贡献。

回顾这五年，我们深深地体会到：

必须始终把加快发展作为第一要务，顺应大势，遵循规律，全力以赴抓项目，凝心聚力谋发展，稳增长、促改革、调结构、惠民生、优生态、防风险，推动经济社会发展不断迈上新台阶。

必须始终把改革创新作为强大动力，弘扬“四千四万”精神，以改革的思路统揽全局，以开放的姿态融入世界，以创新的举措破解难题，瞄准新方位，增创新优势，引领新常态。

必须始终把为民惠民作为最大责任，坚持以人为本，正确处理好改革的力度、发展的速度、社会可承受度之间的关系，持之以恒地办实事、解难事，努力让发展成果更多地惠及全市人民。

必须始终把务实落实作为根本要求，创新创优，强化执行，顶真碰硬，把心思用在干事业上，把精力放在抓落实上，把功夫下在求实效上，形成干事创业的浓厚氛围和强大合力。

各位代表，五年的砥砺前行，五年的不懈拼搏，在扬中发展史上留下了浓墨重彩的一页。这些成绩的取得，得益于上级党委政府以及市委的正确领导，得益于市人大、市政协的监督支持，得益于历届政府打下的良好基础，得益于社会各界的团结奋进，更凝聚着全市三十四万人民的辛劳和智慧。在此，我谨代表市人民政府，向全市人民、驻扬部队官兵、各民主党派、人民团体以及社会各界人士表示崇高的敬意和衷心的感谢！

总结过去的工作，我们清醒地看到，扬中市经济社会发展仍然存在一些问题和薄弱环节。主要是：经济下行压力加大，部分企业生产经营困难；企业同质化竞争明显，自主创新能力和核心竞争力需要进一步增强；统筹城乡发展任务繁重，科学化、精细化、智能化管理水平有待进一步提升；事关群众切身利益的环境保护、教育卫生、物业管理、养老服务等问题与市民的期盼还存在一定距离；政府自身建设和依法行政能力有待进一步加强。对此，我们必须高度重视，采取有力措施认真解决。

## 今后五年的奋斗目标

今后五年是建设“强富美高”新扬中的关键阶段。当前，国内外形势正发生深刻变化，从国际看，世界经济仍处于缓慢复苏的进程中，复杂性、不稳定性、不确定性进一步凸显；从国内看，国家将继续实施积极的财政政策和稳健的货币政策，深化供给侧结构性改革，全面推进关键领域改革，发展的动力结构、产业结构、要素结构、增长模式加快重构，经济将出现更多积极变化。对此，我们将把握机遇，克难奋进，努力把各项工作做得更好。

今后五年政府工作的总体要求是：深入贯彻落实

党的十八届三中、四中、五中、六中全会和习近平总书记系列重要讲话精神，紧紧围绕“五位一体”总体布局和“四个全面”战略布局，践行“五大发展理念”，聚力创新，聚焦富民，大力弘扬“四千四万”精神，打造活力充沛的创新之城、多元融合的开放之城、美丽宜居的生态之城、富裕和谐的幸福之城，加快建设“强富美高”新扬中。

今后五年经济社会发展的主要目标是：

——经济发展。地区生产总值年均增长9%左右，服务业增加值占GDP比重达48.5%，居民收入、企业利润、财政收入“三个口袋”更加充实。突出改革创新，扩大对外开放，加速动能转换，实体经济运行健康平稳，新兴产业销售占规模以上工业销售比重达70%以上，全社会研发经费支出占比提高到3.2%，基本形成高质量、高效益的现代产业体系。

——人民生活。创造更稳定的工作、更满意的收入、更优质的教育、更高水平的医疗、更普惠的社会保障、更舒适的居住条件、更优美的环境，完成医疗、教育布局调整，居民收入年均增长9%以上，每千人拥有医生数达2.5人，人均拥有公共文体设施面积3.1平方米，城乡基本社会保险覆盖率稳定在99%以上。

——生态环境。以生态文明建设倒逼转型发展，实现物质与生态“两个财富”同步积累。加大环境污染综合治理力度，单位GDP能耗下降和主要污染物减排保持全省领先水平，基本完成“五水联治”任务，地表水优于III类水质的比例达70%以上。大力发展绿色经济、低碳经济和循环经济，清洁能源占比达33%，建成“绿色能源岛”，生态文明建设迈上更高层次。

——城乡建设。强化规划引领，持续推进老城区更新改造，加快滨江新城、南部新城建设，户籍人口城镇化率达68%。完善基础设施配套，加快智慧城市建设，构建全方位、立体化、协同化的城市运营体系，推动城乡高位均衡有序发展。

——社会文明。基本建成法治政府，政府执行力和公信力不断增强，法治建设满意度达90%以上。万人拥有社会组织数12个。“平安扬中”建设深入推进，公共安全体系更加健全，社会公平正义得到保障。创新社会治理，提升市民素质，推动物质文明和精神文明协调发展，努力构筑思想文化建设高地和道德风尚建设高地。

## 2017年的主要工作

2017年是新一届政府的开局之年，也是扬帆“十三五”的关键之年。我们将坚持稳中求进的工作总基调，进一步强化新发展理念，紧扣供给侧结构性改革主线，深化创新引领，加快转型升级，振兴实体经济，聚焦富民增收，保障改善民生，促进经济社会持续健康发展。今年扬中市经济社会发展主要预期目标是：地区生产总值增长8.5%，固定资产投资增长13%，社会消费品零售总额增长10%，一般公共预算收入同口径增长3.5%；城镇、农村居民人均可支配收入分别增长7.9%、8.6%。

重点办好以下10件为民实事：

1.建成新联合中学、城北幼儿园和中扬康居苑小学、幼儿园，建设西城区小学、幼儿园。

2.加快滨江新城公共设施配套，建成扬中博物馆，开工建设新文化中心[8]，规划建设新人民医院。

3.基本建成残疾人托养中心、康复中心、特教中心联建工程，新建残疾人之家6家。

4.科学规划养老服务体系，推进医养、康养融合发展，启动市级养老服务中心和老年活动中心建设，新增标准化居家养老服务中心6家。

5.规划建设市民服务中心，改造社会管理服务中心。

6.完成广宁河片区水环境整治，实施绿柳河片区、城西片区水环境整治，新增农村生活污水处理设施17座、管网71.9公里。建设江堤提标升级工程示范段2公里，基本建成沙家港闸站。

7.回购扬中金州水务外方股权，启动市自来水厂扩容和深度处理工程，加大老旧管网改造力度。建设万太220千伏输变电工程，建成天然气高压管线一期。

8.建成238省道改线西来桥段、建设路、新扬南路延伸，推进雷公岛直达通道、南部新城纬二路、江洲西路改道、中电大道北延等工程，维修改造扬中大道兴隆段、238省道八桥段，启动实施联盟路、三沙路、新民南路延伸等工程。

9.建成兴隆粮食储备库，建设标准化生猪定点屠宰场。

10.建设曲棍球国少队新训练基地、广播电视发射塔。

围绕全年目标任务，将突出抓好以下六个方面工作：

**一、着力做强实体经济，增强区域发展的竞争力**

实体经济是扬中的立市之本，是发展的重要根基。积极开展“创新转型突破年”行动，调整存量、优化增量、提升质量，加快产业优化升级，不断提高全要素生产率和企业盈利能力。

强化政策服务。整合完善各项扶持政策，有效引导土地、资金、人才、技术等要素向实体集聚。开展降低实体经济企业成本行动，制定“双向清单”(9)，打好组合拳，在减税、降费、降低要素成本上加大力度，为企业“松绑助力”。健全制度化政企互动机制，提供更加精准、更加高效的服务，增强企业参与市场竞争的公平感和转型闯关的支持感。以政府为主导、企业为主体、银行为主力，制度化化解互联互保风险。

强化项目建设。发展先进制造业，加速推进智制融合，加快大全集团、威腾集团等企业实施“互联网+”行动，积极推进华电产业园、大津清洁能源产业园、和润粮油加工集中区等园区建设，工业性投入达290亿元。发展现代服务业，加快推进金源时代购物广场、复旦科技园、香江科技总部、红星国际生活广场等项目，大力发展仓储物流、电子商务、研发设计、总部经济等业态。围绕强链补链，扩大对外开放，提高招商选资水平与层次，全年引进10亿元以上项目10个，实际利用外资1.4亿美元。

强化企业培扶。引导企业弘扬“工匠精神”，突出主业、降低成本、做精做强，新增省级以上品牌3个，销售超亿元企业达150家。加快打造创新企业集群，培育科技型中小微企业40家、高新技术企业20家、规模以上企业30家。注重“创二代”企业家培养，建立完善企业家培育库，打造一支眼界宽、能力强、善经营、讲诚信的现代企业家队伍。充分发挥发展促进会等组织作用，打好“乡情牌”，吸引在外扬中人回乡投资兴业。

强化科技创新。积极争创国家级高新区、经开区，完善配套功能，优化运作模式。创建国家知识产权强县工程试点县，建设国家专利导航智能电气产业发展实验区。调整充实市生产力促进中心，实施产学研项目60项，新增省级以上研发机构8家。加快高层次人才队伍建设，引进高层次人才(团队)50个。鼓励发展创新工场、创客空间，新增创业孵化面积2.2万平方米、省级以上众创空间1家。

强化金融支撑。加快平台实体化运作，有序运转金控集团、水务集团，强化平台债务管控，规范国资管理。深化政银企合作，做大做强地方法人金融机构，加大对中小微企业的支持力度，推动金融资源与制造业企业的有效对接，力争新增贷款90亿元。加快企业上市步伐，引导企业登陆不同层次的资本市场，力争全年新增挂牌上市企业15家，直接融资60亿元以上。充分发挥产业引导基金、股权投资基金作用，扶持发展金融租赁，为经济发展提供高效优质的金融支撑。

**二、着力扶持新兴产业，增强加速发展的新动能**

加快发展全域旅游。编制全域旅游规划，实施“旅游+”行动，推动旅游和农业、工业、商贸、城建等领域的全方位融合。统筹整合雷公岛、园博园、渡江文化园、太平禅寺等旅游资源，充分挖掘大江风貌、江鲜美食、田园风光、地域文化等特色元素，打造独具魅力的旅游目的地。明确产业定位、文化内涵、旅游功能、社区特征，加快“电气小镇”“零碳小镇”“体育休闲健康小镇”等特色小镇规划建设。持续放大“中国河豚岛”品牌效应，举办第十四届中国·扬中河豚文化节，培育壮大节庆经济、会展经济。优化政策扶持，引导社会资本参与旅游开发，加快实施际华园等项目，推进沿江景观长廊建设，力争新增省三星级以上乡村旅游点3个。

加快发展智慧产业。建设“数字扬中”，推动大数据、云计算、物联网应用等项目集聚，有序整合集中、开发应用公共服务类数据。推进传统产业智能化提升，新建智能工厂（车间)10个，新增工业机器人300台以上，逐步形成联网协同、智能管控、大数据服务的制造模式。强化与中国电子的合作，建设管理先进、服务周全、可持续发展的智慧园区体系。依托中兴物联网项目，深化智慧停车设备、系统的开发和管理，推进智慧停车工程。

加快“绿色能源岛”建设。大力推进全国高比例新能源示范城市建设，以产业促进应用，以应用带动生产。深化技术、资本合作，开展分布式能源微网系统和能源互联网示范项目建设，新增分布式光伏发电装机容量40兆瓦，建成一批光电、光热、风光应用示范项目。推动电动汽车充电站、充电桩建设运营，在公共交通系统推广使用新能源汽车，新增新能源汽车40辆。

**三、着力优化生态环境，增强宜居宜业的认同感**

稳步推进生态环境修复。坚持“留白”发展理念，策应全省“两减六治三提升”[10]要求，加快淘汰落后产能，不断完善环境保护长效机制。加强生态红线区域保护，实施生态修复补偿项目10个，休耕轮作耕地1.6万亩。深化建筑工地扬尘治理，狠抓秸秆禁烧和综合利用，严控燃煤锅炉使用，逐步淘汰黄标车，力争空气优良率达75%。认真落实畜禽养殖禁限养区要求，关停禁养区内的养殖企业，切实减轻农业面源污染。

稳步推进“五水联治”建设。完善提升“河长制”，加强城乡河道管护，力争三茅大港、新坝大港、联丰港省控断面水质逐步向好。以雨污分流、老旧小区改造、海绵城市和河道景观建设为着力点，加大水环境综合整治力度，新建污水管网79.7公里、雨水管网23.1公里，维修地下管网20公里，改造透水停车场2.95万平方米。加快春柳路、新扬南路等片区涝水整治，逐步消除易淹易涝隐患。

稳步推进节约集约发展。优化空间布局调整，划定永久基本农田，严厉打击侵占耕地、违法用地等行为。强化土地预审和低效用地二次开发，加大土地整治力度，完成增减挂钩1500亩、占补平衡1000亩，盘活存量土地3200亩。整合涉农政策，加大奖补力度，加快农村居民点建设步伐。

### 四、着力加快整岛一体化，增强城乡发展的协调性

持续优化整岛布局。树立“精明增长”理念，推进多规融合，优化调整滨江新城控制性详规，深化三茅大港风光带等重点片区城市设计，建设规划展示馆，以一流规划引领城市发展。充分发挥平台作用，推进主城区、滨江新城、南部新城等板块建设，加快扬子新村、园丁路等片区改造，优化发展环境，提升城市品位。

持续完善功能配套。深入推进城乡环境综合整治，翠竹路争创省级市容管理示范路，新增美丽宜居村庄2个。积极探索生活垃圾源头分类和减量处理，大力开展偷倒垃圾专项整治，建成建筑垃圾临时堆场2处，多渠道消纳城乡垃圾。加快实施农村公路提档升级和安全生命防护工程，创建省级“四好农村路”达标市。加快城乡交通运输一体化建设，运营公交主枢纽，建设公交次枢纽2个。完成出租汽车行业改革，建立巡游、网约出租车竞争互补的出行体系。加大商品房统购力度，保障安置群众住房需求。

持续加强城乡管理。严格工程建设全过程质量监管，规范工程监理、标后监管、综合验收等制度，接受社会各界评议监督，提高工程建设管理水平。强化居民建房源头管理，开展建成区违法建设专项治理，坚决遏制新增违建，逐步化解存量违建。强化属地、部门、社会共同治理，加快业主委员会组建，完善物业管理市场化运作机制，加大老旧小区改造和优秀住宅小区创建力度，提升物业长效管理水平。

持续强化农村发展。完善农村产权流转交易市场体系和信息服务网络平台，开展农村集体产权制度改革试点，引导土地经营权规范有序流转。培育新型农业经营主体和职业农民，大力实施农业生产全程机械化。积极引导农业经营主体参加政策性保险，农业保险覆盖率达60%。打造10个村级收入示范村，重点帮扶10个经济薄弱村，提升村级经济整体水平。

### 五、着力推进民生共享，增强人民群众的获得感

不断提高收入水平。千方百计加快富民步伐，拓宽增收渠道，挖掘新的收入增长点，增加经营性、财产性收入，扩大中等收入群体。加大创业就业培训力度，优化就业结构，提高就业质量，确保城镇登记失业率控制在1.35%以内。巩固提升职工待遇，完善企业职工和农民工工资支付保障机制，让居民在稳定的就业中提高工资性收入水平。深化精准扶贫，探索扶贫开发新机制，大力推进“挂钩结对”、光伏扶贫、健康扶贫、教育扶贫。

不断完善保障体系。强化基本保障的财政兜底，加快构建更加完善的社会保障体系。完善被征地农民保障政策，逐步提高筹资标准和保障水平。实施省内异地就医联网结算，实现社保卡“全覆盖”。严格落实残疾人生活补贴和护理补贴，完善城乡低保、特困人员社会救助和保障标准自然增长机制，增强慈善总会、红十字会等救助功能，引导全社会参与公益事业。

不断优化公共服务。深入开展公共场所量化分级管理，规范“五小行业”发展，实施“健康扬中”行动计划，确保顺利通过国家卫生城市复检。深化教育、医药卫生体制改革，优化调整资源布局，加大后备人才储备，推进好未来、青苗教育等项目落户。规范社会教育培训和校外辅导，率先建成苏南教育现代化县级示范区，打造全国安全教育实验区。健全分级诊疗机制，完善覆盖全市的卫生计生网络。建成国防园靶场、拓展中心。

六、着力提升文明程度，增强城市形象的美誉度

促进文体事业不断繁荣。推进全民健身和全民健康深度融合，高效运营奥体中心，新建改造健身广场3个、健身路径30条。全面实施文化惠民工程，创成文化惠民示范村10个。加强文物保护和传承，实施培根师范旧址修缮工程。注重对新型文化业态的引导培育，形成一批有市场竞争力的文化创意产业品牌。文化产业增加值达26.5亿元，占比达4.95%。

促进平安法治深入推进。加强法治文化建设，深入实施“法治惠民镇村行”，持续推进“七五”普法和信访法治化，提升全社会法治意识。加强安全生产工作，强化社会治安管控，严格防范各类事故案件。深化食品药品全过程监管，创成省级食品安全示范城市。健全应急管理机制，建成固定应急避难场所4处和人防应急疏散基地，提高公共安全、防灾减灾能力。创新社区管理服务，强化义工、社工和志愿者队伍建设，引导设立大型小区基层自治组织，每个社区服务类社会组织不少于10个。

促进文明素质全面提升。加强精神文明建设，强化社会主义核心价值观的宣传引领，增强新时期扬中精神的凝聚力和感召力。创新开展双拥工作，全力实现省级双拥模范城“八连冠”。持续打造“全民阅读”“江洲大讲堂”“高雅艺术进社区”等文化品牌，提高市民整体素质。深化文明城市创建，倡导健康文明的生活方式，培树文明新风。

加强政府自身建设

牢记为民宗旨，加强服务政府建设。始终把群众满意度作为衡量工作的标尺，带头落实挂钩联系群众制度，问政于民，问需于民，问计于民。积极倡导契约精神，严格信守责任承诺和服务承诺。推行“互联网+政务服务”，大力推进简政放权、放管结合，压减审批时间流程。充分发挥“12345”热线、行风热线、“市长信箱”等平台作用，及时梳理、回应和解决群众诉求。

推进依法行政，加强法治政府建设。深入推进依法治市，把依法行政贯穿于政府工作全过程。健全依法决策机制，落实政府法律顾问制度，加强决策实施的跟踪评价，确保重大决策科学规范。开展综合行政执法体制改革，不断加强重点领域执法队伍建设。自觉接受党内监督、人大依法监督、政协民主监督、司法监督，加强行政监督和审计监督，完善社会监督和舆论监督机制，确保权力在法治轨道上运行。

坚持实干担当，加强高效政府建设。发扬“钉钉子”精神，对重大决策和重要任务，紧张快干，紧盯不放，做到踏石留印、抓铁有痕。始终保持奋勇争先、敢于作为的精神状态，着力形成能担当、会担当的制度环境和浓厚氛围。全面落实首问负责、服务承诺、限时办结等制度，提升行政效能，努力做到人人高效率、事事快节奏、件件求实效。健全督查推进机制，强化行政问责，确保政令畅通、落实到位。

全面从严治政，加强廉洁政府建设。严格执行全面从严治党各项规定，强化廉政风险防控机制，围绕财务管理、人事任免、工程建设“三项权力”，建立前期预防、中期监控、后期处置“三道防线”。坚持从严从俭，厉行节约，强化预算刚性约束，严控一般性支出和政府性债务。严查群众身边的腐败问题，做到有贪必肃、有腐必反，努力实现干部清正、政府清廉、政治清明。

各位代表！新的蓝图已经绘就，新的形势催人奋进。让我们在中共扬中市委的领导下，紧紧依靠和团结全市人民，以高昂的斗志、扎实的举措、务实的作风，解放思想，开拓创新，锐意进取，扎实工作，加快建设“强富美高”新扬中，以优异成绩迎接党的十九大胜利召开！

**注释：**

(1)一般公共预算收入同口径：2016年5月，国家全面实施“营改增”，央地收入分享政策发生了变化。2016年一般公共预算收入计算方法为：1~4月仍按原政策计算，即增值税地方留成25%、改征增值税和营业税地方留成100%，其他税种分成不变；5~12月按新政策计算，即增值税和改征增值税(含原营业税)地方留成50%。同比2015年，一般公共预算收入完成数按上述口径换算。

(2)“三控一增”：控规模、控成本、控风险，增加经营性收入。

(3)“三重一大”：重大决策事项、重要人事任免事项、重大项目安排事项，大额度资金运作事项。

(4)“五证合一”：将企业营业执照、组织机构代码

证、税务登记证、社会保险登记证、统计登记证合并为一，核发一个加载法人和其他组织统一社会代码的营业执照。

“两证合一”：将个体工商户营业执照和税务登记证合并为一。

(5)“e办事”平台：公共服务及行政审批事项全流程网上办理，最终实现“不进一扇门、不找任何人、办成所有事”的行政审批制度改革目标。

(6)“四大创业”行动计划：大学生创业引领计划、农村创业富民计划、城镇失业人员创业促进计划、海外人才引进创新创业计划。

(7)效能提升“五大行动”：依法履职行动、提速增效行动、春风暖企行动、激励担当行动、整庸治懒行动。

(8)新文化中心：集文化馆、图书馆、美术馆、科技馆、大剧院、广电中心、工人文化宫、凤凰书城为一体的文化中心。

(9)“双向清单”：政企间双向互动的一种新型政务服务模式，由市发改经信委会同40多家部门汇聚各类最新涉企惠企政策，常态化更新，第一时间送达企业，面对面征求企业各类需求和诉求，量身定制个性化服务方案，为企业提供“一站式”“保姆式”服务，营造清商润企的发展生态。

(10)“两减六治三提升”：“两减”即减少煤炭消费总量和减少落后化工产能；“六治”即治太湖、治垃圾、治黑臭、治畜禽、治VOC、治隐患；“三提升”即提升生态保护水平，提升环境经济政策调控水平，提升环境监管执法水平。

## 新经济(智慧长江)高峰论坛

**【新经济(智慧长江)高峰论坛开幕】**2016年1月9日，新经济(智慧长江)高峰论坛在扬中园博园举行。此次活动由中国经济研究院提供智库支持，人民日报社《中国经济周刊》主办，扬中市人民政府、江苏省扬中经济开发区管委会承办。中央政策研究经济局、国务院研究室、国务院发展研究中心、交通部、科技部相关领导，国内知名专家学者及国内大型金融机构、金融服务机构、专业服务机构代表等300余人出席论坛。扬中市市领导潘早云、王继兰、艾晓晖、于德祥出席论坛。论坛以主题演讲、圆桌论坛、项目推介相结合的方式，就“新常态”下推进长江经济带建设、发展智慧经济等话题展开深入探讨。中央政策研究室经济研究局副局长白津夫主持新经济（智慧长江)高峰论坛主题峰会，与国务院研究室综合司司长陈文玲、国务院发展研究中心区域所所长侯永志、交通运输部水运局副局长王明志、国家科技部办公厅副主任胥和平等一起把脉长江经济带发展前景，为扬中市全力打造长江经济带智慧新样板建言献策，从国家政策解读、沿江黄金水道资源分析、新经济形态下城市经济发展等方面提出宝贵意见。与会专家们围绕打造长江经济带这一话题展开讨论。大会宣读中国新经济(智慧长江)产业发展联盟倡议书，为中国新经济(智慧长江)产业发展联盟举行揭牌仪式，正式宣告智慧长江产业发展进入协同合作、优势互补的全新阶段。 （新闻中心）

**链接：新经济(智慧长江)高峰论坛**

**背景**

1.2013年7月21日，中共中央总书记、国家主席习近平冒雨视察武汉新港时指出，长江流域要加强合作，发挥内河航运作用，努力把全流域打造成黄金水道。

2.2014年3月5日，国务院总理李克强在政府工作报告中提出：“依托黄金水道，建设长江经济带。”

3.2014年4月25日，习近平总书记主持中共中央政治局会议，提出“推动京津冀协同发展和长江经济带发展”。

4.2014年4月28日，李克强总理在重庆召开11省市座谈会，研究依托黄金水道建设长江经济带问题，提出让长三角、长江中游城市群和成渝经济区三个板块产业和基础设施连接起来、要素流动起来、市场统一起来，形成直接带动超过五分之一国土、约6亿人的强大发展新动力。

5.2015年11月26日，中共中央政治局常委、国务院副总理张高丽在推动长江经济带发展工作会议上强调全面推进长江经济带建设要坚持创新发展，优化产业布局，打造产业新优势，着力建设现代产业走廊。

6.专家认为，“依托黄金水道，建设长江经济带”，重点将加快打造“两个走廊”：一是加快打造“长江经济走廊”，发展现代物流；二是加快打造“长江绿色生态走廊”。

7. 国家发改委出台长江城市群发展总体规划，协商组建长江城市群协调领导小组，制定政策为城市群内要素的自由流动和各类经济主体的合作和竞争，提供良好的政策环境和发展条件。

**指导思想**

以中共十八届五中全会“创新、协调、绿色、开放、共享”五大发展理念为指引，积极贯彻落实“一带一路”“长江经济带”发展战略，以北斗大数据为支撑，着力打造集“电子商务+商贸+信息港+金融资本”为一体的一站式国家智慧长江公共服务平台，构建全新理念的商贸增长模式。

**研讨方向**

在大数据云计算的时代下，以人民币全球化、经济全球化迅速发展为背景，以信息+产业+服贸+金融集聚为核心，以市场主导重新有序集聚配置高端资源、人才、产业等，在长江黄金水道上与全球对接合作，打造社会化、公共化、全球化的新经济总部。亮点：

●智慧长江：全球化、统一化、总部化、创新化、样板化

●扬中发展：信息化、产业化、服贸化、金融化、集聚化

●“一带一路”：新经济、新环境、新机遇、新模式、新引擎

●区域经济：协同化、国际化、绿色化、差异化、精确化

●对接合作：社会化、公共化、开放化、共享化、共赢化

●金融创新：思路新、模式新、产品新、服务新、效果新

●峰会内容：圆桌会、研讨会、商洽会、发布会、签约会

图片专辑

# 智慧长江『论剑』扬中

国务院研究室司长陈文玲致辞

▲2016 年 1 月 9 日,新经济(智慧长江)高峰论坛在扬中市园博园举行

潘早云致辞

2016 年 1 月 9 日,中国新经济(智慧长江)产业发展联盟揭牌仪式

2016 年 1 月 10 日,北斗·智慧长江服贸融总部启动仪式

于德祥主持论坛

【北斗·智慧长江服贸融总部启动仪式】 2016年1月10日，北斗·智慧长江服贸融总部在扬中园博园主广场举行揭牌剪彩仪式。中央政策研究室经济研究局、国务院发展研究中心、交通运输部、科技部相关领导、经济学界专家学者及金融机构代表等300余人莅临现场，扬中市市委常委、宣传部部长王继兰，副市长于德祥，智慧长江公司董事长陈宗建出席。该项目以北斗卫星大数据中心为支撑，重点建设北斗信息港核心产业区、北斗信息港基础产业区、北斗信息港衍生产业区、北斗信息港配套产业区四大产业区，集成"电子商务+商贸+信息港+金融资本"产业链商业服务功能和政府服务功能，整合形成一站式国家智慧长江公共服务平台，为长江经济带商贸企业提供一站式现代商贸流通和企业品牌增值服务。项目计划总投资180亿元，占地约3000亩，总建筑面积约400万平方米，辐射半径为200公里，服务消费人群超2亿人，计划四年分期建设完成。项目建成后，将有力推动扬中及周边地区服、贸、融、城一体化协同发展，倾力打造长江经济带上智慧发展模式的新样板。启动仪式一致通过智慧长江产业引导基金倡议书，并为智慧长江产业引导基金成立举行揭牌仪式。在嘉宾围绕"智慧长江"作主旨演讲后，扬中市政府与北斗金控、中国通信建设集团有限公司、智慧长江(江苏)投资有限公司共同签署北斗信息港合作协议，一批业态新、活力强、体量大的项目也进行集中签约。 (新闻中心)

# 第十三届中国扬中河豚文化节

【概况】 第十三届中国扬中河豚文化节于2016年3月18日开幕，4月24日闭幕，为期38天。本届河豚文化节由江苏省烹饪协会、江苏省节庆协会、扬中市河豚协会、扬中市旅游协会四家单位联合主办，围绕"相约河豚岛，共享悦生活"的主题，以河豚文化节庆为平台，以经济文化交流为主线，在更高层次和更广范围内放大扬中"中国河豚岛"的地域品牌效应，达到"宣传扬中、弘扬文化、快乐百姓、活跃经济"的目的。节庆期间，扬中以"香飘河豚节、樱花美江洲"为主题，在园博园举办第二届扬中樱花节；与电信公司合作，搭建"吃、住、行、游、购、娱"六大要素电子信息平台，开展"智慧旅游、畅游扬中"活动；以"品河豚美食、游江中绿岛"为主题的第六届寻访中国河豚岛——扬中自驾游活动；由市旅游协会、烹饪协会共同组织评选扬中"旅游餐饮名店"和"最美乡村旅游景点"活动；围绕保护长江生态，促进绿色健康可持续发展，开展长江增殖放流活动；组织"中国有个河豚岛"媒体采风和"中国河豚岛——扬中"摄影大赛，全面发掘扬中河豚文化；举办中国县域经济发展论坛，开展复旦大学—扬中产学研合作，在河豚文化节闭幕日举行经贸项目集中签约仪式；以餐饮企业、河豚名店为主体，动员全市爱心人士参加"幸福美味"年年送活动，给社会弱势群体赠送河豚美味；举办多场民间广场文艺演出、送文化下乡以及剪纸大赛等，与市民共享发展成果；通过市场化运作，在奥体中心举办"放歌河豚岛"大型文艺晚会。 (旅游局 黄成)

【第十三届中国扬中河豚文化节开幕】 2016年3月18日，第十三届中国扬中河豚文化节开幕。扬中市市委常委、宣传部部长、市政协副主席王继兰出席开幕式，并按下开机板，见证《河豚——神奇的味道》科教电影开机，副市长于德祥参加活动。来自中国饭店协会、江苏省烹饪协会、江苏省节庆协会等多家单位的负责人应邀参加开幕式。 (新闻中心)

【"梅兰春杯"全国首届河豚烹饪精英赛】 2016年3月18日，全国首届河豚烹饪精英赛由中国饭店协会、江苏省烹饪协会主办，扬中市河豚协会、扬中市烹饪协会承办，旨在全面放大扬中河豚的品牌效应，提高扬中河豚菜品烹饪水平，确立"扬中河豚"在全国的领军地位，75位来自全国各省市河豚烹饪选手报名参赛。此次比赛设专家评委11人，以及镇街区、部门、社区、社会义工团队以及网民代表的市民评委80人，比赛最终评选出全国河豚烹饪大师10名以及全国河豚烹饪名师15名。 (新闻中心)

【长江增殖放流活动】 2016年4月13日，2016年长江增殖放流活动在扬中园博园开展，放流河豚、鮰鱼、青鱼、草鱼等10余个品种的鱼苗40万尾。扬中市市领导唐崇林、王继兰、戴少华、蒋相根出席活动。央视《新闻联播》栏目组、新华网、凤凰网、《现代快报》《扬子晚报》等30余家国内主流媒体、新媒体到扬中对放流活动进行报道。作为第十三届中国扬中河豚文化节子活动之一，长江增殖放流活动自2002年开始连续开展15年，累计向长江放流珍贵鱼种2000余万尾。 (新闻中心)

【"放歌河豚岛"专场文艺晚会】 2016年4月23日，"放歌河豚岛"专场文艺晚会在奥体中心开演。本次晚会是第十三届中国扬中河豚文化节子活动之一，由市河豚协会、郎酒集团主办，司麦澳(北京)文化艺术有限公司承办，扬中市新闻中心、广电中心、奥体中心、全盛酒业协办。晚会演出阵容强大，邀请到央视著名主持人朱军、孟盛楠主持，张信哲、阎维文、金沙、玖月奇迹等数十位明星登台表演，1.5万人观看表演。 (新闻中心)

# 图片专辑　第十三届中国扬中河豚文化节

2016 年 3 月 19 日，第十三届中国扬中河豚文化节
全国首届河豚烹饪精英赛启动仪式

2016 年4 月 24 日，第十三届中国扬中河豚文化节
项目集中签约仪式

·市领导接受媒体记者采访

2016 年 3 月 19 日，首届河豚烹饪精英赛——百人传面

▲ 第十三届河豚文化节系列活动

2016 年 3 月 19 日，“梅兰春杯”中国首届河豚烹饪精英赛

【第十三届中国扬中河豚文化节闭幕】2016年4月24日,第十三届中国扬中河豚文化节落幕。闭幕式上,总投资122.3亿元的24个项目集中签约。扬中市领导潘早云、冯锦跃、施健华、唐崇林、王继兰、王成明、艾晓晖、王汉英、卜兴荣、宫金生、刘鹏出席闭幕式,副市长于德祥主持闭幕式。闭幕式上,举行"全国首届河豚烹饪精英赛"颁奖仪式和"威腾杯"中国河豚岛·扬中摄影大展颁奖仪式,市人大常委会主任冯锦跃、市政协主席施健华分别为获奖人员代表颁奖。

节庆期间,扬中成功举办国际能源互联网峰会,邀请海内外专家、学者,共同研讨智能电气产业的转型道路;深化复旦大学—扬中产学研合作,组织教授、专家与企业家"面对面"互动交流;率团出访美国、加拿大、德国等国家,推介扬中、对接产业,签约人才、洽谈项目,全市累计开展集中推介20余场次、招商60余批次,拜访重点客商600余次。闭幕式上集中签约的24个项目中,1亿美元或10亿元以上重大签约项目5个,新兴产业类项目占到67%以上,涉及新能源、装备制造、现代服务业等多个领域;与复旦大学开展产学研对接活动,签约项目6个;组织16家企业赴厦门大学、南昌大学开展产学研合作洽谈,达成合作意向10项;赴美国、加拿大经贸洽谈期间,成功签约总投资10亿美元的中美科技创新产业园和总投资2.8亿美元的薄膜双面电池及组件生产项目。 (新闻中心)

## 扬帆"十三五" 开启新征程大讨论大推进活动

【概况】2016年,扬中市开展"扬帆'十三五' 开启新征程"大讨论大推进活动,实施"补短板""创先争优"项目331个。扎实推进效能提升"五大行动",健全容错纠错机制,浓厚干净干事、勇于担当的氛围。完善市政府重大行政决策制度,实施年度目录清单管理。建立健全督查工作网络,持续推进简政放权、放管结合,规范公共资源交易管理,加强政府投资建设项目招投标监管和审计监督。强化财政预算制度刚性执行,实行预决算公开,深化公务用车制度改革,"三公"经费支出持续下降。深入开展"两学一做"专题教育,接受人大监督、政协民主监督,人大代表建议、政协委员提案办理满意和基本满意率99.8%,转变作风的意识、优化服务的能力得到加强。

此次大讨论活动以坚持学习为先、突出问题导向、注重实际成效为基本原则,以组织发动、深入学习,梳理经验、排找问题,筛选课题、开展研讨,成果学习、宣传推广为重要举措,持续推进思想大解放、环境大优化、扬中大发展,形成全面深化改革、加快建设"强富美高"新扬中的生动局面。面对长江经济带、"互联网+"、供给侧改革等宏观政策的"阵阵春风",以及经济下行、发展不均衡、要素制约带来的"料峭春寒",扬帆"十三五" 开启新征程大讨论大推进活动进一步明确下一步目标任务。此次活动通过总结提炼"扬中经验",形成"扬中亮点",增强干部群众的自豪感,进一步增强发展自信;梳理分析"扬中优势",科学谋划优势,进一步激扬发展热情;厘清找准"扬中短板",在全市上下形成迎难而上、创新作为、实干担当的氛围,进一步提高发展自觉;深入研究"扬中大事",按照"精而准、准而优"的原则,通过广泛研讨、集思广益、充分比选,进一步明晰发展路径;全面推进"扬中实践",精选追赶对象,确立比学赶超的"标杆",进一步提升发展成效。

(政府办 夏璟、新闻中心)

注释:效能提升"五大行动":依法履职行动、提速增效行动、春风暖企行动、激励担当行动、整庸治懒行动。

【"扬帆'十三五' 开启新征程"座谈会】2016年3月18日,扬中召开"扬帆'十三五' 开启新征程"座谈会,以各级领导干部为先导,深入解放思想,掀起"头脑风暴",广泛交流问策,为扬中市发展提供智力支持。市委书记、市长潘早云要求,全市干部群众要在更高层次上推进思想解放、凝聚发展共识,把发言代表的智慧结晶运用到扬中发展过程中去,转化为实实在在的发展成效。扬中市市领导冯锦跃、唐崇林、王继兰、王成明、艾晓晖、黄子来参加座谈会。市委副书记、市人大常委会副主任唐崇林主持会议。会上,陆朝银、王成明、翟德智等10位代表围绕"扬帆'十三五' 开启新征程"这个主题交流发言。这些代表中既有老领导,也有农村基层干部;既有镇街区、部门的领导,也有企业家代表。大家结合自己的工作开展深入细致的讨论。

潘早云充分肯定10位代表的发言,他表示,各位代表从产业转型、城乡建设、企业发展等方面提出问题、探讨路径,视角独特、观点新颖,激发思考。要把发言代表的智慧结晶运用到扬中发展过程中去,转化为实实在在的发展成效。就扬中未来五年的发展、大讨论大推进活动的组织等工作,潘早云要求,全市上下要在更高层次上推进思想解放、凝聚发展共识,尤其要在推动转型升级、提升发展质效、加速发展进程三个方面统一思想、形成共识;要在推动发展中坚持问题导向、抓好工作落实。全市上下应从理念、动力、环境、作风四大方面重点思考好、回答好几个问题，即破除什么样的观念束缚，创新发展思路，在转型发展中“挑战不可能”、用什么样的举措增强发展的内生动力、推动“四个区”建设、怎样落实“三服务”、为经济发展营造好环境。潘早云强调，全市上下只有通过强化担当精神，才能完成更加艰巨的发展任务；要在活动开展过程中创新组织形式、确保取得成效。重点要创新思维方式，广泛宣传发动，把握工作节奏，把大讨论、大推进活动不断引向深入。 （新闻中心）

**【大讨论大推进活动学习考察研讨会】** 2016年6月17日，扬中市召开专题学习考察研讨会。市委书记、市长潘早云要求各地各部门结合“扬帆‘十三五’ 开启新征程”大讨论大推进活动，梳理、消化先进地区的成功经验，进一步理清扬中发展短板、明晰发展定位，焕发创新创业新动能。市委副书记、市人大常委会副主任唐崇林主持会议。四套班子全体领导、各镇（街、区）党政主要领导、市相关部门主要负责人、“30强”企业、参加外出学习考察企业主要负责人、党校镇局级干部培训班全体人员出席会议。会上，市委常委、组织部部长黄子来，副市长于德祥围绕项目招引、创新转型和人才招引培育作专题发言；6个镇（街、区），市发改经信委、商务、科技、卫计委4个部门以及大全集团、香江科技2家企业分别交流学习考察体会。

潘早云作重要讲话。他指出，和余杭、嘉定、常熟三地相比，扬中不缺谋划思考、创新想法，也不缺发展特色、城市精神、先天资源，缺的是“说了算、定了干”的快速反应，“专注主业、精益求精”的工匠精神，“优势做优、特色再特”的进取意志，“继承传统、与时俱进”的有机结合和“一切为了企业、一切为了项目”的服务意识。潘早云强调创新驱动的路径不能偏离，要抓好人才、载体、投入等重点要素，在引进、培育、使用、留住人才上下功夫，更加注重园区载体的质量与效益，充分发挥财政资金杠杆作用，引入股投、风投等新模式，构建直接融资金融生态圈。转型升级的动作不能迟缓。潘早云指出，先进地区能先人一步，关键在于有带动性强的重大项目，为此，要扶优招强，弘扬工匠精神，用扬中质量赢得市场认可，除此，还要积极培育新业态，打造经济增长新引擎。开放开发的步伐不能放慢，要通过大讨论大推进活动，总结出更富内涵、更有指导性和针对性的扬中精神来引领开放。紧紧对接长江经济带、“互联网+”、《长江三角洲城市群发展规划》，分析机遇与挑战。服务优先的思路不能动摇。要全心全意服务企业，真心诚意服务发展，诚心诚意服务基层。唐崇林要求全市上下要抓好重点指标、重点项目以及重点工作。 （新闻中心）

**【大讨论大推进活动成果】** 2016年，扬中市委宣传部牵头开展“扬帆‘十三五’ 开启新征程”大讨论大推进活动，组织全市广大干部群众，开展多层面、多形式、多渠道的大讨论、大调研、大实践活动，持续推进思想大解放、环境大优化、扬中大发展，形成全面深化改革、加快建设“强富美高”新扬中的生动局面，《新华日报》两次专题报道活动开展情况。大讨论活动设计讨论座谈、媒体征集、定向征询等形式，举办座谈会261场。其中，由市领导召集的座谈会12场，吸引5000余人参与书面讨论，收到各类意见、建议8105条，活动参与度创历史新高。大讨论征集来的海量信息经过比选论证，确定涵盖政治、经济、文化、社会、生态等方方面面的12个重点研讨课题，形成《扬中“四千四万”精神与新型政商关系课题研究报告》《依托区位优势，推动扬中开创全域旅游新局面的若干建议》等具有前瞻性、针对性和可操作性的课题成果，《从过程先行到水平领先——县域治理法治化的扬中实践》成果被《新华日报》整版刊登。课题成果还被吸收进扬中市第十二次党代会报告，在最广泛的范围内得到最充分的应用。活动期间，举办发展高层论坛，邀请南京大学商学院院长沈坤荣教授等专家来扬开展系列专题报告。组织学习考察，组织市党政代表团赴杭州余杭、上海嘉定和苏州常熟等先进地区学习创新驱动、特色小镇、全域旅游等工作经验，并举办学习考察研讨会，找差距，明目标，谋对策。大推进活动以查漏补缺为补充，各地各部门查找工作短板310条，并明确整改工作的目标、举措和时间；以督查推进为手段，每月督查一次，督查结果列入年度工作目标管理考核；以服务发展为目标，推动“强富美高”新扬中建设的征程不断取得新的进展与突破，取得实实在在的发展成效。 （宣传部 马旭）

**【“扬帆‘十三五’”主题宣传】** 2016年，扬中市以“扬帆‘十三五’”为主线，先后在两台一报（扬中电视台、扬中人民广播电台和扬中日报）开设“谋划十三五”“创新驱动开新局”“扬帆‘十三五’，经济开门红”“激发新动能，实现大推进”“求实补短进行时”等专题专栏，报道各地各部门在“十三五”开局之年的新思路、新举措、新成效，和全市上下推动企业上市、打造“绿色能源岛”、创新实干的好做法、好故事、好典型，营造建设“强富美高”新扬中的浓厚舆论氛围。 （宣传部 陈露）

# 扬中概览

## 基础地情

【地理位置】扬中市地处北纬 32°~32°19′，东经 119°42′~119°58′，镇江市圌山东侧的扬子江中。市境呈西北—东南走向，南北长约 40 公里，东西平均宽约 7 公里。东北与泰兴市、扬州市江都区、扬州市邗江区隔大江相望，西南与丹徒区、丹阳市、常州市武进区依夹江为邻。扬中全境总面积 331 平方公里，陆地面积 228 平方公里，其中耕地面积 9.01 千公顷。全市由长江主航道南侧的太平洲、中心沙、雷公嘴、小泡沙 4 个沙洲组成，主岛太平洲是长江中第二大岛，总面积 220 平方公里。

（摘自《扬中市志》）

【地质地貌】扬中市为江中沙洲，属冲积平原，境内无山丘，地势低平，由西北向东南微倾。海拔 4~4.5 米，相对高度 1 米左右。扬中市各沙洲的基岩是扬子古陆的组成部分，上层为长江冲积层，表层物质较细；中部为沙洲核，核的周围是由较粗物质组成的鬃岗。它们全是长江沉积物，属新生代第四纪全新统现代沉积物（次生黄土）岩性，黄色、褐黄色砂粘土。第四纪开始，新构造运动比较活跃，长江水流等外力对塑造扬中的雏形起到主导作用。

（摘自《扬中市志》）

【沿江岸线】扬中江岸全长 150 公里。其中，太平洲东面和北面临长江主航道，岸线长 57 公里；西面和南面临夹江，岸线长 53 公里。中心沙岸线长 33.5 公里，雷公嘴岸线长 6.5 公里。沿江深水岸线 53 公里。岸线等级较高，多属贴岸深水岸线。-10 米等高线距岸边 40 米左右，具有良好泊稳和作业水域条件，适合建设不同类型的港口码头，泊位 5 万吨级至 10 万吨级。西江流域的长江浅水岸线长约 50 公里，水流平缓，岸线顺直，江堤外有大面积的滩涂，面积 6 万亩，是渔猎、休闲、旅游及农业相结合的综合场所。

扬中市通航港口有栏杆桥、万福桥、联丰港、何家大港、沙家港、二墩港、三跃港、兴隆港、东新港、长旺港、六圩港、团结港、思议港、川（穿）心港计 14 个，在通江口均建闸控制。骨干港道有 12 条，其中通航的有新坝大港、联丰港、三茅大港、三跃港、东新港、长旺港、六圩港、团结港、思议港、川（穿）心港，不通航的有永勤港、双龙港。骨干河道有前进河、丰收河、新联河、全红河、杜家港、营房港、铁皮港、向阳河、扬子河（大寨河）、建中河、三跃河、光明河、红星河、战斗河、红旗河、胜利河 16 条，均建有机电排水站。港河闸距一般为 1~2.5 公里，港河密度平均为每平方公里占有港河 0.53 公里。

（摘自《扬中市志》）

【气候特征】扬中地处北亚热带南部季风气候区，四季分明。春季晴雨相间，冷暖多变；夏季受东南风影响，炎热多雨；秋季天晴少雨，秋高气爽；冬季受西北风控制，低温寒冷。陆地为单一冲积平原，与同纬度周边地区相比，具有春季升温略快，秋季降温略慢，夏季高温略少，梅雨天暴雨略多的特点。

美丽的长江岛城——扬中

2016年，扬中市年平均气温16.7℃，较常年值15.7℃增加1.0℃，属显著偏高年份。年降水量1907.6毫米，比常年值1052.9毫米增加854.7毫米，属异常偏多年份，破历史极值。年降水日数137天，比常年值117.4天增加19.6天。年日照时数1812.6小时，比常年值2047.3小时减少234.7小时。其中10月日照时数为64.0小时，打破历史同期日照时数极少值。终霜期出现在3月15日，比常年值3月28日早13天；初霜期出现在11月24日，比常年值11月9日晚15天；无霜期253天，比常年值226天增加27天。年极端最高气温38.8℃，分别出现在7月24日、25日和29日；年极端最低气温-9.7℃，出现在1月24日。全年大雾天气29天，霾天气141天。2016年，扬中市主要灾害性天气有暴雨(大暴雨)、短时强降水、高温、寒潮(强冷空气)、台风等灾害性天气。

暴雨(大暴雨)：受厄尔尼诺次年影响，暴雨(大暴雨)天气过程频发，年暴雨日10天，破年暴雨日极多值，其中大暴雨日1天。除夏季出现集中暴雨(大暴雨)过程外，秋季也出现历史未见的暴雨(大暴雨)天气过程。

高温：集中在夏季7~8月之间，年高温日数14天，与常年平均8天相比增加6天。7月20日~8月2日，受副热带高压控制，扬中市出现持续高温天气，连续出现12天高温日。其中7月22~29日出现持续37℃以上的高温，持续8天，创有气象记录以来同期历史之最，极端最高气温为38.8℃，分别出现在7月24日、25日、29日。全市区域站极端最高气温出现在7月25日新坝镇，为40.1℃。

梅雨：6月18日入梅，与常年值6月18日相同；7月20日出梅，较常年平均7月10日晚10天。梅雨期32天，比常年值增加9天；梅雨量为475.5毫米，较常年平均值257.1毫米偏多218.4毫米。

寒潮(强冷空气)：扬中市出现2次强冷空气、3次寒潮以及1次强寒潮天气过程。2016年1月24日最低气温-9.7℃，为1981年来最低气温极值，当天最高气温-5.2℃，日平均气温-7.0℃，极为寒冷。

台风：主要集中在9月、10月，有3个台风影响，由于影响时间长，持续降水明显，均出现区域性暴雨。

(气象局　缪士荣)

**【建置沿革】** 清光绪三十年(1904)，两江总督端方上奏朝廷，请设太平厅，辖丹徒、丹阳、武进、泰兴、江都、甘泉(邗江)6县，为太平洲之属地。朝廷准奏，建太平厅，隶属镇江府。光绪三十二年，太平厅抚民府同知钱锡林设厅治于三茅宫。光绪三十四年(1908)，同知蒋育芬迁厅治于下八桥镇陈家当铺。宣统三年(1911)10月，太平厅改称太平县，抚民府改称民政长公署。

民国元年(1912)，实行市乡制，县划设1市(即三茅市)和7乡，市、乡相继成立自治机构议事会和董事会。民国2年(1913)，县民政长公署改称县知事公署，县民政长改称县知事。是年秋，县知事秦汇生复迁县治于三茅宫。民国3年(1914)1月，改县名为扬中县，隶属金陵道镇江府。民国16年(1927)，江苏省政府撤销金陵道，扬中县知事公署改称扬中县政府，县知事改称县长，直属江苏省政府。民国22年(1933)，属江苏省第一督察专区，是年12月改属溧阳区督察专区。民国23年(1934)，县长洪康燮主政，废闾邻制，实行保甲制。全县划为53个乡、348个保、3583个甲。民国23~25年(1936)，先后更改或重新确定乡名。民国27年(1938)2月，日军侵犯扬中，县政府解散。汉奸顾仙痴等组成伪政权，称扬中县地方治安维持会。民国28年(1939)3月，江南抗日义勇军挺进纵队进驻扬中；5月，成立国民扬中县政府，县治设长旺乡龙王庙。翌年1月，日军再次入侵扬中，县治官邸遭焚毁，政府随之解散。顾仙痴重组汪伪政权，称扬中县地方自治委员会。同年4月，扬中县抗日民主政府成立，属镇(江)、丹(阳)、武(进)、扬(中)四县抗敌委员会。民国30年(1941)1月，改属镇澄区督察专员公署，4月改属江南第四行政督察专员公署。民国33年(1944)12月改属苏中第五行政专员公署。民国34年(1945)11月5日，新四军奉命北撤，县抗日民主政府大部分军政干部奉命随军北撤。12月5日，国民扬中县政府复入县境，属江苏省第五行政督察专署。

1949年4月，扬中县人民政府在江都县嘶马鲍马庄成立。4月22日，扬中解放，县人民政府设县治于三茅镇(原三茅宫)，隶属苏南行政公署镇江专员公署。10月，中共扬中县委、县政府开展民主改革，恢复抗日民主时期的区乡制，废除保甲制，改称村、组。全县划分4个行政区，58个乡、527个村、3654个组。1950~1952年，县政府对辖区乡进行调整，撤销三茅市，改称三茅镇，直属县政府；撤销中正乡，改称大众乡；将原属三茅镇的一、二两村划归大众乡，并增设民主乡；将原属三茅镇的三、四两村划归钟灵乡，并增设建设乡；将新坝区的南阳、三阳两乡合并，改称联合乡。时有新坝、三茅、兴隆、八桥、福星5个区，辖58个乡。

1956年2月，扬中县政府改属扬州专员公署；同年11月28日，复属镇江专员公署。1958年9月，改属常州专员公署。1960年7月，又复属镇江专员公署。

1968年3月14日，成立江苏省扬中县革命委员会。1981年5月8日改称县人民政府，隶属镇江地区行政公署。1983年3月1日，江苏省实行市管县体制，扬中县隶属镇江市。

1994年5月13日，经国务院批准，扬中撤县设市，更名为扬中市，仍属镇江市管辖。

（摘自《扬中市志》）

**【区域人口】** 扬中市下辖新坝镇、油坊镇、八桥镇、西来桥镇4个镇，三茅街道、兴隆街道2个街道以及扬中经济开发区，全市有58个行政村、19个社区。户籍人口282046人，比2015年增加440人。其中男性人口138089人，女性人口143957人，男女比例为95.92:100。全年出生人口2341人，人口出生率8.3‰，降低1.3‰，省内迁入1731人，省外迁入886人，合计增加4958人；死亡人口2142人，死亡率7.6‰，降低0.85‰，迁出省内1918人，迁出省外458人，合计减少4518人；人口自然增长率0.7‰。年末，全市常住人口34.26万人，城镇化率62.08%。（统计局 赵沅辰）

注释：兴隆街道与扬中经济开发区合署办公，管辖区域一致。

**【扬中方言】** 扬中处于北方方言与吴方言区域的中间地带，先民来自四面八方，尤以周边地区和长江沿岸各省为多，有着五方杂处、六邑分治的历史背景。其方言基调虽属北方方言的江淮方言，但又有着众多江淮方言罕见或未有的语言现象。

移民文化对扬中方言的形成影响较大。方言称呼老老奶奶（祖父母）、公公婆婆（外祖父母）等，生产生活用语摘麦、钉耙、筲箕等与苏北话同。方言“往是往”（反正如此意）则为吴方言“横竖横”发音。方言“一刻丫工夫”等同镇江话，起暴、上冻、一古纳塌、萝卜缨子等同南京话，庚朝（今天）、瘦头、吃生活（受罚）等又同上海话。带“头”字的方言词里头、苦头、滑头等，带“子”字的方言词茄子、领子、信壳子等，带“鬼”字的方言词酒鬼、小气鬼等均同湖南话。疑问句尾缀用“嘎”与湖北话一致，如“上学嘎”“喝粥嘎”等。方言逢人配、隔食病、细来小去等则与四川话无异。

本土方言也有差异。请人到家中小坐，上洲说玩玩，中洲说戏戏，下洲则说耍耍。上洲公信桥一带说丹徒大路话，而与之相距一两个埭的丰裕桥一带却有明显的泰兴腔调。

古汉语及古典小说语言是扬中方言形成的又一重要源头。标志性方言“杲昃”，出自《诗·卫风·伯兮》“杲杲出日”和《荀子·哀公》“君平明而听朝，日昃而退”，以太阳东升于树木之上（杲），与太阳西斜（昃）代指“东西”。俗语“丢了笊篱舞扫帚”“听了风就是雨”等在《红楼梦》中曾出现，“大意失荆州”源自《三国演义》，“前不巴村，后不巴店”等在《水浒传》中可见到。至于称有点本事的人为“猴”，则与《西游记》神通广大的猴王孙悟空形象关联。

生产生活实践直接影响着扬中方言的形成和发展。每逢汛期，扬中堤外江水高过头顶，故有俗语“脚踩一只盆，头顶一江水”，意在警示人固堤防险。“何福寿飘鱼花——（大水）冲掉八塘（喻彻底失败）”“魏天宝唱麒麟——出口成章”等歇后语均源自扬中真人真事。方言成语“众志成桥”由成语“众志成城”翻新，反映1994年扬中人民集资建造长江大桥的壮举。20世纪80年代末，大全集团董事长徐广福“要么第一，要么唯一”的企业追求，在扬中广为流传，现已成为扬中人民敢为人先的精神写照。

此外，西风东渐，新词语大量涌入，并被方言和普通话同时采用；普通话推广、人民文化程度提高和对外交流频繁，说普通话的人越来越多，亦对扬中方言文化产生较大影响。如爹爹妈妈、老老奶奶的传统称呼已被普通话爸爸妈妈、爷爷奶奶代替；相互见面招呼“你吃嘎了吗”等，也基本上被“你好”“早晨（中午、晚上）好”等文明用语代替；时髦女子受到诸如衣着、发型方面的夸赞，已一改过去表示谦虚的“哪里、哪里”等惯用语，代之以普通话“谢谢”或“谢谢您”。

（摘自《扬中市志》）

**【扬中特产】** **河豚** 古称“赤鲑”“鯸鲐”，生活于海中，属淡水洄游鱼类。扬中素有产出，俗称“本江豚”，“长江三鲜”之一。扬中民谚称“河豚不过镇江水”。每年3~5月，清明节前后，境内长江水域有洄游河豚孵化、繁衍。人们捕而烹食，肉质鲜美，食后百味逊色。虽河豚卵、肝、血液、眼睛有剧毒，中毒或死亡者屡见不鲜，但食者不断。扬中河豚文化丰富。民间有“拼死吃河豚”“河豚不药扬中人”俗语。1950年前后，扬中年捕捞河豚量约3.5万公斤。后因江水污染严重，年产量逐年锐减，1980~1990年，年均产量仅500公斤。1991~1996年，年均产量不足150公斤。2000年后，扬中沿江已很难寻觅河豚踪迹，似有灭绝之势。20世纪90年代中期起，扬中分别在新坝镇、三茅镇、油坊镇进行河豚养殖试验，获得成功。

**鲥鱼** “江中三鲜”之一，属淡水洄游鱼类。每年谷雨到夏至间，鲥鱼由太平洋经东海入长江，溯江而上产卵孵化，繁衍后代。鲥鱼入江后膘肥体壮，吞食虫藻后体质更加肥壮，体重多在4~10斤，最重者16斤。沿江民众应时捕食，肉肥鲜美，内含蛋白质、脂肪、铁质、钙、磷、核黄素等，营养价值高。明清时期，本江鲥鱼为官府贡品。明代诗人何景明(1483~1521)《鲥鱼》诗云："五月鲥鱼已至燕，荔枝卢橘未能先；白日风光驰驿骑，炎天水雪护江船。"据传，清康熙皇帝南巡至镇江焦山品尝鲥鱼，觉得"齿颊留香"，故有"鲥鱼食后齿留香"之说。据统计年鉴记载，1966~1980年，扬中商业收购鲥鱼23.25万公斤，年均收购1.55万公斤，其中80%以上出口到美国、日本、中国香港等国家和地区。1986~1996年，扬中鲥鱼产量逐年锐减，2006年已不见有鲥鱼入餐。本江鲥鱼近乎灭绝。

**刀鱼** "江中三鲜"之一，又称"鲚鱼"，属淡水洄游鱼类，栖息于近海。古《竹枝词》云："刚交春时捕春刀，上灯时节价最高，试看纤鳞谁最早，才入长江进商豪。"刀鱼形似刀，体侧扁，尾部长，全身银白色，口大有胡须，端位、腹部有棱鳞，雌大雄小。进入长江早于其他洄游鱼类，每逢阳春三月溯江而上，孵化繁衍。渔民应时纷纷张网捕捞，江上出现一幅"春汛捕捞图"，水面上帆樯点点，江滩上密布罾罟。刀鱼体重较轻，渔民称：过斤者为"头刀"，属上品；半斤以上者为"二刀"；半斤以下者为"毛刀"。刀鱼捕捞期一般是惊蛰后至端午前后。1950~1964年，县商业收购69.73万公斤，年均4618公斤。进入20世纪80年代，长江水体污染日趋严重，刀鱼产量逐年减少。1986~1995年，平均年产3000公斤。1996~2000年，年均产量近2650公斤。2001~2006年，年均产量2000公斤余。清代诗人朱彝尊诗中"京口刀鱼尺半肥"的"头刀"不见，"二刀"尚少，多为每条2两以下的"毛刀"。

**秧草** 学名"黄花苜蓿"，又名"三叶菜""黄花草""草头"。为一年生或越年生草本植物，被子植物门，豆科，苜蓿属。其茎平卧或倾斜，三出复叶，叶表面浓绿色，总状花序，腋生，每花序有黄色小花2~6朵，蝶形花冠。荚果螺旋形，有钩状刺，种子肾形，黄褐色。据史料载，秧草原产印度和地中海沿岸，为上好的牧草。西汉时期，张骞从西域带到中原种植；南宋时期，抗金名将韩世忠从中原带到扬中(时称小沙)，命部下种植饲马。秧草还是优良的绿肥。扬中成洲以来，农户连年种植。大田种植方法一般有两种：一是辟一方田单种。次年，该秧草田就作为水稻育秧的秧田，其秧草经沤制便成秧田基肥。二是秧草与元麦夹种，元麦收摘后，将枯黄的秧草茎(筋)踩埋在犁沟内，用作水稻田基肥。

在扬中，秧草是绝佳的蔬菜，味道鲜美，营养丰富。与河豚、刀鱼等江鲜一起烹饪，"只食秧草不食鱼"。扬中解放前数百年间以及解放后的计划经济时期，由于粮食匮乏，经常闹春荒。在青黄不接之际，民众常以秧草充饥，因此秧草曾一度被扬中人称为"救命草"。改革开放以后，随着农业科技的发展，发现秧草含有多种维生素、氨基酸和微量元素。其中维他命K含量高于其他蔬菜，有较高的医药价值和保健作用。秧草对肿瘤有抑制作用，能降血脂、抗凝血、防出血、清内热。它含有的植物皂素，和人体内的胆固醇结合，可促进排泄，从而降低胆固醇含量，保护动脉壁，对防治冠心病有功效。秧草含糖量低，是糖尿病、心脏病患者的佳蔬。21世纪，扬中充分利用秧草资源，开发特色农产品，并形成种植规模。运用冷藏贮运技术和高科技手段，同时将鲜秧草和咸秧草推向全国各地，并走向世界。

(摘自《扬中市志》)

秧草大棚

# 经济建设

**【综合实力】** 2016年，扬中市实现地区生产总值504.73亿元，可比增长9.5%。其中，第一产业增加值12.96亿元，降低0.1%；第二产业增加值261.44亿元，增长9.6%；第三产业增加值230.33亿元，增长11.89%。人均地区生产总值14.7万元(按常住人口计算)，比上年增长9.1%，按现行汇率折算为21415美元。三次产业构成由2015年的2.5:52.5:45.0调整为2016年的2.5:51.8:45.7，一般公共预算收入占地区生产总值的6.4%。扬中市实现财政总收入80.1亿元，比上年增长3.4%，一般公共预算收入32.5亿元，下降4.5%。在一般公共预算收入中，税收收入26.72亿元，下降8.5%，税收占比82.22%。全年财政支出67.6亿元，增长7.11%。其中一般公共预算支出38.8亿元，增长0.6%。扬中市列"全国中小城市综合实力百强县

(市)"第23位。 (统计局 赵浣辰)

【农业】2016年,扬中市完成农林牧渔业总产值25.53亿元,比上年增长8.49%。其中种植业产值12.46亿元,增长8.14%;林业产值0.97亿元,增长12.07%;牧业产值3.37亿元,增长7.72%;渔业产值4.08亿元,增长12.03%。粮食播种面积12.7千公顷,减播1.78%;粮食总产量9.19万吨,减产6.61%。其中秋粮总产量6.03万吨,减产5.49%。油料种植面积0.67千公顷,增播3.08%;油料总产量1589吨,增产0.89%。蔬菜种植面积3.65千公顷,比上年增加110公顷。特色水产标准化、规模化养殖水平提升,全市渔业"三品"比重占96%,河豚工厂化养殖面积9万平方米,江蟹标准化养殖面积480公顷,刀鱼特色化养殖15万尾。

全市完成绿化造林面积200公顷,完善提高农田林网666.7公顷,完成四旁植树15万株,森林抚育面积266.7公顷,完成8个省级村庄绿化示范村创建,其中1个森林生态示范村。全年完成水利工程总投入2.1亿元,完成"小农水重点县"项目投入3424万元。新建排涝泵站4个,翻建8个。整治排水沟道24.84千米,新建机耕桥17座,新建翻建涵洞27座,维修35座,新建固定提水灌溉泵站69座,新建混凝土防渗衬砌渠道19.99千米。完成堤顶道路修补1.6万米,挡浪墙维修1700米,江堤滑坡治理870米。新建建设河、滨江大道等城区泵站,实施新坝新宁村段、丰乐桥段、三茅街道泰州大桥至永勤河段、兴隆弯道猫沙段等地段坍江治理工程,总长4100米。东新港闸站工程竣工,沙家港闸站工程全面开工,完成"中小河流治理重点县"项目投入7000万元。

农业节能减排成效明显。农用化肥施用量3516吨,下降5.61%;农膜使用量128吨,下降7.25%;农药使用量246吨,与上年持平;农用柴油使用量408吨,下降7.06%。 (统计局 赵浣辰)

【工业】2016年,扬中市工业企业实现产值1386.53亿元,比上年增长10.2%;完成工业增加值297.58亿元,可比增长10.0%。定报工业企业实现销售收入1331.59亿元,比上年增长10.2%;定报工业实现利税152.99亿元,增长10.0%。全年全社会用电量18.25亿千瓦时,增长8.45%。其中工业用电量12.95亿千瓦时,增长6.38%。工程电气、新能源、装备制造三大支柱产业实现产值1269亿元,占规模工业比重的91.6%。工程电气产业实现创新转型新突破,产业实现产值870.77亿元,比上年增长10.1%;装备制造业实现产值95.6亿元,其龙头企业新韩通船舶重工年销售42.86亿元;光伏行业实现产值250.2亿元,比上年增长14.11%,生产硅片23.5亿片。2016年,全市销售亿元以上工业企业110家,10亿元以上企业24家,大全集团产值、销售分别为221亿元、211亿元。"三十强"工业企业全年实现销售876亿元,占规模工业的比重为65.7%。荣德、环太、香江、鼎圣等重点企业成为支撑扬中市工业增长的重要力量。 (统计局 赵浣辰)

【固定资产投资】2016年,扬中市实现固定资产投资305.1亿元,比上年增长15.0%。其中工业投资257.7亿元,增长17.5%,占扬中市投资总额的84.5%;服务业投资47.2亿元,增长28.7%,占扬中市投资总额的15.5%。实现亿元以上项目投资196.5亿元,下降4.3%;新兴产业投资186.2亿元,增长15.1%;文化产业投资8.7亿元,下降4.1%。全年新办民营企业1469家,新增注册资本322亿元,吸纳民资118亿元。

大全集团生产线

(统计局 赵浣辰)

【建筑业与房地产开发】2016年,扬中市资质以上建筑企业31家,实现建筑业总产值32.2亿元,比上年增长4.1%。建筑业企业房屋建筑施工面积208.6万平方米,其中2016年新开工面积109.1万平方米。房地产市场保持稳定。扬中市有工作量的房地产企业35家,全年实现房地产开发投资24.8亿元,比上年增长42.2%。商品房施工面积146.9万平方米,下降8.1%;商品房竣工面积67.1万平方米,增长14.7%。商品房销售面积54.9万平方米,增长39.0%。其中住宅面积50.4万平方米,增长37.3%。商品房销售额32.1亿元,增长33.3%。其中住宅销售额28.9亿元,增长37.9%。 (统计局 赵浣辰)

【国内贸易】2016年,扬中市实现社会消费品零售总额140.92亿元,比上年增长11.2%。其中城镇市场实现零售额128.53亿元，增长11.6%，占社会消费品零售总额的91.2%；农村市场实现零售额12.39亿元，增长6.9%。分行业看，批发零售贸易业实现零售额114.88亿元，增长8.1%，其中零售业实现零售额100.25亿元，增长8.2%；住宿餐饮业实现零售额26.04亿元，增长27.3%，其中住宿业实现零售额3.23亿元，餐饮业实现零售额22.81亿元。 （统计局 赵浣辰）

**【开放型经济】** 2016年，扬中市推动新材料、电子信息、现代仓储物流、商务咨询等新兴产业加速扩张，支持和鼓励优质企业更大步伐“走出去”，加大优质资本“引进来”力度。实际利用产业类外资1.4亿美元，比上年增长7.5%。全年完成外贸进出口总额5.72亿美元，增长1.57%。其中出口总额4.54亿美元，下降5.83%。

（统计局 赵浣辰）

**【交通运输业】** 2016年，扬中市完成客运量360万人，比上年下降7.2%，客运周转量2.1292亿人千米，下降7.7%；货运量423万吨，增长1.9%，货运周转量4.7488亿吨千米，增长2.0%。2016年年末，全市公路里程1031千米。在全省“城乡客运一体化发展水平”评价中获评5A级。连续四年开展镇村公交“回头看”，公交线路运营里程378千米，累计完成公交客运量939万人次，79个行政村实现公交全覆盖，公交车万人拥有率7.2标台/万人，城乡公共交通出行分担率7.3%。

（统计局 赵浣辰）

**【邮电业】** 2016年，扬中市实现邮电业务收入1.62亿元。其中邮政业务收入0.48亿元，电信业务收入1.14亿元。年末，有邮政局(所)13处，邮政线路总长度98千米；全市电话普及率356部/百户，移动电话用户30余万户，信息化发展水平90%。 （统计局 赵浣辰）

# 政治建设

**【政务服务】** 2016年，扬中市实施“政务服务提升年”行动，推行企业“五证合一”、个体工商户“两证合一”，实施企业投资项目“多评合一”、并联审批。启动“e办事”平台建设，运行中小企业网络服务平台。全面实行“营改增”，多措并举压降企业生产经营成本，尽最大努力减轻企业负担。开展“扬帆‘十三五’ 开启新征程”大讨论大推进活动，实施“补短板”“创先争优”项目331个。扎实推进效能提升“五大行动”，健全容错纠错机制，浓厚干净干事、勇于担当的氛围。完善市政府重大行政决策制度，实施年度目录清单管理。建立健全督查工作网络，持续推进简政放权、放管结合，规范公共资源交易管理，加强政府投资建设项目招投标监管和审计监督。强化财政预算制度刚性执行，实行预决算公开，深化公务用车制度改革，“三公”经费支出持续下降。深入开展“两学一做”专题教育，自觉接受人大依法监督、政协民主监督，人大代表建议、政协委员提案办理满意和基本满意率99.8%，转作风的意识、优服务的能力得到进一步加强。 （政府办 夏璟）

2016年3月18日，扬中市召开“扬帆‘十三五’ 开启新征程”座谈会

**【社会管理】** 2016年，扬中市圆满完成第十一届村委会和第六届居委会换届选举，创成3A级以上社会组织3家。启动“七五”普法，开展“法治惠民镇村行”，新增省级法治文化示范点2家。健全事中事后监管和应急管理机制，全力做好欠薪处置、安全生产、食品药品及市场监管等工作。完成技防城升级改造工程，形成整岛一体化治安防控体系。 （政府办 夏璟）

# 文化建设

**【科学技术】** 2016年，扬中市有高新技术企业133家，高新技术产业产值占规模以上工业产值的75.2%，全年发明专利申请1616件，万人发明专利拥有量23.31件，科技孵化总面积超48万平方米，全社会研发投入占地区生产总值比重2.78%，科技进步贡献率62.1%。三茅街道“创客空间”入驻企业及服务机构8家；新坝镇“CTU”空间、经开区“智慧”空间、油坊镇“阳光创客”空间列入省级众创空间备案，华北电力大学扬中智能电气研究中心获批省重大创新载体项目。推进高新区建设，完成苏南自主创新示范区布局规划调整。全年获

批省级以上研发机构8家。其中,省工程技术研究中心2家,省研究生工作站6家。引进国家"千人计划"6人、"双创计划"3人。每万名劳动力中有高技能人才717人。全年实施省级以上科技计划项目30余个、镇江市科技创新重点项目7个、扬中市重点项目9个。其中获批省成果转化项目1个、省重大创新载体项目1个。2016年,扬中市获评"2016年度知识产权强省建设区域示范创建单位"。 (统计局 赵浣辰)

【教育事业】2016年,扬中市有小学12所,教学点2个,教学班332个,在校学生数1.36万人,教职工总数1021人,专任教师927人;中学10所,其中高级中学2所,初级中学7所,九年一贯制学校1所;教学班初中162个,高中79个,初中在校学生数6557人,高中在校学生数3085人,教职工总数1325人,专任教师1112人;公办幼儿园15所,教学班164个,在园幼儿数6341人,教职工总数350人,专任教师321人;特殊教育学校1所,教学班7个,在校学生数88人,教职工总数29人,专任教师22人;职业中专1所,教学班40个,在校学生数1472人,教职工总数194人,专任教师181人。

扬中市创成"镇江市教育现代化先进镇(街道)、学校"13所,通过"江苏省示范性县级教师发展中心"评估验收,率先在镇江实现全区域"数字化校园"创建,创成首批"江苏省平安校园建设示范市"。学前三年儿童入园率99.72%以上,小学入学率100%,初中入学率100%,残疾儿童少年入学率98.6%,高中入学率100%。高考成绩二本以上达线率为65.2%,比上年增长3.92%,连续两年列镇江市第一。 (统计局 赵浣辰)

【文化事业】2016年,扬中市启动扬中博物馆工程,完成市图书馆改扩建。奥体中心展览馆建成并投入使用。完成3个文化站示范点、7个基层综合文化服务中心示范点创建,全市村(社区)综合文化服务中心建成率100%。扬中市国民体质测定与运动健身指导站创成省级站点,全市新建健身路径29个,更换健身器材22套,更换覆盖率80%。新建体育健身公园2座,建成健身步道5千米,步道总长22千米。围绕"扬帆'十三五'开启新征程",举办扬中市第十一届社区文化艺术节和农民艺术节,开展小合唱比赛、经典戏曲展演、少儿故事创作大赛等活动。举办舞龙大赛、综合性大型民间特色文艺演出6场,承办"苏风墨韵"省书法名家精品巡回展等展览8场。全年组织送文艺下乡巡回演出52场次,向基层赠送图书5000册,免费为群众放映影片630场次。 (统计局 赵浣辰)

【卫生事业】2016年,扬中市深化医药卫生体制改革,完善市、镇两级医疗机构分级诊疗、双向转诊、上下联动、急慢分治的分工协作机制。开展省级示范村卫生室创建工作,控制药占比、优先使用基本药物等抗菌药物专项整治行动,完成传染病监测报告系统功能模块开发并正常运行。全市建立电子居民健康档案29.4万余份,建档率86.6%;开展65岁以上老年健康体检3.1万人次;0~6岁儿童健康管理率和孕产妇健康管理率均在95%以上。全市有各类卫生机构92个,卫生机构床位数1110张;有卫生技术人员1733人,其中医生757人,注册护士664人。全市医疗机构完成业务总收入6.76亿元,门诊203.7万人次,住院28.76万床日,比上年分别增长7.13%、-13.83%和10.15%。

(统计局 赵浣辰)

【体育事业】2016年,扬中市承办第八届全国青少年女子曲棍球锦标赛,江苏省女子曲棍球锦标赛,中国足协业余联赛总决赛,江苏省U11、U13足球联赛。举办江苏—北京女子篮球对抗赛、"体育伴我行"万人健步走、扬中市第七届男子篮球联赛、"中垠·悦城"杯广场舞大赛、扬中市首届健身大赛、扬中市首届游泳比赛以及"社保情"机关企事业退休人员象棋比赛。竞技体育取得新突破,获得里约残奥会金牌2枚。

(统计局 赵浣辰)

第八届全国青少年女子曲棍球锦标赛比赛现场

## 社会建设

【城市建设】2016年,扬中市编制完成西城区控制性详细规划、三桥互通口城市设计、科技新城控制性详细规划等,并完成老城区控制性详细规划动态维护。全年查处各类违建504处，拆除179处，拆除或整改面积2.3万平方米。公共自行车三期完成25个站点的立项、商务谈判，新建公共自行车站点10个，新增雨棚5个。推进金州水务回购工作。建成扬中天然气门站LNG气化站。“中燃分布式能源”项目一期投资400余万元，建设30吨燃气锅炉及管线，实现试运行。建成农村小型污水设施11座，管网29千米。231省道、天后宫路路灯改造工程完成。完成农村公路建设项目8个，改建农村公路桥梁1座。开工建设238省道八桥段养护改善工程，工程由八桥加油站至扬中二桥北，长3.883千米。做好238省道西来桥段改造和雷公岛直达通道建设，南江路、同心路西延建成通车。推进城乡公交一体化，新开通客运站至永固镇村公交线1条，优化调整线路走向2条。新建城乡一体化智能候车厅27个，实现城区公交站点500米半径全覆盖。完成“江苏交通一卡通”IC卡推进工作，群众满意度95%以上。推进园丁路南侧、扬子新村等片区旧城改造。 （统计局 赵浣辰）

**【人民生活】** 2016年，扬中市居民人均可支配收入3.57万元，比上年增长9.2%。其中城镇居民人均可支配收入4.58万元，增长8.1%；农村居民人均可支配收入2.39万元，增长9.0%。从收入构成上看，农村居民经营净收入、财产净收入和转移净收入的增速分别高于城镇居民2.7、1.5和2.0个百分点，工资性收入的增速与城镇居民持平。年末，城乡居民人均储蓄存款余额8.13万元，比上年增加5022元。居民消费水平持续提升，人均生活消费支出2.06万元，增长8.7%。其中城镇居民2.41万元，增长7.2%；农村居民1.66万元，增长11.3%。恩格尔系数(食品支出占人均生活消费支出的比重)29.5%，较上年降低2.9%。其中城镇降低2.9%，农村降低2.8%。 （统计局 赵浣辰）

**【社会保障】** 2016年，扬中市落实困难群体托底工程，援助就业困难人员111人。扶持创业367人，新增城镇就业1.2万人，城镇登记失业率控制在1.35%以内。年末，全市企业养老保险参保人数10.8万人，覆盖面98.9%；城乡居民养老保险参保人数4.5万人，覆盖面100%；机关事业单位养老保险参保人数0.88万人。职工基本医疗保险参保人数9.02万人，覆盖面100%；居民基本医疗保险参保人数17.44万人，覆盖面99%。失业保险参保人数5.3万人，覆盖面98.1%。生育保险参保人数6万人，覆盖面100%。城乡低保标准提至每人每月625元，全年发放低保金1042.19万元，涉及低保对象2886人；发放重残救助金1135万元，涉及重残救助对象2627人。全市有社会福利院1个，福利院床位数150张，供养122人；敬老院6个，敬老院床位数790张，供养369人，集中供养率65.04%；民办养老机构20个，床位数1871张，入住老人1063人。全市养老床位数3086张，每千名老人拥有床位数44.7张。

（统计局 赵浣辰）

## 生态建设

**【绿色发展】** 2016年，扬中市大力发展绿色经济、低碳经济和循环经济，加强生态红线区域保护，实施生态修复补偿项目10个，休耕轮作耕地1.6万亩。《扬中市“十三五”生态环境保护规划》完成编制并通过专家评审。对全市39家重点污染源和65家一般污染源进行常态化监测。深化建筑工地扬尘治理，狠抓秸秆禁烧和综合利用，认真落实畜禽养殖禁限养区要求，关停禁养区内的养殖企业，推进燃煤锅炉、化工行业等专项整治工作，关停并转化工企业3家，整治燃煤锅炉74台，淘汰报废黄标车642辆。划定城市边界，调整完善新一轮土地利用总体规划和老城区控制性详规，创成“省国土资源节约集约模范市”。 （统计局 赵浣辰）

**【环境保护】** 2016年，扬中市大力推进“绿色能源岛”建设，屋顶光伏发电装机容量42.8兆瓦，获批创建全国高比例新能源示范城市。策应长江流域“共抓大保护、不搞大开发”战略，开展非法码头专项整治，中央环保督察交办事项全部整改到位。完成覆盖拉网式农村环境综合整治，创成省级美丽乡村3个，新坝镇创成美丽宜居镇。 （政府办 夏璟）

**【五水联治】** 2016年，扬中市编制《扬中市水环境综合整治规划》，实施广宁河片区水环境治理，完成工人路、友谊路、翠竹路、同宁路雨污分流改造。建成兴隆污水处理厂二期，新增农村生活污水处理设施14座、管网29千米，成为“全国农村生活污水治理示范市”。开工建设沙家港闸站，疏浚夏家港、六圩港、张家港水系。新建改造城区排涝泵站8个，整治易淹易涝片区9个。有效处置坍江、跌塘等险情，实现安全度汛。

（政府办 夏璟）

# 大事记

## 1月

1月1日，扬中市首届长江捕鱼节在江之源生态园举办。

1月6~8日，扬中市召开第十六届人民代表大会第五次会议、中国人民政治协商会议扬中市第九届委员会第五次会议。

1月7日，江苏省教育厅基教处副处长殷雅竹率省幼儿园“课程游戏化”项目实施视导小组到新坝中心幼儿园调研。

1月9日，新经济(智慧长江)高峰论坛在扬中举行。

1月11日，扬中市召开地名工作暨第二次地名普查工作推进会。

1月11日，扬中市宣传部、文联、民政局联合举行《“美在扬中”文学作品集》《扬中地名故事》首发式。

1月15日，江苏省民防局检查考察组考核扬中人防工作。

1月15日，“苏风墨韵”江苏省书法名家精品巡回展暨江苏省书法家协会“迎新春 送万福”活动在扬中举办。

1月19日，江苏通灵股份有限公司、江苏天辰新材料股份有限公司赴北京参加全国转股系统扬中专场挂牌仪式，集中挂牌并开市。

1月18~19日，国家质检总局专家组验收评估扬中市“全国中低压工程电气知名品牌示范区”创建工作。

1月21日，江苏省城市环境综合整治考核组到扬中，现场检查2015年度城市环境综合整治工作。

1月23日，新坝镇举办“智能电气产业发展论坛”。

1月31日，以“微动扬中”为主题的扬中首届微友节暨第四届网民节举行。

1月，扬中市科技局获得2015年度“江苏省部门统计示范点”称号。

1月，扬中市被江苏省人力资源和社会保障厅授予“全省劳动保障监察两网化管理示范县(市、区)”荣誉称号。

1月，扬中市率先成为江苏省城市公交、城乡公交、镇村公交一卡通全覆盖的县级市。

## 2月

2月4日，江苏省人大法制委副主任委员、常委会法工委副主任王腊生带领省人大、省物价局部分领导到扬中，就《江苏省价格条例(草案)》的修改完善征求意见，召开立法调研座谈会。

2月4日，扬中市入选首批2016~2020年度全国科普示范县(市、区)，示范期为5年。

2月15日，扬中市召开全市2015年综合表彰暨2016年新春动员大会。

2月19日，扬中市召开扶贫开发建档立卡工作部署暨业务培训会，正式启动新一轮扶贫开发建档立卡工作。

2月22日，西来桥镇在镇文体活动中心举办扬中市首届“福星洲”杯舞龙大赛。

2月23日，新坝镇宝胜电气产业园项目开工奠基。

2月25日，扬中市召开“五水联治”行动动员大会，全面部署“五水联治”工作。

2月26日，首届华东农产品供应链发展论坛在扬中举行。

2月，扬中市城西安置点嘉禾新城安置房选房交付工作正式启动。

2月，新坝镇五一村工业园创成镇江市创业孵化示范基地。

## 3月

3月8日，中共扬中市委、扬中市人民政府下发《关于成立扬中市“五水联治”行动指挥部的通知》，成立扬中市“五水联治”行动指挥部。

3月11日，中央电视台财经频道《经济信息联播》节目播放《江苏扬中：黄金水道主动“留白”》主题新闻，报道扬中"留白"发展理念。

3月14日,江苏省公安厅党委副书记、副厅长邵木金带队,到扬中开展重点工作集中调研督导。

3月16日,浙江省江山市市委副书记、市长叶美峰带领考察团到扬中考察工业经济发展情况。

3月18日,第十三届中国扬中河豚文化节暨全国首届河豚烹饪精英赛开幕。

3月21日,国土资源部副部长王广华调研不动产登记工作推进情况。

3月21日,扬中工程电气产业聚集区获得2015年区域品牌价值评价证书。

3月23日,江苏省考核组就扬中江苏省平安校园建设示范县(市、区)创建工作现场考核评估。

3月23~24日,江苏省人大常委会党组书记、常务副主任蒋定之专题调研扬中经济和社会事业、基层人大工作。

3月28~30日,江苏省教育评估院副院长周明率专家组对扬中市第二高级中学创建省四星级普通高中现场评估。

3月29日,大全集团在第二届中国质量奖颁奖仪上获得中国质量奖提名奖。

3月29日,哈尔滨工业大学、天源华威集团物联网应用技术联合研发中心正式揭牌。

3月31日,江苏省人大民宗侨台工作座谈会在扬中召开。

3月31日,新坝科创服务有限公司获批国家级科技企业孵化器。

3月,扬中市第三次全国农业普查工作正式启动。

3月,扬中市出台《关于支持江苏省扬中高新技术产业开发区加快发展的意见》。

3月,扬中市现代渔业产业园区实施的省级农业科技推广服务项目——河豚水产养殖远程视频监控系统建设项目通过考核验收。

## 4月

4月1日,扬中市对居民生活用天然气实行阶梯气价政策。

4月6日,江苏荣昌新材料科技有限公司被江苏省质量技术监督局评为2015年工业企业质量信用AAA级企业。

4月10日,灌云县委书记左军带队的党政代表团到扬中考察。

4月11日,丰裕中心小学剪纸代表团代表江苏省赴青岛,参加全国第五届中小学生艺术展演现场工作坊展示活动。

4月12日,江苏津荣激光科技股份有限公司在上海股权托管交易中心挂牌,成为扬中首家E板上市企业。

4月13日,扬中市园博园举行2016年长江增殖放流活动,放流河豚、鮰鱼、青鱼、草鱼等10余个品种的鱼苗40万尾。

4月13日,江苏省关工委常务副主任王霞林率调研组调研指导扬中关心下一代工作。

4月13日,江苏省国土资源厅副厅长李闽,镇江市国土资源局局长戴非平一行到扬中调研指导"四全"服务模式(全业务网上办理、全区域便民利民服务、全流程优化审批、全节点效能监控)。

4月14日,江苏省计生协会一行到八桥镇红光村"流动人口之家"项目点开展调研。

4月18日,扬中发售首份"营改增"增值税发票。

4月19日,首届"中国—以色列剪纸艺术教育论坛"在扬中市开幕。

4月20日,江苏省县级国土资源"四全"服务模式推进会在扬中召开。

4月21日,扬中市举行首家手风琴教育培训基地揭牌仪式,华联手风琴有限公司捐赠手风琴45架。

4月22日,"4·23世界读书日"暨第三届江洲读书节正式启动。

4月23日,"放歌河豚岛"专场文艺晚会在扬中市奥体中心开演。

4月23日,扬中市举行首届国际能源互联网高峰论坛。

4月24日,第十三届中国扬中河豚文化节圆满落幕。闭幕式上,集中签约24个项目,总投资122.3亿元。

4月23~24日,中国记协党组书记翟惠生率领《人民日报》、中央人民广播电台、《经济日报》《科技日报》《中国环境报》《中国县域经济报》等中央级媒体负责人到扬中开展调研。

4月25日,大全集团参展德国汉诺威工业博览会。

4月28~29日,第22届"现代与经典江浙名师工作室课堂教学观摩研讨会暨王崧舟小学语文教学工作坊"在联合中心小学圆满落幕。

## 5月

5月1日起,扬中建筑业、房地产业、金融业和生活服务业将正式进入"营改增"时代。

5月6~14日,"艺术教育进社区活动"分别在三茅街道文化新村、中桥、广宁、新民、英雄社区落幕。

5月7日，全国各地的专家、教师600余人齐聚扬中，共同探讨“指向核心素养，关注儿童阅读”课外阅读主题研讨活动。

5月11日，江苏省住建厅考核组到扬中检查供水安全保障工作。

5月18日，扬中市“家风润良缘”——第五届“中扬杯”公益集体婚礼在扬中市园博园举行。

5月19日，国家卫计委疾控局专家组到扬中市调研卫生、放射卫生工作。

5月19日，在“感动江苏教育人物——2016年美德学生”颁奖仪式上，扬中市八桥镇红旗村校外教育辅导站的施润同学荣获2016年江苏省美德学生提名奖。

5月19日，扬中市首届中小学科技游园会分别在外国语小学和实验小学举行。

5月19日，兴业银行扬中支行开业。

5月20日，江苏省省司法厅厅长张光东一行调研扬中市社区矫正和普法教育工作，镇江市司法局局长张宇轩陪同调研。

5月23日，国家能源局新能源司副司长梁志鹏一行调研绿色能源岛建设。

5月26日，江苏省地方志办公室调研组到扬中调研《扬中年鉴》改版工作，开展基层调研活动。

5月26日，扬中市被评为全国法治宣传教育先进市。

5月26~27日，江苏省人大常委会原副主任、省计生协会会长赵龙，省卫计委副主任、计生协会常务副会长何小鹏一行调研扬中市计生工作。

5月28日，住房城乡建设部在第十届中国(武汉)国际园林博览会闭幕式上，扬中市获得“国家园林城市”奖牌。

5月，扬中市公安局网络安全保卫大队在扬中热线设立扬中市首家“网安警务室”。

5月，扬中市工商联被全国工商联确认为全国“五好”级工商联。

5月，扬中市第二高级中学被正式认定为“江苏省四星级普通高中”。

5月，江苏巴威工程技术股份有限公司与马绍尔群岛共和国办公厅主任交流扬中居民太阳能光伏发电项目及环礁日产海水淡化项目术，达成初步协议。

## 6月

6月1日，扬中市施大瑜家庭、张实经家庭入选第二届全国“书香之家”。

6月1日，扬中市新华书店在新坝中心小学开设扬中市首家“红领巾书屋”。

6月2日，扬中市开展以“低碳生活，绿色骑行”为主题的百人环城公共自行车骑行活动。

6月3日，江苏省不动产统一登记工作推进会在扬中市召开，扬中市“四全”服务模式(全流程化审批、全区域便民服务、全业务网上办理、全节点效能监察)在全省推广。

6月4日，省级继续医学教育项目“医院信息化在‘互联网+’时代的新探索”培训班在扬中市举办。

6月7日，国家农业部副部长于康震一行到扬中调研，肯定扬中市在支持水产养殖、研究等方面所做的工作。

6月8日，中国科学院大连化物所研究员、复旦大学教授包信和获国际天然气转化委员会颁发的天然气转化杰出成就奖。

6月13日，农业部副部长于康震带领国家血防巡查组就扬中市血防工作现场调研。

6月13日，扬中市在全省率先制定出台《关于开展绿色低碳示范村庄(小区)创建的实施办法》。

6月14日，江苏省军区副参谋长金川、省防办副主任盛家宝一行到扬中检查防汛工作。

6月17日，扬中市首个矛盾纠纷助调团在油坊镇成立。

6月21~22日，“江苏省文明校园”考核专家组到江苏省扬中高级中学、兴隆中心小学、文化新村幼儿园，检查江苏省文明校园创建工作。

6月23日，江苏省安监局党组副书记、副局长赵利复带领省危化品专项整治督察组调研扬中市危化品安全监管工作。

6月，江苏扬碟钻石获评省级科技小巨人企业。

## 7月

7月7日，扬中市首家公办医养融合护理院正式建成。

7月8~12日，2015~2016年全国跳绳联赛总决赛在广州市花都区东风体育馆举行，八桥中心小学代表队斩获16金5铜。

7月14日，国家标准委农业食品部主任徐长兴带队考核验收扬中市村级公共服务运行维护标准化试点工作。

7月15日，新坝镇与江苏科技大学签署校地共建合作协议，创新创业实习实践基地正式揭牌。

7月19日，扬中企业挂牌孵化基地在上海股权托管交易中心正式揭牌。

7月26日,中国共产党扬中市第十二次代表大会在扬中市政大礼堂开幕。

7月26日,新疆大全新能源股份有限公司在全国中小企业股份转让系统隆重举行“新三板”挂牌仪式。

7月29日,扬中市首家政府引导的民间社会团体——爱心优抚互助服务团成立。

7月29日,扬中市举办“庆八一·双拥情”暨“扬中江之源橄榄绿之家”成立活动。

7月31日,扬中市举行国防园揭牌仪式。

7月,扬中市被评为2015年度江苏省“苏科贷”A类合作地区。

7月,中国人民银行扬中市支行、市人社局、市财政局和市农委联合出台《扬中市农村土地经营权抵押创业贷款暂行办法》。

7月,扬中市城区智慧停车投资、建设及运营管理项目承接主体采购项目招标,中兴智能交通股份有限公司中标签约。

## 8月

8月1日,扬中市首家“家庭国防档案馆”油坊镇张贤春家庭档案馆正式挂牌。

8月2日,全国青少年曲棍球锦标赛在扬中曲棍球训练基地落幕。

8月10日,扬中市召开全面实施“法治惠民镇村行”工程动员大会,正式拉开为期三年的旨在加强农村基层党组织建设、加强基层依法治理工程的大幕。

8月15日,经开区智慧园区项目一期工程智慧服务中心开工奠基。

8月18日,镇江市首家村级妇联组织在油坊村挂牌成立。

8月22日,华夏银行扬中支行开业。

8月29日,江苏省“科技镇长团”对接会召开,华北电力大学、南昌大学、复旦大学等高等院校和江苏交通控股有限公司的7名专家被选派为第九批扬中科技镇长。

8月,扬中市三茅街道中桥社区入选江苏省电子商务示范村名单。

8月,扬中市公共自行车三期项目(第一批)开始建设。

## 9月

9月1日,华北电力大学扬中智能电气研究中心获得2016年省创新能力建设专项资金立项,资助资金1000万元。

9月1日,江苏城市频道到扬中录制《江苏最美人物》现场节目,陈吕荣被授予江苏“最美拥军人物”荣誉称号。

9月6日,扬中市审改办、政务服务办市级各部门(单位)全面清理实施的公共服务事项,保留38个部门(单位)153项公共服务事项。

9月8日,扬中市委离退休干部工作委员会成立。

9月9日,扬中市“全国健康促进县”试点建设顺利通过镇江市级考评验收。

9月10日,里约残奥会女子F34级标枪比赛中,扬中籍运动员邹莉娟获得金牌。

9月12日,扬中市举办教师节嘉年华活动,表彰“六十佳”优秀教师和团队。

9月15日,里约残奥会女子F34级铅球比赛中,扬中籍运动员邹莉娟获得金牌。

9月20日,江苏星河阀门有限公司确定联合深圳中广核工程设计有限公司开展福清5号、6号机组核级仪表阀设计,星河阀门成为中核集团“华龙一号”首个落地项目的核级仪表阀制造商。

9月24日,永胜村举办“弘扬好传统 传承好家风”文艺晚会。

9月24日,扬中市红星美凯龙家居馆举行开工仪式。

9月26日,扬中市第十一届社区文化艺术节暨农民艺术节在奥体中心北广场开幕。

9月28日,扬中市人民政府与南京师范大学举行联合办学签约揭牌仪式,扬中市第二实验小学正式更名为南京师范大学附属扬中小学。

9月28日,在2016劳动防护用品安全质量评估报告发布会上,宜禾防静电服被评为躯干防护唯一“AAAAA级”产品。

9月,扬中城市标识全面竣工交付。

9月,扬中市利民为民志愿服务团成立。

## 10月

10月9日,八桥镇利民村以“美在利民”为主题,举办首届农民文化艺术节。

10月18日,美克斯海工自升式多功能服务平台接水仪式在江苏大津重工有限公司举行。

10月13日,刘绍民当选第四届扬中市“十佳新市民”,成为扬中市首位台湾籍“十佳新市民”。

10月13日,江苏省人大到扬中调研考察现代渔业发展情况。

10月13~14日,江苏省学前教育学会"十三五"规划2016年第二批立项课题培训会在扬中市教师发展中心举行。

10月17日,首届镇江公安局派出所所长论坛在扬中召开。

10月19日,江苏省水利厅厅长李亚平到扬中调研,寄望扬中市水利管理走在全省前列。

10月20日,新疆第四师基层妇联干部培训班全体学员到扬中现场教学。

10月21日,高雅艺术进校园"阳光下成长——江苏省中小学生优秀美术作品展"在扬中市第一中学开幕。

10月20~21日,扬中市"全国健康促进县"试点建设工作通过国家考核评估专家组考核验收。

10月26日,江苏省扬中高新技术产业开发区三定方案正式出台。

10月28日,扬中市党政联席会决定组建扬中水务集团有限公司。

10月29日,扬中市人力资源服务产业园正式挂牌运营。

10月29日,由扬中市新坝镇和江苏大航控股集团有限公司全资援建的灌云县龙苴镇嵇岭村综合服务中心举行奠基仪式。

10月,扬中长江特色渔业星创天地获国家第一批"星创天地"备案。

10月,扬中市似大地水准面精化方案正式实施。

10月,扬中市首个渔光一体发电项目——通威环太6兆瓦渔光一体发电项目开工。

## 11月

11月2日,扬中市被表彰为全省人民防空先进城市(县、市、区)

11月4日,生本教育推进暨阅读课程整合研讨会在扬中市教师发展中心举行。

11月6日,中国足协业余联赛总决赛在扬中奥体中心举行。

11月10日,江苏卫视《廉政时空》栏目组赴联合中心小学录制《治家格言》专题节目。

11月16日,扬中法院在大法庭隆重举行首批入额法官宣誓仪式。

11月22日,扬中市人民法院举行《扬中法院志》发行仪式。

11月27日,"大行杯"扬中市首届职工食堂厨师烹饪大赛在南湖农场举行。

11月28日,扬中市省食品安全城市创建迎省级督查考评。

11月29日,扬中市发放首家金融控股集团营业执照,江苏省县级市首家专业金融控股平台正式成立。

11月,2016年度全国中小城市科学发展综合实力百强县(市)排行榜正式发布,扬中市位列第23位。

11月,扬中市正式获批创建国家高比例可再生能源示范市。

11月,扬中市地下管线综合管理信息系统建立。

11月,扬中市委宣传部主办的政务微信公众号"扬中发布"正式上线。

## 12月

12月1日,扬中市市场监督管理局城区分局颁发首本加载统一社会信用代码的个体工商户营业执照。

12月2~4日,2016年镇常扬泰病理研讨会在扬中召开。

12月3~4日,第23届现代与经典全国小学语文教学观摩研讨会在扬中召开。

12月4日,扬中市"普法信使"成立暨"法进万家"工程启动仪式在西来桥镇文化中心广场举行。

12月5日,扬中市社会保险企业网上业务办理系统正式上线运行。

12月7日,《扬中市城市总体规划(2013~2030)》修改方案获省政府批复。

12月8日,江苏省第十三次党代会精神宣讲报告会在扬中市政大礼堂开讲。

12月10日,锦州港—扬中港班轮航线签约暨首航仪式在扬中江苏润华物流码头举行。

12月13日,扬中市举行"YZ青创工坊"揭牌仪式暨扬中市创业青年朋友圈分享交流主题活动。

12月16日,扬中市举行"2GW绿色高效超薄硅片项目"签约仪式,经开区与环太集团签署投资合作协议。

12月19日,"华夏银行杯"扬中史志知识电视大奖赛开赛。

12月24日,江天书画院暨业务员之家菁英荟正式揭牌成立。

12月29日,扬中人民广播电台成立60周年,扬中市广电中心"感恩有你、一路同行"欢庆会在市政大礼堂举行。

12月30日,中共扬中市委十二届二次全体会议在市政大礼堂举行。

12月30日,扬中市与镇江国投集团签署战略合作协议。

# 人居环境

## 城市规划

【概况】2016年,扬中市规划局坚持阳光规划、依法行政,工程项目实行局项目审查会、专家咨询会、市规委会三级审查制度。累计组织召开局项目审查会31期,审查项目309项;市规委会3期,审查项目24项。在精细化的规划管理下,城市基础设施日趋完善、商业氛围越发浓郁、居住水平显著提高、市民幸福指数不断攀升。梳理7项行政许可事项、23项行政处罚事项、1项行政征收事项、5项行政强制事项以及4项行政其他事项权力,编制44份办事指南,报市审改办审核;总体规划修改通过省政府批准,控制性详细规划基本实现全覆盖;地下管线综合管理信息系统建立似大地水准面精化方案成功实施,测绘数据成果保密管理常态化;乡镇居民建房开启审批新模式,居民建房审批“零差错”;推出访谈类节目《阳光规划》。把规划服务贯彻于经济社会发展的全过程,继续推行“1102”审查(即一次性告知、10个工作日审查、2个工作日对接)、“容缺预审预批”(即预先受理审查,企业同步补充缺项材料)、城建档案“132”服务机制(即一次性告知、3次以上业务指导、2个工作日审核)、竣工核实“135工程”(即一次性受理、3个工作日书面审查、5个工作日现场核实)等服务品牌。着力简化办事程序,把提升规划服务质效上升到新的高度。 (规划局 曹婷婷)

【扬中市总体规划局部修改方案通过省政府批准】2016年,扬中市规划局为落实中央城市工作会议提出的新理念,适应全市城市建设发生的新变化,更好地指导下一步城市建设,评估原总体规划,在多部门反复沟通、广泛公示征求社会各界意见的基础上,提出总体规划局部修改方案,局部修改城市总体规划,修改方案于2016年12月通过省政府批准,拉开未来城市建设的宏观框架。 (规划局 曹婷婷)

【控制性详细规划基本实现全覆盖】2016年,扬中市规划局先后编制完成西城区、科技新城、经开区控规,动态维护老城区控规,稳步推进南部新城油坊、八桥组团,新坝镇控规编制工作,控制性详细规划基本实现市域全覆盖。 (规划局 曹婷婷)

【似大地水准面精化方案实施】2016年10月,扬中市似大地水准面精化方案正式实施,该项目可提高大比例尺成图、快速成图、工程测量和大规模地籍测量的精准化,加快数字扬中的建设步伐。与此同时,测绘数据加密软件投入日常使用,测绘数据成果保密管理常态化。 (规划局 曹婷婷)

【地下管线综合规划编制完成】2016年11月,扬中市地下管线综合管理信息系统正式试运行。扬中市地下管线综合规划编制完成,实现城区雨水、污水、电力等9项专业管线“一张图”管理。在充分整合全市各专业管线现有数据资料的基础上,结合地下管线普查成果,建立地下管线综合管理信息系统,实现地下管线信息共建共享、即时交换,满足地下管线规划、建设和运行等工作需要。 (规划局 曹婷婷)

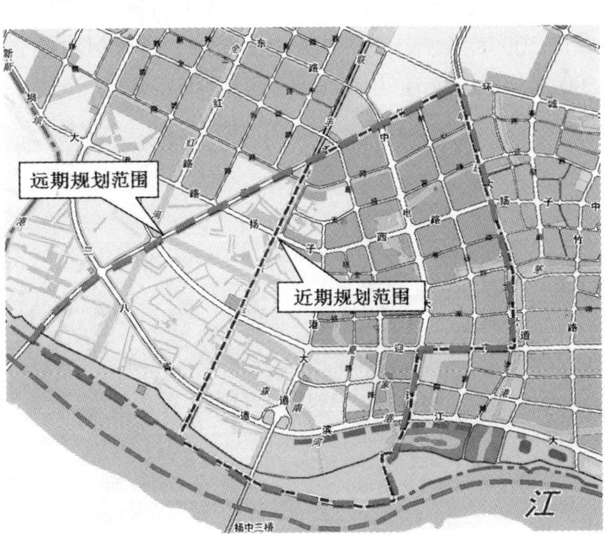

扬中市西城区控制性详细规划图

【居民建房审批】2016年,扬中市规划局加强城区居民建房源头把关,组织召开“城区居民建房联合审批会议”4期,审核申报事项257项。加强镇区居民建房审批监管,确定“由规划部门对各镇送审材料严格审核把关,并依法依规办理建房手续”的审批模式。通过严格审查、精细许可,居民建房审批实现“零差错”。

(规划局 曹婷婷)

# 基础设施

## ·道路交通·

【概况】2016年,扬中市境内公路管养总里程1022.17公里(不包括S35高速公路8.98公里),公路密度312.59公里/百平方公里。公路按行政等级划分:523国道里程19.89公里,238省道34.46公里,231省道1.98公里,农村公路县乡村道965.86公里(县道161.48公里,乡道264.96公里,村道539.42公里)。国道桥梁9座、4702延米,省道干线公路桥梁9座、3268.8延米。其中扬中一桥、二桥属特大型公路桥梁,计2923延米。农村公路桥梁34座。其中县道10座、395.5延米,乡道17座、506.5延米,村道7座、230.2延米。全市公路按技术等级分:高速公路8.98公里,一级公路99.92公里,二级公路83.93公里,三级公路66.66公里,四级公路771.69公里;公路客运站场4个,长江汽渡1个。全市有港口(作业区)4个,泊位38个。其中非装卸泊位8个,在建泊位4个(5万吨级2个、3千吨级2个),使用岸线总长7160米,年货物吞吐量约670万吨。2016年,扬中市开通15条镇村公交线路、13条城乡公交线路和3条城市公交线路,新增公交专用车道7.7公里。城区500米半径公交站点覆盖率93%,行政村村委会500米半径公交通达率100%,实现“镇江领先、全省一流”的目标。全市公交车辆全部安装车载GPS系统,可通过候车亭显示器查看公交车的实时运行情况。建成“江苏交通一卡通”系统,开通运行掌上公交客户端,建成智能公交运行调度监控系统。新建成公交主枢纽,满足10条线路、约60辆公交车从总站始发,每日班次300次以上。

(公路管理处 司小俊)

238省道西来桥段

【客运监管】2016年,扬中市启动落实企业安全生产主体责任三年行动,完善安全生产应急预案,聘请高层次专家开展安全法制讲座,组织人员参加安全知识培训,培训率100%。开展事故隐患排查、危险品运输专项整治、打非治违等活动,全年开展安全检查600余次,检查企业256家,排查一般事故隐患102起,整改率100%。全面完成驾培智能化系统的升级改造,全年开展“春运客运市场专项检查”“道路旅游客运市场专项检查”“未经许可从事道路客运经营专项检查”等专项整治行动4次,受理投诉举报210件,办结210件,按期办结率100%,满意率100%。(公路管理处 司小俊)

【公路里程】2016年,扬中市投资1200万元建成238省道改线工程中分带隔离护栏,双向60公里。完成238省道八桥段养护改善工程方案设计变更审查并进入招投标程序。实施扬中大道兴隆段拓宽改造工程,完成投资3000万元。完成堤顶公路维修改造22.8公里,总投资1535.68万元。推进“四好农村路”(建好、管好、护好、运营好)建设。推进农村公路提档升级工程,完成农村公路建设项目8个、11.22公里,改建农村公路桥梁1座。推进农村公路安全生命防护工程,完成农村公路安全隐患整治200公里,投资1500万元。配合交投公司做好238省道西来桥段改造工程,完成投资1.8亿元。

结合镇江市港口规划修编,调整完善扬中港区规划,优化港口功能布局,确保岸线资源合理、有序利用。推进非法码头专项整治,按照上级和市政府要求,走访调查确定的16家需整治的非法码头建造时间、岸线长度、占地面积、吊机数量、附属设施、各部门批准手续、港口经营许可证办理情况,汇总成《扬中市长江水域码头整治调查表》;针对各企业违法情况,形成“一企一档”资料;制定整治工作方案,拆除码头4座,并通过镇江市验收。

(公路管理处 司小俊)

【公路养护】2016年,扬中市公路管理处开展公路预防性、经常性、精细化管养,开展公路整治,稳定路况质量,整治、美化通行环境,提升全市省干公路的通行质量和品位。全年经检测评定省道干线公路路况综合指数(MQI)优良路率100%,路面破损指数(PCI)优良路率97.84%,路面平整度指数(RQI)优良路率94.38%。实施238省道西来桥段的改拓建工程,截至12月,A2、A3标段累计完成建安费2421万元,B标段新建西来幸福大桥完成建安费2083万元。根据江苏省交通运输厅下发的《江苏省普通公路养护工区建设发展指导意见》,投资430万元新购置铣刨机、压路机、摊铺机各一台,新购置皮卡车3辆及撒盐设备4台套。投资100余万元,改造与出新油坊二类工区。开展沿江码头的综合整治,拆除栏杆桥码头三座吊装机,公路资产历史遗留问题得以解决,确保栏杆桥码头公路应急基地正常发挥应急保障作用。（公路管理处 司小俊）

**【路政管理】** 2016年,扬中市公路管理处办结县道行政许可11件、省道行政许可15件,收取公路路产损失赔补偿费253.24万元,出动清除车80余辆次,清除路障堆积物642立方米,清除摊点124处,非公路标牌184块,清除路面污染890平方米。查处并修复损坏公路设施2处,依法索赔3418元,全年路政案件查处率、索赔率100%。结合开展"文明省道线创建""畅达服务年""国省干线公路环境及交通安全隐患的集中整治"等活动,联合整治省道干线环境;推行公路路政执法全过程记录制度;先后分三批对全处所有持有部证的执法人员,完成省局执法大轮训;开展"五月法制宣传月"活动,召开"杆、管、线"服务对象座谈会,强化社会宣传教育。配合交警部门成功处置省道货运车辆侧翻等事故。（公路管理处 司小俊）

**【超限运输治理】** 2016年,扬中交通局会同公安、交警、城管等部门,开展多次联合执法行动,规范渣土车、货运车辆的运输管理,有效避免和减少抛洒滴漏污染公路事件的发生。截至2016年9月21日,计称重检查货运车辆1537辆次。其中查处违法超限运输车辆190辆,收取罚金18.83万元。（公路管理处 司小俊）

注释:2016年8月1日,交通运输部、工业和信息化部、公安部、工商总局、质检总局《关于进一步做好货车非法改装和超限超载治理工作的意见》(交公路发〔2016〕24号),以及交通运输部出台的《超限运输车辆行驶公路管理规定》,从2016年9月21日起,扬中市公路部门根据国家规定只负责超限超载运输车辆的称重和卸驳载,明确由市公安交通管理部门依法进行处罚、记分处理。

**【农村公路管养】** 2016年,扬中围绕《关于加强农村公路管理养护的意见》《关于建立农村公共服务"八位一体"运行维护机制的实施意见》,以"四好"农路为目标,稳步推进农路提档升级工程。一是指导乡镇管养好农村公路乡、村道,完善镇级农路管养考核和监管。二是X105三新线、X107、X308永胜线、X204西南线4条县道实施安全生命防护工程,修复农路病害路面4500平方米。三是完成环岛堤顶公路第三期维修改造,计22.8公里。其中维修改造段12.1公里,小修保养段10.7公里。完成二期工程的审计与结算。四是重视农桥安全工作,委托省交科院安全检测评定全市34座农桥,对新坝五一桥采取维修加固措施,完成油坊乡道富民桥的拆除重建。五是2016年11月,全面开工建设扬中大道兴隆段2.39公里改拓建,计划于2017年10月1日前建成通车。

2016年,依据农村公路技术状况评定标准(2016年新标准)综合检测,全市县道优良路率87.5%,路况综合指数评定91.6;乡村道综合好路率75.8%,路况综合指数评定85.9。（公路管理处 司小俊）

**【公共自行车】** 2016年8月,公共自行车三期项目(第一批)开始建设,9月运营,建设站点11个,安装锁车器250个,投放公共自行车200辆。截至2016年年底,建设站点86个,安装锁车器2050个,投放公共自行车1700辆,累计办卡2.16万张,总借还次数661万余次,累计使用时间超过2680万小时。（住建局 俞文清）

**【路灯设施】** 2016年,扬中市路灯平均亮灯率99%以上,设施完好率98%以上。全面维护全市1.53万盏路灯4次,累计维修路灯767盏,处理路灯突发故障112起,故障修复率、合格率、及时率100%;受理办理报修电话、数字化城管、"12345"平台报修233起,累计完成抢维修路287班次。投资180万元改造天后宫路(明珠湾至新民路)路灯设施,敷设电缆及管线3236米,更换灯杆88基、灯具100套;投资84万元改造三二线路灯设施,敷设电缆及管线1500米,更换灯具64套;维护友谊路、扬中二桥、环城南路等路段老旧路灯设施,更换安装灯288套,改造春柳南路、江洲南路路灯设施,更换电缆2600余米,浇注路灯基础88个,更换灯杆灯具92套。（市住建局 俞文清）

**【交通一卡通全覆盖】** 2016年1月,扬中市率先成为江苏省城市公交、城乡公交、镇村公交一卡通全覆盖的县级市。市民凭“江苏交通一卡通”IC卡,可以在江苏省13个地级市及镇江、常州、扬州所辖市、区乘公交、坐地铁以及支付出租车费,实现“一卡在手,走遍江苏”。截至2016年,扬中市按进度要求完成101路、102路和105路3条城市公交线路硬件设备更新和软件升级改造,其余27条城乡公交和镇村公交线路硬件设备更新工作也全部结束,并经镇江一卡通公司一次性测试通过。 (新闻中心)

**【公交主枢纽建成运行】** 2016年,扬中公交主枢纽建设完成,建筑改造7945平方米,场地改造7128平方米,全面实现智能公交系统升级管理,并如期投入运行。站内设有35个公交停车位,12条线路、65辆公交在总站始发,日发送班次324次,日发送旅客约2000人。 (城投公司 陈彦友)

## ·水 利·

**【概况】** 2016年,扬中水农系统完成水利工程总投入2.1亿元,土方138.78万立方米,石方21万立方米,混凝土5万立方米。分别实施“小农水重点县”工程5247万元、江堤提标升级相关工程3218万元、坍江治理工程2729万元、“中小河流治理重点县”工程7000万元、沿江闸站和泵站新建工程4607万元、城市防汛排涝工程935万元、水系整治畅通工程3319万元、省级补助项目748万元八大工程项目,各镇(街、区)按时保质地完成一批群众期盼强烈、亟待实施的自办水利工程。扬中市实施2015年中央财政小型农田重点县工程、2015年中央小型农田水利工程维修养护项目、2016年中央财政小型农田水利重点县工程、2016年中央小型农田水利工程维修养护项目、镇江市沿江排涝泵站更新改造工程;小型水利工程管理体制改革、农田水利设施产权制度改革和创新运行管护机制国家级试点,开展水利工程管理范围划界和河湖管护体制机制创新试点工作;实施2016年度省级水利工程维修项目,创成1个水美乡镇、6个水美村庄。 (水农局 田芝龙)

水利工程维修养护现场

**【扬中市2015年中央财政小型农田水利重点县工程】** 2016年,扬中市实施的2015年中央财政小型农田水利重点县工程项目涉及新坝镇、经开区和油坊镇,主要建设内容:新建灌溉泵站73座,新建砼防渗衬砌渠道27.26公里,新建排涝泵站5座,翻建排涝泵站14座,改造排涝泵站1座,整治排水沟道19条长15.13公里,新(翻)建涵洞36座,维修涵洞24座,新建机耕桥13座。概算总投资3298万元。该项目于2015年10月开工,2016年5月完工。 (水农局 周国珍)

**【扬中市2015年中央小型农田水利工程维修养护项目】**2016年,扬中市实施的2015年小型农田水利工程维修养护项目涉及新坝镇、油坊镇、八桥镇、西来桥镇、三茅街道、经开区6个镇(街、区),项目主要实施内容:维修养护灌溉泵站25座、排涝泵站48座、涵洞45座、机耕桥3座,维修管护固定沟4.27千米、排水沟道0.98千米。概算投资500万元。其中200万元用于“先建后补、以奖代补”改革试点,其余300万元用于工程维修经费。该项目于2015年11月开工,2016年5月完工。 (水农局 周国珍)

**【扬中市2016年中央财政小型农田水利重点县工程】** 2016年,扬中市实施的2016年中央财政小型农田水利重点县工程项目涉及建设范围为新坝镇、八桥镇和西来桥镇,主要建设内容:新建小型灌溉泵站22座,配套安装量水设备11套,新建砼衬砌防渗渠道4.57公里,新建排涝泵站1座、翻建4座,整治排水沟道15.94公里,新(翻)建涵洞4座、维修2座,新建机耕桥5座,新建低压灌溉管道约150亩,概算投资3472万元。该项目于2016年10月开工,2017年5月完工。 (水农局 周国珍)

**【扬中市2016年中央小型农田水利工程维修养护项目】**2016年,扬中市实施的2016年小型农田水利工程维修养护项目涉及新坝镇和三茅街道2个镇(街)。项目主要实施内容:维修养护灌溉泵站64座、排涝泵站7座、涵洞50座、固定沟11.29公里、排沟道7.82公里、机耕桥16座,概算总投资163万元。该项目于2016年

5 月开工,2016 年 6 月完工。（水农局 周国珍）

【镇江市沿江排涝泵站更新改造工程】镇江市沿江排涝泵站更新改造工程是扬中市近年来实施的省级水利基本建设工程。该工程位于扬中市太平洲沿江排区,由全红河站、红旗河站、前进河站、铁皮港站、石城站等泵站组成。2014 年 2 月 11 日,《镇江市沿江排涝泵站更新改造工程初步设计报告》由江苏省发展和改革委员会、江苏省水利厅以苏发改农经发〔2014〕153 号文进行批复。2014 年 10 月工程开工,2015 年 9 月完工,2016 年 3 月正式接电投入试运行。（水农局 崔凯）

【产权制度改革】2016 年，扬中市根据水利部、财政部、国家发展和改革委员会《关于开展农田水利设施产权制度改革和创新运行管理机制试点工作的通知》(水农〔2014〕287 号)精神,2014 年 10 月,扬中市组织有关单位编制《江苏省扬中市农田水利设施产权制度改革和创新运行管理机制实施方案》。根据批复的改革实施方案,扬中市主要试点内容包括六个方面。分别是:1.建立项目建设管理公开公示制度;2. 探索完善项目补助方式;3.产权确权和移交;4.搞活经营权;5.建立“工程产权所有者筹集为主,政府绩效考核奖补为辅”,落实工程管护经费的长效机制;6. 建立政府绩效考核为基本依据的奖惩办法。目前，扬中市已基本完成试点工作,并于 2016 年 11 月完成县级自验,计划 2017 年 5 月底完成市级验收。（水农局 朱爱城）

【小型水利工程管护】2016 年 1 月 7 日，镇江市水利局和镇江市财政局的相关领导和专家，在扬中市召开小型水利工程管理体制改革省级试点验收会议，验收小组通过查看工程现场、查阅档案资料、听取扬中市小型水利工程管理体制改革总结报告和扬中市小型水利工程管理体制改革自验报告,经过讨论,一致认为扬中市已完成改革试点工作任务,同意通过验收。根据《江苏省小型农田水利工程管理办法（试行)》(苏水农〔2014〕13 号),扬中市因地制宜印发《扬中市小型农田水利工程管护办法》《扬中市农村灌溉(排涝)服务组织考核及资金补助办法(试行)》,并制定详细的工作实施方案和考核机制。2016 年 9 月 14 日,水农局联合市财政局以扬水机〔2016〕136 号文和扬财农〔2016〕229 号文下发《关于提前下达 2016 年度农田水利设施维修养护(农村灌排服务模式创新推广)补助经费的通知》,并随文下达镇江市级补助经费 100 万元。2017 年 1 月 13 日,水农局再次联合市财政局以扬水机〔2017〕9 号文和扬财农〔2017〕6 号文下发《关于扬中市 2016 年度小型水利工程管理体制改革及农村灌溉(排涝)服务模式创新推广考核情况通报和下达奖补经费的通知》,并随文下达奖补经费 348.96 万元。根据全年综合考评,2016 年考核为优秀等次的有 3 家,八桥镇、新坝镇和三茅街道,奖励 4 元/亩经费;考核良好等次的有 2 家,西来桥镇和油坊镇,奖励 2 元/亩经费;考核为合格等次的有 1 家,经济开发区。（水农局 徐子国）

【水利工程管理范围划界工作】扬中水利工程管理范围划界工作于 2015 年 12 月完成，通过公开招标确定河湖和水利工程管理范围划界工作施工单位。2016 年 6 月,划界试点工程经水利厅组织抽检,质量符合相关技术要求,资料整理齐全,符合验收条件。2016 年 11 月 2 日,由扬中市人民政府组织,省水利厅、镇江市水利局、扬中市水利农机局、扬中市财政局、扬中市国土局、扬中市规划局共同组成验收组,验收组听取省级试点工程实施情况的介绍、实地查看管理界桩及告示牌、查阅相关成果资料，一致认为扬中市河道和水利工程试点项目(长江堤防、新坝大港、六圩港、夏家港泵站)管理范围划定的工作满足相关技术要求及验收标准,同意通过验收。本次试点工作完成划定工作 E 级 GPS 控制点 148 个,长江堤防确定基准线 35.49 公里,新坝大港、六圩港、夏家港泵站确定基准线 20.99 公里,管理界限划定 56.09 公里，管理范围划界面积 172.98 万平方米,管理界线桩(牌)476 根、告示牌 66 块,管理范围界线图 19 幅。截至 2016 年年底,扬中市河道和水利工程管理范围划定 2016 年外业任务全部完成。

（水农局 徐子国）

【河湖管护体制机制创新试点工作】2016 年，扬中市《扬中市骨干河港管理办法》《扬中市环岛江堤公路管理办法》完成修订,《扬中市河道保洁制度》《扬中市河道管护奖惩制度》由河道所牵头、法制办把关负责编制,形成初稿征求意见中。骨干河港和农村河道“河长制”于 2015 年由河道所牵头,市水农局和各镇区联合出台文件,在全市各镇区推广落实;河道日常巡查、二级沟渠及乡村老河沟管护全覆盖。市河道所按季度考核形成台账资料。《扬中市水利现代化规划》《扬中市水系规划》《扬中市蓝线规划》由水农局规建科牵头,形成初稿,正在征求意见中;《扬中市城区水系规划》获政府及规划局批准,报规划局备案;《扬中市城市防洪规划》正在编制。划界工作三年任务基本完成，试点工作于

11月2日通过省级验收。全市27条骨干河港逐条登记任务全部完成。成立小型水利工程管护公司6家、村民用水协会66家，组建1700余人的管护队伍。2016年5月、7月、10月，先后三次监测长江15公里的水下地形，发现扬中三桥、兴隆弯道和新坝夹江口有江岸坍塌趋势，需抛石处理。2016年11月，120公里长江堤防沉降监测结束并形成监测报告。（水农局　徐子国）

**【2016年度省级水利工程维修项目】** 2016年3月，江苏省财政厅、省水利厅以苏财农〔2016〕18号文件下达扬中市2016年度省级水利工程维修项目经费342万元，维修项目8项，分别为：二墩港闸站厂房幕墙改造及道路维修48万元；夏家港泵站主机泵大修30万元；夏家港泵站管理房外墙维修出新34万元；联丰港联盟7组段堤防加固工程二期57万元；长江堤防红旗河段挡浪墙修复53万元；长江堤防白蚁普查25万元；长江堤防安全监测一期工程40万元；长江堤防防汛道路万福段修复55万元。该8项工程均在2016年度按招投标程序确定施工单位。除第二个项目外，其余项目在2017年1月底全部完工。（水农局　徐子国）

**【水美乡镇、村庄建设】** 2016年，由乡镇、村庄自愿申报，县级水行政主管部门初审，市级水行政主管部门审核和推荐，省水利厅综合考评，八桥镇初评为“水美乡镇”，新坝镇联合村、三茅街道友好村、油坊镇鸣凤村、经开区兴城村、八桥镇永兴村、西来桥镇幸福社区初评为“水美村庄”。（水农局　高正法）

**【农村河道管理】** 2016年，扬中市以“村级公共服务‘八位一体’运行维护机制”农村河道考核为平台，通过实地检查全市71个行政村所属2000余条农村河道，逐一考核评分，提升扬中市农村河道的整体面貌。全面落实“河长制”，通过打造市、镇、村三级“河长制”管理体系，制定和落实相关管护制度，使扬中市农村河道管护体系更趋完善。（水农局　高正法）

**【防汛工作】** 2016年7月，扬中市进入梅雨季节后又逢农历六月初三天文大潮，7月6日，扬中境内出现全年最高潮水位7.54米，整个汛期超过警戒水位60天，比2015年同期增加29天；整个汛期累计降雨量998毫米，比2015年同期增加33.7毫米。最大月降雨量出现在7月，降雨量401毫米，7月1日为最大日降雨量93毫米。7月初，受连续强降雨影响，6个镇(街、区)均遭受不同程度的涝灾，受淹面积4.22万亩。其中2.9万亩农田受灾，受淹人口1.56万人，初步估算直接经济损失400余万元。受第14号台风“莫兰蒂”外围影响，扬中大面积降雨。城区经过2016年9处低洼易涝片区工程改造，未出现大面积内涝。全市各地、各部门通力协作，快速反应，顽强拼搏，全力应对，夺取防汛工作的全面胜利。（水农局　黄健芳）

**【“三防”预案及实施方案】** 2015年5月20日、5月21日，扬中市委、市政府分别召开防汛防旱指挥部成员(扩大)会议及全市防汛防旱工作会议，市防指以《关于印发〈扬中市2015年度防洪防涝防台工作实施方案〉的通知》(扬防指〔2015〕8号文)落实防洪防涝防台工作实施方案。市防办修正“三防”预案中城市易涝片区分布点和排涝模数，以及各防指成员单位职责等，并以《关于印发〈扬中市防洪应急方案〉〈扬中市防御台风应急方案〉〈扬中市城市突发性强降雨应急排涝抢险方案〉的通知》(扬防指〔2015〕11号文)下达各镇(街、区)防指及市防指成员单位。2016年，根据镇江市防指关于修订“三防”预案要求，扬中对“三防”预案，制定详细应急响应行动措施。（水农局　黄健芳）

**【防汛物资储备】** 2016年5月12日，扬中市防汛指挥部以扬防指〔2016〕7号文下达防汛物资储备计划。8月，针对7月物资消耗及实际需要，下达防汛物资储备补充计划。2016年，全市储备草包2万个，编织袋40万个，木材70立方米，树棍1450枝，铁丝、元钉7650公斤，块石1.52万吨，土工布1.77万平方米，竹笠子1600张、钢管25吨，塑料编织布2.12万平方米，应急发电照明设备8套，轴流泵20台(套)，潜水泵49台(套)。全市组建防汛抢险队伍80个，总人数1932人。其中市人武部抗洪抢险突击队1个、100人，各镇(街、区)抢险突击队每队50人，城管、公安分别组建50人的应急预备队，市水农局筹建防汛抗旱排涝专业服务队伍，落实队员20人。（水农局　黄健芳）

**【城区泵站改造工程】** 2016年，扬中市实施新联泵站增容工程，新县中东侧临时泵站工程，新扬排涝泵站增容工程，水上国际花城泵站工程，建设河泵站新建工程，企东泵站改造工程，勤丰中心渠泵站增容工程，广电泵站、扬子泵站增容改造工程。（水农局　黄健芳）

图片专辑

# 防汛抢险在行动

「 2016年7月4日，扬中市长江高潮水位7.10米，超警戒水位1.1米，全市上下全力防汛。」

【防汛工程项目】2016年，扬中市实施省防汛防旱指挥部、省财政厅联文下达扬中市省级以上防汛应急项目7项，总经费500万元，分别为：1.长江三茅永固、油坊鸣凤段应急处理120万元；2. 防汛物资基地护岸工程50万元；3.水政执法基地治坍40万元；4.长江堤防除险加固60万元；5.长江石城段堤防挡墙翻建110万元；6.长江三茅国土公园段防护应急处理60万元；7.防汛物资仓库翻建60万元。

镇江市级防汛经费400万元，分别实施扬中市小泡沙下游段抛石护岸工程200万元，扬中市长江兴隆弯道猫沙段抢险护岸工程200万元。

（水农局 黄健芳）

【灾情险情及应急处置】2016年强降雨期间，扬中市油坊镇江堤太平港段、六圩港通江港堤段滑坡，经开区江堤恒平段滑坡，三茅大港金星桥至太平桥段滑坡，新坝大港、联丰港、六圩港、思议港、红旗河出现不同程度渗水、漫溢等险情；中心城区春柳路、省扬高中、南园市场、工会路、新扬南路等片区受涝受淹。在市委、市政府领导下，各镇（街、区）防指及相关成员单位齐心协力，高度重视，在岗在位，巡查值守，科学调度，合理处置，投入抢险人数2388人次，动用编织袋10万个、编织布1.5万平方米、木材20立方米、砂石0.56万立方米、钢材1.5吨、机械台班30个，对险情进行封堵截渗、反滤导渗、围堰围井、固基阻滑等应急处置，所有险情得到控制，全市未发生重大险情，无人员撤离，无人员伤亡，将受灾影响降到最低。（水农局 黄健芳）

## ·邮电通信·

【邮政公司概况】扬中市邮政分公司是中国邮政集团公司镇江分公司直属管辖的国有企业单位，受镇江市邮政分公司和扬中市政府双重领导。下辖10个农村支局、3个城市支局、7个专业局、2家公司、5个班组。全公司有52条投递段道。其中农村投递段道33条，城区投递段道19条。邮路总长98公里，单程里程2159公里。

2016年，完成邮政业务收入4751.44万元，比上年增长12.22%，完成全年目标的101.4%。完成代理金融业务收入2957.86万元，完成年目标的97.59%，比上年增长7.58%。储蓄余额15.72亿元，年净增2.60亿元。代理保险累计完成标保2.92亿元，比上年增幅18.87%，全面完成中邮各项指标。完成业务收入464.65万元，完成年目标的122.28%，比上年增长90.97%。成功引进2户入仓客户，年增加收入50余万元。开通工会主席电子信箱，打开职工反映诉求方便之门。

（邮政公司 朱虹艳）

【快乐“六一”邮送关爱】2016年“六一”儿童节，扬中市邮政分公司参与全市“庆六一”小黄鸭漂流暨“快乐周末”公益活动，向贫困儿童捐赠“四季平安”礼盒80个。面向儿童推出优惠活动和产品，如函件专业推出黑猫警长、Hello Kitty等卡通纪念明信片；发行、集邮专业采用限额报名制，与扬中市第二实验小学、同心小学等学校合作推出“小小报童”“小小集邮家”等活动；电商专业、金融专业在各网点推出办业务送文具等活动。面向邮政亲子俱乐部会员，联合邮商联盟商家开展“妙笔绘梦想 放飞云天上”亲子DIY手绘风筝才艺大赛，吸引35组家庭报名参加。（邮政公司 朱虹艳）

【邮政网点6S管理】2016年，扬中市邮政分公司全面推行6S管理，创造优质窗口服务环境，提升网点核心竞争力。一是开展全面清理。根据“整理、整洁、清洁、素养、安全和节约”6S现场管理标准，开展专项整治活动，要求立行立改，做到环境干净整洁、功能布局合理、标识清晰明确、资料摆放有序、物品取用方便，消除杂乱无章现象。二是实施常态管理。对整改后的网点逐一复检，达标后现场摄像拍照，并制成单册下发网点，以此为标准不定期组织明察暗访，力促网点定置定位管理常态化。三是提升服务品质。结合服务提升年活动要求，分工种、分批次开展业务技能和服务规范培训，强化岗位练兵，提升队伍素质；树立家园意识，引导员工以爱家的情感、治家的标准、护家的责任投入网点建设，实现6S标准与员工行为有效对接。

（邮政公司 朱虹艳）

【《玄奘》特种邮票首发】2016年9月4日，中国邮政正式发行《玄奘》特种邮票，在扬中市太平禅寺同步举办邮票首发仪式。此次发行的《玄奘》特种邮票1套2枚，内容分别为《西行求法》《东归译经》，小型张一枚为玄奘像，全套邮票面值为8.4元。这是中国邮政继《孔子》《关公》《诸葛亮》《包公》后发行的又一历史名人系列邮票。

（新闻中心）

## 2016年扬中市邮政服务网点一览表

表1

| 网点名称 | 地址 | 联系电话 |
|---|---|---|
| 江洲路支局 | 江洲西路48号 | 0511-88321241 |
| 城东支局 | 江洲南路53号 | 0511-88321973 |
| 城西支局 | 扬子西路100号 | 0511-88226981 |
| 新坝支局 | 新坝镇长虹路6号 | 0511-88412555 |
| 联合支局 | 新坝镇联合路16号 | 0511-88422555 |
| 丰裕支局 | 三茅街道丰帆路6号 | 0511-88432555 |
| 三跃支局 | 经开区永恒路8号 | 0511-88482555 |
| 兴隆支局 | 经开区兴茂路100号 | 0511-88452555 |
| 长旺支局 | 油坊镇长旺西路40号 | 0511-88522555 |
| 永胜支局 | 八桥镇玉皇路16号 | 0511-88512555 |
| 油坊支局 | 油坊镇政前路22号 | 0511-88532555 |
| 八桥支局 | 八桥镇富民路92号 | 0511-88542555 |
| 西来桥支局 | 西来桥镇为民南路2号 | 0511-88562555 |

(邮政公司　朱虹艳)

**【移动公司概况】** 2016年，中国移动通信集团江苏有限公司扬中分公司加快4G网络建设，覆盖做广做深，强化与铁塔公司协同，完成4G四期工程建设任务。小区建设立项62个，其中41个为新建小区，21个为光改小区主干项目。光改小区90个，光改用户数约3万户，全光小区率95%。截至2016年年底，全市有89家营业网点，各乡镇覆盖率100%。锻造渠道协同能力，深化O2O融合，放大电渠价值，开展充值、流量红包类互联网营销，打通"线上受理+线下办理"流程，方便用户业务办理。"环保卫士"和"智慧安防"两大系统正式上线。"环保卫士"视频在线监管企业的污水设施运行、污水排放、固废存放进出情况，监控图像传送到环保指挥中心，同时接入移动千里眼平台进行保存。系统上线后可实现同时对36家重点污染源单位的24小时实时监管。"智慧安防"结合应用场景，与监控技术相结合实现人像核查，解决公安工作中困扰的"他是谁?他在哪?是他吗?"的问题，满足公安系统对身份认证、城市监控、逃犯追捕、黑名单排查等迫切需求，提高扬中公安防控和安检工作效率，助力科技强警建设。

(移动公司　王晨颖)

## 2016年中国移动江苏有限公司扬中分公司服务网点一览表

表2

| 服务网点 | 地址 | 联系方式 |
|---|---|---|
| 环城北路沟通100店 | 环城北路139号 | 15152910086 |
| 扬中江洲西路旗舰店 | 江洲西路82-88号 | — |
| 金山学院动感地带品牌店 | 金山路1号(金山学院内) | 15162931860 |

(移动公司　王晨颖)

【电信公司概况】 中国电信扬中分公司(以下简称“扬中分公司”)让信息化成果惠及社会各行业和广大人民群众，服务领域从基础通信拓展到系统集成、网络安全、视频会议、综合信息咨询等方面，承担国民经济、社会信息化、企业信息化基础设施、运营保障、信息服务及应用开发等信息化建设重任，为构建和谐社会付出努力，为推动信息化与工业化融合、方便百姓享受信息新生活作出贡献。

2016年，扬中分公司进一步完善渠道体系，加强渠道间的协同联动，提升基础服务能力。截至2016年年底，建成电信营业厅50家。其中合作厅15家，卖场20家，专营店15家，有效拓展电信业务的办理渠道，方便地方百姓。

2016年，扬中分公司全面深入推进光网城市建设，以“宽带上网100兆、4G上网100兆、WiFi上网100兆”全面领跑宽带生活“新常态”。经过不断的开拓和创新，网络安全和运营保障能力不断提升。2016年，扬中分公司重点进行无线WiFi热点、全市的主干光缆网络建设和家庭FTTH的延伸、精细化覆盖以及4G网络优化工作，同时配合市政府进行“五水联治”重点项目、扬中大道兴隆段、建设路延伸段、238复线西来桥段的道路杆线迁移和管线配套建设工作，为地方经济建设提供有力的支撑。 (电信公司 何莉)

【AWiFi全面覆盖】 中国电信扬中分公司顺应信息技术发展规律和方向，大力推进“宽带扬中”和“智慧扬中”建设，满足民众随时随地自由获取信息的需求。2016年，在前期已建成无线WiFi热点50余个、无线接入设备400余台的基础上，继续推进公共场所免费AWiFi建设工作。扬中分公司在各乡镇社区、图书馆、医保服务大厅等场所建设免费AWiFi热点覆盖区域68个，安装AP等设备229台，为市民提供免费的高速宽带服务，基本实现城区主要市政公共场所AWiFi热点全覆盖。区域信息安全按照国家相关标准管理维护，确保免费无线接入无信息安全隐患，方便互联网时代的百姓需求，促进民生消费，全面提升全市的信息化水平。 (电信公司 何莉)

【粮安工程】中国电信扬中分公司致力于推进扬中粮食信息化建设，打造“粮安工程”，提高仓储管理信息化水平，保证粮储安全。搭建的粮库“智能化升级”工程，重点针对中心库以上承担政策性收购和储备任务的粮库，运用现代数字技术将传感、识别、信号传输、视频等技术及设备，与现有的储粮设施、设备、技术相集成，以数字化信息的形态反应粮库的购销、储藏、管理等业务流程，并运用信息技术最终实现粮库作业自动化的管理职能化，同步建设综合管理信息化平台，实现系统的互联互通和主要业务数据的实时动态传输和远程监管，推进粮食宏观调控科学决策和产业发展转型升级。

(电信公司 何莉)

【建设光网城市】 2016年，中国电信扬中分公司持续全面推进网络建设，通过开展“信息惠农”“维护互联网化”等专项行动，落实具体要求，全面提升网络维护质量，推进光纤到户全覆盖建设工作，确保实现“天翼4G、WiFi、宽带上网三个百兆”的目标。扬中市全部实现FTTH覆盖，100%的城市区域和99%的农村区域可提供200兆带宽的网络接入能力，为用户提速提供网络基础和能力保障。百兆光速宽带已进入寻常百姓家，满足客户需求，提升社会满意度。 (电信公司 何莉)

【实现TDM退网】中国电信扬中分公司制订扬中局TDM(时分复用模式)退网计划。2015年12月前，完成所有模块局容量在600门以上局点的AG改造，容量在500门以下的FTTC替换。在设备维护中心、资源管理中心的紧密配合下，利旧缩容C类ONU(光网络单元)设备48套、9964线完成44个接入网退网，为最终826交换机退网下电做好准备。2016年6月，随着最后一批用户割接完成，扬中分公司在镇江全区率先完成TDM退网。此次退网成功，是扬中分公司网络转型的一个里程碑，迈出节能减排、降本增效的重要一步。

(电信公司 何莉)

表 3

## 2016 年中国电信扬中分公司服务网点一览表

| 网点名称 | 联系电话 | 地　址 |
|---|---|---|
| 江洲西路营业厅 | 0511-88335335 | 江洲西路 48 号 |
| 新坝营业厅 | 0511-88412777 | 长虹路 40 号 |
| 联合营业厅 | 0511-88422777 | 联合路 16 号 |
| 兴隆营业厅 | 0511-88452777 | 兴茂路 9 号 |
| 三跃营业厅 | 0511-88482777 | 长兴路 59 号 |
| 油坊营业厅 | 0511-88532777 | 政前路 22 号 |
| 长旺营业厅 | 0511-88522777 | 长西路 99 号 |
| 八桥营业厅 | 0511-88542777 | 桥西路 15 号 |
| 永胜营业厅 | 0511-88512777 | 玉皇路 16 号 |
| 西来营业厅 | 0511-88562777 | 幸福路 2 号 |
| 丰裕营业厅 | 0511-88432777 | 风帆路 6 号 |
| 江洲南路富达手机卖场 | 0511-88393355 | 江洲南路 131 号 |
| 新坝新中路专营店 | 0511-88413555 | 新坝新中路 65 号 |
| 油坊惠民路网盈营业厅 | 0511-88535359 | 油坊惠民路 66 号 |
| 八桥镇太平北路易购手机卖场 | 0511-88543777 | 八桥太平北路 28 号 |
| 丰裕三丰路佳佳专营店 | 0511-88431445 | 丰裕三丰路 65 号 |
| 扬中市环城南路华达手机卖场 | 0511-88361062 | 环城南路 216-1 号 |
| 电信苏宁营业点 | 0511-88364333 | 扬子中路扬子购物广场二楼 |

（电信公司　何莉）

**【联通公司概况】** 2016 年，中国联合网络通信有限公司扬中分公司践行“1513”行动纲领，做好“沃飞跃”渠道提质扩量，全年新建合作渠道 2 家、零售网点 5 家，完成 2 家一级网点的升级改造。注重融合业务发展，继续深入推进“装维营一体化”改革。加快“企企通”项目创新业务发展，园区及部分“三十强”企业表示认同。

（联通公司　朱静）

**注释：“1513”行动纲领：**

“一条”价值创造主线：为公司创造企业价值、为员工实现人生价值、为客户提供服务价值。

“五为”经营理念：客户为上、网络为本、渠道为王、终端为先、品牌为纲。

“十字”核心价值观：人本、创新、担责、实干、包容。

“三大”行动计划：“沃超越”4G 精品网建设、“沃飞跃”渠道提质扩量、“沃卓越”人才队伍建设。

表 4

## 2016 年中国联通扬中分公司服务网点一览表

| 营业厅名称 | 地　　址 | 联系电话 |
|---|---|---|
| 扬中扬子中路营业厅 | 扬中市三茅街道扬子中路 150 号 | 15651281902 |
| 扬中新坝镇新政东路灵通营业厅 | 扬中市新坝镇新政东路 75 号 | 15651281977 |
| 扬中联合镇公信河路营业厅 | 扬中市联合镇联中路天信花园 1 弄 4 号 | 13222611928 |
| 扬中丰裕镇丰城营业厅 | 扬中市三茅街道丰裕三丰北路 | 13094991020 |
| 扬中三茅镇亿达营业厅 | 扬中市三茅镇江洲西路 89 号(江洲影城底楼) | 13052915116 |
| 扬中三茅镇丰泽营业厅 | 扬中市三茅镇江洲西路 75 号 | 18652808829 |
| 扬中市三茅江洲西路营业厅) | 扬中市三茅镇江洲西路 77 号 | 18651278823 |
| 扬中三茅镇英利营业厅 | 扬中市三茅镇江洲南路 23 号 | 13276195679 |
| 扬中长旺镇东路营业厅 | 扬中长旺镇长旺东路 2 号 | 13016815901 |
| 扬中油坊镇诚诚营业厅 | 扬中市油坊镇镇中东路左 91 号 | 18652802218 |

(联通公司　朱静)

## ·供　电·

**【概况】** 2016 年，扬中市供电量完成 18.26 亿千瓦时，比上年增长 8.45%；最高负荷 36.97 万千瓦，增长 11.56%；最大日用电量 763 万千瓦时，同比增长 14.64%。

2016 年，扬中市完成 110 千伏西来变、联合变主变单改双工程，所有变电站实现双主变全备用运行。有序推进 110 千伏扬中变 2 号主变改造、35 千伏华和热电项目等电网工程。110 千伏联合变被评为国网创优示范工程。优化施工方案和停电计划，强化多渠道停电告知，实现配网自动化施工“零投诉”，在全省率先实现县级配网自动化全覆盖。完成配农网项目 714 个，鱼塘上方中压裸导线绝缘化改造 265 处，10 千伏跳闸率同比下降 40%，百公里跳闸 0.68 次，居全省前列，被评为国网公司 2016 年度配网标准化建设达标单位。

(供电公司　耿阳)

**【一般工商业及其他用电价格下调】** 2016 年 1 月 1 日起，扬中市一般工商业及其他用电类别价格每千瓦时降低 3.12 分，疏导超低排放环保电价矛盾，减轻中小微企业负担。电价调整后，将继续对高耗能行业、产能严重过剩行业实施差别电价、惩罚性电价和阶梯电价政策，加大电价政策的执行力度，促进产业结构升级和淘汰落后产能。(新闻中心)

**【“三挂钩　三服务”活动】** 2016 年，扬中市供电公司积极开展“三挂钩·三服务”活动，开展大客户走访，主动跟踪地方重点项目进展，畅通政企互动“最后一公里”，社区微信群覆盖全部 73 个行政村、506 名基层镇村干部。深入分析投诉事件，组织零投诉社区经理到各供电所开展优质服务工作经验宣讲活动，投诉量逐月下降。积极推广智能服务，广泛应用“互联网+”营销服务渠道，推广线上业扩报装、电费缴纳等新型服务。扎实开展星级供电所创建，四星级供电所比例 33%，居全省前列。

(供电公司　耿阳)

**【双主变全备用运行】** 2016 年 8 月 31 日，110 千伏联合变 2 号主变顺利投运，扬中市供电公司 5 个单主变租赁项目全部竣工投运，这标志着扬中所有变电站实现双主变全备用运行，极大地提高扬中地区供电可靠性。

(供电公司　耿阳)

**【电网负荷再创新高】** 2016 年扬中电网负荷再创历史新高，7 月 29 日扬中供电负荷 36.97 万千瓦，刷新历史最高纪录，较 2015 年最高负荷增长 11.56%。全市供电配网未出现超载线路和配变，电网运行正常，用电秩序良好。

(供电公司　耿阳)

## ·供 水·

**【概况】** 2016年,扬中市完成供水量3874.8万吨,售水2969.6万吨,水质综合合格率100%。先后完成各类管网工程24.3千米。其中新建管网14.5千米,改造管网9.8千米,先后完成城西安置房工程、鸣翠山庄、扬中公馆、雨润工程、扬子新村改造、文化新村改造等,配合五水联治完成友谊路、友谊小区等老旧小区主管道的更新工作以及新238省道西来桥段改线工程。

(住建局 俞文清)

**【扬中水务集团有限公司成立】** 2016年10月28日,扬中市党政联席会决定组建扬中水务集团有限公司。该公司注册资金10亿元,负责推进“五水联治”,对全市有关涉水资产实行一体化建设和运营管理,促进国有资产保值增值。经营范围:自来水供应、污水处理、雨水收集处理、城市排水设施管理服务、市政管网工程建设与维护、水污染治理。 (水务集团 赵晓萍)

## ·燃 气·

**【概况】** 2016年,扬中中燃城市燃气发展有限公司销售天然气3810.5万立方米,拥有在册居民用户5.05万户、公建用户943余户、工业用户81户。已建设运行的天然气输配管网944.3公里,并建有天然气门站一座、CNG(压缩天然气)和LNG(液化天然气)汽车加气站各一座。建有高中压调压柜(箱)929座,主要分布在市区及各乡镇。截至2016年年底,城区的燃气覆盖率99.3%,燃气管网沿新238省道向周边辐射,新坝、丰裕、兴隆、油坊、八桥等乡镇的规模小区、居民点已开通天然气。扬中中燃从常州引气入岛,扬中最南端乡镇——西来桥镇也开通天然气。 (住建局 俞文清)

**【居民生活用气阶梯价格改革】** 2016年4月1日起,根据国家和省资源性产品价格政策要求,扬中市对居民生活用天然气阶梯价格制度进行政策性完善。区分基本需求和非基本需求,保持居民基本生活用气价格相对稳定。结合听证会参加人员及社会各界的意见和建议,综合考虑社会承受能力、企业经营成本和周边地区民用天然气价格水平,适当放宽第一阶梯用量,第一、二、三阶梯价格比例分别为1:1.05:1.37。新的阶梯气价从2016年4月1日起执行,实施新阶梯制度后,1~3月用气量不计入年用气量,居民2016年4~12月的年阶梯气量仍按300立方米、600立方米、600立方米以上计算。对城乡低保户、农村五保户、特困职工、重点优抚对象家庭每户每月给予5立方米气价减免,价格按2.85元/立方米执行。气价减免采取凭证办理、即征即免的方法。对学校教学和学生生活用气、养老福利机构用气等执行居民气价的非居民用户,不实行阶梯气价政策,其用气价格按居民第一、二阶梯气价平均水平执行,气价为2.95元/立方米。 (新闻中心)

表5

### 扬中市居民生活用气阶梯价格表

| 阶 梯 | 户年用气量(立方米) | 覆盖范围(%) | 到户价(元/立方米) | 备 注 |
|---|---|---|---|---|
| 第一阶梯 | 0~300(含) | 90% | 2.85 | 家庭人口超过4人的,每增加1人,各梯次按每人增加年用气量75立方米依次调整。 |
| 第二阶梯 | 300~600(含) | 8% | 3.00 | |
| 第三阶梯 | 600以上 | 2% | 3.90 | |

(新闻中心)

# 城乡建设与管理

## ·综 述·

【概况】2016年,扬中市城市重点工程二号污水泵站、同心路西延及配套工程,张家港水环境治理工程,新扬南路一期、南江路、公交主枢纽、口岸服务中心等工程建设任务顺利完成。红星美凯龙项目、中电厂代建工程、渔业产业园区江堤防渗加固、三茅大港雨水泵站有序推进。中扬金融科技广场完成试桩工程,园丁路二期完成拆迁工作。滨江小学完成二层结构,幼儿园完成土建主体。成立江苏中新能电力科技有限公司和扬中市绿色能源科技发展有限公司,建设青海海东100兆瓦光伏发电项目。与红星美凯龙合作开发的红星国际生活广场“红星金街”销售工作顺利开展,全年完成销售面积约5600平方米,销售额约1.01亿元,回款约6120万元,招商签约品牌90家。扬子新村片区改造工程全面启动;238省道改线西来桥段、校安工程、扬中博物馆、三大中心(残疾人托养中心、特教中心、康复中心联建工程)有序推进;八桥纬一路、三桥服务区已基本完工;长旺码头二期工程和城市标识工程成功竣工交付。全年创优质工程9项,其中江苏省优质工程1项,镇江市优质工程8项。

2016年,扬中市建筑业施工总产值27.9亿元,比2015年增长8.5%。其中省外施工产值5.68亿元,比2015年增长4.3%。年内,组织开展工程质量治理两年行动和打非治违的行动,开展建筑市场综合大检查3次、监理行为专项检查1次,有效遏制建筑工程施工转包、违法分包等不良行为;实现联动机制,检查结果记入扬中市建筑业企业信用系统;监管招投标市场,政府投资工程项目的招标率100%,新报监工程建设五方主体终身责任承诺书签订率100%。开展施工安全专项整治和安全大检查活动,全年度未发生重大安全生产事故,受监工程发生死亡事故1起1人。开展文明工地创建活动,创镇江市级文明工地6个、省级文明工地3个,做好工地扬尘的管控。实施新技术应用示范工程,实施申报省级示范工程2项、镇江市级3项。

2016年,扬中市有资质的房地产企业40家,二级30家(其中暂定27家),三级8家(其中暂定8家),四级2家。全市有房地产在建项目15个,在建施工面积118万平方米,新开工面积26.5万平方米,准予销售面积55万平方米。其中住宅面积47.4万平方米,网上备案成交面积54万平方米,二手房成交面积28.2万平方米,房地产开发项目总投资33亿元。

(绿洲新城 温路、城市投公司 陈彦友、住建局 俞文清)

## ·重点工程·

【工程招投标】2016年,扬中市有109个报建工程,面积156.8万平方米,投资总额124.81亿元。招标发包工程235个,投资总额30.92亿元。其中直接发包53个,投资总额19.05亿元。公开招标105个,投资总额11.02亿元;邀请招标77个,投资总额0.85亿元。通过招标,下浮9.88%。（住建局 俞文清)

【扬子新村片区改造工程】扬子新村片区改造工程是扬中市规模最大的民生项目,扬中市2013~2017年棚户区改造项目被纳入江苏省棚户区改造项目规划。该项目位于扬中市三茅街道,占地192亩,东至永宁,西至三茅大港,南至健康路,北至扬子东路,计划总投资30余亿元。2016年1月11日,扬子新村棚户区改造项目工程动员会召开;11月,扬子新村项目初勘工作正式启动。（绿洲新城 温路)

【八桥纬一路工程通车】八桥纬一路西起238省道,向东经过前进河与经四路交叉后延伸至长江主江堤,全长2千米,计划投资9000余万元,是八桥镇园区连接省道的主要道路之一。八桥纬一路的建设对构建八桥镇路网、改善投资环境、推动八桥镇的土地开发利用和建设步伐,具有十分重要的意义。（绿洲新城 温路)

八桥纬一路工程通车

【238 省道改线西来桥段工程】238 省道改线西来桥段工程是市城建重点工程之一，从扬中二桥南桥头穿西来桥镇跨夹江进入常州段，全长 5600 米，宽 70 米，配加油站、治安卡口，项目计划总投资 5 亿余元。2016 年 5 月正式开工，截至 2016 年年底，工程已完成总工程量的 42%。 (绿洲新城 温路)

238 省道镇江扬中段效果图

【扬中城市标识竣工】2016 年 9 月，扬中城市标识全面竣工交付。扬中城市标识项目位于泰州大桥扬中收费站处的立交互通绿化区域内，由绿洲新城承建，总投资 350 余万元，是扬中地标性建筑。扬中城市标识以鲜明、生动、简洁的图案彰显扬中的城市魅力和内涵。

(绿洲新城 温路)

【扬中博物馆建设】扬中博物馆项目位于市南江路与迎江大道交汇西侧，是市重点民生改善工程之一。项目规划用地 1.20 万平方米，建筑占地面积 3871 平方米，总建筑面积 1.15 万平方米，计划总投资 3200 万余元，2016 年 11 月正式进场施工。 (绿洲新城 温路)

【邮政电信大楼复建工程】邮政电信合署营业用房建设工程是扬中市城乡建设重点工程之一，该工程位于文化路与江洲西路交界处，总投资 1800 万元。原计划建成后的营业用房 8 层，建筑面积 2933 平方米，经规划调整后，设计方案改为 11 层，裙楼为 2 层，总建筑面积增加到 4815 平方米。该工程完成地基打桩，开始土建。

(城管局 王红贵)

【村镇建设】2016 年，扬中市创成省级美丽宜居村庄 3 个，镇江市级美丽宜居小镇 1 个、美丽宜居村 2 个，三茅街道兴阳村获得“江苏省第四批特色景观旅游名村”荣誉称号。新建农村生活污水处理设施 12 台，开展全市建筑工匠培训，强化农村建筑市场质量和安全，指导监督新市镇建设拆迁安置小区规划和设计方案的制定和落实。 (住建局 俞文清)

【村级公共服务运行维护标准化】2016 年 7 月 14 日，国家标准委农业食品部就扬中市村级公共服务运行维护标准化试点工作进行考核验收。经评定，扬中市各项工作均基本达到要求，以 111 分成功通过“国考”。2014 年，扬中市启动村级公共服务标准化工作。扬中市制定 11 项地方标准中的 4 项地方标准，主导或参与 5 项国家标准的制修订工作；建立市村级公共服务运行维护的标准体系，涉及 167 项标准，其中国家标准 69 项、行业标准 50 项、地方标准 3 项；印发 500 余份试点工作宣传手册，编发 22 期试点工作简报；开展 200 余人次的宣传贯彻，组织 100 余人次的观摩，被评为江苏省首批村级公共服务“四有一则”建设先进市。

(新闻中心)

【校安工程】2016 年，由绿洲新城集团公司承建的校安工程项目陆续开工。其中，丰小改扩建工程于 2016 年 10 月全部竣工，交付使用；实小食堂改造工程部分已投入使用，改善师生就餐环境；油坊幼儿园项目将于 2017 年下半年投入使用；西城区小学项目将于 2018 年秋季投入使用；市一中、城北小学两个项目计划在 2017 年年底竣工交付。 (绿洲新城 温路)

校安工程——油坊中心幼儿园

## 2016年扬中市城乡建设重点项目表

表6　单位:万元

| 序号 | 项目名称 | 新建续建 | 主要建设内容及规模 | 责任单位 | 协同单位 | 建设周期 | 计划总投资 | 2016年计划目标 | |
|---|---|---|---|---|---|---|---|---|---|
| | | | | | | | | 完成投资 | 形象进度 |
| 一、重大基础设施项目 | | | | | | | | | |
| 1 | 扬中绿色能源岛(太阳岛) | 续建 | 以分布式光伏发电、风电、生态质能发展为重点,建设绿色能源岛(太阳岛),打造清洁、低碳、安全、高效的可再生能源生产和消费模式,到2020年,分布式光伏发电装机容量达400兆瓦以上,绿色清洁能源占比达33% | 发改经信委各镇(街、区) | — | 2015.6~2017.12 | 100000 | 40000 | 建成光伏发电约40兆瓦,太阳能光热建筑一体化面积约30万平方米,开展低风速风电场、大型沼气提取工程前期工作 |
| 二、安居保障工程 | | | | | | | | | |
| 2 | 城东安置房二期 | 续建 | 位于三茅幼儿园南侧,占地面积39.8亩,建筑面积4万平方米,建设安置房350套 | 三茅街道 | 住建局国土局规划局 | 2015.12~2017.5 | 23500 | 14100 | 主体工程基本完工 |
| 3 | 园丁路安置房二期 | 新建 | 建设2幢安置房,建筑面积约2万平米,建设安置房约200套 | 城投公司 | 住建局国土局规划局 | 2016.10~2018.12 | 12000 | 3800 | 完成方案设计、报批和土地上市 |
| 4 | 浮玉花园二期 | 新建 | 建设安置楼33幢,先期开工建设12幢,建筑面积3.18万平方米,建设安置房约240套 | 新坝镇 | 住建局国土局规划局 | 2016.1~2017.6 | 50000 | 21000 | 12幢土建主体竣工 |
| 5 | 扬子新村片区旧城改建 | 续建 | 东至永宁路,南至环城南路,西至港东南路,北至扬子东路(原河滨路),总面积约192亩,征收约1200户 | 交投公司 | 住建局国土局规划局三茅街道 | 2015.12~2018.12 | 300000 | 108000 | 开工建设 |
| 6 | 港湾新城二期 | 新建 | 位于经开区四号线东侧、兴隆港南侧,占地面积50亩,建设面积5.16万平方米,建设安置房300套 | 经开区 | 住建局国土局规划局 | 2016.8~2017.11 | 18000 | 10000 | 开工建设 |
| 7 | 幸福花苑三期 | 新建 | 西来桥镇续建2幢安置房用于和润粮油项目安置;交投公司新建2幢楼用于238省道拆迁安置 | 西来桥镇交投公司 | 住建局国土局规划局 | 2016.1~2017.10 | 17300 | 10000 | 2幢续建楼交付,2幢新建楼主体封顶 |
| 8 | 农村居民点 | 续建 | 农村居民点配套基础设施建设 | 各镇(街、区) | 住建局国土局规划局 | 2014.9~2017.12 | 32000 | 10660 | 全面建设 |
| 三、交通及市政道路工程 | | | | | | | | | |
| 9 | 雷公岛直达通道 | 新建 | 起自三丰路,沿西北方向穿238省道,止于新坝镇丰乐桥码头,三丰路至238省道段全长2467米,宽28米,238省道至雷公岛段长4422米,宽24米 | 交投公司 | 交通运输局新坝镇三茅街道 | 2016.10~2018.6 | 40000 | 19000 | 开工建设 |

续表 6

| 序号 | 项目名称 | 新建续建 | 主要建设内容及规模 | 责任单位 | 协同单位 | 建设周期 | 计划总投资 | 2016 年计划目标 | |
|---|---|---|---|---|---|---|---|---|---|
| | | | | | | | | 完成投资 | 形象进度 |
| 10 | 238 省道改线西来桥段 | 续建 | 起自扬中二桥南桥头，穿越西来桥镇，跨过夹江，进入常州市，沿银河止于 338 省道，项目全长 5.6 千米，宽 70 米(含两侧绿化带 40 米)。配建加油站、治安卡口 | 交投公司<br>公安局 | 西来桥镇<br>交通运输局 | 2015.12<br>~2017.12 | 50000 | 22000 | 全面建设 |
| 11 | 建设路工程 | 新建 | 东起彩凤桥，西至中电大道，长 1000 米，彩凤桥至新扬路段宽 24 米，新扬路至中电大道段宽 28 米 | 城投公司<br>市政园林工程处 | 住建局<br>规划局<br>国土局<br>三茅街道 | 2016.5<br>~2017.5 | 6750 | 5000 | 全面建设 |
| 12 | 江洲西路改道工程 | 新建 | 东起同心圆盘，西至明珠湾丰收桥，长 560 米，宽 28 米 | 城投公司<br>市政园林工程处 | 住建局<br>规划局<br>国土局<br>三茅街道 | 2016.4<br>~2017.12 | 8240 | 4500 | 征地拆迁 |
| 13 | 同心路及张家港西延工程 | 续建 | 东起新民路，西至联丰港，长 470 米，宽 20 米 | 城投公司 | 三茅街道 | 2015.11<br>~2016.12 | 6500 | 5700 | 竣工交付 |
| 14 | 新扬南路南延工程 | 续建 | 北起南江路，南至滨江大道，全长 236 米，宽 33 米 | 城投公司 | 住建局<br>国土局<br>规划局 | 2015.11<br>~2016.12 | 1600 | 1000 | 竣工交付 |
| 15 | 南江路工程 | 续建 | 西起新扬南路，东至三沙路，全长 300 米，宽 33 米 | 城投公司 | 住建局<br>国土局<br>规划局 | 2015.11<br>~2016.12 | 1500 | 1400 | 竣工交付 |
| 16 | 科技新城配套基础设施 | 续建 | 科技新城建设经二线、银佳西路、纬三路、纬四路、纬五路、复振路、三桥路、238 省道南北两侧匝道 8 条骨干道路，全长 6 千米，配建雨污管网 7 千米，安置小区正式供电 650 户 | 三茅街道 | 住建局<br>国土局<br>规划局<br>供电公司 | 2014.12<br>~2017.6 | 10000 | 5000 | 全面建设 |
| 17 | 城西路网完善工程 | 续建 | ①新民南路延伸，道路全长 1160 米，宽 36 米；②建设路延伸，道路全长 280 米，宽 28 米；③祁家路延伸，道路全长 280 米，宽 20 米；④金苇路延伸，道路全长 280 米，宽 20 米 | 新坝镇 | 住建局<br>国土局<br>规划局 | 2015.1<br>~2016.6 | 10000 | 4000 | 竣工交付 |
| 18 | 中电大道北延 | 续建 | 总长约 2600 米，联丰港东侧宽 30 米，西侧宽 28 米 | 新坝镇 | 住建局<br>国土局<br>规划局<br>交投公司 | 2015.4<br>~2017.12 | 4000 | 3000 | 全面建设 |

续表 6

| 序号 | 项目名称 | 新建续建 | 主要建设内容及规模 | 责任单位 | 协同单位 | 建设周期 | 计划总投资 | 2016 年计划目标 | |
|---|---|---|---|---|---|---|---|---|---|
| | | | | | | | | 完成投资 | 形象进度 |
| 19 | 扬子西路西延 | 新建 | 道路长约 3000 米，宽 28 米，建设桥梁两座 | 新坝镇 | 住建局<br>国土局<br>规划局 | 2016.3<br>~2017.5 | 8000 | 7000 | 全面建设 |
| 20 | 江城路南北延伸 | 新建 | 道路长约 3300 米，宽 18 米 | 新坝镇 | 住建局<br>国土局<br>规划局 | 2016.3<br>~2017.5 | 6000 | 5000 | 全面建设 |
| 21 | 长虹路南北延伸 | 新建 | 道路长约 4000 米，宽 20 米 | 新坝镇 | 住建局<br>国土局<br>规划局 | 2016.3<br>~2017.5 | 7000 | 6000 | 全面建设 |
| 22 | 经开区路网完善工程 | 续建 | 四号线延伸。工程位于港隆路北侧、光明河西侧，长 700 米，宽 36 米 | 经开区 | 住建局<br>国土局<br>规划局 | 2015.11<br>~2016.6 | 4555 | 4555 | 全面建设 |
| | | 新建 | 中小企业产业园配套设施，两横两纵道路为纬五路、纬六路、经四路、永恒路 | 经开区 | 住建局<br>国土局<br>规划局 | 2016.3<br>~2017.6 | 3000 | 3000 | 全面建设 |
| | | 新建 | 长征路。位于三跃社区境内，长 1400 米，宽 24 米 | 经开区 | 住建局<br>国土局<br>规划局 | 2016.8<br>~2017.11 | 3350 | 1500 | 开工建设 |
| 23 | 南部新城纬二路 | 新建 | 位于南部新城起步区，东起 238 省道，西至扬中大道，道路长 2000 米，宽 30 米 | 交投公司 | 住建局<br>国土局<br>规划局<br>油坊镇 | 2016.6<br>~2017.10 | 30000 | 4500 | 开工建设 |
| 24 | 疏港路 | 续建 | 八桥中小企业创新园区间道路，长 1500 米，宽 24 米，两边各 5 米绿化带，双向 4 车道，混凝土路面 | 八桥镇 | 住建局<br>国土局<br>规划局 | 2015.12<br>~2016.12 | 2500 | 2500 | 竣工交付 |
| 25 | 八桥纬一路（兴港路） | 续建 | 西起 238 省道，东至八桥港区，道路全长 2000 米，宽 30 米 | 交投公司 | 住建局<br>国土局<br>规划局<br>八桥镇 | 2015.11<br>~2016.8 | 9000 | 4000 | 竣工交付 |
| 26 | 长旺物流园对外连接道路 | 续建 | 长 1600 米，宽 24 米 | 交投公司 | 住建局<br>国土局<br>规划局<br>油坊镇 | 2015.12<br>~2016.10 | 8000 | 8000 | 竣工交付 |
| 27 | S238 养护改善工程 | 新建 | 维修改造八桥加油站至扬中二桥南共 5.8 公里道路。其中，一级公路标准 4.06 公里，二桥 1.755 公里 | 交通运输局 | 八桥镇<br>公路管理处<br>交投公司 | 2016.1<br>~2017.6 | 7600 | 5000 | 全面建设 |
| 28 | 扬中大道兴隆段改造工程一期 | 新建 | 拓宽改造港隆路至油坊镇长兴路口（含兴隆桥）2.5 公里 | 公路管理处 | 经开区<br>交投公司 | 2016.3<br>~2017.12 | 7000 | 3600 | 开工建设 |

续表6

| 序号 | 项目名称 | 新建续建 | 主要建设内容及规模 | 责任单位 | 协同单位 | 建设周期 | 计划总投资 | 2016年计划目标 | |
|---|---|---|---|---|---|---|---|---|---|
| | | | | | | | | 完成投资 | 形象进度 |
| 29 | 城乡道路维修改善工程 | 新建 | 农村公路提档升级工程。新改建农村公路8公里 | 各镇(街、区) | 交通运输局 | 2016.1~2016.12 | 600 | 600 | 竣工交付 |
| | | 续建 | 农村公路安全生命防护工程。整治现有104公里农村公路安全隐患 | 各镇(街、区) | 交通运输局 | 2015.11~2017.12 | 6300 | 3000 | 全面建设 |
| 四、公共基础设施 | | | | | | | | | |
| 30 | 规划提升工程 | 新建 | 对滨江新城控规进行动态维护。建立地下管线综合管理信息系统 | 规划局 | | 2016.1~2016.12 | 380 | 380 | 全面完成 |
| 31 | 城管提升工程 | 新建 | 在城郊选择地点新建建筑装潢垃圾弃置场所 | 城管局 | 住建局<br>国土局<br>规划局<br>环保局<br>城投公司 | 2016.3~2017.12 | 2000 | 100 | 完成可行性论证 |
| | | 新建 | 环卫设施升级工程。优化环卫中转站布局,更新部分环卫基础设施,添置部分环卫机械设备 | 城管局 | 城投公司 | 2016.3~2016.12 | 1000 | 1000 | 竣工交付 |
| | | 新建 | 执法队伍规范化建设。强化行政执法队伍装备、设备提升 | 城管局 | 城投公司 | 2016.1~2016.12 | 200 | 200 | 竣工交付 |
| 32 | 扬中三桥综合服务区 | 续建 | 配套建设公安治安卡口、交通治超站等，占地15亩 | 交投公司 | 住建局<br>国土局<br>规划局 | 2015.12~2016.12 | 1500 | 1500 | 基本完成服务区建设 |
| 33 | 邮政电信大楼复建扫尾工程 | 续建 | 建设邮政电信合署营业大楼，建筑面积4518平方米 | 城管局<br>城投公司 | 邮政局<br>电信公司 | 2016.1~2016.12 | 2000 | 2000 | 竣工交付 |
| 34 | 中扬金融科技广场 | 新建 | 建筑面积1.6万平方米 | 城投公司 | 住建局<br>国土局<br>规划局 | 2015.12~2017.12 | 7000 | 2900 | 完成地下工程 |
| 35 | 镇江万太220千伏输变电工程。 | 新建 | 新建220千伏变电站一座，本期新上1台主变，主变容量180兆伏安。220千伏出线远景8回,本期2回;110千伏出线远景14回,本期4回;10千伏出线远景36回,本期12回 | 供电公司 | 新坝镇 | 2016.7~2017.12 | 20185 | 2000 | 开工建设 |
| 36 | 水气保障工程 | 新建 | 组建中扬水务集团,回购金州水务,启动水厂三期扩建及深度处理工程。水厂扩容10万吨,新建20万吨深度处理工程、20万吨尾水处理工程及配套供水管网 | 城投公司 | 监察局<br>住建局<br>财政局<br>审计局<br>人社局<br>法制办 | 2016.3~2018.6 | 43000 | 21000 | 前期工作 |

续表 6

| 序号 | 项目名称 | 新建续建 | 主要建设内容及规模 | 责任单位 | 协同单位 | 建设周期 | 计划总投资 | 2016 年计划目标 | |
|---|---|---|---|---|---|---|---|---|---|
| | | | | | | | | 完成投资 | 形象进度 |
| | | 新建 | 扬中天然气门站 LNG 气化站 | 住建局 | | 2016.3~2016.12 | 300 | 300 | 竣工交付 |
| | | 新建 | 中燃分布式能源一期,建设 30 吨燃气锅炉及管线 | 住建局 | 发改委<br>国土局<br>规划局<br>安监局<br>油坊镇 | 2016.1~2016.12 | 1000 | 1000 | 竣工交付 |
| 37 | 美丽宜居镇村建设 | 续建 | 建成新坝美丽宜居镇,加快推进油坊美丽宜居镇建设,建成美丽宜居村庄 2 个 | 新坝镇<br>油坊镇 | 住建局 | 2015.1~2017.12 | 13000 | 8000 | 全面建设 |

(发改委　孙国庆)

## ·国土资源管理·

【概况】2016 年,扬中市国土部门向江苏省国土资源厅、镇江市国土资源局争取规划指标,按照保近期保重点、有保有压的原则,统筹安排全市“十三五”期间各业各类用地需求和供给平衡。完成 46 平方公里的城市周边范围确定、城市周边永久基本农田“分区分类别”核实举证和城市周边永久基本农田补划工作。全市占补平衡项目和增减挂钩项目 34 个。其中 4 个占补平衡项目总规模 121 亩,新增耕地 120 亩;30 个增减挂钩项目总规模 526 亩,新增耕地 471 亩。成功创成 2015 年度省土地执法模范市。实施“慧眼守土”工程,严格开展日常动态巡查,定期召开部门联动会议,积极推进“两法衔接”,制定出台《扬中市土地市场动态监测与监管工作流程》。

2016 年,扬中市以重大项目为载体,争取独立选址计划,批准用地 2695 亩,解决城北科技园、华强电力、圣灏通用码头、家纺城等项目的用地需求。编制完成 2016~2020 年土地储备工作规划和 2016 年土地储备计划,储备土地 1930 亩,收购房产 1.9 万平方米,收储总价 5.6 亿元。全市工业用地挂牌成交 34 宗,总面积 944 亩,总交易额 2.8 亿元。经营性用地挂牌成交 17 宗,总面积 488 亩,总交易额 8.4 亿元。全年征收土地 2136 亩,及时兑付征地补偿款 1.3 亿元,有效维护被征地农民的合法权益。严格执行《扬中市农村村民住房建设管理办法》,推行居民建房网上审批,完成审批 946 户。其中原地 416 户,易地 530 户。继续开展地理国情普查和数字扬中建设,2016 年完成 8000 亩土地的勘测定界工作,完成 128 万平方米的房产测绘工作。

(市国土资源局　祝启刚)

【地质灾害防治】2016 年,扬中市国土部门推进地质灾害危险性评估核定工作,开展地质环境监测规划编制工作,形成《扬中市地质环境监测规划》初稿。汛期,强化巡查排查和临灾避险,做好应急值守和处置相关工作,人民群众生命财产安全得到有效保障。

(市国土资源局　祝启刚)

【“四全”服务模式】2016 年 4 月 20 日,江苏省县级国土资源“四全”服务模式(即全业务网上办理、全区域便民利民服务、全流程优化审批、全节点效能监控)推进会在扬中召开。省国土资源厅副厅长李闽出席会议,镇江市委常委、副市长蒋建明致辞,扬中市副市长卜兴荣参加会议。与会人员观摩扬中新坝镇、经开区“四全”服务窗口。省国土资源厅副厅长李闽肯定扬中“四全”服务模式取得的成效,要求全省各地及早提出、尽早解决“四全”服务模式的推进难点;把“四全”服务模式和“一张图”工程紧密相连;在信息化建设方面,要数据互通、区域联通、监管贯通,研究探索、不断完善“四全”服务模式,推进全省国土资源行政审批制度改革。

(新闻中心)

【不动产登记】2016年，扬中市国土部门在全省率先实现与地税、住建等部门的二次融合，实现多节点联合办理，真正做到交易、纳税、登记“一窗式受理、一站式办结”。完成不动产信息管理基础平台接入工作，启动农村宅基地和农村统一调查登记发证试点村调查工作。全年办理各类不动产权证书11822件，不动产登记证明5907件。 （市国土资源局 祝启刚）

2016年1月，扬中市不动产登记局、登记中心揭牌

## ·市容管理·

【概况】2016年，扬中市城市管理围绕市委、市政府城建重点工程以及“五水联治”等中心工作，完成2016年城市环境综合整治项目；启动“智慧停车”系统建设，计划利用2年时间，结合城市更新和旧城改造，新建停车诱导系统和停车场、停车楼，提高车位使用和车辆进出效率，缓解交通拥堵状况；完成数字城管升级工程，对局域网、虚拟化设备、集中监控等数字城管子系统进行升级，为城市管理工作提供精确度高、可用性强的基础数据平台；序时推进邮政电信大楼复建工程，城建重点工程建设稳妥有序实施；构建城乡一体化的查违控违体系，保持居民违章建房查处的高压态势，居民建房管理秩序进一步好转；加强队伍建设，开展法律知识培训，与苏州大学合办城管专业学历提升班，不断提高城管系统干部职工的理论和业务水平；致力改革创新，探索完善城市管理新机制、新办法，提升城市管理常态长效化水平，改善城乡面貌。

（城管局 王红贵）

【居民建房管理】2016年，扬中市城管局按照整岛城市化、城乡一体化的要求，在查违控违管理过程中力求城乡同质、服务同效。按照《关于相对集中城乡规划管理行政处罚权的通知》（扬政发〔2015〕34号）文件要求，城管局深化体制改革，调优管理体制，成立执法一大队，专门负责扬中市居民建房监管工作；在日常工作中加强与规划、国土、住建等部门及各镇区的联系和对接，建立联系单制度、联络员制度、联席会议制度、审批备案制度、抄告通报制度等，形成信息和资源共享的机制，凝聚管理合力。2016年2月29日，全市居民建房管理工作会议召开后，扬中市强化原有制度，建立内部的通案制（即定期对居民建房中违建案例进行会商），提高人员、执法、经费方面的保障能力，加强执法人员的业务培训和建房管理社会宣传，积极采取多项措施推进相对集中行政处罚权落实。全年，在全市范围内查处各类违建689处，拆除297处，拆除或整改面积3.68万平方米。通过强有力的宣传和执法，有效遏制违建蔓延势头，进一步规范居民建房管理秩序。

（城管局 王红贵）

【智慧停车项目落户】2016年7月，扬中市城区智慧停车投资、建设及运营管理项目承接主体采购项目正式签约，中兴智能交通股份有限公司中标。政府通过向社会力量购买公共服务，扬中市城区停车管理模式即将迈入智能化、信息化时代。该项目于2016年3月在市公共资源交易中心组织开展竞争性措施采购程序，最终由中兴智能交通股份有限公司中标。2016年6月1日，在交易中心牵头组织下，市城管局与中兴公司签订正式合同。该项目采取“建设—运营—移交”(BOT)模式，由投资方自筹投资资金进行项目建设，总投资额度不小于3500万元；同时投资方自主经营，自负盈亏，自主经营权年限为20年；经营期届满后，投资方智慧停车系统无偿移交甲方。该项目的实施，是创新政府采购方式，积极响应政府向社会力量购买服务的有效举措。“智慧停车系统”实施范围覆盖整个扬中主城区：东至238省道，南至滨江大道，西至新民路，北至环城北路。该系统不仅将现有的公共停车场、机关事业单位停车场、住宅小区停车场纳入智慧停车系统，同时还将改造及建设部分公共停车场及社会停车场，配套建成三级停车诱导系统。 （新闻中心）

# 生态环境

## ·环境质量·

**【概况】** 2016年，扬中市集中式饮用水源地水质、城市空气质量、地表水主要控制断面水质、噪声环境质量均达到功能区要求。全年整体环境质量保持稳定，环境指标进一步改善，全年优良天数256天，空气质量优良天数(AQI)比例为73.8%；市区饮用水水源地水质达标率为100%，全市地表水监测断面水质良好；市区区域环境噪声昼间时段平均等效声级为53.6dB(A)，符合功能区标准。（环保局　乔立）

**【城区空气质量】** 2016年，扬中市区6种主要大气污染物：二氧化硫（$SO_2$）、二氧化氮（$NO_2$）、一氧化碳(CO)、臭氧($O_3$)、可吸入颗粒物(PM10)和细微颗粒物(PM2.5)的平均浓度分别为每立方米16微克，33微克、1.0微克、64微克、72微克、52微克。按《环境空气质量标准》(GB 3095—2012)和《环境空气质量评价技术规范(试行)》(HJ 663—2013)进行评价，二氧化硫、二氧化氮、可吸入颗粒物、细颗粒物、一氧化碳浓度日平均值和臭氧浓度小时均值达到二级标准比例分别为100%、97.2%、94.0%、79.8%、100%和96.7%。城区降尘年均值为3.4吨/平方公里/月，较2015年下降0.3吨/平方公里/月。（环保局　乔立）

**【水环境质量】** 2016年，扬中市工业用水总量493.55万吨，全年工业废水排放总量359.81万吨。扬中金州水务有限公司对水源地水质64项指标每月监测1次，6月进行一次109项指标监测。2座乡镇水厂源水单月监测一次，监测29项指标。监测结果均符合国家《地表水环境质量标准》(GB 3838—2002)Ⅲ类标准，水源地水质达标率均为100%。（环保局　乔立）

“河长制”推行下明珠湾河道景观

**【降水】** 2016年，扬中市受长江三角洲酸雨区的影响，存在一定的酸雨污染。扬中市降水pH值加权平均值为5.80，pH值范围介于4.29~7.19之间，全年酸雨频率15%。（环保局　乔立）

**【主要空气污染物】** 2016年，扬中市工业煤炭消耗总量为6.91万吨，工业废气排放总量6.03亿立方米。二氧化硫年排放总量407.95吨，氮氧化物排放量307.93吨，工业烟(粉)尘排放量365.6吨。（环保局　乔立）

**【长江扬中段水质】** 2016年，扬中市环保部门对长江扬中段水质29个污染因子开展监测，水质以《地表水环境质量标准》(GB 3838—2002) Ⅲ类标准进行评价，监测结果均符合国家Ⅲ类水质标准，长江扬中段水质达标率100%。（环保局　乔立）

**【境内主要通江港水质】** 2016年，扬中市环保部门以《地表水环境质量标准》(GB 3838—2002) Ⅲ类标准评价，监测29个污染因子，其中氨氮、高锰酸盐指数、五日生化需氧量、总磷有不同程度超标。扬中市境内水环境质量有如下几个特点：有机污染指标氨氮、高锰酸盐指数、总磷是扬中水环境质量的主要污染因子；城区三茅大港水质状况较2015年有所下降，污染物浓度值呈波动趋势，水环境综合整治力度需进一步加大。（环保局　乔立）

**【区域环境噪声】** 2016年，扬中市区区域环境噪声网格测点101个，网格覆盖面积16.98平方公里。年内，市区区域环境噪声昼间时段平均等效声级为53.6dB(A)，较2015年下降0.4dB(A)，声环境质量符合《声环境质量标准》(GB 3096—2008)相应类别环境噪声限值。（环保局　乔立）

**【功能区噪声】** 2016年，扬中市功能区噪声值与2015年基本持平，本市居民文教区、混合区、工业集中区噪声均符合国家环境噪声限值，达标率为100%。（环保局　乔立）

**【交通噪声】** 2016年，扬中市城区主要交通干线为16条，总长度为108.68公里，布设监测点20个。城区交通噪声的昼间平均等效声级为67.5dB(A)，所有路段噪声均符合《声环境质量标准》(GB 3096—2008)4A类环境噪声限值。（环保局　乔立）

【工业固体废物】2016年，扬中市一般工业固体废物产生量为1.2万吨，综合利用量1.2万吨，综合利用率100%；危险废物产生量7990吨，危险废物处置量7436吨，2015年度贮存量6990吨，2016年贮存量1253吨，处置利用率100% （环保局 乔立）

·生态创建·

【概况】2016年，扬中市环保部门以生态创建促进市、镇、村三级环保基础设施改善，以"法制扬中"创建推动环保工作法制建设，提高依法监管水平，加大监测能力建设和环保理念培育，取得良好的社会成效。2016年，扬中市5个村获得"江苏省生态村"命名。全年新增绿色学校1家。完成生态类重点项目13个，总投资6.3亿元。惠及61个村(社区)的覆盖拉网式农村环境综合整治，提前一年完成，建成一批生活污水和生活垃圾收集处理设施，农村环境进一步改善。 （环保局 乔立）

【生态文明建设】2016年，扬中市编制完善《扬中市生态文明建设规划》经市委常委会讨论通过，报市人大审议。严格落实《扬中市生态红线区域保护规划》，发放生态补偿转移支付资金693万元。扬中市生态红线区域监督管理考核得分92.61分，获得省级生态补偿转移支付考核奖励资金447万元。 （环保局 乔立）

【监测能力建设】2016年，扬中市环境监测站投入近78万元建成备用水源水质自动站，投入76万余元更新气相色谱对无菌室和改善部分实验条件。

（环保局 乔立）

【环保宣传】2016年，扬中市开展"6·5"环境日系列环保活动。在通达广场举行广场活动，内容包括广场文艺演出、环保业务咨询和宣传资料发放。设置宣传板报(橱窗)40个、宣传电子屏幕10块，开展现场咨询活动，接受现场咨询200余人次，发放宣传资料500余份。《扬中快报》上刊登分管市长的"6·5"世界环境日纪念文章，发布扬中市2015年环境质量公报和2015企业环境行为评级结果。全年发表稿件200余篇。其中国家级媒体2篇，省级媒体18篇。扬中的"留白发展""河长制"等探索和实践，多次被中央级新闻媒体报道，作为扬中经验，向全国推广。 （环保局 乔立）

【环城公共自行车骑行活动】2016年6月2日，扬中开展以"低碳生活，绿色骑行"为主题的百人环城公共自行车骑行活动，仪式在市政府会议中心广场启动。世界环境日的主题是"改善环境质量，推动绿色发展"，旨在动员引导社会各界着力践行人与自然和谐共生和绿色发展理念，从身边小事做起，共同履行环保责任，呵护环境质量，共建美丽家园。上午9点整，来自扬中市市直部门以及各镇街区100余名骑行爱好者整装待发，热情满满地从会议中心出发，沿扬子西路、翠竹南路、迎宾大道、中电大道，最终回到会议中心，全程约8公里。 （新闻中心）

2016年6月2日，低碳生活绿色骑行活动

【绿色低碳示范村庄创建】2016年6月13日，扬中市在江苏省率先制定出台《关于开展绿色低碳示范村庄(小区)创建的实施办法》。办法明确设施完备、生态秀美、生活低碳、乡村文明四大标准，对满足雨污分流和生活污水收集率均100%、绿化覆盖率30%以上、分布式光伏电站安装户数50%以上等标准的村庄（小区），考核命名并给予100万元/村的财政奖补。（新闻中心）

·污染防治·

【概况】2016年，扬中市环保部门严格执行建设项目环境管理方面的法律法规和"三同时"(同时设计、同时施工、同时投产使用)制度。公开办事程序，阳光操作，加强执法检查，严格项目审批。提高工业固体废物的处置利用率，加强对危险废物的监管。推进企业信息公开，扩大绿色信贷覆盖面。 （环保局 乔立）

【依法监管排污企业】2016年，扬中市100余家企业接受污染排放情况监控。其中自动监控企业37家，对全市14家重点涉水企业安装视频监控。全年实施各类环境现场监察1000余厂次。64家企业新办或换发排

污许可证，清理违法违规建设项目849个。下达《责令改正环境违法行为决定书》60份，立案查处41件，罚款243万元。组织开展各类环境专项整治，在黄山套片区、油坊新材料园区等工业集中区环境综合整治中，整改突出环境问题109项；在燃煤锅炉专项整治中，关闭、升级燃煤锅炉74台；在黄标车专项整治中，淘汰报废黄标车642辆；在化工行业专项整治中，关停并转化工企业3家。（环保局 乔立）

依法监管排污企业

【环境行为信息公开】2016年，扬中市环保部门进一步落实信息公开要求，对照新《中华人民共和国环境保护法》有关信息公开的条文，自查自纠，严格落实。环保网站严格执行项目环评、审批和验收情况公示，全面公开行政处罚信息和企业环境信用评价等级。PM2.5数据每小时在环保局网站实时公布，每日向电视台发布。“6·5”期间，对189家企业环境行为评级进行公开。其中被评为绿色企业的125家，蓝色企业49家，黄色企业8家，红色企业6家，黑色企业1家，增强企业的环保意识和责任意识。（环保局 乔立）

【建设项目审批】2016年，扬中市环保部门严格执行建设项目环境管理方面法律法规，坚持服务经济大局，努力缩短审批时间，提高审批效能，环保项目审批比国家规定的时限缩短2/3。在大项目服务上采取领导挂钩的方式，主动与企业对接，帮助企业到上级环保部门办理环保审批竣工验收。全年接受项目咨询107个，审批项目148个，完成项目验收115个，否决选址不当、污染严重的企业(项目)17个。推进园区规划环评工作，对符合规划环评要求的园区，督促做好规划环评相关工作，为入园项目建设打好基础。（环保局 乔立）

【辐射环境管理】2016年，扬中市环保局检查和指导28家安全设施、环保手续、档案制度、人员培训等方面核技术利用，环评初审或审批2家新办核技术应用单位，指导1家核技术应用单位办理辐射安全许可证延续手续，指导4家核技术应用单位完成辐射安全许可证变更手续，配合镇江市局完成4家核技术应用单位的竣工环境保护验收。全年对辐射应用单位的现场监察率100%，全市辐射应用单位安全许可证持证率为100%，辐射安全年度评估率为100%。（环保局 乔立）

【蓝天工程】2016年，扬中市淘汰报废黄标车642辆，继续推进燃煤锅炉整治，关闭、升级燃煤锅炉74台，全市10蒸吨以下燃煤锅炉全部实现清洁能源改造。积极开展秸秆禁烧工作，建立“市督查、镇巡查、村监管、组防守”的四级责任网络和“一级抓一级、层层抓落实”的工作机制，层层签订责任状，构建网格化、全覆盖的秸秆禁烧巡查督查体系，建设“蓝天卫士”高空视频监控工程，夏秋两季，全市未发生大面积焚烧秸秆现象。（环保局 乔立）

【环境信访】2016年，扬中市环保部门坚持执行24小时污染举报受理制度，通畅热线电话、定期接访、网络舆情等信访渠道，“早发现、早介入、早解决”敏感环境信访问题 。全年受理环境污染举报及信访件658件，全部在承诺时间内给予调处和办理、反馈，做到调处率、结案率、反馈率100%，切实保障群众环境权益。环保局采取上门衔接、及时汇报、主动联系的工作方法，做到调研到位、沟通到位、回复到位，提议案答复满意率100%。（环保局 乔立）

【覆盖拉网式农村环境综合整治试点】2016年1月20日，扬中市召开覆盖拉网式农村环境综合整治试点工作推进会，副市长宫金生参加会议。会上，市环保局汇报覆盖拉网式农村环境综合整治试点工作进展情况。16个行政村实施污水管网建设工程，市财政局根据整治村工程项目进展状况下拨专项奖励资金540万元，2016年，市政府与各镇、区、街道签订目标责任状，扬中参与整治村庄的实施方案编制工作有序开展。（新闻中心）

## 2016年度扬中市生态环境建设重点项目任务表

表7　　　　单位:万元

| 序号 | 项目名称 | 建设内容 | 项目性质 | 建设周期 | 计划总投资 | 2016年计划目标 | | 责任单位 | 配合单位 |
|---|---|---|---|---|---|---|---|---|---|
| | | | | | | 完成投资 | 形象进度 | | |
| | 生态类项目共14个,总投资19.1223亿元,年内投资6.3236亿元 | | | | | | | | |
| 一 | 水环境整治(4个) | | | | | | | | |
| | 乡村河道整治 | | | | | | | | |
| 1 | 沙家港闸站工程 | 拆除原沙家港闸，移址新建沙家港闸站。中间为单孔节制闸,闸孔净宽6米,两侧为泵站，装备1000ZLB-4型和1000ZLB(X)-4型立式轴流泵配套180千瓦异步电动机共4台（套)，总装机容量720千瓦,排涝流量12立方米/秒,引水流量5立方米/秒 | 公益类 | 2015~2017年 | 4087 | 3000 | 完成60% | 水农局 | |
| 2 | 红星河泵站工程 | 拆除原红星河排涝站,新建红星河双向排水泵站。装备2台900ZLB-100(X)立式双向轴流泵和1台900ZLB-100立式单向轴流泵，配套总功率540千瓦，设计排涝流量8.4立方米/秒，引水流量为5.5立方米/秒 | 公益类 | 2016年 | 966 | 966 | 完成 | 水农局 | |
| 3 | 中小河流综合整治工程 | 疏浚河道51.95千米，翻建维修涵洞112座，新(翻)建泵房7座，新建驳岸44.95千米，岸坡整治绿化76.79千米 | 公益类 | 2015~2016年 | 7000 | 7000 | 全面完成油坊、八桥和西来桥三镇的整治任务 | 水农局 | |
| | 污水治理 | | | | | | | | |
| 4 | 覆盖拉网式农村环境综合整治 | 各镇街区完成综合整治行政村数量分别为：新坝6个、三茅13个、油坊5个、八桥4个、西来桥6个、经开区7个 | 公益类 | 2016年 | 2000 | 2000 | 2016年完成41个村整治 | 各镇街区 | 环保局<br>财政局<br>审计局<br>城管局 |
| 二 | 大气环境整治(1个) | | | | | | | | |
| 1 | 燃煤锅炉整治 | 燃煤锅炉淘汰或改造为清洁能源 | 准公益类 | 2016年 | 2500 | 2500 | 完成56台燃煤锅炉整治任务 | 环保局 | 各镇街区 |

续表 7

| 序号 | 项目名称 | 建设内容 | 项目性质 | 建设周期 | 计划总投资 | 2016年计划目标 | | 责任单位 | 配合单位 |
|---|---|---|---|---|---|---|---|---|---|
| | | | | | | 完成投资 | 形象进度 | | |
| 三 | 重点片区整治(1个) | | | | | | | | |
| 1 | 重点整治 | 对油坊新材料工业园区进行整治；推进园区企业废水废气治理设施提升改造；完善园区污水管网体系 | — | 2015~2016年 | 1500 | 1500 | 完成 | 环保局 | 油坊镇 |
| 四 | 低碳建设(6个) | | | | | | | | |
| 1 | 节能技改 | 镇江荣德新能源科技有限公司将原有京运通JZ-460铸锭炉的G5改造成G6 | 市场化 | 2015~2016年 | 9000 | 5500 | 完工 | 发改委 | 经开区 |
| 2 | | 江苏环太集团对30台GT450多晶炉升级改造，将半熔工艺升级改造为全熔工艺 | 市场化 | 2015~2016年 | 3500 | 3000 | 完工 | 发改委 | 油坊镇 |
| 3 | | 镇江华扬乳胶制品有限公司14条生产线改造和锅炉改造 | 市场化 | 2014~2017年 | 6600 | 3000 | 80% | 发改委 | 新坝镇 |
| 4 | | 江苏大航微电网科技有限公司10兆瓦屋顶分布式光伏发电 | 市场化 | 2015~2016年 | 8000 | 5000 | 完工 | 发改委 | |
| 5 | 零碳岛建设 | 生态雷公岛零碳新景区、休闲慢生活，以江河、湿地、农田、林地为生态基础，打造扬中“0”碳生活示范区 | 市场化 | 2012~2018年 | 126000 | 10000 | 于年底前初步具备接待能力，包括餐饮、垂钓、生态观光 | 发改委 | 新坝镇 |
| 6 | 公共自行车 | 扬中公共自行车三期投资500万元，建设25个站点 | 公益类 | 2016~2017年 | 500 | 200 | 公共自行车查漏补缺 | 住建局 | |
| 五 | 污染治理(2个) | | | | | | | | |
| | 固体废弃物治理 | | | | | | | | |
| 1 | 固体废弃物综合利用 | 扬中市前进建材有限公司利用废水生化处理污泥、粉煤灰、炉渣、建筑垃圾、太阳能废砂等固体废弃物制砖 | 市场化 | 2015~2016年 | 370 | 370 | 完成 | 环保局 | 油坊镇 |
| | 重点企业污染治理 | | | | | | | | |
| 2 | 金属表面处理行业整治 | 环保、安全、节能等方面整治提标改造 | 市场化 | 2015~2016年 | 19200 | 19200 | 7家企业完成综合整治 | 环保局 | 发改委、安监局、相关镇街区 |

（发改委 孙国庆）

## ·园林绿化·

【概况】2016年,扬中市在城市公园、绿地管理方面,全年处理数字化城管平台交办案件292件,“12345”政务热线交办案件118件,翻新草坪12万平方米,补植板块、地被3万平方米,播籽、栽植宿根花卉约4万平方米,补植乔木、花灌木1300余株,换栽四季草花约8000平方米,设施油漆出新约1.2万平方米。在市政设施维护方面,完成数字化城管平台交办案件201件,“12345”政务热线交办案件153件,道板维修4500平方米,路牙维修441米,道路维修5.52万平方米,新增各类交通标志113块,标线出新6800平方米,更换护栏246米,减速带121米。根据《城市桥梁养护技术规范》,定期检测管辖范围内27座桥梁,形成“一桥一卡”基础数据台账。重点强化管辖范围内13座泵站的管护工作,确保全天候正常运行和汛期排水畅通。

2016年,由扬中市市政园林处牵头负责的城建重点工程、重点工作有6项。1.鸣翠山庄低洼易涝片区改造,已建成并通过汛期检验;2.建设路工程,正在进行杆线搬迁,推进港联段及河道景观工程施工,剩余段征地、拆迁工作;3.江洲西路改道,已完成前期部分手续办理等既定工作任务;4.城区污水管网维修工程,完成总工作量60%;5.翠竹路节点改造,人行道板改造完成总工作量80%,道路恢复施工开始;6.农村污水整治工程,完成总工程量75%。

认真组织市政设施、园林绿化管理人员学习领会《城镇排水与污水处理条例》《城市排水许可管理办法》《扬中市城市绿化管理办法》《扬中市城市古树名木保护管理办法》《扬中市城市树木移伐及花卉绿化设施损坏、占用绿地的补偿收费标准》等文件精神。全年受理市政园林审批事项24项,征收规费89.41万元。保障城市各项排水设施安全正常运行,预防城市水环境污染,将“排水许可证”纳入工程竣工交付重要指标之一。严格验收申请办理“排水许可证”的排水户,符合相关规定方可办理“排水许可证”。2016年,审批排水户并发放“排水许可证”13户。(园林处 周鹏)

【扬中市获评国家园林城市】2016年5月28日,第十届中国(武汉)国际园林博览会闭幕式上,住房城乡建设部授予扬中市“国家园林城市”奖牌。扬中市创建国家园林城市历经十年,以创建国家园林城市为抓手,按照“绿韵水秀、江中花洲”的思路,坚持“整岛一体、因地制宜”的原则,多方联动,积极动员,全面打响“绿色战役”,城市绿化面貌不断提升。大力实施亲水近水工程及滨河绿化,先后建成三茅大港、明珠湾等一批城市滨水风光带,完成丰收河、绿柳河、同建河等环境综合整治,实现“绿伴水生”。统筹实施主次干道绿化提档升级、背街小巷增绿补绿、城乡结合部和街头游园美化靓化“三项工程”,先后改造江洲广场、明珠广场、扬中大道等30余处城市绿地,高标准建成中电大道、园博大道、滨江大道等城市绿廊,实现“道在绿中”。科学布点,先后建成城北公园、城西公园、城南公园、滨江公园等一批各具特色的城市公园,并成功举办江苏省第八届园艺博览会,实现“人在园中”。先后开展两届“十佳绿色小区”“百家绿色庭院”评选活动,让园林园艺丰富百姓生活,实现“居在景中”。开展“绿源”工程,城市建成区内生产性绿地超过23公顷,建成园博园北侧和滨江大道两侧苗圃基地和迎宾大道、环城东路等多处城市防护绿地,实现“城在林中”。城市建成区绿地面积485.42公顷,公园绿地面积超过126公顷,绿地率33.64%,绿化覆盖率37.26%。

(园林处 周鹏)

丰收河风光带

## ·长江岸线管理·

【概况】长江南京航道局扬中航道管理处负责扬中辖区航道维护、建设、航道行政管理等。辖区航道包括太平洲捷水道、炮子洲右汊、录安洲右汊三条水道,维护里程58.9公里,常年维护各类航标198座。辖区内建有扬中长江大桥、扬中夹江二桥、镇江—扬中快速通道夹江大桥、泰州大桥夹江桥、西来桥镇幸福大桥、录安洲夹江大桥、录安洲化工管线桥等多座过江通道。扬中航道管理处有船舶8艘,分别为宁道囤17、18,航迅3号、1106、1116,宁道标209、407,宁道1101。2016年,完成航道维护7.11万座,航道航标正常率1000‰,航道尺度保证率100%,辖区全年安全畅通,未发生航道维护责任事故。

2016年,扬中航道处协助常州通用自来水有限公司更换常州魏村取水口损毁的标牌。商讨238省道镇江(扬中)段养护改善工程幸福大桥施工期桥区标志配布方案,测量桥梁建造水域及上下游,9月初,抛设施工期桥区专用浮6座,设置警示标牌4座,完成大桥施工期桥区专用标志抛设工作,提醒过往船舶注意避让,保障桥梁施工安全和通航船舶安全。测绘处利用RTK(实时动态),完成辖区4座水位站坐标、高程的复测工作;完成新幸福大桥施工水域、大路预制厂中交二行三公司、新洲下塌方江堤水域、镇江大路通用机场、镇江海事处二桥下游趸船等工程测量并提交水域扫测图。配合南京局完成长江南京以下12.5米深水航道二期工程GPS控制网2016年度的多次同步静态观测复测任务;独立完成每月一次长江南京以下12.5米深水航道二期工程初通期航道非疏浚区(江阴大桥至新生圩)自检测量任务。配合长江南京航道局做好上浏段数字航道的软、硬件设备的接收及安装、调试等工作。自行研发的航道水文综合数据在线自动测报系统信息查询软件、手机客户端移动应用软件、Android手机客户端移动应用软件V1.0三项获得国家专利。

扬中市水政监察大队严格执行水政执法巡查制度,严格查处水事违法行为,全年组织巡查690次,调查处理各类涉水案件220起,立案查处8起,征收长江河道堤防占用补偿费207.7万元。

(航道处　祝虹、水农局　赵宇)

长江岸线管理——航道测绘现场

**【长江岸线和涉水建设项目的监管】** 强化长江岸线和水利工程的监督管理。扬中市对照《江苏省河道范围内建设项目管理规定》和扬中市水利农机局事中事后监管的要求,定期、定人监督和管理西来桥镇238省道拓宽工程和江苏华和热电有限公司等涉水在建建设项目,以及江苏新韩通船舶重工有限公司、大地水泥有限公司等一批已建成的涉水企业,发现问题及时纠正和查处。

(水农局　赵宇)

**【打击长江非法采砂】** 2016年,扬中加强长江河道采砂管理,严厉打击长江非法采砂。4月15日~6月30日,全力实施长江河道采砂管理“护江——2016”行动。8月15日~9月30日,扬中市根据江苏省水利厅和江苏省海事局的要求,开展“汛期集中整治”专项行动。全年组织开展巡查打击行动78次,查获非法采砂船只41条,拆除或摧毁采砂机具15台(套)。

(水农局　赵宇)

**【西沙岛坍江治理工程】** 2016年1月20日,施工总长度930米、总投入623万元的西沙岛坍江治理工程全面完工。20世纪90年代以来,长江水情不断变化,西沙岛近岸遭受冲刷现象加剧,导致产生连续多个崩窝,直接影响江堤的稳定和安全。西沙岛坍江治理工程于2015年12月6日正式开工,2016年1月20日全面完工,抛石6.7万吨,计3.92万方。西沙岛坍江问题的解决,最大程度保护岛上工作人员生命财产安全。

(新闻中心)

2016月1月20日,西沙岛坍江治理工程完工

# 五水联治

## ·综　述·

**【概况】** “五水联治”是指治污水、防洪水、排涝水、引活水、保洁水五项工程。根据《关于在全市开展“五水联治”行动的实施意见》(扬发〔2016〕7号),扬中市从2016年开始,预计用8年左右的时间分“三步走”,确保四年(2016~2019年)明显见效、六年(2016~2021年)全面改观、八年(2016~2023年)实现质变,完成“五个100%”的目标。“治污水”,实现城区、集镇及农村居

民点100%雨污分流、污水收集的目标;"防洪水",实现江堤100%达标和长久永固的目标;"排涝水",实现100%解决城市内涝问题的目标;"引活水",实现河道100%清淤通畅的目标;"保洁水",实现河道100%长效管理的目标。2016年,广宁河片区水环境综合整治完成,从根本上解决污水直排、遇雨易涝、水系不通、环境脏乱等群众反应强烈的问题。(治水办 方菲然)

2016年2月25日,全市"五水联治"行动动员大会

**【"五水联治"行动动员大会】** 2016年2月25日,扬中市"五水联治"行动动员大会召开,全面部署"五水联治"工作,举全市之力畅通水系、净化水质、营造水景、提升水韵,充分激活"江中明珠"的岛城禀赋。市长潘早云出席会议并作重要讲话,市委副书记、市人大常委会副主任唐崇林作动员报告,大会由市委常委、常务副市长艾晓晖主持,市四套班子领导参加会议。此次行动按照"五水联治、治污先行"的原则,统筹推进"治污水、防洪水、排涝水、引活水、保洁水"五项工程,重点把握治污先行、标本兼治,统筹兼顾、整体联动,制度创新、科技支撑,依法治水、依法管水,群策群力、共建共享五个方面,推动治水向纵深发展。组建坚强有力、运转高效的治水机构,健全多元化、市场化的投入机制,实施示范性强、影响力大的龙头项目,干出"五水联治"开局之年的奋进态势。会上,市水环境综合整治办、水农局、城管局、三茅街道、江洲路社区5家单位就开展"五水联治"作表态发言。(新闻中心)

**【"五水联治"行动指挥部成立】** 2016年3月8日,中共扬中市委、市政府下发《关于成立扬中市"五水联治"行动指挥部的通知》(扬发〔2016〕5号),成立扬中市"五水联治"行动指挥部,下设扬中市水环境综合整治办公室(简称"治水办"),市委办副主任范选华兼任办公室主任。治水办职能:牵头"五水联治"各项工作的组织实施、协调推进和督查考核;牵头组织《扬中市水环境综合整治规划》的编制、评审和报批工作,制定下发年度工作目标和任务;牵头组织实施城区以"雨污分流"为龙头的水环境综合整治工程项目。

(治水办 方菲然)

**【"五水联治"网友恳谈会】** 2016年10月11日,治水办组织扬中论坛、扬中热线部分网友代表,以及微扬中、知扬中、无限扬中、扬中百事通等微媒体代表,参观广宁河水环境综合整治工程施工现场,听取他们对"五水联治"行动的意见和建议。网友们提出,水环境整治要有长远和整体的规划引领,不光要治,还要防;"五水联治"不仅要踏踏实实去做,还要密切联系媒体、网友,在群众中做好宣传,提升群众知晓率,提高群众参与率;不仅要治理排出来的污水,更要注重老百姓喝的"自来水"。治水办对网友们提出的问题一一解释答复,对网友们提出意见和建议详细记录。

(治水办 方菲然)

2016年10月11日,"五水联治"网友恳谈会

## 扬中市“五水联治”重点项目表

表 8　　　　　　　　　　　　　　　　　　　　　　　　　　单位:万元

| 序号 | 项目名称 | 建设内容 | 建设进度 | 建设周期 | 计划总投资 | 2016 年计划目标 | | 责任单位 | 配合单位 |
|---|---|---|---|---|---|---|---|---|---|
| | | | | | | 完成投资 | 形象进度 | | |
| 1 | 2015 年小农水重点县 | 新建砼衬砌防渗渠道 32.37 千米,新建渠系配套建筑物(机耕桥)16 座,新建灌溉泵站 77 座,新建排涝泵站 3 座,拆建 13 座,改造 2 座,新建排水涵闸 13 座,拆建 17 座,改造 19 座,整治排水沟 15.13 千米,新建低压管道灌溉面积约 150 亩 | 续建 | 2016 年 | 3447 | 3447 | 竣工交付 | 水农局 | 新坝镇<br>油坊镇<br>经开区<br>城投公司 |
| 2 | 2014 年中小河流治理重点县 | 疏浚河道 51.95 千米,翻建维修涵洞 112 座,新(翻)建泵房 7 座,新建驳岸 44.98 千米,岸坡整治绿化 76.79 千米以及河道清障等 | 续建 | 2016 年 | 7000 | 7000 | 竣工交付 | 水农局 | 各镇街区<br>城投公司 |
| 3 | 长江坍江应急治理工程 | 对新坝镇太平洲洲头至张家港段、唐家港至丰乐桥段、经开区年丰港口下段 3 处坍江段实施抛石护岸,新建护岸长度 4.08 千米,护岸面积 18.96 万平方米。对扬中市西沙岛夹江段长 930 米坍势严重地段实施抛石治理 | 续建 | 2015~2016 年 | 2729 | 2729 | 竣工交付 | 水农局 | 新坝镇<br>三茅街道<br>经开区<br>绿洲新城<br>城投公司 |
| 4 | 江堤提标升级工程 | 现代渔业产业园区堤防除险加固工程。新建防渗墙长 8.55 千米,并分别在园区 3 条通江港口新建节制涵闸、泵站工程,配套新筑江堤长约 0.38 千米以及堤身护砌、堤顶道路等 | 续建 | 2015~2017 年 | 1000 | 1000 | 开工建设 | 城投公司 | 水农局<br>农委 |
| | | 长江堤防省二级水管单位复检工程。实施江堤迎水侧护坡维修、堤顶道路维修、管理设施完善、背水侧填塘固基、堤防隐患探测等 | 续建 | 2015~2016 年 | 558 | 558 | 通过复核验收 | 水农局 | 各镇街区<br>城投公司 |

续表 8

| 序号 | 项目名称 | 建设内容 | 建设进度 | 建设周期 | 计划总投资 | 2016 年计划目标 | | 责任单位 | 配合单位 |
|---|---|---|---|---|---|---|---|---|---|
| | | | | | | 完成投资 | 形象进度 | | |
| 5 | 水系整治畅通工程 | 河道疏浚整治工程。疏浚县级河道 1 条、长 4.69 千米，疏浚乡级河道 10 条、长 14.64 千米，疏浚村庄河塘 168 条、长 101.65 千米 | 新建 | 2015~2016 年 | 689 | 689 | 竣工交付 | 水农局 | 各镇街区<br>城投公司 |
| | | 夏家港、千斤河水系疏浚整治工程 | 新建 | 2016 年 | 80 | 80 | 竣工交付 | 水农局<br>新坝镇<br>三茅街道 | 城投公司 |
| | | 张家港水环境整治。河道整治项目东起新扬南路，西至明珠湾，全长约 482.6 米 | 新建 | 2016 年 | 1500 | 1500 | 竣工交付 | 城投公司 | 园林工程处<br>三茅街道 |
| | | 城区黑臭河生物治理工程。对扬子河（扬子广场至民主桥段）、明珠湾、广宁河、绿柳河 4 条黑臭河道进行生物治理 | 新建 | 2016 年 | 660 | 660 | 竣工交付 | 水农局<br>住建局 | 环保局<br>城投公司 |
| | | 思议港—红旗河水系连通工程 | 新建 | 2016 年 | 100 | 100 | 竣工交付 | 水农局 | 油坊镇<br>城投公司 |
| 6 | 沿江闸站、泵站新建工程 | 沙家港闸站工程。总装机容量 720 千瓦，排涝流量 12 立方米/秒，引水流量 5 立方米/秒 | 新建 | 2016~2017 年 | 3901 | 3901 | 全面建设 | 水农局 | 发改委<br>三茅街道<br>园林工程处<br>城投公司 |
| | | 天生套泵站。在天生套江边新建双向排水泵站 1 座，总装机容量 190 千瓦，引排流量 3 立方米/秒，配套维修改造涵洞 8 座，疏浚整治天生套港和王狼港，长 2.3 千米 | 新建 | 2016 年 | 520 | 520 | 竣工交付 | 水农局 | 油坊镇<br>八桥镇<br>城投公司 |
| 7 | 城市防洪排涝工程 | 重建水上花城泵站，翻建扬子泵站、广电中心泵站、新联排涝站，改造彩凤桥泵站，实施南园片区、春柳路段片区、实验小学、广电中心片区涝水整治 | 新建 | 2016 年 | 935 | 935 | 竣工交付 | 水农局 | 园林工程处<br>三茅街道<br>规划局<br>交通运输局<br>城投公司 |
| | | 实施鸣翠山庄片区涝水整治 | 续建 | 2016 年 | 250 | 250 | 竣工交付 | 市政园林工程处 | 水农局<br>城投公司<br>三茅街道 |
| | | 新建滨江大桥西排涝站，实施省扬高中及复旦科技园片区涝水整治 | 新建 | 2016 年 | 800 | 800 | 竣工交付 | 城投公司 | 水农局<br>园林工程处<br>三茅街道 |
| | | 实施新扬南路及港联 4 号点片区、五星花苑片区涝水整治 | 续建 | 2016 年 | 440 | 440 | 竣工交付 | 三茅街道 | 水农局<br>园林工程处<br>绿洲新城 |

续表 8

| 序号 | 项目名称 | 建设内容 | 建设进度 | 建设周期 | 计划总投资 | 2016 年计划目标 | | 责任单位 | 配合单位 |
|---|---|---|---|---|---|---|---|---|---|
| | | | | | | 完成投资 | 形象进度 | | |
| 8 | 兴隆污水处理厂二期及配套工程 | 兴隆污水处理厂二期土建装饰、设备安装 | 续建 | 2016 年 | 14800 | 6000 | 竣工交付 | 苏环(扬中)水务 | 天禾公司<br>住建局<br>园林工程处 |
| | | 建设港隆路至兴隆污水处理厂配套管网（工业污水管网、城区压力管、经开区接兴隆污水处理厂管网),长约 900 米 | 续建 | 2016 年 | 1200 | 1200 | 竣工交付 | 天禾公司 | 园林工程处 |
| | | 2 号污水泵站。扬中大道西侧、三跃港北侧,面积 1258 平方米 | 续建 | 2016 年 | 1000 | 1000 | 竣工交付 | 城投公司 | 园林工程处 |
| 9 | 新建日处理 5000 吨西来桥工业污水处理 | 在临港产业园新建项目日处理 5000 吨西来桥工业污水处理厂 | 新建 | 2016 ~2017 年 | 4000 | 4000 | 全面建设 | 西来桥镇 | 住建局<br>规划局<br>国土局<br>城投公司 |
| 10 | 城区污水管网建设 | 维修市区范围 50% 污水合流管网 | 新建 | 2016 年 | 8000 | 4000 | 竣工交付 | 市政园林工程处 | 公安局<br>城管局<br>城投公司 |
| | | 建设工人路（文化路—三茅大港)、翠竹路(江洲西路—工人路、广宁河—环城北路)、文化路(工人路—江洲西路) | 新建 | 2016 年 | 975 | 975 | 全面建设 | 治水办<br>市政园林工程处 | 城投公司<br>三茅街道 |
| 11 | 广宁河南侧片区雨污分流工程 | 新建广宁河南侧片区污水管网,包括广宁一村、广宁二村、江洲小区、广宁社区、友谊小区、雨润西北居民点及怡港小区污水管网 | 新建 | 2016 年 | 10400 | 10400 | 开工建设 | 治水办<br>市政园林工程处 | 三茅街道<br>规划局<br>城投公司 |
| 12 | 乡镇污水管网建设 | 新坝镇:长虹路、星星桥泵站至三角岛和新政东路管网 | 新建 | 2016 年 | 3000 | 3000 | 全面建设 | 新坝镇 | 住建局<br>城投公司 |
| | | 油坊镇：管网 15 公里，泵站 2 座 | 新建 | 2016 年 | 1880 | 1880 | 全面建设 | 油坊镇 | 住建局<br>城投公司 |
| | | 八桥镇:新建兴港路、疏港路、园区管网 4.8 公里 | 新建 | 2016 年 | 890 | 890 | 全面建设 | 八桥镇 | 住建局<br>城投公司 |
| | | 西来桥镇：新建提升站至污水厂主管网，实施新建雨污分流、工业污水收集管网 1.1 千米 | 新建 | 2016 年 | 2100 | 2100 | 全面建设 | 西来桥镇 | 住建局<br>城投公司 |
| 12 | 乡镇污水管网建设 | 三茅街道：新建管网 19.9 千米 | 新建 | 2016 年 | 2170 | 2170 | 全面建设 | 三茅街道 | 住建局<br>城投公司 |
| | | 经开区:新建 4 号线西侧泵站，维护三个小区、两个集镇和二号线管网,实施兴宏路雨污分流 | 新建 | 2016 年 | 2492 | 2492 | 全面建设 | 经开区 | 住建局<br>城投公司 |
| 13 | 农村污水设施建设 | 编制农村污水处理规划，新建污水处理设施 14 个，铺设污水管网 27 千米 | 新建 | 2016 年 | 35820 | 6430 | 全面建设 | 各镇街区 | 住建局<br>城投公司 |

（发改委　孙国庆）

## ·专项方案·

【治污水】扬中市城区市政管道总长度182.5千米，其中污水管道75.7千米，雨污合流管道16.3千米，雨水管道90.5千米。城区小区雨污分流率69%，居民集中居住区雨污分流率17%。全市64个规划布点村庄的生活污水接入到城镇污水管网，在离城镇偏远的地区已建成41个分散式污水处理设施。因管网建设不到位、管道渗漏堵塞等原因，城区、集镇和农村居民点普遍存在污水收集效果差、水体污染较严重等问题。

扬中在"五水联治"过程中，围绕城区、集镇及农村居民点100%实施雨污分流和污水收集的"治污水"目标，加快推进污水管网和污水处理设施建设，加强农业面源污染和工业废水污染治理，通过8年左右时间的努力，达到"管网全覆盖、污水全收集、处理全达标"的治理效果。

"治污水"专项方案，对城区市政道路雨污水管网的改造，将加大新建管网、泵站配套以及老旧管网改造和破损修复的力度，进一步提高污水的收集效率。对城区合流制小区和居住区雨污分流改造，新建集镇污水管网并分流改造，并对农村居民点生活污水开展治理。在污水处理能力上，将加快兴隆污水处理厂扩建工程及配套管网和相关泵站的建设，2016年，新建日处理能力为5000吨的西来桥污水处理厂一期工程，全面提升污水处理厂的负荷水平和运行质量。在源头治理上，以"五水联治"为契机，加强对农业面源污染防治，推进工业废水治理提标升级。在全力、全面治水的同时，积极探索绿色排水模式，在新城建设和旧城改造过程中，积极探索利用，如植草沟、雨水花园、透水路面和下沉式绿地等"绿色"设施组织排水，通过积极创新激活岛城"水活力"，改善城市水环境，实现城市防涝、水源涵养和水景营造的多重效益。

(新闻中心)

【防洪水】扬中结合长江大堤防洪水现状，制定2016~2022年防洪目标，即利用7年时间，将主岛江堤建成百年一遇标准、西来桥镇江堤建成五十年一遇标准的防洪大堤，穿堤涵闸也按照相应标准全部建设到位，确保实现江堤100%达标和长久永固。

"防洪水"工作分为江堤提标升级工程、水闸工程和长江止坍工程三项工程开展。江堤提标升级工程将对照百年一遇标准，对全市120.15千米江堤全面提标升级，对堤身进行培筑、防护、排水设施完善、密实性灌浆、巡查便道改造以及穿堤涵洞翻建改造，将百里江堤提升为坚不可摧的 "水上长城"。水闸工程将对兴隆港闸、万福桥闸、团结港闸等11座四类水闸进行改建，除险加固三类水闸——三跃港闸，预计总投资5.05亿元。长江止坍工程抛石治理西沙岛、太平洲、西来桥总长20.31千米的17个坍江地段。

2016年，对江堤提标升级工程及水闸工程，着重开展工程勘察测量与可研报告编制，做好项目申报前期工作，渔业园区新建防渗墙8.55千米，分别在园区3条通江港口新建节制涵闸、泵站工程，铁皮港、营房港新建节制涵洞，中堡港新建双向泵站，配套新筑江堤长约0.38千米以及堤身护砌、堤顶道路等。改建沙家港闸的同时，思议港闸、兴隆港闸、穿心港闸改建前期准备工作同步进行。止坍工程着重治理新宁夹江入口至张家港段、唐家港至丰乐桥段、年丰河口段以及小泡沙段，四段总长5010米。 (新闻中心)

张家港水环境整治

【排涝水】扬中市按照"先急后缓、先易后难、标本兼治、分步实施"的原则，计划利用5年左右时间，实现100%解决城市内涝问题。截至2016年年底，基本消除城区积水点，达到5年一遇的排涝水标准；到2018年底，完成城区管网疏通、改造工作，完成城区清淤、沟通工程，完成城区排涝泵站的改、扩、新建，重要地段达到10年一遇的排涝水标准；到2020年年底前，完成各集镇排水管网改造、水系沟通、排涝泵站工程，整体排涝能力达到20年一遇的排涝水标准。

结合城区低洼易涝片区改造工程，"排涝水"工作将投资2700万元改造城区积水点，解决好南园农贸市场片区、鸣翠山庄片区、省扬高中及复旦科技园片区、新扬南路及港联4号点、新扬北路、五星花苑、工会路片区、春柳路片区逢雨积水的问题。疏浚和沟通城区河道，拓浚金星河、沙港排河及圩内水系，沟通新民河、明珠湾等河道，增强水系联通，与此同时，做好相关河道的清淤、新开、顶管、建箱涵工作，以水系的勾连畅通打通排涝“拥堵”，增强城区排涝能力。开展城区泵站改、扩、新建工程，新建民主桥泵站、春柳泵站、中八桥港站、纬四路泵站、翠竹北路泵站、高级中学泵站、五星小区泵站、水上花城泵站，改扩建沙港站、新扬站、新联站、新民站、广电泵站、扬子泵站，工程总投资预计1700万元。解决城区排涝的同时，各镇街区同步开展相关河道水系沟通，排涝泵站改、扩、新建工作。

2016年，“排涝水”工作改造城区重点低洼易涝片区，有利于河道及时排雨水。城区新建五星小区泵站等3座泵站，改扩建新扬站、新联站等5座泵站。各镇街区细化“排涝水”方案的目标任务，精确到整治河道数量、长度。（新闻中心）

**【引活水】** 扬中市按照“先急后缓、先易后难、标本兼治、分步实施”的原则，计划利用5年左右时间，到2020年，全面完成全市河道疏浚、拓浚、沟通工作，实现河道100%清淤、水系100%通畅的目标。

扬中引水系统主要依托于14座沿江闸站，27条骨干河港，144条一、二级排水沟河，2323条村级河道以及分布于港河沟上的2549座涵洞。全市部分地区水系不通畅，断头河港普遍存在，河道及建筑物标准不高，河道淤积，河道岸坡被侵占，坝头阻水。这些因素导致扬中水流不畅，河道水环境恶化态势未得到有效遏制，水体净化功能削弱，急需实施有效治理措施，改善水质，美化水环境。

根据“引活水”实施方案，各镇街区将依据辖区内河道情况开展好河道拓浚、水系沟通、泵站改扩建、涵洞和坝头改造等相关工程。各镇街区相关工程18项，总投资约24307万元，其中2016年计划投资944万元。

2016年，“引活水”工程将着重完成好城区夏家港、千斤河清淤；新坝镇14个村（社区），确保每个村完成20%的农村河道疏浚整治；八桥镇拓浚德胜港、团结河，新翻建沟通涵洞3座，坝头改造180座；西来桥镇疏浚川心港3.5千米，拓浚合兴河，港堤涵洞改造23座，圩内涵洞改造8座；经开区将做好兴郎河、兴茂河引水项目。（新闻中心）

**【保洁水】** 扬中市按照“引排通畅、水岸清洁、生态良好”的要求，“保洁水”工作将有序实施城区景观河道、骨干河港、农村河道管护工作，进一步落实责任、规范制度，实现河道管护规范化、制度化、常态化，实现“水清、岸绿、河畅、景美”的目标。

城区景观河道和骨干河港明确河长，在“保洁水”实施过程中，进一步明晰管护责任。根据“保洁水”的细化方案以及河道分级及所处位置，细化分解管护责任。市城管局负责管理三茅大港（城区段）、明珠湾、扬子河（城区段）、广宁河、同建河、长新河、丰收河7条景观河道；各镇（街、区）按照属地管理的原则，负责管理27条骨干河港（除城区景观段外）；各行政村（社区）按照属地管理的原则，负责管理乡级河道、村庄河塘，市水农局负责管理监督。

“保洁水”方案明确河道管护，管护景观河道，包括水面清洁、岸坡、绿化及附属设施。骨干河港、乡级河道、村庄河塘管护到坡面。

全面落实“河长制”管理，市城管局和各镇（街、区）、行政村（社区）成立专门的管护机构，充实管护力量，实现河道管护的全覆盖。并积极推行管养分离，健全完善市场化运作机制，切实提高管养水平。

“保洁水”方案中强化管护的考核奖惩。城区景观河道执行《扬中市城区景观河道管理办法》，骨干河港执行《扬中市骨干河港管理办法》，乡级河道、村庄河塘执行《扬中市农村河道管护实施办法》。市水农局严格按照相关标准，切实加强各个河道的考核管理，并将考核结果与管护经费拨付相挂钩，确保管护责任、管护措施落到实处。（新闻中心）

## ·治理进度·

**【城投公司2号污水泵站开工】** 2016年3月8日，城投公司承建的2号污水泵站正式开工。该项目位于扬中大道西侧、三跃港北侧，总投资约1000万元，规划占地面积约1.88亩。2号污水泵站的建成将满足城区日益增长的污水处理需要，该片区排放的污水经泵站收集后，流入城市排污管道，再经污水处理厂处理，让污水收集更为规范、安全，改善城市水环境质量和生态环境质量，使昔日的“污点”变成城市的“亮点”。同时，加强该片区的排渍能力，提高城市管网处污能力。（新闻中心）

**【广宁河片区水环境综合整治】** 广宁河片区位于老城区北片，广宁河片区水环境综合整治工程是2016年扬中市委、市政府确定的重点民生工程，也是“治污水”的带头示范工程，工程整治项目范围：北至环城北路，南至江洲西路，东至三茅大港，西至田园路，总面积约 0.75 平方千米，住户 3100 余户，人口 1.3 万人，工程总投资 2.2 亿元。广宁河片区水环境综合整治工程包括 4 个项目：一是从绿柳河至广宁河铺设引水管道，解决断头河问题；二是从主干道路到小区内部进行雨污分流改造，新建污水提升泵站，通过压力管道接扬中大道污水管网送扬中市兴隆污水处理厂，解决污水直排下河问题；三是在道路增设大管径的雨水管道的同时，改造广宁河河底，改变原来西低东高不利排水的局面，对广宁河排涝泵站进行改造，加大流量的同时，征地拓宽泵站蓄水池，以达到更好的排水效果，解决广宁河片区内涝问题；四是在片区改造时充分考虑并协调水、气、电等其他管线部门，融入海绵城市理念，改造下凹式绿地和生态透水停车场等，解决老旧小区环境面貌差的问题。

2016 年 5 月 30 日，广宁河片区水环境综合整治一期工程启动。截至 2016 年年底，该工程中引活水管道工程及污水提升泵站已基本完成；工人路、友谊路、翠竹路雨污分流工程已完成；文化北路支护桩施工已完成，工人路以北埋设雨污水管道完成；同宁路雨污水管道增设全部完成；广宁河南侧片区老旧小区雨污分流工程分 4 个标段进场施工，2016 年年底完成工作量的 20%，计划于 2017 年 6 月底全部完成；广宁河雨水泵站桩基工程已开工，广宁河河道景观改造 2017 年开标。对照“建成农村小型污水处理设施 14 个、管网 29 千米”的年度目标，污水处理设施建成 14 座，污水管网由市政园林工程处分 5 个标段代建全部完成。

（治水办 方菲然）

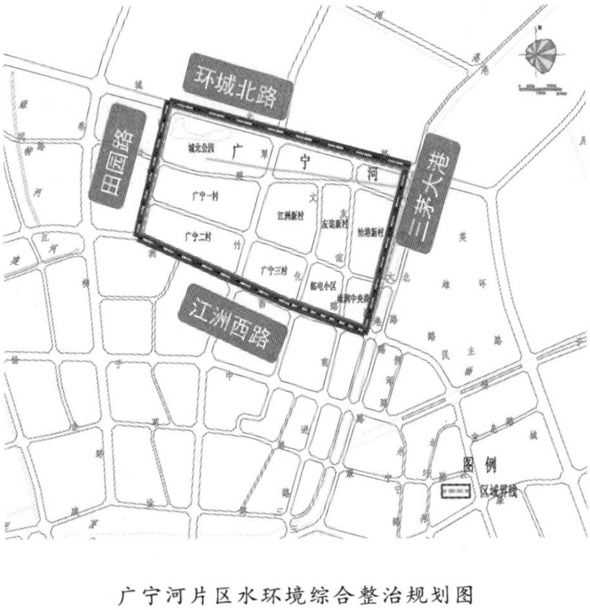


广宁河片区水环境综合整治规划图

**【年丰河口长江岸段坍江治理】**年丰河口长江岸段处于扬中河段中大江泰兴顺直段上段的右岸，本段岸坡较陡且深泓近岸，近年来，受泰州大桥建设影响，岸坡受到冲刷，岸段内为未护岸空白段，河段滩面高程大多在 2.5 米左右，主江堤外滩面宽度 25~90 米，平均宽度约 5 米，局部段不足 15 米。为保证岸坡稳定，及主江堤及滩面上经济体的安全，必须对年丰河口下游岸段采取防护措施，计划新建护岸 1180 米，抛石 5.48 万平方米。年丰河口长江岸段坍江治理工程于 2016 年 1 月上旬开工，前期因极端恶劣天气、工程申请变更和协调渔民矛盾停工 50 天，复工后于 5 月上旬完工。工程建成后，此段岸线岸坡及滩坎得到有效防护，坍江形势得以有效，有利于岸线稳定、防洪安全以及长江洲滩的开发利用，同时为 12.5 米深水航道建设的创造较好的环境，确保经济平稳发展。（治水办 方菲然）

**【水上国际花城泵站项目】**水上国际花城泵站项目是市政府 2016 年确定的民生实事之一，旨在有效解决春柳路沿线低洼易涝问题。该工程位于水上国际花城小区、三茅大港边，兴建排涝泵站 1 座，装备 350QSZ-5-30 型潜水轴流泵 2 台(套)，流量 0.6 立方米/秒；泵室为 3.6×7.2 米砼沉井；线变为 100 千伏安变压器及配电柜等；铺设 φ1200mm 管道 150 米。该工程于 2015 年 12 月 31 日进场施工，2016 年 4 月底全面竣工。完成管道铺设、基坑开挖、机泵设备采购、泵站立模架筋、泵室浇筑、沉井、机泵安装、供电方案、供电施工工作。（治水办 方菲然）

**【思议港—红旗河水系连通工程】**红旗河和思议港是扬中市骨干河道，红旗河为断头河，东西走向，西侧通江，河床淤积、水质恶化较为突出，河道束水情况严重，排涝能力差；思议港河道近几年河道水面面积锐减，流动性、通畅性也越来越差，排涝能力明显不足。为增加两条河流水体的流动性，改善水质，调节和改善引排蓄能力，需打通两个水系。思议港—红旗河水系连通工程项目内容包括在红旗河与思议港之间新建一座连通涵，恢复坝顶道路；拆除连接张家埭与蓝家墩子的土坝(红旗河桩号 6+700)；改建一座过路涵，恢复坝顶道路。于 2016 年 5 月底汛期前，该工程竣工运行。（治水办 方菲然）

**【明珠湾河道治理】** 明珠湾河道的水环境治理，是“五水联治”的一项重要内容。该河道全长 2350 米，现有平桥 7 座，由扬中市城管局负责河道保洁工作。明珠湾河道保洁实施“河长—网格领导—水保队长—水保队员”的层级管理体制，由环卫处负责督查考核。河道保洁范围涵盖河面水域、岸坡及河道两侧绿化及附属设施。河道保洁严格执行相关技术标准，实施日常养护、督促抽查和年终考评相结合的办法。2016年年内，市城管局进一步理顺河道管理体制机制，落实河道管护责任和经费，建立健全以“河长制”为主体的河道管护体系，确保城区景观河道“水清、岸绿、景美”。

（治水办 方菲然）

## 绿色能源岛

**【概况】**2016年，扬中市绿色能源岛建设取得突破，重点推进企业、公共机构、居民三大领域屋顶分布式光伏发电应用。截至2016年年底，建设130个屋顶光伏项目，装机容量68.5兆瓦；建设渔光互补项目2个，装机容量10兆瓦；安装屋顶光伏的居民1025户。扬中市获国家能源局批准创建高比例新能源示范城市。全国开展增量配电业务改革试点，江苏省有5个项目获批，入选“镇江扬中高新技术产业开发区增量配电业务试点”。52家企业、728户居民光伏发电项目得到市财政补贴，兑现奖励资金216.6万元。江苏省支持扬中市绿色能源岛建设，给予10兆瓦地面光伏项目指导规模。备案2个渔光互补项目，镇江市通威环太惠金新能源有限公司扬中市通威环太渔光一体一期6兆瓦、二期4兆瓦项目开工建设。（发改委 孙国庆）

光伏发电

**【光伏扶贫】**光伏扶贫是扬中市绿色能源岛建设的重点工作之一，旨在通过开展光伏应用“进村扶贫”活动，鼓励光伏企业通过捐资或捐赠设备等方式，积极参与光伏扶贫行动，以符合安装条件的贫困家庭作为资助对象，建立精准到户的光伏实施方式，让更多低收入群体共享清洁能源成果。2016年年初，扬中市制订为100户贫困家庭免费安装光伏发电设施的目标，任务分解到各镇(街、区)。该扶贫工程每年可为每户贫困家庭增加3000元左右的稳定性收入。

施光龙是首批“尝鲜”屋顶光伏发电的特困家庭之一。负责施光龙家结对扶贫的是江苏天海光电科技有限公司，该公司是一家专业从事组件生产的高新技术企业，专注于分布式光伏发电项目、光伏总包等，年产值3亿元。天海光电科技有限公司利用企业资源，在全市选取“无劳力、无资金、无稳定收入来源”的“三无”特困家庭，免费为首批两户家庭安装屋顶太阳能光伏发电设备。这些家庭除正常用电免费外，多余电量以0.378元/千瓦时的价格卖给国家电网，同时卖出的电享受0.42元/千瓦时的国家补贴及0.3元/千瓦时扬中市级补贴。

精准到户的绿色扶贫行动得到全市众多企业的响应，截至9月，有11户贫困家庭安装屋顶电站，另有16户正在备案中。（新闻中心）

**【“近零碳”示范区】**2016年，扬中市政府和高级中学1.1兆瓦光伏电站项目工程完工并网，预计每年通过光伏发电110万千瓦时，相当于节约标准煤使用量约385吨/年，减少碳排放962吨/年。

建设“近零碳”示范区，是扬中追求低碳发展的一大亮点。2015年年初，扬中提出打造“绿色能源岛”的目标，编制完成《扬中市绿色能源岛(太阳岛)实施方案(2015~2020)》，重点规划建设屋顶分布式光伏发电、风电、新能源微电网、生物质能等清洁能源项目，打造清洁、低碳、安全、高效的高比例可再生能源生产和消费模式。该方案已报至国家能源局待批。

扬中在全省县级市中率先设立财政基金，补贴奖励光伏发电项目，促进一批“金屋顶”工程迅速启动，截至2015年年底，全市已备案建设屋面光伏发电项目38个，装机容量38.98兆瓦，15家企业、132户居民得到市财政补贴，兑现奖励资金66万元。

扬中光伏产业起步早、产业链齐全，技术上有优势，完全有条件、有能力去打造绿色能源岛。扬中市积极响应国家战略，打造宜居、宜业、宜游新扬中，把绿色能源岛建设列为2016年十大民生工程之一，提出建设屋顶分布式光伏发电42兆瓦，建设新能源微电网示范项目1~2个，运营新能源公交车40辆的绿色能源岛建设目标。

凝聚绿色发展共识，一方面，全方位宣传绿色能源岛建设方案，解读光伏应用政策、投资比较；另一方面，鼓励机关干部带头建设屋顶电站，影响和带动周边群众积极参与。发挥示范工程的导向作用，2016年，组织召开2~3次绿色能源岛建设研讨会，邀请国内新能源领域知名专家学者，把脉指导新能源建设方向；围绕企业公共机构、居民三大光伏应用重点领域，开展企业屋顶规模化应用、连片开发，建设一批应用示范园区；建立精准到户的光伏扶贫工程，鼓励光伏企业通过捐赠设备等方式，免费为贫困家庭安装光伏发电，让更多低收入群众共享清洁能源成果；加大微电网、渔光互补、风电、生物质能、新能源汽车等项目推广和应用，积极争创国家、省级试点示范。

提高共建贡献覆盖面，探索由新能源办、新能源用户、投资商、承建商、金融及担保机构共同参与、合作共赢的运作模式。引导金融机构加大信贷支持力度，量身定制金融创新产品，扩大新能源应用信贷规模；引导保险机构开发保险产品，为新能源项目提供保险方案，创造有利于新能源发展的金融生态环境；积极推广PPP、合同能源管理、特许经营权等多种模式，激发民间投资活力，重点实施一批具有典型带动作用的光伏发电、微电网、风电等示范项目；设立电站全过程监管和服务平台，实行在线监测，集中维护，提高电站管理和产出效率。（新闻中心）

**【公共机构屋顶分布式光伏发电项目】** 2016年3月21日，扬中市机关事务服务中心正式在全市公共机构和广大机关干部中推进建设屋顶光伏发电项目。根据3月4日全市绿色能源岛建设推进会上提出的相关内容要求，2016年，公共机构屋顶光伏发电2兆瓦，机关工作人员推广350户的刚性任务，确保3月启动备案，6月开工过半，9月开工80%以上，11月全部开工建设，年底前并网接电。按照市委、市政府要求，市机关事务服务中心组织下发《扬中市公共机构屋顶光伏发电可用面积调查表》《扬中市机关工作人员自建房屋顶光伏发电项目汇总表》《扬中市机关工作人员2016年自建房屋顶光伏发电项目任务分解表》以及《扬中市屋顶光伏发电项目推进进度表》。各单位高度关注，对照要求倒排工期、挂图作战，加快推进。

（新闻中心）

**【光伏电网管控平台设计完成】** 2016年，镇江华伏新能源有限公司与镇江佳讯光伏科技有限公司两家公司各自设计完成分别针对商用电网与民用电网的光伏电网发电情况即时监控平台。随着“金屋顶”计划的推进实施，越来越多的光伏发电项目在扬中市陆续建设并投入运行，光伏电网即时监控平台的使用，能够满足上一级系统或电网调度系统的监控需求，帮助技术人员实时了解电站的运行状况。（新闻中心）

**【获批创建国家“高比例可再生能源示范市”】** 2016年11月，扬中市获批创建国家高比例可再生能源示范市，成为继安徽金寨后，全国第二批、江苏首家获批的全国高比例可再生能源示范市。扬中市有着良好的新能源产业基础和比较优势，2015年以来，扬中市响应国家能源战略，扬中市积极探索践行低碳、绿色、可持续发展理念，率先提出创建全国高比例可再生能源示范市的目标，全力打造独具魅力和特色的“绿色能源岛”。

（新闻中心）

## 链接

### 扬中市绿色能源岛（太阳岛）实施方案（2015~2020）

扬中市积极响应国家能源战略，充分利用良好的新能源产业基础和比较优势，率先提出绿色能源岛（太阳岛）的建设目标，重点建设屋顶分布式光伏发电、风电、生物质能等清洁能源项目，打造清洁、低碳、

绿色能源岛建设取得突破

安全、高效的高比例可再生能源生产和消费模式。

◆指导思想

坚持“节约、清洁、安全”的战略方针，牢固树立生态保护、绿色发展理念，控总量、转方式、调结构、提效率。重点发展清洁能源、可再生能源，切实提升能源产业核心竞争力，保障经济社会可持续发展，打造独具特色的绿色能源岛(太阳岛)。

◆基本原则

坚持节约优先。实施能源消费强度和总量双控制，建立节能型生产消费体系，促进经济发展方式和生活消费模式转变，加快构建环境友好的节能型和节约型社会。

坚持绿色发展。着力提高清洁能源和可再生能源比重，大力发展太阳能、风能、生物质能、新能源汽车的推广应用，优化能源生产和消费结构。

坚持环境保护。树立绿色、低碳发展理念，加快推进新能源资源开发利用与生态环境保护，在保护中开发，在开发中保护，积极培育符合生态文明要求的能源发展模式。

坚持创新驱动。加快创新型人才队伍建设，加强微电网、光伏产品、风电等前沿技术攻关，增强能源科技创新能力。依托重点能源工程，带动重大核心技术和关键装备自主创新。

坚持改善民生。注重城乡能源均衡发展，加强能源基础设施和基本公共服务能力建设，让广大人民群众共享绿色能源成果。

◆发展思路

统筹推进传统能源、可再生能源综合利用，以分布式能源、智能电网、清洁能源汽车等设施建设为重点，大力推广新型供能用能方式，提高能源综合利用效率，推动能源生产和利用方式变革。

全面实施屋顶分布式光伏发电应用。重点推进企业、公共机构、居民三大领域屋顶分布式光伏发电示范应用。

加快太阳能光热利用。新建公共机构建筑按照太阳能光热与建筑一体化设计，提高能源综合利用效率。加快太阳能光热产品升级应用，推广集太阳能热水系统、热采暖系统、太阳能制冷系统为一体的智能家居系统。

适度发展江滩风电。科学规划利用长江沿线江滩资源，在西来桥镇及部分岸线适度发展低风速风电。

因地制宜开发生物质能。发挥油坊镇养殖资源特色，立足就地消纳，有序开发利用生物质能。

加快新能源微电网建设。开展新能源微电网技术研究和应用探索，加快实施一批新能源微电网示范工程，提升电网自动化、信息化、集成化水平，为新能源微电网发展积累经验。

推广新能源汽车。在公共交通系统广泛使用充电式混合动力、纯电动、天然气(CNG/LNG)等新能源汽车，配套建设充电桩、充(换)电站、天然气加注站等服务网点。

扬中绿色能源岛(太阳岛)实施方案期限为2015~2020年，综合考虑安全、资源、环境、技术、经济等因素，到2020年，绿色能源发展的主要目标是：

1.分布式光伏发电的总装机容量达到400MW以上。

1) 符合承载要求的工业厂房屋顶分布式光伏应用100%全覆盖。大力开展规模化屋顶分布式光伏应用示范，新建标准化厂房按照光伏建筑一体化标准整体设计和建筑。对具备稳定用电负荷、连片屋顶资源条件的各类产业园区，建设规模化分布式光伏发电应用示范园区，建设总装机容量达327兆瓦以上；

2) 符合承载要求的公共机构屋顶分布式光伏应用100%全覆盖。现有公共机构屋顶必须安装分布式光伏发电，所有新建公共机构房屋按照光伏建设一体化要求整体设计和建设，建设总装机容量达7.4兆瓦以上；

3)镇(街、区)示范小区居民屋顶分布式光伏应用100%全覆盖。每个镇(街、区)选择2个以上居民小区，整体建设分布式光伏发电，居民屋顶建设总装机容量达16.28兆瓦以上；

4)有序推进农光、渔光互补项目。选择具备条件的河塘、蔬菜大棚，建设农光、渔光互补项目，装机容量达50兆瓦以上。

2.全岛太阳能光热户用100%全覆盖。居民全部安装太阳能热水器，太阳能光热建筑一体化建筑面积达到600万平方米以上。

3.风电装机实现零突破，风电装机容量达到100兆瓦以上。

4.生物质沼气利用达到1200万立方米以上。

5.加强智能电网规划和关键技术攻关，参与全国智能电网技术标准制定，建设10个新能源微电网示范项目。

6.扬中主岛实现去煤化。主岛淘汰所有燃煤锅炉，关闭华太热电，建设天然气分布式能源站。

通过以上项目建设，到2020年，清洁能源消费总量为31.61万吨标煤(扬中能源消费总量约95万吨标煤)，占能源消费总量33%。扬中可再生能源电力供给达到7.11亿千瓦时以上，实现居民用电100%绿色化(居民用电量2.93亿千瓦时)、服务业用电100%绿色化(服务业用电量1.12亿千瓦时)。

◆实施步骤(2015~2017年)

光伏应用：

1)所有年综合能耗高于3000吨标煤、屋顶可利用面积超过1万平方米的工业企业必须安装屋顶分布式光伏发电，建设规模118兆瓦以上，建设1个制造业园区新能源微电网示范项目；

2)机关、医院、学校等新建公共机构屋顶可利用面积超过2000平方米(含政府性投资的标准化厂房)必须安装屋顶分布式光伏发电，建设规模6.4兆瓦以上，建设1个新能源微电网示范项目；

3)建设10个以上屋顶分布式光伏应用示范小区，用户规模达到1500户以上，建设规模6兆瓦以上，建设1个新能源微电网示范项目；

4)建设农光、渔光互补项目25兆瓦以上。

太阳能光热：

1)鼓励酒店、洗浴中心等用热水大户商业建筑实施太阳能光热一体化改造，建设规模150万平方米以上；

2)所有新建公共建筑必须按光热一体化设计和建设。

风电：

建设40兆瓦低风速风电场。

新能源交通：

1)建设1个新能源交通+光伏绿电相结合的示范小区；

2)在主城区配套建设50个充电桩、充(换)电站或天然气加注站等服务网点。

生物质沼气：

在油坊镇建设年产沼气400万立方米以上的大型沼气提纯工程。

◆实施步骤(2018~2020年)

光伏应用：

1)制造业园区实现屋顶分布式光伏发电应用全覆盖，建设规模209兆瓦以上，建设2个新能源微电网示范项目；

2)机关、医院、学校等新建公共机构屋顶可利用面积超过1000平方米(含政府性投资的标准化厂房)必须安装屋顶分布式光伏发电；全市符合安装条件的公共机构屋顶实现屋顶分布式光伏发电全覆盖，建设规模1兆瓦以上，建设2个新能源微电网示范项目；

3)建设20个以上屋顶分布式光伏应用示范小区，用户规模达2500户以上，建设规模10MW以上；建设3个新能源微电网示范项目，探索电动汽车+光伏+光热的智能微网模式；

4)建设农光、渔光互补项目25兆瓦。

太阳能光热：

1)对有热水需求的所有存量公共机构完成节能改造，全部安装太阳能热水器，太阳能光热建筑面积达到150万平方米；

2)建设5个以上光热+天然气相结合的24小时供暖及热水示范项目。

风电：

再建成低风速风电场60兆瓦。

新能源交通：

1)建设7个新能源交通+光伏绿电相结合的示范小区；

2)初步建成新能源交通系统：100%电动或天然气公交系统，建设200个以上充电桩、充(换)电站或天然气加注站等服务网点，私家车辆中电动汽车占有量达4%以上。

生物质沼气：

在油坊镇再建大型沼气提纯工程，年产沼气800万立方米上。

雷公岛“零碳岛”建设：

全面建成由分布式光伏发电、风电、污泥沼气、地热等组成的新能源供给系统，实现电力、热水、采暖、制冷全部循环化利用，建设全国首家“零碳岛”。

(新闻中心)

# 区域经济

## 农 业

### ·综 述·

【概况】2016年,扬中市实现农业总产值25.4亿元,农林牧渔增加值16.19亿元,同比增长8.53%;村集体经济经营性收入增长8%,农村居民人均可支配收入2.39万元,同比增长9%。2016年,全市小麦总产3104.6万公斤,单产352公斤;水稻总产5510万公斤,单产635.2公斤;蔬菜园艺种植效益稳中有升,研究制定《扬中市秧草产业化示范基地考核办法》,落实更新秧草大棚613座;畜禽养殖健康发展,分别创建国家级和省级畜牧生态健康养殖示范基地各1家,生猪养殖大中型规模比重51.2%;特种水产养殖规模持续壮大,全市河豚工厂化养殖面积9万平方米,江蟹标准化养殖面积7200亩,刀鱼特色化养殖15万尾;园区建设有力推进,全年实现总产值19.8亿元,新增规模经营面积1518亩,重点项目投资2.7亿元;积极开展休闲乡村推介,全力打造农业与乡村旅游精品路线,新申报休闲农业示范点3家。农业生态环境呈现新面貌,新增成片造林面积508亩,创建省级村庄绿化示范村5个,林木覆盖率20.4%。农村发展活力不断释放,顺利完成农村土地承包经营权确权登记颁证工作;规范土地流转行为和村级财务管理,组建市级农村产权交易市场,推动农村生产要素合理流动和优化配置;创新农业保险品种,农业保险覆盖率68%,农业发展保障进一步增强。

(农委 温兰金)

【第三次全国农业普查】2016年3月,扬中市第三次全国农业普查工作启动。全国农业普查每十年一次,是全面了解"三农"发展变化情况的重大国情国力调查。普查的主要目的是查清农业、农村和农民基本情况,掌握农村土地流转、农业生产、新型农业经营主体、农业规模化经营和产业化发展等新情况,反映农村发展新面貌和农民生活新变化。第三次全国农业普查充分运用无人机遥感技术对扬中市农田进行测绘,通过智能移动终端、网络直报等技术手段进行数据现场采集,是近年来现代化手段运用最多的一次大型调查。

(新闻中心)

【农业招商】2016年,扬中市围绕2014~2018年扬中市国家现代农业示范区建设总体规划,大力发展江鲜、秧草、柳竹编、粮油加工等农业产业,开展农业招商引资和宣传推介。依托现代农业园区开展农业招商,全面落实专项招商经费、专业招商人员和专业招商责任。通过农业项目发布会、以商引商、网上发布、拜访客商等形式,成功引进和签订农业投资项目5个,总投资3.6亿元;全年组织9家农业企业、4家农民专业合作社,参加1场农业国际合作洽谈会、2场农产品交易会、4场名特优农产品展示展销会,成功推介展销江蟹、咸秧草、柳编制品、红薯粉丝、生态大米等特色农产品,打入都市市场;全年完成民间和工商资本投农项目82个,投资额5.82亿元。

(农委 蔡 剑)

【重点农业项目】2016年,扬中市加快实施6个重点农业项目。雷公岛生态休闲农业基地项目新增投资1.08亿元,完成1000亩休闲渔业区道路、水电、涵闸、绿化施工,建成60亩畜禽观光养殖区,完成温泉度假酒店房建工程,完成环岛及内部主干道水泥路施工建设。长江刀鲚生态繁育及产业化开发项目新增完成投资5342万元,完成池塘土方工程建设、智能化控温大棚、长江网箱养殖以及其他基础配套工程。珍稀鱼种保护利用基地项目完成投资5120万元,完成温控大棚、标准池塘改造工程及道路硬质化工程,科研实验大楼奠基并全面施工。东风休闲农业园项目完成投资3000万元,园内绿化景观工程配套到位,乡村旅游接待中心建成试运营。桃花源休闲农业基地完成投资1006万元,施工建设6000平方米道路,基地内泵站、涵闸、沟渠硬质化配套到位。鲲翔高档花卉生产基地项目完成投资590万元,4000平方米的智能温室大棚设计、排水沟渠、水泥道路、温室大棚前期工作均完善到位。

(农委 李小平)

## 2016年扬中市重点农业项目表

表9　　单位:万元

| 序号 | 项目地点 | 项目名称 | 项目实施单位 | 资金来源 | 建设进度 | 建设内容及规模 | 开工时间 | 竣工时间 | 计划总投资 | 2016年计划目标 | |
|---|---|---|---|---|---|---|---|---|---|---|---|
| | | | | | | | | | | 完成投资 | 形象进度 |
| (一)续建项目 | | | | | | | | | | | |
| 1 | 新坝 | 雷公岛生态休闲农业基地 | 大全集团 | 民资 | 在建 | 新建1600亩现代化农场种植基地、1500亩江鲜养殖基地 | 2013.1 | 2017.12 | 100000 | 100000 | 建设绿化工程、道路、水电工程 |
| 2 | 三茅街道 | 桃花源休闲农业基地 | 扬中市三茅街道桃花源家庭农场 | 民资 | 在建 | 建设道路6000平方米,泵站、涵闸、沟渠硬质化配套 | 2015.10 | 2016.12 | 1200 | 1000 | 建设道路6000平方米,泵站、涵闸、沟渠硬质化配套 |
| (二)新开工项目 | | | | | | | | | | | |
| 3 | 渔业园区 | ★珍稀鱼种保护利用基地 | 中国水科院淡水水产研究中心 | 国资 | 在手 | 占地304.8亩,建设长江珍稀鱼类研究保护科技创新中心、循环水养殖示范基地、水产养殖互联网示范中心等 | 2016.1 | 2017.12 | 12000 | 5000 | 建设综合办公楼、标准化鱼池建设 |
| 4 | 渔业园区 | ★长江刀鲚生态繁育及产业化开发 | 镇江中扬江之源农业科技公司 | 民资 | 在手 | 占地500亩,建设长江刀鲚繁育养殖示范基地 | 2016.4 | 2017.3 | 10000 | 5000 | 建设长江刀鲚繁育养殖示范基地 |
| 5 | 三茅街道 | ★东风休闲农业园 | 镇江市祥成电器有限公司 | 民资 | 在手 | 占地230亩,建设休闲观光农业基地。主要建设内容:民俗村、沿江生态观光栈桥、花木水果观赏园、特色垂钓等 | 2016.3 | 2017.4 | 5000 | 3000 | 花木水果观赏园、特色垂钓等 |
| 6 | 经开区 | 鲲翔高档花卉生产基地 | 扬中市经济开发区鲲翔种植专业合作社 | 民资 | 在手 | 建设育苗智能温室4000平方米 | 2016.1 | 2016.12 | 1000 | 1000 | 建设育苗智能温室4000平方米 |

注:★为2016年镇江市级重点

(发改委 孙国庆)

【惠民政策落实】2016年，扬中市农业支持保护补贴（耕地地力保护补贴）面积9.61万亩，发放补贴资金1153.75万元，惠及农户4.53万户；着力培育家庭农场、农民合作社等新型农业经营主体，发展多种形式的适度规模经营，全年新增家庭农场42家，新增省级示范家庭农场4家、镇江市级示范家庭农场16家，家庭农场经营面积累计3.04万亩，家庭农场经营比重34.1%，新增农民合作社26家；全年实现农业保费收入879.35万元，农业保险覆盖率68.46%。其中高效农业保费收入532.53万元，高效农业保费占比60.56%，同时加强和优化理赔服务，全年政策性农业保险理赔金额650万元，赔付率75%，惠及农户4.5万户；按照"一次规划、分年实施、三年覆盖"的要求，全年实施"一事一议"财政奖补项目27个，项目总投资660万元，其中财政奖补资金291万元。"12316"惠农短信平台短信用户4700余户，全年编辑各类惠农短信息213条，发送28万条次，有效提升为农服务水平。

（农委 陈劲旭、李文骅）

【农产品质量安全监管】2016年，扬中市农委围绕全省动物卫生监督"三化一整治"工作目标，严把生猪产地屠宰检疫两道关口，产地检疫生猪2.99万头，屠宰检疫生猪7.01万头；养殖环节抽检牲畜规模养殖场65个，检测"瘦肉精"样品210份，屠宰环节年抽检尿样3560份，均未发现"瘦肉精"阳性生猪；开展畜禽产品中抗菌药物残留和兽药残留专项监测抽样工作，抽检畜禽产品96份，合格率100%；生猪规模场无害化处理生猪1200余头，无害化处理率100%；屠宰环节检出病害猪及产品折合120余头，全部采取焚烧等方式无害化处理，全市未发生畜产品质量安全事故。与此同时，市农委加大农产品农药残留检测力度，2016年开展监督抽检4次，抽取种养殖农产品59个，合格率100%；开展例行监测4次，抽检果蔬样品315个，合格样品311个，合格率为98.73%；省级例行监测抽检蔬菜样品120个，合格率99%，抽检畜产品80个，合格率100%；乡镇开展农残速测，速测蔬菜样品3557个，合格率99.9%。对抽检中发现的问题产品实施追根溯源，并严格督促生产单位（农户）实施整改、整治，确保产品安全。开展农资打假专项行动，全年出动执法人员1407人次，检查农资生产经营企业248家次，抽取样品54个，合格样品52个，合格率96.3%，立案查处3起，退市处理不合格农资产品2860公斤。全市全年未发生重大农产品质量安全事故。（农委 张荣根）

【农业科技培训】2016年，扬中市举办农业职业技能培训班9期，培训748人，完成初级农艺工鉴定40人。其中，开展以稻麦高产栽培技术为主要内容的农艺工培训7期，培训农民599人，重点推广水稻高产栽培技术规程、水稻机插高产栽培技术、稻麦测土配方施肥技术等实用技术；举办水产养殖专业培训班1期，培训农民58人，推广长江特色水产品种，传授高效渔业养殖技术；举办畜禽养殖专业技能培训班1期，培训农民91人，传授生猪、山羊养殖关键技术以及畜禽疫病防控及防治技术等，组织现场观摩，效果显著，反响良好。

（农委 李文骅）

【农产品电子商务培训】2016年，扬中市依据江苏省农产品电子商务万人培训计划，组织开展农产品电子商务专题培训，聘请南京淘宝大学讲师专题授课，就农产品电商发展趋势、农产品电商设计、产品信息采集与上传发布、农产品网店营销与推广、仓储物流管理等开展全方位技能传授，并组织赴句容参观学习，培训82人；组织学员参加镇江市农委组织的电子商务专题培训2次，培训学员12人。（农委 李文骅）

2016年10月21日，三叶咸秧草参展
海峡两岸（江苏）名优农产品展销会

【农业科技入户工作】2016年，扬中市农委以粮食高产创建、特色农业建设为主题，分别实施稻麦种植、园艺种植和畜禽养殖科技入户工程，全市遴选89名农技人员作为技术指导员，其中稻麦种植类指导员52人、畜禽养殖类指导员27人、高效园艺类指导员10人。在全市66个行政村（社区）遴选1300户农户作为农业科技入户示范户，做好农业科技示范推广工作。按照项目要求全面推进村级农业科技服务站建设，全市66个村全部建成村级规范化农业科技服务站，其中6个村建成村级农业科技示范站。重点建设八桥镇利民村扬中现代农业(稻麦)科技综合示范基地和油坊镇油坊村扬中市众康养殖有限公司畜禽养殖示范基地2个示范基地,取得较好的示范效果。(农委 李文骅)

**【首届华东农产品供应链发展论坛】** 2016年2月26日，江苏圣灏港务有限公司主办首届华东农产品供应链发展论坛,明确扬中兴隆港码头的发展方向。发展论坛上,来自澳大利亚尼克松咨询、建发农产品、中海油化学股份有限公司等多家单位负责人就合作打造华东物流供应链基地一体化农产品数据平台、基地合作前景等内容进行分享和交流。主办方表示,华东农产品供应链发展论坛将每年举行一次,力争10年内办成国内乃至全球有影响力的专项发展论坛，为扬中经济作出更大的贡献。(新闻中心)

**链接:江苏圣灏港务有限公司简介**

江苏圣灏港务有限公司瞄准国外的肉牛活体市场和化肥农产品配送市场,与澳洲开展肉牛繁、养、销一体化的合作,与国内的多家企业结成“发展联盟”,充分利用扬中优越的水运条件和深水岸线的宝贵优势,加快华东物流供应链基地建设，策应长江经济带发展和供给侧改革。据了解,成立于2012年的江苏圣灏曾与市政府签订《华东物流供应链项目投资协议书》,拟用3~5年,打造华东地区工程机械及汽车、化肥、粮食交易供应链基地,年交易额超过100亿元。江苏圣灏一期工程完成,顺利成为一类对外开放口岸,占用岸线582米，占地784亩,37069平方米的仓库等配套设施基本完成,二期工程正在建设之中。

**【首批国家专项建设基金项目】** 2016年，首批国家专项建设基金项目确定，扬中中海粮油筒仓和食用油罐及配套基础设施、天禾公司中小河流二期整治2个项目入选,获扶持基金1.37亿元,占比32.6%。国家专项建设基金使用成本低、杠杆功能强，对于实体经济发展、民生改善、重大基础设施建设具有重要意义。

(新闻中心)

**【内塘螃蟹水文指数保险第一单】** 2016年6月，扬中市农保办在扬中积极开展内塘螃蟹水文指数保险工作，并成功与经开区福源村养殖户签订扬中市第一份螃蟹养殖保单,为该农户提供16万元的风险保障。截至2016年,全市高效农业保险项目9个,种类包括螃蟹、淡水鱼、葡萄、育肥猪、蔬菜大棚、山羊等,已涵盖扬中市主要高效农业品种，初步完成由保障基础性农业保险到惠农强农性农业保险的转变。(新闻中心)

## ·种植业·

**【概况】** 2016年，扬中市实施粮食高产增效创建省部级小麦示范片3个、水稻示范片6个、高产攻关田18块，集中育秧比例100%，完成机插秧面积7.5万亩(5000公顷),占全市水稻面积的86%。稻麦产量均达到粮食高产创建要求。粮食总产量8.61万吨,其中水稻总产5.51万吨，单产635.2公斤；三麦总产3.10万吨,单产352公斤。主推武运粳23、30,扬麦16、20等优势品种，进一步扩大良种覆盖面，全市良种覆盖率95%以上。重点技术:推广小麦灭茬机条播、撒播技术，机插秧技术和秸秆全量还田技术，精量播种，测土施肥,“一喷三防”,统一药控等。

扬中市园艺种植面积稳定在2.9万亩，其中蔬菜1.8万亩,果树、花卉1.1万亩。2016年,新增菜地面积150亩,其中设施大棚50亩,喷灌50亩,露地种植50亩,新增果树、花卉200亩。引进推广万寿春豇豆、红硕大番茄、小龙珠番茄、金早薄皮二号辣椒、田中福龙茄子等蔬菜新品种,示范推广水旱轮作、早春豇豆大棚高效栽培、大棚番茄高效栽培、辣椒营养钵(穴盘)育苗等蔬菜种植新技术,累计推广面积2600余亩。引进推广多个果树新品种。其中包括冠玉枇杷、锦绣黄桃、翠冠梨等主导品种，全年主推枇杷矮化栽培和遮阳网覆盖简易防寒技术、梨开心形整形修剪技术、桃地膜覆盖除草及土壤配方施肥技术、葡萄肥水一体化滴灌及微喷灌技术、夏黑花果赤霉素处理技术等,果园滴灌喷灌、防鸟网设施、小型割草机、田园管理机械等现代农业装备普遍应用。霸红枇杷在江苏省优质枇杷评比中获省十大优质枇杷称号。(农委 施正连、孙强华)

**【秧草产业化建设】** 2016年，扬中市继续推进秧草产业化生产,完善村级秧草示范基地建设,加大基础设施管护及新品种新技术引进力度。全市有百亩设施秧草基地22个、深加工企业13家,落实更新秧草大棚613座，秧草种植加工总产值3500万元，品牌效应显著。2016年，制定扬中市秧草产业化示范基地考核办法，施行以奖代补政策,对现有基地进行严格科学考核。

(农委 孙强华)

**【病虫害专业化防治】** 2016年，扬中市化学农药使用量240.10吨，农药使用量减少4.15%。高效、低毒、低残留农药使用面积在81.5%以上，植保专业化统防统治覆盖率61.8%以上。全年建立水稻病虫害绿色防控示范区5个，面积333.3公顷。其中省级核心示范区1个，面积33.3公顷。示范区绿色防控技术推广覆盖率100%，病虫危害损失控制在5%以内。 （农委 沈静）

**【测土配方施肥技术推广】** 2016年，扬中市水稻建立测土配方施肥示范区6个、示范方18个，小麦建立示范区3个、示范方9个，测土配方施肥技术覆盖率90%。全年稻麦配方肥使用面积16万亩次，控肥、增效、提质效果明显，项目区农户对测土配方施肥总体评价满意度98%。 （农委 吴文军）

**【轮作休耕试点工作】** 2016年，扬中市被江苏省农委列入轮作休耕试点示范市。全市实施休耕面积16997亩，其中轮作换茬3802亩，休耕晒垡11988亩，休耕培肥1207亩。通过试点，逐步形成符合扬中特色的轮作休耕模式和机制，提高耕地持续生产能力，力争实施2~3年后，试点区域耕地质量明显提升，耕地土壤有机质含量对比提高1%，耕地地力平均提高0.5个等级。

（农委 吴文军）

2016年江苏省扬中市轮作休耕制试点示范市长旺示范点

## ·畜牧水产业·

**【概况】** 2016年，生猪行情始终在高位运行，生猪生产下降趋势缓解，年末存栏5.36万头，同比下降3.07 %，年出栏4.68万头，同比下降0.11%；家禽生产克服H7N9流感影响，稳中有升，年底存栏41.20万羽，同比增长4.52%，家禽出栏82.04万羽，同比增长0.03%；山羊年存栏2.01万头，同比下降3.83%，年出栏3.69万头，同比下降3.43%。2016年，全市肉产量5425吨，其中生猪3518吨，家禽1252吨，山羊655吨；全年蛋产量4122吨，其中鸡蛋产量3998吨，鸭蛋产量121吨，鹅蛋产量3吨。生猪规模养殖比重82.30%，其中生猪大中型规模养殖比重51.20%；蛋鸡规模养殖比重95.62%；肉禽规模养殖比重86.58%。

扬中市水产养殖面积为1335公顷，其中特种水产养殖面积1120公顷；新增高效设施渔业面积21.6公顷。水产品总产量7751吨，其中养殖产量6248吨，捕捞产量1503吨。渔业总产值3.56亿元。

（农委 沈明华、高峰）

**【重大动物疫病防控】** 2016年，全市规范开展动物防疫工作，免疫生猪口蹄疫11.94万头，生猪高致病性蓝耳病6.49万头，猪瘟11.48万头，免疫高致病性禽流感57.69万羽，鸡新城疫48.30万羽，羊口蹄疫0.95万头，应免密度均100%，合计防疫136.85万头（羽）次。2016年，全市未发生重大动物疫病。 （农委 沈明华）

**【首届长江捕鱼节】** 2016年1月1日，江之源生态园举办扬中市首届长江捕鱼节。年底拉网、清塘、卖鱼，是扬中渔民的传统年俗，开展拉网捕鱼、鱼王竞猜、千人鱼宴、免费领鱼等活动，吸引众多群众参与。36.1斤鱼王经过现场多轮竞拍，最终被一位企业家以8.88万元拍得，拍卖所得用于长江珍稀鱼类增殖放流等生态保护事业；捕鱼节现场成立年年有鱼慈善基金，之后每年春天，将向长江放流一定数量的河豚、刀鱼、鲥鱼等长江名贵鱼苗；活动现场邀请群众免费品尝当天捕到的新鲜江鱼，江堤一侧近100张桌子整齐排列，1000余人品尝长江鱼鲜；江之源温泉正式开放，温泉日涌量1500吨，偏硅酸含量40.7毫克/升，达到有医疗价值浓度的国内罕见热矿水温泉将被逐步开发，用于河豚养殖、儿童水上乐园、温泉会所。 （新闻中心）

**【河豚养殖项目通过考核验收】** 2016年3月，扬中市现代渔业产业园区实施的省级农业科技推广服务项目——河豚水产养殖远程视频监控系统建设项目顺利通过考核验收。经过3年的建设，该项目已按项目实施方案要求，购置溶氧水质分析仪、氨氮水质分析仪、监控探头、无线发射器、终端接收设备等仪器设备，安装调试到位，投入正常使用，建成自筹资金建设的辅助用房，系统使用后增效明显，使用单位满意率100%。

（农委 温兰金）

## 图片专辑

江之源长江捕鱼节开幕式

# 人欢鱼跃江之源

2016 年 1 月 1 日，江之源生态园举办扬中市首届长江捕鱼节。

捕鱼节迎来数千名市民围观

现场拉网捕鱼

成立年年有鱼慈善基金

开幕仪式

首网捕到的新鲜江鱼超过万斤

36.1 斤重的鱼王被拍出 8.88 万元

江之源温泉开通仪式

长枪短炮抢拍头鱼

千人鱼宴

【长江增殖放流活动】2016年，扬中市先后开展三次鱼类增殖放流活动。

4月13日，扬中市结合第十三届中国扬中河豚文化节，在园博园水域开展以“保护长江生态、共建绿色岛园”为主题的长江河豚和名贵鱼种增殖放流活动，向长江放流河豚后备亲本、河豚鱼种等长江名贵鱼40余万尾。

6月17日，扬中市农委在公安水警码头组织开展2016年第2次长江增殖放流活动，向长江放流河豚夏花110余万尾、河豚后备亲本5177尾，累计使用资金150余万元。

7月24日，扬中市渔政监督大队在长江扬中段暗纹东方鲀刀鲚国家级种质资源保护区开展渔业增殖放流活动，放流河豚夏花53.86万尾，投入资金96余万元，全部由“长江南京以下12.5米深水航道二期工程”生态补偿资金列支，江苏省海洋与渔业局相关处室领导、省渔业技术推广中心、扬中市农委和扬中市公安水警大队的工作人员、渔民代表等60余人参与放流活动。 （农委 高峰）

## ·林业绿化·

【概况】2016年，扬中市完成新增造林面积508亩，森林抚育面积4000亩，完善提高农田林网1万亩，完成四旁植树15万株，林木覆盖率20.4%，提前完成农业现代化的基本指标。 （农委 蒋鹏）

【省级村庄绿化示范村建设】2016年，扬中市努力抓好村庄绿化整体完善和省级村庄绿化示范村创建工作，扬中市8个自然村被表彰为省级村庄绿化示范村，其中1个村被评为省级森林示范村。通过示范村建设，村庄绿化整体面貌有很大改观。 （农委 蒋鹏）

【林业种质资源调查及有害生物普查】2016年，扬中市与省林科院合作完成全市林木种质资源调查及有害生物普查工作。经查，扬中市现有各类木本植物192种（含变种），隶属于64科137种，林业害虫130种（涉及6个目55个科），林业病害31种。 （农委 蒋鹏）

## ·农业机械·

【概况】2016年，扬中水农系统围绕“全程全面，服务现代农业”的总体思路，以加快推进粮食生产全程机械化为主攻方向，以水稻机械化（育）插秧、小麦机械化播种、高效植保和粮食烘干等为着力点，全面提升农机装备水平、作业水平、服务水平和安全监管水平。主要农作物耕翻、收割机械化水平98%；稻麦秸秆机械化还田面积11.5万亩（夏季8万亩、秋季3.5万亩）；投入插秧机300余台，完成机插秧面积7.65万亩，机插率82%。粮食机械化烘干能力提升，农机社会化服务水平进一步提高，农机安全形势保持稳定。 （水农局 田芝龙）

【农机购置补贴政策】2016年，扬中市按照农机购置补贴专项资金使用管理要求，认真组织开展农机购置补贴政策宣传、补贴资金审核、报账和机具核查等工作。争取本级财政农机化发展专项资金300万元（纳入政府1号文件），享受中央、省级补贴资金273.39万元，享受镇江市级财政补贴资金11.5万元，享受补贴机具337台。全年农机化资金投入总额1500余万元，各级财政投入580余万元，单位集体投入300余万元，农民个人投入620余万元。 （水农局 田芝龙）

【农作物秸秆机械化还田】2016年，扬中市为组织实施省级秸秆机械化还田示范市（县）建设项目，制定秸秆机械化还田实施方案和工作目标，引进第三方核查制度，继续聘请扬中市农委作为第三方对作业面积、作业质量进行核查。夏、秋两忙期间，全市投入大中型拖拉机450台、秸秆还田机500台，完成秸秆机械化还田面积11.5万亩次，秸秆机械化还田率68%。2016年年底，顺利通过省组织的第三方核查和绩效评价。

（水农局 田芝龙）

【农机具推广培训】2016年，扬中市继续推进农机装备结构优化升级，积极鼓励农机以旧换新，加快低马力、高能耗农机的报废进度，促进大马力、节能环保农机的推广使用。全市新增75马力以上拖拉机26台、联合收割机18台、水稻插秧机45台，农机报废更新14台（其中拖拉机2台，联合收割机12台），推广粮食低温烘干机械12台，其他适用机具100余台（套），进一步加大农机教育培训的力度。全年举办各类农机化技术培训班10余期，现场演示、观摩5次，培训、观摩人数1000余人次。组织30名农机操作手参加农机职业技能鉴定中级工考核，获证奖补3万余元。扬中市天鸿农机服务专业合作社缪士贵获得第三届江苏省“技能状元”大赛暨第五届全省农机职业技能竞赛企业职工组第二名，被省总工会、省人力资源和社会保障厅授予“江苏省五一劳动奖章”“江苏省技能能手”称号，天鸿农机服务专业合作社被大赛组委会授予“高技能人才

摇篮奖”奖牌。（水农局 田芝龙）

【农机服务体系建设】2016年，扬中市累计建成农机服务专业合作社42家(其中新建4家)，建成标准化机库30个(其中新建3个)，农机服务组织作业面积占机械化作业总面积的比例不断升高，农机社会化服务水平不断提高。（水农局 田芝龙）

【农机安全生产】2016年，扬中市广泛开展农机安全生产宣传教育，着力强化源头管理和隐患整改，不断健全和完善安全生产长效机制。市农机安全监理所集中对上道路拖拉机进行年度检验，与农机手签订农机安全生产责任书1000余份，对违法记分超过12分和发生大事故负同等责任的驾驶人进行重点培训。两忙期间，农机监理所和各水利农机站还对联合收割机、拖拉机等农田作业机械进行检查，发放《拖拉机和联合收割机作业安全注意事项告知书》。继续开展农机安全生产、打非治违和专项整治行动，进一步加大路面的管控力度，积极配合公安交警部门对上道路行驶的渣土车进行重点检查和整治。开展多种形式的农机安全执法检查38次，检查机具694台，纠正违法行为141起，配合公安查处涉嫌假牌假证5个。针对少数拖拉机驾驶员存在无证驾驶的现状，积极与镇江市农机培训学校配合，设点办班，开展培训考核。通过检查整改，强化安全措施，有效维护扬中市农机安全形势的稳定。（水农局 田芝龙）

## ·农业综合开发·

【概况】2016年，扬中市投入农业综合开发资金1060.5万元，建设高标准农田500公顷，完成2015年度油坊镇土地治理项目建设任务，完成2016年三茅街道高标准农田建设项目的招投标及实施工作以及镇江市绿色农业科技有限公司承建的扬中市年产45吨鲥鱼生态养殖基地扩建项目实施工作。（农委 薛飞）

【全面消除经济薄弱村】2016年，扬中市开展“百村万户达新标”行动，力争在2020年全面消除村级经济经营性收入150万元以下的经济薄弱村，大力发展物业经济、高效设施农业和沿江旅游产业等多种经营模式，进一步提高村集体经营性收入。扬中市建立健全帮扶机制，坚持“精准扶贫，精准脱贫”方略，建立建档立卡信息管理机制，通过行业扶贫、社会扶贫、金融扶贫、光伏扶贫对建档立卡低收入农户进行多举措帮扶，提高低收入农户生产生活水平，增加收入。通过各类帮扶，全市累计投入低收入农户帮扶资金3500余万元，各类帮扶项目210余个，基本消除8000元以下的建档立卡低收入农户。（农委 薛飞）

【《扬中市农村土地经营权抵押创业贷款暂行办法》】2016年7月，中国人民银行扬中市支行、市人社局、市财政局和市农委联合出台《扬中市农村土地经营权抵押创业贷款暂行办法》(以下简称《办法》)，打破传统的以人担保贷款的局限性，允许农村土地经营权进入市场，转化为资金，有效解决农民创业贷款手续不全、担保不充分问题，使更多农民获得便利的金融支持。《办法》规定，土地经营权抵押贷款金额一般不超过土地经营权抵押认定价值的70%。对符合条件的创业担保贷款，由市财政按规定给予贴息。申请创业担保贷款的额度最高为20万元，贴息贷款期限最长不超过2年。《办法》还从贷款对象及准入条件、操作流程、抵押物价值评估、合同签订、抵押登记及变更、抵押权的实现、抵押物的监管等多方面对扬中市农村土地经营权抵押创业贷款进行规定。（新闻中心）

## ·农业示范园区·

【概况】2016年，扬中市4个农业园区加大重大项目建设和专业化招商力度，至2016年年底，农业园区新增固定资产11.6亿元，增幅30%；产值21亿元，增幅17%；规模经营面积1468亩，增幅10%；新增规模经营主体8家。亿元项目在建6个，分别是渔业园区内河豚工厂化养殖项目，江苏省水产种业创新基地项目，江苏省渔业技术推广示范基地，粮油加工产业集中区内粮油加工，热电联产和二期筒仓建设项目。已签亿元项目2个，分别是长江刀鲚养殖基地项目和珍稀鱼种保护利用基地项目。（农委 李小平）

【江苏省扬中现代渔业园区】扬中现代渔业产业园区按照“产业特色鲜明、规划设计科学、科技含量较高、物质装备先进、综合效益显著”的农业产业园区建设总体思路，加快推进渔业园区产业发展，2016年完成园区内迎江面所有江堤加固工程，总计建设防渗墙3900米、泵涵闸3座以及其他基础配套工程，切实增强园区防汛抗洪的能力。（农委 李小平）

【扬中粮油加工产业集中区】扬中粮油加工产业集中区位于扬中市西来桥镇，规划面积5710亩。园区以粮油加工及深加工、副产品综合利用为主导产业，规划建成水、电、气公用设施区，粮油加工区和码头仓储物流区三大功能区。截至2016年年底，2000吨压榨线、4000吨压榨线和1000吨精炼油厂已竣工投产。粮油加工产业集中区推行市场化运作，推进"公司+管委会"的运行模式，对园区的开发建设、经营管理、招商引资实行市场化运作，推动产业快速集聚，园区规模不断扩张，实现区域经济跨越发展。 （农委 李小平）

**【扬中市现代蔬菜产业园】** 扬中市现代蔬菜产业园位于扬中市油坊镇和八桥镇内，规划面积1.16万亩，总体规划为"一轴、两翼、十区"，以设施蔬菜种植及蔬菜加工为主导产业。园区新建天生套泵站，在农产品质量安全检测服务平台上加大投入，建立健全农产品质量安全管理体系。 （农委 李小平）

**【扬中市现代都市农业园】** 扬中市现代都市农业园位于扬中市三茅街道城北，规划面积1.44万亩，规划建设工厂化种苗与组培区、新品种新技术展示区、长江渔文化科技园区、高效设施蔬菜及草莓生产区、特色甘薯区、特色果品区、农产品加工与市场物流区、高效江鲜泥鳅养殖区、循环农业区、园区公共服务区10个区域，以高效设施蔬菜、特色果品和休闲农业为主导产业。2016年投入3000万元用于涵闸、道路、沟系、生产生活配套设施等基础设施建设，完成王六港道路800米、石驳护波500米，永固河道路1800米、石驳护波1800米的建设任务，建成占地800平方米的红薯系列产品展示馆。 （农委 李小平）

# 工 业

## ·综 述·

**【概况】** 2016年，扬中市工业经济平稳增长。全市定报工业企业实现产值1386.53亿元，比上年增长10.2%；完成工业增加值297.58亿元，可比增长10.0%。定报工业企业实现销售收入1331.59亿元，比上年增长10.2%；定报工业实现利税152.99亿元，增长10%。全年全社会用电量18.25亿千瓦时，比上年增长8.45%。其中工业用电量12.95亿千瓦时，增长6.38%。

主导产业规模持续扩大。工程电气、新能源、装备制造三大支柱产业规模1269亿元，占规模工业比重91.6%。工程电气在创新转型上又有新突破，产业规模870.77亿元，比上年增长10.1%；装备制造业产业规模95.6亿元，其龙头企业新韩通船舶重工年销售42.86亿元；光伏行业稳步发展，实现产值250.2亿元，比上年增长14.11%，生产硅片23.5亿片。

重点企业稳步发展。年末销售亿元以上工业企业110家，10亿元以上企业24家，大全集团产值、销售分别为221亿元、211亿元。全市"三十强"工业企业全年实现销售876亿元，占规模工业的比重65.7%。荣德、环太、香江、鼎圣等重点企业增势迅猛，成为支撑全市工业增长支柱。

新兴产业发展迅猛。新材料、高端装备制造、新能源三大战略性新兴产业规模966亿元，比上年增长13.8%；新兴产业投资186.2亿元，增长15.1%。

创新能力不断提升。高新技术产业产值占规模以上工业产值比重75.2%，全年发明专利申请1616件，万人发明专利拥有量23.31件，科技孵化总面积超48万平方米，全社会研究与试验发展支出占GDP比重2.78%，科技进步贡献率62.1%。全市高新技术企业总数133家。成功获评2016年度知识产权强省建设区域示范创建单位。 （发改委 孙国庆）

**【重点产业项目】** 2016年，扬中市以"产业项目突破年"为核心抓手，全市固定资产投资持续平稳增长，一批重点产业项目开工建设。2016年，固定资产投资完成305.1亿元，增长15%。其中工业投资完成257.7亿元，增长17.5%。工业技改投资完成113亿元，增长31.8%。工业技改投资占工业投资44%，比2015年增长5%。26个工业重点技改项目全部开工，完成投资34亿元。工业固定资产抵扣增值税金突破1亿元。65个扬中市级重点产业项目平稳推进，完成投资201.5亿元，完成年计划101.5%，开工率100%。25个镇江市级重点产业项目顺利推进，完成投资123亿元，完成年计划101%，开工率100%。一批重点产业项目，如中海粮油压榨加工项目已顺利试生产，华强智能型高低压母线干线改造、国重智能机械臂等项目竣工。省级重大项目强势推进，际华园项目规划方案确定，先启动滑雪场建设；智慧长江完成重新选址工作，23层的智慧大楼顺利开工建设。 （发改委 孙国庆）

# 2016年扬中市重点工业投资项目表

表10 单位:万元

| 序号 | 项目地点 | 项目名称 | 项目实施单位 | 资金来源 | 建设进度 | 建设内容及规模 | 开工时间 | 竣工时间 | 计划总投资 | 2016年计划目标 | |
|---|---|---|---|---|---|---|---|---|---|---|---|
| | | | | | | | | | | 完成投资 | 形象进度 |
| (一)续建项目 | | | | | | | | | | | |
| 1 | 新坝 | ★智能输配电成套设备产业化 | 大航控股集团有限公司 | 民资 | 在建 | 征地705亩,分三期进行,新上智能开关设备、中压铠装开关成套设备、直流开关设备、防水母线、智能机械臂等,购置国内外各类设备500台(套),建标准化厂房44万平方米 | 2014.7 | 2016.12 | 300000 | 100000 | 二期项目竣工。引进4家企业入驻 |
| 2 | 西来桥 | ★清洁能源装备制造 | 江苏大津清洁能源装备产业园有限公司 | 民资 | 在建 | 占地面积1128亩,项目建设期为3年,主要包括三大部分:LNG船用及运输用储罐、LNG船用配套装备(包括LNG船用超低温阀件、LNG燃气控制系统、LNG船用环保装备)、海上LNG开采平台配套装备(包括动力和生活模块、提升机构及桩腿)。新增购置各类设备3399台(套);新建联合生产车间,建筑面积为36.5万平方米;新建堆场或操作场地5座。项目建成后,形成年产64102套清洁能源装备能力 | 2015.6 | 2017.12 | 500000 | 100000 | 完成土地收购及"五通一平",建成电气公司的重型装备厂房和研发中心大楼 |
| 3 | 三茅街道 | ★城北科技产业园(二期) | 扬中市京城新农村建设投资有限公司 | 国资、民资 | 在建 | 征地2000亩,进行工业园区基础设施建设,引进新项目进驻 | 2015.8 | 2017.12 | 300000 | 90000 | 二期万宝、中源、华吉、康盛、中佳、华联电力、恒润、海企等项目竣工,并有序吸纳科技型企业进驻 |

续表10

| 序号 | 项目地点 | 项目名称 | 项目实施单位 | 资金来源 | 建设进度 | 建设内容及规模 | 开工时间 | 竣工时间 | 计划总投资 | 2016年计划目标 | |
|---|---|---|---|---|---|---|---|---|---|---|---|
| | | | | | | | | | | 完成投资 | 形象进度 |
| 4 | 新坝 | 智能化配电网设备 | 江苏美联电气有限公司 | 民资 | 在建 | 新建厂房10万平方米,引进先进设备406台(套)。研制智能化配电网设备、动态无功率补偿装置等 | 2014.6 | 2016.12 | 120000 | 40000 | 首期2万平方米厂房竣工投产 |
| 5 | 三茅街道 | 变压器临江产业园 | 中电电气(江苏)股份有限公司 | 民资 | 在建 | 总占地420亩,建变压器车间、成套电气车间和智能电气车间,建筑面积共15万平方米,与城投和国开行合作,完成老厂搬迁,产品扩产到220千伏电压等级 | 2009.7 | 2016.8 | 400000 | 50000 | 三期智能车间竣工 |
| 6 | 经开区 | 重大装备制造园 | 银佳集团 | 民资、国资 | 在建 | 主要生产3~6兆瓦风电机组、船用甲板设备。园区分两个项目实施:1. 新征地800亩,利用岸线400米,城投公司建5~7万吨码头一座,进行基础设施建设,引进战略投资者。2.诺伊费德利用银佳集团现有103亩土地,实施诺伊费德整体搬迁 | 2015.10 | 2017.12 | 310000 | 100000 | 诺伊费德厂房、喷砂车间开工建设 |
| **(二)新开工项目** | | | | | | | | | | | |
| 7 | 新坝 | ★扬中新能源微电网示范 | 江苏大航微电网科技有限公司 | 民资 | 在手 | 分3个子项目:1. 投资10亿元,新建标准化厂房,新上太阳能电池片、逆变器等光伏组件生产线;2.投资12.2亿元,与新疆建设兵团合作实施总装机容量122兆瓦微电网项目;3. 投资10亿元,在本市公共机构、企业等屋顶建设总装机容量100兆瓦分布式光伏电站 | 2016.1 | 2017.12 | 320000 | 60000 | 完成30兆瓦的光伏电站建设 |
| 8 | 新坝 | ★骨科牵引器 | 镇江禾裕医用新材料有限公司 | 民资 | 在手 | 征地50亩,新建三幢2.5万平方米厂房,引进专用设备32台(套) | 2016.4 | 2017.6 | 50000 | 30000 | 部分厂房竣工投产 |

续表 10

| 序号 | 项目地点 | 项目名称 | 项目实施单位 | 资金来源 | 建设进度 | 建设内容及规模 | 开工时间 | 竣工时间 | 计划总投资 | 2016 年计划目标 | |
|---|---|---|---|---|---|---|---|---|---|---|---|
| | | | | | | | | | | 完成投资 | 形象进度 |
| 9 | 新坝 | ★宝胜电气工业园 | 扬中市新坝科技园区开发有限公司 | 民资 | 在手 | 与中航工业宝胜电气集团合作，征地 400 亩，建科技研发楼及标准化生产车间，建筑面积 15 万平方米，主要进行智能电气相关产品的研发、生产及售后服务。项目分三期实施，一期在新坝科技园征地 200 亩，新建 3 万平方米标准化厂房，购置专业设备 60 台(套) | 2016.1 | 2017.12 | 350000 | 60000 | 完成部分厂房建设 |
| 10 | 油坊 | ★新型太阳能电池组件 | 镇江丰源新能源科技有限公司 | 民资 | 在手 | 与上海羿仕新能源科技有限公司合资合作，征地 50 亩，新建厂房 2 万平方米，购置组件自动化生产线 6 条，并研发新型无边框光伏组件，购置无边框光伏组件生产线，新设立光伏工程安装公司，租赁屋面 5 万平方米，安装屋面光伏发电系统 5 兆瓦 | 2016.1 | 2017.6 | 50000 | 35000 | 完成自动化组件生产线和无边框组件生产线的安装调试，正式生产，光伏屋面发电系统安装 5 兆瓦 |
| 11 | 油坊 | ★蓝宝石切片新材料 | 江苏吉星新材料有限公司、韩国 NTS 公司 | 民资 | 在手 | 与韩国 NTS 公司合作，购置蓝宝石切片生产和检测设备 25 台（套），进一步扩大切片产能，产能由现在的 50 万片/月提高到 100 万片/月 | 2016.3 | 2016.12 | 55000 | 55000 | 设备安装到位，竣工投产 |
| 12 | 八桥 | ★ LNG 重装设备制造项目 | 江苏新韩通船舶重工有限公司 | 民资 | 在手 | 征地 368 亩，新建涂装车间、锻造车间、生产车间及仓库近 10 万平方米，新上一座 800 吨龙门吊及其他设备 | 2016.1 | 2017.12 | 100000 | 60000 | 建成涂装、锻造车间，龙门吊安装到位，建成办公楼 |
| 13 | 经开区 | ★精密轴承 | 江苏亚奥精密机械有限公司 | 民资 | 在手 | 添置先进的国产轴承生产及辅助设备 830 台(套)，年产 7200 万件深沟球轴承和 1440 万件汽车轴承 | 2016.1 | 2016.12 | 30000 | 30000 | 竣工投产 |

续表 10

| 序号 | 项目地点 | 项目名称 | 项目实施单位 | 资金来源 | 建设进度 | 建设内容及规模 | 开工时间 | 竣工时间 | 计划总投资 | 2016年计划目标 | |
|---|---|---|---|---|---|---|---|---|---|---|---|
| | | | | | | | | | | 完成投资 | 形象进度 |
| 14 | 经开区 | ★超硬刀具 | 江苏扬碟钻石工具有限公司 | 民资 | 在手 | 添置全自动数控线切割加工PCD刀具机床、高精度外圆磨床、高精度工具磨床等先进设备及辅助设备69台（套），年产73800件超硬刀具 | 2016.1 | 2016.12 | 30000 | 30000 | 竣工投产 |
| 15 | 八桥 | 航天配件 | 江苏海天微电子股份有限公司 | 民资 | 在手 | 新上航天配套生产线3条，购置全自动智能化生产设备86台(套) | 2016.3 | 2016.12 | 10000 | 10000 | 竣工 |
| 16 | 三茅街道 | 智能电气产业园 | 镇江市鼎圣电器有限公司 | 民资 | 在手 | 征地160亩，新建厂房5幢和办公楼1幢，建筑面积10万平方米，新上国内外全自动生产设备116台(套) | 2016.1 | 2017.12 | 60000 | 30000 | 完成一期项目，建6万平方米厂房和1幢办公楼 |
| 17 | 经开区 | 中小企业园 | 经开区管委会 | 民资 | 在手 | 位于园博大道以南、港隆路以北、238省道以西、四号线以东以及5号线以东，规划总面积约780亩，总投资约12亿元，建设标准化厂房约45万平方米，完善园区内区间道路、管网、绿化等基础设施建设，引进新企业进驻 | 2016.3 | 2017.12 | 120000 | 10000 | 园区部分项目开工建设 |
| **(三)在谈项目** | | | | | | | | | | | |
| 18 | 经开区 | ★科技创新园 | 经开区管委会、中国电子集团下属中电国际信息服务有限公司(商达电子有限公司) | 国资 | 在谈 | 依托原有的3栋大楼进行改造提升，成为整个园区的配套依托。一是保留科技孵化器大楼及其孵化功能，同时在旁新建1栋4.2万平方米的高层孵化基地，满足中小企业的初步创业需求。二是改造2栋建筑，1栋改造为产业办公服务区，1栋改造为园区后勤配套及休闲服务区。三是新建18万平方米的标准化厂房，孵化和引进各类中小企业 | — | — | 104200 | — | 签订正式协议，拟改造和建设标准化厂房 |

注：★为2016年镇江市级重点

（发改委 孙国庆）

# 2016年扬中市重点工业技术改造项目表

表11　　　　单位：万元

| 序号 | 地区 | 项目名称 | 企业名称 | 项目建设内容 | 项目类型 | 所属产业 | 技改方向 | 开工日期 | 竣工日期 | 计划总投资 | 2016年项目计划 | |
|---|---|---|---|---|---|---|---|---|---|---|---|---|
| | | | | | | | | | | | 完成投资 | 形象进度 |
| 一、续建项目 | | | | | | | | | | | | |
| 1 | 新坝 | ★智能型高低压母线干线改造 | 江苏华强电力设备有限公司 | 征地120亩，新建5栋标准化厂房，建筑面积为5万平方米，购买设备92台(套)，新上智能型高低压母线干线改造项目 | 续建 | 智能装备产业 | 装备提升 | 2015.10 | 2017.12 | 100000 | 30000 | 一期2.8万平方米厂房竣工投产 |
| 2 | 新坝 | ★PTC系列电加热元件 | 江苏东方电热器制造有限公司 | 购置设备40台(套)，新上PTC系列电加热元件项目 | 续建 | 其他 | 装备提升 | 2015.06 | 2016.12 | 10000 | 8000 | 竣工投产 |
| 3 | 新坝 | ★智能机械臂 | 江苏国重电气有限公司 | 购置智能型机床28台（套)，形成年产1000台智能机械臂生产能力 | 续建 | 智能装备产业 | 智能制造 | 2015.06 | 2017.06 | 10000 | 4000 | 安装调试设备 |
| 4 | 西来桥 | ★粮油加工 | 江苏中海粮油工业有限公司 | 建加工规模4000吨/天菜籽压榨厂一座，2000吨/天菜籽压榨厂一座，1000吨/天精炼油厂两座，600吨/天棕榈油精炼、分提生产线一条，600吨/天包装厂，原料仓15万吨，油罐储量14万吨及其他辅助设施。项目建成后，形成年产食用油250万吨的生产能力 | 续建 | 其他 | 规模扩张 | 2012.01 | 2016.06 | 208000 | 18000 | 竣工投产 |
| 5 | 八桥 | ★深海油田电缆 | 镇江中佳电器有限公司 | 征地86亩，建4层3.3万平方米高标准硫化生产厂房和2层0.48万平方米辐照车间，安装16条生产流水线 | 续建 | 智能装备产业 | 产品升级 | 2015.11 | 2016.12 | 70000 | 40000 | 竣工投产 |
| 6 | 三茅街道 | ★智能电气 | 万宝电气集团有限公司 | 征地67亩，新建厂房5幢和办公楼1幢，建筑面积5.4万平方米，添置设备60台(套) | 续建 | 智能装备产业 | 智能制造 | 2014.01 | 2016.12 | 60000 | 30000 | 二期办公楼及配套工程竣工 |
| 7 | 三茅街道 | ★大功率LED封装及照明应用 | 江苏康盛电气集团有限责任公司 | 新建1.5万平方米厂房，购置全自动生产线6条 | 续建 | 新能源与节能环保装备 | 产品升级 | 2015.01 | 2016.09 | 22000 | 6500 | 竣工投产 |
| 8 | 三茅街道 | ★新型高性能高分子材料 | 江苏华联电力器材有限公司 | 新建2.5万平方米厂房，购置智能化生产设备16台(套) | 续建 | 新材料产业 | 产品升级 | 2014.12 | 2016.06 | 15000 | 8000 | 竣工投产 |

续表 11

| 序号 | 地区 | 项目名称 | 企业名称 | 项目建设内容 | 项目类型 | 所属产业 | 技改方向 | 开工日期 | 竣工日期 | 计划总投资 | 2016年项目计划 | |
|---|---|---|---|---|---|---|---|---|---|---|---|---|
| | | | | | | | | | | | 完成投资 | 形象进度 |
| 9 | 三茅街道 | ★防爆电气 | 江苏华吉电气科技有限公司 | 新建2.4万平方米厂房,购置数控机床21台(套) | 续建 | 智能装备产业 | 产品升级 | 2014.08 | 2016.08 | 10000 | 3500 | 竣工投产 |
| 10 | 三茅街道 | ★电子接插件 | 江苏中佳科技有限公司 | 征地60亩,新建厂房3幢和办公楼1幢,建设面积6万平方米,添置设备65台(套),新上全自动生产线5条 | 续建 | 新一代信息技术产业 | 规模扩张 | 2015.01 | 2016.06 | 22000 | 9000 | 竣工投产 |
| **二、新开工项目** | | | | | | | | | | | | |
| 11 | 新坝 | ★ERP智能管理系统及数字化绿色印刷 | 扬中市印刷有限公司 | 购置设备6台(套),新上ERP智能管理系统及数字化绿色印刷项目 | 新建 | 新一代信息技术产业 | 智能制造 | 2016.01 | 2016.12 | 14000 | 14000 | 竣工投产 |
| 12 | 新坝 | ★智能风电输电设备干线系统技术改造 | 江苏士林电气设备有限公司 | 购置设备50台(套),新上智能风电输电设备干线系统技术改造项目 | 新建 | 智能装备产业 | 装备提升 | 2016.01 | 2016.12 | 11000 | 11000 | 竣工投产 |
| 13 | 新坝 | ★全电力船舶推进系统关键设备产业化及试验平台建设 | 江苏大全凯帆电器股份有限公司 | 购置设备105台(套),新上全电力船舶推进系统关键设备产业化及试验平台建设项目,预计年检测能力约50台(套) | 新建 | 特种船舶与海洋工程装备 | 成果转化 | 2016.01 | 2016.12 | 10560 | 10560 | 竣工投产 |
| 14 | 新坝 | ★高端智能成套开关设备研发 | 天源华威集团有限公司 | 购置智能化数控机床、柔性加工设备80台(套) | 新建 | 智能装备产业 | 成果转化 | 2016.01 | 2016.12 | 10500 | 10500 | 竣工投产 |
| 15 | 油坊 | ★铸锭炉改 | 江苏环太集团有限公司 | 新上G5改G6铸锭炉40台(套),并增加配套设备 | 新建 | 其他 | 节能减排 | 2016.01 | 2016.12 | 50000 | 50000 | 铸锭炉改造全部完成,设备安装调试到位,竣工投产 |
| 16 | 经开区 | ★新型高效能换热器产业化 | 金海新源电气江苏有限公司 | 购置设备约62台(套),进行新型高效能组合式折流杆旋流管换热器扩能 | 新建 | 智能装备产业 | 节能减排 | 2016.01 | 2016.12 | 12000 | 12000 | 竣工投产 |

续表 11

| 序号 | 地区 | 项目名称 | 企业名称 | 项目建设内容 | 项目类型 | 所属产业 | 技改方向 | 开工日期 | 竣工日期 | 计划总投资 | 2016年项目计划 | |
|---|---|---|---|---|---|---|---|---|---|---|---|---|
| | | | | | | | | | | | 完成投资 | 形象进度 |
| 17 | 经开区 | ★云计算中心储能电池 | 江苏瑞信电气设备有限公司 | 购置智能设备53台(套),新上5条现代化生产线,进行云计算中心储能电池扩能 | 新建 | 新一代信息技术产业 | 产品升级 | 2016.01 | 2016.12 | 18300 | 18300 | 竣工投产 |
| 18 | 新坝 | 输配电设备智能化制造技术改造 | 有能集团有限公司 | 购置智能设备约80台(套),新上输配电设备智能化制造技术改造生产线2条 | 新建 | 智能装备产业 | 产品升级 | 2016.01 | 2016.10 | 6000 | 6000 | 竣工投产 |
| 19 | 新坝 | 新能源电能传输设备研发及产业化 | 江苏威腾母线有限公司 | 购置智能化数控切割机床、检测设备65台(套),新上新能源电能传输设备研发及产业化项目 | 新建 | 智能装备产业 | 智能制造 | 2016.01 | 2016.12 | 6000 | 6000 | 竣工投产 |
| 20 | 八桥 | 中空气门技术改造 | 江苏欧尔特气门有限公司 | 购置机器人、机械臂等高档气门设备106台(套),新上10条全自动化生产线 | 新建 | 智能装备产业 | 产品升级 | 2016.03 | 2016.12 | 10000 | 10000 | 设备安装调试到位 |
| 21 | 油坊 | 高效熔融坩埚 | 江苏润弛太阳能材料科技有限公司 | 新购置一条高效熔融石英坩埚生产线,使坩埚产能由现在的30万个/年提高到50万个/年 | 新建 | 新能源与节能装备产业 | 产品升级 | 2016.03 | 2016.12 | 8000 | 8000 | 生产线安装调试到位,正式生产 |
| 22 | 油坊 | 海洋深水永磁电机 | 镇江远东电讯电机有限公司 | 新建2条100~500瓦水下电机及智能控制系统生产线,形成年产2万台生产能力 | 新建 | 特种船舶与海洋工程装备 | 成果转化 | 2016.03 | 2016.10 | 5000 | 5000 | 设备安装调试到位,正式生产 |
| 23 | 油坊 | 电动汽车电池箱 | 江苏金诺电器有限公司 | 购置4台全自动焊接机器手和其他配套设备36台(套) | 新建 | 汽车及轨道交通装备 | 成果转化 | 2016.03 | 2016.08 | 8000 | 8000 | 设备安装调试到位,投入生产 |
| 24 | 油坊 | 银铝浆技改扩产 | 江苏太阳集团有限公司 | 购置银铝浆智能化生产设备20台(套),新上生产线5条 | 新建 | 新能源与节能环保装备 | 产品升级 | 2016.03 | 2016.10 | 6000 | 6000 | 完成设备安装调试,竣工投产 |
| 25 | 三茅街道 | 鳞片状金属软磁微粉 | 镇江宝纳电磁新材料有限公司 | 新上生产线3条及研发设备16台(套),该项目对金属磁粉采用冲击、碾压、压延相结合的加工技术和分级、分步加工工艺,实现颗粒形貌鳞片化 | 新建 | 新材料产业 | 成果转化 | 2016.02 | 2016.08 | 3200 | 3200 | 竣工投产 |
| 26 | 经开区 | 高效节能型板式蒸馏海水淡化装备 | 江苏巴威工程技术股份有限公司 | 购买智能化数控机床、全自动机械臂设备16台(套),新上高效节能型板式蒸馏海水淡化装备产业化项目 | 新建 | 新能源与节能环保装备 | 节能减排 | 2016.01 | 2016.10 | 3500 | 3500 | 竣工投产 |

注:★为2016年镇江市级重点

(发改委 孙国庆)

【规模以上工业企业新增37家】2016年1月5日,由扬中市统计局统一申报、审核的全市新增规模以上工业企业培扶工作圆满完成。全市申报工业企业37家,全部通过镇江市审核,实现统计联网直报。新增规模以上工业企业是指企业年主营业务收入超过2000万元的工业企业。 (新闻中心)

【荣昌新材料获江苏省工业企业质量信用AAA级企业称号】2016年4月6日,江苏省质量技术监督局公布2015年江苏省46家获得工业企业质量信用AAA级企业名单,江苏荣昌新材料科技有限公司荣登榜单,也是扬中市2015年唯一一家获此荣誉的企业。截至2016年,全市仅有2家企业获此荣誉。质量信用AAA级是江苏省工业企业质量信用等级中的最高级别,根本宗旨为促进工业企业增强质量法制意识,切实履行法定质量义务,牢固树立"质量第一""以质取胜"的观念,引导企业信守质量信誉,推进工业企业质量诚信自律机制的形成。江苏荣昌新材料科技有限公司产品广泛应用于徐工集团、中车集团下属车辆厂、中石化、中石油、中海油、中水集团、大唐国际等国内知名企业,产值跨入中国涂料行业50强。 (新闻中心)

【宜禾防静电服获评躯干防护AAAAA级产品】2016年9月28日,由国家安全监管总局主办的第八届中国国际安全生产及职业健康展览会在北京国家会议中心开幕,2016劳动防护用品安全质量评估报告发布会举行,宜禾防静电服被评为躯干防护AAAAA级产品。

经过企业自评、企业自评公示、专家评审、专家评审公示、联盟审批等环节,历时2个月的首届"劳动防护用品安全质量评估体系"评估结果公布,宜禾股份有限公司生产的"材料防静电防护服"在申报的25个躯干防护产品中脱颖而出,被评估为AAAAA级产品,这也是首届评估活动中唯一一个获得AAAAA级的躯干防护产品。 (新闻中心)

2016年9月28日,宜禾防静电服被评为AAAAA级产品

【2016年度"三十强"工业企业名单】

大全集团有限公司
镇江荣德新能源科技有限公司
江苏环太集团有限公司
有能集团有限公司
江苏尚昆光伏科技集团
江苏新韩通船舶重工有限公司
威腾电气集团股份有限公司
江苏香江科技股份有限公司
江苏锋芒复合材料科技集团有限公司
现代重工(中国)电气有限公司
江苏大航智能电气有限公司
天源华威集团有限公司
金海新源电气江苏有限公司
江苏康祥集团公司
江苏银佳企业集团有限公司
江苏亿能电气有限公司
江苏华强电力设备有限公司
向荣集团有限公司
江苏天辰新材料股份有限公司
华鹏集团有限公司
镇江鼎圣电器集团有限公司
镇江市华银仪表电器有限公司
江苏士林电气设备有限公司
江苏瑞克健身用品有限公司
中电电气集团有限公司
江苏太阳集团有限公司
镇江苏惠乳胶制品有限公司
镇江德利纺织制品有限公司
江苏星河集团有限公司
江苏润弛太阳能材料科技有限公司

(市委办 姚婷)

## ·工程电气产业·

【智能电气产业发展论坛】2016年1月23日,新坝镇举办"智能电气产业发展论坛",邀请北京大学政府管理学院院长、博士生导师、中国区域科学协会秘书长,新坝智能电气产业规划项目总负责人沈体雁作"实现三个协同,打造世界级创新产业集群"专题讲座。会议提出,"智能电气产业发展论坛"将成为新坝智能电气产业联盟每年的规定动作,通过互动的形式,增强产学研政企的思想碰撞、技术切磋以及感情交流,推动新坝智能电气行业抱团化、集团化发展。 (新闻中心)

【"工业互联网+智能制造"项目启动】2016年12月16日,威腾集团与GE数字化集团携手合作,共同推进"工业互联网+智能制造"项目,这标志着扬中市的工程电气企业向着"自动化""精益化""数字化"方向迈进。威腾电气专注电气生产制造30余年,目前拥有13家境内外子公司,2015年,成为"中国电器工业最具影响力品牌"企业,拥有国内外专利技术100余项。威腾与国际知名企业——GE集团合作,通过"工业互联网+智能制造"项目实施,把数字化解决方案融入威腾集团的工业生产流程中,在国内母线行业首个实现全流程追溯,帮助企业进一步降低运营成本,提升产品质量。（新闻中心）

2016年12月16日,"工业互联网+智能制造"项目启动

【示范区建设专项资金设立】2016年1月,扬中市设立示范区建设专项资金3000万元。立足"高""新",周密部署智能电气产业园建设,市科技局、新坝镇、市财政局联合加强扬中科技项目培育与管理。首批创新专项资金500万元成功撬动4.7亿元社会投入,大学生创业园成立,8家创业公司入驻。（新闻中心）

【智能电气产业园】2016年,扬中市智能电气产业园入驻企业126家,其中规模企业66家。园区拥有各类专业技术人员6000余名,建有院士工作站5家、博士后工作站6家、国家级技术研发中心1家、国家"863计划"成果转化基地1家,与中科院、浙江大学、江苏大学等90余所高校、科研院所建立长期、稳定的产学研合作关系。园区紧抓"一带一路"和苏南现代化示范区建设机遇,突出服务科技、服务人才、服务发展,加快推进三大服务网络建设,进一步提升园区企业的自主创新能力,有效增强科技对经济建设和社会发展的支撑作用。

园区初步形成以各类孵化器为核心,其他金融、资本、中介等服务机构有机结合的孵化服务网络。在金融服务方面,产业社区服务中心一楼成立金融服务中心,对在孵企业开业报批实行"一站式"服务,并与30余家投融资机构、专利事务所、律师事务所、审计事务所、创业培训机构等签订科技服务合同,优先服务在孵企业,切实帮助企业解决经营中的各种困难;在孵化机构方面,建成扬中市智能电器科技创业服务中心,协议入孵企业98家,现有孵化面积21000平方米,正在积极筹备国家级科技企业孵化器的申报工作,已经通过省科技厅推选至科技部。大学生创业园、众创空间等孵化载体建设也稳步推进;在资本服务方面,依托国有控股混合所有制企业大航控股集团,发挥其在信贷、融资、基金等平台优势,积极搭建投融资服务平台,创新企业投融资服务模式,全面为园区优质企业良性发展保驾护航、添薪助力。成立大航投资公司和创投公司,通过开展资源收购、兼并、投融资等业务,实现园区资本经营能力的快速提升,避免优质资源(包括优质人才)的闲置和流失。与中科招商组建中科大航基金,与中信银行合作帮助孵化器企业办理小额贷款业务;与市科技局、南京银行积极协商,发展投联贷业务,帮助有高增长、高回报的初创科技小微企业解决融资难问题,真正成为园区经济发展的"激活器"。依托大航集团与华电共同成立江苏卓能教育科技有限公司,建设卓航教育培训中心,合作高素质职工人才继续教育和在职培训项目,为广大工程电气产业一线工人、企业家等提供专职培训和再教育。（新闻中心）

【扬中工程电气产业集聚区获全国区域品牌价值评价证书】2016年3月21日,中国质量认证中心召开全国知名品牌创建示范区区域品牌价值提升经验交流会,扬中工程电气产业聚集区获得2015年区域品牌价值评价证书。扬中工程电气区域品牌价值15.35亿元,年平均超额收益1.02亿元,品牌强度得分659分,成为镇江市唯一获此荣誉的园区。这些成绩充分体现扬中市区域品牌价值的经济效益和影响力。（新闻中心）

【大全集团获中国质量奖提名奖】2016年3月29日,第二届中国质量奖颁奖仪式在人民大会堂举行,大全集团副总裁蔡金洪代表大全集团参会并领取中国质量奖提名奖证书和奖杯。中国质量奖每两年评选一次,下设"中国质量奖"和"中国质量奖提名奖",是国家在质量领域的最高政府性荣誉。大全集团是本届质量奖成套电气设备领域唯一获此荣誉的企业,获奖主题为"基于顾客零距离的'大全智造'管理模式"。大全集团继

2014年荣获江苏省政府质量奖后，获得的最高级别政府质量奖。 （新闻中心）

2016年3月29日，大全集团获第二届中国质量奖提名奖

**【大全集团参展德国汉诺威工业博览会】** 2016年4月25日，德国汉诺威工业博览会拉开帷幕，大全集团第四次参展。2016年展会的主题为"融合的工业——发现解决方案"，大全集团参展重点是电气与太阳能领域的系统解决方案，全面展示大全的全产业链以及产品智能化水平。 （新闻中心）

**【"大全智造"管理模式获全国性荣誉】** 2016年12月，在全国实施用户满意工程推进大会上，扬中市大全集团荣获2016年"全国用户满意标杆企业"称号，全国仅3家企业获此荣誉(大全集团、海尔、国网天津电力)。"全国用户满意标杆"是中国质量协会对贯彻实施卓越绩效模式的基本理念，并在增强用户满意度方面取得显著成效的组织或专项服务授予的资格荣誉，是用户和顾客给予企业的最高荣誉。大全集团坚持"贴近市场、快速响应、顾客参与、全方位服务"的基本原则，把大数据、全流程的智能制造上升为公司战略层面，创新性提出独具特色的基于顾客零距离的"大全智造"管理模式，受到用户欢迎。 （新闻中心）

## ·新能源产业·

**【概况】** 2016年，扬中市光伏企业快速发展，光伏产业实现产值250.2亿元，利税39亿元。扬中拥有全省首家新能源产业园，镇江首家新能源院士专家工作站，有光伏企业40余家。其中规模以上企业28家，5家光伏企业(大全、环太硅、荣德、美科、丰源)进入工信部《光伏制造行业规范条件》企业名单。

光伏产业涵盖单多晶铸锭、切片、电池片、组件、逆变器、焊带、碳化硅、坩埚、密封胶、石墨器件、接线盒等20余个子项，形成硅料提纯—铸锭切片—组件封装—集成应用等较为完整的产业链。骨干企业主要分布在新坝和新能源产业园，新能源产业园规划面积6.5平方千米，产业实现纳税销售130亿元。

2016年，扬中光伏企业注重生产工艺改造和产品质量提升。环太集团研制生产的"金刚线切割超薄(≤170微米)多晶硅片"和"无黑边多晶硅片"新产品达国际先进水平，成功通过科技成果鉴定，彰显出公司的技术实力，大大提升市场核心竞争力；通灵电器获德国莱茵TüV颁发的全球首张光伏接线盒IEC 62790认证证书，公司产品光伏组件连接器获"德国莱茵TUV质胜中国优胜奖"；太阳集团主导推进国家标准《光伏涂锡焊带》正式颁布实施，填补光伏标准体系中的空白。

（发改委 孙国庆）

**【新能源汽车推广】** 2016年，扬中市新能源汽车推广初显成效，推广纯电动车99辆，建设新能源充电设施45台。吸引电动汽车经销商在扬中设立电动汽车销售、维修维护的实体店，提供配套服务。与华北电力大学共同成立智能电气研究院，开展新能源微电网技术研发。与江苏低碳研究院、协鑫集团、中广核等深化合作，研究开展分布式能源微网系统和能源互联网示范项目建设。 （发改委 孙国庆）

**【首届国际能源互联网高峰论坛】** 2016年4月23日，扬中市举办首届国际能源互联网高峰论坛，邀请包括早稻田大学著名教授横山等国内外专家学者和业界人士开展学术交流，探寻在能源产业革命的大背景下能源产业的互联网化。论坛针对新能源互联网在制造业的运用、构建全球能源互联网的关键技术、基于亚洲国家与岛屿的可持续发展、网络智能社区、能源互联网与电力体制改革等方面进行探讨，突出扬中高新技术产业优势，为智慧能源产业融合提供破解之道。论坛提出：要借力首个绿色能源岛建设，统筹太阳能、风电、生物质能等清洁能源，努力将全市电网打造成集清洁能源开发、输送、配置、使用为一体的能源系统，同时呼应国家"一带一路"倡仪，在内蒙古、新疆，乃至中亚国家布局新能源微电网项目。论坛现场，扬中市正式揭牌成立"双创平台研究院"和"非晶材料及器件联合实验室"。扬中市市领导潘早云、王成明、黄子来、刘鹏出席活动。 （新坝镇 王志斌）

**【江苏巴威与马绍尔群岛合作新能源项目】** 2016年6月,马绍尔群岛共和国总统办公厅主任一行到扬中,与江苏巴威工程技术股份有限公司就马绍尔群岛居民太阳能光伏发电项目及环礁日产300吨海水淡化项目进行技术交流,优化前期技术方案,达成初步协议。该项目资金已到位,一期将由江苏巴威EPC(工程总承包)模式为其提供5000套太阳能光伏发电装置,一台(套)采用太阳能、风能等新能源的日产300吨的海水淡化装置,同时,江苏巴威将为其提供为期10年的维护及保养服务。一期项目2017年建成后,将使马绍尔群岛共和国居民的用电用水生活条件得到改善。(新闻中心)

**【全球首张IEC 62790光伏接线盒认证证书】** 2016年1月22日,德国莱茵TüV向江苏通灵电器股份有限公司(以下简称通灵电器)颁发全球首张IEC 62790光伏接线盒认证证书。光伏接线盒是保障组件安全性能的重要部件,此次IEC 62790的标准对光伏接线盒在导体的连接牢靠性、导电性以及相关辅助材料的性能都提出更新、更高的要求。德国莱茵TüV按照IEC 62790标准认证通灵电器生产的光伏接线盒,为国产光伏接线盒走向全球提供可靠认证,同时促进接线盒制造企业加快技术升级和产品结构调整,与中国光伏组件企业一同开创符合全球市场准入门槛的中国"质"造。

(新闻中心)

2016年1月22日,通灵电器获全球首张IEC 62790光伏接线盒认证证书

## ·船舶及重大技术装备制造业·

**【大津重工两艘海洋平台工作船交付】** 2016年9月,大津重工两艘8000HP(马力)AHTS(DJHC2001/DJHC2002)举行命名暨交船仪式,新命名的勘探211、勘探212成功交付中石化上海海洋石油勘探开发总公司,这也是继自升式碎石桩海洋施工平台、边检巡逻船及配套趸船后,2016年下水交付的第三、第四艘船。船舶建造过程中,中国船级社审图人员和现场验船师对每个环节反复斟酌,每个参数反复验证。新交付的两艘海洋平台工作船主要为海洋工程作业提供后勤、消防、维修、拖带等多用途服务,于2016年4月、5月圆满完成试航任务,各项指标得到船东船检的高度评价。

(新闻中心)

大津重工打造海工平台

**【美克斯海工自升式多功能服务平台接水仪式】** 2016年10月18日,美克斯海工自升式多功能服务平台接水仪式在江苏大津重工有限公司举行。美克斯海工自升式多功能服务平台由上海佳豪集团天海防务装备技术股份有限公司和江苏大津重工有限公司共同打造,是大津重工继建成全球首座自升式碎石桩海洋施工平台后,在高端海工平台制造领域内的一次成功实践。该平台适用于无限航区航行,主要用于石油钻井平台的配套服务。该项目于2015年10月10日开工,经历装备制作、设备安装、调试等一系列生产环节,建造速度在国内同行业中处于领先水平,装备质量和制造精度均达到国内领先、世界一流的水平。(新闻中心)

**【新韩通船舶2艘散货船下水】** 2016年11月,江苏新韩通船舶重工有限公司为德国船东Old-endorff建造的20.8万吨散货船和为日本NISSHIN船东建造的8.2万吨的散货轮同时成功下水。(新闻中心)

# 商贸与服务业

## ·综 述·

【商业集团总公司概况】2016年,扬中市商业集团总公司实现销售收入26亿元,税收4500万元,被江苏省商业联合会评为“江苏省商贸流通服务业模式创新示范企业”。扬中市通达商业总公司实现商品零售总额2.15亿元,利税1600万元,“扬中市十强服务业企业”位列第三名。扬中市信达农村小额贷款有限公司发生业务149笔,回收贷款1095万元。扬中市富康食品有限公司累计屠宰生猪4.5万头,基本实现盈亏平衡。扬中市政府常务会议讨论通过,原址改建丰源屠宰场,项目列入全市2017年度十大民生实事项目。扬中市五交化总公司、糖烟酒总公司分别对所属商业网点进行公开招租,实现国有资产保值增效。五交化总公司全力配合扬子新村片区旧城改造项目,提前完成9个批发部和54户自建房的平稳拆迁任务。扬中市中建物贸有限公司、通达商业总公司等共同投资合作的舟山采石项目建设平稳推进,12月底,生产设备安装调试完毕并试产成功。 (商业集团 李鹏超)

【工业集团总公司概况】2016年,扬中市工业集团总公司围绕实现资产管理再优化、资本运作再增效的工作目标,定期与股权单位沟通、联系和服务,及时跟踪和掌握参股企业运行状况,帮助企业解决实际困难。加快推进大地水泥老厂区土地收储工作,全年股权收益完成50余万元。公司严格按照国有资产管理相关规定,进行租赁资产管理,做好老办公楼租户的租赁协议签订和水电费用收取等日常管理工作,做好原归并企业国有资产租赁工作,对租赁到期的沿街门面房,采取公开招标的方式进行招租。12月,在北侧门面房成功招租取得经验的基础上,总公司在众盛农贷公司租赁期满后对南侧门面房按照规范程序公开招租,确保租赁资产收益稳步增长,全年实现租赁收益30余万元。强化对接,做好债权资产清收。即与上年度资产管理工作对接,与债权企业对接,对每一笔债权进行分析、核对、分类统计后,按照分类监管、定期预警、跟踪追索的原则实施管理,对天和生物到期债权催收工作按期还款存在变数的情况下,先后五次上门催收和多次电话催要,11月催收到位20万元。同时聘请法律顾问,在做好日常清收工作的前提下,通过法律手段加大清收力度,已清收不良贷款800余万元,逾期贷款600余万元,全年清收1500余万元。强化与镇街区和市属投资平台的合作联系,在对风险实施充分评估前提下,签订资金使用协议,充分盘活自有资金,投资收益380万元。 (工业集团 高翔)

【全国转股系统扬中专场挂牌仪式在京举行】2016年1月19日,全国转股系统扬中专场挂牌仪式在北京举行。通灵股份、天辰新材、江苏海天3家企业敲响开市宝钟,集中挂牌“新三板”。至此,全市挂牌上市企业6家,资本市场“扬中板块”雏形初现。全国中小企业股份转让系统综合事务部总监贾忠磊,扬中市市领导潘早云、唐崇林、王成明、艾晓晖,以及天鸿基金、华融证券等中介机构高管出席活动。 (新闻中心)

【津荣激光成为扬中首家E板上市企业】2016年4月12日,江苏津荣激光科技股份有限公司在上海股权托管交易中心挂牌,成为扬中首家E板上市企业。扬中上市企业累计10家。市委常委、常务副市长艾晓晖,上股交高管、推荐机构代表、市发改经信委、八桥镇以及企业相关负责人出席挂牌仪式。津荣激光是扬中八桥镇一家从事激光切割机床和大功率二氧化碳激光器等数控系统研发制造的企业,已获得实用型专利4项、国家高新技术产品4项。 (新闻中心)

【企业挂牌孵化基地揭牌】2016年7月19日,上海股权托管交易中心扬中企业挂牌孵化基地正式揭牌。扬中市设立2.15亿元创新投资引导基金,先后有12家企业挂牌上市,30家企业拟挂牌上市。5月,扬中市与上海股权托管交易中心、慧榕资本共同签订孵化基地的合作协议,此次企业挂牌孵化基地正式成立运营后,信息沟通、资源共享将更加高效快捷,业务支撑和智力支持将更加成熟完善,必将有效推动扬中市企业上市工作迈上新台阶。慧榕资本是一家优质的投资推介机构,已成功辅导扬中市津荣激光在上股交E板挂牌,并与4家企业签订上股交挂牌协议。 (新闻中心)

【新疆大全新能源成功登陆“新三板”】2016年7月26日,新疆大全新能源股份有限公司(证券简称“新疆大全”,证券代码:837316)在全国中小企业股份转让系统隆重举行“新三板”挂牌仪式。新疆大全在“新三板”挂牌,是继大全新能源公司于2010年10月在美国纽交所上市后,大全集团在新能源产业板块的第二个资本市场融资平台。大全新能源实现“境外上市,国内挂牌”的资本运作双通道,成为国内唯一一家母公司在美国上市、自身在国内上市的光伏企业。 (新闻中心)

图片专辑

# 『新三板』崛起扬中板块

## ——全国股转系统挂牌仪式扬中专场活动剪影

市领导潘早云致辞

2016年1月19日，全国股转系统挂牌仪式扬中专场

部门、镇(街区)、企业代表参加挂牌仪式

市领导与企业高管亲切交谈

参观场外市场博览中心、挂牌企业展示中心

财富大门合影

【扬中际华园项目开工奠基】 2016年12月28日，由际华集团与扬中市合作的际华园项目举行开工奠基仪式。扬中际华园项目预计总投资80亿元，建筑面积36万平方米，致力于打造以自有品牌为核心的集“时尚购物、极限运动、度假休闲、特色餐饮会议”等功能及相关配套服务为一体的一站式服务体验休闲中心，在打造扬中城市新地标的同时，也将为扬中地区幸福产业服务消费提质扩容作出贡献。 （新闻中心）

2016年12月28日，扬中际华园开工奠基

【2016年度“十强”服务业企业名单】
扬中市四通物流有限公司
江苏天翌光伏新材料有限公司
扬中市通达商业总公司
江苏盛泰能源有限责任公司
苏果超市(扬中)有限公司
镇江雨润中央商场购物广场有限公司
扬中商城
江苏扬中农村商业银行股份有限公司
中信银行股份有限公司扬中支行
扬中恒丰村镇银行股份有限公司

（市委办 姚婷）

·对外经济贸易·

【概况】 2016年，扬中市实际利用外资1.4亿美元，同比增长7.5%，完成全市目标任务的100.4%；全市实现进出口5.72亿美元，同比增长1.57%；服务外包执行额1.39亿美元，同比增长14.75%；全市社会消费品零售指标完成140.92亿元，同比增长11.2%，位居镇江第二。 （商务局 王志远）

【专业化招商】 2016年，扬中市商务局成立6个专业招商局、4个驻外联络处，积极外出招商，获得金陵船厂搬迁、智慧长江服贸融总部项目、欧尚超市、中信产业园、新城控股城市综合体等项目信息。针对扬中市产业和供销员特色优势，在全市企业驻69个大中城市办事处中首批筛选聘请295人为市级招商顾问，制作专业招商PPT，重点推介智能电气、绿色能源、港口岸线、现代服务业和农业招商，编印全市招商指南，出台招商引资政策举措。 （商务局 王志远）

【哈姆雷特公司入股星河集团】 2016年1月12日，江苏星河集团与以色列哈姆雷特公司签订股权转让合同，哈姆雷特公司正式入股星河集团。以色列哈姆雷特公司是全球仪表阀门、流体控制领域的顶尖企业，致力于研发销售高品质仪表阀门产品，在全球拥有9家分公司。星河集团与哈姆雷特公司签约，标志着星河集团与哈姆雷特公司在合作合资方面取得成功，实现从产业经营向资本运营的跨越、从国内行业领军企业向国际高端技术企业的转变，共同开拓国内外仪表阀门市场。 （新闻中心）

2016年1月12日，江苏星河集团与以色列哈姆雷特公司举行签约仪式

【江苏锋芒集团与日本则武株式会社合作】 2016年8月29日，江苏锋芒复合材料科技集团有限公司与日本则武株式会社经过历时4年的友好洽谈和协商，正式签订技术合作协议。则武株式会社是日本最大的磨具产品综合型生产企业，在全球同行中具有较高的知名度和影响力。锋芒集团是扬中市传统工业企业的典型代表，连续16年跻身全市“三十强”企业行列，名列中国研磨行业“前三甲”，也是相关行业标准的主要起草单位。江苏锋芒与则武株式会社技术使用许可合同签约，便于产品推广、改良，体现品牌技术力量。 （新闻中心）

# 2016年扬中市重点服务业项目表

表12 单位:万元

| 序号 | 项目地点 | 项目名称 | 项目实施单位 | 资金来源 | 建设进度 | 建设内容及规模 | 开工时间 | 竣工时间 | 计划总投资 | 2016年项目计划 | |
|---|---|---|---|---|---|---|---|---|---|---|---|
| | | | | | | | | | | 完成投资 | 形象进度 |
| (一)续建项目 | | | | | | | | | | | |
| 1 | 新坝 | ★雷公岛生态休闲旅游度假区 | 大全集团有限公司 | 民资 | 在建 | 全岛规划面积为6000亩,总建筑面积10万平方米,主要建设温泉酒店、零碳会所、休闲度假村、扬中人家、美食渔村、疗养中心、生态农场等 | 2013.1 | 2017.12 | 100000 | 20000 | 生态农场、温泉酒店完成部分建设 |
| 2 | 三茅街道 | ★金源时代购物广场 | 扬中金源博大置业有限责任公司 | 外资 | 在建 | 占地85亩,建筑面积约45万平方米,建设集商业地产、特色街区、休闲娱乐中心为一体的商务综合体 | 2015.8 | 2017.12 | 300000 | 100000 | 地下工程全部完工 |
| 3 | 三茅街道 | ★际华园 | 际华集团江苏实业投资有限公司 | 国资 | 在建 | 占地700亩,建筑面积80万平方米,主要由三部分构成:奥特莱斯购物中心、室内休闲运动中心以及特色餐饮服务,另有相关配套的休闲服务设施 | 2015.10 | 2017.12 | 300000 | 110000 | 购物中心建设基本完成 |
| 4 | 三茅街道 | ★复旦科技园 | 复旦科技园扬中有限公司 | 民资 | 在建 | 占地118亩,建筑面积约20万平方米,建设科技研发大楼、商务配套设施等 | 2015.6 | 2017.12 | 300000 | 100000 | 科技园大厦地下工程全部完成,主体工程完成40% |
| 5 | 三茅街道 | ★中兴物联网产业园 | 江苏中兴新泰物联网科技园有限公司 | 国资 | 在建 | 占地156亩,建筑面积约25万平方米,建设物联网开发技术中心及其附属设施 | 2015.10 | 2017.10 | 200000 | 80000 | 地下工程全部完成,三幢科技研发大楼主体工程完成50% |
| 6 | 三茅街道 | ★红星国际生活广场 | 红星美凯龙、城投公司 | 民资 | 在建 | 占地223亩,总建筑面积约45万平方米,建设红星金街、红星家居馆以及配套设施等 | 2015.8 | 2017.12 | 200000 | 40000 | 完成3万平方米红星金街施工、红星家具馆封顶等 |
| 7 | 三茅街道 | ★纺织品批发市场 | 江苏东煌工艺品有限公司 | 民资 | 在建 | 占地50亩,建筑面积约10万平方米,建设集家用纺织品研发、销售、结算于一体的专业市场及配套设施 | 2015.10 | 2017.12 | 50000 | 20000 | 完成地下工程施工,主体工程完成50% |

续表 12

| 序号 | 项目地点 | 项目名称 | 项目实施单位 | 资金来源 | 建设进度 | 建设内容及规模 | 开工时间 | 竣工时间 | 计划总投资 | 2016 年项目计划 | |
|---|---|---|---|---|---|---|---|---|---|---|---|
| | | | | | | | | | | 完成投资 | 形象进度 |
| (二)新开工项目 | | | | | | | | | | | |
| 8 | 新坝 | ★汽车服务中心 | 江苏大航车业有限公司 | 国资 | 在手 | 征地 50 亩,建设多家 4S 店、二手车交易中心、汽车检测中心 | 2016.1 | 2017.12 | 50000 | 20000 | 二手车交易中心、汽车检测中心竣工使用 |
| 9 | 西来桥 | ★仓储物流(二期) | 江苏润华物流有限公司 | 民资 | 在手 | 建设 1.5 万吨的筒仓及相应的堆场 14 个，调整输送廊道 2000 米，转提运塔,成品油库及配套设施 20 个 | 2016.1 | 2016.12 | 56000 | 56000 | 筒仓、廊道建成投入运营 |
| 10 | 经开区 | ★北斗·智慧长江服贸融总部 | 智慧长江(江苏)发展投资有限公司 | 民资 | 在手 | 项目占地 2858 亩，总建筑面积约 500 万平方米(含地下室),主要建设北斗·智慧长江会展中心、长江采购中心、长江交易所、长江企业总部、长江金融中心等九大业态。项目建成后,将有力推动扬中服、贸、融、城一体化协同发展。项目分四年、共三期建设完成,首期建设项目运营中心及企业家公馆区,二期建设贸易中心区，三期建设企业总部、综合配套区 | 2016.6 | 2019.1 | 1800000 | 80000 | 拆迁腾地工作开始 |
| 11 | 新坝 | 苏瑞商业中心 | 江苏苏瑞置业有限公司 | 民资 | 在手 | 占地 150 亩，建筑面积 24 万平方米，建设商业综合体和高档居住小区 | 2016.1 | 2017.12 | 120000 | 20000 | 完成部分建设 |
| 12 | 三茅街道 | 智慧停车 | 江苏中兴新泰物联网科技有限公司 | 外资 | 在手 | 建成智慧停车研发及示范市,建设智慧停车信息化系统,将社会性经营停车场、机关事业停车场、住宅小区停车场等纳入智慧停车信息系统,将覆盖城区 1 万个车位 | 2016.8 | 2017.12 | 50000 | 20000 | 建立研发基地 |
| 13 | 三茅街道 | 时代广场商业综合体 | 扬中宏大工贸公司 | 民资 | 在手 | 占地 50 亩，建筑面积约 10 平方米，建设商务办公、酒店、大型超市等综合商住设施 | 2016.3 | 2017.06 | 50000 | 35000 | 地下工程全部完成,主体工程 90% |
| 14 | 三茅街道 | 东阳大厦 | 江苏东阳房地产开发有限公司 | 民资 | 在手 | 占地 9 亩,建筑面积约 2 万平方米，建设商务酒店、办公楼宇等 | 2016.2 | 2017.06 | 20000 | 10000 | 主体工程完成 70% |
| 15 | 三茅街道 | 丽笙大酒店 | 荣马集团 | 民资 | 在手 | 占地 22 亩，建筑面积约 4 万平方米,建设高档酒店、商务办公及附属商业设施 | 2016.3 | 2017.06 | 30000 | 20000 | 主体工程完成 80% |

注:★为 2016 年镇江市级重点

(发改委 孙国庆)

## ·旅游业·

**【旅游项目建设】** 2016年，扬中市旅游局加大重点项目建设力度，不断培育壮大旅游产业。积极服务园博园提升规划编制工作和景区改造提升工程，促进园博园由园艺展园向旅游景区转型，通过“核心”景区创建带动扬中旅游业发展，园博园创成国家AAA级旅游景区。江之源生态园创建“江苏省四星级乡村旅游点”、三茅街道“长江渔文化旅游小镇”上报省旅游局，将接受资格审查。兴阳村申创的“江苏省旅游名村”成功通过省住建厅、省旅游局的联合资格验收。推进雷公岛度假区开发，服务前移推进雷公岛温泉SPA酒店、生态农庄等旅游项目的建设，一期初步建成并对游客试运营。加强与省、国家旅游局的对接，积极向上寻求技术和资金支持，为成功申创省级旅游度假区夯实基础。重点关注和支持江之源生态园项目实施，加快推进扬中市省级自驾游基地创建。创新培育扬中旅游新业态。积极推动如意湾(滨江风光带)建设，并力争将其全部纳入国家旅游项目库。大力开展招商引资工作，重点加强西沙岛旅游项目招商力度，注重发现旅游项目中的“亮点”并进行整体包装，开展招商。年内，接待和开展合作谈判的旅游开发商20余批次。 (旅游局 黄成)

**【旅游设施建设】** 2016年，扬中市将景区交通指示牌建设纳入各镇街区旅游年度考核，旅游、乡镇及交通部门通力合作，在主要交通节点增设交通指示牌20块，进一步完善旅游交通指示系统。按照星级标准对旅游景区现有厕所改造的同时，江之源生态园、东风生态园等新建旅游厕所4座，面积360平方米，总投资近400万元。6家景区改造生态停车场，车位700余个，面积近9000平方米。兴阳村新建旅游咨询中心1个，全市旅游景区实现无线通信信号全覆盖。 (旅游局 黄成)

**【旅游宣传工作】** 2016年，以河豚文化节为契机，扬中市广邀媒体朋友到扬中，《人民日报》、新华社、《经济日报》《新华日报》等多家中央、省级主流媒体纷纷聚焦扬中，开展全方位、多形式、立体化的宣传推介，持续扩大“中国河豚岛”的吸引力、影响力。央视《新闻联播》聚焦扬中市长江生态保护工作，《经济信息联播》专题报道扬中的岸线“留白”发展模式；央视七套《美丽中国乡村行》到扬中拍摄专题片；北京开美时光和江苏新希望电影数字院线公司联合打造《河豚——神奇的味道》专题片。组织开展第二届“全国新媒体联盟扬中行”活动，邀请省内外20余家最具影响力的网站和微媒体联盟，踏访河豚岛，重点推介扬中市绿色能源岛建设、江鲜美食文化、河豚生态养殖等。河豚文化节期间，近百家媒体刊载各类稿件近200篇次，新浪、腾讯、搜狐、网易等重点网站、微媒体发布和转载河豚文化节相关新闻千余条，形成广泛的传播效应。 (旅游局 黄成)

**【扬中智慧旅游平台建成使用】** 2016年，扬中市旅游局与中国电信股份有限公司扬中电信分公司合作，建设扬中智慧旅游服务平台。游客通过访问网址www.eyyangzhong.com(e游扬中)或扫描二维码加入扬中旅游微信公众号的方式，就能登录平台了解和查询扬中历史文化、景点、星级宾馆、特色小吃、旅游纪念品、土特产等，在线完成景区门票、酒店、火车票、飞机票、土特产等网上预订和交易。 (新闻中心)

**【江洲十景】** 2016年3月，扬中市旅游局组织“扬中十景”网络评选活动。评审组从众多参选作品中选取十处景点作为本年度的“江洲十景”，制作宣传资料。十处景点包括国家A级旅游景区以及城市公园、长江大桥、旅游度假区、大江风貌、星级乡村旅游点、博物馆等。

(新闻中心)

## ·供销合作·

**【概况】** 2016年，扬中市供销合作总社深入开展“千个基层社为农服务行动计划”，因地制宜推动基层社提质增效，“村社共建”模式成为主流。油坊供销社创建示范基层社，提档升级为农服务社15个，领办、参办各类专业合作社6个，其中农民专业合作社联社1个，新增入社农户276户。为期两年的综合改革试点工作顺利收尾，体制改革总体框架初步成型，主要改革目标任务基本实现。供销社集团总公司、农村电子商务亮点频现，组建惠丰电子商务公司，主动对接省社“地平线”农产品电商平台，开通“扬中名特优农品馆”，实现上线运行。扬中市供销合作总社与扬中市人社局、三茅街道合作，举办扬中市首届农村电子商务创业培训班，来自基层社、专业合作社、大学生村官、涉农企业等100余人参加培训。股份制改造合力推进，社有企业加速转型，全系统收支结构进一步优化，经济实力大幅提升，扬中市政府将扬中商城改扩建计划列入老城区总体改造规划。扬中月星家居广场强化管理、开源节流，经营形势明显好转，商户入驻率稳定在90%以上。烟花爆竹专营公司规范经营，仓储配送能力有效提升。城区社有资产相继完成新一轮招租，租金收入稳步增长。基层工作创新创优，新业态加快发展，坚持“六统一”标准（统一标识、统一制度、统一配送、统一明码标价、统一台账制度、统一服务规范），完成植保统防统治22.6万亩次。抓好农资供应和价格动态监测，全年调拨化肥5800吨，出库5700吨。培训农产品经纪人202人，超额完成全年目标。组团参加海峡两岸（江苏）农展会，推介展示扬中特色农副产品。依托镇江“亚夫在线”，在新坝供销社、油坊供销社、西来桥供销社创建标准化“农资惠”服务平台3个。

（供销总社　徐璐）

油坊镇农资经营服务部

**【丰裕农贸市场重装开业】** 2016年1月11日，丰裕农贸市场重装开业。丰裕农贸市场位于238省道变线丰裕桥旁，投资近300万元，历时近一年改造完成。供销社丰裕农贸市场建成于20世纪90年代，2015年年初，供销社决定筹资改造丰裕农贸市场。改造后的丰裕农贸市场占地2500平方米，市场各项功能完善，布局合理，管理规范。市场内设80个门店，摊位整齐干净，有蔬菜区、干货区、肉食区、水产区、活禽区、自产自销区。

（新闻中心）

## ·粮食购销·

**【概况】** 2016年，扬中市粮食收储中心全力做好两季收购工作。主动开展上门验粮、预约收购，积极指导粮农抢收、抢晒、抢入库，通过多种渠道解决粮农“卖粮难”问题。夏粮收购中，遭遇连续阴雨天气，小麦受灾减产，出现发黑、发霉、发芽和赤霉病感染等情况，根据不同质量的小麦依质论价，分等级进行收购，针对赤霉病率严重超标的小麦，联系饲料加工厂，最大程度地减轻农户损失。2016年，累计收购入库小麦6984吨，稻谷近1万吨。投资500万元在三茅粮管所建成日处理量200吨的低温循环式烘干设备。烘干设施在秋粮收购中投入使用，2015年，烘干稻谷5000吨。规划库点3个，总仓容6.5万吨，分别是新坝粮库、扬中市粮食储备库和兴隆粮库。扬中市粮食收储中心在经开区选址新建仓容2.05万吨，占地面积25.2亩的兴隆粮库，总投资约3500万元。该粮库于2016年9月开工建设，2017年夏粮收购时可投入使用。筹措资金100余万元，在全市范围内推广数字化粮库，包括综合业务管理、智能出入库作业、仓储智能化、智能安防、配套设施建设五大系统。监督检查全市粮食经营活动，促进粮食流通，维护市场秩序。每年夏秋两季组织工商、质检等部门开展粮食收购市场联合执法检查，查处无证收购、掺杂使假等违法收购行为。开展节日期间粮油市场专项检查，规范粮油经营行为。提升粮食流通统计工作质量，抓好粮食流通统计制度，规模以上粮食经营企业的统计信息覆盖率100%。适时开展小麦、稻谷的质量调查和品质测报、原粮卫生调查抽样、社会食用油消费调查和社会粮食消费调查。

（粮食收储中心　常玉）

## ·石　油·

**【概况】** 2016年，扬中市销售轻油6.22万吨，比上年增长7.45%，其中零售5.46万吨，比上年增长6.03%；直分销7597吨，比上年增长18.87%。非油品营业额1824万元，比上年增长44.88%。扬中三茅加油站、扬中城北加油站获评江苏省石油分公司金牌示范站称号；三茅加油站年度销量超万吨；三茅、环城北路加油站燃油宝销售超万瓶。

（石油公司　李美凤）

江州广场加油站

表 13

## 2016 年扬中石油分公司经营情况统计表

| 站 点 | 汽油(吨) | 柴油(吨) | 小计(吨) |
|---|---|---|---|
| 新坝加油站 | 2815 | 611 | 3426 |
| 新城区加油站 | 6842 | 1362 | 8204 |
| 幸福加油站 | 2475 | 3221 | 5696 |
| 兴隆加油站 | 4322 | 1224 | 5546 |
| 油坊加油站 | 2701 | 1179 | 3880 |
| 三茅加油站 | 9805 | 2325 | 12130 |
| 圌山加油站 | 1108 | 1134 | 2242 |
| 联合加油站 | 2903 | 1231 | 4134 |
| 城北加油站 | 6476 | 26 | 6502 |
| 港南加油站 | 1044 | 172 | 1216 |
| 横山加油站 | 612 | 587 | 1199 |
| 撬装加油站 | 0 | 429 | 429 |
| 直分销经营部 | 0 | 7597 | 7597 |
| 合 计 | 41103 | 21098 | 62201 |

（石油公司 李美凤）

### ·烟草专卖·

**【概况】** 2016 年，扬中市烟草专卖局销售卷烟 1.4 万箱。销售额 5.1 亿元，比上年减少 7810 万元，下降 13.26%。单箱销售收入 3.6 万元，比上年增加 1785 元/箱；单条售价 143.34 元，比上年增加 7.14 元，增长 5.24%。重点品牌销售 1.3 万箱，下降 17.19%，销售比重 92.20%，增长 0.45%。受理烟草专卖零售许可 125 户，准予许可 83 户，不予许可 42 户。办理延续 187 户、停业 163 户、停业恢复 35 户、强制注销 59 户、变更 4 户、补办 1 户，正常经营户有 2330 户。全年查获违法案件 112 起，其中 1~5 万元案件 2 起，5~20 万元案件 3 起。查获各类违规卷烟 501.52 件，其中真品卷烟 500.15 件，假烟 1.37 件，总案值 225.03 万元，罚没款 4.11 万元，逮捕 1 人。（烟草局 顾耀文）

### ·盐 务·

**【概况】** 2016 年，扬中市销售各类盐产品 2310 吨，其中小包装食盐销售 1650 吨，销售品种盐 1080 吨，结构比为 66%。实现营业收入 1100 万元，其中实现非盐销售收入 240 万元，实现利润 40 万元。按照“小田细耕、做精做优”的经营思路，调优品种结构，持续稳定小包装销量，分解细化销售计划到每个经营单元、每名客户经理，层层明确责任，对外招标第三方物流，实行小包装配送。提高小包装食盐品种结构，提升盈利空间，公司市场营销部按照镇江区域公司的要求，加强 KA 类大型商超小包装多品种供应，总数量不低于 8 类，B 类地方性连锁超市不低于 6 个品种，C 类小型超市不低于 3 个品种。对 KA 类、B 类客户确保新品种结构 10% 以上，同时，KA 类和部分 B 类商超无碘小包装食盐上架销售，客户经理每周两次检查，加强商超维护。加大市场检查力度，确保消费者食盐安全，查处盐业违法案件 5 起；建立完善行业用盐信息管理档案，掌握行业用盐使用情况，与行业用盐单位签订共保责任书，定期检查行业用盐具体使用情况，切实杜绝散装行业用盐冲击小包装食盐市场。（盐务局 吴林）

# 金 融

## ·综 述·

**【银行业概况】** 2016年，扬中市金融部门保持平稳健康发展态势，截至年末，全市金融机构本外币各项存款余额586.9亿元，比年初增加111.21亿元，增长23.38%。全市社会融资规模727.94亿元，比年初增加122.88亿元。中长期贷款余额181.59亿元，比年初增加45.24亿元，增长33.18%。新入驻兴业银行、华夏银行和南京银行3家银行。

2016年，为促进地方经济企稳回升，扬中市利用政银企合作平台，引导金融机构加大实体经济支持力度。1月，扬中市政银企合作暨重点项目发布会召开，全市14家银行业金融机构和24家企业举行集中签约仪式，签约金额28.11亿元。截至年末，签约项目实际发放到位贷款22.38亿元，履约率79.62%，剔除企业自身因素，实际履约率97.05%。

2016年，中国人民银行扬中支行综合评价全市14家金融机构2015年度执行人民银行政策情况，确定A类机构2家，B类机构12家。 （市人行 王凯霞）

**【保险业概况】** 2016年，扬中市有保险业企业30家，全年保费收入10.7亿元，增长12.8%。其中财产险收入2.42亿元，增长9.2%；人身险收入8.28亿元，增长13.9%。赔付额3.54亿元，增长27.5%。其中，财产险赔付1.32亿元，增长0.8%；人身险赔付2.22亿元，增长51.4%。 （统计局 赵浣辰）

**【存款】** 2016年，扬中市金融机构本外币各项存款实现较快增长。各项存款余额586.9亿元，比年初增加111.21亿元，增长23.38%，同比多增71.52亿元。其中企业存款余额224.56亿元，比年初增加85.01亿元，增长60.92%，同比多增81.62亿元；住户存款余额278.7亿元，比年初增加17.58亿元，增长6.73%，同比少增0.84亿元；广义政府存款余额75.62亿元，比年初增加6.43亿元，增幅9.29%，同比少增9.58亿元；其他金融机构存款余额7.84亿元，比年初增加2.22亿元，同比多增0.33亿元。从存款结构来看，以住户存款为主，占各项存款比例47.49%。 （市人行 王凯霞）

**【社会融资】** 2016年，扬中市社会融资规模727.94亿元，当年新增122.88亿元。其中，本外币各项贷款余额431.72亿元，比年初增加46.26亿元，增长12%，同比少增5.81亿元；银行汇票、保函、信用证等表外融资余额68.83亿元，比年初减少29.29亿元，下降29.85%；信托、企业债券融资、非金融企业股票融资、融资租赁、同业代付等新型融资余额122.49亿元，比年初增加75.26亿元。截至年末，扬中市金融机构不良贷款余额8.93亿元，比年初增加1.6亿元，不良贷款占比为2.07%，比年初增长0.12%。

扬中市金融机构持续优化货币信贷投入结构，金融支持实体经济的力度相对增强。一是全力支持主导产业转型升级。截至年末，全市三大支柱产业贷款余额141.43亿元，比年初增加4.46亿元，增幅3.26%。二是金融支农支小力度不断增强，信用体系建设不断完善。截至年末，全市涉农贷款余额384.14亿元，比年初增加34.79亿元，增幅9.96%；小微企业贷款余额158.55亿元，比年初增加27.99亿元，增幅17.43%。

（市人行 王凯霞）

**【外汇收支】** 2016年，扬中市实现外汇收入5.61亿美元，同比下降24%。其中货物贸易收入4.86亿美元，下降16%；非货物贸易收入0.16亿美元，下降71%；资本项目收入0.6亿美元，下降47%。外汇支出2.69亿美元，较去年同期下降32%。其中货物贸易支出2.31亿美元，增长3%；非货物贸易支出0.36亿美元，下降54%；资本项目支出0.02亿美元，下降98%。实现外汇收支顺差2.92亿美元，下降16%。 （市人行 王凯霞）

**【外汇服务】** 2016年，人民银行扬中支行按照“推改革，抓监测，稳预期，防风险”的工作思路，推进“一站式”全流程外汇服务模式。助推跨国公司外汇资金集中运营管理备案业务成功申报，江苏美科硅能源有限公司已获得国家外汇局跨国公司外汇资金集中运营管理企业批准。此业务扬中市属首家，镇江市第三家。

2016年，扬中市办理涉外收入申报7162笔，金额5.9亿美元。其中对公收入6804笔，金额5.5亿美元；对私收入358笔，金额0.4亿美元。办理涉外支出申报2487笔，金额2.8亿美元。其中对公付汇1340笔，金额2.5亿美元；对私付汇1147笔，金额0.27亿美元。从系统反馈结果看，国际收支申报综合考评得分率99.6%。

（市人行 王凯霞）

**【外汇管理】** 2016年，人民银行扬中支行开展国际收支统计间接申报非现场核查工作。全年完成国际收支非现场核查9929笔，金额8.85亿美元。开展货物贸易项下“控流出”管理和资本项下“控流出”的事后监管工作，建立重点企业监测名单库，加强合规性指标与“控流出”相关的异常类指标定期核查。推进与商务、税务等部门的联合监管机制建设，形成监管互助和信息共享。

2016年，人民银行扬中支行加大对外汇指定银行的考核管理。组织开展各类全面及专项外汇检查18次。其中，对外汇指定银行开展合规性检查2次，开展国际收支现场核查和结售汇业务回访2次，跨境人民币业务现场核查1次，相关银行和涉外企业资本项目业务检查13次。对18家外贸进出口企业按内控制度实行强制注销名录，对列入重点监测库的23家企业作出现场核查结论，完成199家企业非现场监测记录，按照二次筛选指标阀值，对298家阀值内的企业，严格操作程序，对其进行批量撤销，对执行货物贸易操作指引不够严肃的6家企业作出降为B类处理的决定，加强对B类企业的跟踪管理和综合评估工作，提升企业外汇管理水平。加强直接投资存量权益登记工作，截至年末，扬中市直接投资存量权益登记申报企业164家，已申报企业157家，除7家被系统暂停管控的企业外，实际申报率95.73%。境外投资存量权益登记申报企业25家。其中已申报企业25家，申报率为100%。

（市人行 王凯霞）

【国库支付创新】2016年，人民银行扬中支行开展农村金融服务站精品站建设，组织市农行和市农商银行在新坝镇、油坊镇等农村地区，打造新坝镇群汉利食品商店、油坊镇纪龙日杂商店等5家精品农村金融综合服务站。开展国库直接支付，减少专项资金周转环节，提高资金到账速度，促进供给侧改革政策落实，完成2016年省级工业和信息产业转型升级专项资金的国库直接支付，办理业务22笔，金额1195万元。

（市人行 王凯霞）

【金融产品创新】2016年，全市金融机构以扬中市农村土地承包经营权确权登记颁证工作为契机，加大金融创新。2016年，人民银行扬中支行联合市人社局、财政局、邮储银行和扬中农商银行就推进创业担保贷款进行专题座谈，把农村土地经营权抵押与创业担保推进相结合，出台《扬中市农村土地经营权抵押创业贷款暂行办法》，开展以农村土地经营权为抵押的创业担保贷款试点工作，主动搭台，把两权抵押贷款试点工作引入到全市创业担保贷款中。发放首笔农地经营权抵押创业贷款19万元，全市农地经营权抵押贷款余额822万元，累计发放1625万元。江苏银行、农行、中行、农商银行的苏科贷，民生银行的惠农贷，江苏银行、建行的税易贷，江苏银行、农发行的投贷联动等创新信贷产品，受到广大企业和百姓的欢迎。（市人行 王凯霞）

【人民币管理】2016年，人民银行扬中支行深入推进人民币流通满意工程和农村地区反假壁垒工程建设，全面提升银行业金融机构现金处理能力与服务水平。举办金融系统职业技能竞赛，推动提高全市金融系统职工整体业务素质。开展形式多样的人民币流通宣传教育和反假货币宣传活动，宣传人民币流通知识，维护金融消费者权益保护。

（市人行 王凯霞）

扬中市人民币反假宣传进企业

【金融生态优秀县】2016年，人民银行扬中支行持续推进金融生态环境建设。在江苏省县域金融生态环境评估中，扬中市被再次认定为“金融生态优秀县”，以综合得分91.46分的优异成绩，名列全省县域金融生态环境综合排名第9名，比2015年上升12名。

（市人行 王凯霞）

【金融风险防范】2016年，人民银行扬中支行切实贯彻《存款保险条例》，做好存款保险保费缴纳工作，做好法人金融机构的存保评级工作。经评级，合理确定2家法人机构的风险等级，核定存保差别费率。开展防范和处置非法集资工作。2016年，人民银行扬中支行牵头组织召开互联网金融专项整治工作会议，开展涉互联网金融企业的筛查，进行互联网金融专项整治工作培训。人民银行扬中支行加强与市金融办的协调与协作，召开企业金融风险化解协调会，帮助金融机构压降不良贷款数额，维护金融稳定。（市人行 王凯霞）

【金融消费者权益保护】2016年，人民银行扬中支行认真开展金融消费者权益保护工作，3月、9月，先后开展“金融知识宣传月”和“金融知识普及月”活动。通过广场集中宣传和进校园、进企业、进社区等形式,广泛宣传金融消费者权益保护知识。11月,人民银行扬中支行联合市司法局、市普法办会同市广电中心制作法律学习宣传专题节目,在扬中电视台各频道主要时段循环播出,引导广大金融消费者提高警惕意识,防范金融诈骗。11月,人民银行扬中支行与市中等专业学校联合建立诚信教育示范基地。（市人行 王凯霞）

【政银企合作】2016年1月22日,扬中市召开2016年政银企合作暨重点项目发布会。扬中市市领导王成明、艾晓晖、戴少华、陆国平出席会议。此次活动拟签约项目43个,授信金额77.7亿元,现场集中签约24个项目,授信金额28.11亿元,发布合作意向项目48个,2016年投资140亿元,预计贷款82亿元。大全集团、威腾母线等企业代表以及农发行镇江分行、农行镇江分行等银行代表进行交流发言。（新闻中心）

2016年1月22日,扬中市召开政银企合作暨重点项目发布会

【金融控股集团成立】2016年11月29日,扬中市发放金融控股集团营业执照,这是江苏省县级市首家专业金融控股平台。该集团以市投资公司为母公司,整合担保、创投、小贷、产业基金和供应链金融为核心业务板块,以科技为特色,以产业为支撑,以金融为纽带,通过各种金融工具和各类金融产品的多元化、专业化、实体化运作,为经济社会发展和实体企业运行提供更多金融服务和资金支持,打造“主业突出、资产优良、管理高效、权责明晰”的综合性国有资本投资、运营集团。按照“整合资源、产融结合、错位竞争、融合发展”的原则,发挥资本促进产业发展的作用,推动资本与产业、人才科技创新的高度融合,实现“融资、融智、融商”的功能叠加,提升扬中发展质态和综合竞争力。（新闻中心）

·银行选介·

【中国农业发展银行扬中支行】2016年,中国农业发展银行扬中支行年末各项存款余额为14.22亿元,比年初增加8.63亿元,增幅154.59%;日均存款余额11.72亿元,比年初增加5.88亿元,增长100.53%;各项贷款余额为30.52亿元,比年初增加14.24亿元,增幅87.47%,其中市(县)储备粮油贷款3042万元,农村基础设施中长期贷款30.13亿元,农业科技流动资金贷款800万元,其他政策性亏损挂账贷款50.08万元。贷款总量中,除50.08万元政策性挂帐贷款为关注贷款外,其他贷款的占用形态均为正常贷款,无不良贷款占用,各项贷款的利息收回率100%。全年实现各项业务收入1.15亿元,各项业务支出5782.7万元,实现利润5762.8万元,比上年增加1893万元,增幅49 %。实现中间业务收入108.9万元。其中投融资顾问费95万元;保险业务手续费10.29万元;人民币结算手续费3.59万元;国际业务结算量40.19万美元和269.04万元,实现汇总收入4924.46元。发放储备贷款及划拨托市收购资金4330万元,支持地方粮食企业储备收购小麦695万公斤、稻谷905万公斤,发放粮食收购贷款4330万元,年末贷款余额3042万元,对应库存值5000万元,未发生一起“打白条”现象。（农发行 蔡锦文）

【中国农业银行股份有限公司扬中支行】2016年,中国农业银行股份有限公司扬中支行年末各项存款总量110.78亿元。其中储蓄存款62.51亿元,比年初增加3.01亿元;对公存款48.27亿元,比年初增加3.01亿元。各项贷款余额62.14亿元,比年初增加2.56亿元。其中,个人贷款余额9.36亿元,增加1.98亿元。信贷结构不断优化,中长期贷款余额29.04亿元,比年初增加3.94亿元,占比47.25%,比年初增长5.12%。全行实现中间业务收入6873万元。拥有法人类对公账户4000余户,新增767户;银行卡发卡58万张,新增3万张;“惠农通”机具发放80台,覆盖扬中市所有行政村。移动金融客户持续增加,个人电子银行注册客户35万户;企业电子银行注册客户4700余户。围绕民生项目,开发移动金融服务场景,2016年,在手机银行上新加载居民医疗保险和有线电视费缴纳功能,为华联药业等5家企业上线E商缴费平台。网点转型,提升网点轻型化、智能化水平,瘦身低效网点1个,投放19台超级柜台,全年超级柜台业务分流率90.6%。（农业银行 刘金）

农行扬中支行“金农贷”支持春耕

**【中国建设银行股份有限公司扬中支行】** 2016年，中国建设银行股份有限公司扬中支行年末全部存款余额69.47亿元，全部贷款余额32.34亿元；全年无案件、无重大责任事故、无重大声誉风险事项发生。公司类贷款重点投向城市基础设施建设和“三十强”工业企业，为大行临港投资公司提供3年期流动资金贷款1.2亿元，为大全集团发行3亿元短期融资，向扬中市城投公司投放信托贷类理财产品3.4亿元，绿洲新城股权收益理财产品5亿元；全年累计办理银票8.18亿元、贴现9695万元、保函2.38亿元。累计投放消费贷款和助业贷款1.01亿元、个人住房贷款2.3亿元。处置首笔受托不良资产项目，受托不良资产项目处置初见成效。年末全口径不良贷款余额1609万元，不良率0.5%。全年信用卡客户净增4584户，发卡净增5373户；企业网银新签约高级活跃客户375户、企业短信433户、个人网银活跃客户1.05万户、手机银行活跃客户1.66万户、个人短信签约客户8896户；实现国际业务收支1.37亿美元、结售汇9387万美元，办理资本项下业务2978万美元、跨境人民币业务1.43亿元；代理528家单位1.6万名职工缴存公积金，归集公积金1.08亿元；代理发放公积金住房贷款1.17亿元，余额3.59亿元。

（建设银行 吴文君）

**【中国银行扬中支行】** 2016年，中国银行扬中支行年末实现账面利润4701万元，拨备前利润1.07亿元，同比减少191万元；营业净收入1.49亿元，同比减少670万元；实现中间业务净收入3201万元。人民币一般存款(账面)33.1亿元，比年初增加2.99亿元。其中人民币公司存款余额16.28亿元，比年初增加2.09亿元；人民币日均存款32.89亿元，比年初增加1.92亿元。外币存款4406万美元，比年初增加2400万美元；人民币个人存款时点余额16.83亿元，比年初增加0.9亿元。全口径余额市场份额比年初下降0.04%。人民币个人核心存款日均增加16.94亿元。各项贷款余额33.83亿元，比年初增加3.7亿元。其中公司贷款余额26.88亿元，比年初增加3.08亿元，市场份额7.44%，比年初增长0.04%；零售贷款余额6.95亿元，比年初增加6271万元。国际结算业务累计结算量3.14亿美元，增幅17.23 %。

（中国银行 张强）

**【中国工商银行股份有限公司扬中支行】** 2016年，中国工商银行股份有限公司扬中支行有营业网点8个，自助银行2个，在岗职工114人。年末各项存款余额41.96亿元。其中对公业务存款13.56亿元，储蓄存款28.40亿元；各项贷款余额52.53亿元，比年初增加3.22亿元，其中公司贷款47.39亿元，比年初增加4.79亿元。实现拨备前利润2.24亿元，比上年增加3843万元，增幅20.75%；人均利润191万元，比上年增加30万元；实现中间业务收入1.12亿元，比上年增加3572万元，增幅45.39%。

（工商银行 左春燕）

**【交通银行扬中支行】** 2016年，交通银行扬中支行年末各项存款9.61亿元。其中对公业务存款7.21亿元，比年初增加1.43亿元；储蓄存款2.4亿元。对公贷款余额12.18亿元。对公有效户40户，比年初增加9户，完成4季度进度增量计划180%；对公新开达标户7户。小企业数42家，比年初增加4家。

（交通银行 彭清平）

**【中国邮政储蓄银行扬中支行】** 2016年，中国邮政储蓄银行年末各项存款余额30.73亿元，比年初增加8.79亿元。其中对公业务存款7.96亿元，比年初增加5.59亿元；个人存款余额22.77亿元，比年初增加3.32亿元。各项贷款余额20.12亿元，比年初增加10.64亿元。其中对公贷款余额10.18亿元，比年初增加8.23亿元；个人贷款余额9.94亿元，比年初增加2.41亿元。公司类贷款支持重点项目建设，为扬中市交通投资发展有限公司融资3000万元，扬子新村棚户区改造投放贷款6.5亿元，为三茅街道投放贷款1.8亿元。票据直贴交易额39.02亿元，同业理财保有量2亿元。全年实现各项业务收入6938万元，各项业务支出2400.13万元，实现利润3388.68万元，比上年增加1781万元，增幅34.54%，实现中间业务收入229万元。推出网上银行、手机银行、微信银行、二维码支付等业务，形成线上、线下支付结算和自动理财系统。

（邮储银行 陈华）

【江苏扬中农村商业银行股份有限公司】2016年，江苏扬中农村商业银行股份有限公司年末各项存款余额148.64亿元，比年初增加17.54亿元，增幅13.37%；各项贷款余额106.65亿元，比年初增加10.33亿元，增幅10.72%。其中涉农贷款余额91.45亿元，比年初增加7716万元，增幅0.86%；小微企业贷款余额76.16亿元，比年初增加8.27亿元，增幅12.18%。累计发行圆鼎借记卡39.66万张，累计发放社保卡19.66万张，比年初增加3.7万张；电子银行客户净增3.8万户，电子银行客户占比为25.9%，比年初增长18.85%；全年电子银行渠道累计交易量347.49万笔，电子银行业务替代率71.52%，比年初增长7.23%；"村村通"特约商户实现全覆盖92家，累计交易量11.87万笔；离行式自助银行8家，比年初增加4家；各类ATM机66台，比年初增加12台。（农商行 郭玉婷）

【中信银行股份有限公司扬中支行】2016年，中信银行股份有限公司扬中支行年末一般性存款余额21.72亿元，比年初增加6.32亿元，其中对公存款余额17.77亿元，比年初增加5.75亿元；储蓄存款余额3.62亿元，比年初增加0.58亿元。贷款余额22.26亿元，比年初增加8.46亿元，其中对公贷款余额21.21亿元，比年初增加7.76亿元；个人贷款余额1.05亿元，比年初增加0.69亿元。融资规模32.11亿元。（中信银行 耿琳玲）

【上海浦东发展银行股份有限公司扬中支行】2016年，上海浦东发展银行股份有限公司扬中支行下设1个营业部和1个离行式自助服务区，在职员工21名。年末各项存款余额15.88亿元，比年初增加3.9亿元。其中储蓄存款余额3.98亿元，对公存款余额为11.90亿元。个人金融资产余额7.74亿元，比年初增加1.92亿元。授信客户64户，授信总额29.96亿元，比年初增加2.88亿元，已用授信27亿元，比年初增加5.24亿元。其中，一般性贷款12.53亿元，以理财资金对接项目融资7.6亿元。通过银票、信用证、商票等表外融资4.77亿元，各类票据贴现8.5亿元。个人住房贷款增加2800万元。双标准优质客户683户，比年初增加132户；白金客户271户，比年初增加68户；钻石客户151户，比年初增加41户；标准私银客户19户，比年初增加3户；电子银行有效户4928户，比年初增加1149户。

（浦发银行 杨光）

【中国民生银行股份有限公司扬中支行】2016年，中国民生银行股份有限公司扬中支行年末各项存款余额12.46亿元，比年初增加2.02亿元，其中储蓄存款4.06亿元，比年初增加4070万元；各项贷款余额11.17亿元，比年初增加3.43亿元，其中个贷余额1.29亿元。设有长江花城社区支行1个、自助服务区2个，全行在职员工26人。合理配置信贷资源，全年发放实体企业授信合计10.37亿元。拓展耐力贷，开发税喜贷、公喜贷等居民经营、消费贷款。支持扬中公共事业发展，投放学校、医院贷款，支持公交、水利、校安工程等建设。

（民生银行 王雪梅、何庆）

【兴业银行扬中支行】2016年5月19日，兴业银行扬中支行开业。2016年年末，兴业银行扬中支行各项存款余额11.23亿元。其中对公存款余额10.67亿元，个人存款余额0.56亿元。各项贷款余额5.28亿元。其中个人贷款余额0.7亿元，企业贷款余额4.58亿元。

（兴业银行 朱迪雅）

2016年5月19日，兴业银行扬中支行揭牌

【扬中恒丰村镇银行】2016年，扬中恒丰村镇银行资产总额17.99亿元。年末各项存款余额15.38亿元，各项贷款余额14.2亿元。其中农户和小微企业贷款占全部贷款的99.11%。2011~2016年，累计上缴税金6148万元，累计实现税后利润1.06亿元。

（恒丰村镇银行 高荣清）

【江苏银行扬中支行】2016年，江苏银行扬中支行年末各项存款余额24.46亿元，比年初增加2.55亿元。其中企业存款余额16.22亿元，比年初增加5.36亿元；储蓄存款余额3.77亿元，比年初增加5771万元；其他存款余额4.47亿元。各项贷款余额22.96亿元，比年初增加4769万元。其中零售贷款余额2.84亿元，比年初增加904万元；公司类贷款余额20.12亿元，比年初增加3865万元。"苏科贷"新增投放科技型小微企业41家，累计金额2.5亿元；为扬中企业办理周转金贷款37笔，累计贷款2.8亿元；“税e融”产品推30笔，贷款金额1700万元。（江苏银行 张强）

【太仓农村商业银行扬中支行】2016年，太仓农村商业银行扬中支行各项存款余额2.46亿元。其中单位对公存款1.59亿元(包含保证金存款7007.08万元)，储蓄存款8478.44万元，临时性存款255.40万元。贷款总额2.52亿元，加强对农户贷款的投放力度，新增发放农户贷款1614万元；投放江苏新氟隆塑胶有限公司130万元和江苏大航微电网科技有限公司6000万元分布式电站项目贷款。（太仓农商行 黄钰清）

【华夏银行扬中支行】2016年8月22日，华夏银行扬中支行正式开业。截至2016年年末，各项存款余额突破8亿元，各项贷款6亿元。（华夏银行）

2016年8月26日，华夏银行扬中支行揭牌

·保险公司选介·

【中国人民财产保险股份有限公司扬中支公司】2016年，中国人民财产保险股份有限公司扬中支公司实现保费收入6862万元。政策性保险、民生保险项目服务能力增强，全年处理赔案5105件，支出赔款3642万元。其中，“7·1”暴雨农业保险理赔现场兑现会集中赔付受灾养殖户41.33万元。（人民财险 蔡宗谕）

【中国人民人寿保险股份有限公司扬中支公司】2016年，中国人民人寿保险股份有限公司扬中支公司实现趸缴保费5533.44万元，期交保费788.61万元。其中个险实现期交保费531.99万元，增长226.17%，队伍人力154人，实现业务翻番，队伍翻三番；银保实现趸缴保费5014.24万元，增32.37%，期交保费137.62万元，比上年同期增长2.21%；其他业务部门实现保费638.2万元。（人民人寿 陈梅）

人保财险“7·1”暴雨农业保险理赔现场兑现会

【中国人寿保险股份有限公司扬中支公司】2016年，中国人寿保险股份有限公司扬中支公司实现总保费4.6亿元，首年期交、10年期交、长险标保、短险保费等衡量公司经营状况的各项核心指标均同比增长20%，对全辖贡献度20%，总保费市场份额56%。公司上缴扬中市地方税务局各项税费合计593.9万元。2016年，各类赔款2930万元。其中意外伤害、重疾赔付1387万元，医疗给付818万元，死亡给付589万元，伤残136万元。公司柜面实行“一站式”服务，开通理赔绿色通道，打造具有特色的“简单理赔，服务到家”和“现场理赔”服务品牌；鼓励客户在中国人寿官网和通过关注中国人寿微信公众号自主查询保单、红利等信息，做到信息实时化、及时化。（人寿保险 陶琴）

【太平洋人寿保险股份有限公司扬中支公司】2016年，中国太平洋人寿保险股份有限公司扬中支公司经济效益和内涵价值显著提高，全面达成上级公司所下达的各项指标，公司总保费收入1.25亿元，个险期交保费2100万元，法渠条线1800万元，续期8600万元，理赔820万元。（太平洋人寿 何广洪）

【中国平安财产保险股份有限公司扬中支公司】2016年，中国平安财产保险股份有限公司扬中支公司保费3735万元，同比增长19.7%，增速超市场5.9%，市场份额居扬中整体保险市场第三位。其中车险3093万元，财产险355万元，意健险145万元。（平安保险 李小方）

【中国太平洋财产保险股份有限公司扬中支公司】2016年，中国太平洋财产保险股份有限公司扬中支公

司累计实现保费收入4870万元,同比增长3.7%。其中车险实现保费收入3307万元,业务占比68%;非车险保费收入1563万元,业务占比32%,非车险中企财险、货运险等险种的市场占有率稳居市场第一。全年累计赔款支出2877万元,简单赔付率59.1%,较上年下降13%,综合成本率96%。公司坚决践行车险“3+N”渠道发展策略,加大电销、交叉、车商三大核心渠道的发展力度。码上保成为分散型业务开拓的主要工具，移动CRM(客户关系管理)全面落地,与BAT(百度、阿里巴巴、腾讯)合作的自营业务取得新突破,创立“太好赔”车险服务品牌。 (太平洋财险 徐谋)

**【天安财产保险股份有限公司扬中支公司】**2016年,天安财产保险股份有限公司扬中支公司实现保费473.5万元。其中车险业务253.5万元,占总保费53.5%;非车险业务220万元，占总保费46.5%。综合赔付率为45.2%,实现利润23万元,连续9年保持盈利。

(天安财险 王欢)

**【中国平安人寿保险股份有限公司扬中营销服务部】**2016年,中国平安人寿保险股份有限公司扬中营销服务部实现保费收入1409万元，比2015年增长11.74%,市场份额8.73%。个人寿险渠道首年新契约保费493.46万元；银行保险渠道首年新契约保费99.77万元,其中期交产品保费9.6万元。至2016年年底,寿险代理人总人力225人,增长0.9%。赔付案件257件,赔付金额343.72万元。其中最大理赔案件赔付金额15.19万元,最小理赔案件赔付金额18.38元。赔付率93.45%,赔付金额比2015年增长0.99%。推行APP、网络等线上缴费方式,方便客户保费续交;推动“续期宝”产品,保费续期可以享受优惠。 (平安人寿 卜浩彦)

2016年7月12日,平安人寿镇江中心支公司召开年中会

## ·证券交易部选介·

**【华泰证券股份有限公司扬中扬子中路证券营业部】**2016年,华泰证券股份有限公司扬中扬子中路证券营业部位于扬中市扬子中路127号，是扬中地区最早设立的证券网点,拥有客户1.8万名,托管资产40亿元,股基市场份额0.18%,各类理财产品年销售5亿元,资本中介业务规模3亿元。 (华泰证券 顾媛)

**【南京证券扬中江洲南路证券营业部】**南京证券扬中江洲南路证券营业部成立于2000年,位于扬中市江洲南路8号。2009年6月,经中国证监会批准,由服务部正式升级为营业部。营业面积500余平方米,中大户室设施齐全。针对客户不同的投资需求,提供个性化的服务,以电话回访、短信、理财QQ群等形式加强与客户的沟通,充分了解客户的投资需求。

(南京证券 顾纪兵)

# 公共服务

## 科学技术

### ·综 述·

**【概况】**2016年,扬中市科技局大力实施创新驱动发展战略,以“扬帆‘十三五’ 开启新征程”大讨论大推进活动为契机,充分把握创新实情,厘清短板,修订完善《加快科技创新促进转型升级的意见》(扬发〔2014〕6号),调优财政科技投入结构,着力打造“高新产业主导程度高、企业创新主体地位强、载体平台建设布局优、创新驱动作用发挥好”的创新型城市,全社会研发投入占GDP 2.78%,高新技术产业产值占规模以上工业产值比重75.2%,万人发明专利拥有量23.18件,每万名劳动力研发人员数195人,大中型工业企业和高新技术企业研发机构实现全覆盖,区域创新水平实现再提升。

(科技局 曹霞)

**【中国中小城市创新创业(双创)百强县市】**2016年11月上旬,扬中获得2016年度中国中小城市综合实力百强县市23名,2016年度中国中小城市创新创业(双创)百强县市47名和2016年度中国中小城市新型城镇化质量百强县市32名。 (科技局 曹霞)

**【知识产权强省建设区域示范工作】**2016年9月中旬,扬中市获批江苏知识产权强省建设示范单位,示范工作的创建有助扬中市创造一批核心技术知识产权和自主品牌,培育一批熟练运用知识产权制度的知识产权优势企业,增强产业发展支撑能力,加速扬中市向知识产权强市迈进。 (科技局 曹霞)

**【扬中创成全国科普示范市】**2016年2月4日,中国科协公布首批2016~2020年全国科普示范县(市、区)名单,扬中市名列其中。此次创建,经历创建单位认真自查、省市级检查验收组严格检查和中国科协组织实地抽查,达到全国科普示范县(市、区)标准,镇江仅1家,示范期为5年。 (新闻中心)

**【江苏省“科技镇长团”对接会】**2016年8月29日,江苏省“科技镇长团”对接会在扬中召开,华北电力大学、南昌大学、复旦大学等高等院校和江苏交通控股有限公司7名专家被选派为第九批到扬中任职的科技镇长。会上,华北电力大学能源动力与机械学院副教授薛志勇代表新一批“科技镇长团”成员作就职演讲;油坊镇党工委代表接收单位作表态发言;“科技镇长团”团长刘鹏结合两年来的工作经验和感受,对第九批镇长团的工作做出部署;与会领导为第八批“科技镇长团”成员颁发“科技人才顾问”聘书。 (新闻中心)

### ·高新技术产业·

**【概况】**2016年,扬中市科技局深入实施“雏鹰计划”,完善创新型企业培育机制,推动科技型中小企业向新技术、新产品、新模式与新业态转型。全年新增高新技术产品51项、省后备高新技术企业6家、高新技术企业22家,高新技术企业总数增至134家,全年完成高新技术产业产值997.2亿元,占规模以上工业总产值的75.2%,支撑产业发展能力大幅提升。 (科技局 曹霞)

**【扬碟钻石获评省级科技小巨人企业】**2016年6月,江苏扬碟钻石成功入选江苏省科技小巨人企业。江苏扬碟钻石主要从事高效精密切削刀具的研制与生产,专注于为用户企业提供成套先进切削加工解决方案。目前,企业产品国内市场占有率30%。此次省科技小巨人企业评定主要面对各地科技创新能力强、市场占有率高、质量效益优的“隐形冠军”。 (新闻中心)

【高新技术企业】

表 14

## 2016 年度扬中市获批高新技术企业一览表

| 序号 | 企　业 | 镇(街、区) |
|---|---|---|
| 1 | 江苏超宇电气有限公司 | 新坝镇 |
| 2 | 镇江大全太阳能有限公司 | 新坝镇 |
| 3 | 江苏国华电力器材有限公司 | 新坝镇 |
| 4 | 江苏鸿承机电设备有限公司 | 新坝镇 |
| 5 | 江苏华兴电气科技有限公司 | 新坝镇 |
| 6 | 镇江力帆防爆电器有限公司 | 新坝镇 |
| 7 | 镇江纽普兰气力输送有限公司 | 新坝镇 |
| 8 | 宜禾股份有限公司 | 新坝镇 |
| 9 | 江苏丰泽生物工程设备制造有限公司 | 三茅街道 |
| 10 | 江苏绿扬生物电子工程有限公司 | 三茅街道 |
| 11 | 江苏文昌新材料科技有限公司 | 三茅街道 |
| 12 | 通华机电集团有限公司 | 三茅街道 |
| 13 | 江苏银佳电子设备有限公司 | 经开区 |
| 14 | 扬中新亚自控工程有限公司 | 经开区 |
| 15 | 镇江洋溢汽车部件有限公司 | 经开区 |
| 16 | 江苏恒兴制漆有限公司 | 油坊镇 |
| 17 | 扬中市橡胶塑料厂有限公司 | 油坊镇 |
| 18 | 镇江远东电讯电机有限公司 | 油坊镇 |
| 19 | 江苏大方金属粉末有限公司 | 八桥镇 |
| 20 | 江苏省绿岛管阀件有限公司 | 八桥镇 |
| 21 | 江苏津荣激光科技股份有限公司 | 八桥镇 |
| 22 | 扬中市通发实业有限公司 | 西来桥镇 |

（科技局　曹霞）

【江苏省高新技术产品】

表 15

## 2016 年度扬中市获批省高新技术产品一览表

<table>
<tr><th>序号</th><th>产品名称</th><th>承担单位</th></tr>
<tr><td>1</td><td>HMGS-G80 SF6 气体绝缘开关柜</td><td>现代重工(中国)电气有限公司</td></tr>
<tr><td>2</td><td>稀土多元合金镀层太阳能发电支架</td><td rowspan="2">江苏中远稀土新材料有限公司</td></tr>
<tr><td>3</td><td>稀土多元合金镀层组合支吊架</td></tr>
<tr><td>4</td><td>DCR5000 光纤无线融合电力设备监测装置</td><td>金海新源电气江苏有限公司</td></tr>
<tr><td>5</td><td>小型板式蒸馏淡化装置</td><td rowspan="4">江苏巴威工程技术股份有限公司</td></tr>
<tr><td>6</td><td>碟式钎焊板式换热器</td></tr>
<tr><td>7</td><td>节能全焊板式生水加热器模块系统</td></tr>
<tr><td>8</td><td>全焊接板管换热器</td></tr>
</table>

续表 15

| 序号 | 产品名称 | 承担单位 |
|---|---|---|
| 9 | 多层同心盘管螺旋流换热器 | 镇江飞利电站设备有限公司 |
| 10 | 航空、汽车发动机、汽车变速器及复杂汽车模具用高效精密超硬刀具 | 江苏扬碟钻石工具有限公司 |
| 11 | 液体发酵罐系统 | 江苏尚昆生物设备有限公司 |
| 12 | 环保微生物菌剂 | |
| 13 | 能够自动控温的发酵罐系统 | |
| 14 | 全自动灭菌发酵罐系统 | |
| 15 | 7.2 吋纳米级蓝宝石扫描仪窗口片 | 江苏吉星新材料有限公司 |
| 16 | KRH-BPQ 型蜜环菌智能发酵装备 | 江苏科海生物工程设备有限公司 |
| 17 | KRH-CPJ 型微生物发酵多模态控制装备 | |
| 18 | ACu-50 热导管烧结式高压水雾化纯铜粉 | 江苏大方金属粉末有限公司 |
| 19 | 具有耐磨性能的新型蓄电池 PE 隔板 | 江苏神力电源科技有限公司 |
| 20 | 三层共挤乙丙橡胶绝缘高压管型母线系统 | 江苏士林电气设备有限公司 |
| 21 | UR4-17.5/T1250-31.5 户内金属交流金属铠装移开式开关设备 | 镇江大全伊顿电器有限公司 |
| 22 | DQN-12 氮气绝缘环网柜 | 江苏大全长江电器股份有限公司 |
| 23 | 冷凝-吸附耦合法有机废气资源化装置 | 江苏航天惠利特环保科技有限公司 |
| 24 | 陶瓷化耐火高温硫化硅橡胶 | 江苏天辰新材料股份有限公司 |
| 25 | 瓷化阻燃防火硅酮密封胶 | |
| 26 | 多晶硅还原炉用高效加热器 | 扬中市华荣电器设备有限公司 |
| 27 | 可分离式多功能模块化接线盒-PV-HT013 | 江苏海天微电子股份有限公司 |
| 28 | 防紫外线橡胶医用制品 | 镇江苏惠乳胶制品有限公司 |
| 29 | SMD 高安全级别智能型配电箱 | 镇江西门子母线有限公司 |
| 30 | SIVACON S8 高性能低压配电系统 | |
| 31 | 大型电站锅炉燃烧温度场在线监测系统 | 江苏中能电力设备有限公司 |
| 32 | BMA6 型数据中心用智能母线 | 香江科技股份有限公司 |
| 33 | XJ-DPF01 型通信光电一体化机柜 | |
| 34 | 大豪色二合一柴油机专用油漆 | 江苏海晟涂料有限公司 |
| 35 | BSFMV-620 有机硅耐高温油漆 | |
| 36 | 拉绒磨片用 JX-AD 砂布卷 | 江苏锋芒复合材料科技集团有限公司 |
| 37 | 节能型轻质智能电缆桥架 | 扬中市众成管路配件有限公司 |
| 38 | SIK-35kV/0.4kV 高压/低压预装式箱式变电站 | 江苏大全箱变科技有限公司 |
| 39 | MODAQO-M 模数化智能低压配电柜 | 镇江默勒电器有限公司 |
| 40 | WLG 型管型母线槽 | 威腾电气集团股份有限公司 |
| 41 | XR-SVG 静止无功发生器 | 向荣集团有限公司 |
| 42 | MTR-1667A/1500V 型直流牵引整流器 | 镇江大全赛雪龙牵引电气有限公司 |
| 43 | KFM5-160 塑料外壳式断路器 | 江苏大全凯帆开关有限公司 |
| 44 | 高效的铅酸蓄电池 PE 隔板成套生产设备 | 镇江奥美机电设备有限公司 |

续表 15

| 序号 | 产品名称 | 承担单位 |
|---|---|---|
| 45 | 3500L 动物细胞悬浮培养反应器 | 江苏绿扬生物电子工程有限公司 |
| 46 | 固态发酵智能控制发酵罐 | |
| 47 | 智能型消防应急照明疏散指示系统设备 | 江苏银佳电子设备有限公司 |
| 48 | 镀金刚石线切割多晶硅片 | 镇江荣德新能源科技有限公司 |
| 49 | PERC 电池背铝浆 | 江苏正能电子科技有限公司 |
| 50 | 改性超高分子量聚乙烯板 | 镇江伟民新材料制品有限公司 |
| 51 | FQS80 消防水炮专用球阀 | 扬中市通发实业有限公司 |

(科技局 曹霞)

·科技计划·

【概况】2016 年,扬中市获批省级以上科技计划 23 项,镇江市级科技计划 42 项,获取经费 3575.9 万元,实施本市级科技创新专项 42 项。

(科技局 曹霞)

【国家级科技计划】

## 2016 年度扬中市获批国家级科技项目一览表

表 16

| 序号 | 项目类别 | 项目名称 | 承担单位 |
|---|---|---|---|
| 1 | 众创空间 | 国家第一批“星创天地”备案 | 扬中长江特色渔业星创天地 |
| 2 | 科技企业孵化器 | 国家级科技企业孵化器 | 新坝科创服务有限公司 |

(科技局 曹霞)

【省级科技计划】

## 2016 年度扬中市获批省级科技项目一览表

表 17

| 序号 | 项目类别 | 项目名称 | 承担单位 | 金额(万元) |
|---|---|---|---|---|
| 1 | 科技成果转化专项资金 | 工业废水处理复合微生物菌剂与应用技术的研发及产业化 | 江苏尚昆生物设备有限公司 | 800 |
| 2 | 重点研发计划(产业前瞻与共性技术领域)——竞争项目 | 基于石墨烯透明导电薄膜的新一代智能调光膜关键技术研发 | 江苏天贯碳纳米材料有限公司 | 130 |
| 3 | 重点研发计划(农业) | 长江特色现代渔业创新技术集成创新与示范 | 扬中市中扬现代渔业发展有限公司 | 150 |
| 4 | 创新能力建设计划 | 华北电力大学扬中智能电气研究中心建设 | 扬中智能电气研究院有限公司 | 1000 |
| 5 | 政策引导类计划(国际合作) | SIK 城市轨道交通智能型箱式牵引整流变电站联合研发 | 镇江大全赛雪龙牵引电气有限公司 | 80 |

续表 17

| 序号 | 项目类别 | 项目名称 | 承担单位 | 金额(万元) |
|---|---|---|---|---|
| 6 | 工程技术研究中心 | 江苏省有机废气资源化工程技术研究中心 | 江苏航天惠利特环保科技有限公司 | — |
| 7 | | 江苏省特种防腐涂料工程技术研究中心 | 江苏欣安新材料技术有限公司 | — |
| 8 | 研究生工作站 | 中电电气(江苏)股份有限公司企业研究生工作站 | 中电电气(江苏)股份有限公司 | — |
| 9 | | 江苏津荣激光科技股份有限公司企业研究生工作站 | 江苏津荣激光科技股份有限公司 | — |
| 10 | | 镇江市电站辅机厂企业研究生工作站 | 镇江市电站辅机厂 | — |
| 11 | | 镇江市华银仪表电器有限公司企业研究生工作站 | 镇江市华银仪表电器有限公司 | — |
| 12 | | 江苏奇佩建筑装配科技有限公司企业研究生工作站 | 江苏奇佩建筑装配科技有限公司 | — |
| 13 | | 镇江荣德新能源科技有限公司企业研究生工作站 | 镇江荣德新能源科技有限公司 | — |
| 14 | 自然科学基金 | 仿生有机–金属一体化纳米复合膜的制备及其选择性识别大黄素与协同抗菌行为研究 | 江苏联合化工有限公司 | 10 |
| 15 | | 基于喷墨打印技术的硼酸化量子点比率荧光传感试纸及其裸眼检测邻苯二酚类物质的应用研究 | 扬中市天德电器设备有限公司 | 20 |
| 16 | | 六方相 BeMgZnO 基高抑制比日盲探测器的制备及性能研究 | 扬中市东林石化配件有限公司 | 20 |
| 17 | 江苏省知识产权强省建设区域示范 | — | — | 25 |
| 18 | 战略推进计划(面上项目) | — | 中电电气(江苏)股份有限公司 | 30 |
| 19 | 专利专项资助资金 | 境内资助 19.4 万元,境外资助 31.5 万元,境外奖励 6 万元 | — | 56.9 |
| 20 | 省级知识产权试点园区 | — | 高新区 | — |

(科技局 曹霞)

【镇江市级科技计划】

表 18

## 2016 年度扬中市获批镇江市级科技项目一览表

| 序号 | 项目类别 | 项目名称 | 承担单位 | 金额（万元） |
|---|---|---|---|---|
| 1 | 重点研发计划（产业前瞻与共性关键技术） | 手持式北斗智能化终端系统关键技术研发 | 江苏绿扬电子仪器集团有限公司 | 15 |
| 2 | | 高密度高存活搅拌式动物细胞微载体培养反应器的研制 | 江苏丰泽生物工程设备制造有限公司 | 15 |
| 3 | | 大功率 6KW 快轴流 CO2 激光器设计与研发 | 江苏津荣激光科技有限公司 | 20 |
| 4 | | 自校准零漂移 NDIR 红外气体传感器的研发 | 天源华威集团有限公司 | 20 |
| 5 | | 微电网新型孤岛保护及电网扰动测试系统研发 | 江苏有能电气成套有限公司 | 20 |
| 6 | | 高比能量锂离子动力电池关键技术研究 | 江苏津谊新能源科技有限公司 | 25 |
| 7 | | 核电蒸汽切断控制蝶阀关键技术的研发 | 江苏亿阀集团有限公司 | 25 |
| 8 | | 基于光纤无线融合的城市电网健康监测设备研发 | 金海新源电气江苏有限公司 | 25 |
| 9 | | 电动汽车飞轮电池用磁悬浮储能电机关键技术研发 | 镇江远东电讯电机有限公司 | 25 |
| 10 | 重点研发计划（农业） | 优质甜柿新品种引进及栽培关键技术研发与集成 | 扬中市桃花源农业发展有限公司 | 25 |
| 11 | | 观赏海棠种苗快繁及乔化栽培关键技术创新与示范 | 扬中市经济开发区琨翔种植专业合作社 | 10 |
| 12 | | 快长系扬州鹅引进与生态繁养关键技术的研究与示范 | 扬中市润城种养殖专业合作社 | 10 |
| 13 | | 沙塘鳢苗种规模化繁育及应用示范 | 扬中市吉升源生态养殖专业合作社 | 10 |
| 14 | 重点研发计划（社会发展） | 基于分布式光伏发电系统扬中市绿色能源岛低碳示范工程 | 江苏大航微电网科技有限公司 | 50 |
| 15 | | 面向高速公路运行安全的移动预警系统关键技术开发 | 江苏竑安智能交通发展有限公司 | 5 |
| 16 | | 人脸识别技术在安防系统中的应用研究及其示范 | 扬中市公安局 | 5 |
| 17 | | 辛开苦降法逆转上消化道癌前病变的临床研究 | 扬中市人民医院 | 3 |
| 18 | 政策引导计划（国际合作） | 超精度金属研磨带关键技术开发 | 江苏锋芒符合材料科技集团有限公司 | 40 |
| 19 | 政策引导计划（宁镇扬科技合作） | 埃洛石纳米管呔基符合材料高校光催化降解油品含硫化物的研究与开发 | 江苏联合化工有限公司、江苏大学 | 25 |
| 20 | | 面向智能微电网的电能质量符合控制装置的研发 | 江苏海航电气科技有限公司、东南大学 | 35 |

续表 18

| 序号 | 项目类别 | 项目名称 | 承担单位 | 金额(万元) |
|---|---|---|---|---|
| 21 | 政策引导计划(宁镇扬科技合作) | 内螺纹冷挤压技术研究 | 江苏星河阀门有限公司、南京航空航天大学 | 30 |
| 22 | | 新型耦合式有机废气回收冷箱研发 | 江苏航天惠利特环保科技有限公司、南京工业大学 | 10 |
| 23 | 创新能力建设计划(研发机构和科技公共服务平台) | 华北电力大学扬中智能电气研究中心建设 | 华北电力大学扬中智能电气研究中心 | 200 |
| 24 | | 镇江市天然植物提取物饲料添加剂工程技术研究中心能力提升 | 镇江天和生物技术有限公司 | 15 |
| 25 | | 镇江市高压防水母线工程国内技术研究中心能力提升 | 江苏江城电气有限公司 | 15 |
| 26 | 众创空间(分期拨款) | CTU 空间 | 扬中市新坝科技园开发有限公司 | 15 |
| 27 | 国家级科技企业孵化器首期资助 | 扬中市新坝科创服务有限公司 | 扬中市新坝科创服务有限公司 | 20 |
| 28 | 农业科技示范园后补助 | 镇江市长江名贵鱼养殖科技示范园 | 镇江江之源渔业科技有限公司 | 15 |
| 29 | | 镇江市苦瓜制品科技示范园 | 镇江市绿健天然制品有限公司 | 10 |
| 30 | | 镇江市天和农业科技示范园 | 镇江天和生物技术有限公司 | 10 |
| 31 | 省工程技术研究中心奖励 | 省分布式光纤测控设备工程技术研究中心 | 金海新源电气江苏有限公司 | 10 |
| 32 | | 省智能输配电干线系统工程技术研究中心 | 江苏士林电气设备有限公司 | 10 |
| 33 | | 省橡胶减震制品工程技术研究中心 | 江苏荣昌机械制造集团有限公司 | 10 |
| 34 | 科技创新资金(知识产权计划)项目 | 镇江市专利密集型企业培育（重点项目） | 江苏天辰新材料股份有限公司 | 25 |
| 35 | | 镇江市专利密集型企业培育（面上项目） | 镇江市华银仪表电器有限公司 | 15 |
| 36 | | 镇江市专利导航发展实验区项目(新能源产业) | 江苏扬中经济开发区管委会 | 20 |
| 37 | | 镇江市知识产权众创空间项目 | 扬中市科技创业服务中心 | 10 |
| 38 | 优秀专利奖 | 一种聚合物稳定配向型液晶组合物及其应用 | 江苏和成显示科技股份有限公司 | 2 |
| 39 | | 智能响应控制电脱盐脱水装置及控制方法 | 长江三星能源科技股份有限公司 | 2 |
| 40 | | 一种蓝宝石切片电动摆动机构 | 江苏吉星新材料有限公司 | 2 |
| 41 | 正版正货示范街区创建 | — | 月星家居广场管理有限公司 | 5 |
| 42 | 新认定高新技术企业资助 | — | 23 家高新技术企业 | 115 |

(科技局　曹霞)

## ·产学研合作·

**【概况】**2016年，扬中市科技局征集企业技术需求100项，先后赴深圳、成都、重庆、北京、沈阳、上海、西安等高校科研院所考察对接，成功组织“扬中—复旦大学”“扬中—成渝地区高校”、宁镇扬地区高校等大型政产学研活动10场次，全面巩固深化与广大高校科研院所的交流与合作，推动科技成果与产业、企业需求有效对接，促进院校科研优势转化为扬中的生产力优势。

3月9日，扬中市锦润农业科技有限公司、扬中市经济开发区鲲鹏种植专业合作社等5家农业科技型企业赴扬州大学参加产学研活动，锦润农业科技有限公司与扬州大学签订产学研协议。

3月16~18日，复旦大学技术转移中心主任陆晓林一行采用走访企业和集中洽谈的形式，对扬中市各镇(街、区)企业技术需求进行逐个摸排。50余家企业与专家进行技术需求交流，达成初步合作意向20余家。

3月31日，镇江市与宁镇扬50所高校、科研院所开展科技合作。其中，扬中市鲲鹏种植专业合作社、亿阀集团、镇江飞利、江苏航天惠利特等8家企业与扬州大学、南京师范大学、南京航空航天大学、河海大学等高校签约8项。

4月13日，与厦门大学开展产学研合作洽谈，签约企业8家。15日，油坊镇与南昌大学光伏研究院签署政产学研战略合作框架协议。24日成功举办复旦大学—扬中产学研集中签约仪式。

9月20~23日，与西南交通大学开展轨道交通专场对接。

(科技局 曹霞)

**【物联网应用技术联合研发中心成立】**2016年3月29日，哈尔滨工业大学、天源华威集团物联网应用技术联合研发中心正式揭牌。物联网应用技术联合研发中心通过高校的技术、人才优势与企业发展优势叠加，研发适合于物联网领域的传感器，最终通过传感器技术开发，形成一个具有一定规模检测各种有害气体物联网平台。

(科技局 曹霞)

2016年3月30日，哈工大(威海)与天源华威成立物联网应用技术联合研发中心

**【复旦大学产学研对接会】**2016年4月23日，复旦大学—扬中产学研对接会在扬中召开。会上，复旦大学介绍集成电路设计与制造、脑科学与类脑人工智能、新材料新器材等11个优势学科，扬中38名企业负责人与21位复旦大学相关专家教授进行对接交流。

(新闻中心)

**【第十三届中国扬中河豚文化节产学研项目签约20项】**2016年4月24日，第十三届中国扬中河豚文化节圆满落幕。节庆期间，围绕科技创新，20家企业与重点高校院所签定产学研合作协议，涉及新能源、装备制造、现代服务业等多个领域。其间，成功举办扬中国际能源互联网峰会，邀请海内外专家学者，共同研讨智能电气产业的转型道路。

(科技局 曹霞)

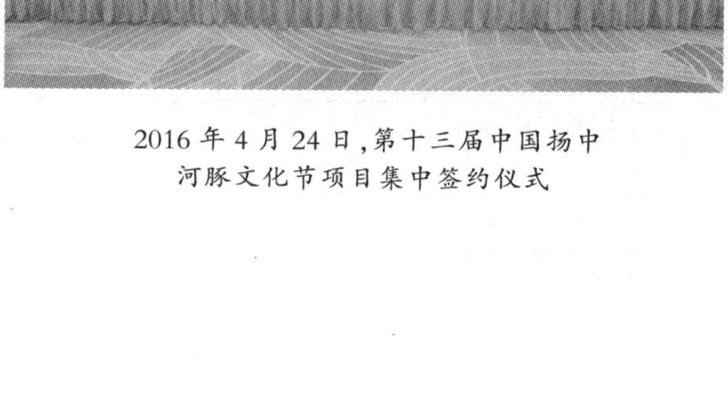


2016年4月24日，第十三届中国扬中河豚文化节项目集中签约仪式

# 扬中市科技创新重点项目表

表 19

单位：万元

| 序号 | 项目类别 | 区域 | 项目名称 | 承担单位 | 项目内容 | 2016年工作进度 | 实施期 | 总投资 | 2016年投资 | 2016年专利申请与授权 | 2016年实现销售 | 2016年实现利税 |
|---|---|---|---|---|---|---|---|---|---|---|---|---|
| 1 | 技术研发与产业化 | 新坝镇 | 智能微电网关键技术研究及装备研制 | 大全集团有限公司、海航电气科技有限公司 | 本项目将围绕微电网能量管理技术、微电网协同控制技术、微电源复合控制等关键技术开展研究；研制微电网协同控制单元、微电源并网变流器及开发微电网能量管理系统；建设微电网动态模拟实验平台，建立微电网示范工程，实现上述技术成果的综合应用。主要技术指标：具备并/离网切换、离网功率平衡、黑启动等功能，交流电流 THD 不高于 5%，装置对谐波污染的动态响应时间不高于 20 毫秒。主要目标：完成专题研究报告 3 份；开发微电网能量管理系统 1 套、样机 1 台；申请发明专利 10 项，发表国内外核心期刊论文 6~10 篇；培养博士研究生 2 名、硕士研究生 5 名，培养技术骨干 12~15 名。年产值 5000 万元，创利税 1300 万元左右 | 1.研究分布式电源的互补特性及负荷互动响应行为特征，多时间尺度下的能量优化管理，能量管理系统及示范验证；2.研究分布式电源、储能及负荷的智能协调控制，多时间尺度下的智能微电网协同控制策略，微电网协同控制单元及示范验证；3.研究分布式电源的控制策略、即插即用功能实现与电能质量治理技术的融合，多功能并网逆变器研制 | 2015~2017年 | 2260 | 1690 | 申请专利 6 项。其中发明专利 3 件，授权实用新型专利 2 件 | 1800 | 340 |
| 2 | 技术研发与产业化 | 新坝镇 | GM-Z核电用中压树脂浇注绝缘母线产品研发 | 江苏威腾母线有限公司 | 根据核电母线的特殊要求，设计研究满足核电需要的中压树脂绝缘母线，满足核电设施对安全级设备的要求。主要技术指标达到国际先进水平。其中耐老化性能≥60 年，确保产品局部放电<20pc，防护等级满足 IP66/IP68 等。形成中压树脂浇注母线系统样机 1 台（套）以及震动流平排泡技术等新工艺，引进博士 1 名，申请专利 5 项。其中发明专利 2 项，授权实用新型 3 项。项目实施期内，实现产品批量生产能力，建成 1 条生产线，累计实现销售 5000 万元，利润 1000 万元，纳税 300 万元 | 1.设计出满足核电需要的中压树脂绝缘母线用绝缘材料混合物配方；2.设计中压树脂浇注绝缘母线的特殊结构结构，满足机械和抗震性能要求；3.开发导体表面涂覆工艺，达到绝缘设计目标 | 2015~2017年 | 886 | 500 | 申请专利 5 项。其中发明专利 2 件，授权实用新型专利 1 件 | 1000 | 260 |

续表 19

| 序号 | 项目类别 | 区域 | 项目名称 | 承担单位 | 项目内容 | 2016年工作进度 | 实施期 | 总投资 | 2016年投资 | 2016年专利申请与授权 | 2016年实现销售 | 2016年实现利税 |
|---|---|---|---|---|---|---|---|---|---|---|---|---|
| 3 | 技术研发与产业化 | 经开区 | 核电用核级波纹管仪表截止阀研发及产业化 | 江苏星河阀门有限公司 | 项目目标产品是核电用核级波纹管仪表截止阀，用于核岛一回路系统及二回路系统中的多种仪表与流体回路的通断控制，是温度、压力、差压、流量、液位测量等核安全自动控制系统中不可缺少的设备，还可以推广应用于非核电而要求严格的无泄漏极端场合。通过项目实施，将实现项目产品的规模产业化 | 1.优化核级不锈钢内外螺纹的冷挤压抗疲劳加工技术；研制冷挤压专用设备，进一步提高工艺可靠性和连接螺纹的疲劳寿命；2.申请专利3件（其中发明专利1件）；建立企业技术标准1件；3.实现销售收入1000万元 | 2015~2018年 | 4000 | 1200 | 申请专利3件，其中发明专利1件 | 1000 | 200 |
| 4 | 技术研发与产业化 | 油坊镇 | 高良率170kg级蓝宝石晶体生长和加工关键技术研发及产业化 | 江苏吉星新材料有限公司 | 通过优化170kg蓝宝石晶体生长工艺流程，晶体批量生产成品率达到88%；完成研发大尺寸200kg蓝宝石晶体生长热场和关键工艺技术；优化大尺寸衬底批量生产工艺。研发固结磨料研磨技术、液态蜡抛光技术，集成现有高精密切割、全自动分选以及自主清洗技术；研究多线切割技术、分级研磨技术和多级退火技术，实现对光学窗口片平整度和翘曲度的控制。新增170kg蓝宝石长晶及窗口片加工生产线各1条；申请发明专利16项、制定企业标准4项、科技成果鉴定4项；实现销售收入31950万元，缴税2203万元，净利润4764万元 | 1.开展大尺寸200kg(直径450mm)蓝宝石晶体生长热场研发设计，建立适合200kg蓝宝石晶体生长的热场系统；采用固结磨料进行晶片研磨，达到粗糙度的均匀度控制参数1.0±0.1μm以内，WARP小于5μm，BOW值控制在1μm以内。设计开发新型修整轮和游星轮；2.申请发明专利10项；3.实现销售收入8000万元，利税1200万元 | 2015~2018年 | 15000 | 4000 | 申请发明专利6件 | 8000 | 1200 |

续表 19

| 序号 | 项目类别 | 区域 | 项目名称 | 承担单位 | 项目内容 | 2016年工作进度 | 实施期 | 总投资 | 2016年投资 | 2016年专利申请与授权 | 2016年实现销售 | 2016年实现利税 |
|---|---|---|---|---|---|---|---|---|---|---|---|---|
| 5 | 技术研发与产业化 | 经开区 | 冷凝—吸附耦合法有机废气资源化装置研发及产业化 | 江苏航天惠利特环保科技有限公司 | 采用“冷凝—吸附”耦合工艺的有机废气资源化回收装置，用于资源化回收芳烃、油气、醛类、醇类等有机废气。装置利用定制的新型高效复合吸附剂，解决活性炭、硅胶应用范围窄、疏水性差、解吸难、热效应明显、安全性差及寿命短等技术瓶颈，吸附剂吸附量提高30%，吸水性降低30%；采用“冷凝—吸附”耦合工艺，以及高效、紧凑、低阻的四合一吸附冷箱等关键结构，油气回收效率可达98%，有机废气达标排放 | 1. 实验与检测平台投入使用，完成各种测试试验设备的安装调试，平台投入运行；研发出短流程四合一冷箱并应用于项目产品；<br>2. 申请发明专利1件，实用新型专利1件；<br>3. 实现销售收入500万元，利税85万元 | 2015~2018年 | 4680 | 1280 | 申请专利2件，其中发明专利1件 | 500 | 85 |
| 6 | 科技创新平台建设 | 新坝镇 | 江苏省智能电气研究院 | 华北电力大学—扬中智能电气研究院 | 通过打造具有国际先进水平的智能电气研究院，大力度引进高水平、高素质人才，孵化一批智能电气产品研发机构和企业，积极探索有利于智能电网、新能源、轨道交通以及智能电器相配套的智能变换器、智能逆变器、智能控制器等电力电子功能单元产品研发与产业化的运行机制，优化和改善扬中市智能电气产业的产品结构，实现从较单一的智能电网建设用基础性智能电力电器设备的生产，向全方位、综合性的智能电气设备研发生产的转变和提升，全面提高扬中市智能电气产业的研发水平和生产规模 | 1. 召开第二次理事会议；<br>2. 通过科研及人才相关扶持和鼓励政策，为吸引高水平科研成果及高端人才奠定基础；<br>3. 成立博士后工作站2~3个；<br>4. 吸引华电20~30名毕业生到扬中市就业或创业；<br>5. 与企业共建学生实践基地达5~10家；<br>6. 与企业进行科研项目合作达10~15项；<br>7. 成立院士工作站2~3家；<br>8. 引进华电新能源、微电网领域或企业研发中心、实验室达3~5个，做好基础设施服务和政策配套；<br>9. 引进1~3个项目团队或高层次人才到研究院创业 | 2015~2018年 | 15000 | 5000 | 1.智能微电网研究中心。由扬中提供产品，华北电力大学提供技术，在新疆搭建以风、光、燃气轮机及储能的微电网，并在未来几年内，通过“一带一路”建设，把这种创新智能建设模式向其他国家、地区复制和推广；<br>2. 继保研究中心。由传统的继电保护向区域化的继电保护发展，依托有能集团在核电领域的销售团队，将该产品应用于中国核电站、中国广东核电站等国内外核电市场；<br>3.智能网络研究中心。与大航集团搭建电子商务平台；结合该团队在电力载波方面的优势与大全、有能、海航共同打造国际先进的智能电气产品；<br>预计2016年申请专利20项。其中发明专利10项 | — | — |

续表 19

| 序号 | 项目类别 | 区域 | 项目名称 | 承担单位 | 项目内容 | 2016年工作进度 | 实施期 | 总投资 | 2016年投资 | 2016年专利申请与授权 | 2016年实现销售 | 2016年实现利税 |
|---|---|---|---|---|---|---|---|---|---|---|---|---|
| 7 | 科技创新平台建设 | 三茅街道 | 长江特色水产生态高效养殖技术集成创新与示范 | 扬中市扬子渔业投资有限公司 | 新建和完善研发机构、院士工作站、工程技术研究中心、科技企业孵化器、科技服务超市等创新创业服务平台；加强产学研合作，集聚科技资源，逐步建成区域性农业科技协同创新基地，提升园区科技创新、创业与服务功能；长江特色水产品种质选育；公共服务信息平台构建和长江特色水产销售业态创新；长江特色水产品工厂化、智能化、生态化养殖技术集成应用以及长江特色水产品保鲜、深加工技术的研发 | 1.建设水产种业基地，年繁育量3000万尾，园区良种覆盖率100%；<br>2.养殖智能化达到80%，形成完善的长江特色水产品规模化良种繁育技术，年新增养殖产量2500吨；<br>3. 新增饲料、微生物制剂企业2家，工程技术中心、科技孵化器；<br>4.建成科技服务超市分店1家、便利店2家等创新创业服务平台，项目准备验收 | 2014~2016年 | 1505 | 255 | — | — | — |
| 8 | 知识产权 | 新坝镇 | 大全集团智能电力电器高价值专利培育示范中心 | 大全集团有限公司 | 项目以大全集团为主体，东南大学、南京知识律师事务所和南京九致信息科技有限公司四方共建"高价值专利培育示范中心"，推进建立协调顺畅、组织有力的高价值专利培育工作管理体系，加快专利信息传播利用，深化专利竞争态势分析，加强专利技术前瞻性布局，强化研发过程专利管理，建立专利申请预审机制，提升专利申请文件撰写质量，加强专利申请后期跟踪确权 | 1.完成智能电力电器领域重点研发方向的专利信息收集与分析工作，初步制定专利技术申请方案；<br>2.完成智能电力电器领域重点研发方向的专利竞争态势分析报告，据此调整研发方向，制定完成研发策略；<br>3.建立完成智能电力电器专利信息数据库系统；<br>4. 根据研发基础，初步开展智能电力电器专利申请30件 | 2015~2018年 | 900 | 300 | 申请专利30项，其中发明专利22项，授权实用新型专利10件 | — | — |
| 9 | 基金建设 | 新坝镇 | 扬中智能电气产业发展基金 | 大航控股集团有限公司 | 该基金规模1亿元，由大航控股集团有限公司管理。投资主要面向智能电气领域优质项目、相关研发载体建设以及高层次人才引进等 | 1.首期资金1000万元到位；<br>2.与华北电力大学共建智能微电网项目落户；<br>3.做好"非晶合金材料研发、京瑞继保电气"等项目前期调查与储备 | 2016~2018年 | 10000 | 3000 | — | — | — |

（发改委　孙国庆）

### ·创新平台·

【**概况**】2016年,扬中市进一步完善创新载体建设推进机制,推动各类平台创新发展争先进位,形成校企共建研发平台、政企校共建产业技术研究中心等不同层次、分工合理、较为全面的科技创新平台体系,有力支撑全市产业升级发展。 (科技局 曹霞)

【**扬中市新坝科创服务有限公司被认定为"国字号"科技企业孵化器**】2016年3月31日,扬中市新坝科创服务有限公司被科技部认定为2015年度国家级科技企业孵化器。这是扬中市继扬中市科技创业服务中心创成国家级科技企业孵化器后的第2家。

(科技局 曹霞)

【**扬中市长江特色渔业星创天地获国家第一批"星创天地"备案**】2016年10月,扬中市长江特色渔业星创天地位列科技部发布的第一批"星创天地"备案名单。"星创天地"是推动发展现代农业的众创空间,是新型农业创新创业一站式开放性综合服务平台。

(科技局 曹霞)

【**新增2家省级工程技术研究中心**】江苏航天惠利特环保科技有限公司的"江苏省有机废气资源化工程技术研究中心"、江苏欣安新材料技术有限公司的"江苏省特种防腐涂料工程技术研究中心"获批江苏省工程技术研究中心。全市有47家省级工程技术研究中心。

(科技局 曹霞)

【**"CTU"众创空间建设成效明显**】2016年,扬中市新坝科技园区开发有限公司建设的"CTU"被镇江市认定为第一批众创空间。根据《镇江市众创空间认定管理细则》和中期检查结果,12家众创空间获经费再资助。"CTU"众创空间建设成效明显,先后获资助20万元。

(科技局 曹霞)

## 2016年扬中市新增省级研发机构一览表

表20

| 序号 | 研发机构类型 | 企业名称 |
|---|---|---|
| 1 | 省工程技术研究中心 | 江苏欣安新材料技术有限公司 |
| 2 | | 江苏航天惠利特环保科技有限公司 |
| 1 | 省企业研究生工作站 | 镇江荣德新能源科技有限公司 |
| 2 | | 中电电气(江苏)股份有限公司 |
| 3 | | 江苏津荣激光科技股份有限公司 |
| 4 | | 镇江市电站辅机厂有限公司 |
| 5 | | 镇江市华银仪表电器有限公司 |
| 6 | | 江苏奇佩建筑装配科技有限公司 |

(科技局 曹霞)

### ·科技成果·

【**概况**】2016年,扬中市创新成果不断涌现,有25个项目分别获得江苏省、镇江市、扬中市科学技术奖。

(科技局 曹霞)

【**科学技术奖奖项**】

## 2016年第五届镇江市优秀专利奖

表21

| 序号 | 名　称 | 承 担 单 位 |
|---|---|---|
| 1 | 一种聚合物稳定配向型液晶组合物及其应用 | 江苏和成显示科技股份有限公司 |
| 2 | 智能响应控制电脱盐脱水装置及控制方法 | 长江三星能源科技股份有限公司 |
| 3 | 一种蓝宝石切片电动摆动机构 | 江苏吉星新材料有限公司 |

(科技局 曹霞)

## 2016年扬中市获各级科学技术奖项目一览表

表22

| 级别 | 奖项 | 序号 | 项目名称 | 企业 |
| --- | --- | --- | --- | --- |
| 江苏省 | 二等奖 | 1 | 大型电站燃烧制粉系统环保节能运行关键技术及装备研发及产业化 | 江苏中能电力设备有限公司 |
| | 三等奖（工人创新） | 2 | 纳米级超光滑大尺寸热交换法蓝宝石衬底技术研发及产业化 | 江苏吉星新材料有限公司<br>秦光临 |
| 镇江市 | 特等奖 | 1 | 大容量中压直流断路器研发 | 大全集团有限公司 |
| | 一等奖 | 1 | 热交换法170kg级蓝宝石晶体加工大尺寸衬底及窗口片 | 江苏吉星新材料有限公司 |
| | | 2 | 脱醇型单组份阻燃特种工业用硅酮密封胶 | 江苏天辰新材料股份有限公司 |
| | 二等奖 | 1 | 252kV气体绝缘金属封闭高压开关设备 | 现代重工(中国)电气有限公司 |
| | | 2 | 三层共挤乙丙橡胶绝缘复合屏蔽封闭管型母线系统产业化 | 江苏士林电气设备有限公司 |
| | | 3 | 长期耐高低温防水母线槽的研发 | 江苏科技大学、江苏江城电气有限公司 |
| | 三等奖 | 1 | 食管癌miRNA流行病学研究——DNA异常甲基化在食管癌早期诊断中的应用 | 扬中市人民医院 |
| | | 2 | 海洋工程用大口径高寿命智能控制阀关键技术研发及产业化 | 江苏亿阀集团有限公司 |
| | | 3 | 多层同心盘管螺旋流换热器 | 镇江飞利达电站设备有限公司 |
| | | 4 | 酰胺基-玻璃粉梯度复配有机硅超耐高温防腐蚀涂层材料 | 江苏荣昌新材料科技有限公司 |
| 扬中市 | 一等奖 | 1 | 高效率低能耗G6多晶硅片 | 江苏美科硅能源有限公司 |
| | | 2 | GYE型防爆电加热器 | 江苏裕兴电器有限公司 |
| | | 3 | 拉绒磨片用JX-AD砂布卷 | 江苏锋芒复合材料科技集团有限公司 |
| | | 4 | 胃印戒细胞癌组织中ER、PR表及与生物学特征关系的研究 | 扬中市人民医院 |
| | | 5 | 扬中市3G智能防控管理平台 | 扬中市公安局、<br>永固新科电气(江苏)有限公司 |
| | 二等奖 | 6 | 高比能量锂离子动力电池 | 江苏津谊新能源科技有限公司 |
| | | 7 | KRH微生物发酵多模态控制装备 | 江苏科海生物工程设备有限公司、江苏大学电气学院 |
| | | 8 | DCR5000光纤无线融合电力设备检测装置 | 金海新源电气江苏有限公司 |
| | | 9 | 扁平疣患者HPV型别与性激素水平的相关性研究 | 扬中市人民医院 |
| | | 10 | 益康无公害粳米生产技术及上产能力服务建设 | 扬中市益康稻谷专业合作社 |

（科技局 曹霞）

## ·知识产权·

**【概况】**2016年,扬中市全年专利申请总量3830件,发明专利275件,实用新型698件,万人有效发明专利23.31件,在江苏省处于领先地位。 (科技局 曹霞)

**【国家专利导航产业发展实验区创建工作】**2016年1月29日,国家知识产权局、镇江市科技局相关领导受邀到扬中市开设“国家专利导航产业发展实验区”建设专题讲座。该实验区2013年启动建设,现有中关村科技园区、苏州工业园区、张江高科技园区等8个实验区。扬中市“国家专利导航智能电气产业发展实验区”创建工作有序开展。 (科技局 曹霞)

**【江苏省扬中高新区获批省级知识产权试点园区】**2016年12月21日,扬中市高新区获批江苏省知识产权试点园区。高新区全面落实试点工作方案,完善园区知识产权工作的体制机制,建立健全知识产权管理体系,优化知识产权环境,提高自主创新和知识产权创造能力,圆满完成年度目标任务。 (科技局 曹霞)

**【扬中商城通过江苏省“正版正货”示范街区验收】**2016年9月10日,扬中商城通过由镇江市科技局组织的省“正版正货”示范街区创建项目终期验收专家评审。扬中市有2家省“正版正货”示范街区,分别是通达商厦和扬中商城。 (科技局 曹霞)

**【月星家居获镇江市“正版正货”示范街区创建单位】**月星家居广场管理有限公司获2016年度镇江市“正版正货”示范街区创建单位,并获经费资助5万元。

(科技局 曹霞)

扬中市科技创新专项评审公开、公平、公正

## ·科技金融·

**【概况】**2016年,扬中市科技局充分发挥科技资金的引导作用,吸引和整合金融资本、社会资本,参与和扶持科技创新活动,加快创新型城市建设。(科技局 曹霞)

**【金融阳光普惠科技型中小企业】**2016年,扬中市为帮助科技型企业突破融资难、发展慢的困境,市科技局、财政局紧抓科技资源与金融资源两个活力因子,促进科技与金融深度融合、多点对接,在原有科技金融工作有序开展的基础上,开展“苏科贷Ⅱ”,加快运作“投联贷”,科技金融规模2亿元。 (科技局 曹霞)

**【“苏科贷”工作被评为江苏省A类合作地区】**2016年7月中旬,扬中市被评为2015年度江苏省“苏科贷”A类合作地区,受到通报表扬。此次绩效评估,全省有52个“苏科贷”合作地区参加,评出25个A类合作地区、21个B类合作地区、6个C类合作地区。 (科技局 曹霞)

## ·科技惠民·

**【概况】**2016年,扬中市科技局紧紧围绕农业、民生领域需求,大力实施科技惠民工程,组织实施涉及卫生健康、公共安全、环境保护、防灾减灾等惠及和改善民生的科技项目,加速科技成果在实际生活中的转化和应用,为生态扬中、智慧扬中建设提供支撑。(科技局 曹霞)

**【国家农业科技园区(扬中园区)建设】**2016年1月,国家农业科技园区成功落户镇江,扬中市特种水产养殖示范基地成为园区一部分。国家农业科技园区(扬中园区)包括农业科技园区展示馆、省淡水水产技术研究所扬中基地以及省渔业技术推广中心扬中基地等。该园区核心区占地面积1.1万亩,入园企业13家,部省级科研单位3家,省级科技型企业(合作社)3家,省级农业龙头企业2家。已建成国家级中华绒螯蟹种质资源中心1个,斑点叉尾鮰种质资源中心1个,省级暗纹东方鲀、长吻鮠良种繁育场1个。 (科技局 曹霞)

**【摊铺式栽培机技术获推广】**扬中金香园合作社从2012年开始摊铺式栽培机技术研究,由农业专家袁隆平院士和中科院农机装备专家汪茂华院士优化定型。摊铺式栽培机已到量产条件,在上海光明集团、盐城海丰农场、临海农场等单位推广,使用面积3万余亩,粮食产量提升5%。 (科技局 曹霞)

【TFC 太阳能气象实时播报器】2016 年，江苏华瑞科技有限公司成功研发“TFC 太阳能气象实时播报器”，已在三桥社区、江洲广场、长旺村近 20 处试点安装。该系统除播报气象信息外，还能显示当天的重大新闻、“12346”农技信息以及健康知识、环境指数等。同时又能作为防灾应急广播、健身广场音响等多元化文化器材使用，成为惠民、富民联系基层的便利桥梁。

（科技局 曹霞）

### ·防震减灾·

【概况】2016 年，扬中市继续做好强震动态和地震预警烈度速报系统的日常管理，确保仪器设备正常运转，相关信息正常传输；加强宏观观测点管理，观测记录及时、准确、真实，异常现象上报及时、科学、有效；科普知识宣传进一步强化，“5·12”防灾减灾日、科普宣传周展示展牌 20 余块，发放资料 3000 余份，接收咨询 200 余人次；指导全市中小学开展一年一度的地震应急演练，选择市外国语小学进行重点示范，提供书籍资料 500 余份，展示展板 20 余块，并在该校科普馆投资 9.5 万元建防震减灾科普基地，提供包括动手搭建抗震建筑、多种场景逃生演练系统、地心之旅、地震监测多媒体系统等形式多样、内容丰富的体验项目。

（地震局 薛安清）

## 教 育

### ·综 述·

【概况】2016 年，扬中市教育始终坚持“活力教育、生态校园、幸福师生”的办学理念，围绕“提升教育质量，让群众满意；提升教育形象，让社会满意”的总体目标，加大投入力度，深化教育内涵建设，教育事业呈现出理念超前、均衡领先、管理优质、特色彰显的良好态势。

2016 年，校安工程涉及 12 所学校，实现财务支出 1.34 亿元，全年累计消险面积 24.57 万平方米，安全校舍比例提高到 83.6%，获得“江苏省中小学校校舍安全工程先进集体”称号。全市农村建成使用新学校 3 所（长小、永幼、八幼），规划待建学校 5 所（新中、新坝二园、跃小、兴中、八小）。全市城区开工建设初中、小学、幼儿园各 2 所（一中、联中，城北小学、中扬康居苑小学，中扬康居苑幼儿园、城北幼儿园）。

扬中教育坚持以人为本，深化改革创新。推动“科技育人”，深度融合信息技术，“微课程”“慕课”“E 学习”等新型教学方式广泛应用；全市有 10 所学校配备移动录播设备，制作拍摄活动视频课；省扬高中等学校使用极课系统，分析教学数据，定制个性化的学生作业；使用 ACTS(学业素质与能力评测系统)学业评价技术，监测分析部分学段、学科，完成教学质量评价。尝试探索“全域育人”，落实场馆即课堂、活动即课程的理念，探索校本课程的实施和教学方式的改变；组织首届中小学科技游园、艺术教育进社区专场演出、儿童节游园、汉字听写大赛等活动，学校参与率 100%，广受好评；教师节期间，开展嘉年华游园活动，省市有关媒体予以报道。全面提升“教育合力”，出台《扬中市校外教育联席制度》（初稿），在镇江市率先成立家长学校总校，开展系列专题活动，探索学校、家庭、社会三位一体的合力育人途径。

强化与华东师范大学、华南师范大学、好未来教育科技集团等高校和优质教育机构的合作，构筑共赢发展平台；推动优质资源辐射发展，西来桥学校与苏派教育课改中心开展小组合作学习模式探究，原第二实验小学与南京师范大学合作建成南京师范大学附属扬中小学；以“责任督学挂牌督导”为抓手，构建教育督导工作新机制，创成“江苏省中小学校责任督学挂牌督导创新县”；完善“政府主导、部门配合、社会参与、家校共建”的校园安全管理网络，通过教育部安全生产工作专项督查。年内，全市 13 家单位创成“镇江市教育现代化先进镇（街道）、学校”，市教师发展中心通过“江苏省示范性县级教师发展中心”评估验收，率先在镇江实现全区域“数字化校园”创建，名列全省首批“江苏省平安校园建设示范市”和“江苏省中小学校责任督学挂牌督导创新县”。

（教育局 瞿春红）

【中国—以色列剪纸艺术教育论坛】2016 年 4 月 19 日，首届“中国—以色列剪纸艺术教育论坛”在扬中市开幕。中以两国剪纸艺术家及从事剪纸教学的教师百余人，在丰裕中心小学开展两国建交以来的首次剪纸艺术教育交流活动。活动期间，中以两国代表通过观摩剪纸课堂，欣赏两国学生剪纸作品，交流各自剪纸艺术教育经验。以色列著名剪纸艺术家吉坡拉·尼曼为中国小学生教授以色列犹太民族传统剪纸。本次论坛还举办中以青少年剪纸作品交流展、中以剪纸艺术教育学术报告会，丰裕中心小学与开展剪纸教学的以色列海法市哈帕图阿其开放式学校缔结成友好学校。

（新闻中心）

2016 年 4 月 19 日，中以剪纸艺术教育论坛在扬中开幕

**【扬中创成首批“江苏省平安校园建设示范市”】** 2016 年 6 月，扬中市被江苏省教育厅、江苏省综治办、江苏省公安厅联合授予首批“江苏省平安校园建设示范县(市、区)”称号。截至 2016 年年末，扬中市投入 1500 万余元，在学校主要通道和出入口、人员集中活动区域等重要部位和场所安装 7700 余个视频监控头，建设校园安全监控平台，各学校与公安“110”一键触警；各学校配备专兼职保安，并邀请家长成立“护校队”保护学生安全；各学校开展学生交通安全、消防安全等常规教育。 （教育局 瞿春红）

**【中小学生艺术素养大赛】** 2016 年 1 月，扬中市中小学生艺术素养大赛器乐、色彩专场决赛在青少年校外活动中心隆重举行。器乐决赛分小学 A、B 组和中学组三个组别进行，张晋纬等 33 名选手分别摘得“十佳器乐明星”“十佳器乐能手”“优秀表演奖”。色彩创作决赛分为素养测试和艺术创作两个环节，最终决出“十佳美术作品创作明星”“优秀美术作品创作能手”“优秀创作奖”各 10 名。 （新闻中心）

**【“小太阳杯”象棋赛夺冠】** 2016 年 1 月 2~3 日，由江苏省棋协举办的“小太阳杯”象棋赛在江阴华西村落下帷幕，扬中市 4 位小棋手在比赛中夺冠。全省 58 支代表队 300 余名运动员参加此次比赛，扬中是镇江市唯一派出代表队出征的县(市)。大赛设 A、B、C、D 男女 4 个组别 8 个冠军、4 个团体冠军奖牌。经过两天 7 轮激战，扬中市戴湉湉、周圣权、凌思妍、田丁匀分别夺得 A 组女子、B 组男子、B 组女子、D 组女子 4 个冠军，夺得两个团体冠军。此次赛事，扬中棋协经过几次预赛选拔，派出由 23 人组成的代表队。除上述 4 人夺冠外，扬中还有 15 人进入前六名。 （新闻中心）

**【扬中艺术教育成果亮相全国“五艺展”】** 2016 年 4 月 11 日，全国第五届中小学生艺术展演活动学生艺术实践工作坊暨艺术作品展举行开幕式，扬中市丰裕中心小学作为江苏省唯一代表队参加展演。教育部副部长郝平、教育部体卫艺司司长王登峰、江苏省教育厅副厅长朱卫国相继到丰小工作坊观看孩子们的剪纸表演，孩子们熟练的技巧、大胆的构思表示赞赏。4 月 16 日，扬中市教育局局长张源泉应邀出席艺术教育报告会和闭幕颁奖典礼，并代表江苏作大会发言，向全国推介扬中区域共建，整体推进，促进农村学校艺术教育优质均衡发展的特色做法和先进经验。扬中市教育局获本次活动优秀组织奖，美术作品《少年舞者》和艺术论文《区域共建，整体推进，促进农村学校艺术教育优质均衡发展》获全国一等奖，舞蹈《我们班》获全国二等奖，另有 40 件作品分获省一、二、三等奖。

（教育局 瞿春红）

**【首届中小学生汉字听写大赛】** 2016 年 12 月 16 日，扬中市首届中小学生汉字暨古诗词听写大赛在教师发展中心举行，来自全市 8 所初中的代表队参加本次比赛。扬中市人大常委会副主任常云，市政协副主席陆国平，市政府办公室副主任耿晓晴，市语言文字工作委员会成员单位，三茅街道相关领导，市教育局、教师发展中心相关负责人及各中小学校长、分管校长参加本次活动。比赛分汉字听写、古诗词听写、汉字暨古诗词听写三个阶段。现场 400 余名师生的精彩互动让比赛精彩纷呈，经过激烈的角逐，最终，外国语中学获一等奖，第一中学、八桥中学获二等奖，兴隆中学、联合中学获三等奖。 （教育局 瞿春红）

2016 年 12 月 16 日，扬中市举行首届中小学生汉字听写大赛

**【新坝中学 60 周年校庆】** 2016 年 12 月 16 日，新坝中学举行 60 周年校庆活动。庆典活动在扬中电视台新坝频道连续播出三天，勾起无数校友的美好回忆，得到社

会各界广泛赞誉。庆典分为三个篇章：回顾历程、凝心聚力和展望未来。各届校友、海内外学子通过视频给母校送去真挚的祝福。（教育局 瞿春红）

【手风琴教育培训基地】2016年4月21日，扬中市华联手风琴有限公司向八桥中心小学捐赠45架手风琴，举行扬中首家手风琴教育培训基地揭牌仪式。2015年9月，八桥中心小学在市有关部门和八桥镇的支持下，与华联手风琴公司积极磋商，筹备建立手风琴教育培训基地，以校企联手的新模式开拓产学结合的新领域。（新闻中心）

2016年4月21日，八小与华联公司共建手风琴教育培训基地

## ·学前教育·

【概况】扬中市学前教育"坚持政府主导，强化内涵发展"，实施"五为主"(幼儿园以公办园为主、以优质园为主、以教育行政部门主管为主，教师以公办教师为主，学前教育投入以公共财政为主)的办园举措。2016年，扬中市在全省率先出台《关于进一步推进学前教育优质均衡发展的实施意见》，并以此为抓手，围绕学前教育"四优化"展开探索，实现由"五为主"向"四优化"提升。（教育局 瞿春红）

注释："四优化"指优化管理机制，全面落实学前教育优质普惠，率先建立成本分担机制。其中公办园政府投入占学前教育总投入80%以上，剩余部分由社会举办者及家庭补充。优化资源配置，大力推动学前教育均衡发展，扩大教育资源配置，改善教育资源条件，推进小区配套园建设，优化学前教育资源配置。优化师资队伍，快速提升学前教育软实力，建立学前教育师范生订单培养制度，在市职业中专增设"幼儿师范"专业，并逐步通过"职业代培—专业机构认定"等方式，按比例逐步配齐专业的保育人员、保健医护人员、营养师等。优化保教质量，不断促进学前教育内涵发展，制定《扬中市幼儿园发展专业性诊断评估制度》，启动"中长期问诊把脉"机制，提升幼儿园内涵质量。

【镇江市国家学前教育改革发展实验区启动仪式】2016年9月25日，镇江市国家学前教育改革发展实验区启动仪式在扬中市教师发展中心隆重举行。江苏省学前教育学会会长张仁，江苏省学前教育学会副秘书长王丽珍，镇江市教育局领导潘国建、黄科文、张伟斌、贡青、赵联，扬中市政府副市长蔡萍，市教育局局长张源泉出席启动仪式。会议表彰10个镇江市实验先进集体、10个先进个人和近百个优秀研究成果，听取各辖市区教育局改革经验交流汇报。张源泉以《创新改革 率先发展 奋力开启扬中学前教育"十三五"新征程》为题，向与会人员介绍扬中学前教育改革发展情况。（教育局 瞿春红）

【江苏省学前教育学会"十三五"规划立项课题培训】2016年10月13~14日，由江苏省学前教育学会主办，扬中市教育局承办的"江苏省学前教育学会'十三五'规划2016年第二批立项课题培训会"在扬中市教师发展中心隆重举行。江苏省学前教育学会会长张仁、副秘书长金芝芳，镇江市教育局学前教育处处长贡青，扬中市教育局副局长王家新等专家领导与全省各立项课题单位负责人，扬中市各幼儿园代表等200余人参加此次培训活动。（教育局 瞿春红）

【八桥中心幼儿园重新改造使用】2015年，八桥中心幼儿园进行园所改扩建工程，2016年暑期投入使用。新教学楼增加包括寝室、盥洗室和午睡室的4套幼儿配套活动室，幼儿园内生活环境得到明显改善。园内新设立7个学生专项活动室，便于学生们游戏和体育活动。同时，该园加强师资力量，新教学楼还增加4个办公区域，为教师提供宽敞舒适的工作环境。（教育局 瞿春红）

扩建后的八桥中心幼儿园

## ·义务教育·

**【概况】**2016年,扬中市出台《扬中市中小学德育工作行动指南》,加强学校心理健康教育,推进体卫艺教育,注重家校合力,将立德树人的任务落在实处。永胜中心小学施润同学荣获"江苏省美德少年"提名奖;三跃中心小学等11所学校被评为镇江市养正学堂示范校、先进校。中国—以色列剪纸艺术教育论坛在扬中市举行;"丰小剪纸工作坊"作为江苏省唯一代表参加第五届全国艺术展演,并被央视《新闻联播》报道,市教育局获优秀组织奖;市一中创成国家级体育传统项目学校,南京师范大学附属扬中小学、八桥中心小学、新坝中学、外国语中学、丰裕中心小学获全国校园足球特色校称号;新坝中心小学、外国语小学获省艺术特色学校称号。启动全市深化课程改革实验项目申报,确定22个首批课改实验项目。分别在外国语小学、兴隆小学、西来桥学校召开全市课改推进会;承办以"核心素养·学科教育"为主题的第二届全国课改大讲坛。八桥中学"基于'分层走班'的英语课程建设"被确定为2016年江苏省薄弱初中质量提升工程项目,市一中STEM(科学、技术、工程和数学)项目获得省级立项。 (教育局 瞿春红)

**【丰小剪纸】**2016年4月11日,全国第五届中小学生艺术展演在青岛举行。全国31个省市农村学校艺术教育实验县的小学生用实践体验、群体互动进行展演。丰裕中心小学剪纸代表团一行6人代表江苏省亮相,《新闻联播》予以报道。 (新闻中心)

**【施润获江苏省美德学生提名奖】**2016年5月19日,"感动江苏教育人物——2016年美德学生"颁奖仪式在南京艺术学院举办,扬中市八桥镇红旗村校外教育辅导站的施润同学荣获2016年江苏省美德学生提名奖,是镇江市唯一的获奖者。"感动江苏教育人物——2016年美德学生"评选表彰活动是由江苏省教育基金会与江苏教育报刊总社联合举办,旨在全省学生中更好地践行社会主义核心价值观。江苏省有20名学生入围,其中10名同学荣获"感动江苏教育人物——2016年美德学生"称号,10名同学荣获提名奖。(新闻中心)

**【"艺术教育进社区"系列活动】**2016年5月4~14日,扬中市教育局联合三茅街道、卫计委、市文广体局开展"艺术教育进社区"系列活动。外国语中学、第一中学、实验小学、外国语小学、南京师范大学扬中附属小学等18所学校参与,分别在三茅街道文化新村、中桥、广宁、新民、英雄社区演出,开辟活力教育课堂新模式,扩大艺术教育辐射面。 (教育局 瞿春红)

**【童心创造 梦想启航——扬中市首届中小学科技游园会】**2016年5月19日,扬中市首届中小学科技游园会分别在外国语小学和实验小学举行,全市各中小学7000余名学生、1500名家长以及科技爱好者参加此次活动。此次活动的主题"童心创造·梦想启航",由竞赛项目、展示项目、互动项目和邀请项目四部分构成,分主题、分项目、分年段、分区域进行精彩展示。3D打印、魔方教学、乐高、机器人展演、无人机表演、航天航海模型展、纸飞机竞远等几十个新、奇、特的创意项目精彩纷呈,竞相展示科技的创新之美、教育的时代气息。

(教育局 瞿春红)

**【中小学校本课程观摩活动】**2016年11~12月,扬中市开展中小学校本课程观摩活动。本次活动分中学组和小学组开展,市教育局相关科室、教师发展中心全体研训员、各校教师代表2000余人次参加观摩活动。活动中,各校结合自身特色,通过20节主题汇报和400余节学科拓展类、体艺类校本课程展示课、专题展示等全面展示扬中市校本课程建设成果。 (教育局 瞿春红)

**【外国语小学"个性化教学"亮相国家会议中心】**2016年12月24日,扬中市外国语小学校长孙莹一行受邀参加由北京新学校研究院主办的2016年教育年会。外国语小学精美的课件,独特的课程图谱以及真实的案例和有效的教学举措,得到主办方的赞许,吸引很多现场观摩的老师参与交流。本次年会,为该校搭建学术交流、思维碰撞的平台,让更多的人认识外小,了解外小。

(教育局 瞿春红)

**【扬中市第二实验小学更名为南京师范大学附属扬中小学】**2016年9月28日,原扬中市第二实验小学与南京师范大学联合办学,正式更名为南京师范大学附属扬中小学。合作办学内容立足四大方面:课程建设、课堂教学、教师发展、特色打造。两校定人、定时、定向、定规,合作形式丰富,既有专家送培、课堂把脉,也有学习交流、特色打造,确保联合办学落到实处。

(教育局 瞿春红)

图片专辑

# 剪纸艺术传承

2016年4月11日，丰裕小学剪纸代表团参加全国第五届中小学生艺术展。

《新闻联播》展示丰裕小学剪纸工作坊

教育部、省教育厅领导考察丰裕小学剪纸

丰裕小学剪纸在第五届中小学生艺术展演现场工作坊展示

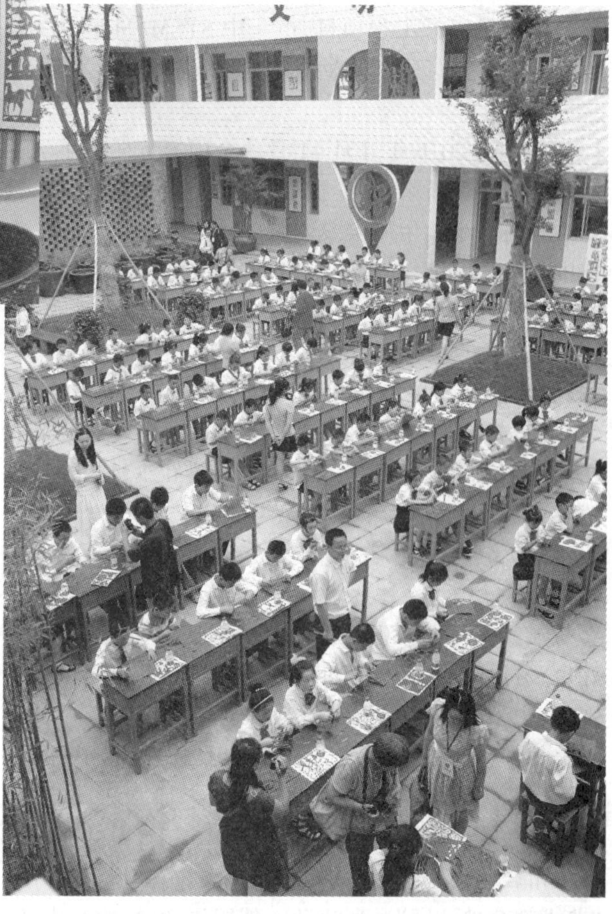

剪纸艺术传承

丰小剪纸作品

## ·普通高中教育·

【概况】2016年，全市高中办学综合水平再上新台阶，高中教育实现“四星级”全覆盖，扬中市第二高级中学创成江苏省四星级高中，扬中市100%普高学生均能入读优质高中。高二学业水平测试一次性合格率99.3%，59名学生达4A，530名学生能够加分。2016年高考扬中市二本以上达线率为65.2%，比2015年提高3.92%，再创历史新高，领先于镇江其他辖市区，连续两年位列镇江市第一。省扬高中数学课程基地和市二中扬子江文化课程基地，将建设理念融入到课程建设和社团活动之中，顺利通过省级视导。（教育局 瞿春红）

【扬中市第二高级中学晋升为江苏省四星级普通高中】2016年5月，扬中市第二高级中学被正式认定为“江苏省四星级普通高中”。（教育局 瞿春红）

扬中市第二高级中学话剧课程

## ·特殊教育·

【概况】2016年，扬中市特殊教育中心以内涵建设为主线，开展巡回指导、医教结合、送教上门等服务，初步建立融合教育实施制度，在八桥中心小学新建一个随班就读资源教室，进一步延伸特教范围。特教中心注重教科研引领，提高教师的能力，全年有论文40余篇。其中20余篇论文在镇江市级以上论文评选中获奖，1篇论文在省级杂志发表，3位教师指导学生参加“同在蓝天下、有爱无碍”全国特殊儿童才艺大赛并获得“全国优秀辅导老师”称号。扬中市特教中心、康复中心和托养中心主体工程开工建设，预计2017年年底交付使用。（教育局 瞿春红）

【慰问残疾学生】2016年5月11日，扬中市委书记、市长潘早云，副市长宫金生带领三茅街道、市残联等部门领导，专程到市特殊教育中心学校，慰问残疾儿童和奉献在残疾人事业一线工作人员。潘早云一行参观校园，查看各功能室，观摩课堂教学，并和学生亲切交谈。潘早云要求，特教中心要以新校区建设为契机，集教师集体智慧，优化设计方案，高标准定位，做到布局合理、设计领先、配置现代、留有空间，确保适应未来的发展和需要，为更好地造福残障儿童，推动扬中市特教事业健康快速发展做出新的贡献。各相关部门要整合资源，优势互补，认真落实好各项残疾人政策，提高助残服务能力。要在社会上积极倡导扶残助残良好社会风尚，帮助残疾儿童家庭重新树立信心，推进整个社会关注与支持残疾儿童康复事业。（教育局 瞿春红）

## ·职业教育和社会教育·

【概况】2016年，扬中市中等专业学校推进现代化专业群建设和产教融合项目建设，获得镇江市技能大赛一等奖3个、省创新大赛二等奖2个；普通高校单招本科录取23人，专科录取179人，上线录取率100%，毕业生双证率100%，就业率98.9%。各社区教育中心开展“全民终身学习周”“退伍军人再就业”等培训。扬中市被表彰为“江苏学习在线应用推广先行区”，申报的“国家级农村职业教育和成人教育示范县”入围第三批国家创建名单。各镇(街、区)社区教育中心全部创成江苏省标准化社区教育中心和镇江市现代化先进学校。（教育局 瞿春红）

【“全民终身学习活动周”活动】2016年12月13日，扬中市“全民终身学习活动周”启动仪式在同德中学举行。扬中市政府教育督导室主任、教育局副局长戴凤云，油坊镇组织委员瞿靖承参加启动仪式。启动仪式上，戴凤云宣读“2016年扬中市全民终身学习活动周”实施方案、2015年度省级标准化居民学校名单、“江苏学习在线”注册学习先进单位、网络之星和先进个人名单，并为获奖的单位和个人颁发铜牌和荣誉证书。启动仪式后，举办市民大讲堂活动。活动周期间，举办一系列丰富多彩、形式多样的学习教育活动，进一步激发全民终身学习的积极性，引导更多的群众参与终身学习，推动全民学习、终身学习的学习型社会建设。（教育局 瞿春红）

·教师队伍建设·

【概况】2016 年，扬中教育持续加大人事制度改革力度。坚持未雨绸缪，提前储备师资，满足教育资源新增的需求。继续实施免费师范生培养项目，免费培养扬中籍师范生 26 名，定向培养乡村教师 6 名。采取分流、竞聘交流、下乡交流以及结对合作交流等形式，义务教育阶段学校交流教师 260 名，占比 18%。其中骨干教师 47 名，有效缓解师资紧缺和学科结构不平衡的矛盾。出台《中小学校本研修管理指导意见》，提高各校校本研训质量；有序开展农村骨干教师培育站工作；定期举行新上岗教师培训工作；举行学科教学建议征集和各学段各学科研训共同体活动。2016 年，新增特级教师 1 名；14 人获省级以上教学竞赛一、二等奖；在国家教育资源公共服务平台“晒课”3407 节，26 节课获部优，45 节课获省优，晒课率、优课率居镇江市第一。

(教育局 瞿春红)

【中小学校长课程改革专项答辩会】2016 年 7 月 14 日，扬中市课改专项答辩会在省扬高中举行。22 名中小学校长逐一走上答辩席，围绕课程改革进行专题汇报和现场答辩。答辩会围绕“课程改革”这一主题，分小学组和中学组进行，有专题汇报和现场答辩两个环节。22 名校长立足各校实际，阐述自己对课程改革的理解，介绍本校课程的实施情况和先进做法，同时也提出改革遇到的困惑。华东师范大学教师教育学院院长、博士生导师周彬，镇江教科所所长、江苏省教授级高级教师、江苏省特级教师徐明等 6 名教育专家，为每一位选手点评、打分，同时针对答辩和汇报内容提出相关问题，与选手互动。 (教育局 瞿春红)

【教师节欢乐嘉年华】2016 年 9 月 10 日，扬中市 4000 余名教师及其家人齐聚省扬高中校园参加“最美的自己”——教师节欢乐嘉年华活动。现场分为美食美客、健康养生、品质生活、激情游戏、休闲一刻和才艺秀场六大主题活动区域。活动表彰十佳教学名师、十佳班主任、十佳教坛新秀、十佳服务标兵、十佳教研团队和十佳志愿导学团队，各校(园)、各单位在职副校级以上领导，局机关全体人员观摩表彰大会。(教育局 瞿春红)

【西来桥学校加盟苏派教育课改中心】2016 年 8 月 23 日，西来桥学校与江苏省苏派教育课改中心签订为期三年的《课改合作协议书》。根据协议，苏派教育中心将派专家团队进入学校调研，并围绕构建“以小组合作学习”为课堂教学组织形式的教学模式，建设“自主、合作、探究”的理想课堂出发，管理及评价、校园及班组文化等量身定做培训方案并开展跟踪指导，真正实现发展学生、成就教师、提升学校的共赢目标。

(教育局 瞿春红)

# 文化事业

·综 述·

【概况】2016年，扬中市文化工作以文化强市、文化惠民为目标，按照“强基、转型、创新、突破”工作总基调，各项工作稳步推进。扬中博物馆工程动工建设，进入试桩检测阶段；市图书馆完成扩建，新增阵地面积 300 平方米。奥体中心展览馆建成运营，弥补扬中无展馆的缺憾。奥体中心北广场完成改造，添置舞台、灯光、音响、桌椅等演出设施设备。以新坝、西来桥文体服务中心为试点单位，扎实推进文化馆总分馆制建设，已完成 3 个文化站示范点、7 个基层综合文化服务中心示范点创建，全市村(社区)综合文化服务中心建成率 100%。成功举办以“扬帆‘十三五’ 开启新征程”为主题的扬中市第十一届社区文化艺术节和农民艺术节；协助相关部门策划组织扬中市第十三届河豚文化节系列活动。抓住元宵、端午、中秋、重阳等时间节点，举办锡剧、越剧等经典戏曲展演，舞龙大赛、综合性大型民间特色文艺演出活动。承办、举办“放歌河豚岛”大型演唱会、“中国梦·梦之蓝”群星演唱会、“苏风墨韵”省书法名家精品巡回展、“灵秀镇江”生态之美写生创作展、中国河豚岛摄影展，成功引进小剧场话剧《命中注定》到扬中演出 3 场。完成艺术培训 2 期、艺术展演展示 12 场次。围绕弘扬社会主义核心价值观、弘扬“四千四万”精神(千山万水、千辛万苦、千言万语、千难万险)，开展小戏小品素材征集活动，收到作品 54 件。创作编排的男女声三重唱《边关品月》、舞蹈《我送亲人过大江》，成功入选省第十二届“五星工程”奖参赛作品。全国第一次可移动文物普查全面完成，有 14 件项目获专家组审核通过。完成文化市场审批进驻行政服务中心工作，技术监管平台全面推广应用，简化审批流程，提升工作效率。以“扫黄打非”为主线，深入开展“护苗”“清源”“净网”“秋风”“固边”五大专项行动，加大暑期农村演出市场、广播电视、印刷出版物市场、游泳馆的专项整治力度，累计出动执法力量 1500 余人次，收缴盗版及非法音像制品 600 余张，盗版及非法出版物 200 余册，查处“黑网吧”3 家，净化市场环境。 (文广局 王桂林)

## ·文艺活动·

**【第十一届社区文化艺术节暨农民艺术节】**2016年9月26日，扬中市第十一届社区文化艺术节暨农民艺术节在奥体中心北广场开幕。1500余名市民参加这场艺术盛会。扬中市委常委、宣传部部长陆艳华致辞，艺术节拉开序幕。伴随喜庆的《走进新农村》开场舞，精彩的文艺节目陆续开演。剪纸表演、《我是扬中人》女声独唱、荣获全国"群星奖"的小品《送人情》、星光大道疯狂蓝天组合表演杂技《力与美》，观众互动的有奖知识问答等环节把晚会推向一个又一个高潮。在为期两个月的艺术节期间，举办小合唱比赛、少儿故事创作演讲大赛、小戏小品素材有奖征集多项文艺赛事，锡剧、越剧等经典戏曲展演10场，话剧演出3场，精品书画、摄影展3场，"江州大讲堂"主题讲座4场，综合类文艺演出4场，受到市民群众的热烈欢迎。12月8日晚，在市影剧院举行颁奖晚会，宣告扬中市第十一届社区文化艺术节暨农民艺术节落下帷幕。（文广局　王桂林）

**【"盛世霓裳"大型汉服迎新晚会】**2016年1月10日，扬中市新闻中心、文化馆、妇儿中心和童学馆联合主办的"盛世霓裳"大型汉服迎新晚会在君泰维景酒店举行。演出旨在弘扬中华传统文化，展现汉服风采，童学馆的师生用拜孔仪式、吟诵诗词、汉服走秀等方式向传统文化致敬。（新闻中心）

2016年1月10日，"盛世霓裳"大型汉服迎新晚会

**【江苏省古陶瓷研究会年会在扬中举行】**2016年4月17日，由江苏省古陶瓷研究会主办，永鑫堂古陶瓷收藏馆、江苏省收藏家协会镇江分会承办的"江苏古陶瓷研究会2016年年会暨宋代陶瓷学术研讨会"在扬中举行。市委常委、宣传部部长、市政协副主席王继兰出席研讨会并致辞。本次研讨会期间，与会的专家学者、古陶瓷收藏爱好者们就宋代陶瓷文化进行讨论研究，共同参观扬中民营企业家李荣生创办的永鑫堂古陶瓷收藏馆，馆内藏品大多为李荣生自己多年精心收集的藏品。（新闻中心）

**【第三届江洲读书节启动】**2016年4月22日，"4·23世界读书日"暨第三届江洲读书节正式启动，市委常委、宣传部部长、市政协副主席王继兰参加仪式并致辞。此次读书节活动，旨在进一步推进全民阅读和书香扬中建设，努力提升市民群众的文明素养和城市文化品位。仪式上，镇江市文广新局向市图书馆赠送中国当代实力派作家、清华大学教授格非亲笔签名的"江南三部曲"系列丛书2套；孔庆璞代表中华书局党委书记、总经理徐俊向市图书馆赠书；市文联向市图书馆赠送文学作品集《美在扬中》系列丛书2套；市新华书店赠送优秀图书刊物一批。市文广体局向广大乡镇街区阅读点和读者俱乐部优秀志愿者赠送书籍。（新闻中心）

**【"中国梦·梦之蓝"群星演唱会】**2016年7月15日，"中国梦·梦之蓝"群星演唱会在扬中市奥体中心体育馆举行。吉雅、誓言、索朗扎西、郭美美、邰正宵、周华健等歌手登台演出，为观众奉上一场视听盛宴。周华健的压轴出场让现场掀起一个小高潮，现场气氛热烈，灯光闪耀，一首首经典的旋律，一句句耳熟能详的歌词，唤醒几代人的青春与回忆。（文广局　王桂林）

**【首届舞龙大赛】**2016年2月22日，扬中市首届"福星洲杯"舞龙大赛在西来桥镇文体活动中心广场举行。伴随《中国龙》铿锵的鼓点，12支代表队舞着长龙亮相。首先上场的是大全集团舞龙队，25名年轻小伙高呼"诚信敬业、创新共赢"的口号登上舞台，50米的长龙气宇轩昂，短短几分钟的表演，引得全场观众好评。来自八桥镇的神龙舞龙队，18位选手平均年龄达到63岁，但精气神一点也不输年轻人。在"龙头"72岁高龄的郭继成的带领下，所有选手士气高昂，从过障碍到摆造型，一气呵成，赢得满场喝彩。此次大赛，还邀请镇江和常州两支舞龙队参加表演。尤其是常州女子舞龙队在舞台上十分抢眼，成为舞台上一道靓丽的风景。（文广局　王桂林）

## 图片专辑

2016 年 2 月 22 日，扬中市举行首届舞龙大赛。

# 『群龙聚首』闹元宵

【“放歌河豚岛”专场文艺晚会】2016年4月23日，“放歌河豚岛”专场文艺晚会在奥体中心体育场开演。晚会演出阵容强大，邀请到央视著名主持人朱军、孟盛楠联袂主持，“情歌王子”张信哲倾情献唱，著名男高音歌唱家阎维文、著名歌手金莎、著名器乐演唱组合玖月奇迹等数十位明星也如约登台。7时30分，晚会在欢快的开场舞《欢聚一堂》中拉开帷幕。实力唱将祁隆演唱单曲《一万个对不起》《等你等了那么久》，“中国鸟叔”第一人金正浩表演耳熟能详的《江南 style》，著名歌手、央视《星光大道》年度总冠军刘大成献上《饮酒歌》《骏马奔驰保边疆》……每一首歌都让台下观众热血沸腾、掌声不断。张信哲的出场引发台下欢呼声如潮，全场合唱《爱如潮水》将晚会推向高潮。本次晚会是第十三届中国扬中河豚文化节子活动之一，由扬中市河豚协会、郎酒集团主办，司麦澳(北京)文化艺术有限公司承办。

(文广局 王桂林)

【首届微友节】2016年1月31日，以“微动扬中”为主题的扬中首届微友节暨第四届网民节举行，微扬中微友、扬中新闻网网民代表600余人参加活动。市委常委、宣传部部长、市政协副主席王继兰出席活动。活动揭晓“地税杯”2015年度扬中市十大新闻条目；对江之源首届捕鱼节征文、摄影大赛进行颁奖；展示2015年度微扬中十大视点、十大暖新闻；公布扬中新闻网2015年度十佳网友；对微扬中公众号举办的系列活动获奖者进行颁奖。

(新闻中心)

2016年1月30日，首届微友节暨第四届网民节

【小话剧《命中注定》在扬中成功演出】2016年11月1日，中央电视台著名编导尹韬、北京人艺闫锐亲自担纲的小剧场话剧《命中注定》在扬中影剧院与观众见面，得到广大剧迷的好评。随后，该剧还在新坝大剧院连演两场。话剧《命中注定》改编自清代传奇《风筝误》和京剧《凤还巢》，讲述的是贫寒文人穆居易与大户人家千金小姐小雪的恋情故事，情节一波三折，充满戏剧性，同时结合当今社会热点，以犀利、调侃的语言，揭露现代人的人性之恶，直戳时代痛点。著名主持人白岩松盛赞其为“小型红楼梦”，也引起敬一丹、欧阳夏丹等文化名人的关注。

(文广局 王桂林)

【江天书画院揭牌】2016年12月24日，江天书画院暨业务员之家菁英荟正式揭牌成立。江天书画院位于二墩港新大闸附近，集结扬中书画艺术界人士，探索企业联合、产业融合等新路径，努力使扬中市书画逐步火起来、走出去，旨在打造有影响力的书画精品传播基地，搭建创新营销平台，创立合作发展孵化中心。

(新闻中心)

2016年12月24日，江天书画院揭牌

·广播电视·

【扬中市广电中心第二届新春家博会】2016年3月12~13日，扬中市广电中心举行第二届新春家博会。本次新春家博会是扬中电视台举办的第二届家居建材装饰博览会，创新地将家装设计、家装材料、家具软装等家装采购消费链融为一体，为百姓打造省心、省力、省钱的一站式装修采购商贸平台。新春家博会有70余户商家参展，到场人次超万人，展会订单总量2100余单，成交额突破5000万元。其中，爱玛吊顶、兔宝宝等5户商家订单过百，创下历届家博会的记录。家博会与众多一线大牌厂商协定放价，为众多装修业主争取最大利益。家博会现场下单不断，活动现场人气爆棚，抽奖互动气氛热烈。

(广电中心 徐彦玲)

【《政风行风热线》电视直播启动】2016年3月15日，扬中市《政风行风热线》电视直播正式开播。市委常委、宣传部部长、市政协副主席王继兰，市委常委、市纪委书记庄旭，广电中心主任陈吕明参加开播仪式，并共同启动水晶球。2001年，扬中市在全省县级市率先开通《行风热线》，2013年开通网络视频直播。15年来，栏目坚持听民说、解民忧的工作理念，播出2428期，相关职能部门上线492档，受理咨询投诉1.63万件，答复15993件，办结率98%。升级后的《政风行风热线》对原有的《行风热线》栏目进行优化调整，形成广播电台、电视台、网络平台"三台联动"的运行模式。全年电视、广播、网络共同步直播《政风行风热线》44期，35家单位先后走进直播室。（广电中心 徐彦玲）

**【扬中广播电台成立六十周年】**2016年12月29日，扬中人民广播电台成立60周年，扬中市广电中心在市政大礼堂举办主题为"感恩有你、一路同行"的欢庆会，市委常委、宣传部部长陆艳华出席欢庆会。扬中人民广播电台于1956年5月10日正式开播。60年来，一代又一代广播人以饱满的政治热情、精湛的技术业务，积极投身扬中改革发展的火热实践，为扬中市经济社会各项事业发展做出重要贡献。欢庆会上，老中青广播人用精彩纷呈的演出展现良好的精神风貌，现场氛围热烈，掌声不断。（广电中心 徐彦玲）

扬中人民广播电台60周年台庆

**【新广播电视塔建设】**2016年，扬中市广电中心完成新广播电视塔的工艺设计和建筑设计方案，做好场地填土、地勘、环评等前期工作，完成环评工作和施工图纸的初步设计，并召开评审会对图纸提出修改意见，进行广电塔电力工程接入工作洽谈、自来水接入工作协调、项目可研报批、防洪风险评估报批等相关工作。项目可研、建设用地规划许可证等相关手续审批结束。

（广电中心 徐彦玲）

## ·档 案·

**【概况】**2016年，扬中市档案工作坚持"创新、协调、绿色、开放、共享"的发展理念，主动适应经济社会发展的新常态，促进全市档案事业创新发展、科学发展，被省档案局表彰为"全省档案系统先进集体"，获得"镇江市文明单位" 称号。指导帮助有关单位做好农村土地确权、"五水联治"等市委、市政府重点工程、重大活动、重要工作的档案整理工作，接收创园档案进馆。《江洲记忆》编辑出版发行。加快数字档案馆(室)建设进程，完成规划局、交通局、大航集团3家单位3A级数字档案室创建。住建局创成省五星级档案室，规划局创成省四星级档案室，荣德新能源有限公司、堤管所、油坊财政所、德云村等8家单位创成省三星级档案室。完成上级要求地税局、国土局、南自通华电气集团有限公司等24家单位5年到期等级档案工作复查。开展全市档案工作年检，对全市91家单位进行实地检查。加大教育、就业、社保、医疗、住房等民生档案在馆藏中的比重，接收10家单位到期档案进馆。接收民政局退役军人档案110袋、人社局会计档案2932册和社保中心寄存的退休人员档案5371人/盒8413册(盒、袋)。指导市妇幼保健所整理出生医学证明档案，直至进馆。接收政府办、财政局、三桥指挥部等13家单位保存满10年的档案15000余卷（册）。征集有价值的档案资料100件(册)左右。征集到家(族)谱、院士学籍登记、清朝至民国年间田契、举人家族"分书簿""放歌河豚岛"文艺晚会、原扬中市市领导陆朝银与卢万福拍摄的照片、季成富拍摄的老照片、民间印刷手工艺品等档案和《江洲水韵》《扬中地名故事》《美在扬中文学作品集》《扬中统计年鉴》等地情资料364卷(件、张、盘)，馆藏照片、实物档案以翻番的速度增长。举办"我的家族故事"线索征集活动，研究现存的16部家谱。加强档案实体安全和信息安全，完善监控系统，超额完成馆藏档案的全文扫描任务，扫描档案120余万页，输入目录10万余条，馆藏档案数字化率已超过60%。对外查阅利用窗口接待查档2000余人次，提供利用档案资料5000余卷(件、册)。（市档案局 朱颖）

**【赠送《江洲记忆》】**2016年，扬中市档案局向全市各单位和党代表、人大代表、政协委员赠送《江洲记忆》。《江洲记忆》分为风雨征程、古迹探踪、硝烟往事、邂逅名人、乡土风情、岁月深处六个部分，内容涵盖扬中的政治、经济、人文，时间跨度逾百年。该书通过记录扬中历史，反映地方文化风情，发挥档案工作留史存真、资政育人的作用。 （档案局 朱颖）

**【宗谱族谱捐赠】** 2016年4月8日，扬中匡氏后人匡在凤、姚氏后人姚华分别向档案局捐赠《匡氏族谱》《姚氏宗谱》。此次所捐赠的《姚氏宗谱》16本，保存较为完善，文字没有缺失，按序排列整齐。《匡氏族谱》10本，由于岁月变迁，该宗谱至今已经破损很严重，纸张开始破烂，亟待修复。 （新闻中心）

市民捐赠的宗谱族谱

**【扬中市住房和城乡建设局档案工作通过省五星级测评】** 2016年12月，江苏省、镇江市档案专家组测评扬中市住房和城乡建设局档案工作，经过听取汇报、实地察看、综合评议，该局档案工作以118分高分通过省五星级测评。扬中市住房和城乡建设局档案室总面积160平方米，阅档室60平方米，陈列室110平方米。配有24组密集架，集中统一管理本局文书、业务、基建、会计、声像、实物等档案，已有室藏档案1.2万余卷。 （档案局 朱颖）

**【农村土地经营权确权登记颁证档案验收工作】** 2016年，扬中市圆满完成59个涉农村（社区）的土地经营权确权登记颁证成果的市级验收工作。在验收前，扬中档案局指导人员与验收人员深入行政村，进行档案材料收集、整理、归档的指导，确保第一手材料的齐全完整、真实有效。根据国家、省要求，制定检查验收方案；在验收工作中，严格对照验收方案标准，逐条打分，对验收工作中发现的问题，要求行政村进行整改。对有些问题突出的行政村，在整改符合要求后再行验收。从验收结果看，大部分行政村都达到优秀和良好标准；在验收后，验收小组将对在验收过程中反馈的问题进行回头看，确保农村土地经营权确权登记颁证档案工作的质量。 （档案局 朱颖）

**【“陈秋平劳动日记”档案】** 2016年12月20~21日，江苏省档案局在徐州召开全省家庭建档现场观摩会。会上有6个市及个人就怎样做好家庭建档进行发言，扬中市档案局作“以档案学会家庭档分会为平台大力推进家庭档案工作”经验交流，同时展示扬中市陈秋平的劳动日记。该部分档案是陈秋平1967~1981年劳动、生活及社会活动的真实记录，反映改革开放初期底层农民生产、生活、人际关系及风土人情，有一定史料和研究价值，受到与会人员好评。 （档案局 朱颖）

**【民间印刷工艺品捐赠】** 2016年4月5日，扬中市档案馆赴八桥镇红光村3中队，征集到83岁黄步来老先生早年在上海、北京从事印刷留下的5幅工艺品（石印手工版《红狮牌上浆扑克》、半手工半照相版《老公公的大萝卜》、教材插图《幼儿教育——辨识昆虫的小姑娘》、黑白照合成彩照的修版《农村通上电》、1958年第14期《农村青年》杂志封面《空军飞行员》）和1张1958年4月13日出席中华全国青年第三次代表大会与刘少奇、周恩来、邓小平等党和国家领导人的合影照，并现场为他颁发捐赠证书。 （档案局 朱颖）

## ·史 志·

**【概况】** 2016年，扬中市史志部门以“资政、存史、育人”为根本任务，拓展党史、史志工作领域，完成各项工作。序时推进《中共扬中地方史》二卷本、三卷本编纂，搜集各类党史文字资料500余万字，图片100余幅，查阅档案9000余份，摘抄史料百万字。2016年，《中国共产党扬中历史1949~1978》（二卷本）完成编纂并出版；启动《中国共产党扬中历史》三卷本编纂；校核、考证、补充、纠讹、修订《扬中县志》，2016年10月，修订再版工作完成预定目标，进入出版程序。镇村志、部门志、行业志编纂工作有序开展。至2016年年底，《扬中法院志》举行首发式，《土地志》《供电志》《卫生志》出版发行，《西来桥镇志》完成文字编纂进入出版程序，《新坝镇志》《新坝立新村志》编纂有序推进，《住建志》《工会志》《科协志》《朝阳村志》等相继启动。全方位、多渠道推进党史宣传教育，举办“华厦银行杯”扬中市史志知识大奖赛，持续开展史志书籍“六进”（进社区、进学校、进机关、进部队、进企业、进农村）活动，组织开展红军长征英雄事迹报告会、党史知识宣讲团。 （史志办）

【“华夏银行杯”扬中史志知识电视大奖赛】2016 年 12 月 19 日，“华夏银行杯” 扬中史志知识电视大奖赛开赛。此次比赛由华夏银行冠名，扬中市委组织部、市委宣传部、市级机关工委和扬中史志办联合主办。市级机关、教育系统、5 镇 1 区的 54 支队参赛，比赛分海选、复赛和决赛 3 个阶段。选手通过阅读《扬中市志(1986~2006)》《扬中年鉴》《中国共产党扬中历史》(二卷本)，寻找 1800 条扬中史志题目的答案并记忆。比赛现场分必答题 10 条、抢答题 10 条，由选手在题库中随机抽取题目进行答题，答对者加分，答错不给分。经过海选，决出 24 支队伍进入复赛，再决出 8 支队伍进入决赛，分出一等奖一名、二等奖两名、三等奖四名。 (史志办)

2016 年 12 月 19 日，“华夏银行杯”扬中史志知识大奖赛

【地方志学会换届】2016 年 3 月 31 日，扬中市地方志学会理事会召开理事代表大会，总结市地方志学会第二届理事会工作，举行换届选举。市史志办负责人、上届理事会会长孙金林，以及 20 余名会员代表出席会议。会议学习和讨论新修订的《扬中市地方志学会章程》，选举产生新一届领导机构。 (史志办)

【镇江史志成果巡展】2016 年 5 月 26 日，镇江史志系统纪念《地方志工作条例》(以下简称《条例》)颁布实施十周年成果展扬中站在通达商厦门前广场举行。活动现场主要以布置宣传展板向广大市民展出《条例》颁布十年来镇江史志系统所做的工作和取得的成绩，以图片形式让普通老百姓更简单、直接地了解地方志工作。现场发放 40 套《扬中年鉴》给来往群众，详细解答市民所提出的关于扬中历史、地方志、党史方面的问题，以宣传地方志政策法规，普及史志知识。 (史志办)

【《扬中法院志》出版发行】2016 年 11 月 22 日，扬中市人民法院举行《扬中法院志》发行仪式。《扬中法院志》上限为事物发端，下限至 2013 年。该志采用章、节、目体例，横排纵写，篇目结构合理。设审判机构、党群组织、诉讼制度、诉讼程序、刑事审判、民事审判、商事审判、行政审判、案件执行、未成年人案件审判、诉调对接、综合管理、司法行政装备、队伍建设 14 章，章下设 72 节、141 目。《扬中法院志》是扬中市历史上第一部法院专志。 (史志办)

## ·图 书·

【概况】2016 年，扬中市新华书店实现营业收入 2093.43 万元，利润 169.7 万元。认真做好政治读物征订工作，年内完成《习总书记关于严明党的纪律读本》系列图书 3000 余册，“六个一” 系列学习图书 700 余册，《习总书记重要讲话(2016)版》及“两学一做”系列图书 5 万余册，《家风系列》 图书 1000 余册，《尺度》 1000 册。年内发行中小学教材 25.62 万册，教辅发行 17.08 万册，幼儿教材发行 2.5 万册，码洋 38.01 万元，大中专教材发行码洋 104.9 万元。开展“校园人文行”活动，先后邀请著名儿童探险文学作家彭绪洛、军事儿童文学作家八路、著名文学作家王开岭到扬中举办讲座 8 场，签售儿童读物 4000 余册。(新华书店 朱雪萍)

【“红领巾书屋”开设】2016 年 6 月 1 日，扬中市新华书店在新坝中心小学开设扬中市第一家 “红领巾书屋”。该书屋采取自助式付款的方式，完全由学生自主管理、自主经营。书店盈利将大部分反哺学校，奖励优秀阅读推广人和资助贫困生阅读，努力将“红领巾书屋”打造成学生社会实践的基地、诚信教育的基地和爱心奉献的基地。 (新华书店 朱雪萍)

【凤凰 EQ 机器人】2016 年 5 月，扬中市新华书店响应国家“大众创业、万众创新”的号召，加强青少年在智力和专注力方面的培养，在文化北路新华书店二楼引进“凤凰 EQ 机器人”培训项目。该项目致力于服务 3~16 岁中国儿童和青少年的科技创新教育，在教授相关的科技知识的同时，注重创新思维及创新能力的培养，有利于提升孩子们的动手和创新能力。经过半年的学习和培训，2016 年 9 月参加镇江市第三届青少年机器人科技竞赛，同年 10 月，参加 2016 年江苏省 POWER Tech 仿生机器人创意大寒暨凤凰 EQ 教育机器人大赛，取得一、二、三等奖的成绩。 (新华书店 朱雪萍)

用,真正使黄金水道产生黄金效益,让母亲河永葆生机活力,把扬中建设成为全国闻名的生态岛城。

(新闻中心)

·媒体聚焦·

**【媒体聚焦“智慧长江”】**2016年1月9日,新经济(智慧长江)高峰论坛在扬中举行。人民网、新华网、《新华日报》等全国、省、市各大主流媒体对此进行报道。人民网的《江苏扬中:设智慧长江引导基金促经济动能转换》、新华网的《智慧长江“论剑”扬中 描绘发展“新蓝图”》、中新网的《“智慧长江”高峰论坛开幕专家学者共商“长江经济带”发展之道》等一批优秀稿件,阅读点击率极高。此次活动吸引40余家媒体的关注,各大媒体刊登原创稿件60余篇,吸引130余家网站、微博、微信公众号的竞相转载。纸媒方面,《新华日报》1月10日的要闻版对此进行报道,《江苏经济报》连续两天在1版的重要位置对此次活动进行报道。江苏电视台、电台也对此进行关注。其中江苏电视台《新闻空间站》的《新经济智慧长江高峰论坛》新闻,在24小时内网络点击量10347次。

(新闻中心)

**【央视第7频道走进朝阳机电】**2016年3月,央视第7频道到扬中,走进镇江朝阳机电科技有限公司,就科技创新等工作采访该公司董事长朱朝平。镇江朝阳机电有限公司是扬中市一家民营企业,始终注重科技创新。该公司研发的电梯部件无论从产品的安全性和实用性上,都处于业内的前沿,在省内尚属首创,引起央视的关注。

(新闻中心)

**【央视财经频道报道扬中“留白”发展理念】**2016年3月11日,中央电视台财经频道《经济信息联播》节目播放《江苏扬中:黄金水道主动“留白”》主题新闻,真实再现扬中多年来坚持生态优先、绿色发展,建设生态扬中的经验做法。

作为长江中的第二大岛,扬中拥有120余公里的长江岸线资源,深水岸线48公里。近年来,扬中市策应国家长江经济带建设战略,主动融入沿江开发,坚持“在保护中开发、在开发中保护”,坚持“留白”发展理念。市环保局党组书记、局长郑鲁军在接受央视记者采访时说:“在长江岸线资源使用上,主要解决好近期利用和远期计划开发关系,强调持续发展,对不符合生态保护的、环评不达标的项目,坚决予以否决,宁可不开发也不能破坏长江岸线生态资源。”扬中长江岸线仅开发4.9公里,90%的深水岸线尚未开发。“十三五”期间,扬中将依托长江黄金水道坚持走生态优先、绿色发展之路,有效促进长江岸线资源的可持续开发和高效利用,真正使黄金水道产生黄金效益,让母亲河永葆生机活力,把扬中建设成为全国闻名的生态岛城。

**链接:岸线“留白”留出“金色名片”**

长达数十公里的长江岸线上,生长着杨树、芦苇等防风挡浪植物,完全保持着原生态风貌;而在一江之隔的对岸其他县市,各种企业和大大小小的码头则遍布了整个岸线。这是记者近日乘船沿扬中市境内的长江顺流而下时看到的对比鲜明的场景。

“绿水青山与金山银山是一对相辅相成的孪生姐妹。在长江岸线资源的利用上,我们一直坚持生态优先,在保护中开发,在开发中保护,向‘黄金岸线’要‘黄金效益’。”市委书记潘早云表示。

**5/6深水岸线主动“留白”**

作为四面环江的“江中明珠”,扬中市自然岸线总长度达129.2公里,主江岸线47.5公里,宜港深水岸线近30公里,而已开发深水岸线仅4.9公里,5/6处于待开发状态,占镇江港全港未利用宜港深水岸线的比重超过70%。

作为一个工业强市,又坐拥如此优质的长江岸线资源,为何偏偏在岸线利用上留下了发展“盲点”呢?对此,市委常委、常务副市长艾晓晖解释道:在岸线开发利用上,扬中遵循的是“留白是为了更好地发展”的开发理念,对项目必须千挑万选,好中选优、优中选精,要努力让最好的资源发挥最佳的效益。“如果没有好项目,那就放一放、缓一缓,为今后发展留下更多空间。”

节约、集约开发利用港口岸线资源,关键在于机制。据市环保局局长郑鲁军介绍,改革开放30余年来,扬中历届市委、市政府始终拧紧制度总开关,坚持可持续发展。在具体工作中,主要坚守发展和生态两底线,通过实施三个举措,确保扬中市有限的宝贵岸线资源得到有序、环保、合理、高效、可持续开发利用,切实做到经济效益、社会效益、生态效益同步提升。

首先是在项目环保审批上严格把关,对引进项目进行“绿色审查”,高能耗、高污染、附加值低的港口项目坚决不予审批,对具有战略发展前景、符合生态环境建设要求、符合产业政策的港口项目,开辟“绿色通道”;同时在岸线利用上坚持可持续发展,处理好近期利用与远期优化开发、持续发展的关系,通过建立岸线储备,合理开发和提高利用港口岸线效率;再者,严格控制岸线过度使用,坚决反对一哄而上造成浪费,提高岸线的使用效率。扬中市已累计否决审批项目超过200个。

**岸线使用定位“高标”**

走进经开区圣灏码头项目作业区，隆隆机器声不绝于耳，吊机、桩机等大型机械与工人协同作业，一派热气腾腾的建设场面。据悉，该项目自2014年开工建设以来，目前，一期工程已建设完成，顺利成为一类对外开放口岸；二期工程正在建设中，将建成长江岸线唯一一个滚装船低平台装卸码头，实现全天候、全自动装卸操作。

圣灏码头是扬中市临港产业高端发展的一个突出代表，不同于大部分码头经营散杂货和石油化工，圣灏在建设前就进行了高标准的市场定位，拟在3~5年内，打造华东地区工程机械及汽车、化肥、粮食交易供应链基地，年交易额超过100亿元。

记者从市交通局了解到，目前，该市获批使用岸线的企业仅5家，基本是发展无污染的高端制造业和绿色港口运输。同时，市口岸办每周都会对全市岸线使用情况进行巡查，一旦发现违法违规侵占、破坏岸线的情况，立即上报并协同相关单位进行查处纠正。

新韩通船舶重工是扬中市一家以建造海洋工程和船舶为主的大中型船舶的公司，获批使用深水岸线2.3公里，2015年纳税销售收12.57亿元。公司副总经理顾大局告诉记者，在岸线使用中，他们与扬中市政府有着一纸合约规定：只对获批使用的那一段深水岸线进行开发，其他的前后必须保持原生态的、绿色的滩涂资源，确保环境的原生态。

如今，“留白”的岸线已成了扬中市吸引国内外客商的闪亮“名片”，据该市招商中心主任袁进介绍，“目前光是看中扬中这片黄金岸线的企业，我们在手的就有30余家。其中不乏世界五百强企业、知名跨国公司还有一些大型的央企。”

**高科技产业唱经济主角**

守着黄金水道却主动留白，这样的发展策略会不会让扬中错过发展机会，影响到当地的经济发展？答案是否定的。

大全集团是扬中市的龙头企业，去年销售收入达到200亿元，其中地铁、机车牵引设备销售份额达到全国的70%。集团执行总裁葛飞告诉记者，目前公司高科技业务一个是在电方面，为大型电机提供变频控制装置，降低大电机的能耗；另一个是在水和气方面，使用一些自动压力装置、阀门装置、自动控制系统来降低使用量，对一些高污染、高能耗企业，可降低10%的能耗。记者了解到，近年来，该企业用于智能化产品的研发经费占销售收入4%左右，重点研究电力装备的可靠性、配电网络智能控制技术等一批关键共性技术，实现测量、控制、状态、功能、信息的全方位智能化，研究成果在同行业处于领先水平。

在严把岸线资源的同时，扬中市把岛内的发展重点放在科技含量高、耗能低的高科技产业上，通过加速推进科技创新，突出转型升级，经济质态得到了稳步提升，2015年，全市应税销售、工业增加值增幅在镇江保持领先。

扬中市实施了创新驱动战略，进一步完善政策体系，加大创新投入，营造了大众创业、万众创新的良好氛围；加快高新技术产品、高新技术企业和创新型领军企业培育，有效强化了企业主体创新。同时，进一步壮大创新载体平台，搭建政产学研合作平台，引进高层次人才，目前，全市高新技术企业达117家，万人发明专利拥有量20.29件，每万名劳动力中研发人员数192名。 (新闻中心)

**【全媒体聚焦扬中河豚】**2016年3月18日，第十三届中国扬中河豚文化节暨全国首届河豚烹饪精英赛开幕，近40家国家、省、市主流媒体现场采访，集中报道河豚文化节、烹饪精英赛盛况以及扬中发展成果，掀起新一轮城市形象和节庆文化的宣传热潮。

“扬中河豚”跃上主流纸媒体。《新华日报》将旗下“交汇点”新闻与扬中河豚文化节深入融合，以《“交汇点”走进扬中河豚文化节》为题，进行特别报道。《镇江日报》刊文报道，称“开幕式现场举行全国首届河豚烹饪精英赛，来自全国各地的46名选手，各展烹饪绝技，带来一场视觉与味觉的饕餮盛宴”。

“扬中河豚”游入各大新闻网。20余家新闻网站刊登、转载河豚文化节相关稿件。其中，新华网在报道中重点关注扬中生态保护情况，盛赞“绿色生态成为河豚岛闪亮名片”；中江网连续刊载《以节庆助推经济文化交流，第十三届中国扬中河豚文化节开幕》《“八条政策”助推高新区高位发展》《实施岸线“留白”，只为绿水青山》等5篇文章，对扬中进行系列报道。此外，中新网、新浪网、凤凰网、腾讯大苏网、江苏经济网、扬子晚报网、现代快报网、金山网等主流新闻网站也进行高密度报道。

“扬中河豚”刷爆微信朋友圈。通过借力镇江梦溪论坛以及扬中论坛、扬中热线、微扬中、扬中百事通等知名论坛、微信公众号，对河豚文化节和河豚烹饪精英赛开展专题推送，广大网友、微友纷纷在朋友圈进行转发，形成“裂变”传播效应，“扬中河豚”成为微信朋友圈

的热点和焦点话题。 （新闻中心）

**【《美丽中国乡村行》栏目组走进扬中】**2016年3月，中央电视台7套《美丽中国乡村行》栏目组走进扬中，进行为期5天的专题片拍摄。此次拍摄的主题是“长江两岸是我家——走进中国河豚岛·扬中”。《美丽中国乡村行》是央视7套黄金栏目，每晚18:05播出，时长25分钟。该栏目策划的大型系列节目《长江两岸是我家》已在长江两岸多座城市成功拍摄，影响巨大。第十三届河豚文化节开幕之际，该栏目组走进中国河豚岛，从美食文化、节庆活动、乡村旅游等多角度拍摄扬中作为江岛型城市的特色与魅力。 （新闻中心）

**【江苏卫视录制《治家格言》】**2016年11月，江苏卫视《廉政时空》栏目赴扬中市联合中心小学，录制其自编自演的《治家格言》专题节目。《治家格言》是联合中心小学编排的一个有关家风家训的吟诵类节目。该校着力打造诗词教育特色，努力让学生拥有熔铸在古诗文中的中华民族的智慧、风骨、胸怀、操守，成为富有文化底蕴的新一代。 （新闻中心）

2016年11月，江苏卫视到联合中心小学录制《治家格言》

**【中央人民广播电台聚焦扬中长江生态保护】**2016年3月，中央人民广播电台记者专程到扬中就长江岸线保护性开发话题开展为期2天的专访。此次采访主题由中宣部确定，在形式上首次采用广播记录片的形式，宣传的层次和要求高，在全国所有沿长江的省（直辖市）各选1个点，除太湖单独采访以外，扬中是江苏省唯一的采访点。央广记者一行以南江码头综合整治为切入口，到滨江湿地公园和长旺作业区，专访市交通局副局长祝明伦、人大代表张广柏和相关企业代表，并与博联明珠农商城的商贩们以及“河豚大师”周长顺进行互动，全面深入采访保护长江岸线资源、长江生态环境，进行生态创业的各项举措。该节目制作完成后将在中央人民广播电台《新闻和报纸摘要》《新闻纵横》两档“黄金栏目”播出，并同步登陆央广网。 （新闻中心）

**【新闻中心13件作品获奖】**2016年5月，2015年度中国县市区域新闻奖评选揭晓。经过评审委员会严格、认真的评审，由扬中市新闻中心选送的“跨越十二五”系列综述等13件作品获奖。此次评选，市新闻中心三类稿件摘获一等奖。其中“跨越十二五”系列综述获系列报道类一等奖，《让“纪律敬畏”成自觉》获通讯类一等奖，《这一趟扬中行，他苦等半个世纪》获微信公众号、新闻客户端一等奖。同时，《她带脑瘫弟弟出嫁，40年不离不弃》《烈士的嘱托冰封珠峰脚下，跨越半个世纪回到扬中》获通讯类二等奖，《六十载拥军情》等其他8篇稿件获三等奖。 （新闻中心）

# 医疗卫生

## ·综 述·

**【概况】**2016年，扬中市有各级各类医疗卫生机构92所，包括公共卫生机构2所、妇幼保健机构1所、综合医院1所、中医院1所、乡镇卫生院5所、城市社区卫生服务中心1所、专病防治机构4所、门诊部5所、护理院2所、村卫生室40所、城市社区卫生服务站7所、诊所（含中医坐堂诊所）23所。其中，政府办非营利性医疗机构64所，社会资本办非营利性医疗机构5所、营利性医疗机构18所。全市医疗机构设置床位1110张，其中市人民医院600张、市中医院150张、乡镇卫生院（社区卫生服务中心）220张、护理院140张。全市卫生从业人员2184人。其中卫生技术人员1733人，执业（助理）医师757人，注册护士664人。全市各医疗卫生单位完成门急诊203.7万人次、住院3.63万人次，实现业务收入4.62亿元（不包括财政补助收入），实现业务收支结余1636万元。 （卫计委 张军）

**【行风建设】**2016年，扬中市卫生计生系统建立“两个责任”分解落实制度，明确“两个责任”清单，分别与11位分管领导、9个业务科室和12个市直单位负责人签订落实党风廉政建设“两个责任”责任书，逐层逐级将党风廉政建设“集体责任”“个人责任”落实到班子成员、业务科室和市直单位。卫计系统首届文化艺术节突出廉政勤政主题，策划开展“勤廉卫计”书画作品展、廉政医风、家风征集、医德医风精品故事会等活动。卫计委党委班子成员分别带队，深入全市各基层医疗计生机构开展党风廉政调研，与基层医护人员面对面座谈交流，针对调研中发现的问题，有针对性地开展警示教育、警示约谈，邀请检察院、审计局、财政局、高等院校的专家领导为干部职工上廉政警示教育课，尤其是针对二级医院医药购销领域的腐败问题做系统的警示教育。狠抓专项整治工作。组织第三方满意度调查评估，运用科学的评价体系评估医疗服务工作，提升医疗服务水平。全年组织专项调查12次，满意度98%。

（卫计委 赵红梅）

**【医药卫生体制改革】**2016年，扬中市继续深化公立医院改革，全面实施医药价格综合改革。年内，人民医院、市中医院药占比为33.5%，平均住院床日同比下降0.72天，门诊均次费用同比下降16.92%，住院均次费用同比下降8.36%。继续落实基本药物制度，全年让利群众742万元；实施医院内部管理机制创新，市人民医院、市中医院全面开展“品管圈”活动，市人民医院组圈9个，市中医院组圈10个。其中，市人民医院有1个“品管圈”获得镇江市二、三级医院“品管圈”竞赛二等奖。完善院前急救体系建设，2016年，在八桥地区设立医疗急救分站，救护车驻车至八桥中心卫生院，全市院前急救响应时间进一步缩短。继续推进医疗卫生重心下移、资源下沉工作。市临检中心开展各项临床检验服务3.84万人次。其中特殊检验2769人次；市影像中心为基层远程审核摄片质量和报告质量2.28万人次，驳回修正388份报告；市消毒供应中心为基层集中供应消毒包533个。其中，植入性器械1.38万件。新建“病理诊断中心”，2016年累计为基层医疗机构病理检查213份，组织质量控制检查和指导6次。继续加强基层医疗卫生机构标准化建设，乡镇卫生院（社区卫生服务中心）省级示范率100%，省级示范村卫生室总数19个。村卫生室执业（助理）医师拥有率100%。继续推进分级诊疗和双向转诊，全年上转病人508人次，有效下转病人132人次。全市设立康复联合病房30张，接收病人132人。落实城市医院对口支援基层卫生工作机制，下派8名医生到基层医疗卫生机构进行支援服务。下派“名誉院长”6人和专科护士12人，组团到基层挂职服务，累计开展查房168次，接诊病人1654人次，开展示范手术2例，质控住院病历87份，开展处方点评1426张，收到专科发展建议2条；协助创建乡镇卫生院特色科室2个。

（卫计委 张军）

**【“全国健康促进县”通过“国考”】**2016年10月20~21日，由江苏省卫计委卫生计生监察专员、江苏省爱卫办常务副主任陈晓进带队的“全国健康促进县”国家考核评估专家组考核验收扬中市试点建设工作。经评估，考核组认为扬中“全国健康促进县”各项指标达到试点建设的标准要求，顺利通过“国考”。考评组专家一致认为，扬中市全国健康促进县试点建设工作领导重视，部门联动，措施得力，完成试点建设的各项目标任务，走出一条符合扬中实际的健康促进之路。

（新闻中心）

## ·医政管理·

**【医疗行业监管】**2016年，扬中市依法做好医疗机构准入、校验、审查等工作。年内，完成78所医疗机构校验审核工作，暂缓校验1所，对61所医疗机构落实不良记分管理。做好医师资格考试审核、执业注册管理等工作，完成61名执业医师的注册、变更、注销备案工作，完成38名医师资格考试人员审核，完成新获执业资格的17名医师、7名护士执业资格审核、注册，完成29名注册到期护士再注册，5名医师获批多点执业。

（卫计委 张军、尹越）

**【医疗服务】**2016年，扬中市落实《江苏省改善医疗服务24条具体措施》，改善医疗服务行动计划和疾病应急救助等工作。年内，扬中市人民医院开展“技术创新推进年”主题活动，围绕“创、推、练、宣、评”五个方面，组织各科室深入开展技术创新、技能培训等活动，27个科室上报“创”29项、“练”36项。市人民医院实行分层挂号、收费，设立楼层导诊服务，开设慢病门诊，实行电子排队和叫号，开设专家会诊中心，推行多学科协作诊疗模式，落实弹性工作和预约诊疗制度，医疗服务模式得到创新和发展；市中医院优化功能分区，美化诊疗环境，改善服务流程，落实分层挂号、收费、导诊和预约诊疗服务，开设健康管理中心，中医药服务特色得到彰显。继续落实优质护理服务工作，全面开展“优质护理服务示范病房”创建活动，市人民医院、市中医院拥有A类病房分别为9个和2个，新坝中心卫生院综合病区、经济开发区兴隆卫生院二病区获得“扬中市基层医疗机构优质护理病房”称号；加强市级专科护士培养和使用管理，接受专科护士培训10人。

（卫计委 张军、朱丹）

**【医疗质量提高】**2016年，扬中市继续落实医疗核心制度，持续开展“三基”“三严”训练，各乡镇卫生院（社区卫生服务中心）“三基”考试平均合格率82%、及格率

98%。市人民医院住院病历质量在镇江市组织的病历质控检查中甲级率为90%，市中医院住院病历质量在镇江市组织的病历质控检查中甲级率为93.3%。2016年,市人民医院落实临床路径病种102个,临床路径病种住院人数8168例,入组率91.65%,完成率92.39%;市中医院落实临床路径病种16个,进入临床路径管理754例次,入径率为62.1%,完成率96.43%。市人民医院平均住院床日8.16天，市中医院平均住院床日为7.64天,市人民医院比2015年下降0.5天。市人民医院门诊患者抗菌药物处方比例为19.8%，住院患者抗菌药物使用率为52.9%；市中医院门诊患者抗菌药物处方比例为19.75%，住院患者抗菌药物使用率为71.67%。全年未发生医院感染事件。临床成分输血符合率100%。（卫计委 张军、朱丹）

注释:“三基”即基本理论、基本知识、基本技能。“三严”即严格要求、严密组织、严谨态度

**【中医药管理】**2016年,扬中市巩固“全国基层中医药工作先进单位”创建成果,加大中医药设备投入和设施改善，不断推进中医综合治疗区建设和中医适宜技术推广。西来桥镇卫生院完成中医综合治疗区改造工作。基层医疗机构中医综合服务区实现全覆盖。其中,三茅街道社区卫生服务中心、经开区兴隆卫生院、八桥中心卫生院的中医综合治疗区通过镇江市级验收。大力推进中医药文化建设,累计开展24次中医药巡诊巡讲活动，中医药参与预防保健及康复的项目全面达到目标要求。（卫计委 张军、朱丹）

**【平安医院创建】**2016年，扬中市推进平安医院建设，建立一站式医疗纠纷沟通调解组织，落实医疗责任险52.64万元。年内,市人民医院、市中医院设立医疗纠纷沟通办公室,落实医疗责任保险制度,妥善处理医患纠纷,严格落实医疗纠纷第三方调解制度,全年未发生重大医疗责任事故和涉医违法犯罪案件，第三方医疗纠纷调处率持续维持95%以上。（卫计委 张军、朱丹）

**【八桥中心卫生院获评全国“2015~2016年度群众满意的乡镇卫生院”】**2016年，八桥中心卫生院经过自评、逐级审核、现场抽查、公示等程序,获全国“2015~2016年度群众满意的乡镇卫生院”称号。自2014年启动创建国家级“群众满意的乡镇卫生院”以来,该院以群众医疗卫生服务需求为导向，以群众满意为立足点和出发点,出台16项便民措施,梳理出四大类27个问题进行整改;先后投入300余万元,加强基础设施和内涵建设,提升服务质量和运行效率,激发卫生院内生动力,院内外环境、医疗质量、公共卫生服务水平均取得显著进步，群众对该院医疗卫生服务的满意度不断提高。（八桥中心卫生院 祝贞贵）

**【2016年公共卫生服务启动】**2016年4月17日,扬中市正式启动2016年公共卫生服务。副市长蔡萍为新组建的12支公共卫生服务项目服务团队授旗。活动现场,各卫生计生单位的9支咨询服务团队,为市民提供二孩政策等卫生计生法规,高血压、糖尿病、中医药、老年人和妇女儿童健康管理等方面的咨询和义诊服务。（新闻中心）

## ·卫生科技与教育·

**【卫生科技】**2016年，扬中市级医院申报科技立项7项。其中,市人民医院申报镇江科技项目立项1项、重点卫生科技项目立项2项,完成科技鉴定(结题)4项;市中医院获得省中医管理局立项1项，镇江科技立项1项,扬中市科技立项2项,完成结题1项;获得镇江市医学新技术引进奖一等奖1项，扬中市科技进步奖一等奖1项、二等奖1项,有21篇科技论文参加镇江市级评选;全年市级医院累计使用新技术、新项目33项。其中,市人民医院25项,市中医院8项,社会效益和经济效应得到明显提升。全市发表省级以上学术论文100余篇。（卫计委 张军、朱丹）

**【人才、专科建设】**2016年,扬中市根据省市基层卫生骨干人才遴选工作要求,出台《扬中市基层卫生骨干人才遴选实施方案》,选出26名基层卫生骨干人才。其中省级14人,扬中市级12人。全市卫生系统现有省级学科带头人1人,镇江市级学科带头人36人,扬中市级学科带头人64人。现有镇江市级临床重点专科4个(市人民医院肿瘤科、胸外科、消化内科、肾内科),专科建设单位1家(市人民医院临床护理专业);镇江市中医临床重点专科2个(市中医院脾胃病科、中西医结合儿科),建设单位1家(市中医院针灸推拿科)。现有扬中市级临床重点专科4个(市人民医院神经内科、普外科、麻醉科、医学影像科),专科建设单位2家(市人民医院病理科、妇产科);扬中市级中医临床重点专科2个(市中医院针灸推拿科、脑病科),专科建设单位1家(市中医院肛肠科);扬中市级临床特色科室6个(三茅街道社区卫生服务中心肛肠科、八桥中心卫生院腹腔

镜专科和体外碎石专科、经开区兴隆卫生院骨伤科和精神科、新坝中心卫生院慢病科)。

(卫计委 张军、朱丹)

【继续医学教育】2016 年,扬中市安排 7 名医务人员到市级医院务实进修,安排 13 名乡村医生开展实践技能培训。累计组织开展抗菌药物临床合理用药,麻醉药品使用管理培训,医疗质量管理等培训 25 场次,培训医务人员 3600 余人次。组织开展 2016 年扬中市基层岗位练兵和技能竞赛活动,选送 2 名医务人员和 1 支队伍参加镇江市级选拔赛,获得全科农村组三等奖 1 项。

(卫计委 张军、朱丹)

【中医院两专家获评"镇江市名中医"】2016 年 1 月,镇江市卫计委公布第二批名中医评选结果,20 名中医师榜上有名,扬中市中医院儿科主任中医师何文华、针灸推拿科主任中医师朱肇昕获评"镇江市名中医"。

(新闻中心)

【医疗援藏】2016 年 3 月 2 日,扬中市人民医院妇产科主任冯晓娟、中医院急诊科副科长顾润赴西藏自治区达孜县人民医院,开展为期 10 个月的医疗援藏工作。此次援藏任务是江苏省委组织部 2015~2019 年援藏援疆任务的重要组成部分,根据镇江市卫计委的要求,扬中选派 2 名医务人员参加第 10 批援藏医疗队到西藏自治区达孜县人民医院工作,工作时间 2016 年 3~12 月,专业要求为 1 名妇产科医生、1 名普内科医生。

(新闻中心)

2016 年,扬中选派 2 名医务人员参加省第十批援藏医疗队到西藏自治区达孜县人民医院工作

【4 家企业获江苏省医疗器械生产企业诚信单位称号】2016 年 5 月,2013~2015 年度江苏省医疗器械生产企业诚信总结表彰大会在南京举行,扬中市 4 家企业获得诚信企业称号。其中,"诚信优秀企业"2 家:镇江华扬乳胶制品有限公司、扬中金祥乳胶制品有限公司;"诚信企业"2 家:扬中美迪硅胶医用制品有限公司、镇江苏惠乳胶制品有限公司。本次评选由江苏省医疗器械行业协会举办,依据《江苏省医疗器械诚信单位评定办法》进行评定,经过企业申报、逐层筛选、复评、公示等程序,4 家企业因"守法规、重质量、讲诚信"榜上有名,评定结果将纳入企业的信用档案。 (新闻中心)

## ·疾病预防控制·

【传染病防治】2016 年,扬中市网络报告乙类传染病病种 8 种 319 例,发病率 93.27/10 万;丙类 4 种 1201 例,占法定传染病报告总数的 79.01%;各医疗单位肠道门诊登记腹泻病例 2701 例,病原检索率为 21.24%(574/2701),全人口检索率 1.68‰;报告并处置聚集性手足口疫情 35 起,重症病例 4 例。(卫计委 王毓彬、王伟)

【血吸虫病防治】2016 年,扬中市全年完成钉螺调查 2030 万平方米,发现钉螺 232.7 万平方米,灭螺 672.9 万平方米,钉螺死亡率 91.23%,活螺密度下降率 95.75%,有效降低钉螺密度,控制钉螺扩散,完成各类人群血吸虫病检查 1.68 万人次,化疗(含扩大化疗)152 人次,连续 44 年未发现急性血吸虫病感染病人。

(卫计委 王毓彬、王伟)

【艾滋病防治】2016 年,扬中市卫生系统开展多形式的性病、艾滋病预防知识宣传,发放各类宣传材料 8 万余份,初筛实验室、快检点检测 3.92 万人次,初筛阳性 18 例,累计管理艾滋病感染者 86 人,治疗 80 例,76 人纳入社区管理。 (卫计委 王毓彬、王伟)

【结核病防治】2016 年,扬中市卫生系统继续推行现代结核病控制策略,落实中盖项目,发现活动性肺结核病人 171 例。其中新发涂阳 47 例,复治涂阳 13 例,涂阳病人占活动性病人 35.1%;上一自然年新涂阳病人治愈率 87%。 (卫计委 王毓彬、王伟)

第 21 个"世界防治结核病日"主题宣传活动

【慢性非传染性疾病防治】2016年,扬中市累计登记高血压患者4.01万人,规范管理3.5万人,规范管理率87.18%,最近一次血压达标2.61万人,达标率65.09%,登记Ⅱ型糖尿病患者9316人,规范管理7638人,规范管理率均81.99%,最近一次血糖达标5936人,达标率63.72%,登记管理数量和质量有明显提高。全市重性精神病患者登记管理1402人,规范管理1302人,规范管理率91.21%,最近一次随访分类为病情稳定的1134人,重性精神病稳定率87.1%。(卫计委 王毓彬、王伟)

【免疫工作】2016年,扬中市卫生系统加强数字化计免门诊内涵建设,覆盖率85.71%;开设预防接种周末门诊;各种常规免疫接种,单苗接种率均超过95%;全面完成13所小学、19所托幼机构的预防接种证查验督查。 (卫计委 王毓彬、王伟)

【居民健康档案】2016年,扬中市卫计委继续完善健康档案,对档案信息不全,死档、废档进行删减,同时加强流动人口建档工作,新建居民电子健康档案7832份,截至年,底累计建立居民电子健康档案29.2万份,电子建档率85.1%。完成65岁以上老年人体检3.19万人,体检率72.3%。 (卫计委 王毓彬、王伟)

【生活饮用水监测管理】2016年,扬中市卫生系统对各类水质设立监测点,对全市10家生活饮用水供水单位常规监测12项(除丰枯水期外);丰枯水期监测34项指标;学校直饮水常规监测11项;并按国家、省、市要求网络直报丰枯水期监测结果,全年无错误点。2016年,全市累计监测各类样品218份(其中出厂水100份、末梢水50份、二次供水36份、水源水16份、直饮水14份、应急监测2份),合格212份,合格率为97.25%;检测项次4132项,合格项次为4126项,项次合格率为99.85%。 (市卫计委 王毓彬、王伟)

【乡村医生签约服务】2016年,扬中市继续推进乡村医生签约服务工作,将有偿签约的重点放在慢病管理方面,在全市所有村卫生室、“3+X”家庭健康责任团队和门诊医生中实施签约服务,全年累计有偿签约1.48万人。其中健康体检型5302人,血糖监测139人,胰岛素代购95人,糖尿病精细化管理1921人,高血压精细化管理7342人。 (卫计委 王毓彬、王伟)

【卫生应急】2016年,八桥镇和油坊镇建成“镇江市卫生应急工作规范乡镇”。 (卫计委 王毓彬、王伟)

## ·卫生监督执法·

【行政许可及处罚】2016年,扬中市全年发放各类许可证321户。其中公共场所许可发证316户,放射许可发证3户,生活饮用水许可发证2户。办理行政处罚案件50起,一般程序行政处罚案件29起。其中公共场所11起,非法行医16起,生活饮用水1起,消毒产品1例。简易程序行政处罚案件21起。其中学校卫生2起,其余均为公共场所。移送公安机关2起。全年未发生卫生行政诉讼和行政复议案件。(卫计委 朱月利、曹丽蓉)

【打击非法行医】2016年,扬中市查处无证行医案件16起。其中移送公安机关2起,没收违法所得4.83万元,没收药品、器械2019件,价值约1.4万元,罚款人民币9.85万元。约谈告诫20人次。组织公安、市场监管等部门联合检查4次,出动执法人员60余人次,出动执法车24辆次,检查重点监管和嫌疑人48人,发现涉嫌无证行医4人,立案调查处理2人,移送司法机关处理1人。 (卫计委 朱月利、曹丽蓉)

【公共场所卫生监管】2016年,扬中市卫生系统建立健全公共场所长效管理机制和卫生管理信用体系,强化日常性监督,监督覆盖率100%。全年,建立公共场所单位档案595家,建档率100%。完成旅店业、美容美发业、沐浴业、足浴业、公共场所控烟、游泳场所和集中空调通风系统7个专项整治和公共场所监督抽检快检任务。开展公共卫生监督检测,随机抽样46家,检测合格率100%。开展现场快速检测157家,检测合格率100%。继续开展公共场所量化分级管理,量化分级实施率100%。 (卫计委 朱月利、曹丽蓉)

【生活饮用水监管】2016年,扬中市卫生系统更新完善供水单位基础档案,建档率100%,做到动态档、文本档、电子档三档对应。重点加强对集中式供水单位监督管理,监督50户次,卫生监督覆盖率、快检覆盖率100%,年度监督频次、快检频次≥4次。7~8月,联合住建部门,开展高温季节生活饮用水卫生专项监督检查,消除饮用水卫生安全隐患。建立健全二次供水分级分类备案管理制度,开展二次供水水质快检分析,快检覆盖率30%。涉水产品生产企业监督覆盖率100%。检查3家净水器销售单位,对生产销售无卫生许可批件的江阴生产企业予以行政处罚。(卫计委 朱月利、曹丽蓉)

【放射诊疗监督】2016年,扬中市卫生系统检查放射诊疗机构11家,放射卫生技术服务机构1家,均建立职业健康监护档案,开展个人剂量监测,并建立个人剂量监测档案。 (市卫计委 朱月利、曹丽蓉)

## ·妇幼卫生·

【妇女保健】2016年,扬中市有产妇2784人,活产数2826人,建卡2784份,建卡率100%;其中非本省居住(1年以下)活产数274人,建卡孕产妇数274人,建卡率100%。早建数2717人,早建率96.1%。产前检查2784人,检查率100%,产前五次检查2726人,五次率96.5%。产后访视2758人,访视率99.1%。孕产妇无死亡。通过系统管理发现高危孕妇1267人,高危管理1267人,高危管理率100%,高危筛选率45.5%。住院分娩率100%。全市助产医疗机构活产数2619人,全年剖腹产1745人,剖腹产率66.6%。新生儿出生缺陷7人,出生缺陷率2.67‰。 (卫计委 梁勇、朱红芳)

【儿童保健】2016年,扬中市全年新生儿2826人,建卡2819人,建卡率99.7%;纯母乳喂养2421人,纯母乳喂养率85.9%。全市0~2岁儿童8235人,按程序系统管理7830人,当年系管率95.1%,3~6岁儿童7544人,健康管理7544人,健康管理率100%。全市新生儿死亡7人,死亡率2.48‰;婴儿死亡9人,死亡率3.18‰;5岁以下儿童死亡10人,死亡率3.54‰。

(卫计委 梁勇、朱红芳)

【托幼机构管理】2016年,扬中市19家托幼机构卫生保健合格率100%。开展托幼机构保教人员和入园新生健康体检,保教人员体检677人,受检率100%。儿童入托体检2799人,体检率100%。对7088名在园儿童进行健康体检,体检率100%。 (卫计委 梁勇、朱红芳)

【新生儿疾病筛查】2016年,扬中市新生儿听力筛查2616人,筛查率99.2%,筛查出阳性6例;新生儿遗传代谢性疾病筛查2629人,筛查率99.4%,发现甲状腺机能低下1例。发现高促甲状腺激素血症1例,甲状腺功能低下1例。重视阳性患儿跟踪随访,12月,对1名重度感音神经性聋患儿给予1000元的治疗经济补偿。 (卫计委 梁勇、朱红芳)

【婚前医学检查】2016年,扬中市完成1390对适龄青年婚前保健服务,婚前保健率85.6%。婚检率90.5%,疾病检出率6.3%。 (卫计委 梁勇、朱红芳)

【重大妇幼卫生项目】2016年,扬中市完成2.77万名35~64岁农村妇女两癌检查,确诊宫颈癌3例,乳腺癌10例;免费发放叶酸2269人;给1931名农村产妇发放住院分娩补助,累计96.55万元。全市孕妇艾滋病毒抗体、梅毒初筛、乙肝表面抗原检测率均为100%,规范治疗梅毒感染孕妇12名,对111名乙肝阳性孕产妇所生的112名新生儿免费注射乙肝免疫球蛋白。

(卫计委 梁勇、朱红芳)

## ·爱国卫生·

【概况】2016年,扬中市卫生系统大力开展爱国卫生各项工作,全国健康促进县试点建设顺利通过国家考核评估,城乡卫生创建成果得到进一步巩固提升。5月,扬中市人大专题考察扬中市国家卫生城市成果巩固工作,年底通过镇江市和省级复查暗访。加强对卫生镇村长效管理的指导,与环境优美乡镇和村庄环境整治工作紧密结合,对接受国家卫生镇复审的新坝镇和西来桥镇强化督导,顺利通过镇江市、省和国家组织的暗访。深入开展健康教育与健康促进工作,累计开展“世界卫生日”“5·31世界无烟日”等卫生宣传咨询活动市级8次,乡镇级35次,发放健康教育资料1万余份,发表健康教育活动相关报道40余篇。积极开展健康素养巡讲活动,邀请国家级巡讲师开展“健康大讲堂”活动1次,组织市级巡讲8场次、乡镇级38场次、村级107场次,受益群众数万人。4月,启动全国第28个爱国卫生月暨扬中市第6届健康教育宣传周活动。5月,与机关工委、文体局三部门联合开展机关事业单位职工工间操培训,7月举办市级机关工间操比赛;开展首届“万步有约”职业人群健走激励大奖赛,12支代表队140余人,参加历时100天、每天一万步的健走活动,获得江苏省先进单位;在《扬中日报》开展“共建健康扬中,同享美好生活”为主题的全民健康知识竞赛,组织1万余人参加报纸答题和微信竞答。累计印发12种健康教育宣传资料22余万份,各类健康教育杂志4种1000余本;发放健康家庭急救箱110个。大力开展健康细胞工程创建,新增市级健康餐厅(食堂)20家、健康社区(村)34家、健康机关事业单位32家,省级健康促进学校8家,市级健康促进示范企业9家、健康家庭110户,合计7类213家。建成森林公园等健康步道3条及丰收河健康教育主题公园1个。全面推进“将健康融入所有政策”策略的实施,动员全社会参与。在建设过程中突出健康政策开发、健康细胞工程建设、健康支持日常环境建设、无烟环境建设和健康促进活动开展,并注重与创卫长效管理、文明城市建设、慢性病管理、全民健身活动相结合。6月,全面完成各项建设任务,取得预期的工作成效。9月,通过镇江市级考核评估。10月,高分通过省级和国家考核评估,完成全国健康促进县试点建设任务。结合世界无烟日积极开展“六不”控烟宣传,即不吸烟、不敬烟、不劝烟、不送烟、不在公共场所吸烟、不在他人面前吸烟。在扬中电视台播放控烟公益宣传片,在《扬中日报》刊登警示图片和吸烟危害100条,普及烟草危害知识。联合9部门对学校、公共场所、医院、娱乐场所、交通场所等552家单位开展控烟专项督查,出动检查员659人次,下达整改意见书55份,巩固无烟草广告城市建设成果。在全市集中开展二次病媒生物综合防治活动。严格按照《江苏省病媒生物监测方案》要求,加强“除四害”的技术指导和“四害”密度监测,“四害”密度得到有效控制,巩固省病媒生物防制先进城市成果。强化饮用水卫生监测,全年监测水样82份,监测42项指标,水样监测合格率为96.40%。

(卫计委 曹佩红)

**【白蚁防治】** 2016年,扬中市白蚁防治中心与相关单位签订白蚁防治合同34份,合同防治面积65万平方米。白蚁防治施工131班次,防治面积46万平方米。灭治白蚁39次,灭治面积3700平方米。

(住建局 俞文清)

## ·计划生育·

**【概况】** 2016年,扬中市被江苏省人民政府命名为人口协调发展先进市,完成全国计划生育优质服务先进单位创建自查评审和镇江市的复查工作。2016年12月29日,获得国家卫计委正式命名;推进“优生促进”工程,全面完成省定免费孕前优生健康检查目标任务;做好全面两孩生育政策实施宣传、审批工作,人口自然增长率为1.4‰。

2016年,围绕国家免费孕前优生健康检查项目、增补叶酸、数字化服务站建设、家庭健康服务、实施幸福家庭建设工程、人口文化建设、城市社区人口和计划生育工作、生育关怀行动、流动人口基本公共卫生计生均等化服务等项目,全面落实开展全市卫生计生工作。计划生育服务管理水平稳步提升,累计出生2602人,比2015年同期增加220人,补报往年出生18人,出生政策符合率100%,出生缺陷发生率稳定在1.5‰。流动人口生育1人,符合流动人口出生政策。流动人口管理服务率96.16%,信息入库率95%,省际间协查信息反馈率100%,流动人口协会覆盖率94.59%,流动人口建档率83%,流动人口接种率97.3%,传染病报告率100%,计划生育服务覆盖率100%,育龄妇女避孕服务覆盖率100%,孕产妇保健手册率95.2%,儿童保健手册率95.2%,健康教育率95.13%,精神病患者服务率100%。

自2016年1月1日起,扬中市全面实施两孩生育政策,在全市开设30余次巡回课堂、现场政策咨询、问题解答,同时通过现场宣传牌展示,发放3000余份宣传资料、宣传折页,解读有关两孩登记制度、再生育审批手续、假期等规定,宣讲全面两孩政策,受益群众2万余人。实行生育登记服务制度,启用江苏省生育登记管理系统,畅通登记渠道,方便群众办事,并与妇幼健康咨询、指导和服务结合,把这“民心工程”办好办实。2016年,扬中市生育登记2382户。其中一孩1427户,二孩955户。受理再生育一孩审批38例,审批通过38例。2016年,新增奖励扶助对象2236人,全市发放农村部分计划生育家庭奖励扶助2.84万人次、1365.26万元;新增特扶对象167人(其中独生子女死亡52人,独生子女伤残56人,独生子女死亡后收养子女59人),发放计划生育特别扶助1148人次、378.44万元(其中独生子女伤残特别扶助397人次、116.78万元,独生子女死亡特别扶助751人次、261.66万元)。2016年,持“独生子女父母光荣证”企业退休职工一次性奖励3091人、927.3万元,落实企业退休职工一次性奖励金由市财政统一兜底新政;持“独生子女父母光荣证”城镇非从业人员83人、24.9万元。

开展计生困难家庭救助活动赠送小额保险192份,计生贫困家庭救助10万元。加大对计划生育“失独”家庭的关怀和救助,为全市“失独”家庭提供每年每人500元的保险,2016年参保人数288人,总计赔付7.03万元,获赔人数19人。

(卫计委 曹佩红)

## ·医疗机构选介·

**【扬中市人民医院】** 扬中市人民医院(以下简称市人民医院)总建筑面积5.1万平方米。编制床位400张,实际开放床位600张。现有职工762人。其中在编职工562人,专业技术人员671人,高级专业技术职称139人,中级技术职称260人,硕士研究生42人,兼职教授、副教授13人,省、镇江市级有突出贡献的中青年专家3人,省“333高层次人才培养工程”学术技术带头人2人,镇江市“169技术骨干”8人,扬中市“321专业技术带头人”39人。设有临床科室33个,医技科室12

个。其中胸外科、肿瘤科、消化内科、肾内科为镇江市临床重点专科，护理组为镇江市临床重点专科建设单位。医院总资产4.49亿元，资产负债率19.05%。2016年，医院全年完成业务总收入3.28亿元，门急诊患者87.98万人次，出院病人2.64万人次，住院手术6183人次，床位使用率97.56%。

2016年，市人民医院继续深化公立医院改革。院际合作力度进一步加强：在与南京市第一人民医院、常州一院、上海胸科医院合作基础上，上半年新增省人民医院耳鼻喉科和镇江康复医美中心的技术合作项目；下半年，医院借助扬中发展促进会卫生分会平台，与中国人民解放军八一医院建立协作关系，重点开展内镜治疗技术、肿瘤MDT(多学科联合会诊)模式、肝病诊治和肿瘤外科的技术指导和人才培养等合作，与南京鼓楼医院内分泌科开展专科合作。

2016年，市人民医院继续落实联合病房和双向转诊各项制度，全年下转康复联合病房患者210例，耿兴荣、郭红、朱晓云、刘鸿飞、郭伟、魏建军6名名誉院长及团队到挂职基层医疗机构坐诊、查房、手术100余次，辅导乡镇卫生院7名。依托市人民医院的市检验中心，全年为基层卫生机构检验标本4万份，市影像中心完成质量控制2.25万人次。其中纠正诊断381人次，转诊CT、磁共振485人次，市消毒供应中心为基层及公共卫生单位消毒植入性器械包519个、器械1.42万件，病理质量控制中心完成病理读片质控526人次，心电中心完成心电诊断质控2000人次。健康管理门诊新开展肺功能、人体成分分析、骨密度检测，新开设检前门诊、检后报告解读门诊、营养咨询干预门诊，全年完成健康体检2.5万余人次，完成职业病体检2628人次。

2016年，市人民医院狠抓医疗安全，医疗服务内涵质量不断提高。落实核心制度，将患者十大安全目标定期督查、通报考核制度常态化；在三级质控基础上，着重加强运行病历质控，全年质控病历3000余份，召开各种讨论和点评会议20余次；深入推进临床路径和单病种收费，全院临床路径病种102个，临床路径病种住院人数8168例，入组临床路径7486例，完成6916例，入组率91.65%，完成率92.39%，已实施单病种收费病种11个；医院结合医院管理相关考核要求，在全院范围内开展行政大查房，采取分组行动、突击检查、持续改进、回头看形式，全方位检查被查科室，现场反馈，限期整改；举办第七届"岗位练兵月"活动，练习医疗急救技术，提高急救意识；护理部依托急诊科成立急救培训基地，42名护理人员分两批参训，获得急救资质认定，提高护理人员急救意识和急救水平。

2016年，市人民医院加强重点专科建设，科研和人才培养取得良好成绩。胸外科、肿瘤科、消化科和肾内科被评为镇江市级临床重点专科。其中肾内科由建设单位升格为临床重点专科，护理组为建设单位；麻醉科、影像科、神经内科、普外科被评定为扬中市级临床重点专科，妇产科、病理科被评为建设单位。全年组织申报省科技厅科研项目1项，申报镇江市科技局社会发展项目1项并立项，申报镇江市卫生局卫生科技重点项目2项；申报镇江市级、扬中市级科技进步奖项目各2项；完成省卫生厅立项的科研项目4个课题的结题鉴定工作。2016年，华召来被评为江苏省第五期"333高层次人才培养工程"第三层次培养对象，朱进华、周平、印海鹏等4人被评为镇江市"169"技术骨干，戴春等20人被评为扬中市"321"专业技术带头人。

2016年，市人民医院着力硬软件建设，医院环境进一步优化。软件建设方面，持续优化医院信息系统，完善抗菌素药物限制、检验叫号系统、检验结果短信提醒、传染病危急值发送、全成本核算接口、传染病电子签名、手麻系统等上线工作，实施、药品和耗材返利软件和医保接口的开发，完成部分项目、安全产品、院内监控改造、成本核算、手麻重症、短信平台、趣医网、LIS（检验科信息系统）等相关接口及健康乐、支付宝、微信、输血等软件系统建设。硬件建设方面，完成电子十二指肠镜、颅内压监测仪、脑电图分析仪、红蓝光治疗仪等项目招标采购和安装使用；开展人性化"安静病区"建设，实施效果明显，限制探视期间病区噪音降低40%，医患满意度明显提高；完成食堂建设、搬迁工作；进行大外科楼层整合，解决普外科两个专科分散在不同楼层的问题，更有利于专科建设和管理。

2016年，市人民医院圆满完成各项公共卫生任务。食管癌早诊早治项目完成八桥镇幸福村40~69岁人群中2005例高危人群筛查，共查出上消化道癌症10例，癌前期病变39例；在农村妇女两癌筛查中，完成病理组织检查530人次，查出宫颈癌前病变125例、宫颈癌1例，乳腺钼靶检查485人次，查出乳腺癌7例；开展扬中市"第九届白内障复明工程"，初筛100余例病患，为50名白内障贫困患者免费实施复明手术；开展"光明进社区，健康伴你行"活动，共为西来桥镇5个村、1个社区的2200余名老人进行眼疾筛查；妇产科冯晓娟赴西藏达孜县开始为期10个月的援藏医疗任务；口腔科赵飞和徐蓓赴新疆建设兵团79团医院完成为期1个月的援疆医疗任务，同时接受建设兵团79团、71团医护和管理人员4人进行为期15天的交流学习;委派7名医师下到基层医疗机构支援,接受基层医疗机构5人务实进修;组织专家深入社区、工厂、学校、农村开展"健康快车"活动,共完成健康讲座、咨询义诊80场,受益群众2万余人次;152名医务人员参加社会医疗保障服务62次,完成各类社会保障任务。
(人民医院)

2016年10月2日,扬中市人民医院与中国人民解放军第八一医院签约合作

**【扬中市肿瘤防治研究所】** 2016年,扬中市肿瘤防治研究所顺利通过镇江市级医学临床重点专科中期评审,年内发表论文7篇,其中国内核心期刊论文5篇。2016年申报的"辛开苦降法逆转上消化道癌前病变的临床研究"获镇江市社会发展项目立项资助3万元,开展医院新技术新项目"口服谷胺酰胺营养干预在胃癌术后辅助化疗中的应用研究""经皮穿刺微波/射频消融治疗结合放疗、介入治疗等在肝癌、转移性肝癌、肺癌等实质性肿瘤中的应用",继续为医院科技发展贡献力量。2016年,1人被评为江苏省第五期"333工程"第三层次培养对象。2016年,顺利通过全国早诊早治督导组验收及省疾控中心肿瘤登记检查,继续承担国家医改重大项目、扬中市重大公共卫生项目"上消化道肿瘤早诊早治"。十余年来,累计完成2.1万名适龄群众胃镜普查,查出上消化道肿瘤170余例、癌前期病变600余例,经积极干预和治疗,患者均取得良好的治疗效果。
(肿瘤防治研究所)

**【扬中市急救医疗站】** 扬中市急救医疗站挂靠扬中市人民医院,现有专科医师12人(包含急诊科医师),跟车护士和担架员各4人。跟车医护24小时值班,能够熟练处置各种急危重症,有救护车6辆。其中监护型救护车4辆,配有急救药品、呼吸机、除颤仪、吸引器等医疗设备,为快速、高效的院前急救提供有力保障。急救医疗站采取"120""110"联动机制,利用"120"监控指挥系统科学、合理调度。2016年,急救医疗站年处理急救电话2.43万个,出动救护车车辆5014车次,抢救病人4508人次,参与或组织应急救援36次。 (人民医院)

**【扬中市中医院】** 2016年,扬中市中医院编设病床200张,实际开放病床200张。现有职工271人。其中在编人员172人,高级职称卫技人员28人,中级职称75人,镇江市名中医3人,镇江市专业技术带头人4人,扬中市专业技术带头人17人,返聘退休中医专家4人。设有临床科室16个,医技科室7个。其中,脾胃病科、儿科为镇江市中医临床重点专科,并被确认为江苏省基层医疗机构中医特色专科建设单位,针灸推拿科、肛肠科、脑病科为扬中市中医临床重点专科,针灸推拿科被确定为镇江市中医临床重点专科建设单位。医院总资产6928.29万元,资产负债率64.78%,全年业务总收入8880.50万元,门急诊患者19.09万人次,出院病人8500人次,住院手术3300人次。

2016年,新改造的门急诊楼投入使用,科室布局、服务功能、诊疗流程体现人性化理念,改善医疗环境。开通医院南大门,完善院内外交通流线,有效缓解就诊高峰时段的交通压力。完成口腔科升级改造,扩大诊疗面积,细划功能区域,添置先进设备,打造窗口科室新亮点。开设六病区,开放床位36张,缓解疾病高发季节的住院压力,确保服务质量和诊疗安全。开设健康管理中心,功能集治未病门诊、体检服务为一体,为群众提供体质辨识、中药熏蒸、药浴等中医药服务。驻车120急救分站,负责油坊镇、八桥镇、西来桥镇区域院前急救工作,标准配备急救单元,强化人员培训,全面提升医院急救能力。

2016年,该院中医药服务能力明显提升。成功举办第七届"冬病夏治"活动,新开设呼吸、心血管、耳鼻咽喉、脾胃病、妇科等冬病夏治门诊,首推热敏灸,运用疼痛贴,推出微福利、特殊人群上门贴敷等便民措施;推动中医适宜技术进社区,为居民讲解常用中医药防病治病、食疗养生知识,提供"简便廉验"的适宜技术服务;第八届膏方节期间,多次开展大型义诊、膏方知识讲座、膏方品鉴、中药材辨识等活动,每月两次邀请省中医院专家坐诊,为市民量身定制膏方,同时,增添熬膏设备,选派药师进修熬膏技术,严格把关中药饮片采购渠道,为市民带来最佳膏方体验。

2016年,该院成功申报镇江市级科技项目2项,发表省级以上学术论文16篇,开展FRD(宫颈特殊染色法)上皮组织特殊染色诊断、中药外用贴敷疗法治疗支原体肺炎、儿科外用防感香囊、胃肠息肉内镜下治疗等新技术、新项目7项。拥有3个镇江中医临床重点专

科,3 个扬中市中医临床重点专科,同时拥有扬中市规模最大的康复医疗体系。（中医院）

扬中市中医院新建南大门

【扬中市三茅街道社区卫生服务中心】2016 年,扬中市三茅街道社区卫生服务中心有在职职工 163 人。其中卫生专业技术人员 130 人,中、高级职称 67 人,设有临床、医技科室 29 个。全年业务收入 4769 万元,比 2015 年增加 374 万元;门、急诊 24.80 万人次;住院病人 650 人次,开展手术 581 例。完成妇女病两癌筛查 8656 人次,发现乳腺癌 1 人、宫颈癌 1 人;高血压建卡 1.31 万人,血压控制率 85%;糖尿病建卡 3122 人,血糖控制率 81%。中心合理使用资源,开展个性化家庭医生(乡村医生)服务模式签约 2914 人。促进分级诊疗,内强素质,提升服务水平。外塑形象,满足绝大多数群众的需要。拥有 1 个扬中市临床特色专科 。

（三茅街道社区卫生服务中心 丁美华）

【扬中经济开发区兴隆卫生院】2016 年,扬中经济开发区兴隆卫生院有在编职工 94 人。其中卫生专业技术人员 79 人,高级职称 13 人,镇江市学科带头人 2 人,扬中市学科带头人 5 人,全院全年门急诊 8.5 万人次,住院病人 601 人次，床位使用率 69%，手术 265 人次。2016 年,经开区管委会对长期工作在一线的优秀集体和个人给予人才基金奖励，进一步激发全院职工的工作热情,提升乡镇卫生院医疗服务能力。结合慢病随访和老年人体检工作，新建和更新居民健康档案。2016 年,新建档案 126 份,累计建立居民健康档案 2.69 万人,建档率 81%,重点人群建档率 95%。主动与政府、计生、妇联、村委会等多部门沟通、配合和协调,65 岁以上老人体检工作实现各村包车接送，统一到卫生院体检,保障老人们出行安全,体检项目得到有效保证,体检率提高,较往年上升 20%。拥有扬中市临床骨伤科特色专科。

（兴隆卫生院 耿昌瑜）

【扬中市精神病防治院】扬中市精神病防治院与扬中经济开发区兴隆卫生院合署办公，为一套班子两块牌子。下设精神科,为扬中市临床特色专科。2016 年,门诊 1.2 万人次,住院 101 人次。现有床位 10 张,有副主任医师 1 人,主治医师 1 人,住院医师 1 人,其中镇江市学科带头人 1 人。2016 年,在由市综治部门组织牵头的重性精神障碍危险系数评定工作中，排查 850 人次,评出三级以上人员 300 余名。继续与镇江精神卫生中心合作,通过名医工作站平台带教精神科年轻医生,通过专家坐诊、查房、讲学、疑难病例讨论,提高专科医生诊疗水平。2016 年,开展精神残疾人评定 70 余人,全年给西来桥镇 52 位、新坝镇 36 位贫困精神病患者免费送药计 3 万余元。（精神病防治院 姚冬保）

【八桥中心卫生院】2016 年,八桥中心卫生院有在编职工 120 人。其中卫生专业技术人员 98 人,高级职称 25 人,中级职称 48 人,扬中市“321”工程学科带头人 7 人。全年完成门急诊 16.56 万人次,住院病人 805 人,开展各类手术 371 例，完成业务总收入 3298 万元;医院总资产 2824 万元，净资产 2532 万元，资产负债率 6.3%。在扬中市首获全国“群众满意的乡镇卫生院”称号 ,万福村与利民村卫生室被评为“江苏省示范村卫生室”，院工会职工之家获评 “镇江市级模范职工之家”。建成扬中市首家急救分站——八桥中心卫生院急救分站。成功创建“健康促进卫生院”和“镇江市卫生应急工作规范乡镇”,通过“镇江市健康管理规范乡镇”初审。全面推进家庭医生签约服务工作，全年累计签 9105 户；建立居民健康档案 3.59 万份，电子建档率 87.6%;高血压、糖尿病健康管理 6869 人,累计开展慢病随访 2.74 万人次;精神病人健康管理 159 人;农村孕产妇住院分娩实行补助 119 人，农村妇女增补叶酸 317 人,完成两癌普查 3575 人。协助市肿瘤防治所在幸福村完成上消化道肿瘤筛查 1727 人。拥有 2 个扬中市临床特色专科。（八桥中心卫生院 祝贞贵）

## 体育事业

【概况】2016 年,扬中市体育工作按照“强富美高”新扬中建设的总要求,提升标杆,开拓创新,扎实苦干,体育各项工作呈现新气象,展现新面貌。市国民体质测定与运动健身指导站创成省级站点;全市新建健身路径 29 个,更换健身器材 22 套,更换覆盖率 80%;新建体育健身公园 2 座,建成健身步道5 公里,步道总长 22 公里。成功承办第八届全国青少年女子曲棍球锦标赛、江苏省女子曲棍球锦标赛、2016年中国足协业余联赛总决赛、江苏省U11、U13足球联赛；举办江苏—北京女子篮球对抗赛、“体育伴我行”万人健步走、市第七届男子篮球联赛、“中垠·悦城”杯广场舞大赛、市首届游泳比赛及“社保情”机关企事业退休人员象棋赛等。曲棍球国少队夺得亚青赛冠军；在第八届全国青少年曲棍球锦标赛上，扬中市第一中学代表队夺得女子学校组U15第一名；在省曲棍球赛上，扬中代表队夺得女子甲组第一名、女子乙组第三名；市桔梅象棋俱乐部参加江苏省“小太阳杯”儿童象棋锦标赛、2016年全国中小学象棋锦标赛，分别夺得ABD组女子、B组男子冠军，CF组男子、EF组女子冠军。在“舞动江苏”广场舞大赛镇江赛区比赛上，大航集团代表队、西来桥代表队分别获得第一名和第三名的好成绩。相继承办江苏省“省长杯”足球精英联赛、宋小宝“喜乐会”、“放歌河豚岛”大型演唱会及各类大型展销会，人气大幅提升。健身培训、健身服务稳步拓展，拥有各类VIP客户比2015年增长一倍。与大航集团合作，在体育场馆顶部安装太阳能光伏发电站，预计年发电量1.8兆瓦，年降耗20%以上。体育彩票销售运行平稳，全年实现销售8700万元。

（文广局 王桂林）

**【《扬中市公共文化体育设施服务收费管理暂行办法》出台】**2016年，扬中市物价局制定《扬中市公共文化体育设施服务收费管理暂行办法》（以下简称《办法》）。《办法》对公共文化体育设施服务收费的涵义、价格管理形式、定价原则、优惠政策、行为规范等作严格的规定。《办法》规定，政府参与投资建设的公共文化体育设施服务收费实行政府定价或政府指导价。非政府投资建设的纯商业性运作的公共文化体育设施服务收费实行市场调节价。《办法》明确，有偿向社会开放的公共文化体育设施，应当对学生、老年人、残疾人和军人实行免费或低收费优惠政策，应当在全民健身日和重要节庆日等时间向社会免费开放。

（新闻中心）

**【江苏省老年人体育节扬中分会场开幕】**2016年3月27日，江苏省老年人体育节扬中分会场开幕式暨三茅街道文体表演交流活动在城北公园广场举行。副市长蔡萍参加活动。活动中，各村、社区进行特色项目展示，包括活力舞蹈秀、太极拳、柔力球等项目，展示老年人多彩生活和体育健身的魅力。本次老年人体育节活动主题是“自觉参与健身，共享健康快乐”，活动持续到10月。

（新闻中心）

**【全国青少年曲棍球锦标赛】**2016年8月2日，全国青少年曲棍球锦标赛在扬中曲棍球训练基地圆满落幕。比赛为期11天，来自全国各地的45支代表队、561名选手参加U18和U15两个组别的角逐。扬中有2支代表队参赛。其中扬中市第一中学代表队夺得U15学校组第1名，首次参赛的扬中二实小代表队取得女子U15学校组第四名的好成绩。

（文广局 王桂林）

**【曲棍球国少队摘亚青赛桂冠】**2016年12月16~22日，在泰国曼谷举办的亚洲U18青年女子曲棍球锦标赛上，曲棍球国少队夺得冠军。此次参赛的18名队员中，最大年龄16岁，还有半数以上的队员只有14、15岁，平均年龄比对手小两岁多。其中有4名扬中籍队员，他们是蔡文倩、周珈妤、辛岳美、王洋洋。虽然年龄小，但是她们不畏强手，敢打敢拼，在半决赛和决赛中，分别战胜亚洲劲旅韩国队和日本队，最终夺得冠军。

（文广局 王桂林）

2016年全国青少年曲棍球锦标赛

**【全国足协业余联赛总决赛在扬中举行】**2016年11月6日，中国足协业余联赛总决赛在扬中奥体中心拉开帷幕。揭幕战由主场的镇江华萨队对阵合肥桂冠队。开场第6分钟，合肥桂冠首进一球，以2:0领先镇江华萨。第18分钟，合肥桂冠球员在禁区外突施冷射被门框拦挡后，又被另一球员补射空门得手，比分迅速扩大到3:0。在伤停补时阶段，镇江华萨通过前场连续倒球配合扳回一球。下半场开场16分钟，镇江华萨球员头球破门，又扳回一球，比分缩小到2:3。此后双方攻势都未能实现进球，2:3的比分一直保持到终场，揭幕战镇江华萨主场惜败合肥桂冠。在为期9天的赛程中，来自全国各地的16支代表队经过36场的激烈鏖战，大连博阳队夺得冠军，镇江华萨队屈居第五。

（文广局 王桂林）

**【首届健身大赛】**2016年6月4日，扬中首届健身大赛在奥体中心健身馆举行，该活动由扬中市文化广电体育局举办。来自市级机关部门、各镇街区及“三十强”企业40名健身爱好者同台切磋，通过运动进行交流沟通，向市民传递快乐健身理念。此次大赛项目有俯卧撑、一分钟仰卧起坐、平板支撑、敏捷梯、跑步机，比赛现场气氛热烈，选手们全力以赴、各显身手。

（文广局 王桂林）

2016年6月4日，扬中市举办首届健身大赛

**【老年人象棋赛】**2016年4月23~24日，由扬中市老年人体育协会举办的老年人中国象棋赛在市老干部活动中心开赛。来自全市各镇(区、街道)、市级机关有关部门的9支代表队通过初赛、复赛，选拔40余名选手参加比赛。经过两天7轮的激烈角逐，经开区代表队的李晓庚以7战全胜的战绩获得男子组第一名，於晓勤获得女子组第一名；经开区、西来桥镇、三茅街道代表队获得优秀奖。

（新闻中心）

**【首个足球外战大型比赛冠军】**2016年1月，在镇江新区第五届“圌山温泉杯”八人制足球联赛中，扬中“擎天超越者”足球队以九轮不败的战绩强势夺取冠军。该队队员张润被评为本届联赛最佳球员，肖扬获得本届联赛的最佳射手。本届联赛由镇江新区足球协会举办，邀请镇江市各地区10支球队参赛，从2015年10月底开赛，历时两个半月。其中扬中有3支代表队参加。“擎天超越者”以8胜1平打入27球的绝对优势提前三轮夺冠，为扬中带来外战大型比赛的首个冠军。

（新闻中心）

2016年1月，第五届“圌山温泉杯”八人制足球联赛

**【老年人健步走大联动活动日】**2016年11月11日是全国老年人健步走大联动活动日。2016年江苏省老年人体育节扬中分会场闭幕式暨全国老年人健步走大联动活动启动仪式举行。扬中市10余个老年人体育团体的300余名中老年体育爱好者表演太极拳、健身操、广场舞等健身项目。2016年省老年人体育节扬中分会场启动仪式于今年3月举行，8个月内，市老年人体育协会坚持“基层为重点、老年人为主体、晨晚练点为主阵地、老年体育健身项目为主要抓手”的原则，举办“全民健身日”、农民艺术节等活动，在江苏省和镇江市的老年人体育健身项目竞赛中，已组织中老年人文体健身项目展示和各类交流表演活动120余次，直接参与的中老年人1.5万人次。

（新闻中心）

# 社会管理

## 经济事务管理

### ·财 政·

【概况】2016年,扬中市全年完成全口径财政收入80.1亿元,比上年增长3.4%。其中,一般公共预算收入完成32.50亿元,比上年下降4.50%(同口径增长3.6%);政府性基金收入完成13.08亿元,比上年增长4.69%;社会保险基金收入完成16.24亿元,比上年增长22.27%;国有资本经营收入5192万元。全市实现全口径财政支出67.72亿元,比上年增长8.06%。其中,一般公共预算支出38.66亿元,比上年增长0.30%,结转下年支出3.23亿元;政府性基金支出16.06亿元,比上年增长21.12%,结转下年支出4407万元;社会保险基金支出12.99亿元,比上年增长19.36%,年末滚存结余30.75亿元;国有资本经营支出82万元。

积极应对“营改增”政策调整,加强精细化管理,在结构性减税的整体大环境下,重点强化税种管理,挖掘税源潜力,坚持依法治税,在公平税负、不增加企业负担的基础上做到应收尽收、颗粒归仓,有效防范税源流失。通过加强征收管理、体制研究、目标管理,更快更好地适应“营改增”带来的变化。全年调度资金4.32亿元,争取项目资金5.14亿元,争取新增及置换债券转贷收入9.91亿元,有效缓解财政运行压力。加强支出管理,确保财政收支平衡。抓好预算执行管理,硬化支出刚性约束。严格执行结余结转资金定期回收制度,有效避免财政资金闲置沉淀。大力压缩一般运转性支出规模,全年“三公”经费较上年下降10%。

充分发挥财政资金引导作用和杠杆效应,推动财政创新举措扩面增效。贯彻落实降低企业成本各项政策,全面实施“营改增”新政,取消防洪保安资金等一批行政事业性收费,全年减轻社会面负担近5亿元。严格执行扶企各项政策措施,加大对“三集”发展、楼宇产业园、金屋顶工程等支持力度。全年上报项目235个,争取经济发展补助资金近3亿元,其中财政部清洁发展委托贷款6500万元。推广PPP模式,2个项目入选省项目库,1个项目被列为省示范项目。建立规模1000万元的“科技型中小企业贷款风险补偿资金池”,对43家企业发放苏科贷贷款1.02亿元。全年兑现各类工业企业奖励7608.53万元、科技奖励213万元、外贸奖励343.9万元、旅游服务业奖励455.66万元、光伏发电及楼宇经济奖励126.49万元、交通运输企业“营改增”超税负财政奖励2011.06万元。

全年农业支出5.01亿元。兑现各类涉农政策奖补资金2781万元。全年申报各类项目128个,争取资金1.06亿元。完成农业“三项补贴”改革工作,全年发放农业支持保护补贴(耕地地力保护)资金1153.75万元,农机购置、机械化秸秆还田补贴377.3万元。增设内塘螃蟹养殖保险新险种,全年政策性农业保险理赔600余万元。全年拨付复垦资金5276万元,其中增减挂钩5008万元、占补平衡268万元。投入638万元建设省级农桥17座,投入653万元实施“一事一议”财政奖补项目27个,投入750万元实施农业综合开发土地治理项目1个。

全年民生支出30.44亿元,占一般公共预算支出比例78.73%。全年教育投入8.45亿元,支持校安工程建设,推进新一轮教育现代化建设。全年医疗卫生与计生投入3.19亿元,积极支持全国健康促进县试点建设,投入1159万元推进公立医院改革,增加居民医疗保险投入1080万元。建立创业担保贷款“绿色通道”,全年发放贷款1999万元,贴息272.62万元。支持实施更加积极的培训政策,多渠道开发就业岗位。全年安排社会保障支出3.74亿元,比上年增加645万元,增长1.75%。提高社会保障水平,城乡低保标准提高至625元/人·月,五保供养标准提高至730元/人·月。探索完善评残机制,维护残疾人合法权益,重残补贴标准提高至625元/人·月。推进社会养老服务体系建设,加大居家养老和机构养老补助力度。

积极贯彻新《中华人民共和国预算法》以及国家、

省市有关法律法规要求，稳妥推进财政改革工作。规范法治财政、预算收支、财政资金、政府性债务、国有资产、政府采购、预算绩效管理。（财政局 左鹏）

【住房公积金管理】2016年，扬中市住房公积金全年新增开户单位107户，新开户人数3759人。全年归集资金3.81亿元，提取资金2.22亿元，当年提取率为58%。全年向995户职工发放个人贷款3.31亿元，个贷比率92%，个贷逾期率0.09‰。截至2016年年底，全市累计缴存总额22.11亿元，缴存余额10.97亿元，贷款总额为17.71亿元，贷款余额10.08亿元，公积金覆盖率保持70%以上。

2月，统一上调职工住房公积金账户存款利率，由原按照归集时间执行活期和三个月存款基准利率，调整为统一按一年期定期存款基准利率执行，大幅提升职工受益度。

5月，全面推行住房公积金“互联网+”服务，开通“扬中公积金”微信公众号，推出微信预约、网上汇缴、公积金提取网银直连支付等便民服务。

6月，开通自由职业者自愿缴存和使用住房公积金新政，并在中央商场门前广场开展新政现场咨询会。

8月，调整2016年度住房公积金缴存基数和缴存比例，缴存基数上限为1.65万元，下限为1630元，缴存比例为单位和职工各10%，最高不超过12%。

10月，简化业务手续，优化十项业务流程，规范自建房、翻建房贷款手续，实现跨行“商业贷款直转公积金贷款”，允许公积金现房按揭贷款。（财政局 左鹏）

【国有资产管理】2016年，扬中市强化行政事业单位资产管理，完善制度，规范流程，加强培训，提升固定资产管理水平；加强行政事业单位资产转让、出租、报废处置等监管，确保国有资产保值增值，实现资产收益最大化。

做好政府资产报告试点工作。通过“明确主体、统一口径、重点分析”三项举措，全力做好政府资产报告编制工作，摸清政府资产底数，加强政府资产管理。截至2016年年末，全市有受托代理资产39.2亿元，经管资产100.37亿元。

全面开展资产清查工作。2016年，全市有73个部门254家单位列入清查范围，其中行政单位52家、事业单位179家、社会团体23家。经清查，截至2016年12月31日，全市行政事业单位国有资产总量合计31.50亿元，其中固定资产合计22.51亿元。

规范房屋租赁的申报、审批和招租流程，杜绝暗箱操作，实现资产保值增值。先后核准公安局、广电中心、住建局、供销社、妇儿中心等单位房屋租赁申请，交由公共资源交易中心组织公开招租，实现租赁收入356万元，较底价346万元增值2.89%。

对公车改革取消车辆组织公开拍卖，拍卖33台公车，拍卖成交总价为56.34万元，溢价9.02万元，溢价率19.06%，拍卖收入全额缴入国库。（财政局 左鹏）

【国有资产评估评审专家库建立】2016年6月，扬中管理国有资产办公室通过网络、报刊发布征集公告，采取个人自荐、单位推荐和资格审查、专家组遴选等程序，选定5名具有一定资质的专业人士，建立国有资产评估评审专家库。首次入选的评估评审专家聘期为两年。评估评审专家依据国家和省、市相关法律法规和政策规定，从专业角度，结合实际情况，综合评审项目资产评估方法的适用、范围内容、取价标准及评估程序，协助市国资办把好国有资产评估审核关，防止国有资产流失。同时，扬中国资办将按年度综合评价入库专家参与评审的工作情况，凡不符合要求或因其他原因不宜继续任职的，将取消专家库成员资格。随着业务拓展和专家库的需求，经单位推荐和审核后，适时调整补充入选专家库成员。（新闻中心）

## ·税　务·

【国税概况】2016年，扬中市“营改增”全面推开，全国税务系统金税三期上线，国税部门大力组织税收收入，积极推进税收管理改革，全面规范税收服务。全年组织国税收入24.69亿元，比上年增加22.37亿元，增长10.33%；完成一般公共财政预算收入10.12亿元，比上年增加6.63亿元，同比增长52.6%，超额完成收入任务。全面加强税收征管，实现风险应对成效1.28亿元，应对有效率91.37%，列镇江各辖市区首位。

（国税 董李冬）

【地税概况】2016年，扬中地方税务局征收入库地方税费21.26亿元，同比增长8.1%，同口径增长25.4%。其中，公共财政预算收入11.84亿元，同比增长7.9%，同口径增长43.3%；社会保障费7.91亿元，同比增长8.2%；教育费附加1.32亿元，同比增长8.6%。

继续深化“112民心秤”工程和规范化建设。其中，落实“营改增”改革方面，全面开展建筑业、房地产业税收清查，1~5月，合计入库地方营业税4.49亿元，超过2015年全年；强化税种管理方面，继续开展房土税源核查工作,全年核查新增税源671万元,查补往年353万元,继续狠抓所得税征管,企业所得税全年入库2.19亿元,同比增长35.1%,个人所得税全年入库2.32亿元,同比增长0.4%;加强综合治税方面,扎实做好委托代征工作,全年代征国税增值税618万元,各综治办代征地方税收3662万元,兑现落实各项税费优惠政策,全年减免1.2亿元;推进信息管税方面,积极贯彻落实市政府重新修订的地方税收征管保障工作意见和考核办法,与22家成员单位签订《涉税数据信息共享合作协议》,接收各类涉税信息2132条,核实新增税源1700余万元。 (地税 包劲松)

**【"营改增"全面推开】**2016年5月1日,扬中市全面推行"营改增"试点,建筑业、房地产业、金融业、生活服务业全面实行"营改增",国税系统做好纳税户的接收、调查、核实、确认,税控发行、发票发售、纳税人培训,纳税申报,税源管理、税负分析四个阶段的各项工作,接收"营改增"纳税户3387户。其中共管户2063户,地税单管户1324户。截至2016年年底,全市"营改增"纳税户4041户,比2012年10月1日第一次"营改增"纳税户373户增加3668户,增长983%。 (国税 董李冬)

**【首份"营改增"增值税发票】**2016年4月18日,扬中市国税局办税服务大厅"营改增"绿色通道,镇江君和地坪工程有限公司领到10份增值税普通发票。这是四大行业实行"营改增"以来,扬中发售的首份"营改增"增值税发票。全体合计发售605份"营改增"增值税发票。 (新闻中心)

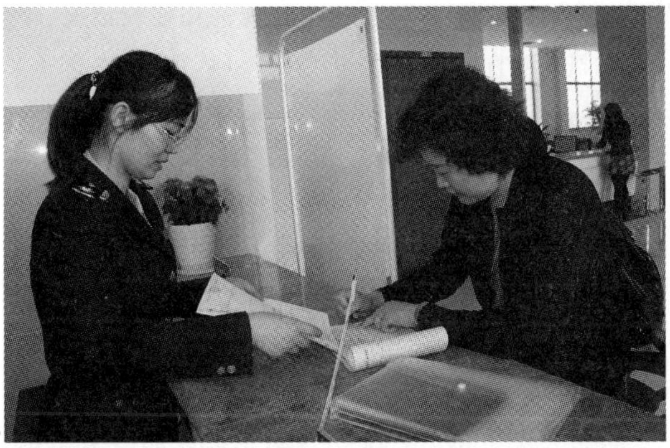

2016年4月18日,扬中发售首份"营改增"增值税发票

**【首张二手房交易增值税普通发票】**2016年5月3日,扬中市行政中心地税窗口开出扬中市第一张二手房交易增值税普通发票。国税、地税两局组成三个"营改增"现场工作组,分别驻守国税办税大厅、地税办税大厅、行政中心地税窗口进行现场办公,对征管系统衔接、发票开具过程中的相关问题现场解决,确保"营改增"顺利实行。 (新闻中心)

**【金税三期工程上线】**2016年,扬中市金税三期工程采取由征管科牵头、纳服科为主力、其他单位和部门全面参与的团队化运作模式,集中全局业务骨干,在团队化运作的基础上细化责任分工,成立信息支持组、综合业务保障组、双轨测试组、上线宣传组、后勤保障组、培训指导组6个工作组,各司其职、统筹协调,推进金税三期成功上线运行,各项税收管理工作平稳衔接、有序运行。金税三期上线的各项工作和主要考核指标完成情况在全省97个县(市、区)中处于前列。

(国税 董李冬)

**【纳税服务优化】**2016年,扬中国税倡导"文明服务、快乐办税",建立健全和完善纳税服务的各项规章制度,深入开展"问需求、优服务、促改革"活动,深化"便民办税春风行动";加强办税服务厅硬件建设,扩建自助办税区,增开"三证合一"窗口,增加自助办税终端、导税台、服务评价器、监控设备、叫号机、电子显示屏等设备,循环播放税收优惠政策、纳税人操作指南等教程,拓宽宣传渠道,科学优化服务,提升办税体验;优化出口退税流程,实现退税电子化;专人专岗接听特服号96888782,全年接听1000余条次,纳税人便捷办税获得感增强;开展"内外结合"的集中培训,对内开展"常态化"培训,集中组织业务培训,通过理论学习和实际操作相结合的方式,提升服务技能和服务效率;组织礼仪培训,强化大厅人员文明服务、规范服务意识;"营改增"期间,开展3期以政策辅导、申报和代开发票为主要内容的业务培训,让国税干部懂政策、能辅导、会服务。对外开展针对性培训,通过开展现场讲座、面对面辅导等形式,对纳税人开展政策解读和业务培训;开展培训15批次,发放宣传资料1万余份。(国税 董李冬)

**【便民办税春风行动】**2016年,扬中国税建立咨询辅导、案头审核和综合调查等方面的服务预约制度,设置24小时自助办税区;热心服务,构建热线咨询,办税场所特服号日常咨询为主体的税收咨询服务体系,成立本级税收政策咨询专家委员会;加大涉税事项申请网上提交的推行力度,满足纳税人减少纸质报送的需求;清理和减少涉税审批事项,将基础建设管理事项和服务性质事项前移纳税服务机构,实施一体化管理。

(国税 董李冬)

## ·审 计·

【概况】2016年，扬中市审计局完成186个审计项目，查出违规金额和管理不规范金额32.62亿元，核减工程造价3.1亿元。提出审计建议60条，提交审计结果报告16篇，被批示13篇，向纪委、检察机关移送问题线索8件，有11人受到党纪、刑事处理。

加快推进全口径预算执行审计，提升财政资金使用绩效。同级审是审计工作的重中之重，除组织常规审计财政、税务部门及金库，2016年还征求社会各界的建议，挑选2015年度养老服务业运营管理情况审计，2014~2015年度工程建设项目设计、监理、咨询等资金绩效审计，部分行政事业单位2015年度部门预算执行情况审计，2015年度城市公用事业附加的征收、使用和管理情况审计调查4个配套项目。注重延伸审计力度，选择对全市政府性债务进行调查摸底，提出进一步深化财税体制改革、强化财政预算管理和加强政府债务管理和风险防控的审计建议，相关部门也积极采纳审计建议，边审计边整改，促进财政资金规范管理。6月30日，受市政府委托所作的同级审工作报告在市人大常委会审议全票通过(已连续三年全票通过)。

全年对10名领导干部进行经济责任审计，进一步完善领导干部经济责任审计数据库，对上年度实施的经济责任审计项目涉及的10名领导干部进行等级评定，被评为优秀等次2人，良好等次8人，加大审计成果运用，促进领导干部守法守纪守规尽责。加强经济责任审计与部门预算执行审计、财务收支审计、专项资金审计等统筹结合，进一步深化“任前谈话、任中报告、离任交接、任期审计、等级评定、回访督查”六位一体的全程监督模式。

2016年，完成竣工决算审计项目139个，出具审计定案单367份，送审价49.93亿元，核减工程造价3.1亿元。

2016年，审计15个村(社区)，向扬中市委、市政府及市纪委专题汇报审计结果及审计整改情况，得到市领导的高度重视。通过审计，积极督促指导，整改成效明显，清收各类村集体资金2400余万元。整理形成问题清单和整改清单的做法得到江苏省纪委领导的充分肯定，并作为经验推广。 (审计局 沈小庆)

## ·统 计·

【概况】2016年，扬中市统计局继续开展国民经济运行和“三集”发展统计监测，全市GDP增幅、工业增加值增幅、研发经费占比等近10项指标位居镇江前列。助力中小城市综合实力评价，扬中连续三年位次前移，2016年位列百强县(市)第23位。楼宇产业、服务型制造等“新经济”调查体系建设在镇江率先破题，“三新”(新产业、新业态、新商业模式)“四众”(众创、众包、众扶、众筹)专项调查及第三次全国农业普查工作镇江领先。以统计服务承诺为载体，经济运行特约分析师例会、部门统计联席会议、统计站长例会三大例会制度逐步健全，“突出贡献企业”动态监测机制、基层联系点制度不断完善，在全省率先试点企业健康指数、效益指数调查，并取得初步成效，统计预测预判、深度解析能力不断提升。全年开展统计课题研究6项，呈报《统计专报》16期，《全市“十强”服务业企业发展现状分析》等专报获市主要领导批示。连续三年举办“统计开放月”活动，面向各界现场发布、解读经济和社会发展主要数据，深化统计论坛和数据合作签约。2016年，以“开放统计，邀您同行”为主题，携手3家支部联盟单位共同“数说”扬中发展，体验统计调查流程，达成合作盟约。启动建设“数据扬中”信息化服务平台，整合资源，提供各界获取数据信息的便捷渠道。 (统计局 赵浣辰)

【“1+1+X”统计新模式】2016年，扬中市统计局选取新坝镇新宁村、油坊镇长旺村等10个村试点，形成“1+1+X”(一个平台、一支队伍、X个行政管理部门)的村级统计规范化建设扬中模式。扬中市举行全省县级统计规范化建设交流观摩活动，150名与会代表现场参观新坝镇“大统计”工作格局和新宁村规范化建设情况，得到省局领导的肯定批示。 (统计局 赵浣辰)

## ·物 价·

【概况】2016年，扬中市物价局坚持以改革促发展，以监管惠民生，扎实、有序地推进落实各项价格工作。年内，扬中市物价局按照“完善价格调控机制、稳定价格水平”的目标，召开全市价格工作会议，并以市场价格调控联席会议名义，明确15个政府职能部门、6个镇(街、区)在价格改革中的主要职责与任务，切实将价格改革的重心下移，接到地气。

重点专项整治涉企付费减负、中介收费整治、涉农收费监督、目录清单公开、行政服务提速。联合各镇(街、区)扎口管理全市410家重点骨干企业的收费，强力推行企业付费登记卡、收费提价查证等工作机制，即查即改出现的异常情况，杜绝乱收费现象。研究下发《关于开展清费减负政策落实情况专项督查的通知》，并与市纪委、市监察局组成两个专项督查组，督查全市15家重点涉企单位的收费执行情况，确保价费政策执行到位。结合国家关于实施普遍性降费要求，选择新坝镇楼宇产业园为服务基地，提供园区内工程项目建设、产业发展涉及的收费“一站式”服务清单，以下限标准的50%收取入驻园区的中介服务收费。

率先推出《价格工作服务“绿色能源岛”建设的实施意见》，从全面实施扬尘排污收费政策、构建低碳出行价格机制、研究节能减排价费改革、强化农村垃圾收费管理、探索清洁能源扶持等方面研究配置13条价格扶持政策，助推、服务全市“绿色能源岛”。

贯彻落实省、市医药价格综合改革政策，跟踪监测公立医院的运行情况，评估公立医院医药价格综合改革成效，严格落实医疗服务价格动态管理机制和人均检验检查费用增长与检验检查项目价格调整的联动机制，严控检验检查费用不合理增长。加强对公立医院药品零差率、乡镇卫生院实施基本药物制度以及绝大多数药品价格实行市场调节价后运行情况的研判，严格把好市场价格秩序关，切实缓解群众看病难、看病贵的矛盾。完善在公共文化体育设施服务性收费新领域中的行为管控。

推进平价商店建设、居家养老服务管理、公共交通出行、医疗价格服务、殡葬服务收费等改革，探索“吃、住、行、医、葬”5个方面的价费惠民举措，促使好的政策惠及基层群众。开展“价格诚信区域建设”“价格诚信活动月”创建活动，畅通群众价格维权渠道，充分发挥“12358”价格举报电话、市政府“12345”热线、政风行风热线、扬中论坛等载体的作用，切实维护群众合法的价格权益。截至2016年，受理“12358”价格投诉举报案件39件、“12345”政府热线转办的工单46件、三大网络舆情15件，办理人大代表建议和政协委员提案4件，答复率、满意率均为100%。

利用《价格要情》、“价格政务信息网”、《扬中日报》等媒介和平台，突出价费惠民政策宣传，切实增强企业和群众的知情权和监督权。截至2016年年底，各级媒体录用稿件130余篇。其中国家级3篇，省级60篇，镇江市级25篇，县级45篇。理论调研类文章10篇。

（物价局 李玮琳）

**【价格监测预警体系】**2016年，扬中市物价局在第十三届“扬中河豚文化节”和中秋、国庆等节假日期间，加强市场“菜篮子”“米袋子”等重要商品的价格监测，提前7天进入市场监管监测状态，实行每日一报，引导市场走势，为提前化解价格异常波动做准备。强化价格监测点的规范化建设，确保价格监测信息的真实、准确和及时，充分发挥价格监测在宏观经济调控和价格管理中的重要作用。实施“智慧物价”升级工程，主动适应和融入“互联网+”时代，在民生商品和服务价格信息发布、政策查询、消费引导上为社会各界提供全新的服务平台。

（物价局 李玮琳）

**【资源性价格改革】**2016年4月1日，扬中市实施天然气阶梯价格制度。市物价局研究居民用水阶梯价格制度，在涉及群众切身利益的改革中同步考虑低收入群体保障措施，确保改革顺利完成。根据政府定价程序和政府行政决策程序有关规定，完成阶梯水价改革前期准备工作。

（物价局 李玮琳）

**【涉房价格管理】**2016年，扬中市物价局落实房地产“去库存”目标任务，开展收费年报巡查、目录清单管理、成本审核和价格测算等。此外，根据“放管结合”原则，积极研究《扬中市房地产开发企业价格行为规则》，规范房地产开发企业在价格制定、营销策划、开盘销售、房屋交付等过程中的不规范价格行为，充分发挥价格行政指导工作在商品住房监管中的作用。

（物价局 李玮琳）

**【价格信用体系建设】**2016年，扬中市物价局开展“价格诚信区域建设”“价格诚信活动月”创建活动。通过以规范明码标价全覆盖为重点的专项整治活动，在市区港东南路商业步行街创建“价格诚信一条街”；推行“价格服务进社区”活动，指导和规范社区价格和服务收费行为，创建新坝镇“江苏省价格诚信社区”。全面开展汽车销售服务行业价格信用等级认定工作，调查摸底全市38家汽车销售经营者的销售、价格政策执行情况，建立信用台账，配发信用认定、考核评价等一系列价格政策资料。

（物价局 李玮琳）

**【物价日常监管】**2016年，扬中市物价局按照“网格化”市场价格监管的工作理念，以各镇（街、区）为单位，细分价格监管网络，建立起“统一指挥、分级负责、协调运转、责任落实、反应快速”的新机制。同时，强化各镇（街、区）网格化市场价格监管的主体责任，建立上下联动机制，确保市场价格监管的全覆盖。组织开展商贸流通领域价格秩序专项整治行动，向各经营单位发放各类宣传资料150余份，对不按规定明码标价的经营者下发《警示函》10份；围绕与群众生产生活关系密切的房地产价格、物业服务收费、电信资费等热点问题开展专项检查，对典型案例及时通过新闻媒体公开曝光，积极营造诚实信用、守法经营的市场氛围。

（物价局　李玮琳）

【养老服务收费分类分级管理】2016年，扬中市物价局完成全市养老服务机构发展及收费情况调查，完善相关政策性管理，养老机构服务收费实行分类分级管理。按照“弥补成本、略有节余”原则，加强“医养融合”型养老机构目标控制，药品采购、医疗费用分类制定医疗和药品费用的医保定额标准。落实《关于减免养老和医疗机构行政事业性收费有关问题的通知》要求，对养老机构落实相关优惠扶持政策。完善养老机构收费公示制度，接受社会监督。（物价局　李玮琳）

【价格公共服务机制】2016年，扬中市被授予“全国中低压工程电气产业知名品牌创建示范区”称号，市物价系统以“全国中低压工程电气产业知名品牌示范区”创建工作为载体，依据《江苏省价格条例》和相关政策规定，常态化实施“四项”价格公共服务机制，推进落实价格认定服务、价格维权服务、价格行政指导和价格政务公开“四项”价格公共服务机制全力助推“示范区”建设。

（物价局　李玮琳）

【环境价格改革】2016年，扬中市物价局研究制定《扬中市污水处理收费标准调整实施方案》，按照环保部门开展的企业环保信用评价等级分档制定收费标准，建立动态调整机制，全面实行差别化污水处理费收费政策。开展全市污水处理设施、管网建设、运营成本情况调查，充分发挥价格杠杆支撑作用，多措并举服务全市“五水联治”工作。严格落实排污权有偿使用、扬尘排污收费等价格政策，积极运用市场手段引导企业主动治污减排，提高企业主动治污减排的积极性。研究制定电动汽车充换电设施用电和服务价格政策，服务扬中市新能源汽车推广、“绿色能源岛”建设项目。

（物价局　李玮琳）

【“四步”工作法获江苏省创新优秀成果表彰】2016年，扬中市物价局选送的涉企收费管控“四步”工作法入选《全省简政放权典型案例100例》，江苏省价格系统仅此一家。“四步”工作法通过项目上“瘦身”、标准上“见底”、机制上“管控”、方式上“出新”四个步骤，集中清理全市所有行政事业性收费，在410家企业中推行“涉企收费付费登记卡制度”“月度缴费零报告制度”“收费单位收费情况备案制度”以及“定点监测监控巡查制度”，创造性地在政府财政入库平台上建立涉企收费终端管控系统，实现对所有行政事业性收费单位、收费项目、收费标准动态监控的全覆盖，以此打造扬中在镇江地区最低的收费凹地监管方式受到企业好评。该成果经县、市、省三级评审，层层筛选，成功入选省深改办江苏简政放权优秀成果100例，并被表彰为全省创新优秀典型案例。

（新闻中心）

## ·市场监督管理·

【概况】2016年，扬中市场监督管理立案查处各类违法案件198起，罚没款320万元，移送司法机关涉嫌犯罪案件5起。案件类型涵盖无证照经营、广告、商标、产品质量、食品药品、不正当竞争、质量认证、特种设备安全等，先后开展十类日用消费品质检利剑行动、打假扶名企，“去产能”专项执法检查、房地产市场专项整治、农资打假、车用燃油以及空气和饮用水净化类生活用品等专项执法检查，重点开展学校及周边、农村综合治理，严打违法添加罂粟壳、豆制品清查等各类专项整治26次，圆满完成全国青曲赛、两会、文化节、中高考等重大活动，以及春节、“五一”、国庆等重大节日的食品安全保障任务，出动执法人员4300人次，检查生产经营者3800余户次。深入开展餐饮环节量化分级管理，实施食品生产企业监管47户次，完成流通环节信用分类评价2098户次，餐饮单位量化等级评定1224户次，年平均评定率91%以上，公示率100%。全市评出A级诚信单位81家，B级17家，C级2家。坚持以隐患问题为导向，认真开展靶向性监督抽检1379个批次，抽查各类生产经营户400余家，总体合格率在96%以上，不合格食品核查处置率100%。坚持对食品安全问题“露头就打、落地就查”的原则，健全与公安部门行刑对接联动机制，依法精准打击食品犯罪行为，查办行政处罚案件68起，罚没金额70.8万元，依法移交非法添加罂粟壳、违法使用含铝泡打粉等追究刑事责任案件5起。推动“两小行业”（食品小作坊和小摊贩食品）规范化管理。截至2016年，小作坊登记管理61户，发放摊贩公示卡86张。连续10年坚持不懈加强民间“办酒公司”管理，认真落实培训、体检、申报、指导、考核等措施。年内，全市申报家宴3500余户次，指导率80%以上，未发生一例因农村家宴引起的食品安全事故。

（市场监管局　王海燕）

【品牌建设】2016年,扬中市推荐并认定江苏省著名商标9件,再认定申请17件。镇江市知名商标认定申请21件,再认定申请9件。截至2016年年底,全市有驰名商标8枚、江苏省著名商标67枚、镇江市知名商标96枚,迈开品牌发展的新步伐。年内,扬中市被国家质量监督检验检疫总局命名为"全国中低压工程电气产业知名品牌创建示范区",大全集团有限公司荣获"中国质量奖提名奖",江苏环太集团有限公司荣获"镇江市市长质量奖",威腾电气集团股份有限公司、江苏亿阀集团有限公司荣获"扬中市市长质量奖",新增4个省名牌产品,威腾电气集团股份有限公司获得江苏省工业企业质量信用AAA级称号,江苏正泰电气集团有限公司、江苏士林电气设备有限公司获得江苏省工业企业质量信用AA级称号。 (市场监管局 王海燕)

【商标马德里国际注册】2016年,镇江市华银仪表电器有限公司位列扬中市"三十强"企业。公司专业生产PVC电线电缆环保料、接线盒等系列产品,产品畅销世界各国。市场监管局根据企业的实际情况主动服务上门,联合商标事务所对企业的商标国际注册进行指导,成功在挪威、德国、法国等18个马德里成员缔约国完成商标的马德里国际注册,为企业发展的国际化增强竞争力。 (市场监管局 王海燕)

【企业网络服务平台启动运行】2016年2月,扬中市正式启动运行企业网络服务平台,该平台与省、镇江市企业网络服务平台、扬中政务服务网互通互联,全天候自动受理企业诉求,为中小微企业提供个性化服务。构建37个部门、6个镇(街、区)、中介机构帮办服务体系,实现网上实时互动,线上线下综合办理。制定领导督办、科长领办、科员直办常态化推进机制,优化转派、审核、回访各环节。流程快捷化。建立"135"工作机制,即1个工作日受理回复,3个工作日结果回复,疑难问题5个工作日办结,实现"服务一站式、跟踪全流程、运作高效率"。集聚各部门各类涉企优惠政策,实时发布政策解读、项目申报、审批信息,最大限度地发挥政策集成和叠加效应。 (新闻中心)

【村级公共服务运行维护标准化国家级试点通过验收】2016年4月7日,扬中市承担的国家级村级公共服务运行维护标准化试点迎来考核验收,江苏省综改办、省质监局、省标准化研究院等专家一行五人对迎检情况进行督察。7月14日,国家标准委农业食品部主任徐长兴带队到扬中,就扬中市村级公共服务运行维护标准化试点工作进行考核验收。经评定,扬中市各项工作均基本达到要求,以111分成功通过"国考"。扬中市村级公共服务运行维护标准化国家级试点通过验收,并获推广。 (市场监管局 王海燕)

【四省一市认证认可监管工作协作会议】2016年5月6日,苏、浙、皖、赣、沪四省一市认证认可监管工作协作会议在扬中召开,各省市交流2015年本地区认证执法监管经验和2016年重点工作,扬中局介绍3C认证执法监管工作,研讨2016年四省一市认证管理联动执法具体协作事项。 (市场监管局 王海燕)

2016年5月6日,泛"长三角"认证认可监管工作协作会议在扬中召开

【个体工商户"两证整合"】2016年12月1日,扬中市首本加载统一社会信用代码的个体工商户营业执照"扬中市明鑫教育咨询服务部"在市场监督管理局城区分局颁发。这标志着个体工商户全国范围内的"唯一代码"——"两证整合"工作全面启动。个体工商户"两证整合"进一步优化服务流程,简化审批程序,申请人只需通过一次申请、一表登记、一窗受理,提交一套材料,享受一站式服务,即可领取到加载统一社会信用代码的营业执照。该营业执照具有原营业执照和税务登记证的功能,税务部门不再颁发税务登记证。(新闻中心)

表 23

## 扬中市全国驰名商标表

| 企业名称 | 获得时间 | 商　　标 |
|---|---|---|
| 华鹏集团公司 | 2010 年 | 华鹏 |
| 大全集团有限公司 | 2010 年 | 大全 |
| 镇江飞达制衣有限公司 | 2010 年 | 宜禾 |
| 江苏威腾母线有限公司 | 2015 年 | WETOWN 及图 |
| 长江(扬中)电脱盐有限公司 | 2012 年 | 三星及图 |
| 中电电气集团有限公司 | 2008 年 | 中电 |
| 江苏绿扬电子仪器集团有限公司 | 2010 年 | 绿扬及图 |
| 江苏万奇电气集团有限公司 | 2014 年 | 万奇 |

（市场监管局　王海燕）

**【扬中市“江苏省著名商标”企业名单】**

表 24

## 新坝镇“江苏省著名商标”企业一览表

| 序号 | 商标 | 注册人名义/利害关系人 | 注册证号 | 类别 | 核准使用商品/服务 | 认定时间 |
|---|---|---|---|---|---|---|
| 1 | SAIL | 扬中市江南砂布有限公司 | 1636355 | 3 | 砂布、砂纸、玻璃砂纸、玻璃砂布、研磨材料 | *2016 |
| 2 | TRADE MARK ELECTRO COATED 及图 | 江苏锋芒复合材料科技集团有限公司 | 6518620 | 3 | 砂纸、砂布、研磨剂等 | 2016 |
| 3 | DALICHENG | 江苏大力城电气有限公司 | 3224002 | 6 | 金属管道配件、金属管道接头、金属管道等 | *2016 |
| 4 | 图形 | 江苏成城电气有限公司 | 3074078 | 9 | 高低压开关柜等 | *2015 |
| 5 | 华鼎 | 江苏华强电力设备有限公司 | 3497066 | 9 | 母线槽、高低压开关柜 | *2015 |
| 6 | 灿辉 | 江苏华威线路设备有限公司 | 8026424 | 9 | 母线槽、开关柜 | 2015 |
| 7 | 恒润及图 | 江苏江城电气有限公司 | 710574 | 6 | 电缆桥架、母线槽 | *2014 |
| 8 | SIMMCOS | 江苏西门控电器有限公司 | 1913268 | 9 | 高低压开关柜、控制板(电)、母线槽、配电控制台(电)等 | *2014 |
| 9 | WETOWN | 江苏威腾母线有限公司 | 6483920 | 9 | 断路器、电器接插件、配电箱(电)、母线槽、接线盒(电) | *2015 |
| 10 | 华扬 | 镇江华扬乳胶制品有限公司 | 515710 | 10 | 乳胶手套 | *2015 |
| 11 | 图形 | 江苏超宇电气有限公司 | 3192776 | 9 | 插座、插头和其他连接物(电器连接)、母线槽、配电箱(电) | *2016 |
| 12 | 新坝电气 | 江苏新坝电气有限公司 | 3487308 | 9 | 母线槽、高低压开关柜 | *2016 |
| 13 | 苏正 | 江苏正泰电气集团有限公司 | 6414295 | 9 | 母线槽、高低压开关柜、配电箱(电) | *2016 |

续表 24

| 序号 | 商标 | 注册人名义/利害关系人 | 注册证号 | 类别 | 核准使用商品/服务 | 认定时间 |
|---|---|---|---|---|---|---|
| 14 | 华彤 | 江苏华彤电气集团有限公司 | 4422112 | 9 | 母线槽、高低压开关柜、配电箱(电) | 2014 |
| 15 | 坤全 | 江苏坤全电气有限公司 | 7480657 | 6 | 金属阀门、电缆桥架 | 2014 |
| 16 | 宇衡 | 江苏宇恒电气有限公司 | 7546237 | 9 | 母线槽、配电箱 | 2014 |
| 17 | 浩翔 | 江苏浩顺电气制造有限公司 | 3122442 | 9 | 母线槽 | 2015 |
| 18 | FT | 江苏福泰电力设备有限公司 | 7308451 | 6 | 金属支架、桥架 | 2015 |
| 19 | 飞林 | 江苏乾元飞达电力设备有限公司 | 4204052 | 6 | 金属管道接头 | 2015 |
| 20 | 扬达 | 扬中市协隆电力设备有限公司 | 5943722 | 7 | 过滤机、升降设备 | 2015 |
| 21 | 康尔臭氧 | 江苏康尔臭氧有限公司 | 6659763 | 11 | 气体发生器 | 2015 |
| 22 | 士林 | 江苏士林电气设备有限公司 | 4097289 | 6 | 电缆桥架 | 2015 |
| 23 | 鑫开源 | 江苏鑫开源电气集团有限公司 | 6659242 | 9 | 母线槽、开关柜 | 2015 |
| 24 | 九八 | 江苏圣大中远电气有限公司 | 1665585 | 6 | 电缆桥架等 | 2016 |
| 25 | 烁达 | 江苏宏强电气集团有限公司 | 4068942 | 9 | 母线槽、高低压开关柜等 | 2016 |
| 26 | 图形 | 向荣集团有限公司 | 13001700 | 9 | 电站自动化装置等 | 2016 |
| 27 | 浩诚 | 镇江浩顺生态养殖有限公司 | 7434089 | 31 | 活动物、活鱼、鲜水果等 | 2016 |

（市场监管局 王海燕）

## 三茅街道“江苏省著名商标”企业一览表

表 25

| 序号 | 商标 | 注册人名义/利害关系人 | 注册证号 | 类别 | 核准使用商品/服务 | 认定时间 |
|---|---|---|---|---|---|---|
| 1 | 太空 | 江苏华美制衣有限公司 | 3173812 | 25 | 工装、衬衫、制服、T恤衫等 | *2015 |
| 2 | 辉跃及图 | 镇江市华东化工电力设备总厂 | 1135559 | 6 | 电缆桥架、金属门 | *2015 |
| 3 | 申安及图 | 扬中市南方矿用电器有限公司 | 860726 | 9 | 甲烷检测仪器 | *2014 |
| 4 | 三业 Sunye 及图 | 扬中市三叶咸秧草有限公司 | 4355358 | 29 | 腌制蔬菜等 | *2016 |
| 5 | 春艳及图 | 江苏绿洲制衣有限公司 | 149545 | 25 | 服装、民族服装、防护服装 | *2016 |
| 6 | 纽普兰 | 镇江电站辅机厂有限公司 | 7439198 | 7 | 电站用锅炉及其辅助设备等 | *2015 |
| 7 | 上飞 | 镇江市营房塑电有限公司 | 570096 | 17 | 塑料管、板、条杆等 | *2015 |
| 8 | 风华正茂 | 镇江市丰华电器制造有限公司 | 5690014 | 9 | 母线槽、高低压开关柜 | *2016 |
| 9 | 华军 | 江苏万宝电气集团有限公司 | 1223000 | 9 | 母线槽、高低压开关柜 | 2014 |
| 10 | 乾圣 | 镇江市华凌金属制造装饰有限公司 | 4589169 | 6 | 金属门窗 | 2014 |
| 11 | 巢皇豪门 | 江苏巢皇不锈钢集团 | 8199088 | 6 | 金属门 | 2015 |
| 12 | 大印 | 江苏大印电子科技有限公司 | 10238014 | 6 | 电缆桥架 | 2016 |

（市场监管局 王海燕）

## 扬中市经济开发区“江苏省著名商标”企业一览表

表 26

| 序号 | 商标 | 注册人名义/利害关系人 | 注册证号 | 类别 | 核准使用商品/服务 | 认定时间 |
|---|---|---|---|---|---|---|
| 1 | X H | 江苏星河集团有限公司 | 1362836 | 19 | 非金属引用管道、建筑用非金属硬管 | *2016 |
| 2 | 牧乐 | 扬中牧乐药业有限公司 | 206981 | 5 | 兽药 | *2014 |
| 3 | 文盛 | 江苏文昌电子化工有限公司 | 1196236 | 17 | 橡胶或塑料制填充或衬垫用包装材料、塑料填制、填塞材料 | *2014 |
| 4 | 图形 | 江苏福达特种钢(集团)厂 | 947171 | 6 | 普通金属及其合金板 | *2015 |
| 5 | 帅宝 | 江苏星鑫工程管道有限公司 | 1926048 | 17 | 非金属管道接头、管道用非金属 | *2014 |
| 6 | 华盛亿能及图 | 江苏亿能电气有限公司 | 5349387 | 9 | 母线槽、变压器、集电器、接线盒 | *2014 |
| 7 | 三岛及图 | 江苏荣胜长江塑业有限公司 | 944067 | 17 | 保温、隔热、隔音材料 | *2016 |
| 8 | 图形 | 扬中市阀门厂有限公司 | 1123541 | 6 | 金属阀门(非机器零件) | *2016 |
| 9 | SERO | 江苏兴隆防腐设备有限公司 | 6023262 | 19 | 非金属排水管、非金属管 | *2016 |
| 10 | 图形 | 江苏香江科技股份有限公司 | 5644152 | 9 | 分线盒、网络通讯设备 | *2016 |
| 11 | 图形 | 江苏通灵股份电气有限公司 | 10533807 | 9 | 接线盒、配电箱 | 2014 |
| 12 | 金风扬 | 扬中市长江电器成套有限公司 | 4178353 | 9 | 开关柜、母线槽 | 2015 |
| 13 | FU SHAN | 江苏泓彦塑料科技有限公司 | 1588067 | 17 | 密封环、密封物、密封橡皮圈等 | 2016 |

（市场监管局 王海燕）

## 油坊镇“江苏省著名商标”企业一览表

表 27

| 序号 | 商标 | 注册人名义/利害关系人 | 注册证号 | 类别 | 核准使用商品/服务 | 认定时间 |
|---|---|---|---|---|---|---|
| 1 | 太平洲 | 江苏海纳机电集团有限公司 | 786624 | 9 | 仪器仪表用阀门、仪表箱 | *2016 |
| 2 | 友仪 | 江苏友谊手套服饰有限公司 | 3126318 | 25 | 手套(服装)等 | *2014 |
| 3 | 海纬 | 江苏海纬集团有限公司 | 4497523 | 6 | 电缆桥架 | 2014 |
| 4 | 太阳之花 | 江苏太阳集团有限公司 | 6901702 | 6 | 电缆桥架、金属焊条 | 2014 |
| 5 | 鼎荣 | 江苏鼎荣电气集团有限公司 | 490060 | 6 | 金属阀门、管道接头 | 2015 |
| 6 | FENGYUAN | 镇江丰源新能源科技有限公司 | 8355963 | 4 | 电能等 | 2016 |

（市场监管局 王海燕）

## 八桥镇“江苏省著名商标”企业一览表

表 28

| 序号 | 商标 | 注册人名义/利害关系人 | 注册证号 | 类别 | 核准使用商品/服务 | 认定时间 |
|---|---|---|---|---|---|---|
| 1 | 维纳特 | 镇江维纳特气门有限公司 | 3058583 | 7 | 内燃机配件、气门(机器零件)、活塞销 | *2016 |
| 2 | 图形 | 镇江市华成电子器材有限公司 | 1622332 | 9 | 插头、插座及其他接触器 | *2014 |
| 3 | 金波及英文 | 江苏金波新材料科技有限公司 | 4377288 | 17 | 塑料管、塑料板、塑料棒、塑料焊丝 | *2014 |

续表 28

| 序号 | 商标 | 注册人名义/利害关系人 | 注册证号 | 类别 | 核准使用商品/服务 | 认定时间 |
|---|---|---|---|---|---|---|
| 4 | HYTJ 及图 | 镇江市华银仪表电器有限公司 | 3934852 | 9 | 电线电缆等 | *2016 |
| 5 | 春环及图 | 镇江春环密封件集团有限公司 | 558782 | 17 | 密封圈环等 | *2015 |
| 6 | 江鲟 | 扬中市扬子铝加工有限公司 | 914875 | 6 | 电缆桥架 | 2015 |
| 7 | 同庆 | 江苏同庆车辆配件有限公司 | 4468197 | 12 | 铁路车辆、铁路车辆配件 | 2015 |
| 8 | 图形 | 江苏华太电力仪表有限公司 | 5338606 | 6 | 金属管道接头、电缆桥架等 | 2016 |

（市场监管局　王海燕）

表 29

## 西来桥镇“江苏省著名商标”企业一览表

| 序号 | 商标 | 注册人名义/利害关系人 | 注册证号 | 类别 | 核准使用商品/服务 | 认定时间 |
|---|---|---|---|---|---|---|
| 1 | 图形 | 江苏荣昌新材料科技有限公司 | 6983193 | 2 | 涂料(油漆)、防锈油漆、磁漆 | *2016 |
| 2 | 幸福 | 江苏亿阀集团有限公司 | 256299 | 7 | 阀门 | 2014 |
| 3 | 图形 | 江苏海晟涂料有限公司 | 6589902 | 2 | 油漆 | 2014 |

（市场监管局　王海燕）

**【扬中市“镇江市知名商标”企业名单】**

表 30

## 新坝镇“镇江市知名商标”企业一览表

| 序号 | 商标名称 | 注册人/利害关系人 | 注册证号 | 类别 | 核准使用商品/服务 | 认定时间 |
|---|---|---|---|---|---|---|
| 1 | 友得 | 扬中市长江电器设备厂有限公司 | 834867 | 9 | 母线槽、开关柜 | *2016 |
| 2 | 友得 | 扬中市长江电器设备厂有限公司 | 820552 | 6 | 电缆桥架 | *2016 |
| 3 | 万威 | 江苏万威电气有限公司 | 5760618 | 6 | 电缆桥架 | *2016 |
| 4 | 新天骄阳及图 | 镇江市新天机电设备有限公司 | 3563388 | 6 | 管道支吊架、金属管道配件 | *2014 |
| 5 | 荣 达及拼音 | 扬中市电力设备厂有限公司 | 698573 | 6 | 桥架、电缆接线金属套管 | *2014 |
| 6 | 工友及图 | 镇江市江南磨具有限公司 | 984632 | 3 | 砂布、砂纸、砂带 | *2015 |
| 7 | 神洲远红及图 | 扬中市神洲化工电力设备有限公司 | 4198835 | 11 | 加热元件、热交换器 | *2014 |
| 8 | 图 | 江苏美联集团有限公司 | 3312431 | 9 | 母线槽、高低压开关柜、配电箱 | *2014 |
| 9 | 恒平及图 | 扬中市华电电力设备有限公司 | 4863277 | 6 | 金属管夹、金属管道、金属接头、电缆桥架 | *2015 |
| 10 | ZHENJIANG | 镇江纽普兰气力输送有限公司 | 7373868 | 7 | 气动传送装置、气动管道传送器等 | *2015 |
| 11 | 正江纽普兰 | 镇江纽普兰气力输送有限公司 | 7373870 | 7 | 发电机组、废物处理装置 | *2015 |
| 12 | 有能 | 有能集团有限公司 | 10088722 | 6 | 电缆桥架 | 2014 |
| 13 | 有能 | 有能集团有限公司 | 10088896 | 9 | 母线槽 | 2014 |
| 14 | 天源华威 | 天源华威集团有限公司 | 5300808 | 9 | 开关柜、母线槽 | 2014 |
| 15 | 图 | 江苏华兴电气科技有限公司 | 5427584 | — | 干燥器、干燥设备 | 2014 |
| 16 | 康而臭氧及图 | 江苏康而臭氧有限公司 | 6659763 | — | 气体发生器 | 2014 |

续表 30

| 序号 | 商标名称 | 注册人/利害关系人 | 注册证号 | 类别 | 核准使用商品/服务 | 认定时间 |
|---|---|---|---|---|---|---|
| 17 | 飞林及图 | 镇江飞达膨胀节制造有限公司 | 4204052 | 6 | 金属管道、电缆桥架 | 2014 |
| 18 | 图 | 江苏福泰电力设备有限公司 | 7308451 | 6 | 电缆桥架 | 2014 |
| 19 | 浩翔及图 | 江苏浩顺电气制造有限公司 | 3122442 | 9 | 母线槽 | 2014 |
| 20 | 图形 | 江苏太阳鸟照明电器有限公司 | 8884238 | 11 | 安全灯、车灯 | 2015 |
| 21 | 飞宇及拼音 | 扬中市飞宇磨具有限公司 | 1674019 | 8 | 磨料磨具 | 2015 |
| 22 | 弘历电气 | 江苏弘历电气有限公司 | 9245415 | 9 | 成套电器校验装置 | 2015 |
| 23 | 烁达 | 江苏宏强电气集团有限公司 | 4068942 | 9 | 开关柜、母线槽 | 2015 |
| 24 | 英文 | 江苏海航电气科技有限公司 | 13883616 | 9 | 安培计、电流计 | 2015 |
| 25 | 九八加拼音 | 江苏圣大中远电气集团有限公司 | 1665585 | 6 | 电缆桥架 | 2015 |
| 26 | 江雄 | 江苏天源华威电气集团有限公司 | 549466 | 6 | 电缆桥架 | 2015 |
| 27 | 广通生源加图形 | 江苏通源电气有限公司 | 12850427 | 6 | 金属管、金属阀门 | 2015 |
| 28 | 浩诚 | 镇江浩顺生态养殖有限公司 | 7434089 | 31 | 活动物、活家禽 | 2015 |
| 29 | 图形 | 向荣集团有限公司 | 13001700 | 9 | 电站自动化装置 | 2015 |
| 30 | 新天佳顺及图 | 扬中新天电器有限公司 | 13075424 | 9 | 配电箱、母线槽、高低压开关板 | 2016 |
| 31 | 图案 | 江苏帅天电气有限公司 | 9556269 | 9 | 配电箱、高低压开关板、母线槽 | 2016 |
| 32 | 图案 | 江苏帅天电气有限公司 | 9556237 | 6 | 金属支架 | 2016 |
| 33 | 新坝众志 | 江苏众志电力设备有限公司 | 5338603 | 9 | 母线槽、配电箱、高低压开关板 | 2016 |
| 34 | JSTYDL | 江苏同益电力设备有限公司 | 9281560 | 6 | 金属支架、金属阀门、金属管道 | 2016 |
| 35 | Daqo | 大全集团有限公司 | 14988503 | 9 | 母线槽、配电箱、稳压电源 | 2016 |
| 36 | K KFINE ELECTRIC | 江苏大全凯帆开关有限公司 | 10406377 | 9 | 继电器、熔断器、起动器等 | 2016 |
| 37 | 通行万里 | 镇江四通电器有限公司 | 3348908 | 9 | 配电箱、母线槽 | 2016 |

（市场监管局 王海燕）

## 三茅街道“镇江市知名商标”企业一览表

表 31

| 序号 | 商标名称 | 注册人/利害关系人 | 注册证号 | 类别 | 核准使用商品/服务 | 认定时间 |
|---|---|---|---|---|---|---|
| 1 | 洲安 | 镇江市长江机电设备厂 | 563229 | 6 | 金属阀门(非机器零件)、电缆桥架 | *2015 |
| 2 | 辉跃 | 镇江市华东化工电力设备总厂 | 1135559 | 6 | 电缆桥架、金属门等 | *2015 |
| 3 | 上飞 | 镇江市营房塑电有限公司 | 570096 | 17 | 塑料管、板、条、杆、耐油管、耐酸管、非包装用的塑料薄膜、活塞环、导向环、绝缘材料、绝缘脂等 | *2015 |
| 4 | 享岛及图 | 镇江市丰华电器制造有限公司 | 922324 | 6 | 电缆桥架 | *2015 |
| 5 | 中乐 | 镇江市中乐厨房设备有限公司 | 5695992 | 6 | 金属食品柜、金属陈列架 | *2014 |
| 6 | 龙方及图 | 扬中市龙方百货有限公司 | 5808327 | 16 | 卫生纸、型纸、纸手帕 | *2014 |

续表 31

| 序号 | 商标名称 | 注册人/利害关系人 | 注册证号 | 类别 | 核准使用商品/服务 | 认定时间 |
|---|---|---|---|---|---|---|
| 7 | 扬碟及图 | 扬中市第一蝶阀厂有限公司 | 8660392 | 6 | 金属管道、金属阀门(非机器零件)、金属管道弯头等 | *2015 |
| 8 | 华军 | 万宝电气集团有限公司 | 1223000 | 9 | 高低压开关柜、母线槽、配电箱 | *2016 |
| 9 | 正凯及图 | 扬中市正凯电器有限公司 | 8419586 | — | 高压防爆配电装置 | 2014 |
| 10 | 大印及图 | 江苏大印电子科技有限公司 | 10238014 | 6 | 桥架 | 2014 |
| 11 | 益加益及图 | 扬中市益加益糖烟酒有限公司 | 6010287 | — | 替他人作中介 | 2014 |
| 12 | 海腾加拼音及图形 | 扬中市海腾氟塑制品厂 | 8516598 | 9 | 密封环、垫片 | 2015 |
| 13 | 坤元及图 | 江苏坤元电力设备有限公司 | 6532533 | 17 | 石墨密封环 | 2015 |
| 14 | 裕星及图 | 江苏裕兴电器有限公司 | 10413613 | 11 | 蓄热器、加热装置 | 2015 |
| 15 | 晨太 | 镇江市东方节能设备有限公司 | 9074296 | — | 电加热器装置 | 2015 |
| 16 | 图形 | 江苏兴阳能源科技有限公司 | 11726111 | 9 | 配电箱、高低压开关板、母线槽 | 2016 |
| 17 | BAILE | 扬中市无线电三厂 | 5055522 | 9 | 保险丝、熔丝、熔断器 | 2016 |
| 18 | FLYON | 江苏瑞克健身用品有限公司 | 9409420 | 28 | 健身体育器械、护身、护膝 | 2016 |

(市场监管局 王海燕)

## 扬中市经济开发区"镇江市知名商标"企业一览表

表 32

| 序号 | 商标名称 | 注册人/利害关系人 | 注册证号 | 类别 | 核准使用商品/服务 | 认定时间 |
|---|---|---|---|---|---|---|
| 1 | SERO | 江苏兴隆防腐设备有限公司 | 6023262 | 6 | 非金属排水管 | *2015 |
| 2 | 惠利特及图 | 江苏惠利特环保科技有限公司 | 6627099 | 7 | 冷凝器(蒸汽)(机器部件)、气体分离设备等 | *2015 |
| 3 | QIANNIU | 扬中天力钢结构有限公司 | 4942779 | 6 | 钢管、金属电线杆 | *2015 |
| 4 | 金海新源及字母 | 金海新源电气江苏有限公司 | 8151063 | — | 配电盘、逆变器 | 2014 |
| 5 | 图 | 镇江荣诚管业有限公司 | 5516679 | — | 水龙头、排水管道设备 | 2014 |
| 6 | FUSHAN 及图 | 江苏泓彦塑料制品有限公司 | 1588067 | 17 | 密封环 | 2014 |
| 7 | 星河及图 | 江苏星河集团有限公司 | 4042241 | — | 塑料管 | 2014 |
| 8 | 富安及图 | 江苏新锐塑料科技有限公司 | 565829 | 17 | 工程塑料、硅橡胶 | 2015 |
| 9 | AHDQ | 镇江安华电气有限公司 | 8590610 | 6 | 电缆桥架、金属支架、金属阀门 | 2016 |
| 10 | SINYA | 扬中新亚自控工程有限公司 | 7664260 | 6 | 金属管道接头、金属阀、金属管道配件 | 2016 |
| 11 | 图形 | 江苏银佳企业集团有限公司 | 3356645 | 9 | 高低压开关柜、母线槽、火灾报警器 | 2016 |

(市场监管局 王海燕)

## 油坊镇“镇江市知名商标”企业一览表

表 33

| 序号 | 商标名称 | 注册人/利害关系人 | 注册证号 | 类别 | 核准使用商品/服务 | 认定时间 |
|---|---|---|---|---|---|---|
| 1 | 友谊 | 江苏友谊手套服饰有限公司 | 3604181 | 25 | 手套、皮手笼等 | *2014 |
| 2 | 宇全 | 镇江扬子电器仪表设备有限公司 | 3256457 | 6 | 金属管道接头、金属阀门(非机器零件)、电缆桥架、金属管道配件 | *2015 |
| 3 | 雪蓝 | 扬中市大庆禽业有限公司 | 4673816 | 29 | 蛋 | *2015 |
| 4 | 国刚及图 | 江苏国美钢网桥架有限公司 | 8370924 | 6 | 桥架 | 2014 |
| 5 | 万固及图 | 江苏万成电气集团有限公司 | 5440754 | 6 | 桥架 | 2014 |
| 6 | 同中及图 | 扬中市同中电光源有限公司 | 579819 | 11 | 灯头、灯泡 | 2015 |
| 7 | 江峰 | 江苏万利制鞋有限公司 | 8523848 | 25 | 防火靴、防事故、防辐射、防火用鞋、耐酸胶鞋 | *2016 |
| 8 | 吉祥鸟 | 镇江吉祥鸟新材料有限公司 | 10356065 | 1 | 油胶泥(油灰、腻子)、油胶泥(腻子) | 2016 |
| 9 | 卫士 | 镇江市化剂厂有限公司 | 8521010 | 1 | 化学试剂、试纸、化学试纸 | 2016 |
| 10 | 鸿翅 | 江苏恒兴制漆有限公司 | 810243 | 2 | 涂料 | 2016 |

(市场监管局 王海燕)

## 八桥镇“镇江市知名商标”企业一览表

表 34

| 序号 | 商标名称 | 注册人/利害关系人 | 注册证号 | 类别 | 核准使用商品/服务 | 认定时间 |
|---|---|---|---|---|---|---|
| 1 | 派登 | 江苏派登鞋业有限公司 | 599732 | 25 | 鞋 | *2015 |
| 2 | 春江 | 镇江丰成特种工具有限公司 | 1609882 | 8 | 金刚砂轮、金刚砂、磨轮磨具 | *2015 |
| 3 | 特航及图 | 扬中市特航鞋业有限公司 | 662965 | 25 | 鞋、轻便鞋 | *2015 |
| 4 | 伟民及图 | 镇江伟民新材料制品有限公司 | 3060698 | 17 | 密封环、垫片、填充垫圈、高压锅圈、密封物等 | *2015 |
| 5 | 图形 | 江苏华太电力仪表有限公司 | 5338606 | 6 | 电缆桥架、金属阀门(非机器零件)、金属弯道接头 | *2016 |
| 6 | 沪扬 | 镇江市沪扬电器成套有限公司 | 4916110 | 11 | 加热装置、电加热装置、加热元件 | *2016 |
| 7 | 威宇 | 江苏威宇电力设备有限公司 | 4770300 | 11 | 电加热器、加热元件、水加热器(仪器) | *2016 |
| 8 | 倩扬 | 扬中市同胜劳保鞋服厂 | 640680 | 25 | 鞋、手套、服装 | *2016 |
| 9 | 宏宇及图 | 镇江宏宇厨具有限公司 | 6602831 | 21 | 厨房用具 | 2014 |
| 10 | 施达尔 | 江苏施达尔电气有限公司 | | 9 | 电力电器配件、微波测控设备 | 2014 |
| 11 | 海天及图 | 江苏海天微电子科技有限公司 | 9021308 | 9 | 微电子产品技术研发、接线盒 | 2015 |
| 12 | 图形 | 扬中市红光金属制品有限公司 | 13265383 | 9 | 数据处理设备、计算机外围设备 | 2015 |
| 13 | 利民纸品 | 江苏利民纸品包装有限公司 | 12417366 | | 卡纸板制品 | 2015 |
| 14 | 图形 | 镇江市恒升达化工科技有限公司 | 11066394 | 9 | 配电箱、闸盒、母线槽等 | 2016 |
| 15 | 江洲绿扬 | 扬中市绿扬食品有限公司 | 10614210 | 29 | 腌制蔬菜、虾酱、干蔬菜 | 2016 |
| 16 | 美杰 | 江苏美杰磨具科技有限公司 | 12757569 | 8 | 磨具、金刚砂磨轮 | 2016 |

(市场监管局 王海燕)

表 35

西来桥镇"镇江市知名商标"企业一览表

| 序号 | 商标名称 | 注册人/利害关系人 | 注册证号 | 类别 | 核准使用商品/服务 | 认定时间 |
|---|---|---|---|---|---|---|
| 1 | 秦桂兰及图 | 扬中市秦桂兰柳编专业合作社 | 9484386 | — | 柳条制品 | 2014 |
| 2 | 佳旺华及图 | 扬中市佳旺华电器有限公司 | 9339640 | — | 高压防爆配电装置 | 2014 |
| 3 | TF | 扬中市通发实业有限公司 | — | — | — | 2014 |
| 4 | 国鹰 | 扬中市国鹰电器有限公司 | 1922764 | 11 | 电加热装置、加热元件 | 2016 |

（市场监管局　王海燕）

# 社会事务管理

## ·民族宗教事务·

【民族概况】2016年，扬中市有19个少数民族，分别为土家族、回族、壮族、满族、侗族、蒙古族、瑶族、布依族、彝族、黎族、朝鲜族、苗族、仡佬族、土族、达斡尔族、白族、东乡族、撒拉族、维吾尔族，人数400余人。扬中市民族团结促进会，会员有32人，会长由朱冬宏担任。全市有伊香源清真拉面馆17家、清真电烤饼店2家、新疆烧烤店1家、西域名优特产店1家。其中扬中市惠众花苑伊香源拉面馆是江苏省清真食品基本供应点。

（民宗局　施勇）

【宗教概况】2016年，扬中市有佛教、基督教、伊斯兰教三大教派。佛教信众1万余人，基督教信众1600余人，伊斯兰教100余人。全市经政府正式批准设立的宗教活动场所18处。其中佛教4处，分别是太平寺、新坝镇老甸庙、新坝镇联合念佛堂、观音禅院；基督教13处，分别是新坝镇2处，三茅街道1处，油坊镇6处，八桥镇1处，经开区3处；伊斯兰教临时礼拜点1处。宗教活动场所现有教职管理人员69人。其中佛教23人，基督教45人，伊斯兰教1人，基督教中参加过市以上培训的13人，分别领到传道证和义工证，各宗教活动场所都成立管理小组，分别负责传教、财务、宣传等各项事务。全市有宗教团体2个，市佛教协会会长由心和担任，市基督教三自爱国运动委员会主席由徐和娣担任。

（民宗局　施勇）

【第八届"祈福迎新年"撞钟活动】2016年元旦，扬中市太平禅寺举办第八届"祈福迎新年"撞钟活动。20余名僧侣在太平禅寺方丈心和法师的主持下，举行祈颂法会及启钟仪式。众多社会贤达、居士千余人参加撞钟活动。

（民宗局　施勇）

【太平禅寺慈善功德会举行助学捐赠仪式】2016年8月23日，扬中市太平禅寺慈善功德会在寺庙法堂内举行助学捐赠仪式。此次仪式由市委统战部副部长、民宗局局长瞿廷辉主持，市委常委、组织部部长、统战部部长黄子来，市慈善总会会长卢万福，太平禅寺心和大和尚分别讲话，共同勉励各位学子要努力学习，长本领、练素质、增才干，把自己培养成为祖国的栋梁，今后要以满腔的热情回报社会，回报身边的每一个人。仪式上，30位贫困学子接受捐赠，每人获得1000元助学金。这是太平禅寺第10年举行助学捐赠活动。

（民宗局　施勇）

【观音禅院天王殿开工仪式】2016年5月15日，扬中市观音禅院天王殿举行开工仪式。新建成的天王殿约430余平方米，2层，每层9间，总投入550余万元，建设工期1年。出席开工仪式的有市民宗局、市佛协领导，省内外部分高德大僧，信众5000余人。

（民宗局　施勇）

太平禅寺太平广场

表 36

## 2016 年扬中市宗教活动场所一览表

| 场所名称 | 负责人 | 地点 |
|---|---|---|
| 太平寺 | 心　和 | 经开区双跃村 |
| 新坝镇老甸庙 | 心　和 | 新坝镇新宁村 |
| 新坝镇联合念佛堂 | 心　和 | 新坝镇红联村 |
| 观音禅院 | 仁　智 | 国土公园 |
| 扬中市基督教中心教堂 | 徐和娣 | 经开区德云社区 |
| 新坝镇新坝基督教活动点 | 匡　燕 | 新坝镇新坝社区 |
| 新坝镇公信村基督教活动点 | 田成生 | 新坝镇公信 6 组 |
| 三茅街道康福弄基督教活动点 | 成兰芳 | 三茅街道英雄村康宁路康福弄 12 号 |
| 经开区新星村基督教活动点 | 张纪珍 | 经开区新星村 12 组 207 号 |
| 经开区双跃村基督教活动点 | 丁兰风 | 经开区双跃村长征小区 |
| 油坊镇同乐村基督教活动点 | 倪小兰 | 油坊镇同乐村 8 组 |
| 油坊镇太平村基督教活动点 | 李明兰 | 油坊镇太平村 |
| 油坊镇老桥村基督教活动点 | 王桂英 | 油坊镇老桥村五组 |
| 油坊镇油坊村基督教活动点 | 朱霞芳 | 油坊镇油坊村七组 |
| 油坊镇鸣凤村基督教活动点 | 董秀芬 | 油坊镇鸣凤村 10 组 |
| 油坊镇老郎村基督教活动点 | 侯纪娣 | 油坊镇老郎村 17 组 127 号 |
| 八桥镇利民村基督教活动点 | 钱克龙 | 八桥镇利民村 17 组 |
| 三茅街道伊斯兰教礼拜点 | 马忠义 | 三茅街道惠众花苑 418 号 |

（民宗局　施勇）

### ·民政事务·

**【社会组织管理】**2016 年，扬中市在镇江市范围内率先出台《加快推进全市社会组织培育发展的意见》。全市社会组织实现税务证、组织机构代码证、社会组织法人登记证“三证合一”，万人拥有社会组织数 9.6 家。举办第二届公益创投大赛，评选出社区公益服务优秀项目 8 个、创意项目 2 个。全年新增 3A 级社会组织 1 家、4A 级社会组织 2 家。（民政局　方超）

**【太极拳协会获评 4A 级社会组织】**2016 年 1 月，扬中市太极拳协会被镇江市民政局评为 4A 级社会组织。市太极拳协会在社区、机关、医院等不同单位举办太极拳（剑）、健身气功培训班。全市有 21 个太极练功站，参加太极健身人员已超万人。扬中太极运动水平不断提高，市太极拳协会成立 2 年来，获省级武术比赛金牌 9 枚，国家级武术比赛银牌 2 块、铜牌 5 块。（新闻中心）

2016 年 11 月 13 日，二十四式太极拳比赛

**【殡葬改革】**2016 年，扬中市严格落实治丧情况周报制和骨灰安置入堂率月统计制度，成功搬迁三茅街道中心安息堂。全年殡葬惠民减免 545 万元，惠及 2320 户。（民政局　方超）

**【烈士公祭活动】**2016 年 9 月 30 日是第三个全国烈士

纪念日。扬中市公祭仪式在扬中市烈士陵园举行，社会各界人士代表瞻仰烈士纪念碑，在散葬烈士墓区向烈士献花，深切悼念为民族解放、国家富强和人民幸福英勇献身的革命烈士，激励全市上下奋力担当，共建“强富美高”新扬中。 （新闻中心）

【**福利企业管理**】2016年，扬中市58家企业办理福利企业相关变更认定135次，29家企业增加残疾职工74名，45家企业核减伤亡、退休残疾职工117名。分流安置3家关停企业残疾职工，70名残疾人员中有52名安置到扬碟钻石等10家福利企业，全市福利企业残疾职工就业状况总体平稳。 （民政局 方超）

【**福利彩票**】2016年，扬中市福利彩票销售稳中有进，全年销售近8000万元，年增长率超过10%，成功晋级江苏省20强。 （民政局 方超）

【**第二次地名普查**】2016年1月11日，扬中市召开地名工作暨第二次地名普查工作推进会，回顾总结扬中地名工作，部署下一阶段地名管理服务和第二次全国地名普查工作。副市长宫金生出席会议。近年来，全市新增地名66件；核准36个农村集中安置小区名称；新增道路指示牌124块，更换40块，维修75块；挖掘地名文化，汇编《扬中地名故事》。下阶段，扬中将完成2010年后新增地名的普查登记、标图、测量、入库工作，规范设置地名，全面厘清全市区划范围内的地名属性信息，切实解决一地多名、地名重名、通名丢失、地名用字不规范、含义不健康等问题，并完善扬中市城乡地名标志体系，建立完善本市地名数据库，实现地名数据库与矢量电子地图的双向链接，高效转化应用地名普查的各项成果。 （新闻中心）

【**《扬中地名故事》专栏开辟**】2016年，扬中民政借助扬中快报、微扬中等宣传平台，开辟《扬中地名故事》专栏，刊登《三滧老街》《九十九间半》等地名故事近10篇，通过讲述地名演变，传播扬中的历史人文知识。 （民政局 方超）

## ·救灾救助·

【**概况**】2016年，扬中市有城乡低保1704户、2886人，其中农村低保1456户、2390人；困境儿童11人；五保对象371人。其中集中供养243人，集中供养率65.5%。特困人员分散供养“4+1”关爱照料服务协议签订率100%。2016年7月起，扬中市城乡低保标准提升至每人每月625元，农村五保供养标准统一调至每人每年8760元，孤儿救助标准调至每人每月1400元。及时发放节日慰问补助和春节专项补助3414人次、68.28万元；及时启动物价补贴机制，发放6244人次、35.41万元。实施临时生活救助346人次、47.58万元，流浪乞讨救助73人次、6.9万元。2016年，全市有108名留守儿童纳入数据库，另有2名外省留守儿童实行信息备案。新增国家级减灾示范社区1家，在镇江市率先实现每个镇(街区)至少拥有1家全国综合减灾示范社区。 （民政局 方超）

注释：“4+1”指镇(街、区)民政办(甲方)、党员或村(社区)干部(乙方)、供养对象的邻居或亲属(丙方)与分散供养特困供养对象(丁方)4方以及民政局1方。

【**创建国家级综合减灾示范社区**】2016年，扬中市新增国家级减灾示范社区1家，在镇江市率先实现每个镇(街区)至少拥有1家全国综合减灾示范社区。创建期间与参创社区对接，明确创建要求，制订创建计划。组织参创社区参加镇江市局举办的创建工作培训，参观学习已创成社区的经验。通过搭建组织网络、完善应急预案、丰富活动载体，有效增强基层综合减灾防灾能力，着力提升居民的防灾意识和技能。（民政局 方超）

【**扶贫开发建档立卡**】2016年2月19日，扬中市召开全市扶贫开发建档立卡工作部署暨业务培训会，正式启动新一轮扶贫开发建档立卡工作。此次扶贫开发建档立卡对象主要包括低收入农户和经济薄弱村。会议明确，截至3月底，在全市范围内建立低收入农户、经济薄弱村扶贫开发电子信息档案，以此为基础，构建扬中市扶贫信息网络系统，为精准扶贫、精准脱贫工作奠定基础。会议要求要通过建档立卡，精准识别低收入农户和经济薄弱村，了解贫困状况，分析致贫原因，摸清帮扶需求，明确帮扶主体，落实帮扶措施；要加强领导，严格要求，主动协调，加快推进，切实加强对建档立卡工作的组织领导，为实现“十三五”脱贫致富奔小康工程良好开局做出应有的贡献。 （新闻中心）

【**农村危房改造**】2016年，扬中市按照“因户而异、注重实效、逐年实施”原则，通过翻建、维修、置换、提前拆迁安置等形式实施危房改造，积极督促各镇(街区)定期上门走访，确保按照计划要求实施改造。全年拨付补助资金近175万元，全年实施危房改造78户，有效改善农村困难群众住房条件,提升防灾抗灾能力。

（民政局　方超）

【慈善助学】2016年8月23日，扬中市慈善总会举行2016年度助学资金发放仪式,秉持决不让一个手捧大学录取通知书的寒门学子，因缴不起学费而被拒之大学校门之外的初衷，已连续11年开展慈善助学活动。扬中市副市长宫金生、市慈善总会会长卢万福出席活动,为133名贫困学生发放爱心助学金,救助金额合计36.7万元。2016年,慈善救助累计逾560万元。设立12家企业慈善组织,引导社会力量投身救助事业,使困难群众更多更好地共享发展成果。（民政局　方超）

【48户重残贫困家庭获赠家电】2016年1月，扬中市委宣传部、市慈善总会、市残联与扬中麦田开展“扬中重残家庭家电赠送”活动,全市48户重残贫困家庭喜获家电。扬中麦田“扬中重残家庭家电赠送”项目在获得公益创新大奖后,利用由市慈善总会、市残联、扬中麦田及红十字会等单位合资募捐的50万元大赛获奖基金,多方比价,最终确定从海尔电器镇江总代理处采购电视机22台、洗衣机18台、微波炉8台,赠与重残贫困户。（新闻中心）

【“爱心1元捐”救助金发放】2016年11月29日,扬中市红十字会联合教育局举行2016年度“爱心1元捐”救助金发放仪式，发放救助金10.4万元,39名学生获得救助。“爱心1元捐”活动在扬中市已开展10年,累计筹得善款29万余元。红十字会与教育局商议,在2015年实施救助的基础上,继续救助患大病、意外伤害学生,确保善款善用。（新闻中心）

“爱心1元捐”救助金发放活动现场

## ·社会保险·

【概况】2016年，扬中市社会保险参保率98.9%以上，企业职工养老保险在职参保人数10.8万人,基金征缴收入5.31亿元;工伤保险参保人数7.6万人,基金征缴收入2175万元 。生育保险企业参保人数5.1万人,机关单位参保人数9000人。城乡居民养老保险参保人数4.5万人,基础养老金发放率100%。全市退休人员4.09万人。其中,企业退休人员和机关事业单位离退休人员2.17万人;农保退休1.92万人,直接领取老年补贴3.31万人。扬中市将失业保险费率由2%降至1.5%,企业养老保险单位缴费比例由20%降至19%，减轻企业社保负担;调整参保单位行业分类及工伤费率,将工伤保险行业基准费率由原有的三类划分成八类，费率平均降幅15%。同步调整城乡居保及被征地农民社保待遇,城居保定额缴费退休和领取老年居民养老补贴的人员，养老金由每人每月105元提高到115元；按比例缴费退休的人员，在保证月养老金不低于317.5元基础上增加30元;领取征地保障养老金人员按不同对象分别增发10~50元。同步调整企业及机关事业退休人员养老金,企退人员养老金人均增加137元,机关事业单位养老金人均增加278元，增幅分别为8.3%和5.8%,调整养老金全部补发到位。（人社局　龚永华）

【社保费联网征缴】2016年1月,扬中市人社局在江苏省内县级市中率先实现社保基金与地税征收实时联网。企业一旦在地税申报缴费后,人社业务系统立即收到单位缴费信息，改变过去人社部门要隔月才能了解单位到账数据的情况。通过实现两部门的实时联网,进一步方便参保单位及参保人人员关系转移业务办理,方便部分欠缴单位的“破票征缴”,统一两部门的单位、个人缴费和欠缴信息,为欠费催缴提供数据支撑。

（人社局　龚永华）

【社保网上业务正式上线】2016年11月，扬中市五家企业领取含电子签章的数字证书及U-KEY,标致着扬中市社会保险企业网上业务办理系统正式上线运行。该系统涵盖养老、医疗、工伤、生育、失业、社保卡等业务。使用该系统后,企业能进行单位工资申报、新增参保人员、单位人员变动办理、人员停保等业务,能打印单位人员参保证明,能进行各险种人员参保、缴费、生育待遇、人员社保卡办理进度、单位预退休人员等查询。（人社局　龚永华）

【异地就医联网结算】2016年,扬中市人社局完成内部业务程序及本地各联网医院接口程序开发,正式上线江苏省内异地就医联网结算工程,全市参保人员在江苏省内可持社保卡进行异地结算,省内非扬中本地参保人员也可持卡至扬中市定点医疗机构结算,实现手工报销到联网结算的跨越,使参保人员得到更加方便快捷的医疗服务。 (人社局 龚永华)

【社保业务便民化】2016年,扬中市人社局开通社保支付宝服务窗查询、社保缴费短信提醒服务,开通农商行、农行网上银行自助缴费,在全市各村(社区)80余个农商行便民服务点进行代理缴费,群众足不出村、足不出户就可以实现五大保险费用缴纳和查询。在社保、医保、卡管服务大厅以及6个镇级、79个村级人社服务平台配置自助查询一体机,参保人可查看办事指南、医保刷卡等信息,可打印带有签章的养老、医疗社保关系转移单、参保缴费证明等资料。 (人社局 龚永华)

【"扬中人社"微信公众号开通运行】2016年4月,"扬中人社"微信公众号通过测试并进入试运行。通过关注"扬中人社"微信公众号,公众可以查询到扬中人社公告、动态、政策法规、办事指南,可以查询到本市定点医疗机构、药店,外市特约医院等医疗保险药品、诊疗项目、材料三大目录。为确保信息的安全性,在关注"扬中人社"微信后,通过与社会保障卡绑定,设置查询密码,经短信验证正确后,可以查询到自己的社会保险缴费信息、医保刷卡消费信息、社保医保个人帐户信息、社会保障卡信息,以及退休、生育待遇等信息。

(人社局 龚永华)

【城区社区卫生服务站职工医保刷卡试行】2016年12月1日,扬中市中桥社区卫生服务站作为试点,开通职工医保刷卡就诊服务。这是扬中市首次将职工医保刷卡服务延伸到城区的社区,中桥及临近参保人员就诊将更加便捷。 (新闻中心)

【企业社保网上经办系统上线】2016年12月5日,扬中市社会保险企业网上业务办理系统正式上线运行。该系统吸取先进地区的成功经验,充分征求社保中心、医保中心相关科室的意见。选用广泛使用的数字认证证书+电子签章的加密技术,在确保数据安全可靠的前提下,从方便参保企业的角度,让经办人员尽可能在企业就能办理更多的社保业务。 (新闻中心)

## ·劳动就业·

【概况】2016年,扬中市城镇新增就业1.17万人,城镇失业人员再就业2518人,城镇登记失业率为1.35%,农村劳动力转移400人,就业困难人员再就业312人。城乡劳动者职业技能培训1903人,城乡新成长劳动力技能培训864人。对符合条件但尚未享受各项优惠政策的就业困难人员,提供"一对一"就业创业帮扶。就业援助月期间,在市奥体中心体育馆举办专场招聘会,进场企业91家,提供岗位信息1500余个。对111名就业困难人员提供送岗位、送信息、送政策、送服务等援助活动,并发放慰问金6.13万元。 (人社局 常春)

【众创空间】众创空间位于扬中市江洲西路109号(实验小学后门),全称扬中市众智汇互联网创业中心(以下简称众创空间),面积3600平方米,可为25家小微企业提供创业场所。入驻企业优先考虑以下四种创业企业:毕业5年内初始创业的大中专生;初始创业的企业高级管理人才;退役5年内初始创业的退役士兵;返乡创业的农民工。对成功入驻众创空间的企业,享受以下优惠政策:入驻第一年免租金,第二年开始参照周边租金水平下浮30%;提供配套的综合服务,公共设施免费享用;提供专业详细的企业经营管理培训;组织创业者之间的交流活动,邀请社会成功创业人士介绍经验;帮助落实国家和省市各项创业优惠政策。通过这一系列举措,众创空间已入驻集电商、环保、科技等领域的创业项目20家,带动就业64人。 (人社局 常春)

【省级大学生创业园申报】扬中市大学生创业园始建于2014年,位于扬中市新坝镇电气工业品城内,投资近2亿元,可容纳50家企业同时入园孵化。大创园的建设工作得到各级领导和专家评委的认可,2016年成功建成省级大学生创业园。 (人社局 常春)

【首创农村土地经营权抵押贷款】2016年6月,在江苏省率先试行土地经营权抵押创业贷款,出台《扬中市农村土地经营权抵押创业贷款暂行办法》,财政对符合条件的按规定给予全额贴息,贷款额度为5~20万元,解决农民创业贷款抵押难问题,创新做法被《新华日报》、中国劳动保障网和《江苏人力资源社会保障》周刊等媒体报道。 (市人社局 陈欢)

【农村电商创业】2016年,扬中市把发展农村电子商务促进创业就业纳入创业就业发展规划，全年培训农村电商从业人员200人，确保各镇(街道)至少举办1期培训班，每村(社区)有1~2人参加培训，培育农村电商(团队)30个以上。预计通过努力，全市将在各村(社区)至少建立一个电子商务创业项目，年内，全市农村电商达百家，从而带动更多农村劳动者就业。

(人社局 龚永华)

【毕业生就业双选】2016年1月22日，扬中市2016年毕业生就业双选暨春季人才交流大会在市奥体中心举行。2016年，扬中市应届毕业生1483名，毕业生数量呈下降趋势，与2015年相比总人数下降6.4%。机械机电、管理、计算机等类别的本科生数量略有增加。此次交流会进场招聘的单位107家，由于经济增速放缓，岗位需求总量下降，进场单位提供岗位需求2408个，同期相比下降34.44%，总体岗位需求总量大于毕业人数，就业形势保持稳定。在交流会上，骨干企业岗位需求同比下降明显，进场的19家“三十强”企业提供岗位666个，同比下降17.26%；小型企业岗位需求同比略有提升，32家小型企业提供岗位655个，同比增长2.1%。此次招聘岗位需求仍集中在制造企业，工程电气、新能源、装备制造三大主导产业吸纳人数多。三产服务业企业岗位需求同期相比下降幅度较小，金融和保险岗位的需求攀升。在企业列出的招聘条件中，更注重对一线操作工的招用，技术类人才十分走俏。

(新闻中心)

【工资清缴排查】2016年，扬中市人社局建立快速处置、持续督查、重点跟踪的工作机制，由市人社局领导率队，会同所在镇(街、区)对规模较大、欠薪较严重的企业逐一走访，约谈企业法人或实际经营者，要求制定详细可行的工资兑付方案，掌握矛盾化解的主动权。根据第三轮排查情况，全市有60家企业存在较为严重的工资拖欠行为。三轮排查为5182名职工追讨拖欠工资4316万元。 (人社局 陈欢)

## ·养老服务·

【概况】2016年，扬中市完善养老服务政策，启动《扬中市养老服务设施布局专项规划》编制工作，起草《扬中市“十三五”养老服务业发展规划(征求意见稿)》《关于进一步规范政府购买居家养老服务资金使用管理规定(草稿)》。全市有养老服务机构27家，其中公办7家、市老年公寓1家、镇(街区)敬老院6家、民办养老机构20家。截至2016年年底，扬中市护理型床位400余张，占比超过20%。2016年，建成15家标准化居家养老服务中心。开展医养融合试点，给155名养老护理员举办两期培训班，养老护理员持证上岗率超过80%。按月足额发放尊老金，全年发放695万元，惠及1.31万名老人。重要节日期间，走访慰问全市百岁老人。联合市11个涉老组织，举办“闹元宵”联谊会；举办庆祝全国第四个老年节暨全市老干部情况通报会；举办“福彩杯”知识竞赛；开展敬老优秀典型评选活动，评选出50户“敬老模范家庭”、10家“标准化社区(村)老年活动中心(室)”和20名“优秀老年协会会长”。(民政局 方超)

【首家公办医养融合护理院】2016年7月7日，扬中市首家公办医养融合护理院正式建成。新坝镇“联合村关爱之家”、八桥镇“利民养老助残服务中心”已投入试运营，同时，全市所有养老机构均设立医务室，或就近与社区卫生院或医疗机构签订服务协议，开辟“绿色通道”，方便老人看病就医，通过一系列改造新建，扬中市拥有护理床位400余张，护理型床位占比超过20%。扬中市老龄化率23.48%，已进入深度老龄化。2016年，施工改造老年公寓部分楼层服务用房，建成集养老和医疗两大功能于一体的护理院，主要收治需要照护的失能、半失能老人。该院与市人民医院签订医疗合作协议，可为护理院老人提供专业医疗和养老服务。

(民政局 方超、新闻中心)

【养老服务信息化网络】2016年，扬中免费向享受政府购买居家养老服务对象发放呼叫终端设备，每月给予使用补贴，已惠及三茅街道30个社区(村)、200余位服务对象和服务人员，充分发挥“智慧养老”信息平台作用。为全市26家养老机构统一配置电脑，有效保障各养老机构、居家养老服务中心的信息化管理。

(民政局 方超)

【老年人助餐点建设】2016年，扬中市新建老年人助餐点13家，新坝镇1家(位于新治村)，三茅街道5家(位于滨江村、中华村、丰裕社区、营房村、新扬社区)，经开区2家(位于兴城村、三跃社区)，八桥镇2家(位于万福爱心敬老院、万福村)，西来桥镇1家(位于幸福社区)，油坊镇2家(位于鸣凤爱心家园、如意爱心老年公寓)。建设老年人助餐点，让老人享受到低于市场价格的就餐服务，解决本市高龄、独居、纯老家庭以及生活需要照料的老年群体日常用餐难的问题，提高老年人的生活质量，解决子女的后顾之忧。 (民政局 方超)

## ·住房保障·

**【概况】** 2016年，扬中市新建棚改安置房434套。其中城东安置房二期38套，建筑面积0.38万平方米；港湾新城一期396套，建筑面积5.77万平方米。货币化安置棚改户1139户。其中园丁路二期50户，大众滨江片区440户，扬子新村片区旧城改建649户。出售经济适用房1套，出租廉租房2套，出租公共租赁房60套。其中中低收入者18套，新就业者37套，外来务工者5套，货币化补贴1户。（住建局 俞文清）

**【拆迁安置】** 2016年，扬中市实施征收拆迁项目23个，需征收拆迁1830户，房屋面积26.15万平方米。其中2016年新实施项目16个，需征拆房屋1667户（其中国有土地项目1个、1090户，集体土地项目15个、577户）；往年结转项目7个，需征拆房屋163户（其中国有土地项目2个、68户，集体土地项目5个、95户）。全年签订房屋征收拆迁协议1692户，拆除房屋24.56万平方米（其中国有土地征收1062户、10.07万平方米，集体土地拆迁630户、14.49万平方米），全部完成的项目有17个。

2016年，全市安置房安置847户、1174套。其中城西安置点嘉禾新城安置323户、504套；中扬康居苑二期安置99户、210套；港湾新城安置230户、230套；浮玉花园安置80户、80套；幸福花苑二期安置30户、30套；润泰雅苑、景华苑、江洲新秀属统购商品房用于安置，涉及85户、120套。

国有土地上房屋征收，原建宁农贸市场片区改造项目征收全部完成；园丁路南侧片区改建项目完成征收65户；扬子新村片区改建项目完成征收994户。（住建局 俞文清）

拆迁安置小区港湾新城

**【危房排查】** 截至2016年11月中旬，扬中市完成全市范围内国有用地老楼危楼安全排查工作。排查房屋4979栋、1501.9万平方米，经确认的疑似危险房屋42栋、5.33万平方米，经鉴定确认的危险房屋29栋、2.67万平方米。其中住宅危房11栋，D级危房4栋；公共建筑危房18栋，D级危房15栋；工矿企业厂房危房11栋，D级危房11栋；存在亟需定性的疑似危险房屋2栋、0.67万平方米。完成《扬中市抗震防灾应急避难场所规划（2015~2030）》编制工作，该规划通过省住建厅规划处专家评审。建成园博园中心和城北公园固定避难场所。（住建局 俞文清）

**【物业管理】** 2016年，扬中市印发《扬中市优秀住宅小区创建标准》，采取各项措施提升住宅小区物业管理水平，创建干净、整洁、文明、和谐的优秀住宅小区。完善住宅专项维修资金软件信息化管理系统，推进全市住宅专项维修资金管理相关工作，更新优化住宅专项维修资金软件系统，保证住宅专项维修资金管理制度化、规范化。住建局会同三茅街道办季度考核、年度综合考评15家物业服务企业。（住建局 俞文清）

**【统购商品房安置】** 2016年1月，新民社区宜禾路南侧片区、供电公司西北侧片区拆迁户安置选房工作顺利完成，妥善安置64户拆迁户并办理相关权证手续及交房工作。此次统购商品房的前期准备工作中，市城投总公司作为商品房统购主体，向社会发布房源征集信息，并广泛征求拆迁户意见；经过对报名开发企业提供的房源数量和户型搭配等因素的综合筛选，确定3家入围企业；城投总公司成立由公司纪委、招标办组成的竞争性谈判小组，分别对3家开发企业进行统购价的竞争性谈判，确定统购价格和锁定房源，并报市政府批准同意；就相关政策性问题与拆迁户进行详细解读并达成一致意见。新民宜禾路南侧片区及供电公司西北侧片区拆迁项目，采用统购商品房用于拆迁安置的方式，在城区范围内尚属首次。（新闻中心）

**【城西安置点选房】** 2016年2月，城西安置点嘉禾新城安置房选房交付工作正式启动。嘉禾新城安置房源675套，分81.18平方米、106.12平方米、131.79平方米（131.99平方米）和142.94平方米四种户型。此次分房涉及新坝镇、扬中—镇江直达通道等11个项目255户，三茅街道滨江大道等6个项目74户的安置房安置工作，为加快安置进度，分房工作同步开展。整个过程采取选房、结算、交付一站式服务，市拆迁办、市公证处、属地纪检部门全程指导、公证和监督。（新闻中心）

# 2016年扬中市民生改善重点项目表

表37

| 序号 | 类别 | 项目名称 | 建设内容 | 建设进度 | 建设周期 | 计划总投资(万元) | 2016年计划目标 | | 责任单位 | 配合单位 |
|---|---|---|---|---|---|---|---|---|---|---|
| | | | | | | | 完成投资(万元) | 形象进度 | | |
| 1 | (一)教育发展 | 教育现代化提升工程 | 建设省扬中专实训大楼 | 新建 | 2016~2017年 | 4500 | 2700 | 主体框架施工 | 教育局 | 三茅街道<br>住建局<br>国土局<br>规划局 |
| | | | 新建西城区小学、大全明珠幼儿园 | 新建 | 2016~2018年 | 8100 | 3000 | 主体框架施工 | 绿洲新城<br>大全集团<br>教育局 | |
| | | | 新建中扬康居苑小学、幼儿园 | 新建 | 2016~2017年 | 12000 | 4000 | 主体框架施工 | 城投公司<br>教育局 | |
| | | | 改扩建实验小学食堂综合楼 | 新建 | 2016年 | 1850 | 1850 | 竣工交付 | 绿洲新城<br>教育局 | |
| | | | 原市一中、青少年活动中心改建为一所8轨初中和一所6轨小学 | 续建 | 2016~2017年 | 9300 | 3000 | 主体框架施工 | 绿洲新城<br>教育局 | |
| 2 | | 拓展镇街区教育资源 | 易地新建新坝中学 | 新建 | 2016~2018年 | 6500 | 120 | 方案、施工图设计，试桩 | 新坝镇<br>大航集团 | 教育局<br>住建局<br>国土局<br>规划局 |
| | | | 建设新坝第二幼儿园 | 新建 | 2016~2018年 | 2500 | 20 | 方案、施工图设计，试桩 | 新坝镇 | |
| | | | 易地新建联合中学 | 新建 | 2016~2017年 | 12000 | 2850 | 主体框架施工 | 新坝镇<br>大航集团 | |
| | | | 加固、改扩建丰裕中心小学 | 续建 | 2016年 | 1400 | 1400 | 竣工交付 | 绿洲新城 | |
| | | | 新建城北幼儿园 | 续建 | 2016~2017年 | 3000 | 1200 | 主体框架施工 | 三茅街道 | |
| | | 拓展镇街区教育资源 | 拆除重建长旺中心小学 | 续建 | 2016年 | 1000 | 1000 | 竣工交付 | 三茅街道 | 油坊镇 |
| | | | 易地新建油坊幼儿园 | 续建 | 2016~2017年 | 3000 | 1500 | 土建结束 | 绿洲新城<br>油坊镇 | 教育局 |
| | | | 原址拆除重建永胜幼儿园 | 续建 | 2016年 | 917 | 917 | 竣工交付 | 教育局 | 八桥镇 |
| | | | 改扩建八桥幼儿园 | 续建 | 2016年 | 500 | 500 | 竣工交付 | 八桥镇 | 教育局 |
| | | | 八桥中心小学食堂体育馆综合楼 | 新建 | 2016~2017年 | 1200 | 500 | 开工建设 | 绿洲新城 | 八桥镇<br>教育局 |
| | | | 迁建兴隆中学、三跃小学 | 新建 | 2016~2018年 | 10800 | 180 | 试桩、施工图设计 | 绿洲新城 | 经开区<br>教育局 |

续表 37

| 序号 | 类别 | 项目名称 | 建设内容 | 建设进度 | 建设周期 | 计划总投资(万元) | 2016 年计划目标 | | 责任单位 | 配合单位 |
|---|---|---|---|---|---|---|---|---|---|---|
| | | | | | | | 完成投资(万元) | 形象进度 | | |
| 3 | (二)医疗卫生 | 人民医院医技综合楼 | 建设主楼 21 层、辅楼局部 6 层的医技病房综合大楼 | 续建 | 2016~2017 年 | 20000 | 3000 | 病房楼主楼施工 | 人民医院 | 住建局<br>规划局<br>国土局<br>卫生计生委 |
| 4 | | 建设兴隆卫生院、精神病防治院 | 占地 30 亩，新建 3000 平方米精神病综合医疗区、5000 平方米卫生院综合楼、1000 平方米防保楼 | 新建 | 2016~2018 年 | 6800 | 2000 | 开工建设 | 卫生计生委<br>经开区 | 住建局<br>规划局<br>国土局<br>教育局 |
| 5 | | 建设妇幼保健院 | 占地 20 亩，新建 1 万平方米业务用房 | 新建 | 2016~2018 年 | 6500 | 1000 | 开工建设 | 卫生计生委 | 城投公司<br>住建局<br>规划局<br>国土局 |
| 6 | | 新建城南社区卫生服务中心 | 占地 30 亩，新建 5000 平方综合楼、3000 平方米门诊医技楼、1500 平方米防保楼 | 新建 | 2016~2018 年 | 7500 | 2500 | 开工建设 | 卫生计生委 | 三茅街道<br>住建局<br>国土局<br>规划局 |
| 7 | (三)民生扶持 | 残疾人托养、康复、特教中心联建项目 | 占地 37.5 亩，总建筑面积 1.42 万平方米，建成残疾人托养中心、康复中心和特教中心 | 新建 | 2016~2017 年 | 10000 | 5200 | 主体封顶 | 绿洲新城 | 住建局<br>国土局<br>规划局<br>教育局<br>残联<br>三茅街道 |
| 8 | | 创新创业行动计划 | 实施大学生创业引领、农村创业富民、城镇失业人员创业促进、海外人才引进创新创业等四大行动计划，扶持创业 500 人，新增城镇就业 9500 人 | 新建 | 2016 年 | 1800 | 1800 | 完成 | 人社局 | 组织部<br>科技局 |
| 9 | | 居家养老服务设施建设 | 加强居家养老服务中心(站)标准化建设，新增标准化居家养老服务中心(站)6 家，护理型床位占比达 20% | 新建 | 2016 年 | 1000 | 1000 | 完成 | 民政局 | 相关镇街区<br>卫生计生委<br>人社局 |
| 10 | | 新坝镇老年护理院 | 建设养老中心大楼 2 万平方米 | 新建 | 2016~2017 年 | 12000 | 7200 | 土建封顶 | 新坝镇 | 民政局 |
| 11 | | 西来桥镇镇老年公寓 | 新建镇老年公寓，占地 20 亩，床位 200 个 | 新建 | 2016~2017 年 | 3000 | 2000 | 完成土建 | 西来桥镇 | 民政局 |
| 12 | | 经开区敬老院整体搬迁 | 整体搬迁 | 新建 | 2016~2018 年 | 3000 | 1500 | 开工建设 | 经开区 | 民政局 |

续表 37

| 序号 | 类别 | 项目名称 | 建设内容 | 建设进度 | 建设周期 | 计划总投资(万元) | 2016年计划目标 | | 责任单位 | 配合单位 |
|---|---|---|---|---|---|---|---|---|---|---|
| | | | | | | | 完成投资(万元) | 形象进度 | | |
| 13 | (四)文化体育 | 市文化中心一期（凤凰书城） | 位于中电大道西侧、南江路南侧，建筑面积1.8万平方米(含地下) | 新建 | 2016~2018年 | 8000 | 500 | 开工建设 | 新华书店 | 住建局<br>国土局<br>规划局 |
| 14 | | 江洲文苑（扬中博物馆） | 位于南江路南侧、前进河东侧，占地约10亩 | 新建 | 2016~2017年 | 3200 | 3200 | 基本完成主体建筑建设 | 绿洲新城 | 住建局<br>国土局<br>规划局 |
| 15 | | 新建国家曲棍球训练基地 | 新建国家曲棍球训练基地 | 新建 | 2016~2017年 | 6800 | 3200 | 完成工程量50% | 文体局 | — |
| 16 | | 搬迁广电塔 | 搬迁广电塔 | | | 4800 | 4000 | 主体工程施工 | 广电中心 | 城投公司 |
| 17 | | 城乡公共体育设施三年提升工程 | 新建和提档升级健身路径80条 | 新建 | 2016~2018年 | 250 | 80 | 完成工程量33% | 文体局 | 各镇街区 |
| 18 | | 文化“三送”工程 | 送戏下乡60场，送图书下乡5000册，送电影下乡910场 | 新建 | 2016年 | 60 | 60 | 完成 | 文体局 | 各镇街区<br>财政局 |
| 19 | | 基层综合性文化服务中心建设 | 建设16个村（社区)综合文化服务中心 | 新建 | 2016年 | 32 | 32 | 完成 | 文体局 | 各镇街区 |
| 20 | | 渡江文化园靶场及拓展中心建设 | 建设靶场及拓展中心 | 新建 | 2016年 | 4600 | 4600 | 竣工交付 | 新坝镇 | 住建局<br>国土局<br>规划局<br>水农局<br>海事处<br>航道处 |
| 21 | (五)公共事业 | 食品快速检测室建设 | 建设市级食品快检中心、10个市场食品快检室 | 新建 | 2016年 | 1600 | 1600 | 基本建成 | 市场监管局 | 各镇街区<br>城管局<br>农委 |
| 22 | | 智慧城市建设 | 实现城镇主要公共区域免费WiFi全覆盖 | 新建 | 2016年 | 220 | 220 | 新建20个以上热点覆盖区域 | 电信公司 | 发改经信委 |
| 23 | | 公共交通提升工程 | 新建公交次枢纽站 | 新建 | 2016年 | 500 | 500 | 竣工交付 | 城投公司 | 交通运输局 |
| | | | 新建公交回转场1个 | | | 100 | 100 | 完成 | 城投公司 | 交通运输局<br>八桥镇 |
| | | | 新建智能候车公交亭15个 | | | 150 | 150 | 完成 | 城投公司 | 交通运输局 |
| | | | 建设公交“一卡通” | | | 60 | 60 | 完成 | 交通运输局 | 城投公司 |
| | | | 更新出租车50辆 | | 2016年 | 600 | 600 | 完成 | 交通运输局 | 公安局 |

续表 37

| 序号 | 类别 | 项目名称 | 建设内容 | 建设进度 | 建设周期 | 计划总投资(万元) | 2016 年计划目标 | | 责任单位 | 配合单位 |
|---|---|---|---|---|---|---|---|---|---|---|
| | | | | | | | 完成投资(万元) | 形象进度 | | |
| 24 | (五)公共事业 | 园博园应急避难疏散基地 | 在园博园内建设扬中市应急避难疏散基地，可容纳避险人数约 2 万人 | 新建 | 2016 年 | 1200 | 1200 | 竣工交付 | 天禾公司<br>人防办 | 经开区<br>住建局 |
| 25 | | 三茅中心安息堂工程 | 位于锦程村，拆迁 78 户，规划红线范围内 178 亩，一期用地 105 亩，建筑面积 1 万平方米 | 续建 | 2016 年 | 11500 | 6500 | 一期完工 | 三茅街道 | 住建局<br>国土局<br>规划局<br>民政局 |
| 26 | | 公共停车场所建设 | 建设 500 个公共停车泊位 | 新建 | 2016 年 | 1000 | 1000 | 建成 500 个公共停车泊位 | 城管局 | 三茅街道<br>公安局<br>规划局 |
| 27 | | 路灯改造工程 | 改造提升天后宫路（明珠湾至新民路）、213 省道（江洲广场至二墩港汽渡）路灯设施 | 新建 | 2016 年 | 315 | 315 | 完工 | 住建局 | 绿洲新城 |

（发改委 孙国庆）

·社会公益·

**【“华夏儿童防丢计划”全国第 196 号服务站落户扬中】** 2016 年，全国首个寻找走失以及被拐儿童志愿者组织——中华志愿者协会走失儿童救助中心“华夏儿童防丢计划”全国第 196 号服务站成功落户扬中市。在扬中市新启动的服务站（金苇路 1 号哆来咪儿童摄影），近 50 名儿童的身份信息录入到平台中，包括年龄、家庭住址以及父母姓名、电话等信息，家长同意并授权后会生成儿童专属二维码。扫一下之后，就会出来一个页面，上面会有孩子姓名、指纹、家长的电话号码等信息，家长还可以上传孩子的照片，定期去完善信息。一旦发生儿童被拐卖或走失情况，家长可以通过这个平台的手机 APP 客户端瞬间向本地区乃至全国各地的千百万志愿者进行走失求助。市民可以定期到指纹采集点录取指纹，一年更新一次信息，确保孩子能有更多的有效信息被储存，方便丢失后寻找。（新闻中心）

**【“牵手”公益俱乐部启动仪式】** 2016 年 1 月 9 日，扬中市风车少儿美术中心、名书画作品义捐暨“牵手”公益俱乐部启动仪式在奥体中心北广场前拉开帷幕。风车少儿美术中心联合市文联义捐 400 幅书画作品，并进行现场义卖，所得善款 4.76 万元，通过“扬中牵手公益俱乐部”资助贫困儿童和社会弱势群体。（新闻中心）

2016 年 1 月 9 日，“牵手”公益俱乐部启动仪式

**【“学雷锋 春风送暖”志愿服务月】** 2016 年 3 月 6 日，扬中市“最美扬中，与爱同行”志愿服务系列活动暨“学雷锋 春风送暖”志愿服务活动月正式启动。市委常委、宣传部部长、市政协副主席王继兰出席启动仪式。活动推出“志愿服务十大行动”，涉及 20 余个部门和单位，覆盖全市大部分弱势群体，彰显志愿服务的精准化、规范化、社会化和常态化。启动仪式现场，全市各部门单位、各镇街区以及社会组织的志愿者现场开展就业创业政策咨询、健康知识宣传、医疗卫生服务、网友义卖等各种“接地气”的志愿服务项目。（新闻中心）

【党员义工林】2016年3月11日，扬中市"党员义工林"建设项目启动仪式在北江畔举行。市委常委、组织部部长黄子来，市委常委、三茅街道党工委书记王汉英出席仪式并参与义务植树活动。"党员义工林"是党员义工联盟的重要实施载体，革新传统志愿项目帮扶救济的单一模式，将志愿服务与经济发展创新融合，在建设北江大型金桂园基础上，还将同步建设相关配套设施，为周边群众提供休闲健身场所，为村域经济转型升级提供新模式，实现志愿项目的设计问需于民、志愿服务的成效取信于民、志愿发展的成果惠及于民。植树现场，市委组织部、团市委、市住建局等8家单位的党员义工代表挥锹铲土、提苗踩实，栽下树苗500株。

（新闻中心）

【"小黄鸭"为爱漂流】2016年5月29日，扬中市"庆'六一'"小黄鸭漂流暨"快乐周末"公益活动启动仪式在步行街举行。46名爱心人士牵手46名困境儿童，助力新一轮爱心助学。"快乐周末"公益项目正式启动，开展"社会妈妈"结对，结对帮扶扬中市的14名孤儿，利用周末（全年96天），陪伴孩子度过愉快的周末时光，每年开展快乐"六一"、快乐中秋、快乐"公益年"等活动，组织相关文娱、趣味活动。活动中，3300只"小黄鸭"通过网络平台，被市民提前认领，由志愿者统一投放进三茅大港，开始"小黄鸭"奇幻漂流。该活动筹集的公益资金将被用于扬中市妇女儿童特困救助，帮助需要被帮助的人。（妇联 吴柳、新闻中心）

2016年5月29日，扬中市举行"庆六一"小黄鸭奇幻漂流暨"快乐周末"公益项目启动仪式

【发放助学金36.7万元】2016年9月，扬中市开展贫困大学生助学活动，财政局派驻民政局财务科积极配合市慈善总会做好助学金发放工作，帮助贫困学子圆梦大学，完成学业。2016年，助学活动发放助学金36.7万元，惠及贫困大学生133名，助学金标准最低不少于2000元，最高不超过3000元。自2006年以来，市慈善总会累计发放助学金476.5万元，帮扶困难学生近1800名。

（新闻中心）

【"慈善一日捐"正式启动】2016年11月15日，在扬中市行政中心一楼大厅举行市级机关集中捐赠仪式，正式启动2016年"慈善一日捐"活动，募集爱心款11.3万元。作为募集善款的主渠道，截至2016年，"慈善一日捐"活动开展十年，平均每年募集善款约120万元。以此次"慈善一日捐"活动为契机，营造"人人关心慈善、人人支持慈善、人人参与慈善"的氛围，开创慈善事业发展的新局面，为建设"强富美高"新扬中做出新的贡献。

（新闻中心）

# 社会法治

## ·综 述·

【概况】2016年，扬中市政法工作紧扣社会发展大局，深入推进"平安扬中""法治扬中"和政法队伍建设，各项工作取得新成效。政治大局安全稳定，完成中共十八届六中全会、全国"两会"、G20峰会、江苏省第十三次党代会等重要敏感时期安保维稳工作，全年未发生一起进京非访事件。公众安全感、法治建设满意度、信访工作绩效继续保持镇江领先、江苏前列，连续13年被评为"全省平安县（市、区）"，为建设"强富美高"新扬中营造安全稳定的社会环境和公平正义的法治环境。市公安局被省公安厅评为全省公安执法示范单位，市检察院"知心姐姐"团队被最高人民检察院通报表扬，被省文明办评为"江苏好人"，市法院被省高院记集体二等功，三茅街道司法所被评为全国法律援助先进集体，市民政局获评省"青少年维权岗"。（政法委 姚梅）

【综治平安建设】2016年，扬中市深入开展技防城升级改造工程，基本形成空地对接、水路无缝、全面覆盖的具有扬中特色的整岛一体化治安防控体系。全市建成一级综治办21个，建成率位居镇江首位。开展星级递进创安活动，成立扬中市平安志愿者协会，推广"联勤、联防、联控"机制，平安扬中建设进一步深化。开展综治信息化应用技能比武，综治信息系统实战应用水平得到全面提升。获得首批"江苏省平安校园建设示范县（市、区）"荣誉称号。

（政法委 姚梅）

【法治建设】2016年，扬中市高规格推进"法治惠民镇村行"工程，组织、纪委、宣传、政法部门协同作战、共同推进，努力把法治建设指导平台打造成服务基层的综合平台。2016年，江苏省委、省政府确认扬中继续保持全省法治建设示范县（市、区）荣誉称号。"法治镇（街、区)”创建覆盖面及创成率位居镇江辖市区第一,法治建设满意率连续两年居镇江第一。荣获全国“六五”法治宣传教育先进市,商道法治经济文化体验馆、平安法治文化长港被命名为“省级法治文化建设示范点”。深化法学研究,调研成果《从过程先行到水平领先的扬中探索——县域法治建设的实践与启示》在《新华日报》《镇江日报》《江苏政法》等媒体刊载。(政法委 姚梅)

**【扬中市荣膺全国法治宣教先进市】**2016年5月26日,全国法治宣传教育工作会议在北京召开,扬中市被评为全国法治宣传教育先进市。“六五”普法工作启动以来,扬中市按照“普及法治阵地、培育普法队伍、完善普法机制、推进普法实践、活跃法治文化”五位一体思路,实施精品项目79个;投入普法资金2000余万元,建成各类法治文化阵地36个,国家级民主法治示范村(社区)2家,省级民主法治示范村(社区)29家;举办各级领导干部、公务员法律知识培训、讲座300余场次,青少年法治讲座560场;市法治宣传教育中心等5家阵地被命名为省级“法治文化建设示范点”,31个村被评为民主法治示范村(国家级2个、省级29个),在全省率先完成法治政府建设阶段性目标,成为首批省级村民自治模范市,获得全国“六五”普法中期先进集体、全省平安县(市、区)“十一连冠”等称号。(新闻中心)

**【“我与典型面对面”冬训宣讲活动】**2016年2月26日,扬中市委政法委、西来桥镇西来村开展“我与典型面对面”冬训宣讲活动,市委政法委、西来村全体党员参加此次宣讲活动。活动中,“第三届美德少年标兵”潘蒋林、江苏“最美大学毕业生”柴昊森、“全国模范调解员”傅德纯用朴实生动的语言,宣讲服务群众、奉献社会、创新进取的事迹。党员们纷纷表示,要以先进典型人物为榜样,学典型、赶典型,在岗位上尽心尽力做典型,努力为“迈上新台阶、建设新扬中”做出新的更大贡献。(政法委 姚梅)

**【“结对帮教、引领人生”活动】**2016年4月18日,调整扬中市政法系统关心下一代工作委员会组成人员,在原有委员基础上,将市委政法委、政法各部门在职政治处主任纳入关工委成员名单,进一步充实关工委工作力量。多措并举,开展“结对帮教、引领人生”活动。下发《关于开展“结对帮教、引领人生”活动的实施意见》,制定《“结对帮教”对象排查登记表》《“结对帮教”志愿者登记表》《“结对帮教”互联互通简表》和《“结对帮教,引领人生”工作手册》“三表一册”,经过四轮的反复甄别筛选,最终确定16名重点“结对帮教”对象,有序开展个性化帮教活动。(政法委 姚梅)

**【“法治惠民镇村行”工程】**2016年7月19日,扬中市市委常委会专题研究“法治惠民镇村行”工程的实施方案,市委书记潘早云提出要采取六方面措施在全市持续深入推进“法治惠民镇村行”工程。

8月10日,召开全面实施“法治惠民镇村行”工程动员大会,正式拉开为期三年的旨在加强农村基层党组织建设、加强基层依法治理工程的大幕。市委副书记马家胜作工作部署,市委常委、组织部部长、统战部部长黄子来宣读143名法治建设工作指导员的聘任通知。

10月19日,召开全面实施“法治惠民镇村行”工程领导小组会议,听取推进情况汇报,全力推动活动深入展开。市委副书记马家胜要求准确把握“法治惠民镇村行”工程的方向和目标,分析问题、探索路径、集思广益,不断增强工作的针对性和实效性。扬中市市委常委陆艳华、庄旭、黄子来、刘永希分别对当前全面推进“法治惠民镇村行”工程提出具体要求。(政法委 姚梅)

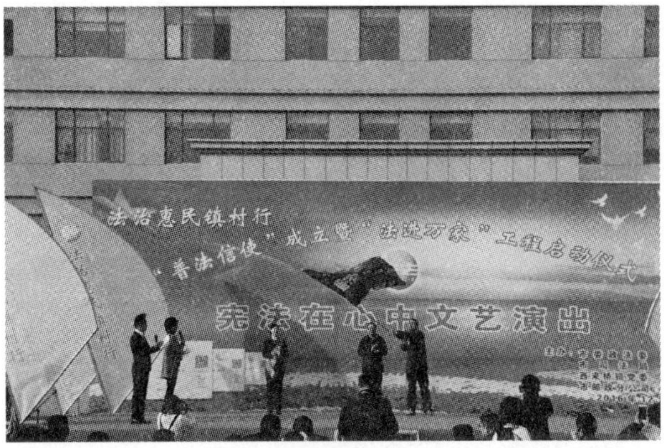


2016年12月4日,“普法信使”成立暨“法进万家”工程启动

**【“电信杯”综治信息化实战应用技能比武活动】**2016年9月2日,扬中市综治办、市电信公司联合举办全市综治信息化实战应用技能比武活动。全市各镇(街、区)组织6个代表队、18人参加比赛。八桥镇代表队获得一等奖,油坊镇、西来桥镇代表队获得二等奖,新坝镇、三茅街道、经开区代表队获得三等奖。此次技能比武活动,达到以比促学、以比促练、以比促用的预期目标,培养一批综治信息化实战应用骨干,全面提升全市综治信息系统实战应用整体水平。在镇江市综治信息化实战应用技能比武中,扬中代表队获得二等奖。

(政法委 姚梅)

【平安志愿者协会成立】2016年11月15日，扬中市在镇江市率先成立平安志愿者协会。协会以宣传社会治安综合治理为主要内容，通过开展参加辖区的治安防范、维护社会稳定等多方面的志愿服务，影响和动员人民群众从自身做起、从小事做起，积极参与到平安建设工作中来，从而不断增强公众安全感和人民群众的获得感。（政法委 姚梅）

## ·公 安·

【概况】2016年，扬中市立刑事案件2255起，破年内刑事案件566起，破案率25%；全年查获刑事作案成员805人，刑事拘留363人，逮捕184人，公诉492人，抓获网上在逃人员160人，查处治安行政案件3055起、治安行政处罚677人，连续13年被评为“江苏省平安县（市、区）”，公众安全感保持全省前列，保持镇江地区首位。深入开展打击整治经济犯罪专项行动，受理经济案件42起，抓获犯罪嫌疑人16人。深入开展矛盾纠纷滚动排查调处工作，配合相关部门有效化解医患纠纷、安全事故、环境污染等各类矛盾纠纷1600余起。

（公安局 陆浩然）

【道路交通事故分析】2016年，扬中市发生道路交通事故15319起，死亡46人，伤788人，直接经济损失414.36万元，与上年相比，事故起数增长6.92%，死亡人数增长17.95%，伤人数下降20.72%，直接经济损失增长15.71%。事故特点：一是从人的角度分析。肇事者以青中年为主，受害人以中老年为主。交通肇事者中，21~30岁、41~50岁为交通肇事人员年龄集中段，致27人死亡，占总死亡人数的58.7%。交通事故受害者中，41~50岁年龄段交通事故死亡人员7人，占总死亡人数的15.22%；51~60岁年龄段交通事故死亡人员10人，占总死亡人数的21.74%；60岁以上年龄段交通事故死亡人员27人，占总死亡人数的58.7%。二是从车辆角度分析。汽车、摩托车、非机动车肇事情况较为突出。驾驶汽车肇事发生交通事故36起，致36人死亡。驾驶摩托车肇事发生交通事故3起，致3人死亡。驾驶非机动车肇事发生交通事故7起，致7人死亡。三是从道路角度分析。238省道、扬中大道（原238省道）是引发交通死亡事故的重点路段。238省道发生道路交通事故576起，死亡18人，分别占总数的3.72%、39.13%。扬中大道发生道路交通事故1462起，死亡12人，分别占总数的9.45%、26.09%。四是从交通违法行为角度分析。机动车肇事违法行为中不按规定让行（致10人死亡）、肇事逃逸（致3人死亡）、酒后醉酒驾驶（致3人死亡）等重点违法行为致16人死亡。

（公安局 陆浩然）

【人口数据分析】2016年年末，扬中市总人口为282046人，较2015年281606人增加440人。年内报出生2341人，省内迁入1731人，省外迁入886人，增加4958人；死亡2142人，迁出省内1918人，迁出省外458人，减少4518人。其中，男性为138089人，女性为143957人，男女比例为95.92:100。（公安局 陆浩然）

【车管业务】2016年，扬中市公安局车管所办理三小车注册登记238辆，检验三小车2337辆，新办三小车驾驶证121本，检验汽车1.17万辆，汽车驾驶人审验298人，注册登记汽车6141辆，流动车管所下乡服务126次，对车辆大户驾驶人上门教育103次。至2016年年底，全市机动车保有量6.66万辆，登记机动车驾驶人14.71万人。

（公安局 陆浩然）

【消防工作】2016年，扬中市公安局围绕“夯基础、突重点，创特色、争一流”的工作思路，以冬春火灾防控、夏季消防检查及“祛火源、降荷载、强设施、畅通道”等专项行动为抓手，在硬件上抓投入、在软件上抓提升、在工作中抓落实、在思路上求创新，实现社会面火灾形势和队伍管理的双稳定。全年检查社会单位1880家次，督促整改火灾隐患或违法行为2410处，圆满完成G20峰会等重大活动消防安全保卫任务。基层消防工作进一步加强，成立扬中市公安派出所消防工作服务指导办公室，先后打造新坝新治村、油坊会龙村、三茅街道滨江村等农村（社区）消防宣传示范点6个。延伸“小候鸟”志愿者宣传队活动范围，深入农村社区居民家庭开展消防宣传活动，扬中消防官方微信号自主吸纳粉丝1.1万人，与政府部门建立信息共享机制，全面推进社会化消防宣传教育工作。（公安局 陆浩然）

公安局接待群众来访

## 2016年扬中市火灾综合情况表

表38

| 项目 | | 火灾综合情况 | | | | 消防队出动情况 | | | 成果 | |
|---|---|---|---|---|---|---|---|---|---|---|
| | | 起数 | 死亡人数 | 受伤人数 | 直接损失(万元) | 出动起数 | 出动人次 | 出车辆次 | 抢救人员(人) | 抢救财产价值(万元) |
| 合计 | | 63 | 0 | 0 | 194.92 | 178 | 1629 | 317 | 29 | 503 |
| 一季度 | 小计 | 20 | 0 | 0 | 79.45 | 79 | 689 | 130 | 1 | 62 |
| | 一月 | 7 | 0 | 0 | 60.8 | 16 | 170 | 30 | 0 | 23 |
| | 二月 | 6 | 0 | 0 | 17.7 | 42 | 328 | 62 | 0 | 6 |
| | 三月 | 7 | 0 | 0 | 0.95 | 21 | 191 | 38 | 1 | 33 |
| 二季度 | 小计 | 13 | 0 | 0 | 34.77 | 41 | 361 | 70 | 6 | 150 |
| | 四月 | 4 | 0 | 0 | 7.8 | 17 | 146 | 28 | 1 | 100 |
| | 五月 | 4 | 0 | 0 | 20.47 | 11 | 93 | 18 | 3 | 14 |
| | 六月 | 5 | 0 | 0 | 6.5 | 13 | 122 | 24 | 2 | 36 |
| 三季度 | 小计 | 18 | 0 | 0 | 52 | 40 | 409 | 82 | 18 | 244 |
| | 七月 | 10 | 0 | 0 | 14.3 | 16 | 160 | 32 | 13 | 58 |
| | 八月 | 4 | 0 | 0 | 4.2 | 13 | 132 | 26 | 1 | 100 |
| | 九月 | 4 | 0 | 0 | 33.5 | 11 | 117 | 24 | 4 | 86 |
| 四季度 | 小计 | 12 | 0 | 0 | 28.7 | 18 | 170 | 35 | 4 | 47 |
| | 十月 | 2 | 0 | 0 | 0.35 | 7 | 77 | 17 | 4 | 10 |
| | 十一月 | 5 | 0 | 0 | 13.3 | 5 | 42 | 8 | 0 | 10 |
| | 十二月 | 5 | 0 | 0 | 15.04 | 6 | 51 | 10 | 0 | 27 |

（公安局　陆浩然）

**【严打整治专项行动】**2016年，扬中市公安部门始终保持对刑事犯罪活动主动进攻的态势，以社会治安综合整治“利剑”行动、严厉打击娱乐场所黄赌娼违法犯罪“百日行动”、打击治理通讯网络诈骗犯罪“雷霆行动”等专项行动为载体，集中打击多发性侵财犯罪和地域性职业犯罪，先后破获公安部2016年“断链”行动首批督办“10·10”网络开设赌场案、公安部和最高人民法院联合督办打击互联网第三方支付平台违法犯罪“8·22”网络诈骗案，均成为打击涉网犯罪的典范案例。不断组织对娼赌毒等社会治安重点问题的专项治理，净化社会风气。2016年，查处治安行政案件3055起677人，抓获涉赌人员56起232人，涉毒人员145起182人，涉娼人员17起54人。（公安局　陆浩然）

**【防控机制建设】**2016年，扬中市坚持以基础信息化支撑警务实战化，以手段专业化助力打防集约化，强化科技应用、资源整合、机制完善、载体创新，以智能指挥调度平台和派出所勤务指挥平台应用为保障，推动打防实战集约化。勤务指挥平台被省公安厅在全省推广，并在全省公安工作会议上作经验交流，智能指挥调度平台被扬中市政府评为“2016年度扬中市科学技术奖”一等奖。以防控网络、防控力量、防控资源一体化建设为抓手，创新开展以派出所为龙头、以群众为基础、以企业单位为支撑的“联勤、联防、联控”的“三联”立体防控机制建设，由试点至全局推广，实现“警、企、民”联动。2016年，全市刑事发案数同比下降11.5%。

（公安局　陆浩然）

**【民意警务】**2016年，扬中市公安部门出台一系列便民利民新举措，在政策法规范围内，简化业务办理审批程序，拓展为民服务空间和时间；组织所有中层干部定期上门走访挂钩联系企业，在骨干企业设立经侦警务室，先后帮助企业解决治安问题100余个，破获涉企案件13起，为企业挽回经济损失200余万元；把入户调查、集中上门走访、“五访送平安”等活动有机结合，在全市50个警务室公示微信账号及二维码信息，创建警民QQ群20个、警务微博22个。局领导多次走进市广播电台《行风热线》直播节目，接听群众热线，听取执法服务建议。（公安局 陆浩然）

【扬中公安微警务】2016年，扬中市公安部门积极适应“互联网+”的发展形势，深入推进“扬中公安微警务”建设，开发“微户籍”“微交管”“微外事”等11大版块65项“微服务”。拥有粉丝4万余人，平均每日阅读量3000~4000人次，办理各类业务8万余次，并通过网络化语言、图片和视频服务打击犯罪，成功抓获涉嫌犯罪、猥亵儿童等违法犯罪嫌疑人13人。

（公安局 陆浩然）

【首家“网安警务室”成立】2016年5月，扬中市公安局网络安全保卫大队在扬中热线设立“网安警务室”。专职民警在扬中热线每周至少进行一次安全检查，及时迅速处置有害信息，有效遏制谣言的传播。警务室的设立有利于网民与网警面对面交流，增强联络，共建警民和谐社会。（新闻中心）

## ·检 察·

【概况】2016年，扬中检察系统全面履行法律监督职能，加大司法办案力度，有效提升队伍综合素能，各项工作保持强劲发展态势。严厉打击犯罪，全年受理公安机关提请逮捕案件100件119人，经审查批准逮捕83件99人，受理移送审查起诉案件267件360人，经审查提起公诉309件435人。法治反腐强势有力，立案查处职务犯罪案件12件16人，办案数同比增长50%，立案人数同比增长60%。其中，贪污贿赂案件9件12人，案件数和立案人数同比分别增长80%和100%，为国家挽回经济损失330万余元。积极推进“检察护绿”工程，介入调查“8·26”危化品泄漏特大环境污染案件，督促环保部门及时处置260余吨固体废物，对316户居民180余万元的财产损害赔偿请求予以起诉支持，维护人民群众合法权益。自觉接受监督，邀请人民监督员监督检察院查办的8起职务犯罪案件，推进案件信息公开，发布案件信息620条，公开法律文书279件。依托“扬中检察在线”微信公众号和官方微博，发布微信80期230余条、微博1700余条。（检察院 李旭）

【精准服务“非公”企业】2016年，扬中市检察系统开展“非公企业服务月”活动，深入6家大型企业走访调研，发放问卷征求企业法治需求，提供法律咨询、涉企法律风险培训等服务20余次，谱写检察机关保障和促进“非公”经济健康发展新篇章。依法办理由经济纠纷引发的暴力讨债、非法拘禁等“民转刑”案件3件5人，盗窃、诈骗非公企业财产等侵财类犯罪7件10人，为企业发展营造良好治安环境。结合工作实践，深入开展镇江市社科联立项课题“基层检察机关服务和促进非公经济发展路径”的研究工作，研究成果获评镇江市2016年度“社科应用研究精品工程”优秀成果。

（检察院 张莉莉）

【司法责任制改革】2016年，扬中市检察系统推行检察官员额制，择优遴选业务水平高、司法经验丰富的25名检察官进入办案一线，司法资源配置不断优化。完善司法责任制，实行独任检察官和检察官办案组组织形式，突出检察官办案主体地位，检察官对办案质量终身负责，配套实施办案质量考评机制，评查案件825件，占案件总数的41.8%。（检察院 张莉莉）

【“8·26”事故损失追讨】2016年8月26日，杨某某驾驶危化品槽罐车在扬中市发生交通事故，车辆侧翻导致所载氯磺酸大量泄漏，造成316户农户及公共利益损失300余万元。该事故是扬中市历史上影响最大、最严重的环境污染事故。事故发生后，扬中市检察院积极与扬中市交巡警大队、环保局、八桥镇政府等单位沟通，勘察事故现场，询问受损农户和相关当事人、现场目击证人等，搜集、整合案件证据材料20余本1万余页。扬中市检察院全程跟踪监督案件处理进程，制作316份支持起诉书，集中办理镇江市环保类案件的法院丹阳市法院于2017年1月13日立案受理。在推进案件办理的同时，扬中市检察院建议扬中市环保局妥善处置事故产生的固体废物260余吨，避免产生二次污染。在该院的努力下，经组织原被告双方十几次的沟通调解，2017年1月23日，该案最终以调解结案，被告方公司同意赔偿250万元。其中316户农户获赔188万余元，其余61万余元用于处置固废物以及环境修复等工作。所有赔偿款项于2017年3月底全部到位。（检察院 张莉莉）

【反腐风暴】2016年，扬中市检察院在镇江市检察系统率先开展医疗卫生领域专项查案，严肃查办扬中市人民医院检验科原科长钱某某受贿案等案件3件3人。

针对人大代表向检察院反映的工程招投标领域串标、围标乱象，深挖背后的腐败问题，查办扬中市公共资源交易中心原主任施某受贿案、注册造价工程师郭某某行贿案等窝串案件4件4人，维护公平竞争的市场秩序。加大对企业科技创新的保护力度，严肃查处镇江市京口区科技局原党组成员、副局长贡某受贿案，该案件被最高检选入"全国检察机关依法保障和促进科技创新工作"十起典型案例，系江苏省唯一入选案例，《光明日报》《法制日报》《检察日报》等主流媒体进行专题报道。

（检察院 朱孟超）

2016年，检察院开展网上行贿犯罪档案查询工作，累计查询5919批次

【"检察护绿"工程】2016年，扬中市检察院与市环保局、公安局、法院共建环保联动执法司法机制，加强线索和案件移送，形成生态环境保护合力。积极推动电镀企业专项整治，监督有关单位查处环境违法案件31起，促进全市七大电镀中心进行清洁化整改。对2起电镀污水排放引起的污染事件，及时提起环境污染损害公益诉讼，肇事企业缴纳4.6万元用于环境修复。介入调查"8·26"危化品泄漏特大环境污染案件，督促环保部门及时处置260余吨固体废物，对316户居民180余万元的财产损害赔偿请求予以起诉支持，维护人民群众合法权益。

（检察院 李旭）

【检察监督工作机制】2016年，扬中市检察院加强对公安机关派出所的监督。城西派出所侦查监督工作室，针对公安机关应当立案而不立案件的情形，监督立案10件13人；针对不应当立案而立案件的情形，建议撤案14件21人；针对应当提请逮捕、移送起诉而未提请逮捕、移送起诉的情形，追捕11人，追诉18人；向公安机关发出纠正违法通知书24份，均得到及时采纳。扬中市法院挂牌执行监督检察室，打造执行监督工作"前沿阵地"，发出执行监督类检察建议17份，现场监督执行案件16次，参与法检执行和解24次；加大对拖欠农民工薪资等民生类案件的执行监督力度，督促法院集中执结212件2499万元；重点开展环保类和国土资源类非诉行政执行监督，取得显著成效。

（检察院 李旭）

【"4+X"未成年人司法保护云平台】2016年，"知心姐姐"在全国检察系统率先开发"4+X"未成年人司法保护云平台，自主打造"专业化+社会化"保护新模式。"4+X"未成年人司法保护云平台是扬中市检察院牵头市公安局、法院、司法局，依托"大数据"技术，在全国检察系统率先构筑而成，旨在将未成年人犯罪案件、未成年被害人案件、低龄恶性犯罪案件及未成年人治安处罚案件的案件信息及帮教矫治等特别程序落实情况纳入平台，强化司法机关对社工工作的监督指导，实现司法机关与专业社工组织的无缝衔接。

"知心姐姐"积极完善"3+N"帮教模式，率先成立"青春护航站""心海护航工作室""彩虹桥工作站"，推行"学法懂法教育→传统文化教育→理想前途教育"递进式帮教，选聘心理咨询师、司法社工和志愿者共同开展帮教，让30余人涉罪未成年人顺利回归社会；积极拓展法治教育方式，开展庭审观摩、法制夏令营等活动，5.1万名青少年及家长接受教育；拍摄《成长·相伴》微电影，参加全省检察机关微电影网上联展，引导全社会共同关心未成年人。因对未成人检察工作做出突出贡献，2016年6月，"知心姐姐"团队被最高人民检察院全国通报表扬。

（检察院 张莉莉）

## ·审 判·

【概况】2016年，扬中市人民法院围绕"努力让人民群众在每一个司法案件中都感受到公平正义"总目标，牢牢把握"司法为民、公正司法"工作主线，忠实履行宪法和法律赋予的职责，法院各项工作取得新的发展和进步。全年受理各类案件8963件，同比增长12%；办结7553件，同比增长11%；结收案比97.3%，同比增长5.97%。加强刑事审判工作，宽严相济惩治犯罪，受理刑事案件395件，审结372件。加强民商事审判工作，调判结合化解纠纷，受理民商事案件5221件，审结4488件，解决争议标的金额22.37亿元。加强行政审判工作，监督支持依法行政，受理行政案件33件，审结32件。加强改进执行工作，努力兑现胜诉权益，受理执行案件3011件，执结2366件，执行到位标的金额15.12亿元。

（法院 王波）

【集中清偿破产企业工人工资】2016年1月14日,扬中法院在破产管理人的协助下，为破产企业江苏神龙光电设备科技有限公司112名员工发放全部工资款100余万元。2014年年底,江苏神龙光电设备科技有限公司因经营不善,无力偿还到期债务,债权人向法院提出破产清算申请。扬中法院依法受理后,及时启动破产程序，并将优先清偿破产企业拖欠职工工资作为首要工作。在集中清偿现场,江苏神龙光电设备科技有限公司的职工代表赠送写有“情系职工落到实处,心向基层真诚服务”的锦旗。(法院 王祥远、朱洁)

【诉讼来访接待中心挂牌运行】2016年4月5日,扬中法院诉讼来访接待中心正式挂牌运行。诉讼来访接待中心面积550平方米,设置13个来访接待室,每个接待室均装有全程监控设备，主要用于审理和执行中接待当事人、代理律师和人民群众的来访以及法官约见等。接待室内配备办公桌椅、空调和电脑等常用办公设备。为规范诉讼来访接待管理,专门制定《扬中市人民法院来访接待中心工作管理规定》,要求接访人一律在诉讼来访接待中心接待来访人，不准在办公室接待来访。(法院 朱洁)

【小额速裁】2016年6月1月起,扬中法院在诉讼服务中心设立速裁庭,对督促程序案件、部分司法确认案件和小额诉讼案件(包括借款合同、买卖合同、物业服务合同纠纷等)以及其他符合速裁条件的简易案件实行速裁。据悉,小额速裁针对的是一些法律关系单一、事实清楚、权利和义务关系明确、当事人争议不大的小额给付诉讼案件。对部分案件实行速裁,缓解办案一线法官的工作压力,缩短案件审理周期,便利群众诉讼,能够及时化解矛盾,即时解决纠纷。(法院 薛婷)

【轻微刑事案件速裁机制】2016年8月2日,扬中法院开庭审理4起危险驾驶案。这4起案件首次适用刑事速裁程序,在半小时内审理完毕,平均一起案件仅用时7分钟,并在宣判后10分钟内送达判决书。适用刑事速裁程序的案件均为案情简单、事实清楚、证据充分的轻微刑事案件,被告人自愿认罪。在庭审环节,法庭不再进行法庭调查、法庭辩论,而是以综合公诉意见及综合辩解意见代替,并做到当庭宣判。简化速裁案件的判决书,根据不同案件类型制作格式化、模板化判决书,对审理查明的事实、证据简写或省略。案件事实一目了然,文字简练清晰,既便于被告人了解案件情况,又缩短文书制作时间。(法院 朱洁)

【矛盾纠纷多元化解机制建设】2016年6月,扬中法院在充分调研和总结经验的基础上，率先在全省法院出台《扬中市人民法院关于深入推进矛盾纠纷多元化解机制建设的工作意见》(以下简称《意见》),以切实缓解法院“案多人少”矛盾,推进平安和法治建设。《意见》规定通过完善“七位一体”服务平台功能、强化人民调解工作室作用、健全律师驻点服务机制、推进志愿者参与诉讼服务、落实院庭长轮值制度以及大力推进案件速裁工作等,明确加强诉讼服务标准化建设方面的内容,通过完善组织领导协调机制、完善诉讼服务网络机制和完善考核奖励激励机制推进矛盾纠纷诉外分流,通过建立“庭所共建”平台、建立劳动争议纠纷诉调对接平台、建立医患纠纷诉调对接平台、建立道路交通事故纠纷诉调对接平台、拓展其他诉调对接领域和平台、完善与基层组织司法协作联动机制以及规范和完善诉调对接工作管理机制7个方面完善诉调对接工作机制。(法院 常文金)

【“强制执行周”行动】2016年8月11日,扬中法院“强制执行周”行动启动。“强制执行周”行动是扬中法院贯彻落实最高院“用两到三年时间基本解决执行难问题”工作纲要要求的首次大规模集中执行活动，旨在重点执行一批涉民生类、涉金融债权类案件。在为期一周的行动中,法院突出集中的“威慑性”和执行的“强制性”,采取拘留、罚款、追究其拒执罪等强制执行措施,对拒不履行义务的“老赖”发起强力攻势。此次集中执行活动投入警力28人,执结各类案件17件,达成和解协议18件,拘传46人,司法拘留27人,查封房产22起,扣押车辆8辆,兑现案款335余万元。(法院 朱洁)

【“基本解决执行难”工作新闻发布会】2016年,扬中市为落实最高院“用两到三年时间基本解决执行难”的决策部署,强化宣传和舆论引导,争取全社会对执行工作的关注支持,9月1日,扬中法院召开“基本解决执行难”工作新闻发布会。新闻发布会通报“用两到三年基本解决执行难”的背景、目标和任务以及近期开展的“强制执行周”集中执行活动基本情况和成效。发布会上,新闻发言人还就执行工作主要面临的困难、如何对失信被执行人实施联合惩戒等问题回答记者提问。(法院 朱洁)

【强拆1.35万平方米违建】2016年9月23日,扬中法院在国土、公安、城管等部门的支持配合下,依法执行三茅街道企东村5起非法占地案件,强制拆除1.35万平方米违章建筑，有效震慑违法行为。企东村5位村民未经许可，私自占用1.35万平方米土地违章建筑，扬中市国土局分别作出行政处罚决定，责令退还非法占用土地，限期拆除非法占地上的建筑物及其他设施，恢复土地原状。该处罚决定生效后，奚某某等村民拒不退还非法占用土地，扬中市国土局向法院申请强制执行。因非法占地面积大，非法建筑多，被执行人情绪对立，群众上访影响恶劣，此案受到扬中市委、市政府高度重视。法院在立案执行后，立即向被执行人发出执行通知书及限期申报财产令，在被执行人仍拒不履行法律义务时，决定组织力量强制执行。23日，法院出动150余人、车辆20余辆，历时5小时，将所有违法占地建筑拆除。（法院 朱洁）

**【司法保障长江生态建设】**2016年10月9日，扬中法院在市交通运输局、公路管理处、海事处、航道管理处、新坝镇政府等单位的配合下，依法强制执行新坝栏杆桥码头租赁合同纠纷案，顺利拆除装卸码头的两台吊机。扬中市公路管理处与缪某、镇江市四通公路工程有限公司、张某租赁合同一案，扬中法院依法判决被告镇江市四通公路工程有限公司、张某返还栏杆桥码头资产及土地使用权，将栏杆桥码头恢复至扬中市通润公路养护工程处产权转让协议签订时状态。判决生效后，张某继续在码头经营吊机，从事卸运碎石、沙子等作业，不仅罔顾司法权威，还造成该段岸线脏乱不堪、生态破坏严重。扬中市市委、市政府全面部署非法码头专项整治，对新坝栏杆桥在内的全市15家非法码头进行集中整治。扬中市公路管理处向扬中法院申请强制执行后，扬中法院迅速启动执行程序，多次与被执行人沟通，进行释法明理，并发送限期履行通知书，要求被执行人停止生产经营并自行拆除，同时限期被执行人自行运走堆放在码头的砂石、黄沙等物。在多次沟通协调未果的情况下，法院决定采取强制措施。（法院 朱洁）

**【首份“人身保护令”】**2016年11月22日，扬中法院首次受理申请人身安全保护令案件，该案由新坝法庭法官柯巍承办，柯巍接手后迅速处理，于11月24日作出(2016)苏1182民保令1号民事裁定书，并在次日将该裁定书邮寄给本案被申请人。扬中法院首例申请人身安全保护令案件三日内即审结。依照《中华人民共和国反家庭暴力法》第二十八条规定，人民法院受理申请后，应当在72小时内作出人身安全保护令或驳回申请。案件承办人柯巍接手案件后，立即通知申请人王某到庭说明情况。王某到庭后，陈述被申请人戴某自申请人生育后多年来对其进行家庭暴力的事实。结合申请人提供的门诊病例、接处警工作登记表等证据，案件承办人认定申请人有可能面临家庭暴力的现实危险，故依法作出禁止被申请人戴某对王某实施家庭暴力的人身安全保护令。（法院 柯巍、丁翠竹）

**【首批入额法官宣誓仪式】**2016年11月16日，扬中法院在大法庭隆重举行首批入额法官宣誓仪式。在党组书记、院长汤国生的领誓下，29名入额法官面向国旗和宪法，右手握拳，庄严宣誓。员额制是指将法院人员分为法官、审判辅助人员和司法行政人员三类，根据法院辖区经济社会发展状况、人口数、案件数等确定法官数量，对法官在编制限额内实行员额管理。中央有关部门要求，改革后，各省法官员额比例应控制在中央政法专项编制39%以下。扬中法院按照省法院统一部署，经过组织报名、资格审查、考核考察、笔试考试等程序，29名法官通过省法官遴选委员会的审核被确定为首批入额法官。（法院 朱洁）

2016年11月16日，扬中法院举行首批入额法官宣誓仪式

## ·司 法·

**【概况】**2016年，扬中市司法系统公共法律服务购买资金比2015年增加2万元，司法局与网友义工团、阳光社工服务站对接，商讨项目主题、项目设计，形成“为失足者搭建彩虹桥”“青少年普法萌芽呵护”等4个项目。组织“法润江苏·2016春风行动”“4·8司法日”“牵手成长、法伴一生”等活动，依法完善市法律工作者协会诚信建设体系，建立诚信档案，利用局门户网站、“12348网”公开揭露不良信息。市尚法公益服务中心已引进5家社会组织入驻，扶持4家社会组织验资，辅导8家社会组织进行注册登记，帮助1家社会组织成功入围公益创投，获得2万元的资金扶持，举行矛盾纠纷调解培训等4场、200人次，组织“牵手成长、法伴一生”“法润江苏·普法惠民环省行”等多项活动。开展各类普法活

动60余场,参与协调、服务、推动重点工作10余项,油坊镇矛盾助调团成功参与调解纠纷30余起,劝阻群体性上访5批48人次,防止纠纷激化4件。

(司法局 陈彩云)

**【"法进万家"工程】** 2016年12月4日,扬中市在西来桥镇文化中心广场举办"普法信使"成立暨"法进万家"工程启动仪式。扬中市司法局联合市委政法委、邮政局、西来桥镇党委政府采用"互联网+社会组织+普法教育"的全新模式,成立"普法信使"队伍,举办"宪法在心中"文艺演出,发出"尊崇宪法"倡议,启动"法进万家"工程,派发5万张法治明信片。知识竞赛抽出一等奖5名,二等奖20名,三等奖40名,参与奖200名。活动线上与腾讯公司合作,发送10万个微信朋友圈,营造浓厚的宣传氛围;线下40名"普法信使"走村串巷,将"法进万家"明信片送到千家万户。活动回收到来自机关、企事业单位和各行各业填写的明信片2万余张,提高法治宣传教育的覆盖面和辐射力。(司法局 陈彩云)

**【法润江苏·普法惠民环省行】** 2016年8月26日,由江苏省司法厅、江苏省法制宣传教育工作领导小组办公室、江苏省广播电视总台影视频道、扬中市司法局等单位主办的2016年度"法润江苏·普法惠民环省行"扬中站活动,在新坝镇新治村润池公园隆重开幕,650余人群众现场观看节目。晚会现场,市司法局与市文化馆合作创作的京剧大联唱《法润大家园》、法治快板《普法精英赞》、禁毒小品《代价》、反腐小品《送人情》等法治元素浓厚的作品。

(司法局 陈彩云)

2016年8月26日,"法润江苏·普法惠民环省行"扬中站活动

**【"一月一节、一镇一品、一村一韵"推进会】** 2016年7月12日,扬中市司法局召开普法"六十佳"命名表彰暨法治宣传教育"一月一节、一镇一品、一村一韵"推进会,同时召开全市"牵手成长、法伴一生"主题活动,进一步浓厚法治宣传教育氛围,推动"七五"普法良好开局。活动设置两个会场。主会场穿插法治文艺演出,命名表彰全市法治宣传教育过程中涌现出的十佳普法项目、普法阵地、普法团队、普法达人、普法作品、普法方案,面向镇区部门推进"一月一节、一镇一品、一村一韵"主题活动。次会场开展"牵手成长、法伴一生"主题活动,通过举办预防青少年违法犯罪法治讲座、开展家庭普法寻宝活动、引导青少年快乐学法。江苏省、镇江市、扬中市相关领导出席活动。 (司法局 陈彩云)

**【第二届司法日活动】** 2016年4月8日,扬中市司法局联合法院、检察院、公安局、规划局、国土局、水农局、妇联、科技局、城管局、市场监督管理局等12个部门在扬中市人流量较大的步行街开展"法治促发展——第二届司法日主题宣传活动"大型广场咨询活动。活动过程中,LED显示屏滚动播放《法润江洲续辉煌》《扬中法治在线》等节目,12个部门60余名工作人员现场发放法律法规宣传页980余份,接待群众法律咨询470余人次,发放围裙、购物袋、杯子、雨伞等法治小礼品650余份,收集群众法治需求调查问卷420余份,进一步提高群众对司法行政和12348法律服务平台的知晓率和参与度。

(司法局 陈彩云)

**【小微企业法律服务团成立】** 2016年,扬中市司法局联合工商联依托青年企业家商会、建筑业商会、装潢业商会等各行业商会和各镇区商会共同组建枢纽型社会组织——小微企业法律服务团,面向无常年法律顾问的120家成长型企业提供"一对一"结对式法律服务。

(司法局 陈彩云)

**【尚法公益服务中心首批社会组织入驻】** 2016年8月18日,扬中市尚法公益服务中心举行入驻社会组织签约协议,五家基础型、专业型社会组织签约入驻孵化基地。市委常委、政法委书记刘永希,副市长宫金生出席签约仪式。

扬中市尚法公益服务中心拥有面积200余平方米,划分综合培训室、办公服务部、创意梦想园、公益灌溉区四大区域。其中综合培训室用于培训学习、会议商讨、信息展示,办公服务部用于孵化基地后勤保障和管理服务,创意梦想园用于洽谈交流、创意研发,公益灌溉区用于引进社会组织入驻办公。除已引进入驻的五家社会组织以外,该中心还同时跟踪培育乡贤评事社等四个基础型、法治文化产品研创中心和阳光心理咨询中心两个专业型以及普法微联盟网络型社会组织。

其中跟踪培育的基础型社会组织村（社区）覆盖率92.4%。 （司法局 陈彩云）

**【10万封法律服务公开信进家庭】** 2016年8月，扬中市司法局在全市范围内开展《致全体市民的一封信》活动，依托全市79个村（社区）司法行政惠民服务站，将法律服务公开信发放到全市近10万户家庭。公开信以宣传推介公共法律服务"四纵平台、四维体系"为主要内容，向广大群众介绍站点服务、网络服务、热线服务和微信服务的形式、内容，使群众进一步了解司法行政职能，熟悉寻求法律帮助的途径和方法。扬中市司法局依托各镇区公共法律服务中心和规模企业法律惠企服务站进企业，将公开信发放到企业外来务工人员手中，为扬中市民和广大外来务工人员撑起法律权益保护伞。 （司法局 陈彩云）

**【油坊镇成立矛盾纠纷助调团】** 2016年6月17日，扬中市油坊镇矛盾纠纷助调团正式成立。成立后的油坊镇矛盾纠纷助调团主要在以下几方面发挥作用：受托调解各类矛盾纠纷；向政府和有关部门反映民间纠纷和人民调解工作情况，提出加强人民调解工作和法治建设方面的意见和建议；办理业务主管单位和上级人民调解机构委托办理的事项；组织团员开展业务培训，提高团员的知识水平和业务能力；研究和探讨开展人民调解工作的技巧和艺术。 （司法局 陈彩云）

**【规范调解奖励资金发放】** 2016年12月，扬中市司法局对照《扬中市矛盾纠纷解决机制考核奖励办法》，经过一周的审查、评估、认定等程序，按照"谁调处、谁受益"原则，对2016年已调结的2521人民调解案件"以奖代补"奖金全部发放到位，计24.37万元。

（司法局 陈彩云）

**【法律援助受案范围扩大】** 2016年，扬中市司法局将法律援助经济困难的标准，由原来本地城乡居民最低生活保障标准降低至最低生活保障标准2倍，民事案件受案范围由原来的7项扩大至17项。

（司法局 陈彩云）

**【《扬扬说法》新媒体普法】** 2016年，扬中市司法局积极构建普法微联盟，在"微扬中"主页上创立《扬扬说法》栏目，发挥其带动性强和覆盖面广的效应，提高扬中司法行政工作的知晓率和关注度，扩大法治宣传教育的覆盖面和辐射力。截至12月底，《扬扬说法》栏目推送34期，总阅读量为5.77万次，总评论数159次，合计5.79万次。其中阅读量最多的为8月26日推送的新坝法庭关于借条大小写金额相差20万的判决案例，计3491次。 （司法局 陈彩云）

**【大学生村官法治宣传教育培训班】** 2016年11月23~24日，扬中市司法局联合市委组织部、宣传部、政法委举办全市大学生村官法治宣传教育培训班。此次培训班邀请省委党校副教授周小平、镇江市法治处处长刘元平、镇江市司法局法宣处处长石庆银及扬中市法律援助中心主任王秀萍就"七五"普法规划专题解读、法治惠民镇村行、新媒体应对与引导、法律援助相关专题进行授课。大学生村官代表进行交流发言，畅谈该次培训的收获，提出对基层法治宣传教育、依法治理以及法治惠民镇村行的一些建议和思考。 （司法局 陈彩云）

**【利民法治一条河】** 2016年，八桥镇司法所创新普法形式，将法治元素融入乡村河流景观建设，投资20余万元打造八桥镇法治文化的又一景观——利民法治一条河。利民法治一条河全长2公里，划分为依法治村、廉政文化、道德诚信、生态环境保护四个方面的主题区。法旨安民、法平如水是法治一条河的精髓所在，清正廉洁是点睛之处，爱国守法、明礼诚信、勤俭自强、团结友善作为法治一条河的精神向导将引领利民人在普法的道路上稳步前行。 （司法局 陈彩云）

**【油坊镇法治环保园开园】** 2016年6月3日，扬中市油坊镇隆重举行法治环保园揭牌仪式。法治环保园位于油坊镇长旺村文化公园内，依托公园原有设施提升改造建设而成，总投资40余万元，占地约3000平方米。全园遵循"生态扬中、法治环保、亲情油坊"的理念，通过景观墙、园林小品、雕塑雕刻等表现形式，架构起"法治环保、绿色家园、美好生态"三个宣传篇章，将法治元素和生态环保理念融为一体。 （司法局 陈彩云）

**【服务行业诚信体系建设】** 2016年，扬中市出台《扬中市法律服务行业诚信体系建设方案》《扬中市法律服务行业诚信体系星级评定实施细则》，通过星级评定推进全市法律服务行业诚信体系建设向深度、精度发展。一是建档案，公开诚信信息。面向律师和基层法律服务行业，以所为单位，建立个人和单位诚信执业档案。依托"一微一网"建立诚信记录查询平台，公开诚信档案、诚信信息，公布执业监督监管电话，使法律服务置于"阳光"之下。二是设星级，明确评定指标。推行星级评价机制，将强化党建引领、加强规范管理、一村一顾问结对服务、微公益服务、一票否决等分别作为单位和个人考核的主要项目，量化内容、明确标准，设置单项与综合星级评定。星级评定实行一年一度动态考评，并作为诚信信息及时予以公布。三是严考核，确保评定公正。成立相关科室处所人员组成的考核小组，结合日常监管情况，通过调阅卷宗、收取服务日志、回访服务对象等形式，对单位和个人进行考核评分，并将星级评定情况报分管局长审核把关。与此同时，选聘法律服务行业行风监督员，发挥基层法律服务工作者协会作用，在考核评价中吸纳监督反馈情况，保证考核评价的准确性、真实性。四是施奖惩，加强结果运用。将星级评定与评先评优挂钩，择优推荐予以综合表彰，对最高星级获得者给予一定物质奖励，同时优先推荐担任人大代表、政协委员、党代表等参与社会管理。对个人出现一票否决事项的，取消个人和单位评先评优资格。

（司法局　陈彩云）

**【"互联网、新媒体+社会组织"普法新形态】**2016年，扬中市借助现代媒体平台，推行"互联网、新媒体+社会组织"普法新形态。建立社会组织网络。整合文联、文化馆等文艺工作者资源，引导、培育"法治文化创作推广中心"，通过创作、编排、表演法治文艺节目进行普法宣传。联合市邮政分公司成立"普法信使"。利用"无限扬中"微信平台，整合全市企事业单位组建"普法微联盟"，凝聚社会组织合力。创新建立新媒体工作室，创作微电影、微视频等推送到"扬中司法""无限扬中""微扬中"微信公众号和司法局官方网站。在"扬中司法"微信上设置"法进万家"题库，印制法治明信片，通过"普法信使"线下向全市10万户家庭逐户派送，由广大家庭参与线上的法治知识有奖问答、意见征询等活动，实现线下线上同频互动。（司法局　陈彩云）

## ·信　访·

**【概况】**2016年，扬中市信访局坚持"法治信访""阳光信访""责任信访"工作原则，以法治思维引领信访工作，强基础，抓源头，敢担当，重化解，全市信访形势总体平稳可控，绝大多数群众诉求被化解在基层，完成全国"两会"、G20峰会、中共十八届六中全会等重要政治敏感时期的信访稳定工作任务，信访工作绩效考核名列镇江市第一名，被江苏省人社厅、省信访局表彰为全省信访系统先进集体。

全年接待群众来访669批、2468人次。其中集访98批、1291人次。来访中，登记交办226批次，现场协调315批次，分流128批次。全市发生到省上访24批、72人次，其中集访1批、5人次；进京上访8批、20人次，其中集访1批、6人次，未发生一起赴省进京非访事件，进京上访和去省集访量稳步下降并保持镇江市最低水准，信访工作绩效考核名列镇江各辖市区第一，较好持续促进社会稳定大局。群众反映信访诉求主要有房屋拆迁安置、土地征用补偿、劳动保障、集资融资纠纷、环境保护等。

2016年，扬中市党政领导在市信访局人民来访接待中心接待群众来访139批、779人次，其中集访73批、618人次。市委组织部安排1批、5人年轻后备干部到市人民来访接待中心挂职锻炼。（信访局　于洁）

**【逐级走访权益保障卡制度】**2016年，扬中市成立由市委、市政府分管领导任正副组长的推行群众依法逐级走访权益保障卡工作领导小组，5月中旬印发《关于在全市推行群众依法逐级走访权益保障卡的实施意见》《群众依法逐级走访权益保障卡使用办法》《群众依法逐级走访权益保障卡工作制度》及《群众依法逐级走访权益保障卡工作考核办法》等相关文件和规定。以答记者问的形式在《扬中日报》对此项工作进行专题宣传，在各信访指定接待场所醒目位置设立宣传站牌，张贴《依法逐级走访示意图》，电子显示屏滚动播放宣传标语，《权益保障卡使用须知》宣传手册在各镇（街、区）及相关部门接待场所发放6000余份。（信访局　于洁）

**【法定途径分类受理信访投诉请求工作】**2016年2月，扬中市信访局组织全市信访系统开展"通过法定途径分类受理信访投诉请求"工作。2016年7月，全市28个部门梳理编印信访分类投诉请求清单，并向社会公开。扬中市信访局做好甄别引导，运用国家信访信息系统，全程记录每一件投诉请求的甄别、引导、分流过程，对导入法定途径的投诉请求，做到及时提醒，确保有人接、有人管、有人办理。（信访局　于洁）

**【人民建议征集工作】**2016年9月，镇江市信访局围绕镇江市委、市政府中心工作和群众关注热点，面向社会开展"培育特色小镇"人民建议征集活动，市信访局积极参与，经开区信访办主任丁慧卿提出的"打造中国河豚小镇"获一等奖，《新华日报》记者专访并报道。

（信访局　于洁）

**【挂钩联系点制度】**2016年，扬中市信访结合人员调整,进一步压实信访工作责任,印发《关于建立局领导信访工作挂钩联系点》文件,建立扬中市信访局领导班子成员与各镇(街、区)挂钩联系制度,按照挂钩联系点分工,局领导班子成员切实做好各自挂钩联系点信访服务指导和督查督办等工作,有效会商化解信访矛盾纠纷。会同市委组织部门出台《赴信访局挂职锻炼干部管理考核办法》,科学考评挂职干部,实现干部培养和信访稳定工作的双赢局面。 (信访局 于洁)

**【网上信访工作模式】**2016年,扬中市认真贯彻落实上级信访部门要求,积极建设使用"阳光信访"信息系统。全面加快全国信访信息系统建设,横向抓市级机关职能部门,纵向抓镇(街、区)的互联互通和深度应用,实现市级机关职能部门和各镇(街、区)信息全录入、业务全流转、数据全生成、办理全公开。6月,组织人员赴淮安楚怀科技园参加"阳光信访"信息系统培训,加强信访业务指导。9月,通过建立全市信访工作群,对乡镇和部门工作人员组织业务培训和上门指导,提高规范办理信访工作水平。 (信访局 于洁)

# 军 事

## ·人民武装·

**【概况】**2016年,人武部围绕强军目标,按照"抓整顿、抓备战、抓改革、抓规划"和"四个更加扎实"要求,积极适应新常态,始终扭住问题、整风整改,聚焦打仗、扎实备战,拥护改革、服从大局,依法治军、从严治军,科学统筹、狠抓落实,完成上级党委赋予的各项任务。

思想政治建设扎实有效。以"两学一做"学习教育活动为抓手,深入学习领会习近平总书记系列讲话精神,扎实开展"深化强军改革"专题教育,开展纪念建党95周年和红军长征胜利80周年系列活动,深化增强军人荣誉感落实,深入开展"双百双建"活动,加强意识形态领域工作,彻底肃清"郭徐案件"影响。人武部干部职工"四个意识"进一步确立。

军事斗争准备不断深化。年内,组织完成副团以下现役干部、专武干部和民兵应急分队等5个批次训练任务和1200人的基干民兵整组任务,接受上级检查验收。5月,组织30名民兵参加镇江市防汛抢险军地联合演练,参演的"水上救护"演练科目,受到镇江市军地领导的好评。完成新兵征集任务,征兵"五率"(报名率、上站率、合格率、择优率、退兵率)指标位于镇江市前列。按照"三年一个周期"要求加强基层规范化建设,各镇街区达标率50%,各村社区达标率78%,新坝镇、油坊镇、西来桥镇3家人武部被镇江市评为基层武装机构规范化建设达标单位,新坝镇人武部徐晓静被省军区表彰为优秀专武干部标兵,经开区人武部蔡文被镇江市表彰为基层武装机构规范化建设先进个人。

从严治军力度持续加大。紧盯政治安全和正规秩序重点,严格落实安全管理法规制度,扎实抓好安全大检查。扎实开展"学法规、训队列、整纪律""暑期安全竞赛""百日安全竞赛"活动,认真执行上级安全管理有关要求,严格落实安全形势分析、每月安全教育、隐患排查整治等机制,人武部保持高度安全稳定和集中统一。

军民融合发展有效推进。按照"融入扬中、服务扬中、维护扬中"的双拥思路,积极组织广大民兵投身"四个文明"建设;积极为扬中市军民产业融合发展铺路架桥,大全集团军转民项目和绿扬集团示波器项目均通过国家发改委和军委总部验收;积极投身市委、市政府"扶贫帮困"活动,人武部挂钩帮扶八桥镇万福村、红光村和5户贫困户、6名特困学生,捐助资金12余万元。7月,成建制组织经开区和油坊镇2个60人的民兵应急排,参加小泡沙漫溢决堤抢险任务,加固堤坝800米,抢运粮食5万公斤,完成地方党委政府赋予的抢险任务。 (人武部 吴昌顺)

## ·武装警察·

**【概况】**中国人民武装警察部队镇江支队扬中市中队(以下简称武警扬中市中队),正连级单位。2016年,中队以"建强班子、抓住经常、打牢基础、再夺先进"为目标,坚持中心居中,确保以执勤处突为中心的各项任务圆满完成,确保部队高度集中统一和安全稳定。

加强思想建设。中队党支部加强党支部建设,班子的战斗力、凝聚力明显增强,战斗堡垒作用得到充分发挥。在重大敏感问题上,班子成员都能做到以大局为重,求同存异,在中队事关战士入党、考学、选配骨干、推荐技术学兵、大项经费开支等重大问题上,能坚持个别酝酿、会议决定的民主组织原则。结合国家改革新政策的不断出台,中队党支部坚持边学习、边宣传、边实践,做好三个"突出",即突出党员的先锋模范作用,突出干部的组织规范作用,突出士官的岗位骨干作用,叫响"党员就是一面旗帜,干部就是一根标杆"的口号。2016年,中队以创建和谐警营为目标,深入抓好密切内部关系教育。通过对观看专题片,剖析根源,分析危害,开展"五个一遍活动"和每月"我为中队建设献一策”活动，密切内部关系，增强集体荣誉感。

狠抓中心任务。在中心工作落实上，中队始终把执勤工作摆在中心位置，坚持每月议勤，牢固树立“把执勤当日子过”的思想，坚持做到工作再忙，执勤工作也丝毫不能够放松，确保中心任务圆满完成。中队始终以新《军事训练与考核大纲》为依据，把军事训练作为全面提升战斗力的切入点，狠抓军事训练，大力提振官兵“精气神”。严格按照军事训练大纲，参照支队军事训练计划，科学组训、严格施训，组织开展“大练兵”和“五小练兵”活动，组织执勤方案演练，进行实战化情况设想，锤炼官兵应对突发事件的能力。结合“安全大检查”“执勤隐患大排查”等活动，联合扬中市看守所排查执勤隐患，并投入大量精力对执勤设施进行维修整改，使五大系统有效改善。全年发现执勤隐患17处，全部整改。中队适时修订和完善“执勤处突”方案，认真研究防袭击、防爆炸、防冲闯战法，调整应急力量，每月至少组织一次方案演练，经常拉动三人应急小组、应急班，对各种情况进行实战化演练，确保部队一声令下拉得出、打得赢。2016年，中队协助看守所完成押解勤务21次，犯罪嫌疑人147人次，得到市局及目标单位肯定。

严格内部管理。中队始终坚持安全形势分析制度，坚持教育引导先行，深入做好形势任务、职能使命、战斗精神教育，引导官兵充分认清做好安全管理工作的重要意义，认清面临的严峻形势，不断强化使命意识、忧患意识、责任意识，时刻保持高度警惕。充分发挥思想骨干及群众性组织的作用，摸清官兵思想底数，坚持落实制度，在人员外出、在外人员管理上，中队坚持有分工、有跟踪、有讲评，确保全体官兵在任何情况下都不失控。中队武器装备均实行定人、定位、定号管理，每日清查，确保枪弹绝对安全。执勤、训练用枪落实负责人制度，指定干部或责任心强的骨干全程监管，做到枪弹静态与动态的双安全。在保密工作上，中队采取对手机集中管理的方式，把手机放置在安全柜里，严禁私自使用手机，坚决杜绝“无知泄密”“无意识泄密”“无视保密纪律泄密”，确保军事秘密绝对安全。

夯实基层建设。中队始终坚持以条令条例为依据，按照“从严治警”要求，强化官兵作风纪律，取得明显效果。2016年，从严格制度入手，认真进行新《纲要》、条令条例、《安全条例》的学习贯彻。通过学习，对一日生活制度不正规、保密意识不强等问题进行整改，用条令规范言行，规范举止，规范秩序，并建立检查评比制度，使条令学习经常化、制度化，保证中队秩序正规。在日常养成上，依据条令条例，从官兵着装、举止、礼节礼貌等小处入手，从练“三声”，训“三相”抓起，每周一早晨组织一次军容风纪检查，每日指派专人对官兵“八小时”外的言行举止进行检查，周末进行集中讲评，并作为年终评功评奖的重要依据。在安全教育方面，通过采取主题演讲、课后讨论、知识竞答等形式，引导战士增强辨别是非的能力，使全体官兵不被社会上各种错误思潮所迷惑。针对不同时期、不同事件、不同活动，贴近任务，贴近实际，贴近思想，利用谈心、新闻点评、点名等时机，有针对性地开展教育，引导官兵正确认识问题，明白道理，用直观、真实的场面和内容教育官兵，增强官兵的安全意识。在对士官的管理上，首先采取谈心谈话、思想汇报、互帮互查等方法，引导士官认真做好自查自纠。使他们认清军人的神圣使命，增强献身警营，奉献警营的光荣感和责任感。

加强后勤建设。采取措施，强化后勤保障的精细化管理意识。一是严格落实后勤制度、做到保障有力。财务制度方面，按照伙食费、日常经费开支规定，做到专款专用，坚决杜绝随意开支、铺张浪费和跑、冒、漏、滴现象的发生。伙食保障方面，落实订食谱、饮食卫生、伙食账目公布等制度，充分发挥经济民主组的作用，定期征求伙食意见，严格采购制度，中队落实定期消毒制度，做好卫生防病工作，不断提高伙食保障的能力。二是加强生活设施的维修与整改。中队及时组织管装爱装教育，发动官兵修护设施，官兵爱装意识明显增强。三是成立“小能人”队伍，中队挑选有“底子”的战士组建设施维修队伍，对损坏的设施及时组织维修。

（武警中队）

## ·人民防空·

**【扬中市人防工作会议】**2016年3月23日，扬中市召开全市人防工作会议，总结2015年全市人防工作，安排部署2016年目标任务，副市长宫金生出席会议。会上，市人防办主任满江春作贯彻“五大发展理念”推动人防改革发展讲话。2015年，扬中人防工作以“战时应战、急时应急、平时服务”为目标，扎实推进各项工作，在指挥通信、人防工程、人防宣传、人防执法巡查等方面，均高标准高质量完成全年目标任务。2016年是“十三五”开局之年，全市人防工作人员认真学习贯彻中共十八届五中全会和习近平总书记系列重要讲话精神，牢固树立“创新、协调、绿色、开放、共享”的发展理念，突出抓好人防指挥通信能力建设，突出抓好人防工程建管用，突出抓好人防法制化建设，突出抓好人防宣传教育，突出抓好人防队伍建设，不断推动新形势下人防改革发展，以发展理念的转变引领人防发展方式的转

变，推动发展质量和效益的提升，实现扬中人防科学发展。（人防办 朱江）

【人防工程标识标牌维护管理】2016年，扬中市人防办对已安装的人防工程标识标牌进行修缮，并加强日常的维护管理工作。一是对全市已安装的人防工程标识标牌进行修缮，并从规格材质、工艺标准、安装规范等方面细化和完善；二是对损坏、被盗以及自然老化等影响使用功能的，及时予以更新；三是加强维护管理，定期组织巡查，确保人防工程标识标牌正常使用。此次人防工程标识标牌的修缮，将为市民平时防震减灾、战时疏散掩蔽提供更加便捷、醒目、可靠的引导，为进一步提高城市应急避难水平发挥更大的作用。

（人防办 朱江）

【"5·12"防灾减灾综合演练】2016年防灾减灾日的主题是"减少灾害风险，建设安全城市"。5月12日，扬中市人防办、三茅街道英雄社区联合举办防灾减灾综合演练。扬中市副市长宫金生现场指挥演练。镇江市民防局副局长方乐平、扬中市民政、地震、气象等相关部门分管领导以及街道、社区负责人观摩此次演练。此次演练以实战为背景，分应急救援演练和应急疏散演练两部分。社区居民、企业员工、医护人员等350余人参加演练。演练出动人防移动指挥通信车1辆、消防车2辆、医疗救护车1辆。应急救援演练主要针对英雄社区海阳居家养老中心的老人突发状况开展救治演练。社区应急小分队配合医疗救护专业队人员把出现状况的老人从居家养老中心卧室转移到指定地点，进行包扎、止血、心肺复苏等医疗救护处理。应急疏散演练主要以模拟英雄社区辖区范围内的瑞克公司车间起火，开展消防灭火、火海救人以及紧急救护为主要内容。空袭警报与消防警铃同时响起，社区志愿小分队组织300余名从事生产的工人紧急疏散，在疏散中2人"被困"开展消防救助，施救结束后进行"应急救护"，确保人员安全。演练现场消防大队还组织灭火消防演示和消防知识讲解。社区居民、企业工人通过演练学习防灾减灾知识，掌握自救互救技能。（人防办 潘照瑾）

【中小学《民防知识》读本征订】加强中小学生民防知识教育，是贯彻落实《中共中央国务院中央军委关于深入推进人民防空改革发展若干问题的决定》的实际举措，是新时期做好民防宣传教育工作的重要内容。扬中市人防办积极做好2016年中小学《民防知识》读本征订工作，主要针对全市初中二年级和小学四年级学生，确保人手一册。市人防办主要领导亲自抓，分管领导具体负责，确保人防知识教育经费按时到位，征订工作顺利完成。（人防办 朱江）

【扬中市人防办案卷评审获得江苏省第四名】2016年，江苏省民防局对全省69个县市区行政执法案卷组织开展评查活动，扬中市人防办报送案卷在评审中取得较好名次。本次评查范围为2015年6月~2016年6月期间形成并已办结的人防结建项目和易地建设项目案卷，评查小组随机抽查69个县市区人防部门的276本案卷，送审的案卷认定事实清楚、调查证据充分、处理程序合法、案卷装帧规范，在评审中扬中人防办获得第四名。（人防办 朱耀宇、朱锦君）

【"9·18"警报试鸣】2016年9月18日10时~10时19分，防空警报在扬中市上空鸣响，全市22台固定警报器、2台多媒体警报终端、1台移动警报器全部鸣响，警报音响覆盖率和设备完好率100%。扬中连续19年试鸣防空警报成功，全市警报网点遍及城区和各镇（街、区）集镇区，每年跟随城市建设步伐，及时调整优化警报网点布局，定期组织维护保养，撤旧换新，确保警报通信网络优化畅通。人防办工作人员深入警报试鸣试点3所小学（扬中市实验小学、外国语小学、扬中市第二实验小学），给一年级新生发放印有人防宣传标语的学生不锈钢餐具套装1100余套。9月9日，扬中市人防办召集14个社区人防宣传联络员集中学习培训，要求各社区"9·18"警报试鸣宣传落实"四个一"，即在社区主要路段悬挂一条横幅，更换一期宣传橱窗，在社区人员密集场所组织一次集中宣传，发放一次人防书籍及纪念品。（人防办 朱江）

【机动中型指挥车交付】根据《省民防局关于加快推进县级人防机动指挥通信系统建设的意见》（苏防〔2015〕33号）和省民防局《关于镇江市县级人防中型机动指挥通信系统建设项目的立项批复》（苏防复〔2015〕38号）文件精神，市人防办设立指挥通信系统专项资金，安排指挥通信科与施工单位对接，时刻关注指挥通信系统建设进展情况。11月23日，扬中市人防办接受机动中型机动指挥所交付。该中型机动指挥所采用原装进口奔驰载车底盘，搭载大板箱仓，整车长8.7米，高4米，重12吨。该车配备高清视频语音传输系统和短波、超短波通信系统。视频语音传输系统通过车顶车内的高清摄像机可采集车内外的图像，通过单兵背负式设备，采集距离车辆3公里范围内的音视频图像，可在车内直接对视频图像进行观察分析及时处置，能通过便携4G图传设备将视频语音传输至市人防办指挥中心，实现视频单向传输、音频双向传输。短波、超短波通信系统通过短波电台呼叫其他短波电台，实现双向语音通话。该移动指挥所还配置无线AP(接入点)，在车周围搭建无线覆盖网络，供具有无线接入能力的设备接入系统。同时可通过北斗导航用户机进行定位、导航、位置上报和收发短信息。中型指挥所通过柴油发电机为系统内所有用电设备提供电力保障。可利用UPS（不间断电源）为通信设备提供15分钟不间断电源供电。车内外配置交流照明、应急照明、防空灯和场地照明，车顶升降杆上安装强光照明。车顶安装红黄双色专用警灯警报器，可在行车时闪烁、喊话、鸣笛以及播放防空警报。（人防办 王峰）

·双拥共建·

**【概述】** 2016年，扬中民政提高优待抚恤标准，给义务兵家庭优待金提高到每户1.91万元，为重点优抚对象续保医疗保险金18.65万元，保障优抚对象生活待遇。在镇江市首家出台《扬中市增强军人荣誉感行动计划》。落实优抚对象精神抚慰，全面开展短期疗养、免费体检、上门探望，组织开展慰问驻镇江、驻扬中部队、欢送退伍老兵、赴四川南充慰问扬中籍现役军人、慰问驻扬中部队排级以上干部家属等活动。在镇江市范围内首创开设微双拥微信公众平台，开辟双拥宣传新渠道，《扬中双拥歌》创作成功。完善退役安置政策在镇江市率先出台《扬中市退役士兵安置办法》，妥善接收安置退役士兵112名，全年发放退役士兵经济补助金345万元，落实军队离退休干部和无军籍职工的待遇，保障各类安置对象的合法权益。（民政局 方超）

**【爱心优抚互助服务团成立】** 2016年7月29日，扬中市首家政府引导的民间社会团体——爱心优抚互助服务团成立，扬中市副市长宫金生、双拥办主任彭全胜为爱心优抚互助服务团揭牌。爱心优抚互助服务团是一个以“优抚互助 积善存爱”为宗旨，竭力为退伍军人提供精神慰藉、经济帮助等服务的公益性平台。

（民政局 方超）

**【江之源橄榄绿之家成立】** 2016年7月29日，扬中市举办“庆八一·双拥情”暨“扬中江之源橄榄绿之家”成立活动。“扬中江之源橄榄绿之家”正式挂牌成立，标志着“双拥”工作打开一个全新的“窗口”。“橄榄绿之家”的工作人员将全心全意建好“家”、亲力亲为管好“家”、真抓真干守好“家”，将“橄榄绿之家”建设成特色之家和品牌之家，为扬中市创建“双拥模范城”作出新的贡献。镇江江之源渔业科技有限公司作为扬中生态农业的龙头企业，在致力自身发展的同时，通过成立“橄榄绿之家”与边防检查扬中分站结对共建的形式，心系家乡、情牵“双拥”。（民政局 方超、经开区 贺红旗）

**【国防园正式揭牌】** 2016年7月31日，扬中市举行国防园揭牌仪式。2009年，因建设泰州大桥，扬中市原国防园部分设施被拆除。2014年，扬中市投入7000万元，经过两年建设，在新坝打造占地40余亩、建筑面积4000余平方米的具有综合功能的国防园。（新闻中心）

2016年7月31日，扬中市国防园揭牌

**【扬中市首家家庭国防档案馆】** 2016年8月1日，扬中市首家家庭国防档案馆——油坊镇张贤春家庭档案馆正式挂牌。2015年，油坊镇筹备建设“家庭国防档案馆”，并作为2016年扬中市双拥工作的重点项目。在心系国防张贤春家庭档案馆里，收集计划经济时代的粮票、布票、工分票，以及毛泽东语录、像章、家庭经济账本，张贤春获得的各类证书等物品，林林总总2600余件，一定程度上展现扬中改革开放前后社会生活的巨大变化，印证一个老兵、老党员的爱国、爱党、爱军、爱家情怀。（民政局 方超、新闻中心）

**【陈吕荣被授予“最美拥军人物”称号】** 2016年9月1日，江苏城市频道到扬中录制《江苏最美人物》现场节目，江苏“最美拥军人物”新闻发布会在扬中市兴隆中心小学演播厅举行，江苏省双拥先进个人、江苏友谊手套服饰有限公司董事长陈吕荣当选。发布会上宣读省委宣传部、省军区政治部关于授予陈吕荣江苏“最美拥军人物”荣誉称号的决定。缘于“拥军情结”，陈吕荣22年不间断向部队赠送手套支持国防建设，累计赠送各类精美手套超过50万副,价值近1000万元,自己出资400万元创建友谊国际双拥工作站,进行双拥和爱国主义教育。

(民政局 方超)

# 公共安全

## ·食品药品安全·

**【检验检测能力建设】**2016年,扬中市基本建成"11610"食品快检体系,即1个快检中心、1台快检车、6个分局快检室、10家农贸市场自检室已全部投入运行。基层分局办公和检测用房均保障到位,应急指挥中心、视频监控中心等信息化平台建设全部完成,执法车辆、移动平台、办公设备等配备齐全。依托网络传输技术和远程监控平台,实施"互联网+明厨亮灶"工程。实时监控重点餐饮单位的食品加工关键区域,实现透明化、可视化,已入网单位近50家。

(市场监管局 王海燕)

**【食品安全城市创建】**2016年10月,扬中市经全省各地级市初审遴选,从73家申报县(市、区)中脱颖而出,成为全省26家进入省级考评的地区之一。11月,扬中市经过食品评价性抽检、群众满意度调查、突发事件情况调查和深度访谈等方面考核,顺利通过食品安全示范城市创建第一轮省级督查考评,成为镇江市唯一一家进入第二轮评审的县(市、区)。全省有17家县(市、区)进入终评阶段,淘汰率35%。

(市场监管局 王海燕)

**【食品安全快检车启用】**2016年9月28日,扬中市博联农贸市场内,食品安全快检车投入使用。市场监管局食药监所执法人员对该农贸市场内销售的蔬菜进行农残快速检测,仅用时30分钟即对一组蔬菜样品进行检测,检测结果全部合格。该车配备食品安全检测仪、农药残留快速检测仪、干式化学分析仪、重金属检测仪等多种快检设备,能够开展畜禽水产品中的兽药残留、重金属、蔬菜水果等农产品中的农药残留,粮油中真菌毒素、重金属,乳制品中的食品添加剂、非食用化学添加物、微生物等多种有毒有害物质的快检。该辆食品快检车的启用,将改变过去肉眼分辨的传统监管模式,为基层食品安全监管提供技术支撑手段,提升监管效能,对提升食品监管能力、打击假冒伪劣食品、整顿和规范食品市场秩序、切实保障公众食品安全提供新的有力武器。

(新闻中心)

**【四级食品安全事故应急演练】**2016年12月15日,根据江苏省食品安全城市创建的相关要求,结合《扬中市重大食品安全事故应急预案》,扬中市开展2016年四级食品安全事故应急演练活动。

(市场监管局 王海燕)

**【药品医疗器械监管】**2016年,扬中市办理药品许可变更事项53家次,医疗器械许可备案事项49家次。按季度开展药品监督性抽样,完成药品抽检167批次,药品快速检验150批次,抽样合格率99.4%。开展"注射用透明质酸钠""问题疫苗""违法药械广告"等专项行动,检查涉药涉械单位726家次。切实加强药械不良反应(事件)监测,全年上报ADR(药品不良反应)报告数456份。其中新的/严重的报告233份,占比51%,MDR(医疗器械不良事件)83份,各项数据在镇江地区名列前茅。

(市场监管局 王海燕)

## ·安全生产监督·

**【概况】**2016年,扬中市实现连续第14年无较大事故的防控目标,全年死亡事故数大幅下降,安全生产形势持续平稳向好。全年发生各类生产安全责任事故36起,死亡15人。其中工商贸企业责任事故5起,死亡5人(工亡事故1起,死亡1人;建设领域事故4起,死亡4人),事故数与死亡人数比2015年分别下降33.34%,实现"双下降";发生道路运输事故31起,死亡10人;未发生工商贸企业火灾事故、特种设备事故和农机事故。

全市下发41个镇(街区)和部门《安全生产目标管理任务书》《安全目标管理考核细则》,全市层层签订责任状6800余份,安全生产承诺书5000余份。组织开展"落实企业主体责任三年专项行动",建立企业档案,督查企业落实"四个一"宣教活动(一次安全生产承诺践诺活动、一次全员安全培训教育活动、一次事故警示和应急演练活动、一次对照检查活动),督促企业层层签订安全承诺书4万余份,所有规模以上企业教育、应急演练和自查自纠全部过堂一遍。

继续开展危险化学品、烟花爆竹、职业卫生等专项整治:①危险化学品和烟花爆竹:重点开展危化品企业专项整治,排查危化品企业94家,排查隐患177条,已整改176条,整改率99.4%,金凯、畅星、宏达3家企业列入停产整顿。对全市128个罐区的防雷防静电检测、喷淋降温、动火作业、外包方管理等进行专项检查,检查企业37家,发现整改隐患178条,整改率100%;严厉打击烟花爆竹非法违法行为,查处销毁各类非法烟花爆竹1031箱。②职业卫生：开展铸造、冶炼、船舶行业职业危害专项治理，监督检查18家次，督促企业累计投入治理资金60余万元，职工职业健康体检1809人，开展职业危害因素检测11家，全年推进382家企业职业病危害项目网上申报；推进15个新项目职业卫生"三同时"工作。③粉尘和有限空间：聘请专家对福达特钢、6家粉尘作业场所，对18家有限空间作业场所开展专项整治。④道路交通：严厉查处交通违法行为，查处酒驾165起。其中查处醉驾116起，且全部追究刑事责任，查处各类交通违法行为为25.7万起；有效加强路面防控，增加临时停车位910个、交通标志1500块，整治交通安全隐患275处。⑤建筑施工：专项检查全市在建工程37个，面积36.8万平方米，工程造价约5.8亿元，检测塔吊65台、电梯23台、吊篮37台，创成市级文明工地6个、江苏省级文明工地3个。

组织开展春节、夏季、国庆等重要时段、节点大检查5次，检查生产经营单位1.2万余家次，排查治理隐患3万余条，整改率98.8%。加强隐患排查系统运行管理，上线注册企业947家，上报率98.5%，整改率99.6%，提高企业隐患排查治理水平。推行"互联网+"安全生产平台建设，全市60家试点企业全部完成终端设备配置，2017年在全市所有企业全面推广运行。

全年执法监察生产经营单位413家次，立案查处15起，罚款23.4万元，事前执法工作在镇江市位居前列，是镇江市唯一荣获省局表彰的先进集体。

（安监局 徐良、赵伟航）

**【安全生产事故查处】**2016年，扬中市调查处理5起生产安全责任事故（其中工商贸企业职工死亡事故1起），处理事故单位5个，处理单位主要负责人4人。

## 2016年扬中市工商贸企业职工死亡事故统计表

表39

| 时间 | 事故单位 | 伤亡情况 | 备注 |
|---|---|---|---|
| 2016年4月2日 | 扬中市胜源纸木包装厂 | 死亡1人 | 2016年4月2日12时15分许，扬中市胜源纸木包装厂操作工刘某(男，54岁，扬中市经开区人)在操作纸张分切机时被卷入机器中，当场死亡 |

（安监局 徐良、赵伟航）

**【率先完成企业安全生产标准化】**2016年，扬中市创成工贸行业二级标准化企业2家，449家工贸行业规模企业全面创成三级安全标准化，小微企业安全标准化达标607家，在镇江市率先完成小微企业标准化创建任务。扬中市安全生产监督管理局从2014年起，每年设立专项奖励资金约60万元(通过标准化的小微企业每户奖励3000元)，用三年时间使全市600余家小微企业全部推进到位。同时，全市创建安全诚信等级企业217家次，创建省级安全文化示范企业3家，创建职业健康示范企业13家。（安监局 徐良、赵伟航）

**【安全生产宣传教育】**2016年，扬中市安全生产监督管理局设立安全宣传专项资金30万元，加大对外宣传。刊登各类稿件165篇，超额完成镇江市下达任务，超额49%，编发《安全生产动态》21期，信息宣传在镇江市居于前列。制作事故警示教育片，在全市巡回播放。深入开展安全生产月活动，全市悬挂宣传横幅700余条，张贴标语、挂图1.38万余张，发放宣传资料1700余份，开展应急演练活动30余次，征集安全主体责任征文50篇。依法加大安全培训，举办岗位培训班21期，培训各类人员2326人，农民工1万余人次。

（安监局 徐良、赵伟航）

安全生产宣传教育

# 地方组织机构

## 中共扬中市委员会

### ·综 述·

【概况】2016年，扬中市完成地区生产总值501亿元，增长9.5%；公共财政预算收入32.5亿元，同口径增长3.5%；列2016年度中国中小城市综合实力百强县市第23位。

综合实力稳步提升。工业应税销售510亿元，增长6.8%；工业用电量12.9亿千瓦时，增长6.1%；全社会消费品零售总额增长11.8%。产业转型提速升级。创成首批国家产业集群区域品牌建设试点市、全国中低压工程电气知名品牌创建示范区，大全集团荣登2016年中国品牌价值排行榜电气类第一名，香江科技“数字扬中”、威腾母线“工业互联网+智能制造”等一批新兴产业项目成功落户。发展后劲持续增强。中海粮油、鼎圣电气等项目建成投产，全年完成固定资产投资295亿元，实际利用外资1.4亿美元。组建金融控股集团、水务集团；新增上市企业17家，其中“新三板”挂牌企业4家；发行企业债券52亿元，全社会直接融资规模突破100亿元；兴业银行、华夏银行、南京银行在扬中设立分支机构，与国开行、农发行等政策性银行开展全面合作，连续获评江苏省金融生态优秀县。

发展活力不断增强。改革发展稳步推进。认真落实“三去一降一补”重点任务，深化行政审批制度改革，商品房去化周期降至12.3个月，企业项目审批周期压缩30%左右。土地确权登记颁证工作在镇江率先完成省级检查验收，农村土地经营权有序流转。创新要素加速集聚。全社会研发投入占比、高新技术产业产值占比、万人发明专利拥有量、科技进步贡献率等指标保持全省领先，新增国家“千人计划”人才5人、省“双创”人才3人，获批创建省知识产权强省建设区域示范市，获评中国中小城市创新创业百强市。载体平台提档升级。“三集”发展水平保持镇江领先，新坝科创服务有限公司获批国家级科技企业孵化器，长江特色渔业星创天地获国家首批“星创天地”备案，华北电力大学智能电气研究中心获省重大创新载体建设项目，全年新增省级工程技术研究中心2家、省企业技术中心6家。

入选2016年中国中小城市新型城镇化质量百强市。完成西城区控规及三桥互通口城市设计、各镇街区控规、地下管线综合规划。同心路、张家港西延等路网工程建成通车。新改建农村公路11公里、堤顶公路23公里、桥梁18座。扬子新村、园丁路南侧片区房屋征收快速推进。在镇江率先实现公交“一卡通”全省联网，城乡公交一体化获省5A级评定。不动产登记“四全模式”(全流程优化审批、全区域便民服务、全业务网上办理、全节点效能监管)在全国推广。“五水联治”行动正式启动，广宁河片区水环境综合整治有序推进，低洼易淹易涝片区整治初见成效，农村生活污水治理工作列入全国试点，河道管理“河长制”经验在全国推介。累计查处各类违章建筑近4万平方米。农村公共服务运行标准化试点通过国家级考核，创成省级美丽乡村3个，镇江美丽宜居小镇1个、最美乡村2个。沿江岸线“留白”发展做法在全国产生较大影响。获批创建全国高比例新能源示范市，在全省率先启动绿色低碳示范村庄（小区)建设，居民屋顶光伏并网总量占镇江80%以上。中央环保督察组交办事项全部整改销号。在镇江率先实现“百村万户达新标”，城乡居民人均可支配收入分别实现4.5万元、2.3万元，城镇登记失业率控制在1.4%以内，“五大保险”覆盖率均98.9%以上。城乡教育资源配置进一步优化，新、改建各类学校17所，创成首批江苏省平安校园建设示范市。全国健康促进县通过国家级考核验收，获评江苏省人口协调发展先进市。残疾人托养中心、康复中心和特教中心开工建设，新建标准化居家养老服务中心(站)15家，首家公办医养融合机构挂牌运营。深入践行社会主义核心价值观，开展道德模范和身边好人评选活动，30余人次获评各级“好人”典型。志愿服务蓬勃发展，注册人数5万人。全市公共文体设施网络覆盖率100%，城市“15分钟文化圈”和农村“十里文化圈”逐步形成。公众安全感和法治建设满意度保持全省领先，连续获评江苏省法治建设示范市。

扎实开展“两学一做”学习教育，市委常委带头参加党支部集体学习并讲党课，广大党员干部争当“四讲四有”合格共产党员，帮助群众解决困难3000余件。坚决执行《中国共产党廉洁自律准则》《中国共产党纪律处分条例》，严格落实“三会一课”、民主生活会等组织生活制度，党内政治生活更加规范化、常态化。能力建设成效明显。完成市、镇两级党委、村（社区）党组织及村（居）委会换届，各级干部队伍结构优化、活力增强。深化“双型”党支部建设，加强村（社区）干部考核激励，基层党组织战斗堡垒更加巩固。开展“法治惠民镇村行”工程，有效整合法治、纪检、组织、宣传等功能，基层党建触角进一步延伸。深入开展党员干部“六度”（信念坚信度、岗位匹配度、实绩承效度、能力发展度、勤政廉洁度、群众满意度）研判和“考德”工作，实行“能上能下”的干部任用制度，被评为全国加强干部日常监督管理示范点。完成中央和省委巡视组反馈意见整改任务，引导党员干部塑造好家风、展示好作风，相关经验在全国推广。扎实推进政务服务提升年“五大行动”，出台《鼓励干事创业担当责任豁免办法》，各级党员干部干净干事、勇于担当的氛围进一步浓厚。反腐防线更加巩固。严格落实党风廉政建设“两个责任”，实施“清廉村风”工程，开展“三公”经费、公共资源交易市场等专项督查，惩防体系不断完善。 （市委办 姚婷）

【市委办公室工作】2016年，中共扬中市委办公室紧紧围绕市委重要决策部署、重点目标任务，积极当好参谋助手，协助抓好决策落实，在推动“两学一做”学习教育、供给侧结构性改革、产业低碳绿色转型、重大项目等工作方面发挥重要作用。先后起草各类文稿400余篇，拟发各类文件150余件，编发《扬办通报》12期、《参阅材料》1期、《扬中通讯》12期、《督查专报》46期、《扬中信息》67期，上报省、镇江信息4600余条，被省委办公厅采用80余条，被镇江市委办采用180余条。办理省委和镇江市委书记信箱29件、书记信访接待日信访件79件，处理群众来信来访421件次，信访办结率100%。从简从实做好会务接待工作，参与完成中共扬中市委第十二次代表大会、中共扬中市委十二届二次全会等50余次大中型会议的会务准备工作。依法严格履行机要保密行政管理职能，确保全市机要保密工作规范运行。严格文件办理程序，规范管理，无贻误、漏发、错办现象；加强涉密管理，机要保密工作有序开展。深化农村公共服务“八位一体”（河道保洁、垃圾收运、绿化管护、农村道路养护、生活污水处理、村容村貌“三乱”整治、村级综合服务中心维护、文体活动设施管护等工作实施的一体化）运行维护机制建设，完善通用基础、服务提供、服务评价等标准体系，制定相关标准167项，以优异成绩通过村级公共服务运行维护标准化试点工作国家考核验收。深入开展城乡环境综合整治，全年创成绿色环境示范村（小区）2个、省级美丽乡村3个、绿色低碳示范村庄（小区）2个、镇江市级美丽宜居镇村2个。 （市委办 姚婷）

## ·重要决策·

【深入实施农业现代化工程 建设“强富美高”新农村】2016年3月31日，中共扬中市委、市政府联合出台《关于深入实施农业现代化工程 建设“强富美高”新农村的实施意见》，提出紧紧围绕农业增效、农民增收、农村增色，扎实推进农业供给侧结构性改革，加快转变农业发展方式，推动城乡一体化与农业现代化双轮驱动、互促共进，全力建设“强富美高”新农村。要通过优化产业布局和生产结构、加快培育新型农业经营主体等举措，加快转变农业发展方式，开辟“农业强”的转型路径；通过积极引导农民创业就业、加快发展农村电子商务等举措，多元推进农民收入增长，提升“农民富”的内涵品质；通过加强农村生态保护修复、改善农村基础设施条件等举措，加强农村生态环境建设，彰显“农村美”的宜居特质；通过加强农村基层党的建设、创新完善农村治理体系等举措，改善农村公共管理服务，开创“农村社会文明程度高”的崭新局面。 （市委办 姚婷）

【“扬帆‘十三五’开启新征程”大讨论大推进活动】2016年3月8日，中共扬中市委、市政府联合出台《关于开展“扬帆‘十三五’ 开启新征程”大讨论大推进活动的实施意见》，提出组织全市广大干部群众，开展多层面、多形式的大讨论大推进活动，通过总结提炼“扬中经验”，梳理分析“扬中优势”，厘清找准“扬中短板”，深入研究“扬中大事”，全面推进“扬中实践”，更加准确把握“十三五”发展面临的形势和任务，清醒认识扬中发展存在的优势和不足，形成全面深化改革、加快建设“强富美高”新扬中的生动局面。 （市委办 姚婷）

【江苏省扬中高新技术产业开发区建设】2016年3月11日，中共扬中市委、市政府联合出台《关于支持江苏省扬中高新技术产业开发区加快发展的意见》，提出紧抓苏南国家自主创新示范区建设战略机遇，以“工业化、信息化深度融合"为引领，坚持高起点规划、高标准建设、高效能管理，通过建立高效的管理运行机制、创新高新区运作模式、强化高新区财税扶持等举措，把高新区打造成以智能电气为主导、战略性新兴产业多元发展的高新技术产业集聚区。 （市委办 姚婷）

**链接 江苏省扬中高新技术产业开发区**

江苏省扬中高新技术产业开发区前身是扬中智能电气产业园，2015年11月经江苏省人民政府批准筹建，批复核心面积为3.12平方公里，扬中高新区实际管辖总面积为8.52平方公里，占全市土地总面积3.73%。高新区依托智能电气产业园核心区为主体创建，以发展智能电气、新能源、装备制造等产业为重点。区内聚集大全集团、有能集团、华鹏集团等规模骨干企业，形成较好的集中集聚集约效应。高新区实行"管委会+总公司"的双轨市场化运作模式，推进政府、高新区和大航集团之间的有机融合，推行跟踪制度，对项目、工程专人负责到底，强化责任，提升效率，推进各项平台运营、金融资本运作、土地开发利用和企业管理服务，形成"镇""区""平台"三位一体的整体合力。2016年10月26日，扬中高新区三定方案正式出台。扬中高新区党工委、管委会作为扬中市委、市政府的派出机构，正科级建制，与新坝镇党委、政府合署办公。其中内设：6个股级建制机构（党政办公室、党群工作部、经济发展部、科技人才部、规划建管部、财务审计部）、3个股级建制事业单位（华北电力大学扬中智能电气研究中心、高新区招商中心、高新区生产力促进中心）。在具体操作过程中，新坝镇相关职能部门与高新区相关职能部门进行合署办公，相互兼容，共同提升。

2016年，实现地区生产总值153亿元，连续两年位居镇江"三集"发展考核工作第一方阵第一名，被国家工信部确立为全国首批"产业集群区域品牌建设"试点单位。2016年，入驻企业125家，其中高新技术企业36家，规模以上企业83家。高新技术企业产出占全市产出的35%，工程电气产业产值占全市的80%，占全国市场份额20%。全市30强企业高新区占比43.3%，亩均投资强度350万元，亩均产出500万元，亩均税收30万元。全年全区固定资产投资额18.16亿元，进出口总额2.56亿美元。科技方面省级以上科技孵化器企业数28家，专利申请数1067件，发明专利申请数434件。2016年，高新区与90余所高校、科研院所建立有长期稳定的产学研合作关系，拥有各类专业技术人员6000余名，建有院士工作站5家、博士后工作站6家，国家级技术研发中心1家，国家"863计划"成果转化基地1家，国家"千人计划"7个，力争打造国内知名的"智能电气产业硅谷"。 （高新区 于婧）

**【中国制造2025扬中行动计划】**2016年3月18日，中共扬中市委、市政府联合出台《关于印发〈中国制造2025扬中行动计划〉的通知》，提出到2020年，基本形成创新能力强、质量效益高、物耗排放低的先进制造业体系，制造业综合实力居全国同类地区前列，建成国内知名的"智能电气城"和"绿色能源岛"。制造业创新体系基本完善，万人发明专利拥有量32件，科技进步贡献率65%；质量效益不断提高，制造业规模1900亿元，增加值率25%，制造业质量竞争力指数90；"智能车间"和"智慧工厂"建设取得明显进展，两化融合发展水平总指数98以上；产业结构持续优化，新兴产业占制造业比重70%，生产性服务业占服务业比重超过40%；绿色循环低碳发展方式初步建立，单位工业增加值能耗及污染物排放强度下降完成上级下达目标。到2025年，创新能力、质量效益、两化融合、结构优化、绿色发展迈上新台阶，形成一批具有较强国际竞争力的规模企业和产业集群，制造业综合指数实现国内领先水平，基本实现制造强市目标。 （市委办 姚婷）

**【"法治惠民镇村行"工程全面实施】**2016年8月8日，中共扬中市委、市政府联合出台《关于全面实施"法治惠民镇村行"工程的意见》，提出以"法治型、服务型"先进党支部建设为统领，全面实施"法治惠民镇村行"工程，建立法治建设工作指导制度，用三年时间，推动法治建设从"过程先行"迈向"水平领先"，让法治成为基层治理的基本方式，让基层组织更加坚强有力，用核心价值观引领社风民风，打造一批善治和谐的民主法治示范村（社区）、人民满意的基层站所。（市委办 姚婷）

## ·重要会议·

**【中国共产党扬中市第十二次代表大会】**2016年7月26日，中国共产党扬中市第十二次代表大会在市政大礼堂隆重开幕。大会回顾总结第十一次党代会以来的工作，研究确定今后五年的奋斗目标和战略举措，选举产生新一届市委和市纪委，进一步动员全市上下弘扬"四千四万"精神，激发创新转型动能，为加快建设"强富美高"新扬中而努力奋斗。会上，潘早云代表中共扬中市第十一届委员会向大会作题为《弘扬"四千四万"精神，激发创新转型动能，为加快建设"强富美高"新扬中而努力奋斗》的工作报告。庄旭代表市纪律检查委员会向大会作题为《坚持全面从严治党,聚焦监督执纪问责,为建设“强富美高”新扬中提供纪律保障》的工作报告。潘早云在报告中总结扬中过去五年的发展成效和经验,提出今后五年将重点实施“五项工程”:一是实施创新驱动工程,大力培育创新企业、加速集聚创新人才、建优做强创新平台、优化提升创新环境,打造创新发展的最强引擎;二是实施产业升级工程,推进落实“主导产业升级计划”“新兴产业扩张计划”“现代农业培育计划”,培植转型提升的先发优势;三是实施生态优化工程,到2020年,基本完成农村居民点建设,建成3个美丽宜居小镇、8个省级美丽乡村、20个镇江市级美丽宜居村庄,彰显精致秀美的城市特质;四是实施文化提升工程,到2020年,公共文化服务设施网络覆盖率、居民综合阅读率均实现90%以上,力争文化产业增加值占GDP比重突破6%;五是实施民生提标工程,到2020年,全面消除村集体经营性收入低于150万元的经济相对薄弱村,构筑共建共享的幸福家园。潘早云强调,党的领导是事业发展的坚强保证,全市各级党组织和广大党员干部要更加自觉地以习近平总书记系列重要讲话精神为指引,进一步强化党要管党的主责意识,更大力度推进全面从严治党,强化思想引领,推动创新、创业、创优;强化组织保障,激励率先、争先、领先;强化队伍建设,倡导谋事、干事、成事;强化正风肃纪,实现勤政、廉政、善政,不断把扬中发展推向新的高度。

(市委办 姚婷)

**【中国共产党扬中市第十二届委员会第二次全体会议】**中国共产党扬中市第十二届委员会第二次全体会议于2016年12月30日召开。全会深入贯彻落实中共十八届六中全会、中央经济工作会议以及省、镇江市有关会议精神,总结今年工作,研判当前形势,部署明年工作,动员全市上下进一步振奋精神、锐意进取,创新引领、富民优先,奋力谱写“强富美高”新篇章。全会认为,过去的一年,全市上下准确把握宏观大势的发展走向,顺势而为、赢得先机;坚决确立克难奋进的工作导向,有的放矢、跨越赶超;始终坚持民生为先的价值取向,凝聚合力、共建共享。全会确定,全市明年发展的总体要求是:全面贯彻落实中共十八大以来中央决策部署、习近平总书记系列重要讲话精神,牢牢把握“四个全面”战略布局,坚持稳中求进工作总基调,认真践行新发展理念,扎实推进供给侧结构性改革,突出创新引领,强化富民优先,加快建设“创新之城、开放之城、生态之城、幸福之城”,奋力谱写“强富美高”新篇章,以优异成绩迎接中共十九大胜利召开。全会要求,明年的各项工作,要按照“创新转型突破年”的要求,找准工作的着力点,确保各项工作干在实处、见到实效。要突出创新转型,全面提升发展质态;突出稳中求进,全面提升综合实力;突出绿色生态,全面提升城市品质;突出富民惠民,全面提升幸福感受。全会强调,全市各级党组织要切实增强管党从紧、治党从严的政治自觉,全力造就面向未来、担当奋进的干部队伍,不断巩固全面进步、全面过硬的基层基础,持续优化严实相济、风清气正的政治生态,推动扬中发展不断迈上新的台阶。全会号召,全市上下要更加紧密地团结起来,加速创新转型,增进民生福祉,奋力谱写“强富美高”新篇章,以优异成绩迎接中共十九大胜利召开。

(市委办 姚婷)

**【市委中心组“两学一做”专题学习会】**2016年8月2日,市委书记潘早云主持召开市委中心组“两学一做”专题学习会,集中学习习近平总书记“七一”重要讲话精神。潘早云要求,要把学习习近平总书记“七一”讲话作为“两学一做”的重要内容和长期任务,因地制宜开展理论研究、专题研讨,特别是党员领导干部,要带头学习,不断提升“四个意识”、增强“四个自信”,带领全市党员群众向着全面建成更高水平小康社会和“强富美高”的目标奋勇前进。担当有方,奋发作为。对照市第十二次党代会明确的扬中“十三五”发展目标、方向、路径和举措,深度弘扬“四千四万”精神,扎实推进“五项工程”,全力激发“创新转型”动能,让扬中优势更优、特色更特。提升“共建共享”实效,多为群众谋取福祉,当好群众利益的“代言人”。要治党有力,共创新业。把管党治党责任牢牢抓在手上,坚持以上率下“干”、党员带头“干”、万众一心“干”,进一步凝聚全市上下的工作合力,干好“扬中大事”、共创新的业绩。(市委办 姚婷)

**【2015年综合表彰暨2016年新春动员大会】**2016年2月15日,扬中市召开全市2015年综合表彰暨2016年新春动员大会,为扬中“十三五”发展征程擂响战鼓。市长潘早云寄望全市上下苦干实干,干出开局之年的奋进态势,干出扬中更加美好的明天。市四套班子全体领导出席大会。会上隆重表彰为扬中经济社会发展作出贡献的单位和个人,兑现2015年度经济发展各项政策。潘早云号召全市上下以更大力度解放思想,创新大胆地干。扎实开展“扬帆‘十三五’开启新征程”大讨论,让“不作为”“慢作为”从思想深处彻底清除,用创新实干的翅膀搏击扬中腾飞的广阔空间。以更强的劲头

拼抢机遇,高点定位地干。要先人一步、快人一拍,在目标追求上高点定位,在干事标准上从严要求,在具体工作中追求卓越,确保扬中各项工作继续在镇江当排头、省内争一流。以更高的热情团结奋进,万众一心地干。潘早云指出新的一年,省级高新区建设、“五水联治”、港产城融合发展、绿色能源岛建设等“扬中大事”即将全面开启,全市上下要心齐力聚、同心同向,共同唱响扬中“好声音”,创造更多扬中“好故事”。

(市委办 姚婷)

**【一季度经济分析暨推进产业“三集”发展工作会议】** 2016年4月11日下午,扬中召开全市一季度经济分析暨推进产业“三集”发展工作会议。会议总结一季度经济运行情况,深度研判经济形势,全面部署下一阶段经济工作。围绕二季度实现“双过半”以及加强供给侧改革,潘早云要求:一是要转思维,用新思维引领新发展。转变“短视”“守旧”“保守”思维,树立创新发展、开放发展的理念,提前思考、超前布置“营改增”全面实施、光伏产业持续发展、工程电气产业持续转型等任务。二是要转动能,用新动能推动新发展。紧紧抓住有效投入这一“牛鼻子”。注重引项目要对准需求侧、招项目要拿出硬招子、推项目要发挥能动性;紧紧抓住载体平台这一“强引擎”,在产业“三集”发展上做好提标升级;紧紧抓住企业主体这一“动力源”,强化技术支撑、强化市场导向、强化资金保障。三是要转服务,用新效能保障新发展。将“效能革命、暖企行动、责任豁免”三合一,做到效能要提速、服务要精准、氛围要清新。

(市委办 姚婷)

**【上半年经济分析暨重点项目现场观摩会】** 2016年7月20日,扬中召开全市上半年经济分析暨重点项目现场观摩会。市委书记潘早云指出,要对照省委书记李强提出的抓经济工作“看得要远,目标要明确,方法要多样,工作要实,数字要准,发展底线要坚守”的总要求,坚持问题导向,深挖思想根源,查摆、击破精力不集中、能力不适应、行动不迅速、服务不用心等主观不足,为新一轮发展扫清思想障碍。要狠抓关键环节,把重大项目作为重要抓手,把特色小镇建设作为创新发展的新载体,在解决资金难题、缓解土地制约、强化人才招引等要素破解上着力,激发全市创新转型的新动能。

(市委办 姚婷)

**【四季度经济形势分析暨重点项目推进会】** 2016年10月11日,扬中专题召开四季度经济形势分析暨重点项目推进会,深入贯彻落实镇江及扬中党代会精神,全面总结前三季度经济运行情况,深度研判当前发展形势,部署落实四季度工作任务。潘早云指出,要用创新的办法、创新的思路、创新的载体和平台来解决当前发展中遇到的问题,确保全力促转型、全面冲新高。要善用“资本”搏击市场,善于“整合”各类资源、“剥离”非核心业务,加速人才、技术、产业和资本的对接融合,走产融结合的发展道路;做好企业上市的分类指导和产业基金的引进设立工作,积极对接国控基金、招商资本、工大集团等投资机构和优质企业,加快设立智能电气、新能源、新材料等各类产业基金,拓宽产业、企业直接融资渠道,服务实体经济发展。要把业态创新作为增动能的强力支撑,谋划2017年重点项目。做好平台提档升级的文章,升级区域板块,提标“三集”园区,打造特色小镇。要把管理创新作为降成本的重要举措,锻造一支高水平的企业家队伍,打造一批规范化的现代企业,营造一个诚信规范的商业氛围。要把服务创新作为优环境的前提保障,服务效能再提速,廉政意识再强化,督查考核再加强,进一步振奋精神、务实求实,攻坚克难、扎实推进,以四季度的全面冲刺确保全年各项目标任务的圆满收官。会上,围绕“想一想抓发展的成效如何?想一想抓服务的效能如何?想一想抓自律的表现如何?”,各镇街区分别就经济运行、项目推进情况等作交流发言。

(市委办 姚婷)

**【2017年重点工作研讨会】** 2016年12月11日,扬中召开2017年度重点工作研讨会。会上,市委书记潘早云提出,扬中作为苏南板块的重要成员,要在苏南板块的区域竞争中占得先机,赢得主动,实现由“跟跑”向“并跑”甚至“领跑”的华丽转身,必须以科技创新为核心,真正把创新贯穿于一、二、三产业发展的各个领域,使创新成为扬中最强劲的发展动力、最鲜明的时代特征。重点抓好四个关键环节:一是要准确把握创新转型方向,加大新业态的培扶,加强新技术的应用,加快新模式的拓展;二是要充分激发创新转型动力,顺应政策导向引项目,瞄准产业方向上项目,推进资智联动造项目;三是要建优建强创新转型平台,突出“国字号”“特色化”“高端化”;四是要不断优化创新转型的环境,优化创业环境、宜居环境和服务环境,以扎实的举措将扬中打造成为创新的乐园、创业的家园。(市委办 姚婷)

## 图片专辑

潘早云投出庄严一票

代表们现场投票选举

代表举手表决

# 不忘初心　一路向前

2016年7月26日，中国共产党扬中市第十二次代表大会隆重开幕。这是在“十三五”开局之际、“强富美高”新扬中建设砥砺奋进的关键时刻召开的重要会议。

代表风采

意气风发走出会场

## ·组织工作·

**【概况】**2016年,扬中市委组织部深入开展"两学一做"学习教育,推进市、镇、村三级党组织换届工作,班子结构进一步优化。严格落实省委组织部"十项举措"和镇江市委组织部"365行动"要求,营造风清气正的换届环境。开展家风建设深化年活动,建立家风建设"五法"(写、议、晒、践、考)工作规范,巩固家风建设成果。高标准组织干部培训,全年主导配合开展各类培训班次19个,各级干部能力素质不断提高。开展985高校毕业生驻村实践活动,做好大学生村官管理工作。突破创优人才工作,引进国家"千人计划"专家5人、镇江"金山英才"计划19人,被评为"江苏省人才工作突出市"。持续推进联系服务群众,富民强村效果彰显迸发。组织开展"春风暖企"行动,推行党组织"三式"(认领式、预约式、聚焦式)服务企业新模式,全力推进非公企业和社会组织党建工作。建设"党员义工林"一期、二期工程,打造综合性党员户外志愿服务实践基地。(组织部 王磊)

**【换届工作】**2016年,扬中市委组织部圆满完成市委、市人大、市政府、市政协换届工作。加强培训指导,规范换届程序,圆满完成镇党委、人大、政府换届工作。以换届为契机,鲜明选任标准,突出重实绩、重基层、重品行、重口碑的选人用人导向,选优配强全市科级领导班子。换届人事安排到位后,全市4个镇均配备女干部10名;乡镇党政班子平均年龄41.4岁,37岁以下年轻干部14名,占班子总数的25.4%,符合结构要求。严格落实换届纪律"九严禁""十项举措"和"365行动"的精神和要求,面向全市569名副科级以上领导干部和260名党代表,发送"换届风气监督短信"10批次,发放《换届纪律文件选编》,签订严肃换届纪律承诺书,组织相关人员签订承诺书885份。先后分批次组织2056人集中观看警示教育片《镜鉴》《警钟》。专题召开常委会,学习省委《关于认真做好县级党委换届风气监督几项具体工作的通知》。严格落实"凡提四必"(凡提必审、凡提必核、凡提必听、凡提必查),开展领导干部个人有关事项重点抽查,防止"带病提拔"。健全"12380"监督举报电话、网站、信件、来访"四位一体",强化"群众监督",用好"三员一网",着力营造风清气正的换届环境。

(组织部 王磊)

**【干部队伍建设】**2016年,扬中市委组织部结合换届工作,制定《扬中市领导干部交流暂行办法》,实行任期型交流6人,因个人意愿、人岗相适等因素实施关爱型交流7人,培养重用型交流13人。出台《市管干部任职前市委组织部听取纪检组织意见和纪检组织回复市委组织部意见试行办法》,规范征求意见程序,并实施党委书记、纪检组长的双签制度。结合水务集团、金控集团的成立,开展市属企业领导干部人选的遴选工作。打造新型政商关系,牵头召开新型政商关系协调会议,严格执行退二线、退休干部签订《不到企业兼职承诺书》制度。

(组织部 王磊)

**【干部培养】**2016年,扬中市委组织部继续推进机关干部赴一线挂职工作,新选派23名干部赴信访、镇村、企业、督查一线挂职;加强向上对接,推动上挂工作,选派9名干部到中央或省厅单位挂职。分类开展农村党组织书记、大学生村官、新上岗领导干部、90后年轻干部四期"扬帆论坛",搭建干部个人展示舞台。

(组织部 王磊)

**【领导干部好家风建设】**2016年,扬中市委组织部全面建立家风建设"五法"工作规范,联合市纪委、市委宣传部开展家风建设深化年活动,并以"两学一做"活动为契机,积极推动领导干部带头亮家规、行家规,把家风建设活动扩大到全体党员中去,通过开展读家风书刊、许家风承诺、传家风故事、办家风展示、制家风教材、建家风交流平台等活动,进一步巩固家风建设成果。

(组织部 杨娟)

**【联系服务群众"六项工程"】**2016年,扬中市委组织部编印《2016年度联系服务群众"六项工程"推进任务书》,强化工作责任落实。加强村级发展目标管理,深入实施村级经济发展"1010"行动,评选表彰10个"科学发展十佳村",对10个重点经济薄弱村实施"一村一策",帮助解决发展难题。召开现场观摩会专题推进村级经济发展,2016年,全市村(社区)年经营性收入平均增幅10%。进一步落实优秀村书记激励政策,继续遴选7名村书记享受政策。在山东潍坊举办全市村(社区)党组织书记培训班。加强村级后备干部队伍建设,推进实施村级后备干部建设"333"计划,在集中换届中,87名后备人才通过选举进入村党组织班子。圆满完成村(社区)党组织集中换届选举阶段的各项任务,创新实施"全程管控、定点监测"工作法,实现"一推""二推"和党员大会选举一次性成功率3个100%的目标。

(组织部 丁云丰)

**【"双型"先进党支部建设】**2016年,扬中市委组织部制定《党组织书记抓党建工作责任清单》,进一步明确党组织书记抓党建工作的任务要求,强化管党责任。全市继2015年新治村农村党支部、文化新村社区第一党支部、地税局第一税务分局党支部、江苏银佳企业集团有限公司电气设备公司党支部、有能集团有限公司集团党支部5个党支部获评“五星”先进党支部之后,2016年又新增利民村西片党支部、扬中市审计局党支部、兴阳村农村第二党支部3个党支部,五星级“双型”先进党支部数量在镇江辖市区中位列第一。

(组织部 丁云丰)

**【非公企业党建提档升级】**2016年,扬中市委组织部新建500平方米的经开区党群服务中心和3家企业党群综合体,推动新坝智能电气产业园区党群服务中心的使用和管理。举办非公企业党务工作者浙江大学培训班。以党组织为龙头,开展“春风暖企”行动,帮助企业解决人才引进、技术攻坚等难题,提升党建服务企业发展水平。有能集团有限公司党委副书记赵月琴、江苏星河集团公司党委副书记黄家波等5人被镇江市委组织部评为“两新”组织优秀党务工作者一类特殊津贴发放对象,数量在镇江辖市区中名列第一。

(组织部 丁云丰)

**【干部教育培训工作】**2016年,扬中市委组织部以《2016年干部教育培训工作计划》为统领,全年主导开展各类专题培训、轮训6个班次(能力建设轮训、新上岗干部培训、第五期镇局级干部现代化发展能力建设培训、华为班、金融创新班、初任培训班),参与配合开展各类培训13个班次,参训人员7253人次。申报新坝“中国工业电气城”、渡江文化园、新能源产业教学线路、荣德集团“商道——法治经济文化体验馆”等纳入镇江市干部教育培训教学基地建设“632”工程,实现镇江市内培训基地共建,资源共享。 (组织部 李厦)

**【公务员管理】**2016年,扬中市委组织部零差错完成省公务员招录报名工作,为14家单位招录31名公务员。完成事业单位大规模招聘,会同人社部门招聘43名事业单位人员,充实机关事业单位人员储备。全面妥善开展公务员职务职级并行审批工作,全年进行两轮申报审批,323名科员、104名科级干部完成职级晋升。

(组织部 李厦)

**【大学生村官管理指导】**2016年,扬中市委组织部招录7名村官,全市有9名村官考录公务员,2名村官考取事业单位,3名村官考取选调生,1名村官当选油坊镇党委委员,1名村官成为团委副书记(不驻会)。积极鼓励大学生村官创业富民,25名大学生村官参与创业,实现销售收入2059.7万元,带动就业445人。举办大学生村官“我的村庄 我的梦”主题展示活动,从全市大学生村官中选出12名村官参与决赛,有效展示村官风采。在省文明办、团省委、省通信管理局、省青联举办的“我们身边的好青年”大型网络推荐活动中,于海涛入选2016江苏好青年百人榜。 (组织部 李厦)

**【“两学一做”学习教育】**2016年,扬中市委组织部根据上级部署要求,在全体党员中组织开展“两学一做”学习教育。专题印发实施方案,成立市委学习教育协调小组和工作推进组,建立省、镇江市和扬中市三级示范监测点,加强对学习教育组织领导。每周制订学习计划,每月下发工作安排,定期开展面上推进指导,扎实做好各级党组织专题党课、专题研讨、问题查改、组织生活会、民主评议党员等重点工作。全市各级党组织先后上党课2400余场,开展“学习系列讲话、强化‘四种意识’”等集中学习研讨3600余场,制定党员思想行为规范1200余个,受教育党员群众3万余人次。组织党员结合“5+1”结对帮扶广泛进行基层调研,先后收集问题建议1100余条,制定措施560余个。按照集中学习、谈心谈话、查找问题、批评与自我批评、召开大会、整改落实等步骤针对性要求,1018个党支部顺利完成组织生活会,2.3万余名党员进行大会民主评议,接受党性洗礼。围绕“统一党员活动日”、党章党规知识竞赛、好家风等专题活动,编发信息248条,报送案例126个,相关做法得到省、市充分肯定。 (组织部 蒋敏)

**【“党员义工联盟”志愿服务】**2016年,扬中市委组织部在“党员义工联盟”统筹推进下,有效整合全市120余个党员志愿者服务组织,以“部门+社区”“政府+民间”“团体+个人”等方式,先后开展绿色环保、文明倡导、公益宣讲、暖企惠民、就学就医、法律援助、社会关爱、义卖义捐义诊、助老助残助困等志愿活动1100余场,参与党员2200余人,资助困难党员、困难群众、贫困学生1400余人,涌现出一批如党员义工林、“知心姐姐”、“社会妈妈”等具有较好影响力党员服务品牌。采用党员认领、家庭认领、党组织认领等方式,组织党员广泛参与党员义工林现场种植,参与党组织160余个、党员群众2200余名,种植树木近3000株。(组织部 蒋敏)

**【人才引育】**2016年,扬中市委组织部发布《2016年扬中市“江雁计划”十大领域双创人才引进公告》,印发《2016年度产业发展重点人才项目需求采集表》120份,梳理各行业需求58条。组织企业赴北京、武汉等地参加精英人才对接峰会10余场,赴厦门大学、南昌大学等高校院所开展产学研对接活动40余次,精准落户人才(团队)80个。组织部门开展“建立集聚高层次人才长效机制”专题调研、“政产学研合作的扬中模式”调研，完成《县域建立集聚高层次人才长效机制的研究》课题，并荣获2016年度镇江市社科应用研究精品工程人才发展专项二等奖。2016年，全市引进落户“千人计划”5人，入选省“双创人才”3人（位列镇江第一）、镇江“金山英才”19人、第四批“江雁计划”37人，培育省“333工程”五期，培养第三层次11人，镇江“169五期工程”学术技术带头人5人、科技骨干40人、乡村优秀科技人才82人。 （组织部 王秀德）

2016年3月14日，扬中市召开创新人才大会

**【人才活动品牌效应】**2016年，扬中市委组织部在北京举办扬中创新创业环境推介会暨扬中—北京资智对接沙龙活动，邀请26位国家“千人计划”专家、50余位海外高层次人才、部委及行业协会有关领导、在京创投机构等参加活动，活动现场完成15个高质项目签约。举办“扬中国际能源互联网峰会”“扬中国际能源互联网高峰论坛”“校地共建发展研讨会”系列主题活动，双创平台研究院、非晶材料及器件联合实验室正式揭牌。举办“江洲博士百人工程”北京科技人才扬中行产学研对接活动。 （组织部 王秀德）

## ·宣传工作·

**【概况】**2016年，扬中市委宣传部牵头开展“扬帆‘十三五’开启新征程”大讨论大推进活动，召开各界别座谈会261场，收集扬中经验、扬中优势、扬中短板、扬中路径意见和建议8105条，在全市面上形成齐心协力、共谋发展的热潮。筑牢守好意识形态阵地，出台扬中市《党委（党组）意识形态工作责任制实施细则》和《意识形态领域情况分析研判联席会议制度》，召开全市意识形态领域分析研判联席会议两次，全市意识形态领域形成党委统一领导、党政齐抓共管的良好格局。深化全市理论学习，以“三原学习法”为遵循，以基层先进党委（党组）中心组暨先进学习型党组织创建年活动为载体，将习近平总书记系列重要讲话精神，中共十八大、十八届三中、四中、五中、六中全会精神学习引向深入。强化社科应用研究，全年围绕全域旅游、工程电气、企业上市等重大课题开展研究，为市委、市政府重点决策发挥智囊参谋作用，工作方法深受上级肯定，荣获江苏省社科联系统“工作创新奖”。基层理论宣讲成果丰硕，精心组建“江洲名嘴”市委宣讲团，面向全市基层开展各类宣讲活动260余场。宣讲团成员、市委党校校长孙国荣荣获“全省理论宣讲先进个人”荣誉称号。

高奏创新转型最强音。策划开展“创新驱动开新局”“扬帆‘十三五’开启新征程”“贯彻落实党代会精神”“2016年民生实事看过来”等系列舆论宣传活动，全面提振全市上下攻坚克难、创新创业的信心和决心。围绕党中央治国理政新理念新思想新战略的扬中实践、建设“绿色能源岛”、转型升级、第十三届中国扬中河豚文化节等重点节点工作，创新外宣策划、强化向上对接，全年中央电视台《新闻联播》用稿9条，《人民日报》等中央及海外媒体用稿17篇，“中国河豚岛”“绿色能源岛”等城市品牌逐步建立。组织“全国新媒体联盟扬中行”等集中采访活动，第十三届河豚文化节期间，各类网站、“两微一端”（微博、微信、手机客户端）等新媒体发布、转载各类新闻800余条，扬中独特的江岛风光、区位优势、江鲜文化得以广泛传播。强化网络管理，建立健全以舆情工作室为核心的舆情处置联动机制，全市近100家部门单位组建舆情监管“三支队伍”，全年收到有效舆情预警信息61条，成功处置三茅街道2.5产业园、城区适龄儿童施教区调整等舆情，全年各类舆情可管可控，未发生重大舆情事件。同时，积极引导“网友义工团”“微友团”等网友公益团队，开展“点赞身边好人”“环保你我行”等线下网络公益活动，进一步弘扬积极向上的网络文化。

加快建设道德风尚高地。文明社会生态进一步营造，全年创成3家农村道德文化园（镇江市级）、2个“最美乡村”及2个“最美乡村”提名奖（镇江市级）、1所“养正学堂”示范校（镇江市级），全市村（社区）固定核心价值观宣传栏及道德讲堂建设实现全覆盖，全市公益广告覆盖面占比50%，形成随处可见、家喻户晓的生动局面。扎实推进志愿服务，围绕“最美扬中 与爱同行”主题，全年常态化组织开展岗位学雷锋服务、文明出行、微慈善微公益等志愿服务行动数十场次。目前，全市注册志愿者占城镇常驻人口18%，注册志愿服务队伍207个。“皂亮未来”项目在第三届中国青年志愿服务项目大赛中荣获银奖。全力抓好城市创建活动，策划开展“创建齐动手 文明大提升”“爱敬诚善 全民总动员”等行动，动员全社会广泛参与群众性精神文明创建，为高分通过2016年省级文明城市测评工作打下坚实基础。2016年，全市3个镇、12个村（社区）、34家单位（校园）获得省级文明系列荣誉，道德风尚高地初

步建成。策划举办“江苏省道德模范与身边好人现场交流会”，全市3.6万人次观看现场直播及重播，典型效应、品牌效应持续放大，市民中掀起“学习道德模范、争做扬中好人”的热潮。全力推行好人选树“36”工作机制，常态化开展身边好人信息上报、挖掘、整理工作。2016年，全市2人新当选中国好人，4人新当选江苏好人，9人新当选镇江好人，1人新当选江苏省最美拥军人物，2户家庭获选江苏省文明家庭，先进典型数量占镇江全市的40%，居镇江各辖市区前列。（宣传部 倪德贤）

【公共文化服务】2016年，扬中市委宣传部积极筹备推进扬中市新文化中心建设，预计占地面积130亩，建筑面积12万平方米，工程总投入10亿元，2017年全面开工建设，2020年投入使用。陆续完成对各镇街区的文化服务中心的改造提升，其中西来桥文化服务中心为镇江地区规模最大，各村（社区）国家基层综合文化服务中心实现全覆盖。持续开展“城乡结对、文化共建”活动，全年开展大型活动56场，为基层放映电影800余场次，送图书5000余册，涌现出一批群众性品牌文体队伍。其中，扬中市“乡村行”艺术团被评为江苏省首批群众文化“百千万”工程优秀群文团队，3人获评优秀文艺骨干。积极开展“深入生活、扎根人民”主题实践活动，全力推进文艺精品创作规划引领，舞蹈《咱们班》获得江苏省第五届社会舞蹈大赛暨第七届少儿舞蹈大赛创作一等奖、表演二等奖。（宣传部 朱玮）

【理论宣讲工作】2016年，扬中市委宣传部组建两支宣讲队伍：由领导干部、党校教师组成的市委宣讲团和由基层公务员、大学生村官、退休干部、普通群众等102人组成的“江洲名嘴”宣讲团，对“江洲名嘴”宣讲团进行集中培训。围绕习近平总书记系列重要讲话、中共十八届六中全会、市第十二次党代会精神开展系列宣讲，市委宣讲团在全市各地各部门开展46场示范性集中宣讲，“江洲名嘴”宣讲团开展集中宣讲百余场。宣讲工作深入开展的同时，一批宣讲骨干迅速成长。市委党校孙国荣荣获省委宣传部“全省理论宣讲先进个人”荣誉称号，是镇江首位当选者。（宣传部 马旭）

【社科工作】2016年，扬中市委宣传部紧扣市委中心工作，编发《江州论坛》河豚文化节特刊，围绕“工程电气”“企业上市”等课题开展调研，开展社科研讨工作。社科普及示范基地建设成绩突出，扬中新闻中心通过镇江市复评，渡江文化园、法治经济文化体验馆、法治宣传教育中心通过认定。扬中市社科联荣获省社科联系统“工作创新奖”“镇江市先进社科组织”荣誉称号，市委宣传部副部长方学建荣获“2016年度全国社科工作先进个人”“镇江市社科工作先进个人”荣誉称号。《从过程先行到水平领先的扬中探索——县域法治建设的实践与启示》确定为2016年度“江苏省社科应用研究精品工程”市县专项立项课题。《扬中地名故事》和文章《扬中文化产业发展路径刍议》《以审判为中心的诉讼模式对公诉工作的影响》获得镇江市第十一届哲学社会科学优秀成果三等奖。（宣传部 马旭）

【农村精神文明建设】2016年，扬中市委宣传部以培育和践行社会主义核心价值观为基石，围绕“美丽乡村”建设，制定下发《关于开展创建“最美乡村（社区）”活动的实施意见》，对全市“美丽乡村”建设提出指导性意见，经开区双跃村、八桥镇利民村创成镇江市首届最美乡村，新坝镇双新村、三茅街道兴阳村获镇江市首届最美乡村提名奖，创建成效显著，获得测评组高度认可。建设新坝镇新治村、三茅街道兴阳村、经开区恒平村荣德法治文化馆、八桥镇利民村四个镇江市级“农村道德文化园”，以“一村一品”“一村一特”的原则，呈现“爱敬诚善”的道德准则；初步建设完成城北核心价值观主题公园，组织所有村、社区设立固定的、形式多样的核心价值观宣传栏，同时利用《文明市民手册》、核心价值观折扇等形式，推动核心价值观常记常新，贯穿融入于市民日常生活。（宣传部 唐玲）

【城市荣誉体系建设】2016年，扬中市委宣传部充分发挥好人选树“36”工作机制作用，催生扬中好人“滚雪球”效应，以先进典型的示范引领，带动全市上下“学模范做好人”。建立好人“双月评”机制，每两个月评选一次“扬中好人”，各镇街区和各行业领域组织开展覆盖广泛的典型推荐评选，逐级挖掘推荐，形成村、镇、市、镇江、江苏、国家级的金字塔型荣誉体系。2016年，唐红梅、郭纪荣夫妇当选“中国好人”，宋冬英、顾秀珍、孙斌、何纪顺当选“江苏好人”。开展进机关、进单位、进乡村、进社区、进企业、进学校“六进”全覆盖典型宣传。兴阳村、利民村利用农民春晚通过说唱、快板、歌舞等形式，自编自演，将好人好事搬上舞台；新治村、西来村利用“农村道德文化园”，将身边好人的感人事迹通过绘画等形式，走入群众生活的一步一景中。（宣传部 唐玲）

【文明创建】2016年，扬中市委宣传部完善文明城市创建常态长效机制，建立日常督查、分类指导、动态管理的工作机制，将各项任务细化分解到责任部门的日常工作中。加大“讲文明树新风”公益广告宣传，提高创建知晓率。组织社会各阶层代表开展“文明创建巡访”，定期督查、及时整改。市容环境和文明交通等重点领域，通过集中整治、宣传教育等形式，引导市民自觉参与创建，高分通过新一轮城市文明程度指数测评。做好江苏省文明系列创建工作，对参创单位强化指导督查，尤其是要根据新的测评体系对“江苏文明单位在线”单位电子台账进行指导督促，对创建氛围营造等重点工作加强实地督查指导，做好迎检准备工作。全市3个镇、11个村、33家单位、1个社区、2所校园成功创建省级文明镇村、单位（社区、校园）。根据中央、省市相关要求和精神，制定下发扬中市级文明系列创建新的测评体系和要求，本着以评促创的原则，推动广大市民在创建中增强文明素养、提升城市文明程度。（宣传部 唐玲）

**【政工干部职称评审】**2016年，扬中市严为民、王伟、朱云、曹霞、陈健5人获得高级政工师资格，苏霞、徐文峰、孙静3人获得中级政工师资格。申报人数和通过率在镇江名列前茅。（宣传部 马旭）

**【文化产业提档升级】**2016年，扬中市委宣传部建立健全文化产业工作联席会议制度，进一步明确发展目标、战略布局、重点任务、项目和举措。设立300万元的扬中市级文化产业引导资金，7家文化企业享受政策红利，资金杠杆作用得到充分发挥。重点抓好项目招引推进，积极开展上门服务，华联高档手风琴、利民纸品彩印生产线等一批重点项目顺利推进。总投资20亿元香江大数据中心项目顺利签约，规模为30亿元的际华园项目开工建设，永胜纸制品有限公司在上海股权托管交易中心股份有限公司挂牌，利民纸品包装股份有限公司在“新三板”上市。全年扬中文化产业增加值占GDP比重为5.17%。（宣传部 朱玮）

**【中小城市科学发展综合实力百强县（市）第23位】**2016年11月，2016年度全国中小城市科学发展综合实力百强县（市）排行榜正式发布。扬中市位列第23位，与2015年相比上升一位，连续三年不断进位。该榜单由中科院中小城市发展战略研究院依据中小城市年度科学发展指数、投资潜力指数、“两型”指数、新型城镇化质量指数等指标进行评选产生，是全国范围内县域经济综合实力最具权威性的榜单。扬中市已连续12年参选，排名不断上升。（新闻中心）

**【“第十三届中国扬中河豚文化节”宣传成果】**2016年3~4月，第十三届中国扬中河豚文化节实现四个首次：首次举办全国河豚烹饪精英赛，首次举行大型专场文艺演出——“放歌河豚岛”，首次组织“东方散文”全国散文作家扬中笔会，首次邀请中央级主流媒体团扬中行。并以此为契机组织全方位、多形式、立体化的城市形象宣传，外宣成果丰硕，呈现出四大特点：一是媒体层次更高，“中央级主流媒体采访团扬中行”“全国新媒体联盟扬中行”等活动，吸引《人民日报》、央视、央广等高端媒体及新华网、新浪网、腾讯网等一批新媒体聚焦扬中，推出一批有质量、有深度的好稿件。二是报道亮点更多，除江鲜美食文化外，长江生态保护、“绿色能源岛”、科技创新转型等更多“扬中经验”成为媒体“聚焦点”。央视《经济信息联播》：扬中“留白”也是发展，央广《新闻和报纸摘要》《新闻纵横》：从“河豚岛”到“生态岛”等广受好评。三是影响范围更广，在南京地铁投放城市宣传片，央视七套《美丽中国乡村行》、10套《文明密码》《地理中国》播出扬中专题片，北京开美时光和江苏新希望电影数字院线公司联合打造《河豚——神奇的味道》科教片，“中国河豚岛——扬中”声名远扬。四是宣传成效更好，河豚文化节期间，近百家媒体刊载各类稿件近200篇次，各类新媒体发布和转载河豚文化节相关新闻千余条。（宣传部 陈露）

**【江苏省道德模范与身边好人现场交流会】**2016年4月28日，“爱敬诚善”——江苏省道德模范与身边好人（镇江扬中）现场交流活动在市政大礼堂隆重举行。助人为乐、见义勇为、诚实守信、敬业奉献、孝老爱亲5个类别11位道德模范和身边好人代表走上舞台，交流分享他们的凡人善举、感人事迹。江苏省文明办副主任葛莱，江苏省美德基金会秘书长张仕冲，镇江市委宣传部常务副部长、市文明办主任顾小俊，扬中市委副书记、市人大常委会副主任唐崇林，市委常委、宣传部部长、市政协副主席王继兰，副市长蔡萍出席活动。活动的成功举办获得省文明办领导的高度认可，引发全市上下“学习道德模范 争做扬中好人”的浓厚氛围，汇聚改革发展的社会正能量。（宣传部 唐玲）

**【“学讲话、讲导向、树形象”主题教育实践活动】**2016年，扬中市新闻系统开展“学讲话、讲导向、树形象”主题教育实践活动。活动以“学习提升”练兵工程、“舆情网线”建设工程、“融媒发展”提升工程、“新闻为民”实践工程、“品牌创树”竞赛工程为载体，先后组织习近平总书记新闻舆论工作系列重要讲话精神学习座谈研讨23场次；实施新闻从业人员“上培下挂”计划，强化新闻业务团队练兵和技能培训，选送骨干记者、编辑赴上级媒体、高校培训16人次；建立覆盖市、镇、村、企四级采访线，组建200余人的宣传信息员、特约记者队伍；组织“新闻为民村企行”，全市新闻工作者走遍全市79个行政村、190余家企业；开展“外宣百日竞赛”，评选表彰10位“最美新闻人”，“学讲树”主题教育实践活动的开展锤炼队伍、提升素养、展示形象。（宣传部 陈露）

## 图片专辑

# 凡人善举 传递道德之光

2016年4月28日，“爱敬诚善”——江苏省道德模范与身边好人(镇江扬中)交流活动现场，“大爱、诚信、奉献、忠诚、孝亲”的道德之光在市政大礼堂熠熠闪烁。

美的少年代表为敬业奉献道德模范、身边好人献花

颁发道德传家宝

交流活动现场

江苏省第三届道德模范与身边好人现场交流活动

【"123"网络舆情管理工作机制】2016年,为进一步加强网络舆情管理,牢牢把握舆论导向,不断提高网络舆情和网络热点事件的应对处置水平,扬中市以市委宣传部网络舆情工作室为平台,以"一网扫描,全方位监控网络舆情;两轮联动,融通主流舆论和社会舆情;三级响应,市、镇、村协同处置"为日常工作机制,全面建成"组织健全、队伍完备、机制完善、应对高效"的网络舆情管理体系。 (宣传部 郭泰莱)

【网络广告发布相关知识培训会议】2016年,扬中市网信办组织全市主要网站、论坛、新媒体平台从业人员召开网络广告发布相关知识培训会议。会上,扬中市市场监督局相关科室负责人对新《中华人民共和国广告法》中涉及互联网广告发布的内容进行讲解说明,并对参会人员提出的相关问题进行答疑解释。市网信办传达中央、省市网信办相关政策规定,同时对近期全市相关网络热点事件进行研判分析。通过本次培训,有效增强互联网企业守法经营意识和法律法规水平,对规范网络广告发布起到积极的促进作用。 (宣传部 郭泰莱)

【《德善扬中——好人故事汇(2014~2016)》图书首发】2016年12月29日,由市委宣传部、市文明办编撰,历经一年时间筹备策划的《德善扬中——好人故事汇(2014~2016)》举行首发式。全书收录全市4名中国好人、2名江苏省道德模范提名奖、8名江苏好人、12名镇江好人。首发式上,观看专题片《扬中好人你最美》,展示全市一批可亲、可敬、可信、可学的好人风采。现场还分别向4位中国好人代表发放慰问金,为8位新当选的扬中好人颁发入选证书,给各镇街区、部门和志愿服务团队代表赠送图书。 (宣传部 唐玲)

【"最美扬中 与爱同行"志愿服务】扬中市以"最美扬中 与爱同行"为主题,组织开展好全年志愿服务工作。以"志愿江苏"平台为主阵地,引导各级志愿服务组织、各级文明单位加强注册志愿者工作,目前全市注册志愿者占城镇常驻人口18%,注册志愿服务队伍207个,涵盖文体、卫生、法律、红十字、商业等多个领域和部门。推行志愿服务+社会资源、互联网、文化,形成志愿服务的强大合力,全年组织开展岗位学雷锋服务、绿色环保、文明出行、微慈善微公益等十大志愿服务行动,团市委、环保局、交警大队、慈善总会等多部门与麦田扬中服务社、网友义工团、牵手公益组织等民间公益组织积极认领。麦田义工服务社"皂亮未来"项目探索市场化运作模式,通过注册企业形式,根本性解决特教中心学生毕业后的就业问题,在第三届中国青年志愿服务项目大赛中荣获银奖。将注册志愿者和注册志愿者队伍工作纳入年初《党建、精神文明建设、社会治安综合治理目标任务书》,量化考核指标,对各级党委党组织提出明确任务要求。在前期试运行基础上,正式发布《扬中市志愿者礼遇办法》,为志愿者礼遇工作提供有力保障,激励更多人参与志愿服务。(宣传部 唐玲)

【扬中市第十一届社区文化艺术节暨农民艺术节】2016年9~12月,扬中市精心策划、周密组织第十一届社区文化艺术节暨农民艺术节。以"扬帆'十三五'开启新征程"为主题,通过举办扬中市第十一届社区(农民)文化艺术节开幕式,江洲大讲堂系列讲座,小戏、小品素材有奖征集活动,小合唱比赛,"周末大家乐"广场活动,少儿故事创作演讲大赛经典戏曲展演活动,艺术精品展,扬中市第十一届社区(农民)文化艺术节闭幕式暨颁奖晚会等活动,让群众享受到优秀文化的感染和熏陶,进一步激发社会各界参与文艺工作的积极性。 (宣传部 朱玮)

【扬中市级文化产业引导资金设立】2016年,扬中市设立300万元的扬中市级文化产业引导资金,并于3月出台《扬中市文化产业引导资金使用管理办法》,9月组织项目申报,"创新升级ERP智能管理系统打造数字化绿色印刷产业基地"等7个项目获得250万元引导资金扶持。 (宣传部 朱玮)

【永胜纸制品有限公司Q板挂牌】2016年11月,文化企业——扬中市永胜纸制品有限公司在中小企业股权报价系统挂牌。 (宣传部 朱玮)

【"扬中发布"微信公众号上线】2016年11月,由扬中市委宣传部主办的政务微信公众号"扬中发布"正式上线。"扬中发布"是加快新媒体融合发展,推进政务信息公开的一项重要载体。"扬中发布"将整合全市各大微媒体的内容资源,构建微媒体发展"矩阵",发挥其作为政务信息网络发布"通讯社"、引导社会舆论"稳定器"和凝聚社会共识"连心桥"的作用,致力打造成权威信息的发布平台、热点事件的回应平台、民生信息的服务平台。 (新闻中心)

## ·统战工作·

【概况】2016年,扬中市委统战部认真贯彻中央统战工作会议和省、镇江市委统战工作会议、《中国共产党统一战线工作条例(试行)》、省委《实施办法》、镇江市委

《实施意见》精神。做好市人大、政协换届党外代表人士政治安排工作，主动沟通协调；指导工商联做好换届工作；筹备成立扬中市党外知识分子联谊会；在民主党派、无党派人士中开展“最美扬中 与我同心同行”主题系列活动；举办统战干部和统战成员培训班。

（统战部 王留根）

**【“最美扬中 与我同心同行”主题系列活动】**2016年4月，扬中市在民主党派、无党派人士中开展“最美扬中与我同心同行”主题活动(即“同心·聚力”行动、“同心·建言”行动、“同心·暖企”行动、“同心·惠民”行动、“同心·和谐”行动五大系列活动)。成立同心系列活动领导小组。各民主党派、无党派人士联谊会结合各自实际和党外人士个人专长，主动参与同心行动。九三学社和农工党组织律师服务团和义诊服务团到广宁社区开展法律咨询、专家义诊活动；民盟支部组织盟员赴三茅敬老院慰问孤寡老人；民建支部组织会员慰问抗战老兵；扬中太平禅寺连续10年举行助学捐赠活动。

（统战部 王留根）

**【统战工作培训】**2016年11月7日，扬中市统战干部和统战成员培训班在江苏省社会主义学院开班，全市统战干部和统战成员35人参加培训。此次培训解读中央、省、市委统战工作会议精神及《中国共产党统一战线工作条例(试行)》，阐释民族宗教政策、新社会阶层变化与发展、社会主义协商民主等，提升统战干部、统战成员的政治素养和业务能力。 （统战部 王留根）

**【香港扬中同乡会成立】**2016年12月18日，香港扬中同乡会在香港举行成立大会暨第一届理事会就职典礼，镇江市首家县级香港同乡会成立。大会选举吴玉平为香港扬中同乡会第一任会长。全国政协常委、香港江苏社团总会会长唐英年，中联办社团联络部副部长黎宝忠，江苏省政协常委、江苏省旅港同乡会会长马忠礼，江苏省政协原常委、香港江苏社团总会荣誉会长胡国祥，江苏省委统战部港澳台、海外联络处副处长胡恒锁，镇江市委统战部副部长、镇江市工商联党组书记徐建峰，扬中市委副书记、人民政府代市长张德军，扬中市委常委、组织部部长、统战部部长黄子来等到会祝贺。香港扬中同乡会的成立，必将为加强扬中与香港之间的交流、沟通，增进在港扬中人的团结，维护香港长期繁荣稳定作出一定的贡献。 （统战部 王留根）

## ·机关党建工作·

**【概况】**2016年，扬中市委市级机关工委按照全面从严治党新要求，深入实施“四考四审质量把关体系”，把好党员发展“入口关”，按期举办入党积极分子培训班，坚持发展党员答辩制，发展党员26名；深入开展“两学一做”学习教育，着力强化机关党员干部的大局意识、服务意识和担当意识；全面实施党建“提质升级”工程，开展新一轮“双型”先进党支部创建活动，召开“五星”“四星”现场观摩会，举办机关党支部书记专题培训班，夯实党建基础；鼓励自主创新，深化机关党建服务品牌；推进窗口建设，深化“101”为民服务工程，邀请机关“啄木鸟”队伍明查暗访服务窗口，开展“聚焦作风面对面”活动，提高机关工作效能；优化市级机关绩效管理考核办法，牵头实施“十佳优质服务科室”评比和机关绩效管理考核，切实将考核压力变为提升机关党建工作的动力。 （市级机关工委 董军林）

**【思想政治教育】**2016年，扬中市委市级机关工委在全市机关单位中组织开展“扬帆十三五 开启新征程”专题大讨论，举办党代会精神宣讲机关专场报告会，分初赛、复赛、决赛组织开展“两学一做”知识竞赛，激发机关党员干部精气神；落实“三项管理，八项制度”要求，进一步规范党内组织生活，固定每月20日为党员活动日，搭建支部讲学平台，推荐一批党建教育实践基地。利用以会代训、以赛代训、以奖代训等形式，加强机关党务干部业务培训，配强基层党组织班子，完成机关基层党组织换届工作。坚持党委部门机关党组织书记例会交流制度，组织优秀党务干部赴井冈山、延安等地接受红色基因教育。坚持答辩制、预审制，严把党员发展入口关，举办入党积极分子培训班，全年发展党员26名。

（市级机关工委 董军林）

**【机关党建服务品牌选树培植】**2016年，扬中市委市级机关工委按照“一支一特”要求，设计强化部门职能和彰显党建成效的有效载体，选树培植机关党建服务品牌，把“服务基层、服务群众、服务发展”的要求落到实处，精心打造地税局“112”民心秤工程、国土局“四全服务模式”、审计局“审计为民360”等服务品牌，利用《扬中日报》党建专刊、民生频道宣传报道，放大品牌效应。其中扬中市地税局“112”民心秤品牌获全国“建设服务型机关党组织最佳案例奖”。（市级机关工委 董军林）

【小支部大联盟】2016年，扬中市委市级机关工委自主创新，在全市市级机关党支部中成立5个分联盟，每个分联盟由党员数不足20人的4个小支部组成。通过整合内部资源，举办联合党课、专家讲座、社会实践、互动交流等形式，全年开展联盟活动10余次，解决小支部活动难开展、氛围难营造、形式难创新的“三难”问题，增强支部活动的吸引力，呈现出比学赶超的帮带效应、强强联合的叠加效应，机关党建整体水平明显提升。

（市级机关工委 董军林）

“小支部大联盟”观摩推进会

【党建“提质升级”工程】2016年，扬中市委市级机关工委在深度融合“两学一做”学习教育与“双型”先进党支部建设的基础上，培植一批五星、四星党支部创建示范点，先后召开五星、四星先进党支部现场观摩会，举办支部书记论坛，推广基层党组织先进经验，推动机关党建全面“提质升级”。2016年向上申报1个五星、14个四星先进党支部，评比产生31个三星党支部。

（市级机关工委 董军林）

【“101”为民服务工程】2016年，扬中市委市级机关工委认真落实市委“效能提升五大行动”，牵头实施机关绩效考核和十佳涉农涉企优质服务科室评比，开展双月一次专项督查，定期逐个考核31个重点科室，将作风监督员固定分组，挂钩联系重点科室，不定期常态化地开展明查暗访，开展服务对象满意度第三方调查，及时收集反馈意见和建议。邀请机关作风监督员、啄木鸟队伍走进机关窗口服务单位，开展“聚焦作风面对面”活动。对在年度社会评议收集的72条意见、建议和日常明查暗访中发现的问题，一一书面反馈交办、销号整改落实，提升机关服务效能。（市级机关工委 董军林）

## ·台湾工作·

【概况】2016年，扬中市对台工作贯彻中央、省、市对台工作决策部署，按照苏台交流合作“八个共同”要求，以做好台湾人民工作为主线，以深化产业合作为中心，以基层和青年交流为重点，以服务台企发展为基础，提升扬中对台工作的水平和层次。

两岸交往交流。2016年，台办组织参加各类赴台交流团组21批、69人次（公务团6批、40人次，企业团15批、29人次）；邀请接待到扬中交流考察的台湾团组5批、100人次，其中市供销科技交流团、经开区经贸交流团、文创团、卫生团、基层社区交流团以及人才工作交流团分别在扬中深度参访交流。台湾新北里长代表团一行40人，实地参观新坝新治村服务中心、老年活动中心、润池小区，交流探讨村镇文化、社区建设和管理、民主事业等话题，参加2016省老年人体育节扬中分会场闭幕式暨全国老年人健步走大联动活动仪式。通过结对交流的方式深化与台湾基层和民间的交流交往，深耕基层交流有新突破。

对台经济工作。台办服务经济建设中心，确立“金字塔式、以台引台、借力招商”的工作思路。4月，接待台湾工商建设研究会唐力行教授、台湾挺卫国际集团总裁王镇皇一行到扬中考察，交流长江岸线物流、文创产业等情况，洽谈扬中港码头、太平广场文创产业等项目。6月，台湾崧宥国际开发股份有限公司总经理纪道钦一行到扬中，推进洽谈“园博园—西沙岛综合开发项目”。11月，正太平洋（中国厨具）有限公司董事长陈俊宪先生到扬中察看租赁台湾高档家具厂房及周边环境，洽谈前期项目相关事宜。与“台湾新北里长扬中行”以及基层社区交流团赴台展开互访中结下深厚的友谊，为对台经济工作夯实基础。

助推台企发展。台办年初出台“00886”主题活动意见，全年按序时进度推进各项活动的落实。8月，开展“走访台企月”活动，了解企业发展现状，帮助企业做大做强，引导台企在相关领域的配套政策得以推进落实，推进台商工业园区建设，为台资落户搭建平台。美嘉科技（镇江）有限公司已从千万企业扩能至五千万以上，新增设的硫化车间项目已调试运行，申请产品专利，争取相关配套资金均已落实到位。三茅亚太金属有限公司从半歇业重新整合投入近千万即将正式营业。市台胞投资权益保障协调委员会发挥职能作用，各镇街区及招商组织开辟涉台项目审批“绿色通道”，实行“一站式”服务，创新服务方法和载体。成立“扬中涉台法务志愿中心”，聘请法律顾问，维护在扬中台企台商台胞的合法权益。发挥“台协扬中联委会”“台胞台属联谊会”和“台商之家”的桥梁纽带作用，完善联谊交友制度，建立“扬中台商微之家”微信群及QQ平台，实施“安居”

工程，缔造舒心创业环境。

联络台商台胞。台办开展“亲情、真情、温情”大礼包活动，做到“台商行程第一时间了解，台商所想第一时间掌握，台商困惑第一时间帮助解决”。帮助解决台商子女就学、台企职工安居、企业人才储备，让台商在扬中先安居而乐业。2月，组织在扬中的台商台属尾牙、元宵节等联谊活动，春节后台商台属陆续返扬，组织参加2016长江金山灯会暨第六届江苏台湾灯会活动；3月，推荐台商刘绍民参加第四届扬中市“十佳新市民”评选活动，经过媒体公示、网络投票、考核审查等层层筛选，刘绍民成功当选。9月以后，持续做好“岛民新传”——刘绍民在全省台商创业致富事迹的系列宣传报道，打造“扬中台商名片”。台商服务中心、“马上办”办公室及时处理台商投诉、台资企业纠纷和涉台突发事件。帮助解决扬中福太工程塑料有限公司租房问题，协调解决劳动仲裁有关事项；协助亚太金属有限公司危废环评许可证办理，帮助企业尽早开工运行；协调解决好台胞郭世栋申请建房及邻里纠纷一事，做好台胞徐志汉厢房失火后的安抚工作。　（台办　朱家生）

【台湾汲音交响管乐团交流教学】2016年3月2日，台湾汲音交响管乐团指挥兼艺术创意总监林俊吉到扬中市实验小学铜管乐团开展教学活动。台湾汲音交响管乐团成立于2004年，由管乐团由众多优异的演奏家组成，是台湾近年来最具指标性的专业交响管乐团。林俊吉在市实验小学指导单乐器声部和强化合奏重点，培训和提升铜管乐团青年教师的专业水平。实验小学向林俊吉赠送象征友谊、具有浓郁地方特色的绘画作品《河豚图》，表达学校“以音乐为纽带，搭建起两岸青少年友谊和艺术的桥梁”的美好愿望。　（台办　朱家生）

【“00886”主题服务活动】2016年，扬中市全面开展“00886”主题服务活动。“00886”为台湾地区电话号码区号，以此作为主题服务活动的内容简称具有特定的意义，提升台胞台商的获得感，打造扬中对台服务品牌，铸就亮丽名片，该项活动已刊载在中央台办、国务院台办网站。

“0”：零距离。无间隙接触台商，畅通交流沟通渠道，做到真诚交流、真心交友、虚心学习、促进融合。

“0”：零投诉。确保每年台企台商越级信访投诉案件为“0”，主动下沉工作触角，对台资企业和台商情况做到了如指掌，在“萌芽状态”发现问题及时解决。

“8”：对接八大优势。中国台湾是海中宝岛，扬中是江中岛城，两地有许多相通互补之处，全面推介扬中八大优势，对接台湾同类产业，实现优势互补，互利共赢。1.推介扬中桥港岸线，对接台湾现代物流；2.推介扬中工程电气，对接台湾电子电机；3.推介扬中光电风能，对接台湾绿色能源；4.推介扬中生态园林，对接台湾高端养老；5.推介扬中休闲农庄，对接台湾旅游农业；6.推介扬中专科医院，对接台湾医疗照护；7.推介扬中江鲜文化，对接台湾精品美食；8.推介扬中民俗风情，对接台湾文化创意。

“8”：提供八项服务。1.在台商服务中心成立“马上办”办公室；2.实行分片包干、工作项目专人制；3.涉台审批事项实行“绿色通道”服务；4.准确掌握政策提供各类维权法律服务；5.构建台企融资平台，拓宽资金渠道；6.建立校企沟通机制，确保劳动用工；7.帮助企业申报专项，争取惠台空间；8.主动做好后勤保障，让台商安居乐业。

“6”：推动六大转型。1.推动台资经济向产能规模化转型；2.推动台资经济向环保节约化转型；3.推动台资经济向科技引领自主知识产权转型；4.推动台资经济向信息化与工业化深度融合的新领域转型；5.推动台资经济产品质量向国际标准化转型；6.推动台资经济创新理念，鼓励台湾青年到扬中兴业。　（台办　朱家生）

【首位台湾籍“十佳新市民”】2016年3月，扬中市委宣传部、市文明办、市总工会联合开展扬中市第四届“十佳新市民”评选及表彰活动，表彰先进，鼓励更多到扬中创业就业的新市民为“第二家乡”扬中发展贡献力量。台商刘绍民经过推荐、媒体公示、网络投票、考核审查等层层筛选成功当选。刘绍民是台湾高雄人，2009年到扬中创业，现为镇江市台协会常务副会长、扬中市台协会会长、美嘉科技(镇江)有限公司总经理。他热心公益事业，从2011年起，每年都以个人名义拿出善款，主动参加贫困慈善捐助、麦田计划、格桑花西部助学等活动；关爱公司职工，组织参加无偿献血，利用过年过节时间，前往河南等地看望山区的贫困孩子、探望革命老前辈。　（台办　朱家生）

【台胞享受“同城待遇”】2016年，扬中台办协助2位台湾籍老人申请尊老金待遇。镇江市自2008年起启动尊老金发放工作，为辖市区80岁以上老人发放尊老金。弘扬尊老敬老传统美德，提高高龄老人社会福利水平，让老年人共享经济社会发展成果。随着社会老龄化的加快，发放的标准在不断提高，惠及老年人数不断增多，如今80~89岁老人可享受每人每月50元的长寿补贴。台办向市民政局和镇、村两级了解政策及相关情况，全力沟通协调，2位台胞所在村委会核实申报，乡镇审核，市民政局、财政局审批后落实尊老金待遇。

（台办 朱家生）

**【台湾新北里长代表团访问扬中】**2016年11月10~11日，台湾新北市瑞芳区里长代表团李仁林一行33人到扬中参观交流，市人大常委会副主任戴少华陪同。代表团一行实地参观园博园以及新坝新治村的服务中心、老年活动中心、润池小区，交流村镇文化、社区建设和管理、民生事业等话题。两岸同根同源、同文同种，通过此次交流取长补短，相互学习。代表团参加在城北公园举行的2016年江苏省老年人体育节扬中分会闭幕式，参与"中国吉祥"百人广场舞展示。（台办 朱家生）

2016年11月10日，台湾新北市瑞芳区里长代表团李仁林（右一）一行到扬中访问

**【第23届现代与经典（扬中）小学语文交流】**2016年12月3~4日，第23届现代与经典语文教学观摩研讨会在扬中举行。台湾作文教学名师沈惠芳执教《魔法作文》。"没有爱就没有教育"，课堂上，沈惠芳的"爱的鼓励"深深刻在每一个孩子的心里。沈惠芳热情主动地和学生互动，给学生最大的鼓励和支持，树立孩子们的自信心，激发他们的创造力。教学过程中，学生有"法"可依，自由写作、仿作、创作诗歌，带来一个又一个亮点。学习期间，参会老师同专家面对面共同探讨小学语文教学热点话题，探索语文阅读与作文教学新思路。

（台办 朱家生）

## ·老干部工作·

**【概况】**2016年，扬中市委老干部局认真落实老干部工作方针政策，保障老干部"两个待遇"，切实加强老干部思想政治建设，丰富老干部精神文化生活，全面提高老干部工作科学发展水平，各项工作协调有序推进。

（老干部局 韦庆燕）

**【老干部政治待遇落实】**2016年，老干部局执行市委、市政府向老干部通报情况、重大决策征求意见等制度。组织召开老干部工作会议，全面部署老干部工作；与党校联合举办离退休干部"学党章党规"专题培训班，专题辅导《中国共产党章程》《中国共产党廉洁自律准则》和《中国共产党纪律处分条例》；组织离退休干部赴丹徒米芾书法公园、规划建设展示馆、新四军四县抗敌总会纪念馆参观学习。5月，组织副县（处）级以上老领导赴浙江南湖、安吉等地考察；组织部分副县（处）级老领导参加全市"扬帆'十三五' 开启新征程"大讨论大推进老干部座谈会；召开庆祝全国第四个老年节暨全市老干部情况通报会，对10名离退休干部"阳光心态模范长者"、10名离退休干部"好家风"予以表彰，市委书记潘早云向老干部通报扬中经济社会发展的基本情况。9月8日，"扬中市委离退休干部工委"正式挂牌成立；与市委离退休干部工作委员会、老干部党校联合举办"扬帆'十三五' 建设美好扬中"培训班，专题辅导《弘扬扬中精神，再创新的辉煌》《贯彻落实全面从严治党新要求，做好新形势下离退休干部党支部工作》。

（老干部局 韦庆燕）

**【老干部生活待遇落实】**2016年，扬中市重视离休干部"三项机制"建设，保证离休干部能按时足额领取离休金。落实好老干部医疗费奖励制度，协助发放奖励资金3.41万元。发放23名企业离休干部2014年、2015年年终慰问金，发放资金18.72万元。为19名企业离休干部发放住房（租金）补贴9.8万元。5月5~6日，组织150名离休干部、副县（处）级以上退休干部及离退休干部党支部书记健康检查。做好离休干部居家养老服务工作，35名离休干部享受到服务，人均服务228小时，财政支付17.68万元。第106个国际劳动妇女节，对7名离休和四套班子退休女干部走访慰问。重阳节上门看望40名老干部。全年探视老干部36人次。高温期间，走访慰问全市113名离休干部及副县处级以上退休干部，帮助解决实际困难。（老干部局 韦庆燕）

【老干部党支部建设】2016年,扬中市贯彻落实《关于进一步加强和改进离退休干部工作的意见》(以下简称《意见》),增印《意见》学习资料2000余份分发给全体离休干部、副县(处)级以上老领导、基层老干部党支部和社团组织,举办相关座谈会宣讲、解读《意见》精神。每季度召开书记专题座谈会。协调各镇区、各部门老干部党支部结对联谊活动17次。专题部署"两学一做"活动,结合离退休干部党员的特点,加强分类学习指导。在社区党建试点过程中,开展"三增三做"教育评议活动,检验"两学一做"教育活动和党建试点效果,即增强底线意识,做合格党员;增强本色意识,做干部表率;增强看齐意识,做文明使者。市委离退休干部工委成立后,及时给离退休干部党支部下发月度学习清单,派出党建联络员,开展送学、帮学活动。在镇街区党支部,结合党员居住相对分散的实际,动员党支部做好"护学、陪学、送学"活动,即党支部全程护送高龄离休干部参加学习,支委成员陪同非党员离退休干部参加支部学习,学习互助组给因事因病的离退休干部送学上门。举行一次知识竞赛。与民政局、老年协会共同举办"'福彩杯'老干部学党章党规专题知识竞赛活动",全市24支代表队参赛,油坊一支部和市发改经信委老干部党支部分获前两名。开展一次革命传统教育。组织全市离退休干部党支部书记参观丹徒新四军四县抗敌总会纪念馆。9月20日,经开区离退休干部党支部组织生活日,组织全区离退休干部参观、考察兴隆中心小学、区敬老院以及部分规模骨干企业。　(老干部局　韦庆燕)

【社区离退休干部微党建试点】2016年,扬中市认真贯彻落实《关于进一步加强和改进离退休干部工作的意见》(中办发〔2016〕3号)精神,出台《关于开展社区离退休干部党建工作试点的通知》(扬委老干〔2016〕13号),开展离退休干部党建工作试点。明晰社区老干部党建试点"五微任务"。"五微任务",即配好一个班子、提供一个阵地、开好一个课堂、建好一支队伍、探索一套制度。2016年上半年,组织召开社区离退休干部党建工作试点研讨会。试点中,组织老干部开展微笑容感染、微家风引领、微公益奉献、微服务便民、微智慧献策活动,聚"微能量"为"大爱心"的"五微能量"奉献活动。

油坊镇油坊社区开展"双主体共建、双导向牵引"社区老干部党建工作试点。将原来的"中共油坊社区党支部"升格为"中共油坊社区总支部委员会",由现任社区支部书记陈选宏担任首届党总支书记。党总支下设"油坊社区服务中心党支部、油坊社区老干部党支部"。8月,省、市老干部局领导调研扬中社区离退休干部党建试点工作。10月13日,扬中、丹阳两地老干部局在油坊社区召开"一方隶属、多重管理"党建试点工作异地交流会。油坊社区党总支书记陈选宏介绍社区在离退休干部学习活动阵地建设、党建工作制度完善方面的一些探索及其取得的成效。　(老干部局　韦庆燕)

【老有所为主题活动】2016年,扬中市委以"四为一领"为内容,组织离退休干部开展"我为'十三五'奉献正能量"活动。主要开展为"十三五发展"献策、为"严实作风"护航、为"美丽家乡"点赞、为"善行江洲"助力、"阳光心态"引领活动。

举办"纪念建党95周年、红军长征胜利80周年"主题活动。市老干部合唱团、老年艺术团举行"纪念建党95周年、红军长征胜利80周年暨2016年新节目展示"汇报演出,展示13个新节目。情景剧《四渡赤水出奇兵》被选中参加省委老干部局举办的"纪念建党95周年、红军长征胜利80周年"文艺汇演。9月,老干部局与市关工委等部门携手广大青少年开展"学党史、学国史"教育活动,发动离退休干部党组织以及涉老单位配合中小学校,利用校外辅导站点组织青少年认真浏览、收看,在网站上开辟"两史"专栏,收到老干部心得体会文章、故事15篇,活动策划与建议20余条。选编部分道德模范等先进人物的典型事迹,组织老职工深入中小学校进行巡回宣讲。

开展老干部文化养老活动。老年大学开设书画、篆刻、摄影、电脑、舞蹈、保健等12个文化养老科目,听课人次700次;老干部合唱团全年义务演出46场,观众12万人次,6月,代表扬中老年组参加镇江首届金山合唱节比赛,获得评委观众一致好评;老年书画协会参加省、市书画大赛2次,征集多幅作品参加镇江"千古江山、和风景韵"和市文联举办的"绿洲新城杯"书画展,此外,开展笔友会2次,外出采风1次。老年书画协会会长周志华在镇江市老干部活动中心举办"江洲一竹"个人画展,展出作品100余幅;老干部报告团13名团员分赴24所中小学开展"听党话、跟党走、做党的好孩子"主题宣讲。

组织老干部赛事活动。4月,老干部局、市老年体协联合举办"迎五一全市老年人乒乓球赛",全市50名老职工参赛。三茅街道代表队荣获男子、女子团体优胜奖,顾明社、赵跃琴分别获得男子、女子单打冠军。是月,老干部局、老年体协联合举办市老年人象棋赛,经开区李晓庚荣获男子冠军,於小琴获女子冠军。经开区、三茅街道获得团体优胜奖。全市40余名老干部参赛。10月,市老干部活动中心组队参加镇江市举办的“庆国庆、迎重阳”老干部乒乓球赛,获得优异成绩。11月,市老干部活动中心举办城区离退休老干部炒地皮比赛,全市31个老干部党支部组队参赛。

（老干部局 韦庆燕）

## ·党校工作·

【概况】2016年,扬中市委党校深入学习贯彻习近平总书记系列重要讲话精神和全国全省及镇江市党校工作会议精神,高扬党的旗帜,坚持党校姓党,紧紧围绕市委、市政府工作中心,立足党校职能,挖掘党校潜能,释放党校功能,主动适应新常态,创新工作新质态,坚持政治立校、改革强校、依法治校,进一步提升党校工作层次,提升党校社会形象,把扬中市委党校真正建设成为让市委市政府放心、让党员干部认可、让社会群众满意的红色党校。 （市委党校 陈文捷）

【培训工作】2016年,扬中市委党校按照全市干部培训计划,围绕党员干部现代化发展能力提升主题,组织开展各类主体培训。全年举办第五期镇局级领导干部现代化发展能力培训班、全市“两学一做”学习教育示范培训班、参照公务员法管理事业单位工作人员培训班、全市党政系统办公室主任培训班、全市村(社区)党组织书记培训班、入党积极分子培训班、公务员和事业单位管理人员能力建设培训班、全市第九期“321工程”培训班、金融创新专题培训班(清华大学)等主体班次13个、42期,培训学员4512人次,培训规模在镇江辖市区委党校中位列第一。创新教学方式,鼓励大胆采用案例式、研讨式、情景模拟教学方式,举办“扬帆论坛”,为年轻学员提供张扬自我、展示风采的舞台,鼓励学员之间、教员之间、学员和教员之间开展讨论交流;创新教学管理,坚持开展培训需求调查和教学效果学员满意度测评,实行“学分制”管理、班主任跟班管理、学员席卡管理,以及“双点名”考勤、签到考勤等制度,并及时将学员在党校培训结果反馈给组织部门和学员所在单位,参训学员测评满意率98%以上。在学历培训方面,紧扣苏南现代化建设示范区相关指标体系要求,服务扬中市民学历提升,服务扬中创新创业型城市建设和大众创业、万众创新,开展学历培训和社会培训。在学历培训方面,全年新招录学员近200名,毕业学员170人,其中有52人获得江苏大学学士学位证书。在社会培训方面,举办淘宝创业培训班2期,培训学员60人次;举办OSTA(职业技能鉴定中心)职业技能培训班14期,培训学员428人次,488人获中高级职业技能和创业技能证书。 （市委党校 陈文捷）

【科研调研工作】2016年,扬中市委党校坚持以调研促科研,突出“乡土调研”理念,面向实际、面向基层,深入开展社会调研活动,从整体上实现由数量型向质量型转变。针对扬中“十三五”发展热点、焦点问题和全市干部培训工作需要,2016年,该校设置6个校级调研课题。其中《扬中村级集体发展研究》《新常态下扬中对接融入长江经济带发展研究》《“互联网+”时代扬中创业创新环境研究》《供给侧结构性改革背景下扬中经济发展路径选择》等4个调研课题被江苏省、镇江市委党校立项,《县域法治建设路径研究——以“法治扬中”建设为例》在《新华日报》专版公开发表,并被扬中市法学会表彰为“法治扬中”优秀调研成果,《论中国共产党的政治智慧和创新力量》一文作为镇江市唯一作品入选全省纪念中国共产党成立95周年理论研讨会。全年发表论文33篇。其中国家级1篇、省级3篇,积极发挥调研资政的作用。参与全市“扬帆‘十三五’开启新征程”大讨论大推进调研工作,在市委、市政府提出的“扬帆‘十三五’开启新征程”的12个课题中,参与其中的4个课题调研工作,并承担主要执笔任务,完成《推进“四千四万”再升华,建设“强富美高”新扬中》《扬中智能电气产业高端提升现实基础和路径选择》《从过程先行到水平领先的扬中探索——县域法治建设的实践与启示》调研文章。在《扬中日报》上发表“扬帆‘十三五’”政论性文章8篇,在《扬帆“十三五” 开启新征程大讨论大推进》简报上发表文章9篇。 （市委党校 陈文捷）

【宣传宣讲工作】2016年,扬中市委党校围绕宣传党校、宣传扬中的要求,组织开展多形式、多媒体的宣传信息工作,做到重要节点有声音、重大问题亮观点、重点时段搭平台。全年撰写各类宣传稿件201篇。其中在《新华日报》、光明网、《江苏党校报》《江苏党校工作通讯》、江苏党校网站、《江苏工人报》《镇江日报》、镇江党校网站、《扬中日报》《扬中通讯》《扬中信息》、“扬帆‘十三五’开启新征程”大讨论大推进活动《简报》、江洲先锋网站等各类媒体平台上公开发表稿件74篇。开通党校网站手机版,建设“掌上党校”“移动党校”。党校网站手机版集政治性、理论性、知识性、时效性和实用性于一体,以其简单快捷的特点,有效服务全市党员干部学习需要。积极利用“江洲大讲堂”“热点讲坛”等平台,发挥好相关宣讲团(组)的作用,精心组织社会宣讲,走进全市机关部门、镇街区和学校企业,广泛深入宣传中共十八届三中、四中、五中、六中全会精神，习近平总书记系列重要讲话精神，市第十二次党代会精神和市委市政府重大决策部署，开展“百场巡讲下基层”，累计宣讲100余场次，受众超万人。（市委党校 陈文捷）

**【编辑《学习参考》】**2016年，扬中市委党校围绕市委、市政府工作中心，结合基层党员干部时政学习需要，有针对性地编辑《五大发展理念是党关于发展理论的重大创新》《习近平战略思想及其时代价值》《不忘初心，继往开来，续写中国特色社会主义新篇章》《弘扬“四千四万”精神 建设“强富美高”新扬中》《坚持全面从严治党 推进党的建设新的伟大工程——党的十八届六中全会精神解读》等12期《学习参考》，为干部理论学习提供参阅资料，为基层党组织培训提供党课材料。

（市委党校 陈文捷）

**【编发《市情研究》】**2016年，扬中市委党校创办《市情研究》，编发《践行五大理念，建设“最美扬中”》《从过程先行到水平领先的扬中探索——县域法治建设的实践与启示》《逐浪长江经济带 实现跨越新发展——关于扬中对接融入长江经济带发展的思考》3期调研报告。

（市委党校 陈文捷）

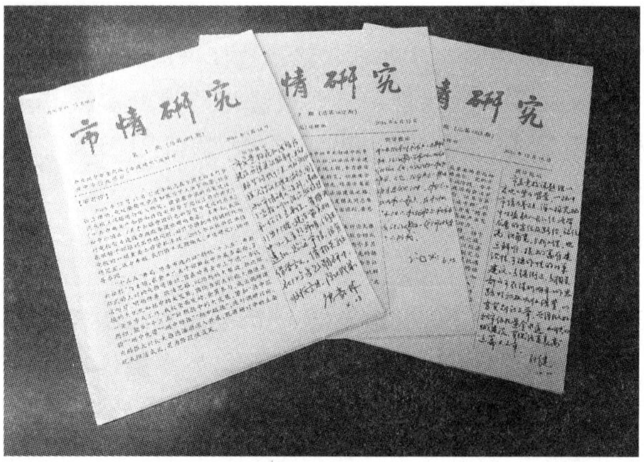


《市情研究》2016年1~3期

**【“党旗飘飘”服务品牌】**2016年，扬中市委党校进一步打造“党旗飘飘”服务品牌，挖掘品牌内涵，拓展服务形式，全方位开展送理论武装进基层、送法律援助进镇村、送义工服务进社区的“三送”服务。与扬中市审计局党支部、扬子新村社区党委等开展结对共建、共上党课喜迎“七一”等活动，实现互学互鉴、合力共建、服务发展；与南沙永暑礁守岛官兵、镇江边检站扬中分站官兵开展结对共建活动，向永暑礁官兵捐赠图书100余册，并收到守岛官兵的感谢信；持续开展“一员一户，双进双助”活动，全体党员经常性地走进群众家中，扶助解决实际问题；积极参与“5+1”“一联一”等帮扶、慈善一日捐、党员义工林等活动，加强与扬子新村、文化社区、同心小学等结对帮扶，以赠送兵乓球桌、慰问金等形式多次与同心小学开展互助活动。（市委党校 陈文捷）

# 扬中市人民代表大会

## ·综 述·

**【概况】**2016年，扬中市人民代表大会召开常委会会议9次，听取和审议“一府两院”工作报告15项，作出决议、决定14项，开展工作评议6项、述职评议8人次、执法检查1项、考察活动14次，依法任免国家机关工作人员36名，为推进民主法治和“强富美高”新扬中建设作出应有贡献。

坚持围绕中心，着力服务发展大局。强化财政审查监督。密切关注宏观经济运行、财税改革，严把预决算审查关，根据财政实际状况，批准年度预算调减方案，要求政府严格财政管理，努力做好增收节支，确保年度收支平衡。出台街道财政预算监督办法，授权街道（经开区）人大工委对预决算实施监督，进一步拓展财政监督领域。认真贯彻落实国务院《地方政府性债务风险应急处置预案》要求，全面调查融资平台债务情况，提出针对性建议，加强政府债务风险防控。审议重大融资项目实施及融资情况，扬中市先后出台《关于进一步规范市级政府性债务审批程序的通知》《市属国有企业投资（担保）管理实施意见》，有效控制融资规模，规范投资行为，防范财政风险。助推经济转型升级。审议2016年上半年国民经济和社会发展计划执行情况，建议市政府正视矛盾和问题，加快落实供给侧结构性改革，持续推进创新驱动，优化产业结构，促进实体经济平稳增长。专题调研“金屋顶”工程推进工作，建议创新融资模式、完善扶持政策、优化服务管理，提升分布式光伏应用水平。2016年，扬中市建设屋顶光伏发电项目103个，装机容量42.8兆瓦，被国家能源局列为第二批高比例新能源示范城市。为应对经济下行压力，破解发展瓶颈，督办“加大科技创新力度，加快经济转型升级”重要建议，提出强化服务创新、厚植人才培育、做强平台建设等相关建议。关注城乡建设发展。主任会议听取市政府《城市总体规划（2013~2030）局部修改方案》汇报，建议进一步加强修改方案与专项规划的衔接，严格规划执行刚性，改进公示宣传方式，主动接受社会监督。审议“强化居（农）民建房监管，查处违法违章建设行为"重要建议办理工作，督促采取切实可行措施，整治城乡违法建设。各地及职能部门先后查处各类违法建设607处，拆除整改面积3.68万平方米，城乡居民违法建设得到初步遏制。组织代表考察重点工程项目建设，就加快工程进度、加强质量监管和突破瓶颈制约等方面提出意见和建议。

紧贴社会民生，积极推动共建共享。推进生态领先战略实施。跟踪审议"五水联治"行动实施情况，全面考量一年来市政府治水成效。市政府坚持规划引领，编制水环境综合整治规划，先期启动广宁河片区整治和引活水工程，大力推进雨污分流、江堤提标、排涝疏浚等多项工程建设，污水收集率逐步提高，防洪能力得到加强，城市内涝明显减少。考察中小河流治理重点县建设，建议加大投入，提升规划设计和综合整治水平。2016年，市政府完成投资2.1亿元，同比增长14.8%，部分河流整治呈现"河畅、水清、岸绿"的良好态势。着眼于打造健康人居环境，关注创卫工作成果巩固及环境保护年度目标完成情况，推动政府一着不让抓好环境卫生，全市卫生状况持续向好，环境质量稳步提升。强化群众生产生活保障。安全水、廉价气、放心菜，是群众安居乐业的基本需求。围绕饮用水安全保供，审议"尽快回购金州水务股权"重要建议办理工作，提出优化谈判策略，采取多种手段，尽快促成回购目标。市政府与金州水务对接协调，加快谈判节奏，力求以最低成本达成回购协议。促进天然气使用便民惠民，调研燃气供应管理，推进民用燃气普及和"煤改气"工程建设。保障群众"舌尖上的安全"，组织农产品质量安全法执法检查，推进农产品领域安全隐患的排查和解决。市政府不断完善安全监管体系，着力打造农产品从农田到餐桌的安全通道。促进养老医疗水平提升。关注老有所养，督办"高起点规划建设市级养老服务中心"重要建议，要求市政府科学选址，完善规划，设计符合现代养老功能和全市人民需求的建设方案，并尽快开工建设。着眼于人人享有医疗保险的目标，审议市政府全民医保工作，针对居民医保基金支出负担较重、监管能力较为薄弱等问题提出相关建议。市政府进一步强化医疗保险的扩面征缴，规范医疗机构诊疗行为，强化医保基金的监管和使用，提升基金使用效益。

维护公平正义，大力推进依法治市。推动依法行政。审查通过"七五"普法实施规划，作出相应决议，要求围绕"十三五"规划实施，丰富宣传形式，完善保障措施，大力推进以宪法为核心内容的法律法规宣传教育，让法治融入社会各个领域。持续推进"两项评议"，与镇江人大上下联动，评议6个政府部门依法行政专项工作，推动部门改进作风，提高服务发展能力；8名政府部门负责人述职评议，实现任职满五年人大任命干部述职全覆盖，述职人员依法履职意识明显增强，工作成效进一步彰显。调研市政府规范性文件性别平等评估机制落实情况，推动政府及其职能部门规范性文件制订实施更加科学、规范、合法。促进公正司法。关注司法动态和社会热点，组织代表考察"两院"工作，听取相关报告。督办"切实加大非诉执行案件强制执行力度"建议，督促提升非诉执行案件执结率。市法院迅速回应，开展专项行动，执结一批环保非诉行政案件，处置非法占地，强制拆除1.3万平方米违法建筑。参加检察开放日活动，专题听取市检察院侦查监督工作汇报，督促依法履职，维护公平正义。审议打击电信网络诈骗犯罪工作，要求增强部门合力，加大打击力度，切实保障群众利益。市公安局坚持打防并举，综合治理，全年破获各类电信网络违法犯罪案件320余起。实施换届选举。始终将坚持党的领导、充分发扬民主和严格依法办事有机结合，组织换届选举工作。市人大常委会依法作出决定，成立选举委员会，召开专题会议，举办培训班，周密部署，精心指导。严把代表入口关，首次开展非公经济人士综合评级，对正式代表候选人组织考察。截至12月9日，选举产生新一届市人大代表184名、镇人大代表257名，代表结构更为优化，素质进一步提高。

加强指导服务，充分发挥代表作用。加强人大工作指导。以规范化建设为主线，通过组织学习考察、上下联动、交流研讨等途径，指导基层人大依法开展工作。各镇(街区)人大着力规范履职行为，提高工作水平，在依法监督、组织代表活动、督办代表建议等方面积极作为。新坝镇人大率先启动"智慧人大"建设，多方位、多层次宣传人大工作；油坊镇人大跟踪监督议案办理，督促民心工程落到实处；八桥镇人大坚持代表票决民生实事，有效行使重大事项决定权；西来桥镇人大建立三级代表议事会，构筑代表议事平台；三茅街道人大工委设立财政经济组，开展支出项目绩效审查，有序实施预算授权监督；经开区人大工委深化专项评议，评议基层站所由代表投票确定等，均取得明显的成效。促进代表积极履职。在代表中广泛开展"在任做什么，离任留什么，连任图什么"大讨论，组织代表述职，激发代表履职热情。开展各级代表统一接待选民活动，接待选民2120人次，收集民情民意453条，现场解答问题258条，经梳理形成65条代表建议。组织政情通报活动，听取市政府上半年工作报告，6名代表分别围绕土地复垦、社会养老、土地流转等方面工作为政府建言献策。举行巩固"四城同创"成果专题询问会，围绕物业管理、管线规划、园林设施管理等,代表们与职能部门负责人面对面交流沟通,推进热点问题解决。增强建议办理实效。在常委会专题审议、实施百分考核的基础上,采取多种方式加大建议督办力度。实行联合督办,会同政府办约见部分办理进展较慢、代表满意率不高的单位负责人,督促明确承办期限和具体措施;开展重点督办,对承办数量较多的单位进行调研,听取汇报,促进强化办理举措,提高督办的针对性和实效性;进行现场督办,深入现场督查协调,帮助找准思路,研究制定解决方案。市政府及各承办部门切实强化办理工作,代表多年呼吁的一些难点问题,如"加快建设新238省道沿线加油站""加强堤顶公路修复管理""解决城区道路多处积水问题"等得到妥善解决。

突出能力提升,切实加强自身建设。加强思想作风建设。高度重视常委会组成人员和机关干部两支队伍的素质能力建设,通过党组中心组学习、举办辅导讲座、机关集中学习、开展专题讨论等多种形式,深入开展"两学一做"学习教育、"扬帆'十三五' 开启新征程"大讨论大推进主题活动,进一步严明党的政治纪律和政治规矩,增强党员干部思想素质,坚定理想信念。把信访工作作为了解社情民意、加强作风建设的重要渠道,切实维护人民群众合法权益。2016年,接待群众来信来访106件(次),均予以妥善处理。深入开展调查研究。始终把调查研究作为提高履职效能的基础工作,围绕审议议题深入基层,广泛听取多方面意见和建议。全年开展调研活动90余次,形成调研材料36篇,为增强工作实效夯实基础。建立联系镇(街、区)人大工作制度,常委会负责人就人大规范化建设、市镇人大换届选举等,下基层、察实情、解难题,推动相关工作开展。常委会配合上级人大开展省水资源管理条例实施情况、修订省价格条例、义务教育均衡发展等多项课题的调研。强化人大宣传工作。进一步拓展人大宣传渠道,有效提升人大工作的知晓度和影响力。改版升级市级人大网站,充实模块内容,增强视觉效果,访问量逐步提高。指导镇(街、区)人大建立完善二级门户网站,帮助提高信息化宣传水平。开通市人大微信平台,及时发送更加直观的图文信息和代表履职风采,扩大社会受众面。2016年,省市人大报刊、网站刊登扬中市稿件286篇次,彰显人大民主法治宣传成效。 (人大办 辛焕)

## ·重要会议·

**【十六届人民代表大会第五次会议】**2016年1月6~8日,扬中市召开市十六届人民代表大会第五次会议。会议听取和审议市人民政府工作报告,审查和批准扬中市国民经济和社会发展第十三个五年规划纲要(书面),市2015年国民经济社会发展计划执行情况和2016年国民经济社会发展计划的报告(书面),市2015年财政预算执行情况和2016年财政预算的报告(书面),审议市政府关于市十六届人大四次会议代表议案和建议办理情况的报告(书面),听取和审议市人大常委会工作报告、市人民法院工作报告、市人民检察院工作报告。会议选举冯锦跃为市第十六届人民代表大会常务委员会主任,唐崇林、沈大银为副主任。大会通过市十六届人民代表大会法制和财政经济委员会组成人员名单。

(人大办 辛焕)

2016年1月6日,扬中市第十六届人民代表大会第五次会议

**【十六届人大常委会第三十一次会议】**2016年2月29日,扬中市十六届人大常委会召开第三十一次会议,会议审议通过市人大常委会2016年工作要点,作出关于任命孙雯为扬中市人民政府副市长的决定、关于接受王川芳辞去扬中市人民政府副市长职务请求的决定,通过相关人事任免事项,听取中共十八届五中全会精神专题讲座。

(人大办 辛焕)

**【十六届人大常委会第三十二次会议】**2016年4月28日,扬中市十六届人大常委会召开第三十二次会议,会议听取并审议通过市政府关于重大融资项目情况的报告(重大事项)、关于2015年市人大常委会相关审议意见落实情况的报告。会议对市交通局局长陈泰鸿、人社局局长周春林、教育局局长张源泉、农业委员会主任印斌进行述职评议。

(人大办 辛焕)

**【十六届人大常委会第三十三次会议】**2016年6月30日,扬中市十六届人大常委会召开第三十三次会议,会议作出关于任命张德军等为扬中市人民政府副市长的决定,关于张德军为扬中市人民政府代理市长的决定,关于接受潘早云、艾晓晖分别辞去扬中市人民政府市长、副市长职务请求的决定。会议听取和审议市政府关于2015年财政决算情况的报告和2015年财政预算执行和其他财政收支审计工作的报告、关于全民医保工作情况的报告、关于实施“五水联治”行动情况的报告，作出关于批准扬中市2015年财政决算的决定。会议对周鹤军、谢春玲、王海庆3名镇江市人大代表进行述职评议，通过相关人事任免事项。（人大办 辛焕）

**【十六届人大常委会第三十五次会议】**2016年8月31日，扬中市十六届人大常委会召开第三十五次会议，会议审查“七五”普法规划，听取市政府“六五”普法实施及“七五”普法规划情况的报告，作出相应的决议。会议听取和审议通过市人大常委会关于街道财政预算监督办法（试行）、关于《中华人民共和国农产品质量安全法》贯彻实施情况的执法检查报告，市政府关于上半年国民经济和社会发展计划执行情况的报告、关于打击网络诈骗犯罪工作情况的报告。会议还对市政府办主任仲泉、商务局局长常本宽、科技局局长朱勇、规划局局长王明华进行述职评议。（人大办 辛焕）

**【十六届人大常委会第三十七次会议】**2016年10月31日，扬中市十六届人大常委会召开第三十七次会议，会议听取和审议关于“尽快回购金州水务股权”重要建议办理情况的报告、关于1~9月财政预算执行和2016年预算调整情况的报告、关于代表建议办理情况的报告，并作出批准2016年市财政预算调整的决定。（人大办 辛焕）

**【十六届人大常委会第三十九次会议】**2016年12月29日，扬中市十六届人大常委会召开第三十九次会议，会议审议并通过市政府关于“强化居（农）民建房监管，查处违法违章建设行为”“加大科技创新力度，加快经济转型升级”“高起点规划建设市级养老服务中心”三项重要建议办理情况的报告，听取和审议市人大常委会工作报告，会讨论决定市十七届人大一次会议有关事项。（人大办 辛焕）

## ·重要工作·

**【政情通报与专题询问】**2016年7月29日，扬中市人大常委会组织召开市政府工作情况通报会。会上，代市长张德军首先代表市政府对扬中市上半年政府工作情况及下半年工作安排进行通报。随后，人大代表分别围绕土地复垦、防洪排涝、社会养老、小微企业发展、食品安全、土地流转等话题进行专题发言。会后，市人大组织部分人大代表就代表重视、群众关心的“巩固‘四城同创’成果”议题开展专题询问会。（人大办 辛焕）

**【统一接待选民日活动】**2016年9月13日，扬中市在各镇（街、区）设立选民接待点，开展各级人大代表统一接待选民活动，广泛听取市民对全市经济社会发展、民主法治建设、民生保障等方面的意见和建议，详细了解市民关注的社会热点问题和合理诉求。全市设立选民接待点65个，420名各级人大代表参加活动，接待选民2120人次，收集民情民意453条。（人大办 辛焕）

**【执法检查】**2016年8月，扬中市人大常委会组织开展执法检查。为确保执法检查取得实效，市人大常委会制定执法检查方案，成立执法检查组，召开执法检查动员大会进行部署。8月31日，市人大常委会第三十五次会议听取和审议关于《中华人民共和国农产品质量安全法》贯彻实施情况的执法检查报告。从总体上看，《中华人民共和国农产品质量安全法》颁布实施以后，市政府及有关监管职能部门认真贯彻落实该法，履行法定职责，监管能力稳步提升，监管力度不断加大，在宣传教育、质量检测、执法监管等方面，取得明显成效，人民群众“舌尖上的安全”得以保证。（人大办 辛焕）

**【依法行政专项工作评议】**2016年9月8日，扬中市人大常委会组织召开依法行政专项工作评议大会，专项评议6个政府部门的依法履职情况。自2014年开始，扬中市推行依法行政专项工作评议，有力促进机关作风优化和法治政府建设。会前，市人大成立3个专项评议小组分别对6家接受评议单位的依法履职情况深入调研，充分听取各方面意见和建议，并形成评议报告。会上，市安监局、政务服务管理办公室、公安局、文广体局、司法局、人防办6个部门分别结合各自履职情况专题汇报，市人大常委会各评议小组根据调查情况分别作评议发言，与会代表现场票决。（人大办 辛焕）

**【县、乡两级人大履职学习讲座】**2016年12月24日，扬中市人大常委会举办市、镇两级人大代表履职学习讲座。代表们首先观看警示教育片《警钟》。随后，全国人大常委会代表资格审查委员会办公室原主任、办公厅联络局原巡视员李伯钧，现场就《中华人民共和国地方各级人民代表大会和地方各级人民政府组织法》和《中华人民共和国全国人民代表大会和地方各级人民代表大会代表法》做详细讲解，为新任代表履职打下坚实基础。 （人大办 辛焕）

## ·议案建议办理·

**【概况】**扬中市十六届人大五次会议期间，收到代表提出的议案和建议266件。其中代表10人以上联名提出的议案79件，被确定为大会重要建议的6件，即“加大科技创新力度，加快经济转型升级”“强化居（农）民建房监管，查处违法违章建设行为”“尽快回购金州水务股权”“高起点规划建设市级养老服务中心”“采取切实有效措施，加强农产品质量安全监管”“落实专项资金购置高层建筑消防救援设施”议案被作为重要建议办理。从答复情况看，在规定期限内均已书面答复代表。从反馈意见看，代表对建议书面答复情况表示满意的255件，表示基本满意的9件。从办理结果看，代表建议中所提问题已经解决、基本解决的142件；所提建议已列入计划，正在实施或近期将实施的113件；所提建议受客观条件制约暂时难以办到，有待今后积极创造条件解决的11件。 （人大办 辛焕）

**【重要建议办理情况】**对于“加大科技创新力度，加快经济转型升级”重要建议的办理。市政府大力实施创新驱动发展战略，先后八次荣膺“全国科技进步先进市”，连续三年获得镇江市创新驱动目标管理考核一等奖。2016年，扬中市全社会研发经费占GDP比重2.78%，全市每万名劳动力研发人员数195人，每万人发明专利拥有量22.99件，高新技术企业总数140家，高新技术产业产值占规模以上工业产值比重75.2%。全市科技进步贡献率62.1%，反映区域创新能力的几个主要指标均处于全省领先地位。全市拥有省级工程技术研究中心、企业技术中心、院士工作站等省级以上企业研究机构113家。在镇江9家国家级科技企业孵化器中，扬中市拥有2家；获批筹建江苏省高新技术产业开发区；大众创业万众创新新型孵化器建设正稳步推进。围绕三大主导产业，与北京大学、清华大学、东南大学等科研院所建立长期紧密合作关系，90%以上高新技术企业、超过50%的规模以上工业企业有自己稳定的产学研合作校（所），实现企业与高校对点合作向长期战略合作关系与共建产学研合体并举的新提升。

2016年4月15日，扬中—南昌大学产学研合作对接会

对于“强化居（农）民建房监管，查处违法违章建设行为”重要建议的办理。市政府将整治居（农）民建房违法建设作为今年政府工作的重点，攻坚克难、综合施策，查违控违工作取得阶段性成效。各地、各部门按照“属地主体、部门主责”的原则，履行各自辖区内防控和查处违法建设的责任。城管、规划、国土、住建、水农、交通运输等部门依法行政，建立分片划区的定责体系，制定细化考核的具体措施。对少数顶风违纪、拒不停建的违建户采取措施，坚决拆除。通过100余次的集中行动，提升执法权威。同时，与规划、国土、住建等部门协作配合的联动机制得到加强。公安部门主动作为，配合相关部门和各镇（街区）联合执法180次，大规模出警15次。2016年以来，城区查处违法建设229处，拆除149处，拆除和整改面积1.85万平方米。市法院承接国土部门申请执行的非法占地建设案件93件，强制执行4件。纪检、监察部门动真碰硬，严肃处理在居（农）民建房管理工作中失职渎职的基层干部和执法人员，查处党员干部6人，下达纪检监察建议书2份，有效震慑违法建设行为。

对于“高起点规划建设市级养老服务中心”重要建议的办理。市政府主要领导赴民政部门调研，分管领导全程参与，主动赴各相关职能部门及部分镇（街、区）开展调研，多次召开工作会议，就建议办理统一思想、协调工作，专门成立“养老服务中心筹建领导小组”。为选定项目地址做出合理建设方案，市政府组织部分职能部门负责人赴浙江参观考察，学习借鉴先进地区的相关经验，在此基础上结合扬中实际，分析群众需求，同时统筹考虑上级部门对于建设市级养老服务中心的具体要求，认真谋划选址方案；组织市民政、国土、规划、财政局及相关镇（街区）开展工作对接，就项目选址、投资方式、建设方案等进行磋商。12月14日市政府常务会议对市政府工作进行研讨时，三茅街道提出“朝阳湖康阳小镇”项目，该项目由三茅街道与上海中融资产管理有限公司合作投资建设，涉及朝阳湖康养中心、休闲观光旅游、特种鱼业养殖运营项目。经该次会议讨论，认为市级养老服务中心建设势在必行，原则上同意康阳养老项目实施。（人大办 辛焕）

# 扬中市人民政府

## ·综 述·

**【概况】**2016年，扬中市人民政府协调推进政治、经济、文化、社会、生态建设，各部门积极抢抓机遇，科学应对挑战，较好地完成全年各项目标任务，实现“十三五”发展良好开局。

经济总量持续提升。预计（以下均为预计）完成地区生产总值501亿元，增长9.5%；一般公共预算收入32.5亿元，同口径[①]增长3.6%。实现工业应税销售510亿元，规模以上工业增加值338亿元、利税164亿元。实际利用外资1.4亿美元，外贸进出口总额5.69亿美元，服务外包执行额1.6亿美元。完成社会消费品零售总额142亿元，实现农业总产值25.4亿元。

转型升级步伐加快。实施重点产业项目65个。其中10亿元以上项目22个，中海粮油、鼎圣电器等41个项目竣工投产。完成固定资产投资295亿元，增长14.8%。其中工业性投入252亿元，增长14%。实施节能技改项目9个，淘汰落后产能设备30台（套），制造业固定资产申报抵扣1.22亿元。服务业增加值占比、文化产业增加值占比分别为46%、4.85%。

载体平台加速打造。有序推进“三集”园区建设，新建标准化厂房44.2万平方米、楼宇产业园35.7万平方米。智能电气研究中心获批省重大创新载体项目，智能电气产业园获批国家级科技孵化器。入选首批“国家产业集群区域品牌”建设试点，创成“全国中低压工程电气产业知名品牌创建示范区”。

突出资本金融创新。新增上市挂牌企业17家，全社会直接融资规模100亿元。组建金控集团、水务集团，推进平台“三控一增”[②]，规范“三重一大”[③]决策。新增贷款82亿元，新引进银行分支机构3家。积极化解企业互联互保风险，获评“省金融生态优秀县”。

突出科技人才创新。深化政产学研合作，新增省级以上研发机构14家、高新技术企业23家，全社会研发经费占比2.78%，高新技术产业产值占比75.2%。新建创新创业公共平台6家，新增创业孵化面积3.1万平方米。引进“千人计划”人才5人、“双创计划”人才3人。获评“中国中小城市创新创业百强市”。大全集团列2016年中国品牌价值排行榜电气类第一名，获国家技术发明奖二等奖。

2016年4月23日，扬中—复旦大学产学研合作对接会

突出政务服务创新。实施“政务服务提升年”行动，推行企业“五证合一”、个体工商户“两证合一”[④]，实施企业投资项目“多评合一”，并联审批。启动“e办事”平台[⑤]建设，运行中小企业网络服务平台。全面实行“营改增”，多措并举压降企业生产经营成本，尽最大努力减轻企业负担。

环境保护不断加强。大力推进“绿色能源岛”建设，屋顶光伏发电装机容量42.8兆瓦，获批创建全国高比例新能源示范城市。策应长江流域“共抓大保护、不搞大开发”战略，开展非法码头专项整治，中央环保督察交办事项全部整改到位。关停并转化工企业3家，整治燃煤锅炉74台，淘汰报废黄标车642辆。完成覆盖拉网式农村环境综合整治，创成省级美丽乡村3个，新坝镇创成美丽宜居镇。

“五水联治”全面启动。编制《扬中市水环境综合整治规划》，实施广宁河片区水环境治理，完成工人路、友谊路、翠竹路、同宁路雨污分流改造。建成兴隆污水处理厂二期，新增农村生活污水处理设施14座、管网29公里，成为“全国农村生活污水治理示范市”。开工建设沙家港闸站，疏浚夏家港、六圩港、张家港水系。新建改造城区排涝泵站8个，整治易淹易涝片区9个。有效处置坍江、跌塘等险情，实现安全度汛。

建设管理规范有序。南江路、同心路西延等建成通车，238省道改线西来桥段、中电大道北延、建设路等工程有序实施。加快城市片区改造，扬子新村、园丁路南侧片区房屋征收快速推进。强化建房秩序管理，加大查违控违力度，拆除各类违建3.68万平方米。划定城市边界，调整完善新一轮土地利用总体规划和老城区控制性详规，创成“省国土资源节约集约模范市”。

注重办好民生实事。开工建设残疾人托养中心、康复中心和特教中心(简称“三大中心”),新增标准化居家养老服务中心(站)15个。新建食品快速检测室10个。建设省扬中专实训楼,新建、改扩建初中3所、小学8所、幼儿园5所,完成校安工程面积24.6万平方米。实现城镇主要公共区域免费WiFi全覆盖,推进智慧停车系统建设,新增停车泊位500个。基本建成公交主枢纽,实现公交站点500米半径、全省公交“一卡通”全覆盖。新建农民健身公园2个、基层综合性文化服务中心示范点7个。

注重完善保障体系。实施“四大创业”行动计划⑥,扶持创业635人,新增城镇就业1.2万人。建成“金保工程”,累计发放社会保障卡25万张。城镇、农村居民人均可支配收入分别4.5万元、2.3万元。改造农村危房78户,建成残疾人无障碍示范村33个。开展农业普查,强化精准扶贫,基本消除年经营性收入低于100万元的经济薄弱村和年人均纯收入低于8000元的低收入户。

“三大中心”项目施工现场

注重加强社会管理。圆满完成第十一届村委会和第六届居委会换届选举,创成3A级以上社会组织3家。启动“七五”普法,开展“法治惠民镇村行”,新增省级法治文化示范点2家。健全事中事后监管和应急管理机制,全力做好欠薪处置、安全生产、食品药品及市场监管等工作。完成技防城升级改造工程,形成整岛一体化治安防控体系,人防事业、公众安全感、法治建设满意度、信访工作绩效继续保持全省领先。

注重统筹协调发展。优化公共卫生服务,实施“二孩”生育政策,“全国健康促进县”通过国家级考核验收。竞技体育取得新突破,获得里约残奥会金牌2枚,承办全国足协业余联赛总决赛。 (政府办 夏璟)

注释:

①一般公共预算收入同口径:2016年5月,国家全面实施“营改增”,央地收入分享政策发生变化。2016年,一般公共预算收入计算方法为:1~4月仍按原政策计算,即增值税地方留成25%,改征增值税和营业税地方留成100%,其他税种分成不变;5~12月按新政策计算,即增值税和改征增值税(含原营业税)地方留成50%。同比2015年,一般公共预算收入完成数按上述口径换算。

②“三控一增”:控规模、控成本、控风险,增加经营性收入。

③“三重一大”:重大决策事项、重要人事任免事项、重大项目安排事项,大额度资金运作事项。

④“五证合一”:将企业营业执照、组织机构代码证、税务登记证、社会保险登记证、统计登记证合并为一,核发一个加载法人和其他组织统一社会代码的营业执照。

“两证合一”:将个体工商户营业执照和税务登记证合并为一。

⑤“e办事”平台:公共服务及行政审批事项全流程网上办理,最终实现“不进一扇门、不找任何人、办成所有事”的行政审批制度改革目标。

⑥“四大创业”行动计划:大学生创业引领计划、农村创业富民计划、城镇失业人员创业促进计划、海外人才引进创新创业计划。

**【2016年度发展任务】**2016年1月11日,扬中市政府召开市长办公会,专题部署2016年度“六大任务、十件实事、六十项重点工作”。市十六届人大五次会议审议通过《2016年政府工作报告》,市政府将2016年市政府重点工作梳理为“六大任务、十件实事、六十项重点工作”(简称“616”项目),并进行分解,明确市政府分管领导和具体责任单位。就加快推进相关工作,潘早云明确要求,一是目标任务要再细化,确保早安排、早落实。将各项工作细化、量化、条目化、项目化,做到责任到岗、职责到人、时间倒排。各单位要将重点工作紧抓在手,敢抓敢管、敢于负责、密切配合,并与上级要求统筹衔接,全面超额完成各项任务。对一些政策、项目和活动要早研究、早落实,开好头、起好步。二是督查力度要再加大,善于抓重点、抓难点。要注重过程督查,做到“一月一交流”“一季一通报”,及时协调问题、化解矛盾;要突出跟踪督查,加大督查频次,对“五水联治”、项目建设等开展专题督查。要强化联合督查,充分发挥新闻媒体、人民群众的作用,发现典型,树立标杆,曝光责任不落实、工作不到位等问题,加强舆论监督。三是工作措施要再强化,立足谋实效、谋长远。各单位充分发挥主观能动性,做到问题早发现、早汇报、早协调、早解

决,以创新的思维和举措,确保各项工作有效落实。要以“功成不必在我”的胸怀,尊重工作规律,多做打基础、利长远的事,扎扎实实地做一些基础性工作。每件实事和工作进展情况都要及时公开,主动接受代表评议、群众监督。 (新闻中心)

·重要会议·

**【市政府全体(扩大)会议】** 2016年3月2日,扬中市召开政府全体(扩大)会议,就“优化服务,奉献担当,开启最美扬中建设新征程”作出部署,动员全市各级凝神聚力,以服务改革、服务发展、服务民生为重点,全力打造服务型政府,全力服务“强富美高”新扬中建设。扬中市市领导潘早云、艾晓晖、蔡萍、卜兴荣、于德祥、刘鹏、孙雯出席会议。会议提出,要强化需求对接,以更广的载体服务、更快的项目服务、更足的要素服务、更优的政务服务,全力扶持企业发展;要强化生态宜居,以科学的规划引领发展、系统的建设推动发展、规范的管理服务发展,着力打造生态宜居的镇村环境;要强化共建共享,以充分的就业保障、均等化的基本公共服务、便利化的基层服务,全面提升城乡居民整体生活质量;要强化社会治理,以提高社会公众安全感、社会治理满意度、矛盾纠纷化解率为重点,努力建设平安太平的幸福扬中。会上,各镇(街、区)、相关部门领取《2016年度目标任务书》,市发改经信委、政务服务办、国土局、经开区、西来桥镇分别作表态发言。 (政府办 夏璟)

**【常务会议】** 2016年,扬中市政府召开常务会议5次。

3月31日,市政府召开第一次常务会议。讨论事项有:一、讨论《关于加快推进全市社会组织培育发展的意见》;二、讨论《扬中市退役士兵安置办法》;三、讨论《扬中市环境保护网格化监管实施意见》;四、讨论《扬中市“十三五”电网发展规划》;五、听取《扬中市城区河道蓝线保护规划》和《扬中市城区水系规划》编制情况;六、讨论《扬中市公共资源交易领导小组联席会议制度》和《公共资源交易重要事项报告审批流程》《公共资源交易目录》;七、研究经开区智慧园区一期项目设计招标事项;八、研究大行公司发行双创孵化专项债券相关事宜。

7月18日,市政府召开第二次常务会议。讨论事项有:一、讨论有关人事任免;二、讨论《扬中市人民政府重大行政决策事项清单和年度目录管理试行办法》;三、听取《扬中市“四好农村路”建设实施意见》《扬中市农村公路安全生命防护工程实施方案》汇报;四、听取扬中市危险化学品安全专项整治工作情况汇报;五、讨论《扬中市消火栓建设管理暂行办法》和《扬中市城镇消防专项规划》。

8月5日,市政府召开第三次常务会议。讨论事项有:一、讨论城投公司光伏电站建设相关事宜;二、讨论纪律处分事项;三、讨论《关于促进全市慈善事业健康发展的实施意见》;四、听取中央环保督察信访办理情况汇报;五、听取“六五”普法实施情况汇报,审议“七五”普法规划草案;六、讨论《扬中市市级储备粮管理办法》。

12月14日,市政府召开第四次常务会议。讨论事项有:一、讨论有关人事任免;二、讨论纪律处分事项;三、讨论《扬中市规范性文件制定和管理办法》;四、讨论《扬中市“十三五”生态环境保护规划》和《扬中市生态文明建设规划》;五、讨论《关于加快推进农村产权流转交易市场建设的实施意见》;六、讨论《扬中市完善困难残疾人生活补贴和重度残疾人护理补贴制度实施办法》;七、讨论关于高起点规划建设市级养老服务中心相关事宜;八、听取生猪定点屠宰场关闭改造工作相关事项汇报;九、讨论《关于进一步加快推进学前教育改革发展的实施意见》;十、研究调整住房保障相关标准;十一、讨论《扬中市出租汽车新一轮更新办法》;十二、讨论菲尔斯金陵大酒店西北侧地块回购相关事宜。

12月22日,市政府召开第五次常务会议。讨论事项有:一、讨论《扬中市综合行政执法体制改革试点工作方案》和《扬中市卫生计生管理服务体系调整方案》;二、讨论《扬中市征地补偿和被征地农民社会保障办法》;三、讨论《关于加强扬中市公共资源交易工作的实施意见》;四、研究旭阳集团相关资产并购事宜;五、讨论《扬中市市区大型户外广告媒体布点设置规划及店招标牌设置规划》;六、讨论《关于进一步加快服务业发展的若干意见》和《扬中市“三型企业”培育三年行动计划》。 (政府办 夏璟)

【2016年市政府重点工作目标任务完成情况汇总表】

# 扬中市十件实事进展情况一览表

表40

| 序号 | 项　目 | 项目进展情况<br>（截至12月31日） | 主办单位 | 协办单位 | 完成情况 |
|---|---|---|---|---|---|
| 1 | 加强居家养老服务中心（站）标准化建设，新增标准化居家养老服务中心（站）6家 | 建成15家标准化居家养老服务中心（站），其中新坝镇2家、油坊镇2家、八桥镇2家、西来桥镇2家、三茅街道5家、经开区2家 | 民政局 | 各镇（街、区）<br>市有关部门 | 已完成 |
| 2 | 在大型商场、超市和农贸市场建设食品快速检测室10个 | 建成运行新坝、油坊、八桥、西来桥、兴隆、三跃农贸市场和南园菜市场、翠竹园菜市场、博联农商城、绿健生鲜配送公司食品快速检测室10个 | 市场监管局 | 各镇（街、区）<br>市有关部门 | 已完成 |
| 3 | 基本完成残疾人托养中心、康复中心和特教中心联建工程 | 已完成工程桩施工，正进行地下室基坑支护止水桩施工，土建安装单位已确定 | 残联<br>教育局 | 三茅街道<br>绿洲新城 | 达序时 |
| 4 | 建设省扬中专实训大楼，规划建设幼儿园3所、小学3所，改扩建初中2所 | ①省扬中专实训大楼：主体结构已封顶。②中扬康居苑幼儿园：主体结构已封顶；西城区幼儿园：正在进行施工图设计；城北幼儿园：正在进行结构施工。③中扬康居苑小学：正在进行主体结构施工；城北小学：正在进行主体结构施工；西城区小学：已完成两栋建筑桩基施工。④市一中：正在进行主体结构施工；联合中学：教学楼完成封顶 | 教育局 | 新坝镇<br>油坊镇<br>三茅街道<br>绿洲新城<br>城投公司 | 达序时 |
| 5 | 建设市人民医院医技综合楼，启动建设市精神病防治院、妇幼保健院 | ①市人民医院医技综合楼：该项目已停建。重新选址滨江新城建设新人民医院。②市精神病防治院：征地拆迁工作基本完成。③市妇幼保健院：项目缓建，统一纳入医疗机构布局调整范围，待新人民医院建成后调整 | 卫生计生委<br>人民医院 | 三茅街道<br>经开区<br>住建局<br>规划局<br>国土局 | 规划布局调整，另选址建设新人民医院 |
| 6 | 深化“智慧扬中”建设，实现城镇主要公共区域免费WiFi全覆盖，建设“智慧停车”系统，新增公共停车泊位500个 | ①WiFi热点区域已建成。②智慧停车系统：完成占道停车管理点位规划设计，设备已入库，部分设备已进场，新增停车泊位500个 | 电信公司<br>城管局 | 各镇（街、区）<br>市有关部门 | ①已完成<br>②达序时 |
| 7 | 运营公交主枢纽，新建公交次枢纽站，实现建成区公交站点500米半径全覆盖、全省公交“一卡通” | ①公交主枢纽：内装进行扫尾，正进行西侧道路与迎宾大道接口处绿化移树、挖土改造。②实现建成区公交站点500米半径全覆盖、全省公交“一卡通”。③公交次枢纽：选址建设西来桥镇次枢纽、博联次枢纽 | 交通运输局<br>城投公司 | 相关镇（街、区）<br>市有关部门 | ①达序时<br>②已完成<br>③达序时 |
| 8 | 有序推进“五水联治”工程，启动实施广宁河南侧片区雨污分流改造；建成农村小型污水处理设施14个、管网27公里；建设沙家港闸站，新建（改建）沿江泵站4座、城区排涝站8座 | ①广宁河片区水环境整治：引活水管道和污水提升泵站工程基本完成；老旧小区雨污分流改造已进场。②建成农村生活污水处理设施14座、污水管网29公里。③建成城区排涝站8座，新建（改建）沿江泵站4座。④沙家港闸站完成水工部分工程量的20% | 各镇（街、区）<br>治水办<br>住建局<br>市政园林工程处<br>水农局 | 市有关部门 | 达序时 |

续表 40

| 序号 | 项　目 | 项目进展情况<br>(截至 12 月 31 日) | 主办单位 | 协办单位 | 完成情况 |
|---|---|---|---|---|---|
| 9 | 实施 238 省道改线西来桥段,维修养护 238 省道八桥段 | ①238 省道改线西来桥段：基本完成桥桩施工，正在进行路基建设。②238 省道八桥段养护改善工程：进行工程施工和监理招投标 | 交通运输局<br>公路管理处<br>绿洲新城 | 八桥镇<br>西来桥镇<br>市有关部门 | 达序时 |
| 10 | 大力推进“绿色能源岛(太阳岛)”建设,深入实施“金屋顶计划”,新建分布式光伏发电装机容量 40 兆瓦 | 《扬中市创建全国高比例可再生能源示范基地实施方案（2015~2020)》获得国家能源局批复,新增屋顶光伏发电装机容量 42.8 兆瓦 | 发改经信委 | 各镇(街、区)<br>市有关部门 | 已完成 |

(政府办　夏璟)

## 扬中市六十项重点工作进展情况一览表

表 41

| 序号 | 项　目 | 项目进展情况<br>(截至 12 月 31 日) | 主办单位 | 协办单位 | 完成情况 |
|---|---|---|---|---|---|
| 1 | 深入落实各项政策措施,放大“营改增”、二三产分离成效,规范企业税负,培植涵养优质税源 | 全面推进“营改增”,建筑业、房地产业、金融业、生活服务业四大行业全年征收 1.44 亿元 | 财政局<br>国税局<br>地税局 | 各镇(街、区) | 达序时 |
| 2 | 深化挂钩联系企业制度,有针对性地开展政府服务、要素协调,政企携手共克时艰。加快企业上市步伐,新增 10 家企业上市,企业直接融资规模占比达 12% | ①新增挂牌企业 17 家(“新三板”4 家,上股交 E 板 1 家,上股交 Q 板 9 家,江苏股交中心 1 家,前海股交中心 2 家)。②全市直接融资规模突破 100 亿元,占社会融资总额比重达 14% | 发改经信委 | 各镇(街、区)<br>市有关部门 | 已完成 |
| 3 | 实施大学生创业引领、农村创业富民、城镇失业人员创业促进、海外人才引进创新创业四大行动计划,扶持创业 500 人,新增城镇就业 9500 人。积极推进新业态从业人员、农民工参保,规范灵活就业人员参保缴费政策,全力帮扶低收入困难群体参保,巩固扩大社会保险覆盖面 | 扶持创业 635 人,实施技能提升培训 1903 人、创业培训 990 人,新增城镇就业 1.2 万人，社会保险覆盖率保持在 98.9%以上 | 人社局 | 各镇(街、区)<br>市有关部门 | 已完成 |
| 4 | 加快高层次人才队伍建设,引进国家“千人计划”4 人、高层次人才(团队)100 个 | 引进国家“千人计划”人才 5 人、高层次人才(团队)110 个 | 人社局<br>人才办 | 各镇(街、区)<br>市有关部门 | 已完成 |
| 5 | 建立政府、银行和担保机构合作机制,引进银行机构 2 家。进一步抓好“金融生态市”创建工作,完善促进金融机构开展中小微企业金融服务的激励机制。推动银企深化互信、抱团取暖,稳步化解企业互联互保风险 | ①制定《金融突发事件应急处置办法》《金融系统目标管理考核办法》，探索建立化解互联互保风险的工作机制，强化在财政存款、公共资源等方面对金融机构的考核激励。②搭建政银企对接合作平台,2016 年政银企合作签约项目授信 27.66 亿元,履约率达 98.4%。③兴业银行、华夏银行、南京银行设立分支机构 | 金融办<br>人行<br>发改经信委 | 各镇(街、区)<br>市有关部门 | 已完成 |

续表 41

| 序号 | 项　目 | 项目进展情况<br>(截至 12 月 31 日) | 主办单位 | 协办单位 | 完成情况 |
| --- | --- | --- | --- | --- | --- |
| 6 | 严格执行中央、省市相关规定,坚持从严从俭,厉行节约,强化预算刚性约束,严控一般性支出和政府性债务。完善责任审计制度,加大对重要领域、关键岗位的行政监察和审计监督力度,加强国资监管,规范公共资源交易,做到权力在阳光下操作、资金在网络上监管、风险在流程内控制、资源在市场中配置 | ①开展财政预算执行审计,重点关注“三公”经费使用和政府性债务情况,实施 11 名领导干部经济责任审计和 2 名村(社区)干部经济责任审计,推进对 15 个村(社区)财务收支审计,全年完成 186 个审计项目,核减工程造价 2.62 亿元。②强化国有资产和政府性债务的规范管理。开展对市属国有企业经营业绩考核,签订资产经营目标责任书,出台并细化国有企业投资、担保、融资、重大资产处置相关业务流程,实施财务总监委派制。③出台《政府投资建设项目审计监督办法》《政府投资建设项目委托审计费用支付办法》。④加强政府采购预算编制和执行,出台《政府采购供应商诚信管理实施细则》《市属国有企业政府采购事项管理意见》等。⑤严格公共资源交易管理,出台《政府投资建设工程项目招投标及标后监管办法》《公共资源交易招投标现场监督管理人员工作职责》 | 监察局<br>审计局<br>财政局<br>政务服务办 | 各镇(街、区)<br>市有关部门 | 达序时 |
| 7 | 深化部门绩效管理,加大抓落实和绩效考核兑现的力度,坚决整治各种慵懒散行为,确保政令畅通、执行有力。强化领导干部“一岗双责”,管好自己、带好队伍、树好形象,切实做到干部清正、政府清廉、政治清明 | 实施效能提升“五大行动”,落实“一岗双责”,出台《鼓励干事创业担当责任豁免办法》,坚持“进位奖励、退位处罚、末位重罚”的考核导向,督促机关干部自觉抵制慵懒散,推进各级各部门整改补短、升档进位 | 监察局<br>发改经信委 | 各镇(街、区)<br>市有关部门 | 达序时 |
| 8 | 自觉接受人大法律监督和政协民主监督,高度重视舆论监督和社会监督,高质量办理人大代表建议和政协委员提案 | 代表建议 279 件、委员提案 165 件全部办结,满意和基本满意率 99.8% | 政府办 | 各镇(街、区)<br>市有关部门 | 已完成 |
| 9 | 全面推进信息公开,规范行政权力网上公开透明运行,推进网络问政、网上办事和信息共享。落实一次性告知、服务承诺、首问负责、限时办结等制度,强化责任追究,严格行政问责,推动政府各项工作提速、提质、提效 | 实行预决算信息公开,规范行政权力网上公开透明运行,制定出台 27 条提升行政审批服务效能的举措,推进简政放权、放管结合,激发市场活力 | 监察局<br>政务服务办 | 各镇(街、区)<br>市有关部门 | 达序时 |
| 10 | 加快主体功能区建设,优先划定永久基本农田保护红线,优化空间布局,加强耕地保护,合理确定城市开发边界 | ①合理确定城市开发边界,完成全域永久基本农田划定方案编制,并上报镇江市。②摸排全市重点工程和重点用地项目,编制规划调整完善方案。③按镇江主体功能区规划和产业发展要求,做好项目审批工作 | 发改经信委<br>规划局<br>国土局 | 各镇(街、区)<br>市有关部门 | 达序时 |

续表 41

| 序号 | 项 目 | 项目进展情况<br>(截至 12 月 31 日) | 主办单位 | 协办单位 | 完成情况 |
|---|---|---|---|---|---|
| 11 | 加快城投公司、绿洲新城等平台资源整合、实体化运作步伐,组建水投集团,合理控制各类债务,有序推进政府债券发行和政府债务置换,鼓励社会资本参与基础设施和公用事业的建设运营 | ①组建金控集团、水务集团,实施平台公司"三重一大"决策、绩效考核和薪酬管理机制。②深化平台公司与国开行、农发行等政策性银行的合作,优化融资结构,降低融资成本。③全年新增及置换债务转贷收入 9.9 亿元 | 财政局<br>水农局<br>各融资平台公司 | 各镇(街、区)<br>市有关部门 | 达序时 |
| 12 | 鼓励党政机关、企事业单位、居民小区应用屋顶分布式光伏发电,积极争创新能源应用全国试点示范。加速智能电气与光伏新能源集成应用、协同发展,建设"省微电网示范县(市)"。推广应用新能源和清洁能源,实施节能和循环经济项目 4 个,新坝镇创建国家级低碳示范镇,经开区争创国家级生态工业园区 | ①《扬中市创建全国高比例可再生能源示范基地实施方案(2015~2020)》获得国家能源局批复;②新增光伏发电 42.8 兆瓦(截至目前累计备案项目 130 个,装机容量 60.65 兆瓦,并网 32.57 兆瓦),居民安装分布式光伏发电超千户。③新坝镇创建国家级低碳示范镇各项指标已通过国家 CQC 认证中心认证 | 新坝镇<br>经开区<br>发改经信委<br>环保局 | 相关镇(街、区)<br>市有关部门 | 已完成 |
| 13 | 地区生产总值增长 8.5%,固定资产投资增长 15%,服务业增加值占 GDP 比重达 45%,一般公共预算收入增长 8%;城镇、农村居民人均可支配收入分别增长 8%、9% | 地区生产总值增长 9.5%,固定资产投资增长 14.6%,服务业增加值占 GDP 比重达 46%,一般公共预算收入同口径增长 3.6%;城镇、农村居民人均可支配收入分别达 4.5 万元、2.3 万元 | 发改经信委<br>财政局<br>统计局<br>商务局<br>人社局<br>农委 | 各镇(街、区)<br>市有关部门 | 已完成 |
| 14 | 深化社会信用体系建设,规范民间融资行为,完善"一企一档"信用档案,控制企业信用风险,建设诚信社会 | ①加大对非法民间借贷危害的宣传力度,发放宣传册 420 余份,发布宣传消息 1000 余条。②对全市可能涉及 P2P 或其他互联网金融业务的 45 家金融咨询、信息服务、投资管理公司开展了全面、细致的摸底排查 | 发改经信委<br>公安局<br>人行 | 各镇(街、区)<br>市有关部门 | 已完成 |
| 15 | 充分放大全国知名品牌创建示范区效应,持续推进"三集"产业园区建设,增强园区吸纳承载能力。争取设立镇江国家高新区扬中园区,高标准建设省高新区、科创中心二期,打造复旦科技园、中兴智慧城市物联网产业园等一批科技园 | ①工程电气知名示范区的建设进入长效机制阶段,各项工作有序推进。②开展第四届扬中市市长质量奖评审,"扬中工程电气"地理标志集体商标进入公示阶段。③镇江国家高新区扬中园区列入省规划空间布局,科创中心二期完成桩基工程 | 各镇(街、区)<br>发改经信委<br>市场监管局<br>科技局<br>农委 | 市有关部门 | 达序时 |
| 16 | 完成公车改革任务,启动实施新一轮出租车更新。倡导绿色消费、绿色出行,有序推进新能源汽车运用,逐步构建新能源交通系统 | ①基本完成第一轮公车改革工作,对 33 辆公车进行评估、拍卖,4 辆报废,18 辆权属变更。②推广新能源汽车 60 辆,同比增长 71.43%。③出台《扬中市出租汽车新一轮更新实施办法》,出租车更新稳步推进 | 机关事务管理局<br>发改经信委<br>交通运输局 | 各镇(街、区)<br>市有关部门 | ①达序时<br>②已完成<br>③达序时 |
| 17 | 强化政策引导,深化"三证合一、一照一码""多评合一""并联审批",大力清理"红顶中介"。改造政务服务大厅,整合窗口职能,加快实施"三集中三到位",优化创新创业环境 | ①实施"五证合一",放宽住所登记条件,全市领取加载统一社会信用代码执照的企业 8418 家,农专社 223 户,换照率达 73.2%,名称预核网上申报率 100%,新办企业电子营业执照率 100%。②编印行政审批制度改革相关文件汇编。③分类制定"红顶中介"脱钩方案,规范部门行业协会及中介服务收费行为 | 政务服务办<br>市场监管局<br>物价局<br>编办 | 市有关部门 | 达序时 |

续表 41

| 序号 | 项　目 | 项目进展情况<br>（截至 12 月 31 日） | 主办单位 | 协办单位 | 完成情况 |
| --- | --- | --- | --- | --- | --- |
| 18 | 贯彻有关降低实体经济成本的要求，及时落实降低企业成本的行动方案。积极运用市场、经济、法治手段化解过剩产能，坚决淘汰落后产能，对少数资不抵债、扭亏无望的企业加快兼并重组步伐，妥善安置企业员工，盘活存量发挥应有效益 | ①认真落实省政府关于降低实体经济企业成本的意见。加大与企业沟通交流力度，圣大中远电气等列入淘汰计划的落后产能已全部停产，落后的手工生产线已经拆除。②引导少数资不抵债、扭亏无望的企业加快资产重组步伐 | 发改经信委 | 各镇（街、区）市有关部门 | 达序时 |
| 19 | 启动实施“七五”普法，运用法治思维和法治方式深化改革、推动发展、化解矛盾、维护稳定。坚持政府法律顾问制度，完善重大行政决策合法性审查和集体讨论决定程序 | ①出台《扬中市“七五”普法规划》。建设普法微联盟，启动“法进万家”工程。创成省级法治文化建设示范点 2 个。②制定出台《市政府重大行政决策事项清单》《市政府重大行政决策事项清单和年度目标管理办法》 | 司法局<br>法制办 | 各镇（街、区）市有关部门 | 达序时 |
| 20 | 深化课程改革，优化教育布局，提升苏南教育现代化示范区建设水平，教育现代化建设水平综合得分达 90 分 | ①深化课程改革，试点分层走班，全面推行分类选课等个性化教育形式。②正在有序推进油坊幼儿园、兴隆中学等工程建设。③新增镇江市教育现代化学校 5 所，教育现代化建设水平综合得分达 90.4 分 | 教育局 | 各镇（街、区）市有关部门 | 达序时 |
| 21 | 统筹管理城乡医疗资源，落实分级诊疗和双向转诊机制，推进“全国健康促进县”试点建设工作，加快建设“健康扬中”，迎接国家卫生城市复评 | ①康复联合病房全年下转患者 197 人，入住 132 人，推进全科—专科联合门诊建设。②“全国健康促进县”通过国家级考核验收。③通过国家卫生城市长效管理省级暗访 | 卫生计生委 | 各镇（街、区）市有关部门 | 已完成 |
| 22 | 加强基层公共文化服务体系建设，规划建设新文化中心，新建国家青少年曲棍球训练基地、广电塔 | ①新建农民健身公园 2 个、基层综合性文化服务中心示范点 7 个。②新文化中心：正在完善项目整体设计方案。③青少年曲棍球训练基地：完成规划选址。④广电塔：确定招标试桩单位 | 文体局<br>广电中心 | 各镇（街、区）市有关部门 | 达序时 |
| 23 | 办好“社区艺术节”“农民艺术节”，持续开展“城乡结对、文化共建”、文化“三送”等活动，打造“江洲大讲堂”“书香扬中”等文化品牌 | ①扬中市社区（农民）文化艺术节被授予镇江市首批群众文化“十百千”工程优秀文化活动品牌项目。②“三送”活动：全年开展送文艺下乡巡回演出 68 场次，赠送图书 5000 册，免费放映影片 700 场次。③推进全民阅读及艺术普及，完成艺术培训 2 期，艺术展演展示 12 场次 | 文明办<br>文体局 | 各镇（街、区）市有关部门 | 达序时 |
| 24 | 以园博园、奥体中心为载体，积极引进各类文体赛事活动，办好河豚文化节。探索应用“文化+”的发展新模式，培育壮大新兴文化产业 | ①举办“放歌河豚岛”专场文艺演出，承办全国足协业余联赛总决赛。②圆满完成第 13 届河豚节文化节的各项工作。③积极发展河豚文化、智慧城市、智慧园区、工业设计等产业，7 家文化企业申报市级文化产业引导资金 250 万元 | 文体局<br>商务局<br>发改经信委 | 各镇（街、区）市有关部门 | 达序时 |

续表 41

| 序号 | 项 目 | 项目进展情况<br>(截至 12 月 31 日) | 主办单位 | 协办单位 | 完成情况 |
|---|---|---|---|---|---|
| 25 | 全面实施“二孩”政策，持续深化户籍制度改革，提高户籍城镇化水平 | ①全年累计生育登记 2092 户。其中一孩 1269 户，二孩 823 户。②全年新增城镇常住人口 4016 人，户籍人口城镇化率达 61.72% | 卫生计生委<br>公安局 | 各镇(街、区)<br>市有关部门 | 达序时 |
| 26 | 整合乡镇卫生院、敬老院资源，推进医养融合，完善养老服务体系 | 全市首家公办医养融合型养老机构投入运行，医养融合型床位数占机构养老床位总数的比例达 11.71%；建成标准化居家养老服务中心 15 家 | 卫生计生委<br>民政局 | 各镇(街、区)<br>市有关部门 | 达序时 |
| 27 | 兴隆污水处理厂承接主城区生活污水，新建西来桥镇工业污水处理厂。建设工人路、翠竹路、文化路等污水收集管网，维修城区污水合流管网 40 公里 | ①建成兴隆污水处理厂二期，西来桥镇工业污水处理厂已完成立项、选址、环评，正在进行方案设计。②工人路、友谊路、翠竹路、同宁路雨污水管网工程已完成；文化北路雨、污水管网完成工程量的 60%。③管网维修工程：完成维修 40 公里 | 西来桥镇<br>三茅街道<br>经开区<br>治水办<br>住建局<br>市政园林工程处 | 市有关部门 | 达序时 |
| 28 | 树立土地“减量化”思维，积极探索科学用地方式和弹性供地机制，鼓励各类企业向空中和地下发展，提高土地利用率，新增建设用地 2100 亩，盘活存量土地 3200 亩 | ①新建地下室、底下停车场 10 万平方米，多层标准化厂房 18 万平方米。创成“省国土资源节约集约模范市”“省土地执法模范市”。②完成增减挂钩 470 亩、占补平衡 120 亩。③新增建设用地 2130.4 亩，盘活存量土地 3200 亩 | 国土局 | 各镇(街、区)<br>市有关部门 | 已完成 |
| 29 | 改革规划管理体制，推进“多规融合”，建立全市域“规划一张图”应用系统。编制地下管网综合规划，建立地下管线信息系统，探索地下综合管廊建设 | 完成地下管线综合规划文本；地下管线信息系统已建立并试运行 | 规划局 | 市有关部门 | 达序时 |
| 30 | 有序实施南部新城核心区基础设施，启动建设纬二路、疏港路南延，建成兴港路、疏港路、新材料物流园区连接线 | ①纬二路、疏港路南延：已确定道路线形，正开展前期工作。②兴港路、疏港路：已基本建成，具备通车条件。③新材料物流园区连接线：正在施工 | 油坊镇<br>八桥镇<br>规划局<br>绿洲新城 | 市有关部门 | 达序时 |
| 31 | 推进扬子新村、园丁路等片区旧城改造，实施城东安置房二期、港湾新城二期、幸福花苑三期等城乡安置房工程。完善多元化安置模式，不断提高货币化安置比例，逐步消化房地产库存，稳定房地产市场 | ①扬子新村片区房屋征收签约 1011 户，签约率 92.75%。②园丁路南侧片区房屋征收签约 332 户，签约率 99.7%；正在进行施工图设计和方案审批。③城东安置房二期：地下室全部完成，1#、5# 楼封顶，2#、3# 楼完成 16 层，4# 楼完成 5 层。④港湾新城二期：试桩工程已竣工；正在进行桩基检测和桩基施工图图审。⑤幸福花苑三期：3#、4# 楼正在进行七层主体结构施工。⑥全年统购商品房 120 套 | 西来桥镇<br>三茅街道<br>经开区<br>住建局<br>城投公司<br>绿洲新城 | 市有关部门 | 达序时 |

续表 41

| 序号 | 项　目 | 项目进展情况（截至 12 月 31 日） | 主办单位 | 协办单位 | 完成情况 |
|---|---|---|---|---|---|
| 32 | 巩固“四城同创”成果，探索万米单元网格管理，升级数字城管系统，健全常态运行机制。积极开展优秀住宅小区创建，提升物业规范管理水平。深入推进交通秩序治理，加强环境卫生、市容市貌长效管理。开展建设工地扬尘集中整治，规范渣土运输车辆管理 | ①数字城管二期建设工程已全部完工，各升级子项目均已进入试运行和试用阶段。②三个老旧小区改造进程：田园小区已完成改造任务，友谊、电信小区 2017 年 5 月底结束。评选 2016 年度优秀住宅小区 4 个。③制定渣土车密闭管理方案，全年查处抛洒滴漏、带泥行驶等案件 75 起。④扎实开展“打非治违”“百日整治”等系列专项行动，全年查处各类交通违法行为 28.91 万起，其中醉驾 98 起 | 三茅街道<br>城管局<br>公安局<br>住建局 | 相关镇（街、区）<br>市有关部门 | 达序时 |
| 33 | 改革城市管理体制，相对集中行政处罚权，推进城市管理重心下移、管理职能向村（社区）延伸。强化居（农）民建房监管，坚决查处违法违章建设行为 | 共查处居民违建 689 处，拆除 297 处，拆除或整改面积 36800 平方米；查处单位集体工程违法建设 35 处，拆除面积 1640 平方米 | 各镇（街、区）<br>城管局<br>规划局<br>监察局 | 市有关部门 | 达序时 |
| 34 | 有序开展农村居民点和美丽乡村建设，建成省“美丽乡村示范点”3 个、镇江市“美丽宜居小镇”1 个 | 三茅街道中华村、友好村、油坊邻丰村 3 个省美丽乡村、新坝镇美丽宜居镇通过专家组验收 | 各镇（街、区）<br>住建局 | 市有关部门 | 达序时 |
| 35 | 建成新扬南路延伸、新民南路延伸、同心路西延、中电大道北延等道路工程，适时启动雷公岛直达通道建设 | ①新扬南路延伸：一期已完成，二期工程已完成污水管道铺设，正在进行灰土层施工。②新民南路延伸：机动车道已完成，具备通车条件。③同心路西延：项目已完工。④中电大道北延：正在进行灰土层施工。⑤雷公岛直达通道：正在进行征地拆迁 | 新坝镇<br>城投公司<br>交通运输局<br>绿洲新城 | 三茅街道<br>市有关部门 | 达序时 |
| 36 | 推进公园绿地建设和绿化造林，加强滩涂湿地保护、自然生态修复 | 全年成片造林 508 亩，栽植草皮护坡 40 亩，植树 3000 余株，打造堤防生态景观 2 处 | 农委<br>水农局<br>市政园林工程处 | 市有关部门 | 已完成 |
| 37 | 修编全市水系规划和蓝线规划，全面落实“河长制”，加强河道管护，营造优良的河港生态景观环境。完成扬子河、绿柳河水环境治理，整治新扬路、春柳路等低洼易淹易涝片区。沟通明珠湾—联丰港、思议港—红旗河水系，完成小农水重点县、中小河流治理重点县项目 | ①水系规划和蓝线规划根据专家意见进一步修改完善，“河长制”全面落实、经验全国推广。②张家港水环境治理：基本完成。③新扬路、五星花苑、鸣翠山庄等低洼易涝片区改造已完工并投入使用。④完成思议港—红旗河水系畅通、小农水重点县项目、中小河流治理重点县项目等工程 | 三茅街道<br>治水办<br>水农局<br>城投公司<br>市政园林工程处<br>城管局 | 相关镇（街、区）<br>市有关部门 | 已完成 |
| 38 | 贯彻落实“中国制造 2025”战略部署，培育壮大新兴产业，重点实施大津清洁能源装备产业园二期、智能化配电网设备等项目，技改投入达 100 亿元。引导企业抢抓“互联网+”机遇，加快线上线下融合，推进业态创新和商业模式创新 | ①工业技改投资完成 108 亿元，增幅 34.9%。②大津清洁能源装备制造项目已完成龙源港机竞拍，目前正在制订园区整体规划，已有 3 家企业入驻；大津绿色能源有限公司正在建设厂房和研发中心；美联智能化配电网项目辅助用房装修结束，厂房基础完工。③对接 2016 年省战略性新兴产业引导资金要求，组织符合条件的企业申报项目 | 发改经信委 | 各镇（街、区）<br>市有关部门 | 达序时 |

续表 41

| 序号 | 项　目 | 项目进展情况<br>（截至 12 月 31 日） | 主办单位 | 协办单位 | 完成情况 |
|---|---|---|---|---|---|
| 39 | 优先发展研发设计、能源管理、信息化服务、检验检测等行业，提升省配电设备产品质量监督检验中心等机构服务能力，推动生产性服务业专业化。加大区域品牌、行业品牌、企业品牌建设，新增省著名商标 8 件以上、省名牌产品 3 个以上，主导制定、参与修订国家标准和行业标准 1 个以上 | ①已申报省著名商标 9 件、省名牌产品 8 个。②主导国家标准制定修订 2 项、地方标准 4 项。③成功建成全国中低压工程电气产业知名品牌创建示范区。④已申报省著名商标 9 件、省名牌产品 8 个，主导制定、参与修订国家标准和行业标准 1 个 | 发改经信委<br>市场监管局 | 各镇（街、区）<br>市有关部门 | 已完成 |
| 40 | 积极鼓励和支持企业“走出去”，开拓国际市场，力争外贸进出口增长 15%以上。提高招商选资水平与层次，全年力争引进 10 亿元以上项目 10 个，实际利用外资 1.3 亿美元 | 完成进出口 5.59 亿美元，实际利用外资 1.4 亿美元，引进 10 亿元以上项目 10 个 | 商务局<br>发改经信委 | 各镇（街、区）<br>市有关部门 | 已完成 |
| 41 | 积极融入“一带一路”倡议、“长江经济带”战略等，调整完善扬中港区规划，优化港口功能布局，健全通关机构。发挥岸线资源优势，加快岸线资源合理、有序利用。实施润华物流、北斗智慧长江服贸融总部等项目，搭建推进经开区临港园区、科技创新园等载体，集聚壮大临港产业 | 积极融入“一带一路”倡议、“长江经济带”战略等，扬中港区规划进一步修改完善，润华物流项目一期建成投产，北斗智慧长江项目开工建设，科技创新园配电房工程已竣工投入使用 | 西来桥镇<br>经开区<br>发改经信委<br>交通运输局 | 相关镇<br>（街、区）<br>市有关部门 | 达序时 |
| 42 | 鼓励和扶持发展特色旅游、休闲度假、养老养生等产业，加快建设际华园、雷公岛高端旅游度假区等项目，提供便利化的生活性服务 | ①际华园项目已开工建设。②雷公岛项目具备接待条件。③2 家省四星级乡村旅游点通过验收 | 新坝镇<br>三茅街道<br>发改经信委<br>旅游局 | 相关镇<br>（街、区）<br>市有关部门 | 达序时 |
| 43 | 积极推进金源时代购物广场、红星国际生活广场、纺织品市场、苏瑞大市场、时代广场商业综合体等项目建设，实现多元化的消费性服务 | ①金源时代广场进行基坑开挖。②红星国际生活广场：红星金街封顶，家居馆开工建设。③纺织品市场：进一步完善规划方案，办理相关开工手续。④时代广场：桩基施工，开挖地下室。⑤苏瑞大市场项目：征地拆迁已结束，正在进行方案初步设计和办理前期手续 | 新坝镇<br>三茅街道<br>发改经信委 | 市有关部门 | 达序时 |
| 44 | 推进“四好农村路”创建，实施农村公路提档升级和安全防护工程，完成江堤公路维修 | ①农村公路提档升级工程共计 8 个项目已全部完成，共计改造里程 11.22 公里，改建农桥 1 座。②农村公路安全生命防护工程共计 64 个项目已全部完成，治理总里程 199.17 公里。③江堤公路维修工程已完成。④县道安全防护工程已完工 | 交通运输局<br>公路管理处 | 各镇（街、区）<br>市有关部门 | 已完成 |
| 45 | 全力做好安全生产、市场秩序等方面的监管工作，创建省食品安全城市 | ①食品安全设施全面加强，完成了江苏省食品安全城市创建第一阶段验收任务。②圆满完成扬中市 2016 年 IV 食品安全事故应急演练。③对各镇（街、区）食品安全工作进行考核 | 安监局<br>市场监管局 | 各镇（街、区）<br>市有关部门 | 达序时 |

续表 41

| 序号 | 项　目 | 项目进展情况<br>（截至 12 月 31 日） | 主办单位 | 协办单位 | 完成情况 |
| --- | --- | --- | --- | --- | --- |
| 46 | 实施油坊镇新能源产业园西片区环境整治，关闭提升化工企业 2 家以上，着力解决一批群众反映强烈的热点难点问题 | ①对油坊镇新能源产业园内 17 家企业排查出的 46 项环境问题，全部整改到位。②关停并转化工企业 3 家，中央环保督察交办事项全部整改到位 | 油坊镇<br>发改经信委<br>环保局 | 相关镇（街、区）<br>市有关部门 | 达序时 |
| 47 | 完善扶持政策，鼓励创新工场、创客空间等平台建设与发展，建成创业创新公共平台 9 家 | 建成新坝“CTU”空间、大学生创业园、经开区智慧众创空间、油坊阳光创客空间等 10 家创客空间 | 发改经信委<br>科技局 | 各镇（街、区）<br>市有关部门 | 已完成 |
| 48 | 主动呼应省沿江产业技术创新带战略，支持企业大力开展政产学研合作，引导企业深化研发机构建设，加快研发攻关，提高创新水平，加快形成以创新企业为骨干的创新型企业集群。新建省级以上研发机构 8 家，规模以上工业企业研发机构建有率达 47% | 与中科院、北大、清华等高等院校签订产学研合作项目 100 项；新建省级以上研发机构 14 家，规模以上工业企业研发机构建有率达 47% | 发改经信委<br>科技局 | 相关镇（街、区）<br>市有关部门 | 已完成 |
| 49 | 积极探索农村集体产权制度改革，筹建农村产权交易平台 | 出台《扬中市关于推进农村产权流转交易市场建设的实施意见》，市级农村产权交易中心挂牌成立 | 农委 | 各镇（街、区） | 达序时 |
| 50 | 加快推进河湖管理体制机制创新改革，有序实施重点水利工程划界确权工作。推进坍江治理、堤防除险加固等工程，逐步提升防洪保安能力 | ①河湖管理体制机制创新改革有序推进，重点水利工程划界确权工作试点段完成验收。②治理江堤滑坡 870 米、坍江岸线 4100 米，维修挡浪墙 1700 米 | 水农局 | 各镇（街、区） | 达序时 |
| 51 | 严格执行生态红线区域保护制度，建立生态补偿机制，强化环保网格化管理，开展行业性、区域性专项整治，确保污染物稳定达标排放 | 实施生态修复补偿项目 37 个，建立健全市、镇、村三级环保网格化管理体系，开展黄山套片区、油坊新材料园区专项整治，完成年度减排任务 | 环保局 | 各镇（街、区）<br>市有关部门 | 达序时 |
| 52 | 大力实施“蓝天工程”，加强秸秆综合利用，加快淘汰黄标车，完成燃煤锅炉整治 | 全年秸秆综合利用率达 95.6%，淘汰黄标车 642 辆，整治燃煤锅炉 74 台 | 环保局<br>农委<br>公安局 | 各镇（街、区）<br>市有关部门 | 已完成 |
| 53 | 依托现代渔业园区，加快万亩特种水产基地建设，重点发展以河豚、刀鱼、江蟹为主体的特色水产养殖，打造长江名贵鱼繁育基地 | 全市河豚工厂化养殖面积达 6 万平方米，江蟹标准化养殖面积达 7200 亩，刀鱼特色化养殖达 20 万尾。建成省水产种业创新基地、省渔业技术推广示范基地项目；长江刀鲚养殖基地项目有序推进 | 农委<br>城投公司 |  | 达序时 |
| 54 | 积极培育新型农民，规范土地流转，扶持发展多种形式的适度规模经营。大力发展“互联网+农业”，推进“一村一品一店”，引领农业走生态、高效、特色、质量、品牌发展之路 | ①完成全年培训任务，累计培训新型农民 830 人。②贯彻落实《关于规范引导农村土地经营权有序流转 促进农业适度规模经营发展的实施意见》，全年培育各类新型农业经营主体 68 个，流转土地 4100 亩。③建成水产“一村一品”项目 2 个，新增农业“三品”17 个。④新增高效设施农业面积 2031 亩，改造提升 2025 亩 | 农委 | 各镇（街、区）<br>市有关部门 | 已完成 |

续表 41

| 序号 | 项　目 | 项目进展情况<br>（截至 12 月 31 日） | 主办单位 | 协办单位 | 完成情况 |
|---|---|---|---|---|---|
| 55 | 坚持精准扶贫、精准脱贫，完善“5+1”帮扶体系，力争消除人均纯收入低于 8000 元的低收入户 | 通过全市各机关部门、各镇街区开展“5+1”“党员一联一”结对帮扶等活动，基本消除人均纯收入低于 8000 元的低收入户 | 农委 | 各镇（街、区）<br>市有关部门 | 已完成 |
| 56 | 完成村（社区）换届选举，拓宽村集体增收渠道，确保村均收入增长 8%以上，力争消除年经营性收入低于 100 万元的经济薄弱村 | ①完成第十一届村委会和第六届居委会换届选举工作。②村级收入增长 8%，全面消除年经营性收入低于 100 万元的经济薄弱村 | 民政局<br>农委 | 各镇（街、区）<br>市有关部门 | 已完成 |
| 57 | 完善社会救助体系，大力发展慈善、社会福利事业，引导社会组织、企业等志愿力量参与，促进政府救助和社会救助相结合 | ①严格低保审批程序，强化动态管理力度。全年新增 68 户 143 人，调整、注销 106 户 256 人，共 1704 户 2886 人，其中农村低保 1456 户 2390 人。②全年发放重残人员救助金 1841.33 万元、慈善救助资金 500 万元。③建成 7 家“残疾人之家” | 民政局<br>残联 | 各镇（街、区）<br>市有关部门 | 达序时 |
| 58 | 推进社区管理模式创新，严格落实社区事务准入制。加强社会组织培育引导，激发社会组织活力，新增 3A 级以上社会组织 3 家 | ①梳理确定 2017 年度政社互动“两份清单”。②授予市老年体育协会等 5 家社会组织“扬中市优秀社会组织”称号，并兑现奖金 10 万元。③市棋类协会、市智慧社区便民服务中心获 4A 级社会组织等级评估，扬中麦田义工服务社获 3A 级社会组织等级评估 | 民政局 | 各镇（街、区）<br>市有关部门 | 达序时 |
| 59 | 创新社会治安防控体系，强化群防群治，完善自防自治，不断增强人民群众安全感 | 搭建社会视频资源接入平台，将机关、医院、学校、酒店、住宅小区等 300 家单位的 2500 余个视频监控接入公安视频网。充分利用“微警务”平台，累计征集各类犯罪线索 120 余条，协助破获网下案件 26 起，全市公众安全感达 95.5% | 公安局 | 各镇（街、区）<br>市有关部门 | 达序时 |
| 60 | 夯实基层群众工作基础，健全社会矛盾预警排查、利益诉求、协商沟通机制，引导群众依法合理维权，妥善化解各类社会矛盾 | 完善矛盾排查化解机制，建立市级人民调解专家库，协调多部门联动，积极排查化解各类社会矛盾。全年各级调解组织共接待来访 2152 批 5620 人次，组织开展矛盾纠纷排查 3835 次，受理调解纠纷 2442 件，调解成功 2431 件，调解成功率 99.55%。共稳妥处置群体性事件 57 起，收集上报、及时化解不稳定因素 236 起 | 信访局<br>司法局<br>公安局 | 各镇（街、区）<br>市有关部门 | 达序时 |

（政府办　夏璟）

## ·政府法治工作·

【概况】2016年,扬中市行政决策程序更加规范。把"坚持政府法律顾问制度,完善重大行政决策合法性审查和集体讨论决定程序"列入市政府2016年度六十项重点工作之一,编制月度推进计划。依据《江苏省行政程序规定》,制定《扬中市人民政府重大行政决策事项清单》《扬中市人民政府重大行政决策事项清单和年度目录管理试行办法》,明确重大行政决策事项范围,规范编制、调整和管理重大行政决策事项清单和年度目录工作。

修订完善《扬中市法治政府建设考核评价办法》,将依法行政工作情况纳入政府年度目标考评范围。各部门及各镇(街、区)年底向市政府书面报告本年度依法行政工作情况,同时市依法行政工作领导小组办公室牵头负责对市各部门及各镇(街、区)依法行政工作情况进行检查考评,形成检查考评情况通报发至各单位。

完善行政执法责任、执法过错和错案责任追究、行政效能监察等制度,严格追究行政执法过程中的不当行为;首次建立规范性文件管理责任追究制度,对规范性文件存在的问题拒不纠正的,出现规范性文件违法需要改正或者撤销的,追究相关人员的责任,情节严重、造成不良后果的,由有关部门依法给予行政处分。

(法制办 郭静)

【政务服务中心建设】2016年,扬中市根据行政审批事项清单,逐一落实进驻中心方案,基本完成"三集中三到位"阶段性任务。优化调整政务服务中心窗口布局,截至2016年年底,全市25个部门135个行政审批服务事项(行政审批事项119个,行政权力事项16个)和63个行政审批窗口工作人员陆续进驻政务服务中心。其中,行政审批事项119项,增长101.7%;行政审批事项进驻率70.4%,增长40.8%。深化"多图联审"、并联审批工作,新设企业的营业执照、组织机构代码证、税务登记证、公章备案证明4个证照,5个部门协同作业,3个工作日内一次性办齐。深化商事制度改革,在"三证合一"的基础上推进"多证合一",取消统计登记证、社会保险登记证和印章持章证。完善服务承诺制、首问负责制、一次性告知制和限时办结制等四项制度,开展窗口工作人员业务培训,梳理办理事项服务指南。

(法制办 郭静)

【政务公开机制深化】2016年,扬中市组织召开全市政府信息公开工作推进会,明确规定依法申请公开的受理、答复、监督等程序,每季度通报政府信息公开情况,规范工作流程,强化责任界定。加大"12345"政府服务热线的办理力度,积极发挥服务群众、化解矛盾的作用,工单回复率、群众满意率稳步提升。截至11月,"12345"热线接听来电2.46万个,受理业务2.17万件,派送政务热线工单1.12万件,按时办结率100%。健全网络监督工作机制,关注网络舆情动态,认真对待网络问政答复。接收并处理省长信箱21件、市长信箱19件,受理答复网民网帖1000余条,按时办结率90%以上。

(法制办 郭静)

【行政复议体制机制】2016年,扬中市按照江苏省、镇江市关于行政复议工作规范化建设考核要求,着力做好行政复议工作四个规范,切实发挥行政复议在化解行政争议中的主渠道作用。一是规范受理接待,在全市各镇(街、区)及信访局信访接待窗口设立行政复议受案点,畅通复议渠道,收到行政复议申请13件,受理10件,办结10件。其中责令履行2件、维持5件、复议终止3件,纠错率20%;二是规范审理程序,加大调解力度,2016年办结的行政复议案件中经调解结案的有3件,占办结案件的30%;三是规范复议文书,强化释法说理;四是规范保障措施,完善制度建设。设立专门的行政复议接待室、听证室、阅卷室、档案室,听证室模拟法庭样式,配备视频监控和证据演示系统。

(法制办 郭静)

【行政应诉水平提高】2016年,扬中市结合国务院、江苏省、镇江市及最高院关于加强行政应诉工作文件精神,制定扬中市《关于规范市政府行政诉讼案件应诉工作的意见》,明确以扬中市市政府为被告的行政诉讼案件,由被诉行政行为的具体承办单位代表市政府出庭应诉,市政府法制办加强对各应诉单位的诉讼指导和协调沟通。扬中市法院受理21件行政诉讼案件,行政负责人出庭应诉率100%。 (法制办 郭静)

## ·政务服务管理·

【概况】2016年,扬中市政府服务管理办公室政务服务中心各窗口受理各类行政审批(服务)事项6.94万件。其中即办件3.96万件,承诺件2.98万件,现场办结率57.1%。2016年,公共资源交易中心完成交易项目568个,交易总额18.10亿元,其中政府采购项目309个,交易额2.05亿元,节支额2570.40万元,节支率

11.16%；工程交易项目235个，交易额13.99亿元，节支额1.44亿元，节支率9.36%；产权交易项目18个，交易额3262.95万元，溢价额8.95万元，溢价率0.28%；土地交易项目6个，交易额1.74亿元，溢价额150万元，溢价率0.87%。2016年，12345热线接听来电2.6万个，受理话务业务2.34万件。其中直接办结1.09万件，三方通话办结347件，派送工单1.21万件(办结1.2万件)，回访市民满意率98.5%。配合市场监管部门先后落实"先照后证"审批后置"双告知"制度，推进放宽市场主体住所(经营场所)登记条件和企业名称核准全流程网上办理。在"三证合一、一照一码"基础上实行"多证合一、一照一码"登记模式，印制《扬中市企业登记注册(名称核准)操作手册》。2016年，核发"多证合一"营业执照9383户，累计办理不动产权证书1.48万本，不动产权证明7802个。 (政务服务办 陈健)

**【"e办事"平台建设】**2016年，扬中市政府服务管理办公室协助审改办召开扬中市"e办事"审批服务平台公共服务事项报送工作会议，梳理、审核各部门上报的公共服务事项及服务指南，并配合编办召开"e办事"网上审批服务平台建设推进会，开展镇江市权力阳光统建平台行政权力事项数据调整培训和未入库行政权力事项梳理填报工作培训，与审改办联合出台《关于公布扬中市级公共服务事项清单的通知》，要求相关部门公示办事指南。截至2016年年底，保留38个部门(单位)153项公共服务事项。 (政务服务办 陈健)

**【"12345"热线平台】**2016年，扬中市政府服务管理办公室拓宽便民服务功能，开通"12345"热线网站与微信公众号平台，进一步拓宽市民的诉求渠道和热线的便民服务功能，强化工单交办督办力度，配合市纪委、政府办以及市级机关工委抽取涉及机关作风效能类问题工单，不断推进基层矛盾的有效化解。全年组织难点工单交办会4次，交办64个难点工单。

(政务服务办 陈健)

·人事人才·

**【概况】**2016年，扬中市人才服务中心牢牢把握新时期新阶段的人才工作大局，紧扣全年目标任务，强化措施，落实责任，扎实推进，全年引进1258名本科以上人才。其中硕士以上115人，企业经营管理人才139人，为扬中市经济快速转型、跨越发展提供强有力的人才智力支持。2016年，扬中市举办"春季人才交流大会""就业转移人才交流大会""夏季人才交流大会"三场大型人才交流活动，三场招聘会组织429家单位参加，提供岗位需求9395个，吸引1.3万人进场求职，达成就业意向2726人次。 (人社局 郑娅)

**【企业服务年活动】**2016年，扬中市人才服务中心积极开展"聚焦扬中，博揽人才"企业服务年活动，扩大人才政策、人才中心业务、扬中人才网的宣传覆盖面，促进惠企惠才政策的落地生根，促进企业发展，提升服务效能。在新坝开展一次企业服务年宣讲活动，邀请新坝镇部分重点骨干企业、成长型企业人力资源部门的200余名负责人参加宣讲会。活动中，向企业发放《人才优惠政策》《人才中心业务及办理流程》《扬中人才网宣传单页》等相关资料，现场演示扬中人才网的操作流程。

(人社局 郑娅)

**【人力资源服务产业园开园】**2016年10月29日，扬中市人力资源服务产业园举行揭牌仪式，产业园正式挂牌运营。该产业园以扬中市人力资源市场大楼为主核心区，大楼第四层为集中办公区，结合市人社局对外服务窗口整合，集中形成市场招聘、人才引进、就业促进、人事代理、档案托管、考试、培训、社保等为一体的"一站式"公共服务平台。6家企业入驻产业园，加入形成包括招聘、培训、人才派遣、人力资源外包、人事代理、测评、咨询等多位一体的人力资源服务综合产业链。

(人社局 郑娅、新闻中心)

2016年10月29日，扬中市人力资源服务产业园揭牌

**【档案电子化管理】**2016年，扬中市人才服务中心主动探索档案管理发展的新路子，对原有人事档案管理信息系统进行改版和升级，推进档案电子化管理模式。按照"统筹规划、循序渐进、需求导向、保证安全、合理适用"的方法，以机关事业单位档案电子化为先行，逐步

推动存量档案资源电子化。机关事业在编和退休人员近5000余份人事档案的基本信息已全部录入新系统，档案的扫描录入工作完成过半。（人社局 郑娅）

**【高技能人才培养工程】**2016年，扬中市人社局认真落实“金山英才”计划，高技能领军人才计划入围9个，全年新增高技能人才1024人。其中技师、高级技师89人，每万名劳动力中高技能人才717人。加强高层次人才引进培养，落实“千人计划”5人、高层次人才(团队)100余个，申报省“双创”项目25个。深入高校招才引智，探索合作洽谈、就业指导、校地对接、人才招聘四位一体新形式，开展企业与高校项目对接活动，30余个项目确立合作关系。（人社局 陈欢）

**【机关事业单位调资】**2016年，扬中市人社局落实公务员职务与职级并行制度，完成首批368人职级晋升审批，人均月增资439元。落实法官、检察官和司法辅助人员工资制度改革试点工作，按规定调整员额内法官、检察官工资。提高在职机关事业单位人员工资，人均提高300元。（人社局 龚永华）

## ·侨务工作·

**【概况】**2016年，扬中市侨务工作坚持“以人为本、为侨服务”的宗旨，开展为侨服务活动，努力维护侨益。开展新春走访慰问活动。为扎实推进“归侨侨眷关爱工程”，积极保障和改善民生，走访慰问部分重点侨眷、侨界人士、困难侨眷代表、离退休干部及遗孀等30余人。其中市领导带队慰问博士曹贤华、博士杨怀进等重点华人华侨家庭，发放慰问金2万余元。举办政策宣讲活动。组织侨界人士参加镇江“企业国际化发展策略报告会”；参加《江苏省保护和促进华侨投资条例》解读活动；组织26家涉侨企业和华商会会员企业参加“2016海外华人华侨高层次人才行暨第八届华人华侨创新创业镇江洽谈会”；举办“健康讲座和义诊活动，侨眷代表、涉侨企业家和华商会会员企业家代表80余人参加活动。深入基层和侨界群众调查研究，贯彻《中华人民共和国归侨侨眷权益保护法》和国务院《信访条例》等法律法规，认真对待来电、来访，主动联系协调相关部门，切实解决归侨侨眷中的热点难点问题。全年接到归侨侨眷信访5件次，均得到有效调解。接待海外侨胞12人次。做好侨联宣传信息，新一届侨界人大代表、政协委员的推荐等工作。开展全市贫困侨眷调查工作，为精准扶贫打下基础。（侨联 吴华春、侨办 唐国军）

**【侨联六届五次全委会】**2016年3月31日，扬中市侨联召开三届四次全委会，会议传达学习中国侨联九届三次全委会、省侨联六届五次全委会精神，报告2015年侨联工作开展情况，布置下一阶段工作。市政协副主席蒋相根出席会议。（侨联 吴华春）

**【信息宣传工作】**2016年，扬中市开展侨联工作和侨眷先进人物宣传，扬中新闻媒体上录用稿件6篇，省侨联网站录用12篇。主动做好新一届侨界人大代表、政协委员的推荐工作，联系市人大、政协和市委统战部，推荐侨届优秀人士列入人大代表和政协委员候选人。侨界人大代表撰写建议5件、政协提案8件。推荐3名海外委员，在扬中的省华侨书画院理事参加第三届世界华侨华人美术书法展征稿和征集“江苏省海内外侨界纪念孙中山先生诞辰150周年书画展”参展作品；推荐从事侨联工作20年(含)以上人员报省侨联颁发荣誉证书 。（侨联 吴华春）

**【侨情调查】**2016年，扬中市在建立健全组织机构的基础上，联合新坝镇各村侨情联络员，深入新坝镇及其各村，入户调查，发放调查表，进一步充实和完善侨情数据库，特别是精确核实和更新扬中籍在香港人士的基本情况，掌握全市留学生的数量分布、专业类别、现状特点。对调查情况深入分析，做好调查数据的开发和利用，建立基本侨情清楚、侨胞社团组织清楚、新华侨专业人士类型及分布清楚、侨资企业的生产经营状况清楚的立体数据库。（侨联 吴华春）

**【海外新侨拓展】**2016年，扬中市侨务工作建立常态化沟通机制，每月通过微信群、QQ群多种方式与海外侨胞及留学生联络，发送讯息，宣传和推介扬中经济社会发展情况和各类人才科技金融等政策，及时反馈海外人才诉求。巩固与加强扬中发展促进会海外分会及其他海外社团的联系，引导海外侨胞特别是高层次人才，发挥他们独特优势，共同推动和谐建设，引导他们反哺家乡，助推家乡的经济建设。4月，扬中市侨联协助市委、市政府组织“江苏扬中·纽约推介会”；8~9月，参与发展促进会卫生分会筹备工作，邀请王朝明、张为家、曹贤华等5名侨界精英专程从海外飞回扬中参加活动并作讲座。做好回家乡发展的新侨及其企业服务工作，建立新侨及企业档案和定期拜访调研制度，开展在扬中新侨企业调查登记，分别走访江苏亿阀、苏惠乳胶等4家新侨企业，听取企业负责人“创二代”的介绍。宣传《江苏省保护和促进华侨投资条例》，推荐扬中新侨为镇江市政协委员,组织新侨参加"中国侨界贡献奖"评选、全省新侨创新创业成果展以及开展"江苏省侨界创新创业示范基地"创建工作。 (侨联 吴华春)

2016 年 10 月 26 日,组织参加侨联新侨创新创业成果展

**【首批双"五有"侨联组织】**2016 年 3 月,江苏省侨联在对全省县级侨联双"五有"创建工作量化评估的基础上,正式命名 22 家县(市、区)侨联为全省首批"双'五有'侨联组织",扬中市侨联榜上有名,成为镇江市唯一获此殊荣单位。双"五有"侨联是江苏省侨联为深入贯彻落实中央和省委《关于进一步加强和改进新形势下侨联工作的意见》以及中国侨联"九代会"精神,进一步推进全省侨联组织建设,努力使侨联组织成为深受依赖的归侨侨眷和海外侨胞之家,在全省县(市、区)侨联组织中进行的创建活动。 (侨联 朱秋敏)

注释:"五有"创建是指以有组织、有队伍、有经费、有阵地、有活动为标准,在工作中能做到服务侨胞有真情、凝聚侨胞有载体、团结侨胞有骨干、活跃组织有品牌、维护侨益有能力。

## ·机关事务工作·

**【概况】**2016 年,扬中市机关事务管理局积极做好行政中心后勤服务和保障工作,加大对消防、监控、电梯、空调等设备的日常维护,改造高压配电室,使用备用自投保护功能,实现高压不间断供电运行方式,确保行政中心各类设备设施安全运行;强化环境整治工作,定期绿化维护,做好园区内春冬两季绿化的维护、修剪工作,开展"灭四害"工作,清洁消毒主楼生活水箱,绿化改造行政中心停车场。2016 年,继续委托常州中房物业公司对行政中心园区和大楼进行物业管理,在续签合同中,进一步提高物业管理的要求,加强服务外包项目的监管考核,修改完善外包合同,督促物管公司按照有关管理体系规定的标准要求开展各项服务,实现物业管理优质化、全覆盖。继续做好行政中心其他外包项目的监管,加大对绿化维护、花木租摆、空调维保、电梯维保等后勤服务项目的日常监管,严把"质量关",为广大机关干部提供安全优质的办公环境。

会议中心始终以"优质服务,让领导放心,让部门称心如意"为宗旨,从细节抓起,保重点、提档次、抓质量,推进会议管理工作的规范化、程序化、标准化。全年承办各类会议 230 场,满意率 100%。饮食服务中心紧紧围绕"管理规范、服务到位"的工作目标,在规范采购渠道、确保食品安全、提升菜肴品质等方面下功夫,不仅改变传统的供餐模式,将原来的一荤两素改为两荤两素加酸奶或水果,还更加注重菜肴的营养搭配,不时创新菜品,不断满足机关干部职工的饮食需求,大大提高就餐人员的满意度。两所幼儿园根据自身特色,充分挖掘幼儿生活中的艺术教育内容,打造品牌效应,争创学前教育排头兵,均获得"镇江市文明单位"称号。

(机关事务局 盛峰)

**【公务用车制度改革】**2016 年,扬中市基本完成第一轮车改工作。处置 72 家主管单位的相关车辆,其中 33 辆公车完成评估、拍卖,4 辆报废,18 辆权属变更;严格审批各层级的公务交通补贴标准;建立定向化保障用车和老干部服务用车平台,定向化保障车辆实行派驻管理和平台集中管理,派驻车辆由各单位负责管理和使用,严格执行《镇江市市级机关保留车辆配备使用管理办法》《公务用车派车单制度》,做到统筹兼顾,重点保障,统一计划,合理安排;定期开展公务用车检查,在重要节点对公车使用和停放情况进行突击检查,有效地规范和加强对公务用车的管理。 (机关事务局 盛峰)

**【办公用房清理】**2016 年,扬中市机关事务管理局按照统一部署,通过自查自纠、全面排查、重点抽查、"回头看"专项检查等一系列举措,严格清理超标准占有使用的办公用房,继续深化党政机关办公用房清理整改工作;清查各类楼堂馆所和技术业务用房,以建设程序、规模、内容、标准为重点,全面清理已批在建、已批未建项目;建立定期检查制度和明察暗访机制,加大问责力度,防止办公室超标使用。 (机关事务局 盛峰)

**【公共机构节能建设】**2016 年,扬中市机关事务管理局光伏发电建设总任务 2 兆瓦和机关干部职工建设 350 户的总任务,在全市公共机构和机关干部中推进光伏发电项目,全力推进绿色能源岛建设。全市有 11 家公

共机构完成屋顶光伏发电项目，总装机容量为4.57兆瓦，成功并网发电。行政中心“金屋顶”项目总面积6600平方米，其中主楼面积1200平方米，附属楼面积3800平方米，停车棚面积1600平方米；日发电量在4000千瓦时左右，年发电量140万千瓦时，根据合同享受分成比例，每年可节约电费13万元。

（机关事务局 盛峰）

# 政协扬中市委员会

## ·综 述·

**【概况】**2016年1月5~8日，中国人民政治协商会议扬中市第九届委员会第五次会议召开。2016年，扬中市政协九届常务委员会举行6次常委会议，召开12次主席会议。

2016年，扬中市政协委员总人数172人，其中中共界32人、经济界27人、工商联界33人、工会界4人、团委青联界5人、妇联界5人、科协界3人、文化艺术界3人、新闻出版界3人、教育界6人、科技界5人、医疗卫生界7人、农业和农村界7人、社会福利和社会保障界3人、侨台界7人、民族宗教界4人、无党派及民主党派界17人，另外特邀1人。

2016年，扬中市政协完成“加快推进科技创新，促进经济转型升级”“推进精准扶贫，精准脱贫工作”两项重点调研课题。围绕不动产登记工作、“五水联治”工作、沿江闸站建设和管理工作、“全国健康促进县”建设工作、环境保护工作、治安防控体系建设工作、社会保障工作、实体经济融资及风险防范工作、高中教育工作、财税工作、食品安全监管工作11项内容，组织委员开展专题协商、专项视察活动。组织委员民主评议市民政局提案办理工作，主席会议督办重点提案。民主监督法院、检察院、工会等工作。组织委员听取市政府关于全市上半年经济和社会发展情况的通报、关于市政协九届五次会议以来委员提案办理情况的通报。

2016年，扬中市政协提案和联络委员会征集到委员提案167件，经审查立案165件，其中集体提案1件，委员联名提案13件。提案中，属于经济建设方面31件，占18.8%；城乡建设管理方面57件，占34.5%；科教文卫方面29件，占17.6%；农村工作、水利建设、政法民政和社会保障方面43件，占26.1%；其他方面5件，占3%。截至2016年6月底已全部办复。从办理情况看，提案所提问题已经解决、基本解决或已有明确工作方案的有96件，占58.2%；已列入计划、做前期准备的有63件，占38.2%；受客观条件制约暂时无法办到，有待创造条件解决的有6件，占3.6%。据信息反馈，在立案的165件提案中，委员对办理工作满意的163件，占98.8%；基本满意的2件，占1.2%。2016年，扬中市政协收到委员反映的社情民意信息57条，编发简报18期。姚毅、郭伟英、徐彩凤、常三五、姚月萍5名委员被市政协评为2016年度优秀社情民意信息员。

（市政协 胡婕）

**【优秀提案名录】**2016年，优秀提案名录为：

1.唐崇国委员提出的《关于加大支持力度，帮助中小企业渡过难关的建议》；

2.张守美委员提出的《关于农村建房亟待整治规范的建议》；

3.范选华委员提出的《关于规范农村土地流转行为，搭建农村产权交易平台的建议》；

4.马利春委员提出的《关于加快城西施教区布局调整及相关配套学校建设的建议》；

5. 姚中庆委员提出的《关于大力推进医养融合发展的建议》；

6.顾俊委员提出的《关于提高扬中食品安全监管的建议》；

7.顾国祥委员提出的《关于政府回购二水厂确保全市饮用水安全的建议》；

8.倪军委员提出的《关于加强宣传，从源头上防范电信网络诈骗的建议》。

（市政协 胡婕）

## ·重要会议·

**【市政协九届五次会议】**2016年1月5~8日，扬中市政协九届五次会议召开。会议听取和讨论市委书记孙乾贵所作的《同心同德汇聚发展合力，携手并肩共建最美扬中》的讲话；赞同市长潘早云所作的政府工作报告；赞同市政协副主席陆国平所作的常务委员会工作报告和副主席黄成刚所作的提案工作报告；会议讨论“十三五”规划纲要；表彰2014~2015年度优秀政协委员以及市政协九届四次会议以来的优秀提案，提案承办先进单位、先进个人和优秀社情民意信息员；选举施健华为市政协九届委员会主席、王继兰为副主席、杨怀康为常委；审议通过市政协提案和联络委员会关于九届五次会议提案初步审查情况的报告；通过大会决议。

（市政协 胡婕）

【市政协常委会议】2016年,扬中市政协九届常务委员会举行6次常委会议。

1月5日,举行九届二十次常委会议。报告九届五次会议准备情况；通过会议日程安排；通过大会秘书长、副秘书长及秘书处主要工作人员建议名单;通过主席、常委轮值建议名单;通过委员分组名单及各讨论组召集人建议名单。

3月4日,举行九届二十一次常委会议。通报学习市政协2016年工作要点；审议通过有关人事任免事项。

4月28日,举行九届二十二次常委会议。专题协商“五水联治”工作。

7月22日,举行九届二十三次常委会议。听取市政府关于上半年全市经济社会发展情况的通报；审议通过《关于加快科技创新，促进经济转型升级的建议案》;审议通过有关人事任免事项。

10月27日,举行九届二十四次常委会议。听取市政府关于市政协九届五次会议以来委员提案办理情况的通报;审议通过《关于推进扬中市精准扶贫,精准脱贫工作的建议案》。

12月23日,举行九届二十五次常委会议。协商决定市政协十届一次会议召开的时间、地点、参加对象、议程等事项；表彰市政协九届五次会议以来的优秀提案,提案承办先进单位、先进个人和优秀社情民意信息员；讨论修改九届政协常委会工作报告和提案工作报告;审议通过有关人事任免事项;协商决定市政协机关机构设置调整事宜;审议决定十届政协委员人选。

(市政协 胡婕)

2016年1月5日,扬中市政协九届五次会议召开

【市政协主席会议】2016年，扬中市政协召开12次主席会议。

1月29日,召开九届五十次主席会议,商讨2016年主要工作。

2月25日，召开九届五十一次主席会议，讨论确定市政协2016年度工作要点、市政协九届五次会议委员重点提案;研究确定3月主要工作安排。

3月30日,召开九届五十二次主席会议,研究确定4月主要工作安排;通报2015年度委员履职考核情况。

4月29日,召开九届五十三次主席会议,研究确定5月主要工作安排。

5月31日,召开九届五十四次主席会议,研究确定6月主要工作安排。

6月29日,召开九届五十五次主席会议,督办重点提案；协商讨论辞去、增补委员及有关人事任免事项；协商决定九届二十三次常委会议召开的时间、地点、对象及议程;讨论修改《关于加快科技创新,促进经济转型升级的建议》;研究确定7月主要工作安排。

7月29日,召开九届五十六次主席会议,研究确定8月主要工作安排。

8月30日,召开九届五十七次主席会议,研究确定9月主要工作安排。

9月29日,召开九届五十八次主席会议,研究确定10月主要工作安排;讨论修改《关于推进扬中市精准扶贫,精准脱贫工作的建议》。

10月31日,召开九届五十九次主席会议,研究确定11月主要工作安排；集中学习十八届六中全会精神。

11月18日,召开九届六十次主席会议,讨论市政协机关机构变更事宜。

11月29日,召开九届六十一次主席会议,协商决定九届二十五次常委会议召开的时间、地点、参加对象和议程；协商讨论十届政协一次全会召开的时间、地点、参加对象和议程;讨论修改九届政协常委会工作报告和提案工作报告;讨论决定优秀提案,提案承办先进单位、先进个人和优秀社情民意信息员;协商讨论有关人事任免事项;研究确定12月主要工作安排。

(市政协 胡婕)

【市政府、市政协重点工作交流会】2016年3月8日，扬中市政府、市政协联合召开重点工作交流会。会上，市政协主席施健华通报2016年市政协主要工作安排。其中包括安排“加快推进科技创新，促进经济转型升级”“推进精准扶贫,精准脱贫工作”2个课题的专题调研;就“五水联治”、实体经济融资及风险防范、社会治安防控体系建设开展专题协商;组织不动产登记工作、沿江闸站建设和管理工作、“全国健康促进县”建设工作、环境保护工作、社会保障工作、高中教育工作、财税工作、食品安全监管工作8项内容的专项视察；听取市政府关于全市上半年经济和社会发展情况的通报、关于市政协九届五次会议以来委员提案办理情况的通报；民主评议市民政局提案办理工作，对检察院、法院、工会工作开展民主监督；认真做好提案和反映社情民意信息工作。市委常委、常务副市长艾晓晖介绍市政府年度重点工作。 （市政协 胡婕）

## ·提案工作·

**【市政协关于加快推进科技创新，促进经济转型升级的建议案】**2016年4~7月，扬中市政协就加快推进科技创新、促进经济转型升级进行专题调研。在肯定扬中科技创新工作取得成绩基础上，指出科技创新工作尚存在科技创新链不强、科技服务体系不够完善、创新资源要素不足、企业自主创新能力偏弱等问题，提出加快推进科技创新、促进经济转型升级的6点建议：第一，强化政府服务创新，激活加快经济转型升级的创新要素。第二，加大政策引导力度，建立鼓励高新技术企业发展的创新生态。第三，优化人才创业创新环境，强化经济转型升级的智力支撑。第四，建优做强创新平台，打造科技项目和新兴产业的创新高地。第五，引导企业自主创新，争创优势产业高端发展的特色品牌。第六，注重产业科技创新，培植产业融合发展的新型业态。

（市政协 胡婕）

**【市政协关于推进精准扶贫，精准脱贫工作的建议案】**2016年7~10月，扬中市政协就推进精准扶贫、精准脱贫工作进行专题调研。在肯定扬中扶贫脱贫工作取得成绩基础上，针对扶贫工作中存在的对扶贫工作及“相对贫困”群体重视程度不高、部门统筹协调能力不强、经济薄弱村增收基础较弱等问题，提出4点建议：第一，进一步强化扶贫开发工作的组织领导。第二，整合救助资源，增强部门间统筹合力。第三，着力增强经济薄弱村发展能力。第四，因户制宜，实现个体扶贫由普惠型向精准型转变。 （市政协 胡婕）

**【提案承办先进单位】**

1.市公安局；
2.市发改经信委；
3.市交通运输局；
4.市人社局；
5.市教育局；
6.市住建局；
7.市民政局；
8.市农委。

（市政协 胡婕）

**【提案承办先进个人】**

施军、孙平、沈俊禄、蔡玉娟、何广付、马云

（市政协 胡婕）

## ·视察工作·

**【视察不动产统一登记工作】**2016年3月16日，扬中市政协视察全市不动产统一登记工作。实地察看基层国土分局和政务服务中心的办证窗口，听取关于全市不动产统一登记工作的情况介绍，提出要加强窗口人员理论知识和操作技能培训，完善内部运行机制，优化工作流程，降低登记费用等建议，形成《关于促进扬中市不动产登记工作的视察建议》。市政协主席施健华，副市长卜兴荣，市政协副主席陆国平、蒋相根、黄成刚，秘书长姚中庆参加视察活动。 （市政协 胡婕）

**【视察沿江闸站建设和管理工作】**2016年4月22日，扬中市政协视察沿江闸站建设和管理工作。实地察看万福港闸、二墩港闸、东新港闸等闸站，听取市水农局关于全市港闸建设和管理工作的情况介绍，提出要结合“五水联治”、新农村建设等工作高起点规划、建设港闸，要运用信息化手段，提高港闸管理水平等建议。市政协主席施健华，副市长宫金生，市政协副主席陆国平、蒋相根、黄成刚，秘书长姚中庆参加视察活动。

（市政协 胡婕）

**【专题协商“五水联治”工作】**2016年4月28日，扬中市政协召开九届二十二次常委会议，专题协商“五水联治”工作。会上，市水环境综合整治办公室就近期主要工作、“五水联治”重点工程项目进展情况和下阶段工作的重点进行汇报。市政协3个调研小组，分别就治污水、防洪水、排涝水、引活水、保洁水专题调研情况进行汇报，并提出建议。市政协主席施健华，副市长卜兴荣，市政协副主席陆国平、蒋相根、黄成刚，秘书长姚中庆出席会议。 （市政协 胡婕）

**【视察“全国健康促进县”建设工作】**2016年5月25日，扬中市政协视察“全国健康促进县”建设工作。实地察看外国语小学食堂、森林公园、荣德公司三个健康促进示范点，听取市卫计委关于健康促进县建设工作的

情况介绍，提出要进一步加大政府推动力度、宣传引导力度、综合推进力度的建议。市政协主席施健华，副市长蔡萍，市政协副主席陆国平、蒋相根、黄成刚，秘书长姚中庆参加视察活动。 （市政协 胡婕）

【视察城市环境综合整治工作】2016年5月30日，扬中市政协视察城市环境综合整治工作。实地察看张家桥港、明珠泵站、同心排涝站、富丽花苑等现场，听取市城管局关于城市环境综合整治工作的情况通报，就增强城市管理工作的科学性、长效性等提出建议。市政协主席施健华，副主席陆国平、蒋相根、黄成刚，秘书长姚中庆参加视察活动。 （市政协 胡婕）

【民主监督全市环境保护工作】2016年6月22日，扬中市政协民主监督全市环境保护工作。实地察看康祥集团、新坝治安村污水处理站、宏飞镀业有限公司，听取全市环境保护工作的情况通报，提出要以创成国家级环保模范市、生态市为契机，树信心，强推进；要以学习贯彻新《中华人民共和国环保法》为契机，强意识，重执法；要以建设生态扬中、最美扬中为契机，抓建设，促提升。市政协主席施健华，副主席陆国平、蒋相根、黄成刚，秘书长姚中庆参加活动。 （市政协 胡婕）

【专题协商社会治安防控体系建设工作】2016年7月29日，扬中市政协视察社会治安防控体系建设工作。实地察看新坝派出所、泰州大桥中队，并听取市公安局关于社会治安防控体系建设工作的情况介绍，提出要创新工作思路，强化科技支撑，增强工作合力，精益求精地推进这项工作的深入有效开展。市政协主席施健华，副主席陆国平、蒋相根、黄成刚，秘书长姚中庆参加活动。 （市政协 胡婕）

【视察社会保障工作】2016年8月12日，扬中市政协视察全市社会保障工作。实地察看"全国充分就业示范社区"丰裕社区、市社保大厅和金保工程信息中心，听取市人社局的相关情况介绍，并就提高社会保障水平建言献策，形成《关于促进扬中市社会保障工作的视察建议》。市政协主席施健华，副主席陆国平、蒋相根、黄成刚，秘书长姚中庆参加视察活动。 （市政协 胡婕）

【专题协商实体经济融资与风险防范工作】2016年9月20日，扬中市政协召开座谈会，专题协商实体经济融资与风险防范工作。就新常态下如何破解实体经济融资难、融资贵，有效防范化解金融风险积极建言。市政协主席施健华，副主席王继兰、陆国平、蒋相根、黄成刚，秘书长姚中庆参加活动。 （市政协 胡婕）

【视察全市普通高中教育工作】2016年9月30日，扬中市政协视察全市普通高中教育工作。实地察看市第二高级中学和江苏省扬中高级中学，实地察看学生宿舍、教学楼、食堂等设施，并现场与学校负责人和教职员工交流，了解学校各项工作情况。随后听取市教育局关于高中教育工作的情况介绍，并就如何营造教育发展的有利环境、加大投入力度、发挥名师示范带动效应等提出意见建议。市政协主席施健华，副主席王继兰、陆国平、蒋相根、黄成刚，秘书长姚中庆参加视察活动。 （市政协 胡婕）

【视察工会工作】2016年10月20日，扬中市政协视察基层工会组织建设工作，实地察看三茅街道永和村和兴阳村两家基层工会，听取关于基层工会组织的情况介绍，并围绕如何让更多基层工会组织有活力、有影响提出意见建议。市政协主席施健华，副主席王继兰、蒋相根、黄成刚，秘书长姚中庆参加视察活动。 （市政协 胡婕）

【视察全市财税工作】2016年11月18日，扬中市政协视察全市财税工作。实地察看新坝镇地税第三分局和市地税局服务大厅，听取工作人员关于地税工作的情况介绍。对下一步的工作，委员们提出要培育和做强税源经济，帮助实体经济共渡难关，注重改革创新等建议。市政协主席施健华，副主席王继兰、陆国平、蒋相根、黄成刚，秘书长姚中庆参加视察活动。 （市政协 胡婕）

【视察全市食品安全工作】2016年11月24日，扬中市政协视察食品安全工作。实地察看翠竹园菜市场、长江大酒店后厨操作间、"三叶"咸秧草加工基地，详细了解食品操作准入、保障及其他安全情况。座谈会上，在听取关于食品安全监管工作的情况介绍后，委员们提出要更加突出重点环节、重点区域、重点时段的食品安全监管工作；要强化责任落实，调动各镇(街区)、各成员单位落实食安监管工作积极性和主动性；要突出典型引导，加强对相关违法案件查处力度等建议。市政协副主席陆国平、蒋相根、黄成刚，秘书长姚中庆参加视察活动。 （市政协 胡婕）

【民主评议市法院工作】2016年12月23日，扬中市政协民主评议市法院工作。实地察看法院立案服务大厅、廉政文化园、院史陈列馆、科技法庭，听取相关情况通报，并提出要以“司法为民”作为法院工作的出发点和落脚点；推进司法体制改革的各项举措要注重与基层实际相结合；加大业务学习，努力提高司法服务能力；积极推动多元化矛盾化解机制建设等建议。市政协主席施健华，副主席王继兰、陆国平、蒋相根、黄成刚，秘书长姚中庆参加评议活动。（市政协 胡婕）

**【民主评议市检察院工作】**2016年12月29日，扬中市政协民主评议市检察院工作。听取市检察院关于检察工作的情况介绍，并提出进一步提升检察机关服务发展的积极性和主动性、进一步强化反腐防腐的针对性、进一步强化法律监督实效性等建议。市政协主席施健华，副主席王继兰、陆国平、黄成刚，秘书长姚中庆参加活动。（市政协 胡婕）

# 纪检监察

## ·综 述·

**【概况】**2016年，扬中市各级纪检监察组织全面履行党章赋予的职责，坚持把纪律挺在前面，强化监督执纪问责，深入践行并灵活运用“四种形态”，全力抓好各项任务落实，党风廉政建设和反腐败工作取得新的进展，为全市经济社会发展提供坚强的纪律保障，党风廉政建设满意度保持镇江辖市区第一，市纪委、监察局被推荐为全省纪检监察系统先进集体。（纪委 彭波）

## ·重要会议·

**【中共扬中市第十一届纪律检查委员会第六次全体会议】**2016年3月1日，中共扬中市第十一届纪律检查委员会第六次全体会议在市行政中心会议中心江洲厅举行。市四套班子全体领导，市法院院长、检察院检察长，市纪委委员，各镇(街、区)党(工)委书记，市级机关各部门党组织书记，各镇纪委书记、监察室主任，市级机关各部门纪委书记(纪检组长)、监察室主任，市纪委、监察局派驻纪检组长(纪工委书记)、监察室主任以及选配纪律检查员，市监察局副局长，市纪委各室主任，副科级纪律检查员出席、列席会议。会议听取并审议通过市委常委、市纪委书记庄旭代表市纪委常委会所作的《强化监督执纪问责 维护党章党规党纪 为建设“强富美高”新扬中提供坚强保证》工作报告。会议表决通过市纪委十一届六次全会《工作报告》和《决议》。会上，市人大、政协党组书记，市委常委以及各镇(街、区)党(工)委书记向市委书记、市长潘早云递交党风廉政建设主体责任书，各镇(街、区)纪(工)委书记向市委常委、市纪委书记庄旭递交党风廉政建设监督责任书。（纪委 彭波）

**【反腐败协调小组会议】**2016年5月24日，扬中市委召开反腐败协调小组会议，传达学习《江苏省贯彻执行〈关于在查办党员和国家工作人员涉嫌违纪违法犯罪案件中加强协作配合的意见〉实施细则》，听取协调小组成员单位工作情况汇报，研究部署推进下阶段工作。市委书记、市长潘早云出席会议并讲话，市委常委、市纪委书记庄旭主持会议，市委常委、组织部部长黄子来以及市委反腐败协调小组相关成员单位主要负责人参加会议。针对下阶段反腐败协调工作，潘早云强调，各协调小组成员单位要深刻理解习近平总书记强调的“协同反腐”重要论断，不断增强反腐倡廉的政治定力；要聚焦市镇村三级党委换届、领导干部插手工程建设和招投标、群众身边的“微腐败”等重点领域，坚决遏制腐败常发的现象；要加快建立信息共享、审查协作、协调督办三项机制，充分凝聚惩腐肃贪的强大合力，为“扬帆‘十三五’ 开启新征程”营造优良的政治生态环境。（纪委 彭波）

**【中共扬中市第十二届纪律检查委员会第一次全体会议】**2016年7月28日，中共扬中市第十二次代表大会召开第一次全体会议，选举产生中共扬中市纪律检查委员会委员15人。7月29日，中共扬中市第十二届纪律检查委员会第一次全体会议在市行政中心会议中心江洲厅举行。会议表决通过《中国共产党扬中市纪律检查委员会第一次全体会议选举办法》，并选举产生由庄旭、何世平、王东升、赵斌、丁建东、黄峰、石力7名常委组成的常务委员会。其中庄旭任书记，何世平、王东升任副书记。庄旭表示新一届纪委班子要树立对党忠诚的正气，坚定理想信念，坚定政治立场，做行为上的“老实人”；要增强干净做人的底气，保持清廉本色、自觉接受监督，把纪律和规矩挺在前面；要保持担当作为的朝气，有胸怀大局的观念，有争先进位的锐气，有善于担当的本领，谱写党风廉政建设和反腐败工作的新篇章。（纪委 彭波）

## ·党风廉政建设·

**【“两个责任”落实】**2016年，扬中市纪委协助市委制定

"两个责任"清单,将工作要求项目化分解到具体岗位,明确序时进度,实现对各级党组织的全覆盖。深入开展谈心谈话,增强履责意识,《中国纪检监察》杂志予以报道。组织开展单位自查、季度抽查和半年专项督查,严格落实主体责任、监督责任"双报告"制度。对省委第二巡视组反馈的问题开展专项整改,制定66条整改措施,组成3个督查组,分片开展监督检查,确保各项任务整改到位。成立巡察工作领导机构,制定巡察工作实施意见及工作规划,为开展市委巡察工作做好前期准备。严格落实《中国共产党问责条例》,实现问责的"早介入、全覆盖、可追溯",失责必问成为常态。全年对1个党组、1个纪检组和12名科级领导干部实施问责。加强换届风气督查,把好"廉洁意见回复"关,坚决防止"带病提拔""带病上岗"。 (纪委 彭波)

**【制度建设】**2016年,扬中市出台新的招投标及标后监管办法,延伸覆盖政府投资建设的交通、水利、绿化工程等领域;会同相关单位修订完善"三资"管理、"双代理"制度,堵塞漏洞;针对财务管理、工程招投标、人事任免等共性权力,修订完善廉政风险防控制度,扎紧制度笼子。宣传教育方面,组织"学党章党规"专项知识测试和竞赛,市四套班子领导集中参观镇江市党纪教育馆;在江苏卫视《廉政时空》先后播出3期专题节目,《让纪律敬畏成自觉》荣获全国县市区域新闻奖一等奖,形成积极的社会影响;牵头开展家风建设年主题活动,以家风带动党风政风,促进社风民风建设。市国税局及其他3家单位分别被评为省级和镇江市级廉政文化示范点。监督管理方面,在市直预算单位着手推行公务卡结算,规范日常支付、报销程序,实现全程留痕;严格执行廉洁自律相关规定,各级领导干部主动上缴礼品礼金折合人民币69.75万元,105名领导干部报告个人重大事项。 (纪委 彭波)

**【家风建设年活动】**2016年,扬中市以"立规矩、正家风、倡廉洁"家风建设年为载体,深入推进好家风建设,以优良的家风促进党风政风,带动社风民风。开展"读家风书刊"和"干部写家训"活动,全市副科级以上领导干部提炼总结家规家训608条,并择优在"党建民生"频道、"江洲先锋"微信公众号推广。邀请央视《百家讲坛》主讲人蒙曼教授到扬中作《中国古代家风家训》专题讲座,全市2万余名党员干部及其配偶、子女通过现场或视频观看讲座,反响热烈。全市8000余名行政机关、国有企事业单位及村(社区)党员干部向党组织递交《家风承诺卡》。制作《江洲好家风》专题节目,从全市2万余名党员家庭中筛选出8个具有典型示范作用的好家风家庭,在《扬中日报》、扬中新闻网上定期刊播。依托扬中市"纸竹诗画"廉政文化资源,以倡廉洁、正家风为主题,发动广大市民踊跃参与创作,精心挑选100余件作品举办"勤廉好家风"文艺作品巡展,让观者受到艺术的感染、文化的浸润和心灵的洗涤。

(纪委 彭波)

**【机关效能提升"五大行动"】**2016年4月11日,扬中市委出台《关于开展市级机关效能提升"五大行动"的实施意见》,激发全市机关工作人员干事担当、履职作为,提振精气神、提高执行力,把智慧和力量汇聚到全心全意服务企业、一心一意服务项目、诚心诚意服务基层、真心实意服务发展上来,合力共建"强富美高"新扬中。"五大行动"分别是:

依法履职行动。通过制定并公布公共服务事项目录清单,开设干部"新视界"讲堂,引导干部正确履职;推行行政执法全过程记录制度和行政执法标准化,提高执法规范化水平;推进部门加强事中事后监管,深化"依法履职、有责有为"专项督查,实现监管的常态长效。

提速增效行动。强化目标管理,对于长年推进的项目建设、违建查处等重点工作,加大督查通报;畅通办事渠道,建立"e办事"平台,推进公共服务事项网上受理、网上办理、网上反馈的公共服务新模式,加强"扬中市企业网络服务平台"建设,构建服务企业"直通车";推进审批提速,开展企业投资项目"多评合一",实施建设领域"多图联审""联合验收"进程,继续清理"红顶中介"。

春风暖企行动。在继续推行市领导挂钩联系"三十强"工业企业、重点成长型工业企业、重点项目制度,选派优秀机关干部到企业一线挂职的同时,开展"服务企业年"活动,以菜单式、订单式、组团式服务,为企业提供人才引进、技术攻坚、融资上市、项目申报等服务,帮助企业解决难题、减轻负担。实施"新闻为民企业行"活动,宣传解读方针政策,为企业发展鼓劲造势。

激励担当行动。开展以"绩效管理考核十佳单位""十佳优质服务科室"为主要内容的"双十佳"评选活动;实行市级机关绩效管理考核结果与评先、干部管理以及整改"三挂钩";建立"责任豁免"机制,制定出台《扬中市鼓励干事创业担当责任豁免办法》,对工作中确实由于改革创新、干事创业,达到尽职尽责要求并未谋取私利的,根据干部管理权限,由纪检监察组织或组织人事部门对责任主体免于责任追究。

整慵治懒行动。建立干部“能上能下”机制。坚持重实绩、重实干的选人用人导向，研究出台《关于加强党政领导干部交流工作的暂行办法》，推动干部多岗位锻炼和轮动换岗，促进干部干事创业。建立“负面清单”问责机制，完善《交办单》《督办单》《查办单》三单督查模式，发挥人大、政协和政风行风热线、12345政府公共服务热线的监督作用，织密机关效能监督网。

（新闻中心）

**【效能提升“五大行动”首批罚单】**2016年，效能提升“五大行动”开展以后，市纪委、监察局围绕“五大行动”的贯彻落实开展督查推进活动，重点对全市住房建设管理工作进行专项督查，对督查中发现的问题加大问责力度，对相关责任单位和责任人严肃处理。

三茅街道指南村村委会主任张勇（中共党员）执行防违控违常态化巡查机制和居民建房信息日报制度不力，对本村发生的8户村民违建不制止、不上报，被给予党内警告处分；三茅街道新胜社区居委会主任解珂（中共党员）执行村民建房“五到场”制度不到位，致使多户村民超面积建房，给全市的住房建设管理工作造成不良影响，被给予党内警告处分；市交通运输局口岸办副主任常广顺（中共党员）违反《中华人民共和国城乡规划法》，在未取得建设工程规划许可证的情况下，擅自违法建房，被给予党内警告处分。市监察局向两个存在履职不到位、推诿扯皮问题的部门下发监察建议书，责令对在工作中协调处理不到位的相关人员严肃问责，要求严格执行首接负责制和执法沟通机制，做到“发现及时、制止有效、拆除迅速”，全面清查并处理各类违法建设问题。（新闻中心）

## ·监督执纪问责·

**【作风建设】**2016年，扬中市围绕春节、端午、中秋等重要节点，制作播放廉政公益广告，发送廉政短信，提前发信号、打招呼。完善纪委高位监督、部门各负其责的大督查机制，发挥政风行风热线联动机制，紧盯具体问题，开展违规吃请和公款吃喝问题专项整治等系列行动，及时查纠“四风”问题，点名道姓通报。严格控制“三公”经费，大力压缩一般运转性支出规模，会同财政部门开展专项督查，全年“三公”经费同比下降10%。督查推进市级机关效能提升“五大行动”，围绕居民建房管理、防汛防台、行政审批改革等重点工作，坚持问题导向，加大查处和曝光力度，推动作风效能实质提升。出台容错纠错机制，鼓励党员干部干事创业担当。全年开展督查暗访128批次，查处违反中央八项规定精神问题10个，给予党政纪处分28人，问责30人，印发效能督查通报5期、监察建议书2份。（纪委 彭波）

**【执纪审查工作】**2016年，扬中市纪委收接各类群众举报220件次；全市立案139件，同比上升46.32%。其中市纪委自办96件，同比上升128.57%，案件总数增幅和自办案件增幅均为镇江辖市区第一，全年查处科级干部8人，移送司法机关10人，挽回直接经济损失620余万元，查办群众身边的“四风”和腐败问题36起，公共资源交易等重点领域违纪问题22起。把握和灵活运用监督执纪“四种形态”，做到宽严相济、精准发力。全市开展谈话函询257人次。其中市纪委开展提醒谈话66人，函询7人，诫勉谈话13人；警告、严重警告等轻处分占全部党政纪处分的59.42%，撤销党内职务以上重处分占33.33%，移送司法机关占7.25%。《中国纪检监察报》重点报道扬中市灵活运用“四种形态”工作。（纪委 彭波）

**【案件审理工作】**2016年，扬中市纪委严格执行案件审理工作条例和审理程序，依法依纪办案，健全完善案件审理工作制度，坚持“审理大计、质量第一”的理念，履行审理工作职能，案件质量连续5年在镇江各辖市区名列前茅。在具体工作中，坚持实体与程序并重，依纪依法审理违纪案件，做到严把“六关”：即事实证据关、材料审核关、定性量纪关、查审程序关、处分落实关、规范成卷关。凡有材料不全、证据不力、随意收钱收物等问题的，坚决予以纠正。加强与检查室和被审查人所在党组织进行沟通协调，认真听取他们的意见和建议。同时，从提供纪律保障、构建和谐社会的角度，审慎提出处理意见，本着惩前毖后、治病救人的原则，宽严相济，追求案件处理后的政治、经济和社会综合效果。

（纪委 彭波）

**【纪检监察干部自身建设】**2016年，扬中市纪委深入开展“两学一做”学习教育，不断增强“四个意识”特别是核心意识、看齐意识。顺利完成市、镇、村三级纪委换届，把政治强、作风硬、德才兼备、敢于担当的干部选拔进入各级纪检组织领导班子。出台《镇（街、区）纪（工）委书记、副书记提名考察办法（试行）》等4个提名考察文件，在镇江辖市区率先制定纪检监察组织履行监督责任实施细则，进一步提升工作的规范化水平。从检察、公安、财政等单位选调优秀年轻公务员进入委局机关工作，加大委局机关内部以及部门纪委书记、纪检组长的选拔任用、交流轮岗力度，全市纪检监察系统提拔科级干部6人，交流16人。深入实施“青蓝工程”，定期举办“江洲清风”讲堂，认真执行新上任纪检监察干部跟班培训制度，组织全系统纪检监察干部赴武汉大学参加综合业务素质培训，打造知识化、专业化的干部队伍，多人次受到镇江市级以上表彰，市纪委、监察局荣获全省纪检监察信息工作先进单位称号。

（纪委 彭波）

# 民主党派·工商联

## ·民主党派·

**【概况】**2016年，扬中民主党派履行民主协商、民主监督职能、参政议政职能。2016年，4个民主党派有成员52人，其中民主同盟会盟员28人，民主建国会会员12人，农工民主党党员4人，九三学社社员8人。有镇江市人大代表2人，扬中市人大代表2人，镇江市政协委员3人，扬中市政协委员9人。（统战部 王留根）

**【党派活动】**2016年，九三学社和农工党组织律师服务团和义诊服务团到广宁社区开展法律咨询、专家义诊活动，民盟支部组织盟员带着慰问品赴三茅敬老院慰问孤寡老人，民建支部组织会员带着慰问金慰问抗战老兵。9月3日，为纪念中国人民抗日战争胜利及九三学社成立71周年，支社组织全体社员赴市国防园参加教育实践活动，重温《九三学社缘起》和《成立宣言》。

（统战部 王留根）

**【建言献策】**2016年，扬中市各民主党派积极围绕扬中市委、市政府中心工作，开展专题调研，形成4篇有价值的调研报告呈送市委、市政府，分别是：民盟扬中支部《分析短板因素，铸就教育高地——关于扬中市基础教育发展的调研报告》《关于推进高效农业规模化的对策建议》，民建扬中支部《关于加强扬中港口经济发展的建议》，九三学社扬中支社《关于整治扬中市老年代步车的建议》，市委书记潘早云批示，要求相关部门负责人阅研并在工作中予以吸纳。（统战部 王留根）

## ·工商联·

**【概况】**2016年，扬中市工商联有基层商会18家，其中镇（街、区）商会6家，行业商会总数12家。全年新发展会员118家，会员总数2322家。扬中市工商联在调查研究、教育引导、服务企业、对外交流等方面工作成绩显著，获得江苏省“五好”县级工商联、全国“五好”县级工商联、全国民营经济新闻宣传工作先进单位等称号。引导企业家积极参与精准扶贫，引导并推荐企业参与江苏省开展的“百企帮百村”活动，并在镇江市工商联的组织下赴灌云县参与“百企帮百村”对接活动。

（工商联 马侦杰）

**【“五好”县级工商联】**2016年3月29日，江苏省工商联下发《关于认定2015年度江苏省“五好”县（市、区）工商联的通知》（苏联发〔2016〕29号文件），认定全省36家县（市、区）工商联为2015年度江苏省“五好”（领导班子好、会员发展好、商会建设好、作用发挥好、工作保障好）县（市、区）工商联，扬中市工商联名列其中。5月13日，全国工商联下发《关于确认全国“五好”县级工商联的通知》（全联厅发〔2016〕22号文件），确认全国657家县级工商联为2015年全国“五好”县级工商联，扬中市工商联名列其中。（工商联 马侦杰）

**【建筑房地产业商会召开“营改增”座谈会】**2016年8月3日，扬中市建筑房地产业商会召开“营改增”座谈会，邀请市国税局领导对建筑房地产“营改增”的相关政策与会员企业进行交流，27家会员企业负责人、财务负责人60余人参加座谈会。2016年5月1日起，扬中市建筑房地产企业正式实行“营改增”纳税方式，扬中市建筑房地产业商会与扬中市国税局协调，召开座谈会增进税企对接。座谈会上，扬中市国税局局长刘万龙就建筑房地产行业“营改增”政策出台的背景和相关政策做详细、全面的介绍；市国税局相关负责人对与会人员提出的涉税问题现场一一解答。通过座谈会，会员企业得以全面了解“营改增”的相关政策，消除疑虑和困惑。（工商联 马侦杰）

**【青年民营企业家商会成立】**2016年9月8日，扬中市青年民营企业家商会正式成立并召开第一次会员大会，扬中市委常委、组织部部长、统战部部长黄子来出席活动并讲话。企业家代表、镇（街、区）统战委员、相关部门领导以及部分行业商会代表80人参加会议，通过选举，江苏大力城电气有限公司总经理高勇当选为扬中市青年民营企业家商会第一届会长，19位企业家当选商会理事，会议还选举常务副会长2名、副会长7名、秘书长和监事各1名，38家涉及金融、建筑、商贸、装饰、餐饮等行业企业成为第一届青年民营企业家商会会员单位。全体会员向全市青年民营企业家发出“亲

清共融谋发展 同心助力新扬中”的倡议。

(统战部 王留根、工商联 马侦杰)

2016 年 9 月 8 日,青年民营企业家商会成立

**【扬中市工商联获全国民营经济新闻宣传工作先进单位称号】** 2016 年 11 月 7~8 日,全国民营经济新闻宣传工作(江苏)座谈会在宿迁市召开。中华工商时报社和中国工商杂志社分别对 2016 年全国民营经济新闻宣传工作(江苏地区)30 家先进单位和 45 名先进个人进行表彰,扬中市工商联获全国民营经济新闻宣传工作先进单位称号。 (工商联 马侦杰)

**【扬中市工商联第十二次会员代表大会】** 2016 年 12 月 26 日,扬中市工商联召开第十二次会员代表大会,扬中市代市长张德军,镇江市政协副主席、工商联主席卢道富出席会议并讲话,扬中市委常委、组织部部长、统战部部长黄子来,市人大常委会副主任唐崇林,副市长于德祥,市政协副主席蒋相根出席会议。会议审议并通过市工商联主席兰云林所作的第十一届执委会工作报告,选举产生扬中市工商联第十二届执委会。随后,还举行十二届执委会第一次会议,选举产生包括扬中市工商联主席、常务副主席、副主席、秘书长在内的新一届领导集体,为工商联在新的历史时期切实担负起历史重任奠定坚实的基础。会上,张德军要求,全市工商联组织和广大非公有制经济人士要充分认识时代赋予的圣神使命,进一步找准位置、抓住机遇、奋发作为,在助推“十三五”发展上做出新贡献,在壮大自身实力上实现新跨越,在发挥职能作用上追求新作为,在队伍建设上开创新局面。 (工商联 马侦杰)

**【扬中企业家被授予“镇江市第二届优秀中国特色社会主义事业建设者”称号】** 2016 年 12 月 29 日,镇江市委统战部下发《关于表彰镇江市第二届优秀中国特色社会主义事业建设者的决定》(镇委统〔2016〕54 号文件),30 位非公有制经济人士和其他新的社会阶层人士荣获镇江市第二届优秀中国特色社会主义事业建设者荣誉称号。扬中有 4 位企业家获此殊荣,他们分别是:有能集团有限公司董事长倪道宏、江苏尚昆集团董事长严荣飞、镇江市华银仪表电器有限公司董事长季忠银、金海新源电气(江苏)有限公司总经理朱冬宏。

(工商联 马侦杰)

# 社会团体

## ·总工会·

**【概况】** 2016 年,扬中市总工会以“双建双当”(即建功五大发展,当好主力军;建设职工之家,当好娘家人)主题活动为主线,工会各项工作成效显著。

主题活动有声有色。市总工会围绕党政中心工作,勇于担当、主动作为,找准工会服务大局、服务发展的结合点,全面启动“双建双当”主题活动,梳理出劳动竞赛扩面、工资集体协商、困难职工帮扶等十项重点服务内容,列出任务清单,强化责任落实,将工作导向传递到市总各部室和各基层工会。积极策应供给侧结构性改革,出台《关于工会组织助推供给侧结构性改革的意见》,市总中层以上人员走访挂钩联系企业工会、村(社区)联合工会,市总领导带头深入企业,走访职工,详细了解供给侧结构性改革对企业和职工带来的影响和变化,指导企业在转型升级过程中依法保障职工合法权益。该做法在《江苏工人报》头版头条予以刊登报道。

建会评家工作稳步推进。坚持党工共建,召开镇(街、区)党工共建工作研讨会。加大工会组建,2016 年新建工会组织 20 余家,发展工会会员 2000 余人。联合市委组织部下发《关于做好镇(街、区)总工会换届选举工作的意见》,制定出台《关于加强村(社区)联合工会规范化建设的意见》《关于加强局(公司)工委、教育工会规范化建设的意见》《关于进一步加强直属工会工作的意见》,指导基层工会按期换届、规范运行。经开区通过抓好工会小组长建设,进一步强化工会组织、企业行政与职工的密切联系,实现各项工作无缝对接,提升广大职工的满意度。深化“六型职工之家”建设,全面启动“互助兴家”结对模式,全市 26 家基层工会结对共建、互助兴家。“五一”前夕,命名表彰扬中市模范职工之家 28 家、扬中市优秀工会工作者 30 名、扬中市“工会工作突出贡献奖”1 人,进一步营造基层工会建家兴家的浓厚氛围。加强工会干部能力提升,组织镇(街、区)工会主席、部分非公企业工会干部赴北京大学、浙江大学

研修学习。

职工能力素质显著提升。参与镇江市百家企业创新升级劳动竞赛,50余家规模企业参与，激发职工的创新创造活力,增强企业的核心竞争力。2016年,举办"新韩通杯"叉车工、"辰龙杯"缝纫工、"大全杯"起重工、"大津重工杯"焊工、"大行杯"职工食堂厨师、"绿洲新城杯"金融系统等全市性技能竞赛8场,不断提升职工队伍整体素质。积极参与镇江市职工服装秀、职工主持人大赛等职工文体活动，并在多个子项目中获得名次,市总工会获得优秀组织奖。拓展职工大讲堂内涵,开阔选题思路,丰富讲师团队,举办12期职工大讲堂到企业、到基层,提高基层职工受众面。供电公司开展"青工大讲堂"活动,通过"每日一讲、每周一练、每月一考",激发职工学知识、提素质、强本领。在职工中广泛开展"企业有困难,职工怎么办"大讨论活动。1.5万名职工参加省总工会举办的"十三五"规划知识竞赛。联合市委宣传部、市文明办,开展第四届扬中市"十佳新市民"评选活动,充分激发外来务工者工作热情和创造活力。

依法维权服务注重实效。开展镇江市劳动关系和谐企业达标创建工作,创成10家镇江市劳动关系和谐达标企业,17家劳动关系和谐企业通过复查，促进整改规范,提升创建质效。发挥新媒体作用,举办"法律伴我行,维权促和谐"职工微信普法知识竞赛,近千名职工参与竞赛答题，职工的法律意识和维权本领不断增强。开展劳动关系矛盾纠纷排查"月月清"活动,有效预防和化解职工劳动争议纠纷。积极总结工会维权过程中的成功经验和典型案例。其中2篇案例分别被江苏省总工会表彰为全省工会农民工法律援助十大优秀案例和镇江市工会法律维权优秀案例。成立扬中市职工心理健康教育服务专家团,培育职工自尊自信、理性平和、积极向上的健康心态。落实《江苏省企事业工会劳动保护工作规范化标准》,组织工会干部赴盐城参观学习。成功承办镇江市工会劳动保护规范化建设现场会。联合市安监局开展"安康杯"竞赛活动,推进"安康杯"竞赛向中小企业、社区延伸。开展夏季"送清凉"活动,慰问环卫工、交巡警等高温作业下的一线职工,送去夏日的清凉。参与多起工伤事故的调查处理,分析原因,做好警示教育工作，切实维护好广大职工的劳动安全和健康权益。职工参与网上安康课堂学习,增长安全知识。

民主管理工作规范有序。依法开展工资集体协商"春季要约行动",联合市人社局、市发改经信委共同下发《关于开展工资集体协商助推民生幸福工程春季要约行动的通知》,要求全市建立工会的企业结合实际开展工资集体协商。2016年,全市25人以上建会企业已新签订工资集体协商协议566份，行业工资集体协商协议6份,区域工资集体协商协议76份。特邀镇江市中级人民法院、镇江市人社局、镇江市总工会到扬中企业开展劳动规章制度评估行动,现场对12余家用人单位规章制度从法律效力和履行民主程序两方面进行评估,发现问题条款60余条,解读一些共性和个性问题条款,收到较好的效果,为倒逼企业开展民主管理工作发挥较大作用。参加镇江市总工会开展的"2016年度镇江市职代会优秀职工代表"及"手机中的厂(院、校)务公开"作品征集活动,2名来自基层的职工代表受到表彰,另有2幅作品获二等奖,扬中市总工会获优秀组织奖。扬中市总工会申报的"实施《促进和谐劳动关系五步工作法》"，被省厂务公开协调小组办公室认定为全省厂务公开民主管理创优实践项目,予以重点推介。此外,为纪念中共中央、国务院颁布的《全民所有制工业企业职工代表大会条例》实施30周年,在江苏省总工会召开的全省职代会规范化推进会上,扬中市作《开展"对标提质"活动,加强职代会规范化建设》的经验交流。

职工帮扶服务创优做实。开展2016年"两节""送温暖"活动,为全市154名困难职工、109特困职工送去慰问金和慰问物资23万余元。联合市慈善总会成立"困难职工慈善救助基金"。与扬中农商银行合作启动"筑梦计划",为职工创业提供优惠信贷利率,做到优化办理、精简手续,为职工自主创业提供资金保障。加大互助互济保障工作力度,印发互助互济宣传折页,组织开展"老会员家属大病特别慰问行动""职工互助互济保障知识竞赛""登高望远互助暖心"登山比赛等系列活动。八桥镇开展"工会送暖普惠行"十项行动,全力服务基层职工群众。西来桥镇举办"微爱五公里"趣味公益跑,募集善款近万元。深入推进女职工关爱行动,为全市37名特困女职工进行免费体检,为206名环卫女工赠送女职工特殊疾病保障;2016年，为扬中市患大病的困难女职工送去慰问金10余万元。在通达公司、中央商场、汽车站建立"母婴温馨小屋",联合市疾控中心开展抗艾宣传，切实维护女职工的特殊权益。开展"职场女神随手拍"活动,6幅作品在镇江市总评选中入围,市总工会荣获优秀组织奖。

自身建设持续加强。稳步推进工会阵地易地重建,市政府召开工人文化宫建设联席会议，形成联席会议纪要,研究确定工人文化宫建设的实施方案,完善各项报批手续。参与市委"扬帆十三五 开启新征程"大讨论大推进活动,在工会干部中广泛开展征文活动,收集来自基层工会征文50余篇。主动争取人大和政协的关心支持,邀请"两代表一委员"专题视察工会基层组织建设和劳动法律监督工作。出台《扬中市优秀基层工会干部津贴补助办法》,对热心工会工作、工作业绩突出、职工群众拥护的优秀基层工会干部,按照一、二类标准,分别发放相应的津贴补助。联合市新闻中心,开展"娘家人的故事"征文大赛,在《扬中日报》刊登基层来稿20余篇,并编印《娘家人故事》一书,不断激发基层工会干部干事创业热情。扎实开展"两学一做"专题教育,突出党建引领,发挥党员作用,通过主题党课、党章测试、红色之行、座谈研讨等形式,激励市总工会党员担当奉献、履职尽责。市总工会党支部被市委表彰为四星"双型"党支部。全面加强新闻宣传工作,市总工会在各类报刊发表文章100余篇。开通市总工会微信公众号,及时发布职工维权知识、传递工会动态,提升扬中市工会的社会影响力。 (总工会 何欣珈)

**【总工会十四届二次全委(扩大)会议】**2016年1月15日,扬中市总工会十四届二次全委(扩大)会议在市会议中心江洲厅召开。会议认真学习贯彻落实中央、省委的群团工作会议精神和中共十八届五中和市委十一届六次全会精神,总结2015年工会工作,研究部署2016年工作任务。扬中市委常委、组织部部长黄子来,市总工会领导班子成员,各镇(街、区)党(工)委副书记、总工会主席出席会议。会议听取并审议市总工会主席陈廷荣代表常委会所作的工会工作报告以及经审委主任常三五作的经费审查工作报告。会议表彰扬中市2014~2015年度模范职工之家和优秀工会工作者。

(总工会 何欣珈)

2016年1月15日,扬中市总工会十四届二次全委(扩大)会议胜利召开

**【潘榴红获江苏省"五一劳动奖章"】**2016年3月1日,江苏省工会召开的庆祝"三八"暨总女职工委员会六届二次全委(扩大)会议上,城投公司潘榴红荣获江苏省"五一劳动奖章"和"五一巾帼标兵"称号,3月5日被评为"最美巾帼公益之星"。 (新闻中心)

**链接:潘榴红简介**

潘榴红是市城投公司中扬公交201路公交驾驶员。公交车每停靠一站,她都不厌其烦提醒乘客带好物品,下车注意安全。每当看到有乘客携带较重物品或腿脚不便,她都主动下车,热心提供帮助。不论刮风下雨,她都会提前半小时到发车点检查车辆安全。行驶过程中,她严格遵守交通法则,礼让行人,准时准点发车。冬季和夏季需开空调时,她严格遵守公司规定,发车前5分钟开空调,节约能源。工作以来,她已安全行车20余万公里,从未发生一起交通事故。她所在的班线被镇江市运管处授予"文明客运班线",被市总工会授予"工人先锋岗"。她本人被市民誉为"微笑天使"和"最美公交司机"。

**【首届职工食堂厨师烹饪大赛】**2016年11月27日,"大行杯"扬中市首届职工食堂厨师烹饪大赛在南湖农场举行。来自机关餐饮服务中心、大全集团等单位40位食堂厨师参加本次比赛,选手们结合员工食堂的特点,在规定时间内设计出各具特色的精品菜肴。评委认真品尝各色美食,并根据厨师作品的创意、色、香、味、安全卫生等进行逐项打分,厨师们精湛的厨艺赢得在场观摩人员阵阵赞叹。经过激烈角逐及现场打分,评出金奖、银奖、铜奖及优秀奖若干名。此次烹饪大赛的作品在赛后全部精心打包,送给经开区敬老院的老人们,给老人们在寒冬带去舌尖上的温暖。 (新闻中心)

## ·共青团扬中市委·

**【概况】**2016年,扬中团市委团结带领全市各级团组织和广大团员青年,以"萌动青春"品牌活动为统揽,助力青少年成长成才、追梦圆梦,在全市共青团的"朋友圈"拓展中实现共青团工作进一步全面提升。至2016年年底,全市有共青团员9628人、团干部752人。

培育弘扬社会主义核心价值观,在思想引导上有新成效。举办"扬中市优秀青年科技创新工作者颁奖仪式暨青春故事分享会”“小青萌”优秀青年事迹宣讲、“扬帆梦 青春行”90后青年干部主题展示活动，通过图文并茂和微信电台的形式进行网络直播和互动，广泛开展“学法倡廉”家风承诺、“手写入党誓词 坚守党员承诺”等主题活动。常态化开展“六一献礼”“感恩母亲节”“少先队日活动”“14岁青春成长仪式”“18岁成人仪式”“暑期社会实践”等主题活动，举办全市少先队活动课展示活动大赛，开展“红领巾寻访‘强富美高’新扬中”活动，开展“扬中好少年”“镇江好少年”“镇江市十大杰出青年”“江苏好青年”等典型评选推报。推进中学共青团改革，健全团员教育管理制度，100%完成团员发展计划。

投身全面深化改革实践，在服务大局上有新业绩。开展青年文明号、青年岗位能手、十佳电商创业个人、青年岗位标兵等“青”字号品牌创建评比活动，举办“萌芽呵护”青春达人技能评比月活动，广泛开展“保护母亲河”系列活动，通过“萌在春天”植树绿化、“世界无车日”绿色骑行、“一双球鞋的暴走”等活动培育低碳环保意识。通过“扬帆‘十三五’ 开启新征程”大讨论大推进活动、“三行情诗献祖国”有奖征集、团小萌帮你@恩师“表白”等网络互动活动，引导青少年网友在互联网空间发出理性客观、善良美好、积极向上的“青春好声音”。通过入团培训、团队活动、青年聚社、文明引导等途径，进一步深入开展青少年文明素质培养工作。广泛凝聚全市“小青萌”青年志愿者和青年社会组织的力量，常态化开展“学雷锋”全民志愿服务行动月、“希望来吧”关爱新市民子女、“彩虹桥”青少年事务服务等活动，打造“呵护小候鸟”“爱心暖春”“爱心萌主”等众多公益服务品牌。

加强青年人才工作，在服务青年上有新作为。开展创业、技能培训班百余场，开设创业沙龙、创业项目推介会十余场。在市、镇、村三级青年创业帮办服务体系的基础上，进一步整合“两新”组织的力量，凝聚扬中青年创客圈子，打造“YZ青创工坊”阵地，成立YZ青创工坊团支部。每周开展“希望来吧”关爱新市民子女活动，开展“希望工程”爱心助学行动、“爱心萌主”爱心暖冬活动，并形成面向全市中小学生的“萌微心愿”活动、面向全市贫困学子的“萌芽呵护”爱心助学活动、面向应届考取二本以上高校高考生的“萌芽呵护”圆梦行动3个特色关爱品牌。2016年，资助家庭贫困的青少年400余人次。立足农村电商创业主题，开展“共青团与人大代表、政协委员面对面”活动，在扎实开展“成长护航工程”的基础上，进一步创新打造“青春防护手册”音乐MV、原创自护情景剧、“萌言萌语”微电台等维权文化产品。

着力夯实基层基础，在组织建设上有新进展。大力推进非公企业和青年社会组织团建工作；通过“萌友互学”部门、学校团、队组织共建，巩固区域化团建成果；深入推动乡镇实体化“大团委”建设，打造三茅街道区域青年工作共建委员会，组织联系好“失联”团员青年。在全市310名团干部中广泛开展“走听转办”“走支部连百心”等活动，着眼于青年的学习工作、身心健康、创业就业、婚恋交友、人际关系等需求，不断深化见习基地、青年聚社、青少年之家等基层团组织阵地建设，常态化开展“快乐联萌”体育比赛、“爱的萌动”交友互动、“小青萌”青年聚社等品牌活动。

认真倾听“青年之声”，利用网络加强共青团建设。高效开展“青年之声”平台建设，动员全市团干部以“青年之声”大数据指导共青团多方面工作，立足线上线下品牌活动回应青年诉求，在思想引领、创业帮办、学习提升、志愿服务、婚恋交友等众多方面实现与“青年之声”的有机结合，使青年真正成为共青团活动的“主人”。精心打造“萌微讲堂”线上线下青年讲学平台，通过梳理“青年之声”大数据，把握青年的关注点，每周利用新媒体发布一期线上微讲堂，每月组织团员青年在“青年之声”线下阵地开展一次线下微课堂，采用青年喜闻乐见的形式，组织青年对党团知识、时事社情、法律法规等内容进行深入学习、普及、探讨。创新打造“萌言萌语”微信电台。以“萌活力，秀风采，涨知识，正三观”为主旨，已发布16期微电台。深度开发“萌微讲堂”讲学平台。通过动画说党史、图文讲党情、语音谈感悟、历史小故事等生动形象的形式，推送16条“萌微讲堂”微信，累计阅读量2万人次。（团市委 丁莹）

**【共青团扬中市十八届五次全委（扩大）会议】** 2016年1月15日，团市委召开共青团扬中市十八届五次全委（扩大）会议，回顾总结2015年工作成绩，安排部署今年工作任务。市委常委、组织部部长黄子来肯定市团委2015年的工作成效，希望各级团组织牢记根本职能，树立业主意识，团结带领全市青年，进一步发挥青年生力军的积极作用，在建设“强富美高”新扬中的进程中成长成才，贡献力量，实现价值。黄子来希望全市各级团组织要紧跟党政大局，培养青少年成为后备人才；摸准青春脉搏，服务青少年创造出彩人生；强化自身建设，打造青少年圆梦可靠空间。团市委书记张皓玮作题为《萌动青春活力，汇聚青春力量，在共青团的“朋友圈”拓展中实现青春梦想》的工作报告。会议表彰2015年度扬中市团工作标兵单位、优秀团干部标兵、团工作先进单位、十佳团干部。（团市委 丁莹）

**【学雷锋志愿服务月活动】**2016年3月6日，扬中市委宣传部、市文明办、团市委在市区步行街中心广场联合举行“最美扬中，与爱同行”志愿服务系列活动暨“学雷锋 春风送暖”志愿服务活动月启动仪式。团市委领办“大爱扬中 青春作伴”志愿服务项目。启动仪式结束后，来自全市25家团组织的80余名“小青萌”青年志愿者为全市市民提供汽车维修保养、义诊、金融理财、黄金清洗、家电维修、医保政策解读、创业就业培训等40余种服务，现场服务人数近千人。3月，全市各级团组织奔赴乡村、学校、社区、企业，开展志愿服务活动百余场。（团市委 丁莹）

**【“萌在春天”植树绿化活动】**2016年3月11日，扬中市团市委参加市委组织部“党员义工林”启动仪式，组织25名“小青萌”青年志愿者参加绿化植树活动。（团市委 丁莹）

**【优秀青年科技工作者颁奖仪式暨青春故事分享会】**2016年5月3日，扬中市市委组织部、科协、团市委共同举办纪念五四运动97周年暨“扬帆‘十三五’ 开启新征程” 主题活动的子活动——优秀青年科技工作者颁奖仪式暨青春故事分享会。市委书记、市长潘早云，市委副书记、市人大常委会副主任唐崇林，市委常委、组织部部长黄子来出席会议并颁奖。分享会上，12名获奖者上台领奖，其中6名获奖者现场分享自己的成长故事和心路历程，与观众互动交流，表达自己的青春感悟。为广泛宣传优秀先进事迹，弘扬新时期青年精神，团市委成立首届“‘小青萌’优秀青年事迹宣讲团”，现场聘请此次12名获奖者为全市首批宣讲团成员，发放聘书。（团市委 丁莹）

**【团市委（机关）专题开放日】**2016年6月16日，扬中市团市委召开“学讲话 话改革 谋发展——共青团扬中市委员会（机关）专题开放日”活动，邀请基层团干部、青年代表20人走进团市委机关，参观团市委机关办公地点，学习团的历史、团的基本知识、团的主要工作；开设第一期线下“萌微讲堂”，看动漫、学团史、强信念，进一步增强团员青年对共青团改革的背景、意义和重要举措的理解；开展团员青年破冰交流，围绕“扬帆‘十三五’ 开启新征程”主题，交流全市共青团存在的优势、短板，对下一阶段发展提出建议。（团市委 丁莹）

**【“为爱携手 筑梦益起来” 爱心助学活动】**2016年8月25日，扬中市团市委、市教育局、市慈善总会联合举行“为爱携手 筑梦益起来”2016年市“萌芽呵护”希望工程爱心助学系列活动，副市长蔡萍出席活动并讲话。会上，学生代表宣读“为爱携手 筑梦益起来”倡议书；现场发布由市委常委、组织部部长黄子来亲手题写青春寄语的《青春成长手册》；发放“萌芽呵护”爱心助学金和“萌芽呵护”圆梦行动助学金；市金融系统获“圆梦行动特别贡献奖”单位称号，市农商银行获“爱心助学奖”单位称号；市金融系统、市农商银行、威腾母线、扬中麦田、网友义工团5家单位获批“萌芽呵护”大学生暑期社会公益实践基地，并被授牌。（团市委 丁莹）

**【“扬帆梦 青春行” 主题展示活动】**2016年10月18日，扬中市委组织部、团市委、市委党校共同举办“扬帆梦 青春行”主题展示活动，全市各镇（街、区）、机关部门单位22名90后青年干部代表参加这次活动。活动以即兴演讲的形式展开，选手们以“扬帆梦 青春行”为主题，围绕新时期“四千四万精神”，结合自身工作实际，站在扬中新的发展起点之上，畅谈90后青年干部的青春担当。选手们激情澎湃，从青年角度出发，将自己的梦想与国家的前途结合起来，挖掘阐述新时期扬中精神的时代内涵，或用生动的事例，或用翔实的数据，或用缜密的思想，表达自己作为90后青年要牢记使命，为建设“强富美高”新扬中贡献青春强能量。（团市委 丁莹）

**【少先队活动课说课大赛】**2016年10月21日，扬中市少先队活动课说课大赛在联合中心小学报告厅举行，来自全市13所小学的16支师生队伍参加说课比拼，镇江团市委副书记朱明珠、镇江市少先队总辅导员高原、扬中市教育局副局长冯丽娟、扬中团市委副书记王丹、扬中团市委副书记包熙鹏出席活动。南师扬中附小的田园园老师团队荣获特等奖；联合中心小学乔雷团队、三跃中心小学倪雪莲团队、丰裕中心小学曹菊云团队、八桥中心小学李佳巍团队荣获一等奖；兴隆中心小学林云团队、南师扬中附小任国伟团队、实验小学郭霞团队、新坝中心小学蔡燕团队、油坊中心小学唐云团队荣获二等奖；永胜中心小学姚恒家团队、外国语小学肖欢蕾团队、长旺中心小学李丹团队、实验小学徐菊芳团队、西来桥学校孔小燕团队、外国语小学戴益坚团队荣获三等奖。（团市委 丁莹）

【YZ青创工坊揭牌】2016年12月13日，扬中市举行YZ青创工坊揭牌仪式暨扬中市创业青年朋友圈分享交流主题活动，YZ青创工坊是由共青团扬中市委员会发起，扬中市青年联合会、青年商会共同打造的青年创新创业的公益品牌。工坊为创业青年提供创业帮办、培训、辅导、工商注册、法律咨询、资金扶持等一系列活动。 (团市委 丁莹)

市领导察看YZ青创工坊

【"爱的萌动"青春甜蜜约会】2016年12月11日，扬中市教育局团委、新坝镇团委、金融系统团工委在扬中市YZ青创工坊联合举办"爱的萌动"青春甜蜜约会活动，40余名来自机关、教育、金融、企业等行业的单身青年踊跃参加。通过自我介绍环节、游戏环节、表白环节、自由交流环节等，为单身青年提供交友机会。

(团市委 丁莹)

## ·妇女联合会·

【概况】2016年，扬中市妇联将健康教育和健康促进工作与"最美家庭"寻访有机结合，扩大"最美家庭"与广大群众的融合度，确定110户"健康家庭"并命名表彰；开展"传承文明家风 助建最美扬中"活动，组织"最美家庭讲好家训"巡讲进机关、学校、企业、村(社区)、看守所等，同时利用"家和美"广播专栏，用身边事教育身边人；推荐女性创业者争创省级巾帼示范基地，申报各类巾帼创业示范基地，成功申报省级巾帼示范基地3个；组织女企业家参加江苏省、镇江市级培训、交流活动，累计推荐19名优秀女企业家加入镇江市女性创业联盟，为女企业家搭建高层次学习平台；利用"扬中女性"微信平台，推介"贫困母亲创业种子基金"帮扶项目，搭建贫困母亲创业的"线上"销售渠道。举办"童心同力 亲水成长"庆"六一""小黄鸭漂流"暨"快乐周末"公益活动启动仪式；关怀困境儿童，开展新一轮社会妈妈爱心结对活动；关爱帮扶困境妇女，提高妇女健康素养；继续开展全市适龄妇女(含外出、外来务工妇女)"两癌"及常见病筛查。积极培育妇建品牌，加大组织转型力度，精心筛选牵手公益俱乐部、秧歌协会、快乐时光俱乐部、扬中热线车友会、巾城益家爱心服务社，承接"全城织爱·绿洲圆梦"的五个子项目。注重妇联自身建设，充分发挥"橄榄绿兵妈妈"工作室作用，为全市的"兵妈妈"提供心理咨询、上门慰问、贫困救助、职业技能培训、就业推荐、创业扶持等各类服务，为现役军人提供"军地鹊桥"婚恋服务。组织带领妇联和妇儿中心工作人员以及相关社会组织负责人前往常州参观学习，学赶先进。在镇江市率先实施农村基层组织改革，推进乡镇妇联组织区域化建设，切实提升服务中心大局和服务妇女儿童的能力，把基层妇女组织打造成"坚强阵地"和"温暖之家"。 (妇联 吴柳)

【"迎三八"女性专场公益招聘会】2016年3月5日，扬中市人社局和市妇联在市人力资源市场招聘大厅举办女性专场招聘活动，为女性找到合适的工作岗位搭建就业平台。本次招聘会进场招聘单位25家，提供就业岗位656个，其中适合女性就业的会计、导购、服务专员、客服、策划、公关等岗位需求530个。市人社局、市妇联根据女性就业特点，联系多家需要女性就职的企业，包括镇江雨润中央购物广场有限公司、镇江荣德新能源科技有限公司、扬中格拉斯白炭黑化工有限公司、江苏天舜金属材料集团有限公司、江苏有能电气成套有限公司等单位，提供适合女性就业的人力资源经理(行政)、会计、导购、服务专员、客服、策划、公关等岗位，进一步拓宽女性就业渠道。 (新闻中心)

【"全城织爱 绿洲圆梦"公益项目启动】2016年3月5日，扬中市隆重举行纪念"三八"国际劳动妇女节106周年暨"全城织爱 绿洲圆梦"公益项目启动仪式。市委书记、市长潘早云为活动致辞，扬中市市领导唐崇林、王继兰、黄子来、常云、蔡萍、陆国平出席活动，镇江市妇联主席胡云霞到扬中参加活动。此次活动以"公益"为主题，以"服务"为抓手，围绕"全城织爱 绿洲圆梦"的主线，集中推出五大公益项目："e"路传爱、一"罐"存爱、温暖"织"爱、"衣"旧有爱、益路"聚"爱。扬中市市领导相继为五大公益项目揭幕，并为各项目负责人授牌。现场进行部分爱心捐赠。活动现场，对扬中"最美家庭人物""最美巾帼公益之星"获奖的集体和个人进行表彰。

(妇联 吴柳)

## 图片专辑

潘早云致辞

三茅街道分会场为二手衣物回收箱揭幕

# 爱 · 让生活更美好

扬中市纪念"三八"妇女节 106 周年暨"全城织爱 绿洲圆梦"项目启动仪式

衣旧有爱志愿者捐衣

外国语中学、外国语小学捐书捐衣

市领导浇灌"全城织爱 绿洲圆梦"爱心模型

孙丹演唱《我是扬中人》

机关一园表演舞蹈《小猫存钱罐》

"全城织爱 绿洲圆梦"通达商厦分会场

"益路聚爱"项目授牌

**链接:"全城织爱"系列公益活动**

1."e"路传爱——聆听爱的声音

开设"家和美故事荟"广播专栏,用群众喜闻乐见的语言,将发生在群众身边的"好人、好事、好家风、好民风"以故事的形式呈现出来。同时成立好家风宣传队,挖掘好家庭好典型,赠送小广播,凝聚平凡人的榜样力量,汇聚更多社会正能量,为"最美"扬中建设添砖加瓦。

2.一"罐"存爱——储蓄爱的力量

在全市集中推广"爱心存钱罐",号召广大家庭成员将零花钱、压岁钱存入"爱心存钱罐",并定期汇入爱心账户,用于帮助弱势妇女儿童和困难群体。通过长期开展这项活动,培养家庭成员勤俭节约、助人为乐的良好习惯,倡导"存爱心,取快乐"的公益理念。

3.温暖织爱——编织爱的斑斓

为关爱身边的贫困妇女、单亲妈妈、空巢老人、困境儿童等弱势群体,招募巧手爱心志愿者,为他们量身定制、编织毛衣,让他们穿在身上、暖在心里,感受小城大爱的温暖。

4."衣"旧有爱——传递爱的节拍

在机关企事业单位、居民小区、村(社区)投放旧衣物回收箱,引导广大家庭将闲置的二手衣物捐出来,由专门的组织和企业及时回收箱内的旧衣物,并进行分类处理,一部分捐赠给贫困群体或进行义卖,剩余部分由回收企业实现废旧衣物的循环再利用,倡导关爱他人、低碳环保的良好风尚。

5.益路聚爱——呵护爱的宁静

针对当前机动车增多、随意鸣笛带来噪音污染的现状,实施"益路聚爱"项目,爱心车主张贴特制车标,自愿加入减少鸣笛的行列,并接受社会监督。同时爱心商家爱心回馈,激励广大车主从小事体现文明,从细节显示素质,为家人和社会创造宁静空间。

**【"家风润良缘"第五届"中扬杯"公益集体婚礼】**2016年5月18日,扬中市"家风润良缘"——第五届"中扬杯"公益集体婚礼在扬中园博园浪漫举行。9对准新人、11对新婚夫妇和9对金、银婚老人在400余位亲朋好友的祝福声中步入庆典殿堂。扬中市市领导王继兰、黄子来、蔡萍、陆国平与新人的亲朋好友一起,共同见证这一神圣时刻,为其送上诚挚的祝福。此次活动由市委宣传部、市文明办、市妇联、城投公司、市新闻中心、团市委、经开区管委会、天禾公司联合主办。活动创新融入"家风"元素,将集体婚礼打造成主题婚礼的形式,以相濡以沫数十载的金婚、银婚代表的幸福婚姻及文明家风为模范,旨在倡导简约节俭、文明健康的婚恋新风尚,引导广大家庭成员树立良好的婚姻观、消费观和价值观,体现新时期、新风尚、新形象和好家风主旋律。 (妇联 吴柳)

2016年5月18日,扬中市举行第五届"中扬杯"公益集体婚礼

**【"家和美"广播专栏开播】**2016年7月1日,扬中市妇联、绿洲新城、广电中心在扬中人民广播电台新闻综合频率(FM105.6)共同推出的"家和美"广播专栏正式开播,将发生在群众身边的"好人、好事、好家风、好民风"以讲故事的形式呈现出来。同步通过"扬中女性""微扬中"等微信公众号转播,"传播好故事、传扬好家风、传递正能量",将"好声音"传到千家万户。 (妇联 吴柳)

**【"健康家庭"表彰大会】**2016年7月15日,扬中市妇联联合卫计委举办扬中市"健康家庭"表彰大会。进一步提高家庭成员的健康意识和健康素质,营造"家家崇尚健康,人人享有健康"的良好氛围,活动表彰"健康家庭标兵户"10户、"健康家庭"100户,宣讲其中的优秀家庭代表事迹。 (妇联 吴柳)

**【律师志愿者与妇儿之家结对共建】**2016年7月21日,扬中市律师志愿者与妇儿之家结对共建仪式在油坊镇振兴村隆重举行。镇江市妇联副主席罗娟、市权益部副部长王蓉亲临现场观摩。扬中市妇联副主席段欢欢、市司法局副局长蔡巧珍参加活动并讲话。全市16名省级妇女儿童之家负责人代表、15名律师志愿者以及各镇(街、区)妇联主席、基层妇女干部代表和平安家庭代表共同参加此次活动,律师志愿者与妇儿之家代表一对一签下结对共建协议书。 (妇联 吴柳)

**【"家庭e客厅"成立】**2016年8月,扬中市妇联在妇女

儿童活动中心成立“家庭 e 客厅”，内设家政服务区、巾帼创业产品寄售区、爱心衣橱(二手衣物领取)、“玫瑰有约”交友区，在服务广大家庭、困境群体、青年人才的同时，为创业女性搭建线下的成品寄售平台。

(妇联 吴柳)

**【镇江市加强基层妇联组织建设工作推进会】**2016 年 8 月 18 日，镇江市加强基层妇联组织建设工作推进会暨村(社区)妇代会改建妇联工作现场会在扬中市油坊镇举行，镇江市妇联主席胡云霞、副主席郑迎伟，市委常委、组织部部长黄子来出席会议。会后举行油坊村第四次妇女代表大会，成立油坊村妇联，成为镇江市首家村级妇联组织，镇江、扬中、油坊镇三级领导共同为村妇联揭牌。 (妇联 吴柳)

**【村(社区)妇代会改建妇联工作】**2016 年 8~11 月，以新一轮村“两委”换届选举为契机，扬中市全面推进村(社区)妇代会改建妇联工作，着力解决当前基层妇女组织设置“倒金字塔”，基层妇女工作力量不足、服务面不广、针对性不强等问题。截至 2016 年年底，全市 81 个村(社区)有 79 个完成改建工作。 (妇联 吴柳)

**【新坝镇妇联主席参加全国妇联座谈会】**2016 年 11 月 30 日，全国妇联座谈会在南京召开，全国人大常委会副委员长、全国妇联主席沈跃跃出席，省委常委、组织部部长王炯出席座谈会并致辞，江苏、上海、浙江、安徽、湖北 5 个省级妇联主席发言，镇江扬中市新坝镇妇联主席施慧香作为全省唯一一个乡镇级妇联主席代表参加座谈，介绍扬中市乡镇妇联组织区域化建设经验。

(妇联 吴柳)

## ·科学技术协会·

**【概况】**2016 年，扬中市科协按照省科协系统全面深化改革和科协提升创新发展能力的要求，团结带领广大科技工作者，凝心聚力、攻坚克难，科协各项工作取得新成效、新突破。成功创成“2016~2020 年度全国科普示范市”。成功申报省级农村科普示范基地 1 家。开展“创新放飞梦想，科技引领未来”主题科普日系列活动，被评为 2016 年全国科普日活动优秀组织单位。开展专利信息推送列为服务科技工作者的重要抓手，制定下发文件，安排部署推送任务，30 家企业签订安装专利信息资源库网络 1.0 版的协议。组织各市级学会参加镇江市举办的优秀科技论文评审，获得二等奖 2 篇、三等奖 2 篇。投资 45 万元给 23 个社区、1 个村和 1 个科创中心赠送 25 台科普大屏，率先在镇江市实现社区科普大屏全覆盖。 (科协 郭明霞)

**【基层组织建设】**2016 年 9 月 13 日，扬中市科协第六次代表大会成功召开。市委、市政府联合表彰“‘十二五’全民科学素质工作”先进集体和先进个人，市委表彰 2010~2015 年度科协工作先进集体和先进个人。9 月 22 日，扬中市农村专业技术协会成立，召开首届会员代表大会。12 月，对市、镇、村(社区)科协(科普)工作，以及全市所有村(社区)科普员进行考核及奖励。

(科协 郭明霞)

**【优秀科技人才举荐】**2016 年 2 月，扬中市科协联合市委组织部、团市委举办“扬中市优秀青年科技创新工作者”评选活动。5 月 3 日，召开扬中市优秀青年科技创新工作者颁奖仪式暨青春故事分享会，奖励评选出的 12 名优秀青年科技工作者每人 3000 元。11 月，联合市委组织部、市发改经信委、市科技局成功举办扬中市第三届“讲、比”评选表彰活动，选出先进集体 6 家、优秀组织者 6 名、一线科技标兵 12 名。12 月，对表彰的集体和个人分别给予 1000 元和 2000 元的奖励，通过《扬中日报》、扬中新闻网、扬中科协网宣传报道。

(科协 郭明霞)

**【科技社团管理】**2016 年 4 月，扬中市科协制定下发《扬中市级学会年度工作意见》《扬中市级学会年度工作目标任务书》，召开两次学会工作例会，督促指导相关学会开展年检、换届和社会组织等级评估，进一步提升学会科学化、正规化办会水平。 (科协 郭明霞)

**【第七届优秀科技论文评审】**2016 年 9 月，扬中市科协与组织部、人社局联合举办扬中市第七届优秀科技论文评审活动。活动收到论文 76 篇，经 10 名专家评委评审和评审领导小组审核，评出获奖论文 48 篇。其中一等奖 8 篇、二等奖 17 篇、三等奖 23 篇。(科协 郭明霞)

**【众创服务】**2016 年 2 月，扬中市科协帮助镇江奇佩支吊架有限公司牵线国内外企业和高等院校，与中建三局、德国曼卡特科技公司、河北工业大学、华东理工大学等签订合作协议。依托院士专家服务中心、科技咨询服务中心和企业科协，积极推进政产学研合作交流，为全市多家企业与高校、科研中心建立产学研合作牵线搭桥。 (科协 郭明霞)

【特色科普活动品牌】2016年5月，扬中市第28届大型科普广场宣传活动在西来桥镇文化体育活动中心举办。联合扬中市教育局开展“扬中市十佳科技教育示范学校”和“扬中市十佳科技辅导员”的评选表彰，联合西来桥镇政府评选表彰20名农村科普示范户。5月19日，举办“童心创造，梦想起航”扬中市首届科技游园会，全市6000余名中小学生和学生家长代表参加活动。成功引进无线电定向猎狐项目、机器人项目、无人机项目，为青少年零距离接触前沿科技搭建平台，进一步培养青少年的创新实践能力。（科协 郭明霞）

【科技工作者建言献策活动】2016年3月21日，扬中市科协牵头组织召开全市优秀科技工作者座谈会，30余名来自扬中高新技术企业的科研人员，教育、农业、卫生等系统的高层次人才汇聚一堂，从如何培育引进科技人才、推动企业科技创新、促进经济转型升级等方面，为“扬帆‘十三五’ 开启新征程”建言献策。发挥科技工作者是人大代表、政协委员优势，提出高质量的议案、提案建议40余篇。其中有3篇获市委、市政府领导批示，为市委、市政府科学决策提供依据。

（科协 郭明霞）

## ·文学艺术界联合会·

【概况】2016年，扬中市文学艺术界联合会(以下简称文联)有作家协会、书画家协会、音乐舞蹈家协会、戏剧曲艺家协会、摄影家协会、民间文艺家协会、电影电视家协会7个专业协会，会员总数400余人。其中国家级会员17名，省级会员70余名，镇江市级会员160余名。2016年，新增国家级会员3名，童涛、张怀根、祝红卫加入中国摄影家协会；新增省级会员3名，其中2人加入省作家协会，1人加入省书法家协会。

出版“美在扬中”丛书；与省书法家协会联合举办“苏风墨韵”江苏省书法名家精品巡回展、书法惠民讲座和“迎新春、送万福”活动。组织开展《东方散文》全国散文作家笔会活动。举办“威腾杯”中国河豚岛·扬中摄影大展。举办“绿洲新城杯”纪念建党95周年“江洲颂”书画作品展。举办“勤廉好家风”文艺作品展。组织开展扬中地域历史文化采风活动。完成各文艺家协会换届工作，召开文联第八次代表大会。举办“强筋健骨 重温经典”扬中市第二届书画临摹展。扬中市文联被江苏省文联表彰为“江苏省基层文联工作先进单位”，《扬中地名故事》在镇江市第十一届哲学社会科学优秀成果评奖中荣获三等奖。（文联 方莹莹）

【文联第八次代表大会】2016年，扬中市文联下属7个文艺家协会顺利完成换届工作。9月20日，市文学艺术界联合会第八次代表大会隆重召开，全市171名文学艺术家和文艺工作者欢聚一堂，共商扬中市文化发展大计。市委书记潘早云寄望全市文艺工作者要主动担当起提升文化自觉、增强文化自信、实现文化自强的重任，奋力开创扬中文艺事业跨越发展的“大时代”。镇江市文联主席包建国，扬中市市领导张德军、冯锦跃、施健华、马家胜、陆艳华、庄旭、王成明、黄子来、常云、蔡萍、陆国平出席开幕式。市委常委、宣传部部长陆艳华致开幕词。会议回顾七次文代会以来市文联各项工作和成绩，审议并通过《扬中市文学艺术界联合会第七届委员会工作报告》，选举产生市文联第八届委员会委员和新一届文联领导班子。方泽华当选为新一届文联主席，王中明、左菁华、蔡小俊、马强当选为副主席。

（文联 方莹莹）

【“美在扬中”丛书出版】2016年1月，“美在扬中”丛书出版。该套丛书由中国文联出版社正式出版。“美在扬中”丛书立足于扬中本土，以展示扬中社会风貌、风土人情，反映扬中地域文化为主基调，具有明显的地域特征和浓郁的乡土特色，是扬中首次以出版文学丛书的形式集中宣传“最美扬中”。“美在扬中”丛书包含的10册图书，分别是：方泽华主编的《“美在扬中”文学作品集》(散文、诗歌)，方泽华、李跃林主编的《扬中地名故事》(民间文学)，李小网著作《山茶飘香》(随笔)，杨祥生著作《临江的窗》(小小说)，王晓芳著作《一路走来》(散文随笔)，马健著作《山村里的守望者》(散文)，周勇著作《岁月难忘》(散文)，朱圣福著作《烟沙集》(随笔、言论、小说、评论合集)，周祥贵著作《风雨岁月》(散文)，王文咏著作《剪一段时光》(散文随笔)。其中《“美在扬中”文学作品集》《扬中地名故事》两书为综合性文集，《“美在扬中”文学作品集》是扬中市首部全方位展示“扬中之美”的文学作品集，《扬中地名故事》是首部系统汇编扬中地名故事、反映扬中地名文化的民间文学读物。另外8本为扬中作协骨干会员饱含家园情怀的个人文集。1月11日，市委宣传部、市文联、民政局联合举行《“美在扬中”文学作品集》《扬中地名故事》首发式，集中向各镇(街、区)、部门、村(社区)、学校、作者代表和市图书馆负责人赠书。（文联 方莹莹）

【《扬中地名故事》首发】2016年1月11日，《扬中地名故事》正式首发，该书由中国文联出版社出版，涵盖98篇具有代表性的扬中老地名故事。《扬中地名故事》立足于扬中本土,是扬中首部系统汇编扬中地名故事、反映扬中地名文化的民间文学读物。该书前期经过市委宣传部、市民政局及市文联组织开展全市地名故事普查、梳理、采风等准备工作,历时半年成册。该书通过社会征集、公众评选等方式,最终确认扬中最具有影响的老地名保护目录,计62条,其中镇区8条、街巷(村落)20条、水系14条、名胜古迹11条、建筑类9条。

(新闻中心)

**【"苏风墨韵" 江苏省书法名家精品巡回展】** 2016年1月15日,"苏风墨韵"江苏省书法名家精品巡回展暨江苏省书法家协会"迎新春 送万福"活动在扬中举办。"苏风墨韵"江苏省书法名家惠民讲座之"隶书的临摹与创作"在奥体中心开讲,特邀省书法家协会理事、南京艺术学院教授金丹前作题为"隶书临摹与创作"的书法惠民讲座。巡回展展出江苏省近百位书法名家创作的130余幅书法精品,展品内容丰富,书体多样,风格鲜明。活动中,江苏省书法家协会的书法名家们在市奥体中心广场,现场书写新春对联,向扬中市民们表达新春的祝福。

(市文联 方莹莹)

**【"中国河豚岛·扬中"全国散文作家笔会活动】** 2016年3月25~27日,全国散文作家采风团一行近50人走进扬中,进行为期三天的全方位寻访采风。采风团成员来自北京、黑龙江、辽宁、天津、陕西、广东、江西、山东、河南、内蒙古、江苏等全国各地。26~27日,作家采风团先后走访宜禾职业装博览馆、大全集团、扬中电气工业品城、新坝新治村、渡江文化园、扬中植物园、西来桥镇和润粮油码头、西来桥镇文体中心、泰州大桥、扬中大桥、扬中三桥、江之源等扬中具有代表性的景点和企业,实地感受扬中的经济建设成就、生态文明成果、河豚文化氛围、城市人文风貌。活动结束后,《东方散文》杂志开设两期专辑,集中刊登作家们扬中采风之作。

(文联 方莹莹)

**【"威腾杯"中国河豚岛·扬中摄影大展】** 2016年,扬中市举办"威腾杯"中国河豚岛·扬中摄影大展。在江苏省摄影家协会网、《江苏摄影通讯》、镇江市摄影家协会网、《扬中日报》、扬中新闻网、中国河豚网等媒体、网站以及专业摄影论坛发布征稿启事,诚邀省内外摄影家和摄影爱好者聚焦扬中,用生动的镜头和语言展示扬中之美。活动受到广大摄影爱好者的热切关注和积极响应,南通、镇江、靖江、句容、丹徒等市县(区)的摄影家协会纷纷组团到扬中采风,实地感受拍摄三月里的最美扬中。收到应征摄影作品1200余幅(组)。经专家综合评审,评出一级收藏作品1件,二级收藏作品3件,三级收藏作品5件,优秀作品30件。4月24日,在河豚文化节闭幕式活动现场集中展出所有收藏作品、优秀作品约80件。

(文联 方莹莹)

**【"绿洲新城杯"纪念建党95周年"江洲颂"书画作品展】** 2016年3月,扬中市举办"绿洲新城杯"纪念建党95周年"江洲颂"书画作品展。面向全市书画爱好者和书画家征集以反映建党95周年来的辉煌成就、习近平总书记重要讲话精神,以及展示"扬中之美"等为创作主题的书画作品,用书画艺术表现形式追忆历史,立足现在,展望未来。截至5月中旬,征集到作品近百件,精选80件入展,编印书画作品集。6月30日,书画作品展在市行政中心一楼大厅开幕,在部分镇街区举办巡展。

(文联 方莹莹)

**【"勤廉好家风"文艺作品展】** 2016年8月22日,扬中市举办"勤廉好家风"文艺作品展,以独具魅力的文艺形式传播廉政文化,倡扬家风育廉,动员广大党员干部共同宣传营造廉政文化氛围。集中展出100余件文艺作品,包括书法、篆刻、中国画、儿童画、版画、剪纸、竹编等多种形式。其中有19件书法作品内容为诗词协会会员以勤廉家风为主题创作的诗词,具有较强的观赏性和感染力。文艺作品展在6个镇(街、区)和奥体中心举办巡回展,并在廉政文化示范点、家风文化园、家庭助廉教育基地长期列展。

(文联 方莹莹)

**【扬中地域历史文化采风活动】** 2016年3月,扬中市启动地域历史文化采风活动,组织部分文学爱好者从地方志和家谱、宗谱入手,追溯扬中先辈移民的足迹,探索曾发生在扬中这片土地上的历史事件和人文轶事。通过在《扬中日报》、扬中新闻网、"微扬中"微信平台等媒体上发布启事,面向全社会征集家谱和家族故事线索,新征集到5部家谱。市文联、作协组织部分创作骨干深入研究档案馆原存的13部家谱和新征的5部家谱,挖掘其中蕴藏的历史文化信息,撰写相关研究文章。

(文联 方莹莹)

**【"强筋健骨 重温经典" 扬中市第二届书画临摹展】** 2016年12月12日,扬中市举办"强筋健骨 重温经典"——扬中市第二届书画临摹作品展,展出90件优秀作品。首展后在市奥体中心展出两个月。"强筋健骨 重温经典"书画临摹展是扬中市文联打造的书画品牌活动，每两年举办一次，对于夯实书画艺术基本功，提升扬中书画艺术整体水平具有积极的意义。

（文联 方莹莹）

**【2016 年度主要文艺成果】** 2016 年度主要获奖、入展、发表、出版、演出的作品如下：

文学创作方面，"美在扬中" 文学丛书由中国文联出版社正式出版；市文联组织编撰《"美在扬中"文学作品集》《扬中地名故事》；资助杨祥生、王晓芳、李小网、周祥贵、马健、王文咏、朱圣福、周勇 8 人出版个人文集；范继平散文《"长江跳板"上的记忆》在《人民日报》发表；武林长篇小说《战狼花》由中国现代出版社出版；方泽华散文《长江作证》发表于《东方散文》；彭纪龙报告文学《朱德荣：弱势孩子的知心爷爷》发表于《银潮》；王文咏散文、随笔《说不清明天的风》《田野与诗的旅行》《跨过购物的瑞士人》等发表于《齐鲁晚报》《新民晚报》《羊城晚报》等多家报刊。

书画创作方面，王中明国画《厚土》入展首届江苏美术奖作品展览，国画《江湾渔影》入展镇江市生态之美写生创作展，国画《云漫碧峰听泉声》入展镇江等九城市政协书画交流展；姜巍巍篆刻入展江苏省第十届新人书法篆刻作品展。

音乐舞蹈方面，赵洪、祝玉桃编创的舞蹈《咱们班》获得江苏省第五届社会舞蹈大赛暨第七届少儿舞蹈大赛创作一等奖、表演二等奖。

摄影创作方面，祝红卫摄影作品《记录快乐》《唠嗑》《欢乐》《陕北放赦》《银滩》《在雨中》获得全国城市故事摄影大赛三等奖，摄影作品《黄河人家》获得全国"共圆中国梦"摄影大赛三等奖；吉战顺摄影作品《丰收的喜悦》获得市报委员会新闻作品年终评比一等奖，摄影作品《通途(泰州大桥雄姿)》发表于《人民日报》；张杰摄影作品《疫情演练》获得江苏省卫生美术摄影书法作品展三等奖，《生命》获得江苏省疾控系统卫生美术摄影大赛优秀奖。

民间文艺方面，丁红梅竹编《观音像》、杨荣芳剪纸《书香校园》在"第四届东方工艺美术之都博览会暨江苏民间文艺 '迎春花奖'·民间工艺美术作品奖评奖活动"中荣获"迎春花奖"。

（文联 方莹莹）

## ·残疾人联合会·

**【概况】** 2016 年，扬中残疾人联合会(以下简称残联)努力将残疾人事业发展纳入扬中经济发展新常态，激发残疾人主体内力、社会助残动力、残联自身发展活力，推动扬中残疾人事业转型升级、持续健康发展。举办残疾人淘宝、花卉园艺、竹子栽培、插花等职业技能培训班 6 期，培训残疾人 164 人次。加强与民政、人社的联系，定期开展企业用工需求调查，掌握企业用工缺口信息，向福利企业推荐 30 名残疾人就业，介绍 10 名残疾人到非福利企业上班，在基地就业 25 人。加大盲人按摩机构扶持力度，为新开办的盲人按摩机构制作灯箱，新增安置盲人就业 12 名。依法征收残疾人就业保障金，全年实现残疾人按比例就业申报数 223 家，实际入库总金额 942.26 万元，机关事业单位实现征收总额 35 万元，企业和机关事业单位残保金征缴比例均实现大幅增长。致力于残疾人扶贫基地建设，新建八桥长胜村、油坊鸣凤村 2 家残疾人扶贫基地，全市残疾人扶贫基地 25 家，吸纳 415 名残疾人就业，辐射带动 220 余户残疾人家庭创业增收，基地劳动残疾人年收入普遍从数千元向万元以上迈进。

（残联 韩传会）

**【康复拳头项目】** 2016 年，扬中市推动辅具中心实体化运行，聚焦残疾人辅具需求，实现康复器材和辅助器具集中管理。结合无障碍村(社区)建设，重点为全市 7 个村和 1 个社区的残疾人发放辅具 12 类 266 件。根据残疾人的意见和建议调整适配工作，"残疾人之家" 建设适配成套康复器材 7 套，安装假肢 9 人，安装助听器 25 人。做好 28 名残疾儿童康复训练档案的动态维护，为需要转介外地训练的儿童提供转介证明和支付康复训练费用，规范残疾儿童康复服务流程。采取分散检查与集中检查相结合的方式开展白内障筛查，实际完成超声乳化并单片式人工晶体植入术 100 例。继续为 327 名有服药需求的贫困精神病患者提供免费服药。在卫计委、公安等部门的协调下，联系彩票公益金为贫困精神病人免费住院治疗，减少精神病患者肇事肇祸的发生。

（残联 韩传会）

**【保障残疾人合法权益】** 2016 年，扬中市摸索和改进残评制度，在坚持评前审查制度、生活调查制度、综合评审制度、举报调查撤销制度的前提下，坚决堵住残疾人评定中的漏洞。2016 年，新发残疾人证 325 份，按时办结率、残评准确率 100%。突出做好入户评残服务工作，为行动不便的残疾人及时上门评残，送证入户。加强残疾人信访维权工作，及时维护残疾人侵权事件。承办行风热线专题节目 1 期，接待残疾人来信来访 20 余起，化解突发矛盾 2 起，联合市法院收集上报残疾人维权典型案件 2 起。面对专门针对残疾人的电信诈骗事件高发的情况，在电视台刊登提示广告，在走访残疾人的过程中开展面对面的宣传，联合公安部门在报纸上做新闻事件跟踪分析报道，及时向上级汇报侵权情况，向全市残疾人告知事件进展，确保残疾人经济不受损失或少受损失。（残联 韩传会）

【残疾人工作社会化机制】2016年，扬中市残联动员和整合社会、部门力量，形成协同发展的合力。与市慈善总会开展共建，募集慈善资金，开展白内障复明、精神病服药、家电捐赠等项目。与特教中心共建，出资5万元，承担市特教中心学生在校学习、住宿期间的伙食费用，开展脑瘫儿童康复项目，增强特教学校吸纳残疾儿童入学能力。与市政法委共建，共同解决肇事精神病人强制住院治疗费用分担机制。协调社会助残组织开展助残活动，先后协调“爱心联盟”开展轮椅捐赠、爱心太阳能安装，协调“牵手公益”开展残疾人免费理发，免费送医，孤残儿童“蓝丝带”关爱活动等；协调创维集团开展残疾人惠残家电捐赠项目等。嫁接社会平台、部门项目，融入残疾人特色内容，开拓残疾人服务便捷通道。嫁接农家书屋建设残疾人阅览室，嫁接村（社区）卫生室，建设规范的康复站点，嫁接社会养老机构开展残疾人托养服务，嫁接村（社区）服务机构建设“残疾人之家”等。通过整合各种资源和力量，很好地解决人员不足、布点不密、能力不足的问题。（残联 韩传会）

【扬中市残工委被国务院残工委评为“残疾人工作先进单位”】2016年9月27日，国务院残疾人工作委员会召开第五次全国残疾人事业工作会议，扬中市人民政府残疾人工作委员会被评为“全国残疾人工作先进单位”，江苏省有9家单位获此荣誉，镇江市范围内仅一家。（残联 韩传会）

【邹莉娟在里约残奥会上获两枚金牌】2016年里约残奥会上，中国体育代表团女子田径队运动员、扬中姑娘邹莉娟代表中国参赛。在9月9日举行的女子F34级标枪比赛中，她以21.86米的成绩获得金牌，打破21米的世界记录；在9月15日举行的女子F34级铅球比赛中，邹莉娟再次以8.75米的成绩勇夺金牌，打破8.60米的残奥会纪录，实现扬中奥运会金牌零的突破。（残联 韩传会）

【“三大中心”建设】2016年，扬中市残疾人康复、托养中心、特教中心项目（简称“三大中心”）完成用地指标调整、拆迁安置、场地平整、电力设施、施工围墙建设等前期准备。项目功能规划、施工图纸设计、相关审批手续基本完成。“三大中心”项目位于扬子河北侧，规划中的三桥路东边，与三茅镇福利院一墙之隔。教育局的特教中心与残联的康复和托养中心集中建设为一体，集约化布局本市的残疾人事业，实现资源共享，是扬中市委、市政府实施的重点民生工程。2016年11月，该项目正式进场施工，项目总用地面积36.5亩，总建筑面积2.75万平方米，其中特教中心9000平方米，康复和托养中心1.43万平方米，配建地下停车场4200平方米，工程计划总投资1.6亿元。（残联 韩传会）

【残疾人专项福利补贴制度实施】2016年1月1日，国务院印发《关于全面建立困难残疾人生活补贴和重度残疾人护理补贴制度的意见》。这是国家层面首次建立残疾人专项福利补贴制度，成为保基本、兜底线的重要民生保障制度。制度将原实施的重残救助金、重残补贴、护理补贴等残疾人兜底保障制度进行规范和合并，对保障对象、保障范围进一步扩展，是残疾人兜底保障制度的一次重大政策调整。残疾人救助的职能移交给市民政部门负责。市残联积极跟进政策调整，做好新旧制度的过渡和衔接，并按照低保标准同步调整，确保残疾人生活保障不受影响。2016年，扬中重残人员发放救助金2648人、1841.33万元，发放特困重残生活补贴金41户、17.26万元，发放困境儿童救助金16名、16.95万元，发放残疾人护理补贴金316名、39万元，发放残疾人低保家庭重残补贴金115名、12万元。

（残联 韩传会）

【“残疾人之家”建设】2016年，扬中市按照创新发展的思路和群体组织改革要求，在三茅街道广宁社区、建设社区、经开区新星村、八桥镇利民村试点开展基层残疾人工作站、服务站建设，把加强村（社区）残疾人协会建设，服务残疾人需求，强化残疾人管理作为试点方向。10月，江苏省“残疾人之家”建设方案出台，残疾人工作站建设思路完美契合“残疾人之家”建设精神，成为对接省残联“残疾人之家”建设，创新发展扬中残疾人工作模式的有益探索。在此基础上，按照“残疾人之家”建设标准，在全市筛选7家基础条件好、社会助残力量强的村（社区）和服务机构开展建设，将“残疾人之家”建设成集残疾人康复、托养、技能培训、辅助性就业、文体活动和志愿者服务等功能为一体的新型综合服务机构。（残联 韩传会）

【全国残疾人基本服务状况和需求数据动态更新工作】2016年，扬中市按照国家和省市统一部署，为及时掌握残疾人基本状况，精准服务残疾人需求，锻炼基层专职委员工作能力，组织开展残疾人基本服务状况和需求数据动态更新工作。对2015年1月1日以后，调查摸底全市近万名持证残疾人服务状况和需求新的变化，截至8月30日，全市各镇（街、区）、村（社区）调查数据录入审核完毕。调查数据为新一轮贫困残疾人建档立卡、残疾人就业需求、新增康复需求等提供有力支撑。（残联 韩传会）

【第26次全国助残日活动】2016年，扬中市围绕“关爱孤残儿童，让爱洒满人间”全国助残日主题，开展残助残集中行动。邀请市四套班子领导重点走访慰问全市10户困难孤残儿童家庭。开展“做你的眼”盲人帮扶活动。在各村（社区）协调社会公益组织开展“做你的眼”盲人生活照料和心灵关爱活动，解决盲人生活中的买菜、看病、娱乐等实际困难。结成5对关爱帮扶对子。组织扬中市“爱心联盟”义工团，筹集资金2万元，采购40辆轮椅捐赠给贫困家庭重度肢体残疾人。协助南通残疾人艺术团在市政大礼堂举办专场演出，共同营造全社会关心关爱残疾人的氛围。活动期间，在《扬中日报》刊登专版，制作宣传展板80余块，悬挂宣传横幅130余条，发送公益广告5万余条。（残联 韩传会）

## ·红十字会·

【人道救助工作】2016年，扬中市红十字会继续深入推进人道救助工作，开展“博爱万人捐”“爱心一元捐”募捐活动，募集善款35万余元。继续实施博爱助医、助困、助学工程，组织实施“博爱送万家”活动，救助大病家庭和困难群众182人次，发放救助款16.1万元。与市教育局开展“爱心一元捐”救助金发放活动，对全市患大病和遭受意外伤害的学生进行救助，救助39名学生，发放救助金10.4万元。3位患白血病儿童获得中国红十字基金会“小天使基金彩票公益金”资助。

（红十字会 刘彩霞）

【救护培训工作】2016年，扬中市继续深入开展救护培训“进学校、进企业、进社区、进农村”“四进”活动，在教育系统开展“救护培训校校行”活动，先后对大全集团长江公司、默勒公司、美科新能源、苏惠乳胶有限公司、环太集团、锋芒集团600余名企业员工开展心肺复苏和企业生产常见意外伤害应急救护培训。市红十字会组织救护师资参加镇江市首届应急救护技能竞赛，并以总分第一获得团体一等奖。截至11月，扬中市红十字会完成初级救护员培训808人次，普及性救护培训8023人次。

（红十字会 刘彩霞）

【捐献造血干细胞工作】2016年，扬中市扎实开展造血干细胞志愿者招募和血样采集活动。5月13日，扬中市红十字会联合市文明办、团市委、卫计委组织召开造血干细胞志愿者招募推进会。7月15日，在市实验小学开展造血干细胞血样集中采集工作。镇江市红十字会到扬中召开现场交流会，交流和讨论全市造血干细胞捐献工作情况。活动当天，采集血样50余份。2016年，扬中市红十字会造血干细胞捐献再动员17人次，采集高分血样7份。信和信·扬中公馆工程部朱学军成为扬中第5例成功捐献造血干细胞志愿者，6月28日顺利在南京东南大学附属中大医院完成捐献。2016年12月18日，八桥镇施正华老人成功实现遗体捐献，为扬中市第三例遗体捐献者。2016年，扬中市参与无偿献血2230人次，采血70万毫升。（红十字会 刘彩霞）

【志愿服务工作】2016年，扬中市红十字会继续开展“有梦有爱、我们同在”为主题的关爱智障人群志愿服务活动。“六一”儿童节，扬中市红十字会携手金山学院红十字会赴特教中心开展“关注特殊儿童，共筑多彩童年”志愿服务活动。联合金山职业技术学院团委和红十字会共同组织赴安徽省黄山市黟县宏村学校开展“星光火焰齐聚，我们与你同行”志愿支教活动。

（红十字会 刘彩霞）

【红十字宣传工作】2016年，扬中市红十字会积极利用“5·8”世界红十字日、科普宣传周、世界急救日、国际减灾日、无偿献血日、艾滋病防治日等纪念日，制作宣传展牌，发放《市民安全救护手册》、造血干细胞宣传折页、红十字会工作宣传折页，开展救护技能现场演练，通过报纸、电视新闻、网站、广场活动、微信等形式，向市民普及红十字业务知识，宣传红十字会工作。2016年，《扬中日报》发新闻稿18篇，播出电视新闻14次，86篇新闻宣传稿件在省、市级红十字网站及扬中新闻网刊播；发放各类宣传折页、小册子5600份，展出宣传展板130余块。（红十字会 刘彩霞）

【“红十字爱心家园”救助项目】2016年，扬中市红十字会向省红十字会申报实施金山学院“红十字爱心家园”救助项目，并获得省红十字会博爱项目救助金5万元支持。项目主要为困难学生提供“红十字博爱超市”免费领取学习和生活用品，向部分优秀困难学生发放“圆

梦助学"奖学金、助学金,为参加"红十字爱心家园"勤工俭学的学生提供劳动报酬。 (红十字会 刘彩霞)

## ·关心下一代工作委员会·

**【概况】**2016年,扬中市关心下一代工作围绕立德树人这一根本任务,深入开展社会主义核心价值观教育,促进青少年健康成长,各项工作取得新成效。扬中市关工委、三茅街道关工委、八桥镇红旗村关工委、有能集团关工委4个集体被表彰为江苏省关心下一代工作先进集体,7人被表彰为省关心下一代工作先进个人。市关工委、新坝镇关工委、三茅街道中桥社区关工委、八桥镇红旗村关工委、西来桥镇幸福社区关工委5个集体被评为镇江市关心下一代工作先进集体,16人被评为镇江市关心下一代工作先进个人。

扬中市各村(社区)建立关工小组2300余个,信息网络延伸到每个村民小组、自然埭及居民小区;积极推进网格化信息管理制度,确立"五老"信息员分片包干责任,加强信息管理。开展市县示范性辅导站创建活动。在认真评估验收的基础上,西来桥镇幸福社区等8家辅导站荣获"扬中市级示范性辅导站"称号,八桥镇红旗村辅导站和新坝镇新治村辅导站荣获"镇江市示范性辅导站"称号。市关工委召开首届示范性辅导站工作交流会,针对存在的问题开展研讨,推进辅导站建设。各村(社区)关工委建成图书阅览室、电子阅览室,加强青少年教育基地建设,正式命名扬中市法制宣传教育中心等8家场馆为全市"青少年教育基地"。各镇村关工委联建共享63个教育基地。扬中关工网关爱工作平台进行升级,对广大青少年开展实时在线辅导,并可通过QQ、微信等第三方平台开展视频、语音辅导,增强网上关爱工作的吸引力和影响力。教育局、关工委联合下发《关于开展"学党史国史,听党话跟党走"主题教育活动的实施意见》。市关工委老干部报告团及各镇(街、区)"五老"宣讲团深入学校、辅导站开展主题教育宣讲60余场次,受教育师生及家长3万余人次。教育局关工委组织2万余名中小学生参加全国"五好"小公民读书活动,获全国先进集体称号。其中在全国主题教育征文、绘画比赛中,获奖中小学生308名,其中特等奖1名。暑假期间,各村(社区)关工委组织"五老"辅导员360人,聘请在职辅导员241人,受教育青少年5万余人次。 (关工委 朱斌)

**【"青少年教育基地"命名揭牌】**2016年3月21日,扬中8个场馆(单位)被授予"青少年教育基地"。市委常委、宣传部部长、市政协副主席王继兰为教育基地揭牌。被授牌命名为"扬中市青少年教育基地"的有市法制宣传教育中心、联合中心小学国学馆、八桥镇万福村拥军荣誉室等8个场馆(单位),均由市文明办、市关工委经过长时间认真考察、评估,筛选而出。这些教育基地,坚持以青少年为本,教育内容明确,教育资源丰富,用青少年喜闻乐见的方式给予青少年知识普及、心灵的震撼、精神的激励和思想的启迪,在扬中有较大影响,是加强青少年社会主义核心价值观教育的重要场所。揭牌仪式上,市关工委和联合中心小学分别就"加强基地建设,发挥育人功能"以及"如何充分利用青少年教育基地这一重要载体,以生动形象的方式教育青少年"进行交流发言。 (新闻中心)

**【镇江市民营经济关工委第六届火炬接力活动】**2016年10月28日,由扬中市市场监督管理局、扬中市民营经济关工委、镇江市民营经济关工委联合组织开展的第六届火炬接力活动在扬中市威腾电气集团股份有限公司举行,各辖市区关工委、民营经济关工委负责人以及80名企业青年员工参加启动仪式。举办火炬接力活动旨在引导民营企业传承中华民族的光荣传统,将爱心接力下去,做到致富思源、回报社会。启动仪式上,通过播放困难家庭实际情况PPT、举牌认领的形式,18家民营企业认领25户贫困家庭,结成帮扶对子,帮助他们摆脱暂时的困难。 (市场监管局 王海燕)

## ·扬中发展促进会·

**【扬中发展促进会二届一次会长办公会】**2016年1月16日,扬中发展促进会二届一次会长办公会在上海举行,会长陆朝银,副会长包信和、施正荣、陆廷秀、孙宏才、方国才、施祝生、郭桂华,秘书长范继平,副秘书长王晓芳等出席会议,上海分会会长李明福、宝钢集团总经理助理冯太国应邀出席会议。会长陆朝银全面总结发展促进会2015年的工作,对2016年工作进行部署和安排,与会人员就分会换届、成立卫生与健康分会、开展《我是扬中人》歌舞比赛、扬中博物馆名人馆的布展、建好会员数据库、办好刊物和网站等重点工作充分发表意见。 (发促会 朱圣福)

**【江苏扬中·纽约推介会】**2016年4月16日,扬中经贸洽谈团赴美国举办"江苏扬中·纽约推介会",扬中发展促进会北美分会和美国纽约华人总商会举行欢迎仪式。欢迎会由北美分会会长、美国知名公共卫生政策专家博士黄严忠主持；北美分会副会长、美国乡源纺织品公司总裁曹贤华致欢迎词；纽约州长办公室主任孙雯、纽约市市长办公室主任汤姆、纽约华人总商会会长徐家树、世界山东总商会会长吕成锐、美国华人科技工商协会主席李大西等先后上台发言。（发促会 朱圣福）

**【扬帆“十三五” 开启新征程（南京）专场研讨会】** 2016年4月17日，扬中发展促进会在江苏省老干部党校召开扬帆“十三五” 开启新征程（南京）专场研讨会。18名在南京工作的扬中籍代表参会，围绕着大讨论大推进活动的重点课题畅所欲言，话题涵盖经济、文化、社会、生态等方面。建设互联网小镇、打造水乡一条街、建设“沿江生态观光长廊”、打造长三角地区优质养老基地、重拾“工匠精神”、做“江苏的犹太人”，要创新也要有跟随意识。会上观点碰撞，思维启迪，亮点频现。大家高度肯定扬中“十三五”规划，强烈关注“五水联治”，对于扬中“十三五”发展路径，传承和创新“四千四万”精神、提升智能电气产业、融合发展港产城、建设美丽乡村、发展特色休闲旅游业、实践“文化+战略”等方面各抒己见。研讨会持续近5个小时，气氛热烈而浓厚。研讨会由省教育科学研究院、省教育学院原党委书记、扬中发展促进会南京分会会长方国才主持，扬中市市领导唐崇林、王继兰、艾晓晖，扬中发展促进会会长陆朝银参加研讨会。（发促会 朱圣福）

**【“回报桑梓 共享健康”故乡行活动】** 2016年5月2日，扬中发展促进会南京分会组织部分在南京工作的扬中籍医学专家，开展“回报桑梓 共享健康”故乡行活动，开展示范手术，学术交流，传授健康知识。举行大型义诊，8位医疗专家接待门诊病人103例，示范腹腔镜手术1台、内镜下治疗1例、肠镜4台。开展学术交流4场，各位专家充分发挥专业优势，分享临床诊疗经验。开展“脊柱养身”知识讲座。在“献计扬中卫生，促进家乡发展”论坛上，专家们站在医疗产业健康发展的高度对扬中卫生提出许多建设性意见。发促会会长陆朝银，南京分会会长方国才，扬中市委常委、宣传部部长、市政协副主席王继兰，副市长蔡萍等出席活动。（发促会 朱圣福）

**【南京政治学院座谈联谊会】** 2016年5月29日，扬中发展促进会南京分会与直属分会在南京政治学院联合召开座谈联谊会。座谈会上，来自省财政厅、发改委等经济部门主要处室以及南钢集团、南京电信公司等国有大型企业主要负责人与扬中市直属分会领导和大全集团、宜禾股份、苏惠乳胶、扬子机电等企业负责人面对面，围绕长三角区域经济定位、扬中信息化融合、核心知识产权保护、产业集聚发展、企业投资价值取向、产品向品牌营销转变等方面深入交流和探讨。（发促会 朱圣福）

**【包信和院士获天然气转化杰出成就奖】** 2016年6月8日，在北极圈内挪威小镇特罗姆瑟（Tromsφ）召开的第十一届国际天然气转化大会上，国际天然气转化委员会颁发给中国科学院大连化物所研究员、复旦大学教授包信和院士以天然气转化杰出成就奖，奖励他在天然气（甲烷）直接活化和控制转化研究领域取得的杰出成就。该奖项每三年评选一次，该委员会自1987年成立以来，奖励八位科学家，包信和是唯一获此荣誉的亚洲科学家。（发促会 朱圣福）

**【卫生与健康分会成立】** 2016年10月2日，扬中发展促进会第二届第二次常务理事会暨卫生与健康分会成立大会隆重召开。扬中籍少将孙宏才、郭礼云、蔡惠福和中科院院士包信和、工程院院士钱锋，以及张为家、黄严忠、王朝明等百余名专家学者参会。卫生与健康分会是扬中发展促进会成立的第一个专业分会。登记在册的分会会员240名，其中副主任职称、博士学历以上的133人。卫生与健康分会的成立，为扬中市卫生健康事业发展搭建起一个全方位的支持平台，通过开展院际合作、协助人才培养、举办医学论坛、引进健康产业，充分发挥扬中在外专家的人才优势、技术优势，进一步强化本土医疗队伍建设，提升特色专科能力，提高小岛医疗技术水平，推进健康扬中发展。（发促会 朱圣福）

**【镇常扬泰病理研讨会】** 2016年12月2~4日，由镇江医学会主办，扬中市人民医院承办的“2016年镇常扬泰病理研讨会”在扬中隆重召开，来自国内著名病理专家及镇江、常州、扬州、泰州的90余名专家参加此次会议。本次活动是扬中发展促进会卫生与健康分会成立以后，由分会专家范钦和牵头在扬召开的一个专业学术活动。此次学术研讨会的举行，不仅提高扬中市的病理诊断水平，也促进扬中市各医院病理和其他兄弟医院病理之间的交流。（发促会 朱圣福）

# 镇 街道 区

## 新坝镇

【概况】新坝镇位于江苏省扬中市西北部，下辖12个行政村、2个社区居委会，总面积49.2平方公里，人口4.72万人。2016年，农民人均收入3.7万元。新坝镇是中国乡镇之星、全国文明镇、国家卫生镇、全国环境优美乡镇、全国百强镇、全国先进基层党组织。2016年，实现地区生产总值170亿元，人均GDP5.22万美元；公共财政预算收入6.43亿元，工业定报企业实现产值636亿元，销售609亿元，全国百强镇排名由2015年的82位上升至69位。

新坝镇是全国电力电气产业基地，电力电气产业规模550亿元，占全国市场份额近20%。新坝镇有镇江市级以上专精特新产品生产企业和科技小巨人企业5家，镇江市第一批"单打冠军"企业8家。

新坝镇是江苏省扬中高新技术产业开发区的主要核心区域，高新技术产业产值占规模以上工业总产值比重80%，经济总量占全市工业经济份额的32%，成功创建全国首批工程电气产业区域品牌试点单位、江苏省智能电气产业产学研协同创新基地；先后被命名为全国首批"工程电气产业集群区域品牌试点"单位、"江苏省智能电气产业产学研协同创新基地"，成功纳入镇江苏南国家自主创新示范区建设区划。

新坝镇与全国600余家科研院所、大专院校建立牢固的合作关系。拥有"国家千人计划"人才8人，院士工作站5个，博士后科研工作站4个，国家级技术研发中心1家，国家863计划成果转化基地1家。大中型企业研发机构实现全覆盖，科技对全镇经济增长的贡献率75%。

2016年，新坝镇6个村参与覆盖拉网式连片整治(水环境)，新建地埋式污水处理设施4座、村级污水处理设施14座。新坝镇创成镇江市美丽宜居小镇。新治村创成全国美丽宜居村庄。农民人均收入3.7万元，城乡居民就业率98.6%，社会养老保险参保率99.6%，医疗保险参保实现全覆盖。深化推进"幸福新坝"工程，完成低收入家庭建档立卡工作，累计帮扶各类救助对象2000余人，发放救助慰问资金近700万元，基本消除家庭人均年收入1万元以下的户。完成危房改造16户。 (新坝镇 王志斌)

【智能电气产业发展论坛】2016年1月23日，新坝镇举办"智能电气产业发展论坛"。论坛邀请北京大学政府管理学院教授、中国区域科学协会秘书长、博士生导师、新坝智能电气产业规划项目总负责人沈体雁院长作"实现三个协同，打造世界级创新产业集群"专题讲座。沈体雁教授围绕当前经济运行特征及趋势、传统增长模式与新常态的提出、新常态下供给侧结构性改革等内容，阐述当前国际国内经济变化、国家宏观调控政策以及新坝镇智能产业发展热点难点问题。会议提出，"智能电气产业发展论坛"也将成为新坝智能电气产业联盟每年的规定动作，通过互动的形式，增强产学研政企的思想碰撞、技术切磋以及感情交流，推动新坝智能电气行业抱团化、集团化发展。 (新坝镇 王志斌)

【宝胜电气产业园项目开工奠基】2016年2月23日，新坝镇宝胜电气产业园项目举行开工奠基仪式。宝胜电气工业园项目由中航宝胜电气股份有限公司与扬中市新坝科技园区开发有限公司双方合作共同投资，总投资35亿元，在扬中市新坝科技园区新征土地500亩，建设办公楼、科技研发楼及标准化厂房，建筑面积合计23万平方米，用于智能电气相关产品的研发、生产及售后服务。项目全部建成后预计年销售总额40亿元，实现利税4.8亿元。项目分二期实施。一期投资12亿元，用地200亩，建设标准化厂房及科技研发楼近8万平方米。一期2016年年底竣工，建成后预计新增产值15亿元，利税1.8亿元。二期项目投资23亿元，在科技园区238省道西侧，新征土地约300亩，建设4栋标准化厂房、3栋办公楼、1栋食堂，总建筑面积15万平方米。建成后预计新增产值25亿元，利税3亿元。

(新坝镇 王志斌)

【新坝科创获批国家级科技企业孵化器】2016年3月31日，科技部印发《关于公布2015年度国家级科技企业孵化器的通知》，新坝科创服务有限公司位列其中。这是扬中继开发区扬中市科技创业服务中心创成国家级科技企业孵化器后的第2家。此次全国有133家单位成功获批，江苏省有23家，镇江市2家。扬中市新坝科创服务有限公司是扬中市智能电器类科技企业孵化器，获批"国字号"将有利于争取国家、省各类孵化平台扶持政策，吸引集聚更多的项目、成果、人才和团队，有力推进国家火炬计划扬中电力电器产业基地建设，引领带动区域经济转型升级。（新闻中心）

【五一村工业园创成镇江市创业孵化示范基地】2016年2月，新坝镇五一村工业园成功创成镇江市创业孵化示范基地。该村自2012年将五一工业园作为创业孵化基地建设以来，建立健全相应的管理制度，抽调专门人员，配强基地管理队伍，服务水平不断提升。基地内有22家小微企业正在孵化，提供221个就业岗位，实现生产总值近亿元。该村将以镇江市创业孵化示范基地为新起点，建设标准化厂房1500平方米，不断优化园区基础设施，为每个入孵企业量身打造适合的服务计划，帮助他们获得尽可能多的资金和政策扶持，以提高园区企业创业成活率。（新闻中心）

【新宁村开创医养结合新模式】2016年3月29日，新坝镇新宁村特邀镇江四院的神经科专家、主任和新坝卫生院的医生为本村部分80周岁以上的残疾、中风患者提供上门医疗服务，开创居家养老"医养结合"新特色。新宁村耗资近60余万元改造老办公大楼，建成新宁村居家养老服务中心，提供标准床铺20个，内含活动室、健身室、图书室、就餐室等配套设施。针对中风、瘫痪及常年卧床的老人，通过与镇江四院、新坝卫生院达成"医养结合"试点合作，定期或者不定期为常年卧床的老人提供免费的上门医疗服务。（新坝镇 王志斌）

【新宁村无人机病虫害防治活动】2016年3月31日，新宁村开展无人机病虫害防治活动。新宁村在实行土地大规模流转的基础上，提倡规模生产、效率生产，引进2台无人机。每台无人机可在一天时间完成400余亩的病虫害治理，可节省大量人工成本。

（新坝镇 王志斌）

【核心讲座培训】2016年4月8日，南京师范大学文学院副教授朱洁在新坝镇大航集团会议中心开展"用黑色的眼睛寻找光明——中国新生代导演的影像世界"专题讲座。这是江苏省"百名专家学者千场文艺欣赏讲座"之一，也是扬中市开展的"江洲大讲堂"系列讲座中的其中一讲，同时又是"新坝大讲堂"核心讲座第四讲。

（新坝镇 王志斌）

【"舞动江苏"广场舞大赛夺冠】2016年6月15日，新坝大航集团代表队在"舞动江苏"2016年江苏省（镇江赛区）广场舞大赛夺冠。此支队伍由新坝镇文体服务中心与大航集团联合组建，经过6月8日的初赛和6月15日的决赛，在镇江城市赛中脱颖而出，获得第一名。

（新坝镇 王志斌）

【新坝镇与江苏科技大学开展社会实践揭牌仪式】2016年7月15日，新坝镇与江苏科技大学签署校地共建合作协议以及创新创业实习实践基地揭牌仪式。同时，双方本着"资源共享、优势互补、深度合作、互利共赢、共同发展"的原则，通过科技合作、人才培养与交流、成果转化、技术支持等多种形式开展校地合作。

（新坝镇 王志斌）

【新坝社区暑期校外辅导班举办结业仪式】2016年7月28日，由新坝社区关工委、妇代会联合举办的为期一个月的暑期校外辅导班正式结业。在结业仪式上，学员向家长们汇报暑期学习成果，活动当天，社区关工委为整个暑期活动表现优异的小朋友发放钢笔、笔记本等奖品，家长充分肯定本次活动。（新坝镇 王志斌）

【扶贫项目建设开工奠基】2016年10月29日，由扬中市新坝镇和江苏大航控股集团有限公司全资援建的灌云县龙苴镇嵇岭村综合服务中心举行奠基仪式。该工程总投资200万元，建筑总面积800平方米，能够较好满足村民多样化需求，提高中心服务能力和服务效果，预计2017年2月底竣工并交付使用。（新闻中心）

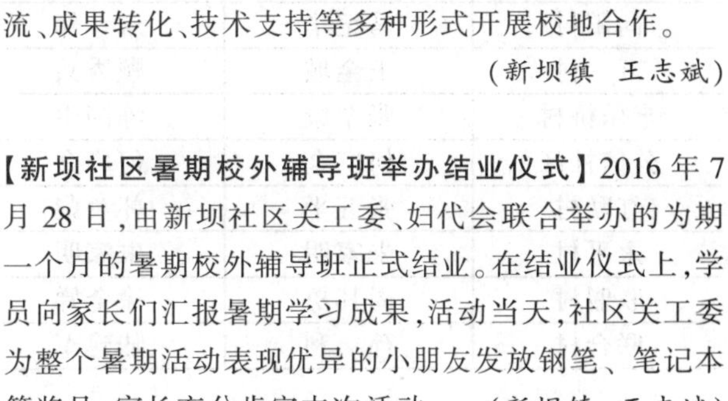


2016年10月29日，灌云县龙苴镇嵇岭村综合服务中心奠基仪式

【华彤集团挂牌】2016年9月8日，华彤集团在江苏股权交易中心成功挂牌。华彤集团是以电气设备研发制造为主的大型集团化企业，是中国核工业工程公司、国网公司、中国石化集团物资装备公司和中国石油天然气集团入网单位。近年来，华彤集团在国家重大型项目工程上屡屡中标，其生产的产品还走出国门，参与国外的重点工程项目，受到国内外顾客的一致好评。此次成功挂牌，开启华彤集团与资本市场的对接，拓宽企业的发展空间。 (新坝镇 王志斌)

【劳模活动基地揭牌仪式】2016年9月9日，新坝镇举行劳动模范活动基地揭牌仪式并召开劳动模范座谈会。几位劳模代表畅所欲言，大家从个人奋斗经历、精神弘扬等方面交流各自感悟，阐述对劳动、劳模精神的诠释，并对劳模活动基地的创建提出肯定和建议。

(新坝镇 王志斌)

## 2016年新坝镇行政村、居委会情况一览表

表42

| 行政村、居委会名称 | 书记姓名 | 主任姓名 | 总人口(人) | 工业产值(万元) | 人均年纯收入(元) |
|---|---|---|---|---|---|
| 双新村 | 徐吉华 | 郭礼春 | 3289 | 646863 | 33635 |
| 新坝社区 | 郭连华 | 奚一培 | 5318 | 91558 | 35128 |
| 新治村 | 马　军 | 戴海旺 | 4736 | 542950 | 34237 |
| 新宁村 | 王家勇 | 陈永海 | 3225 | 78450 | 27100 |
| 新安村 | 田启兵 | 王　彬 | 3960 | 33600 | 27172 |
| 立新村 | 肖　胜 | 赵　群 | 3688 | 37805 | 30360 |
| 向阳村 | 马纪华 | 朱　伟 | 2796 | 57617 | 29789 |
| 五一村 | 王金城 | 顾秀兵 | 2869 | 27100 | 25543 |
| 丰乐桥村 | 张孝康 | 陈国生 | 2950 | 154800 | 23652 |
| 公信社区 | 何广金 | 何广金 | 2160 | 53000 | 28507 |
| 红联村 | 张五平 | 郭兰彪 | 6784 | 93867 | 30116 |
| 永平村 | 朱家明 | 朱家明 | 4678 | 187194 | 30823 |
| 联盟村 | 周其勇 | 徐金娣 | 2236 | 121300 | 27019 |
| 联合村 | 孙　利 | 陆建军 | 4076 | 338504 | 35490 |

(新坝镇 王志斌)

## 2016年新坝镇主要经济社会指标一览表

表43

| | | | |
|---|---|---|---|
| 地区生产总值(万元) | 1703156 | 合同利用外资(万美元) | 3896 |
| 财政收入(万元) | 152060 | 实际利用外资(万美元) | 3009 |
| 工业总产值(万元) | 7227081 | 自营出口额(万美元) | 12429 |
| 产品销售收入(万元) | 7005229 | 第三产业增加值(万元) | 483696 |
| 农业总产值(万元) | 42353 | 三产从业人员(人) | 8627 |
| 粮食总产量(吨) | 19220 | 个体工商户(户) | 2241 |
| 水果产量(吨) | 1332 | 电话总数(门) | 21998 |
| 水产品产量(吨) | 1327 | 电话普及率(%) | 100 |
| 工业投入(万元) | 599000 | 有线电视开通数(户) | 13689 |
| 工业用电(万千瓦小时) | 56059 | 有线电视普及率(%) | 98 |
| 工业企业总数(个) | 909 | 中小学校(所) | 4 |
| 三资企业数(个) | 45 | 医院、卫生院(所) | 2 |
| 私营企业数(个) | 1298 | 卫生室(个) | 9 |
| 当年新办三资企业数(个) | 0 | 职工年人均工资(元) | 38781 |
| 人均储蓄存款(元) | 48819 | 农民年人均纯收入(元) | 36300 |

(新坝镇 王志斌)

# 2016年新坝镇定报企业情况一览表

表44 单位:万元

| 企业名称 | 产值 | 销售 | 利税 |
|---|---|---|---|
| 大全集团有限公司 | 2219524 | 2112938 | 183330 |
| 有能集团有限公司 | 939207 | 891030 | 165039 |
| 华鹏集团有限公司 | 625803 | 600580 | 84050 |
| 江苏宏达新材料股份有限公司 | 531345 | 515405 | 94479 |
| 天源华威集团有限公司 | 365135 | 354181 | 38458 |
| 江苏锋芒复合材料科技集团有限公司 | 180235 | 155300 | 19003 |
| 镇江市中南电力设备有限公司 | 139367 | 139367 | 21612 |
| 江苏大力城电气有限公司 | 132547 | 126540 | 22367 |
| 向荣集团有限公司 | 120701 | 116008 | 13276 |
| 江苏华强电力设备有限公司 | 102571 | 93352 | 3817 |
| 现代重工(中国)电气有限公司 | 69123 | 69087 | 531 |
| 宜禾股份有限公司 | 69054 | 66429 | 5337 |
| 江苏美联集团有限公司 | 53538 | 53531 | 8066 |
| 镇江苏惠乳胶制品有限公司 | 52738 | 50849 | 3720 |
| 江苏大航智能电气有限公司 | 48979 | 48979 | 7447 |
| 江苏康祥集团公司 | 41405 | 41116 | 4116 |
| 江苏华彤电气集团有限公司 | 39808 | 39808 | 4917 |
| 江苏士林电气设备有限公司 | 37651 | 34045 | 2032 |
| 江苏中远稀土新材料有限公司 | 31888 | 31194 | 2282 |
| 江苏宏强电力设备制造有限公司 | 28860 | 23833 | 1858 |
| 扬中势坤钼业有限公司 | 28851 | 28851 | 2870 |
| 江苏天海光电科技有限公司 | 25851 | 28437 | 418 |
| 镇江天信电器有限公司 | 22523 | 21847 | 2584 |
| 江苏中金电器设备有限公司 | 21692 | 21042 | 1323 |
| 镇江市江岛电器制造有限公司 | 17750 | 17884 | 2084 |
| 江苏中环电气有限公司 | 16453 | 16304 | 1393 |
| 江苏省华能电气有限公司 | 16149 | 15604 | 1845 |
| 镇江众志电力设备有限公司 | 15681 | 15681 | 1549 |
| 江苏江城电气有限公司 | 13371 | 12960 | 766 |
| 江苏鑫裕铜业有限公司 | 12820 | 12435 | 232 |
| 扬中市昊扬电气有限公司 | 10971 | 10642 | 1218 |
| 江苏飞跃橡胶有限公司 | 10943 | 10922 | 448 |
| 镇江中瑞节能科技有限公司 | 10231 | 10231 | 955 |
| 江苏成城电气有限公司 | 10163 | 10021 | 1109 |
| 江苏向新荣盛电气有限公司 | 10020 | 10020 | 925 |
| 扬中市福泰电力设备有限公司 | 10016 | 9140 | 480 |

续表 44

| 企 业 名 称 | 产 值 | 销 售 | 利 税 |
|---|---|---|---|
| 镇江四通电器有限公司 | 10001 | 10001 | 1249 |
| 镇江东丰特殊合金有限公司 | 9272 | 9102 | 704 |
| 江苏鑫开源电气集团有限公司 | 9017 | 9790 | 1132 |
| 江苏正泰电气集团有限公司 | 8751 | 8751 | 791 |
| 江苏海航电气科技有限公司 | 8701 | 8702 | 857 |
| 江苏弘历电气有限公司 | 8593 | 8593 | 948 |
| 镇江易拓电气有限公司 | 8586 | 10000 | 878 |
| 江苏新坝电气有限公司 | 8580 | 8199 | 617 |
| 江苏超宇电气有限公司 | 6800 | 6851 | 350 |
| 江苏鸿承机电设备有限公司 | 6738 | 6738 | 474 |
| 江苏东方电热器制造有限公司 | 6311 | 6121 | 746 |
| 镇江康华磨具有限公司 | 6305 | 6116 | 633 |
| 江苏科源铝业有限公司 | 6035 | 5853 | 660 |
| 江苏帅天电气有限公司 | 5909 | 5731 | 827 |
| 镇江昆泰新材料科技有限公司 | 5725 | 5553 | 559 |
| 江苏连吉特种胶带有限公司 | 5487 | 5487 | 695 |
| 扬中市润能电力设备有限公司 | 4827 | 4827 | 404 |
| 江苏永嘉新能源科技有限公司 | 4785 | 4848 | 326 |
| 镇江市天能电气设备有限公司 | 4704 | 4704 | 309 |
| 扬中市长江电器设备有限公司 | 4392 | 4389 | 309 |
| 江苏国华电力器材有限公司 | 4311 | 4182 | 492 |
| 镇江浩宇电气有限公司 | 4256 | 4128 | 506 |
| 镇江市飞能电气有限公司 | 4195 | 4195 | 529 |
| 镇江市达发电器有限公司 | 4115 | 3991 | 549 |
| 江苏新跃玻璃钢制品有限公司 | 4104 | 4104 | 435 |
| 镇江市华峰成套设备有限公司 | 3987 | 3987 | 449 |
| 江苏荣鹏电气有限公司 | 3887 | 3887 | 474 |
| 江苏永嘉电气设备有限公司 | 3884 | 3937 | 299 |
| 扬中市慎新电气有限公司 | 3842 | 3727 | 473 |
| 江苏坤全电气有限公司 | 3835 | 3835 | 129 |
| 镇江市砺河磨具有限公司 | 3806 | 3806 | 462 |
| 镇江市飞利达焊料机电厂 | 3730 | 3730 | 66 |
| 江苏欣浪电气成套设备有限公司 | 3674 | 3674 | 292 |
| 江苏大润电力设备有限公司 | 3566 | 3567 | 328 |
| 镇江金阳机电有限公司 | 3465 | 3454 | 370 |
| 江苏江科电气有限公司 | 3460 | 3460 | 426 |

续表 44

| 企业名称 | 产值 | 销售 | 利税 |
|---|---|---|---|
| 镇江迈特电力设备有限公司 | 3411 | 3411 | 393 |
| 江苏康尔臭氧有限公司 | 3410 | 3151 | 508 |
| 江苏省华力电力设备有限公司 | 3347 | 3347 | 395 |
| 扬中市长虹电器设备有限公司 | 3345 | 3345 | 361 |
| 扬中市印刷有限公司 | 3305 | 3449 | –343 |
| 扬中市顺达电力设备有限公司 | 3282 | 3282 | 354 |
| 江苏皇冠煜华电气有限公司 | 3262 | 2900 | 302 |
| 江苏春霸电气有限公司 | 3227 | 3323 | 415 |
| 江苏恒力换热设备有限公司 | 3215 | 2820 | 295 |
| 江苏万威电气有限公司 | 3215 | 3215 | 398 |
| 镇江市飞航电气有限公司 | 3185 | 3217 | 229 |
| 镇江纽普兰气力输送有限公司 | 3111 | 3013 | –417 |
| 镇江市腾达电器有限公司 | 2985 | 2986 | 266 |
| 江苏长凯机械设备有限公司 | 2963 | 2874 | 142 |
| 江苏宇达电气科技有限公司 | 2917 | 2975 | 264 |
| 江苏三力防腐管阀件有限公司 | 2898 | 2927 | 190 |
| 江苏同益电力设备有限公司 | 2871 | 2899 | 242 |
| 江苏可邦电气科技有限公司 | 2807 | 2863 | 233 |
| 江苏亿通电气股份有限公司 | 2722 | 2277 | 288 |
| 江苏乾元飞达电力设备有限公司 | 2667 | 2587 | 141 |
| 扬中市华电电力设备有限公司 | 2580 | 2231 | 101 |
| 镇江剑鲨磨具有限公司 | 2580 | 2446 | 103 |
| 江苏宇恒电气有限公司 | 2565 | 2681 | 188 |
| 扬中市三立化工有限公司 | 2506 | 2186 | –19 |
| 江苏大映电气有限公司 | 2312 | 2312 | –44 |
| 扬中市长江渔具有限公司 | 2268 | 2268 | 275 |
| 江苏克耐尔电气有限公司 | 2210 | 2210 | 77 |
| 镇江翔轮磨具有限公司 | 2199 | 2195 | 166 |
| 扬中市特种磨具有限公司 | 2185 | 2119 | 302 |
| 镇江市新天机电设备有限公司 | 2182 | 2098 | 227 |
| 江苏华能电站辅机设备有限公司 | 2181 | 2181 | 175 |
| 江苏承林电气有限公司 | 2180 | 2186 | 221 |
| 镇江神州合金焊料有限公司 | 2171 | 2082 | 115 |
| 江苏华兴防火材料有限公司 | 2161 | 2191 | 130 |
| 扬中市明珠板材有限公司 | 2074 | 2074 | 15 |
| 扬中金祥乳胶制品有限公司 | 2052 | 2052 | 92 |

续表 44

| 企业名称 | 产值 | 销售 | 利税 |
|---|---|---|---|
| 江苏起铉精工电气有限公司 | 766 | 1503 | 10 |
| 扬中市金星焊料有限公司 | 612 | 618 | -128 |
| 镇江星辰焊料有限公司 | 169 | — | — |
| 江苏浪花集团公司 | — | — | — |
| 镇江市长江机电成套厂有限公司 | — | — | — |
| 镇江力亿电力设备有限公司 | — | — | — |
| 扬中市腾宇电能设备有限公司 | — | — | — |
| 彤悦化工(扬中)有限公司 | — | — | — |

(新坝镇 王志斌)

## 油坊镇

【概况】油坊镇面积 52 平方公里，常住人口 4.3 万人，下辖 10 个行政村和 2 个社区。2016 年，该镇紧紧围绕“打造产业强镇，建设亲情油坊”的奋斗目标，解放思想、创新举措，团结奋进、苦干实干，各项事业的发展都取得良好成绩。全年实现地区生产总值 61.6 亿元，完成财政总收入 3.56 亿元，地方公共财政预算收入 1.72 亿元，农民人均纯收入 2.75 万元，增长 10%。

三次产业优化发展。2016 年，全镇纳税销售总额 97 亿元，工业纳税销售总额 78.6 亿元；工业统计产值、销售、利税分别 179.6 亿元、167.2 亿元和 22.4 亿元。粮食产量平稳增长，机插秧面积及良种覆盖率连续保持全市第一；成功创建省级农产品质量安全监管示范镇；新增土地流转面积 1200 亩，新增成片造林 200 亩，10 个村全部创成江苏省绿化示范村。加快推进企业二、三产分离，促进一、三产融合发展。2016 年，全镇实现服务业增加值 16.82 亿元，占 GDP 比重 27.3%。

载体平台逐步完善。紧紧围绕“三集”发展要求，不断优化投资环境，科学规划产业布局。新能源产业园西片区全年新建标准化厂房 4.2 万平方米，投资 40 万元修缮道路，投资 300 万元新建污水管网；拆迁 24 户，腾地 200 亩。建成市新能源(产业)科技创业服务中心，已吸纳入孵企业 17 家；关闭化工印染企业 2 家。先锋创业园发挥先进制造业集聚优势，入驻企业永丰电器、科海生工、全友电气、星翌交通、佳鑫精工等正逐步提高产出效率。规划建设长旺港口产业园，征用和流转土地 1000 余亩，拆迁安置居民 123 户，建设物流大道等基础设施，招商引资有序跟进。

基础设施不断完善。投入 800 余万元，实施完成明珠南路改造、长德路改造、崇善桥、富民桥、长旺小学门前桥、敬老院喷淋应急系统以及其他零星工程等项目 57 项。安居路西延、港西北路改造、中心公园羽毛球馆、油坊中心幼儿园异地重建等工程正在推进之中。惠民北路、安居路、创业路、安息堂绿化和亮化等一批实事工程告竣。

人居环境持续优化。高标准推进农村公共服务“八位一体”运行维护机制，大力开展环境综合整治，建立健全覆盖全镇的长效管理机制，“八位一体” 综合考核位居全市前列，同德村连续两年位居全市第一。强化生态文明创建，镇江市级生态村实现全覆盖，省级生态村 4 家，创成全国环境优美乡镇。持续加强水利设施建设，水环境明显改善，获得“江苏省水美乡镇”称号。

镇村建管全面加强。规划实施镇南小区、鸣凤、长旺、会龙等大型居民区，全力推行惠民拆迁、阳光拆迁。以规范建房监管为重点，制定出台《关于加强农村居民建房巡查管理的若干意见》，加大对违章建设的查处力度，有效规范农村建房秩序。

保障能力持续增强。全镇新转移劳动力 82 人，新增农民创业 28 人，扶持创业 65 人，新增城镇就业 202 人。将危房改造列入惠民工程，拨款 41.2 万元，实施改造 30 户。镇慈善分会全年救助 480 余人，累计发放慈善救助款 50 万余元，涉及春蕾工程、拥军扶助、助医助困等六大救助项目。

科教文卫协调发展。新申报科技型中小企业 6 家，申报高新技术企业 3 家，重新认定 4 家，新增民营科技企业 6 家。完善助学兴教政策，在“六一”“中考”、教师节期间对各校(园)的奖励及慰问分别予以兑现。全面落实农村基本公共卫生工作，定期深入社区、中小学校开展健康教育讲座，发放健康教育资料。

社会大局和谐稳定。以群众平安为导向,依法严厉打击现行犯罪,公众安全感95%。加大平安建设和社会矛盾纠纷排查化解力度,全年调处矛盾纠纷273件,调处成功率98.8%。稳步推进法治建设,深入开展普法宣传,法治建设满意度97.2%。全面落实安全生产责任制,强化隐患排查整改,未发生一起重特大安全生产事故。 (油坊镇 朱绍清)

**【2015~2016年度冬训班暨十八届五中全会精神宣讲会】**2016年1月19日,油坊镇举办2015~2016年度冬训班暨十八届五中全会精神宣讲会,邀请市委党校副校长陈定春为机关全体党员干部、基层党组织负责人以及各村(社区)干部作专题讲座。宣讲从高举一面旗帜、实现两个百年奋斗目标、把握三期叠加新常态、贯彻四个全面战略布局、树立五大发展理念、坚持六项原则六方面对中共十八届五中全会精神进行细致解读,为镇村干部、基层党组织负责人进一步把握形势,谋划好本单位2016年工作和“十三五”发展提供重要引导和启发。 (油坊镇 朱绍清)

**【文化科技卫生“三下乡”活动】**2016年1月26日,镇江市文化科技卫生“三下乡”集中服务活动在油坊镇振兴村村委会广场举行。镇江市委常委、宣传部部长曹当凌,扬中市委常委、宣传部部长、政协副主席王继兰,市委常委、常务副市长艾晓晖,副市长蔡萍参加活动。镇江市文化科技卫生“三下乡”活动由镇江市委、市政府主办,镇江市委宣传部联合镇江市文明办、科技局、卫计委、司法局、农委等24家单位组成的文化、理论、卫生、法律、服务、科技6个分团。活动现场,镇江市文艺工作者以歌、舞、小品等形式为群众送去视听盛宴;文联的书法家现场挥洒笔墨义务为群众书写春联,送去新春祝福;农技专家开展现场农业科技咨询,发放农林实用科技资料、良种;法律咨询、质监咨询、环保宣传、工商咨询等专业知识。 (新闻中心)

2016年1月26日,镇江市文化科技卫生“三下乡”集中服务活动

**【健康健身知识培训】**2016年3月,油坊文体中心联合镇老年协会、油坊社区在文体中心举办健身健康知识培训,来自全镇各村一线的社会体育指导员、中老年健身爱好者、老年协会工作人员等40余人参加。培训中,市健康素养讲师团成员从科学锻炼、合理饮食、药物防治三个方面对健身常识和常见病的防治,进行系统讲解,同时还传授一些日常健身保健的技巧、方法。 (油坊镇 朱绍清)

**【吉星成果转化项目通过中期考核】**2016年3月,江苏省科技厅组织技术、财务专家对江苏吉星新材料有限公司承担的2015年省科技成果转化专项资金项目——“高良率170kg级蓝宝石晶体生长和加工关键技术研发及产业化”进行中期检查考核,各方面均达到项目合同考核要求,全面完成本阶段各项任务。 (油坊镇 朱绍清)

2016年3月,专家组检查吉星成果转化项目

**【油坊镇与南昌大学产学研合作】**2016年4月15日,油坊镇与南昌大学光伏研究院在南昌大学签署政产学研战略合作框架协议。此次产学研合作框架协议的签订,为油坊更好地借力南昌大学科技实力,加速企业转型提供资源平台。根据协议,双方将本着“优势互补、互惠互利、真诚合作、共同发展”的原则,建立长期稳定的合作关系。通过产、学、研紧密合作,加强双方科技人才与信息交流,开展咨询、讲座、对接交流等活动,在科研项目申报、校企合作平台、专业技术培训、人才引进等方面实现深入合作。 (油坊镇 朱绍清)

**【“激扬青春风采 共建亲情油坊”主题活动】**2016年5月4日,油坊镇组织开展“激扬青春风采 共建亲情油坊”主题活动,同时对“印象油坊”和“做守纪律的明白人”主题征文活动获奖人员进行颁奖。

(油坊镇 朱绍清)

**【“亲情油坊好家风”文艺晚会】**2016年7月18日，油坊镇党委在振兴村举办“亲情油坊好家风”专场文艺晚会。晚会以传统家风和廉政文化为核心，通过歌曲、舞蹈、小品等艺术形式，弘扬中华优秀传统文化，彰显良好家风，以艺劝廉，寓教于乐，为营造家风好、民风淳、党风正、政风清的氛围起促进作用。（油坊镇 朱绍清）

**【首家村级妇联组织】**2016年8月18日，镇江市加强基层妇联组织建设工作推进会暨村(社区)妇代会改建妇联工作现场会在扬中市召开。会上，镇江市首家村级妇联组织在油坊村挂牌成立。现场油坊村妇代会召开妇女第四次代表大会，选举产生村妇联执行委员11名，妇联主席、兼职副主席各1名。与会代表参观油坊村妇女儿童活动之家，出席会议的领导为“油坊村妇女联合会”揭牌。（新闻中心）

**【环太集团启动研发管理体系】**2016年9月26日，环太集团组织企业研发管理体系贯标培训会，集团下属企业环太硅科技、美科、吉星三大公司的研发、质管等部门20余人参加培训。（油坊镇 朱绍清）

**【食品快检室正式启用】**2016年11月，根据扬中市统一要求，经过先期筹备、建设、专人现场调试后，油坊镇食品快速检测室正式投入使用。通过对检测数据的收集、汇总和分析，将及时发现和查处假劣食品，有效构建食品安全初级“过滤网”，促进完善食品安全风险预警体系，提升安全监管工作的时效性，增强监管效能，更大限度确保辖区群众饮食安全。（油坊镇 朱绍清）

**【地方版《村规民约》】**2016年，由油坊镇牵头起草的《村规民约》定稿出炉，作为“地产指导版”收入《扬中市第十一届村委会换届选举指导手册》，成为全市各地村民自治章程的规范样本。有着“村民自己的‘小宪法’”之称的《村规民约》，在新一届村委会班子产生后，经民主程序修订完善，是一项“规定动作”。油坊《村规民约》的特色就在于线条更细，内容更加具体，结合当前农村的常见问题，对于新形势下提高村民自治、民主管理能力，具有很强的针对性与操作性。（新闻中心）

## 2016年油坊镇行政村、居委会情况一览表

表45

| 行政村、居委会名称 | 书记姓名 | 主任姓名 | 总人口(人) | 工业产值(万元) | 人均年纯收入(元) |
|---|---|---|---|---|---|
| 振华 | 王笃平 | 丁　蔚 | 3534 | 22093 | 25994 |
| 油坊 | 张林根 | 施青萍 | 7123 | 101786 | 27776 |
| 同德 | 宣兴芳 | 解　鹏 | 7163 | 77816 | 26155 |
| 太平 | 唐建军 | 赵洪余 | 3528 | 15379 | 24597 |
| 鸣凤 | 陈兴云 | 陈吕荣 | 4618 | 28912 | 26554 |
| 振兴 | 朱纪君 | 施周文 | 2703 | 31874 | 25872 |
| 会龙 | 王荣华 | 陈美华 | 3909 | 98589 | 26974 |
| 邻丰 | 王笃才 | 张逢华 | 3067 | 73888 | 27087 |
| 老郎 | 王常林 | 黄万林 | 5264 | 35782 | 26033 |
| 长旺 | 何霞文 | 张　龙 | 2556 | 71226 | 26868 |

（油坊镇 朱绍清）

## 2016 年油坊镇主要经济社会指标一览表

表 46

| | | | |
|---|---|---|---|
| 地区生产总值(亿元) | 61.27 | 合同利用外资(万美元) | 18523 |
| 财政收入(万元) | 35646 | 实际利用外资(万美元) | 3006 |
| 工农业总产值(亿元) | 193.47 | 自营出口额(万美元) | 9213 |
| 产品销售收入(亿元) | 165.8 | 第三产业增加值(万元) | 167300 |
| 粮食总产量(吨) | 23157 | 三产从业人员(人) | 6158 |
| 粮经种植比例 | 100:7 | 个体工商户(户) | 1476 |
| 水果产量(吨) | 441 | 电话总数(门) | 40016 |
| 水产品产量(吨) | 1980 | 电话普及率(%) | 100 |
| 工业投入(万元) | 400500 | 有线电视开通数(户) | 15337 |
| 工业用电(万千瓦小时) | 24845 | 有线电视普及率(%) | 98.5 |
| 工业企业总数(个) | 769 | 中小学校(所) | 3 |
| 三资企业数(个) | 48 | 医院、卫生院(所) | 1 |
| 私营企业数(个) | 1241 | 卫生室(个) | 10 |
| 当年新办三资企业数(个) | 3 | 职工年人均工资(元) | 46111 |
| 人均储蓄存款(元) | 63611 | 农民年人均纯收入(元) | 25038 |

(油坊镇 朱绍清)

## 2016 年油坊镇骨干企业情况一览表

表 47

| 单位名称 | 法人代表 | 工业增加值(万元) | 销售收入(万元) |
|---|---|---|---|
| 江苏环太集团有限公司 | 王禄宝 | 236522 | 853942 |
| 江苏太阳集团有限公司 | 冷青松 | 17398 | 61903 |
| 江苏海纬集团有限公司 | 董瑞海 | 15518 | 57886 |
| 镇江丰源新能源科技有限公司 | 施正国 | 15515 | 53878 |
| 江苏润弛太阳能材料科技有限公司 | 张孝阳 | 6378 | 24898 |
| 扬中市大地水泥有限公司 | 马爱民 | 5374 | 20034 |
| 江苏盛达光伏新材料有限公司 | 王荣生 | 5348 | 19955 |
| 江苏海纳机电集团有限公司 | 王　征 | 3988 | 14877 |
| 江苏天和电气有限公司 | 柴继涛 | 3960 | 14422 |
| 江苏金大地混凝土有限公司 | 马爱民 | 3162 | 11749 |
| 镇江远东电讯电机有限公司 | 陆宝富 | 3016 | 10087 |
| 江苏腾祥混凝土有限公司 | 沐晓俊 | 2507 | 9326 |
| 镇江金茂伟业工艺品有限公司 | 董菊萍 | 2290 | 8436 |
| 江苏利奥新材料科技有限公司 | 方　彬 | 1997 | 7451 |
| 江苏长江盖业有限公司 | 张孝阳 | 2025 | 6850 |
| 江苏虹宇电器有限公司 | 陆纪荣 | 1528 | 5673 |
| 江苏沪运制版有限公司 | 吕昌旺 | 2726 | 5007 |

续表 47

| 单 位 名 称 | 法人代表 | 工业增加值(万元) | 销售收入(万元) |
|---|---|---|---|
| 江苏恒兴制漆有限公司 | 杨 林 | 1313 | 4970 |
| 江苏希尔达新材料有限公司 | 鄂洪章 | 1214 | 4675 |
| 镇江晶晶化工有限公司 | 何宇华 | 1116 | 4290 |
| 镇江辉煌电子有限公司 | 朱朝平 | 1114 | 4123 |
| 镇江裕太防爆电加热器有限公司 | 王太峰 | 1041 | 4001 |
| 扬中市亚威化工电涂有限公司 | 黄振良 | 1022 | 3810 |
| 镇江市化剂厂 | 薛恒芝 | 863 | 3721 |
| 江苏荣安电仪设备有限公司 | 黄良荣 | 837 | 3121 |
| 扬中市瑞通化工厂有限公司 | 林祥华 | 822 | 3091 |
| 江苏帅雅服饰有限公司 | 解恒明 | 752 | 2950 |
| 江苏万成电气集团有限公司 | 朱秀明 | 735 | 2821 |
| 江苏友谊手套服饰有限公司 | 陈吕荣 | 701 | 2630 |
| 江苏天晟新材料科技有限公司 | 朱 峰 | 760 | 2625 |
| 镇江市鸿创化工有限公司 | 徐君伟 | 714 | 2619 |
| 镇江市绿日车辆配件有限公司 | 黄克明 | 673 | 2588 |
| 扬中市鸿运制盖厂 | 陈正香 | 653 | 2524 |
| 江苏力诺电器设备有限公司 | 于广春 | 554 | 2461 |
| 镇江嘉弘海绵有限公司 | 许红林 | 658 | 2431 |
| 江苏永丰电器仪表有限公司 | 解恒明 | 616 | 2371 |
| 扬中市益盛硅材料有限公司 | 缪士良 | 617 | 2280 |
| 江苏凯益动力科技有限公司 | 陆 凯 | 604 | 2279 |
| 镇江天敏电气有限公司 | 张 敏 | 590 | 2196 |
| 江苏欣安新材料技术有限公司 | 张 望 | 591 | 2187 |
| 镇江正和塑胶有限公司 | 赵庆生 | 568 | 2184 |
| 江苏万利制鞋有限公司 | 朱 峰 | 598 | 2179 |
| 扬中市太平洋仪表电器有限公司 | 董志强 | 583 | 2174 |
| 扬中市通达电器仪表配套总厂有限公司 | 顾卫星 | 568 | 2166 |
| 江苏金能电气科技有限公司 | 张锦忠 | 570 | 2163 |
| 江苏金诺电器有限公司 | 何霞文 | 580 | 2161 |
| 镇江市三维电加热器有限公司 | 丁基群 | 561 | 2159 |
| 镇江飞天纺织科技有限公司 | 秦安清 | 578 | 2151 |
| 江苏美凯电气有限公司 | 张福生 | 533 | 2149 |
| 扬中市宏达针织漂染厂 | 杨宏根 | 576 | 2147 |
| 江苏前沿环境科技有限公司 | 许兰英 | 564 | 2146 |
| 江苏申联电器有限公司 | 黄克中 | 542 | 2138 |
| 镇江浩宇能源新材料有限公司 | 姚天宇 | 573 | 2137 |

续表 47

| 单 位 名 称 | 法人代表 | 工业增加值(万元) | 销售收入(万元) |
|---|---|---|---|
| 镇江化工仪表电器有限公司 | 黄乔年 | 573 | 2137 |
| 扬中市东风皮鞋厂 | 顾大明 | 551 | 2135 |
| 镇江华工仪表电器有限公司 | 方 彬 | 578 | 2124 |
| 镇江耀华毛衣有限公司 | 蒋桂保 | 570 | 2122 |
| 扬中市绿洲建材科技有限公司 | 张玉荣 | 572 | 2121 |
| 扬中市宏辉橡胶制品有限公司 | 陆纪才 | 571 | 2114 |
| 镇江市跃进电仪设备有限公司 | 杨卫明 | 568 | 2110 |
| 镇江市柏力电仪设备有限公司 | 何宇柏 | 568 | 2107 |
| 江苏鼎荣电气有限公司 | 黄荣年 | 564 | 2105 |
| 江苏祥能电站设备有限公司 | 陆贤祥 | 565 | 2102 |
| 镇江德利克真空设备科技有限公司 | 匡正余 | 564 | 2101 |
| 江苏隆鑫电气设备有限公司 | 方道宏 | 568 | 2092 |
| 扬中市橡胶塑料厂有限公司 | 蔡德扬 | 561 | 2080 |
| 扬中市和平包装用品厂 | 施正国 | 532 | 2076 |
| 扬中市荣海新材料有限公司 | 何世海 | 556 | 2074 |
| 镇江财云冲压件有限公司 | 钱 云 | 559 | 2060 |
| 扬中市江星高分子材料制品厂 | 傅德育 | 486 | 1802 |
| 镇江化控仪表电器有限公司 | 韦习富 | 469 | 1746 |
| 江苏皓润环保科技有限公司 | 吴纪兵 | 459 | 1694 |

(油坊镇 朱绍清)

## 八桥镇

**【概况】**八桥镇位于扬中市东南部，东与泰兴市天星镇、过船镇隔江相望，南连扬中二桥与西来桥镇相邻，西与油坊镇接壤，与丹阳市界牌镇隔夹江毗邻，北与扬中经济开发区接壤。八桥镇地处上海2.5小时经济圈和南京1.5小时经济圈交汇处，拥有全方位、立体式的对外交通出口。陆路：向南经扬中长江二桥通往上海、南京和苏锡常方向；向北经泰州长江大桥连接苏中、苏北地区；向西正在规划建设的扬丹公路穿越八桥镇对接丹阳。水路：距离长江口200余公里，可实现一步出海。航空：紧邻常州奔牛国际机场，仅半小时车程。

镇域总面积55.6平方公里。其中陆地面积34.6平方公里，耕地面积16.8平方公里，集镇面积1.2平方公里，下辖9个行政村、2个社区，人口3.4万人，先后获得"全国千强镇""全国环境优美乡镇""全国生态镇"和"江苏省新型(示范)小城镇""江苏省经济与环境协调发展试点示范镇""江苏省文明镇""江苏省卫生镇"等称号。作为工业主导镇，产业以船舶装备制造为支撑，拥有船舶海工、合金材料、电线电缆、汽摩配件、工程塑料、包装制品等特色门类200余个品种。各类民营企业500余家。其中定报企业52家、市"六十强"企业6家、"三十强"企业2家。全镇拥有深水岸线17公里。其中水深大于10米的岸线13.2公里，岸线顺直，不淤不冻，江面开阔，河势稳定，地质条件较好，且大多属于贴岸深水岸线，-10米等深线距岸边距离40米左右，是全省仅存未完全开发的黄金岸线资源，被列为镇江市船舶制造四大集中区之一。

2016年，八桥镇完成地区生产总值40.05亿元，增长10.03%；财政总收入2.96亿元，增长15.31 %；一般公共预算收入1.43亿元，增长20.1%；农民人均纯收入2.52万元，增长9.02%；位列镇江市工业主导类乡镇排名第十二位。产业结构协调并进，2000万元以上工业企业总数55家，亿元以上企业13家；建成两个"水稻高产创建千亩示范片”,粮食单产实现“十二连增”;服务业增加值占比40%,增长8%。新兴产业快速发展,服务外包执行额2400万美元,增幅20%。

完成海工装备产业园内兴港路和疏港路建设,土地整理800亩,入驻企业6家,规划建设众创大厦和科技孵化器。中佳电器深海油田电缆、利民纸品高档彩印包装等亿元以上优质项目竣工投产;金陵船厂整体搬迁、清洁能源产业基地等重大项目得到有效推进。

创新创业逐步深化。船舶主导产业向大吨位、特种船舶转型,传统产业向科技、创新要效益。新韩通20.8万吨大型船舶及油轮下水、津荣激光大功率切割机床、海天智能接线盒等一批项目的顺利实施,使产品科技含量和附加值进一步提升。2011~2016年,累计新增私营企业550家,年均增幅均超过10%,到位外资4218万美元,发展动力进一步增强。

科技人才支撑强劲。新增省级以上研发机构5家,累计引进国家“千人计划”人才5人、省“双创计划”人才4人,培育各类高技能人才近百人。发明专利授权量累计新增90件,获市级以上各类科技人才计划重点项目资金2500余万元,获得“江苏省科普示范乡镇”称号。

动力转换成效显著。技改投入明显加速,累计投入35亿元。全镇高新技术企业增加至14家,高新技术产业产值占规模工业比重提高到60%,省民营科技企业25家,省科技型中小企业18家。海天微电子等4家企业成功挂牌上市。成立并实质化运作扬中市阜润投资发展有限公司,为激活企业新动能提供支撑。

镇村一体统筹推进。规划建设居民点6个,新建安置小区3个。建成220千伏永胜变电所、红旗自来水增压站,完成天然气通达工程。道路建设、改造累计100余公里,被评为省“乡镇公路管养规范达标镇”。累计投入资金近2亿元实施高标准农田水利建设、中小河流治理、小农水重点县项目、“五水联治”工程和冬春水利工程建设。强化建房秩序管理,累计查处各类违章建筑50余处,整改拆除650平方米。

生态文明特色彰显。完成镇域内主要骨干河港的生态绿化和完善补缺,全面推进一河一品、一港一特建设。推行环境保护“网格式”管理,9个村全部完成覆盖拉网式农村环境综合整治,创成省级“水美乡镇”,建成省“美丽宜居村庄”3个、“水美乡村”3个。全面推进“金屋顶”工程,光伏发电装机容量6兆瓦。建成绿色示范小区1个。完成金属表面处理行业专项整治和燃煤锅炉整治,淘汰报废黄标车58辆。成功创成“全国环境优美乡镇”“全国生态镇”“江苏省发展散装水泥示范镇”。

保障水平逐步提高。完成“金保工程”建设,发放社会保障卡2.3万张。完成农村土地确权登记颁证工作。失地农民保障实现应保尽保、即征即保。镇村慈善网络实现全覆盖,资金总额600余万元,发放救助资金100余万元,累计救助1500余人次。低保、重残补助标准提高至每人每月610元。全面消除稳定性收入低于120万元的经济薄弱村。

社会事业全面发展。完成镇域范围内各类学校的改扩建工程。建成“镇江市卫生应急工作规范乡镇”,利民、万福两个卫生室创成省示范卫生室。社会救助体系和养老服务体系日趋完善,镇敬老院按省三星级标准完成改造,建成利民养老助残服务中心,创建无障碍示范村(社区)8个。群众性文体活动广泛开展,建成红旗文化广场和9个村级文体活动广场。

社会管理不断创新。顺利完成村委会和居委会换届选举。陆续建成镇法治文化体验馆、利民村法治一条河,大力推进法治惠民工程,被评为省“法制文化建设示范点”和镇江市“法治镇创建工作先进单位”。深化“平安八桥”建设,建成镇江市一级综治办3家,镇政府连续多年被评为市综治平安建设先进单位。创成镇江市安全监督规范化优秀乡镇,食品药品安全监管工作经验在全省推广。 (八桥镇 耿兴兵)

扬中市水稻绿色高产高效创建八桥第一示范片

【冬春水利工程】2016年1月,扬中市农委牵头实施的今冬明春小型水利工程在振华村开工实施。根据前期调查规划,计划在该村建造小型泵站12座,实施U型固定沟合计1.5万米、水泥机耕道1500余米、以及坝头改造等,总投资额300万元。此项惠民工程的实施,直接改善农田水系,提高排灌能力,直接受益农田600余亩。 (新闻中心)

【蒋馥阳获“增华阁”金奖】2016年1月,八桥中学学生蒋馥阳的《知女莫如母》一文荣获“英孚杯”第28届“增华阁”阅读写作大赛初中组金奖,朱云老师荣获金奖指导奖。被列入“书香镇江”建设序列的“增华阁”作文竞赛成功举办28载,2016年,镇江市参赛中小学生3万余名,八桥中学3人获得初中组金奖。 (新闻中心)

**【江苏省老年人体育节八桥分会场开幕】**2016年3月29日,江苏省老年人体育节八桥分会场开幕式暨“旭升杯”老年人特色健身项目展示表演活动在八桥镇红光村老年人健身广场举行。红光村老年人健身团队和周边地区的万福、永兴、八桥、利民4个村的老年人健身团队先后登场展示和表演欢乐腰鼓、龙船、军乐鼓、莲湘、扇子舞等特色健身项目。江苏省老年人体育节是开展群众性体育活动的一个创举,从每年的3月下旬启动到10月下旬结束,2016年活动的主题是“自觉参与健身,共享健康快乐”。在体育节期间,八桥镇各级老年人体育协会动员和组织广大老年人广泛开展一系列适合老年人的体育健身活动,推动老年人健身活动生活化、常态化、社会化。 (新闻中心)

**【“两学一做”知识竞赛】**2016年6月21日,八桥镇举行“两学一做”知识竞赛决赛,12位选手展开一场别开生面的角逐。本次“两学一做”知识竞赛,掀起全镇党员学党章党规、学系列讲话的热潮,展示各支部党员风采,形成争做优秀党员的良好氛围。(八桥镇 耿兴兵)

**【“阜润杯”跳绳比赛】**2016年6月22日,八桥镇“阜润杯”跳绳比赛暨全民跳绳健身活动启动仪式在八桥中心小学举行,来自全镇机关、村、企16个代表队参加此次比赛。在5月15日结束的全国跳绳联赛泰州分站赛上,八桥中心小学绳毽代表队再攀新高,获得20枚金牌、12枚银牌、14枚铜牌,并荣获大型团体表演赛第四名的好成绩。 (八桥镇 耿兴兵)

**【八桥小学在全国跳绳联赛总决赛获16金5铜】**2016年7月8~12日,2015~2016年全国跳绳联赛总决赛在广州市花都区东风体育馆举行,八桥中心小学代表队斩获16金5铜。本次全国跳绳联赛总决赛是国内唯一由体育主管部门主办的全国性跳绳赛事,来自全国各地的80支队伍、1044名运动员参加43个项目的比赛,围绕速度赛、花样赛、表演赛和通级赛4个大项展开激烈角逐。八小代表队派出11名队员参加多个项目的角逐,在花样赛项目中展现强劲实力。其中,男女交互绳、四人同步配合默契、动作协调,获得16个第一,车轮跳、个人花样获得5个第三。 (新闻中心)

**【利民村首届农民文化艺术节】**2016年10月9日,八桥镇利民村以“美在利民”为主题,举办首届农民文化艺术节。晚会村企合作、农民自演、全民参与、节目多样,文化艺术节评选出“最美清洁户”“最美利民人”“好婆婆好媳妇文明家庭”等荣誉称号。(八桥镇 耿兴兵)

## 2016年八桥镇行政村、居委会情况一览表

表48

| 行政村、居委会名称 | 书记姓名 | 主任姓名 | 总人口(人) | 工业产值(万元) | 人均年纯收入(元) |
|---|---|---|---|---|---|
| 长 胜 | 杨 剑 | 杨 剑 | 3678 | 37976 | 25184 |
| 利 民 | 刘乔荣 | 施瑞红 | 3257 | 53543 | |
| 八 桥 | 祝启国 | 王大华 | 5876 | 44714 | |
| 幸 福 | 朱志银 | 钱克林 | 5964 | 36907 | |
| 永 胜 | 李卫东 | 李卫东 | 5218 | 28762 | |
| 红 旗 | 刘美红 | 顾加余 | 2810 | 14030 | |
| 永 兴 | 施大年 | 蔡有龙 | 3782 | 14223 | |
| 万 福 | 范永华 | 董 俊 | 3445 | 21982 | |
| 红 光 | 黄克才 | 潘纪明 | 2923 | 19150 | |

(八桥镇 耿兴兵)

## 2016年八桥镇主要经济社会指标一览表

表49

| | | | |
|---|---|---|---|
| 地区生产总值(亿元) | 40.05 | 实际利用外资(万美元) | 1002 |
| 财政收入(万元) | 36622 | 自营出口额(万美元) | 1137 |
| 工农业总产值(亿元) | 173.25 | 第三产业增加值(万元) | 117800 |
| 产品销售收入(亿元) | 149.98 | 三产从业人员(人) | 22209 |
| 粮食总产量(吨) | 15202 | 个体工商户(户) | 2085 |
| 粮经种植比例 | 75:25 | 电话总数(门) | 51625 |
| 水果产量(吨) | 1015 | 电话普及率(%) | 100% |
| 水产品产量(吨) | 979 | 有线电视开通数(户) | 10986 |
| 工业投入(万元) | 48.75 | 有线电视普及率(%) | 87 |
| 工业用电(万千瓦小时) | 8815 | 中小学校(所) | 3 |
| 工业企业总数(个) | 514 | 医院、卫生院(所) | 7 |
| 私营企业数(个) | 514 | 卫生室(个) | 6 |
| 农民年人均纯收入(元) | 25184 | | |

(八桥镇　耿兴兵)

## 2016年八桥镇骨干企业情况一览表

表50

| 企业名称 | 法人代表 | 销售收入(万元) | 工业增加值(万元) |
|---|---|---|---|
| 江苏新韩通船舶重工有限公司 | 孟成君 | 428659 | 92076 |
| 镇江市华银仪表电器有限公司 | 季忠银 | 39851 | 8589 |
| 江苏利民纸品包装有限公司 | 周志辉 | 25160 | 4317 |
| 江苏天舜金属制品有限公司 | 姚圣法 | 411848 | 88465 |
| 镇江维纳特气门有限公司 | 金　龙 | 11514 | 4951 |
| 镇江海天光伏科技有限公司 | 匡习龙 | 11425 | 2248 |
| 江苏华太电力仪表有限公司 | 陈道金 | 4361 | 872 |
| 江苏大方金属粉末有限公司 | 方义强 | 7427 | 2124 |
| 江苏威力钢构有限公司 | 冷祥生 | 3923 | 1225 |
| 扬中飞达纸制品有限公司 | 陈廷保 | 9156 | 2289 |
| 镇江春环密封件集团有限公司 | 刘　剑 | 5587 | 1100 |
| 江苏津荣激光科技有限公司 | 刘锦年 | 2216 | 443 |
| 扬中市扬子铝加工有限公司 | 张荣华 | 10030 | 2491 |
| 扬中鸿运医药包装有限公司 | 陈正香 | 4234 | 789 |
| 江苏金利电气有限公司 | 顾纪阳 | 4561 | 920 |
| 镇江市恒升达华工科技有限公司 | 姚恒龙 | 2394 | 472 |
| 江苏金波新材料科技有限公司 | 陈德明 | 2107 | 482 |
| 扬中市旭升电器配件有限公司 | 梅仁平 | 2764 | 579 |
| 江苏省绿岛管阀件有限公司 | 许长友 | 2561 | 512 |

续表 50

| 企 业 名 称 | 法人代表 | 销售收入（万元） | 工业增加值（万元） |
|---|---|---|---|
| 镇江龙成绝缘材料有限公司 | 丁兆龙 | 2354 | 475 |
| 江苏利民纸业有限公司 | 周志辉 | 13220 | 1983 |
| 镇江中佳电器有限公司 | 季忠银 | 9852 | 2266 |
| 江苏金福源科技股份有限公司 | 季忠银 | 3452 | 789 |
| 江苏森林建筑新材料股份有限公司 | 姚圣法 | 6890 | 1240 |
| 镇江绿环机电成套有限公司 | 顾洪林 | 2185 | 437 |
| 镇江宏宇厨具有限公司 | 匡习风 | 3018 | 656 |
| 镇江市丰成特种工具有限公司 | 陈启国 | 2283 | 446 |
| 威和海洋工程设备有限公司 | 冷祥生 | 8237 | 1153 |
| 镇江日进磨具有限公司 | 王茂桥 | 2125 | 425 |
| 扬中市华生化工电器有限公司 | 赵道生 | 2316 | 463 |
| 扬中市华荣电器设备有限公司 | 王笃龙 | 2211 | 442 |
| 扬中市宏图磨具有限公司 | 蒋元龙 | 2087 | 528 |
| 扬中市华森密封件有限公司 | 季晓华 | 2305 | 460 |
| 扬中市华联手风琴有限公司 | 郭道耘 | 2700 | 540 |
| 扬中市丰华塑电有限公司 | 张跃凤 | 2208 | 441 |
| 江苏宏达塑料有限公司 | 唐银龙 | 2242 | 448 |
| 扬中市红光金属制品有限公司 | 王忠祥 | 2079 | 476 |
| 镇江洁友刷业有限公司 | 祝瑞平 | 2012 | 503 |
| 江苏省派登鞋业有限公司 | 姚广鹏 | 2016 | 453 |
| 镇江市亿超工程塑料有限公司 | 杨　兵 | 2053 | 342 |
| 镇江市清安电器有限公司 | 陈士金 | 3164 | 736 |
| 镇江大冶矿山机械制造有限公司 | 宫顺华 | 4596 | 253 |
| 江苏吉庆管材有限公司 | 朱加祥 | 3256 | 651 |
| 镇江市华成电子器材有限公司 | 孟明华 | 2051 | 470 |
| 镇江晨阳电器有限公司 | 李立本 | 2046 | 503 |
| 扬中市德立医药化工有限公司 | 黄友德 | 2023 | 619 |
| 江苏美杰新材料有限公司 | 于德怀 | 2083 | 440 |
| 扬中市源海磨具有限公司 | 王月霞 | 2025 | 405 |
| 镇江佳丽硅胶制品有限公司 | 徐子祥 | 2293 | 494 |

（八桥镇　耿兴兵）

# 西来桥镇

【概况】西来桥镇位于扬中市东南部，总面积19.5平方公里，辖5个行政村、1个社区，总人口1.8万人。2016年，实现地区生产总值20.64亿元，同比增长11.6%。完成申报销售23.24亿元，同比增长33.64%。其中工业申报销售18.5亿元，同比增长42.86%；服务业申报销售4.74亿元，同比增长6.52%。公共财政预算收入6460万元。

重大项目建设稳步推进，热电联产项目基本建成，粮油加工一期项目进入投产试运行阶段。4000吨/天压榨线钢构吊装完成60%，1000吨/天精炼油车间设备正在安装调试，润华物流码头与辽宁锦州港开通互航班轮，货运集散枢纽位置进一步凸显。物流二期项目筒仓仓内椎体基本完工，输送廊道基础和立柱完成80%。大津清洁能源装备产业园公司已经开始运行，产业基金落地。

进一步修编《镇域总体规划》《西来桥镇核心区控制性详细规划》《沿江产业园区控制性详细规划》，城镇定位日益清晰，布局更加合理。启动238省道西来桥段两侧城市设计及西夹江片区生态旅游总规、控制性详规编制工作，生态旅游开发规划完成初稿。238省道西来桥段改扩建工程正在稳步推进，预计于2017年10月建成通车。幸福花苑三期首批两栋楼即将交付，镇老年公寓(集镇中心公园)完成土地平整。采用PPP模式新建日处理能力5000吨的污水处理厂，规划、选址结束，可研报告已完成。大津路维修改造、团结河北侧道路改造、港区大道南延工程已完工，园区大道西侧路段拓宽改造工程正在紧张施工。深入实施"八位一体"农村环境整治维护机制，进一步加大投入和监督考核力度，已顺利通过国家卫生镇复审。制定出台《全面提升西来桥镇环境综合管理水平的实施意见》，构建多部门协同参与的管理体系。

成功举办扬中市首届"福星洲杯"舞龙大赛，协办全国著名散文作家采风活动，镇域文化更具影响力。举办一次市民大讲堂活动，邀请著名历史学家黄安年来镇授课，对外文化交流日益增多。加快民俗文化馆筹建步伐，现已征集展品150余件。组队参加"舞动镇江"万人广场舞比赛并获得一等奖，举办首届"微爱五公里"趣味公益跑活动，文体事业日渐繁荣。唐红梅入选"中国好人"，施爱民被评为全国计划生育协会先进个人，社会主义核心价值观得到有力弘扬。

坚持财政支出向民生领域倾斜，实施精准扶贫，切实提高群众的获得感。累计发放低保金135.01万元。发放临时救济金13.3万元；持续推进危房改造，完成改造9户。关心残疾人生活，向253余名残疾人发放生活救助金181余万元，为800余名残疾人免费赠送意外伤害保险。失地农民生活保障实现即征即保，转移农村劳动力150人，技能培训175人，发放失地农民生活保障资金881万元，社会保障卡信息采集2000人。

(西来桥　孔祥亚)

【西来桥古桥石被寻回】2016年1月1日，扬中市水利局中小河流治理工程队在西来桥镇境内幸福河上进行机械河床基础作业时，从沿河居住的陈兆伦家水桥基础石中，挖出一块古西来桥上的麻石条形石板，长2米，宽0.5米，厚0.26米，通体黄褐色，石板侧壁雕刻"西來礄"3个。根据境内年长者的鉴别，此石确实是境内建造于清光绪22年(1896)古西来桥上桥面段块。据77岁的陈兆伦回忆，20世纪70年代初，境内川心港取直拓宽，古桥上拆下的长条麻石被凿断，长的(一般4米)运到一级河上架桥，短的则运到二级渠上作跳桥，此石块当时被遗丢在前进渠岸边，他用6根圆木棍滚拖回家后，置放在河里做水桥基础石。现古桥石板被西来桥政府运至镇文体活动中心场内收藏。

(新闻中心)

西来桥百年古石桥桥板

【"品读西来桥"征文】2016年1月27日，西来桥镇在镇文体中心举行"品读西来桥"征文大赛颁奖仪式暨座谈会，总结表彰征文活动，进一步推介戴洵老人创作的长篇小说《西来桥》，充分展示西来桥的人文魅力，加快文化西来桥的建设步伐。经过历时一年时间征稿，征文活动得到社会各界以及广大写作爱好者的积极响应，收到应征稿件60余篇。作品有小说《西来桥》读后感，有关于西来桥的历史掌故，还有与西来桥相关的回忆感悟文章等,体裁以散文、读后感、纪实文学为主,感情真挚,内容丰富,充分彰显西来桥的文化魅力。应征者既有西来桥镇和扬中本土作者，也有部分在外扬中籍人士以及安徽、浙江、江西等地的外地作者,其中不乏中国作协会员应征投稿。经过组委会聘请的专家综合评审,评选出一等奖3名、二等奖5名、三等奖8名、优秀奖8名,获奖者现场领取荣誉证书和奖金。

(新闻中心)

**【锦州港—扬中港班轮实现首航】**2016年12月10日,锦州港—扬中港班轮航线签约暨首航仪式在扬中江苏润华物流码头举行。仪式由和润集团、锦州港股份集团、北大荒粮食集团联合主办,会上相关方面还共同签署粮食班轮协议和货物中转协议。(西来桥　孔祥亚)

2016年12月10日,锦州港—扬中港班轮首航剪彩仪式

**【大津重工举行边检巡逻艇、配套趸船交付暨签字仪式】**2016年6月12日，上海边检总站边检巡逻艇、配套趸船交付暨签字仪式在大津重工举行。此次交付标志着大津重工的发展迈入崭新的领域，对于提升西来桥镇临港产业业态有着重要意义。(西来桥　孔祥亚)

## 2016年西来桥镇行政村、居委会情况一览表

表51

| 行政村、居委会名称 | 书记姓名 | 主任姓名 | 总人口(人) | 工业产值(万元) | 人均年纯收入(元) |
|---|---|---|---|---|---|
| 东来村 | 束发明 | 施正兵 | 1845 | 11264 | 22009 |
| 三新村 | 陆红卫 | 唐纪红 | 3261 | 11316 | |
| 新程村 | 赵炳良 | 温德智 | 3353 | 8815 | |
| 西来村 | 施为民 | 沈大庆 | 4511 | 28304 | |
| 北胜村 | 盛习章 | 宦龙军 | 1917 | 10411 | |
| 幸福社区 | 吴纪挽 | 陆友清 | 2469 | 26327 | |

(西来桥　孔祥亚)

## 2016年西来桥镇主要经济社会指标一览表

表52

| | | | |
|---|---|---|---|
| 地区生产总值(亿元) | 20.64 | 合同利用外资(万美元) | — |
| 财政收入(万元) | 9928 | 实际利用外资(万美元) | 800 |
| 工农业总产值(亿元) | 55.39 | 自营出口额(万美元) | 167 |
| 产品销售收入(亿元) | 52.97 | 第三产业增加值(万元) | 64542 |
| 粮食总产量(吨) | 6243 | 三产从业人员(人) | 11246 |
| 粮经种植比例 | 68:32 | 个体工商户(户) | 1134 |
| 水果产量(吨) | 260 | 有线电视开通数(户) | 3990 |
| 水产品产量(吨) | 490 | 有线电视普及率(%) | 97 |
| 工业投入(万元) | 36.43 | 农民人均纯收入(元) | 22009 |
| 工业用电(万千瓦小时) | 5004 | — | — |

(西来桥　孔祥亚)

## 2016年西来桥镇定报企业经济指标对照表

表53

| 企 业 名 称 | 工业总产值（万元） | 销售收入（万元） | 工业增加值（万元） | 利 税 总 额（万元） |
|---|---|---|---|---|
| 荣昌新材料 | 150605 | 143888.60 | 35914 | 12996.60 |
| 荣昌机械 | 100580 | 95861.58 | 23978 | 7723.67 |
| 亿阀集团 | 25643 | 23823.35 | 6098 | 3251.60 |
| 苏洋船厂 | 7200 | 6812.61 | 1712 | 201.02 |
| 大津重工 | 48472 | 45210.71 | 11527 | 784.56 |
| 胜利电镀 | 9992 | 9692.50 | 2376 | 808.78 |
| 荣兴电镀 | 9697 | 9147.90 | 2306 | 1010.10 |
| 合成化工 | 2786 | 2775.89 | 663 | 59.82 |
| 达能公司 | 3928 | 3871.90 | 934 | 347.62 |
| 江冠公司 | 2681 | 2592.50 | 638 | 254.15 |
| 海晟涂料 | 6400 | 6270.00 | 1522 | 803.13 |
| 通发公司 | 3288 | 3288.27 | 782 | 285.68 |
| 金昌动力 | 2140 | 2067.10 | 509 | 249.70 |
| 神力电源 | 3160 | 3165.36 | 751 | 451.10 |
| 佳旺华公司 | 3110 | 3113.97 | 740 | 274.56 |
| 飞达公司 | 2102 | 2045.20 | 500 | 210.80 |
| 中工阀门 | 3242 | 3112.80 | 771 | 286.12 |
| 云峰电源 | 2098 | 2048.80 | 499 | 263.10 |
| 国鹰电器 | 2132 | 2063.70 | 507 | 217.30 |
| 速成电器 | 2154 | 2078.60 | 512 | 161.28 |
| 思翰建材 | 5803 | 5756.80 | 1380 | 223.45 |
| 海晟电气 | 2192 | 2115.20 | 525 | 218.40 |
| 天宏新能源 | 7391 | 6773.10 | 1758 | 737.80 |
| 楠江制桶 | 1786 | 1732.90 | 425 | 180.70 |
| 大津绿色能源 | 2534 | 2434.00 | 603 | 78.18 |

（西来桥　孔祥亚）

# 三茅街道

**【概况】**三茅街道是扬中市委、市政府驻地，西部毗邻新坝镇，东南与经开区接壤，北隔长江主航道与泰州市高港区相望。行政区域面积77.16平方公里，下辖16个行政村和14个社区，户籍人口11万人。2016年，实现地区生产总值113.86亿元，完成财政总收入9.13亿元，一般公共预算收入9.06亿元，全社会固定资产投资63.54亿元，实际利用外资3000万美元，城镇居民可支配收入4.99万元，农民人均纯收入2.9万元。

经济发展稳步提升。“三集”发展（工业向园区集中，居住向社区集中，人口向集镇集中）成果丰硕，全年搜集项目信息50余个，全面完成“321”特色园区项目。园区各项经济指标全市领先。全年推进重点项目34个。其中省重点服务业项目1个，镇江市重点服务业项目9个，市重点项目15个，综合开工率97%。城北科技园一期、二期项目全面建成并形成产出，际华目的地、家纺市场、智慧停车项目正式开工，时代广场、中兴物联网产业园等项目有序实施。

创新转型彰显活力。全年实施宝纳电磁鳞状粉、康盛LED等36个技改项目，完成年计划投资40亿元，全社会研发投入占GDP比重3.2%。持续发展现代服务业，全年完成服务业固定资产投资27亿元，服务业应税销售预计完成90亿元，服务业增加值占GDP比重63.3%。新增服务业定报企业7家。建成“三茅创客空间”，吸纳技术转移中心2家，全国性创新创业平台1

家,新注册入驻企业 12 家,服务入驻企业和科技人才的中介服务机构 4 家。

城乡统筹步伐加快。城乡道路不断完善,完成翠竹北路北延、经二线及北延、纬三路等 7 条园区和城市配套道路建设。启动农村公路生命安全防护工作,提档升级农村公路 15 条,扩建翻建农村公路 3.9 公里。全面启动城东安置房二期建设,基本完成 5 栋 5 万平方米的主体施工;完成广宁、中华、友好安置点 450 户基础配套工程;统购 121 套商品房安置生产性服务业集聚区一期拆迁户 77 户。成功建设城北科技产业园、勤丰小区、新民小区等一批光伏发电示范区,企业和公共机构并网及在建 10.69 兆瓦,居户并网 329 户。

民生事业全面进步。实施精准扶贫,全年发放低保救助金 120 万元,受益群众 641 人。扶持 33 户困难户实施危房改造。村级慈善工作站建设实现全覆盖,募集慈善捐款 406 万元,为 489 户困难群众提供慈善救助。养老水平稳步提升,与镇江力康合作启动养老护理大楼医养结合运营模式。全年新建居家养老服务中心 3 家、日间照料中心 4 家、助餐点 5 个,新增养老床位 350 张。开展“敬老月”活动,全年发放尊老金 210 万元。社工队伍不断壮大,全年新增社工师 16 名。持续升级“青春护航”“心的阳光”“同一片蓝天下”等多个社区服务品牌,在市公益创投大赛中,4 个社区公益服务项目中标。 (三茅街道 于雅婷)

**【免费白内障检查】**2016 年 2 月,三茅街道指南村携手镇江康复眼科医院开展“眼健康助老行动,免费白内障筛查”活动。活动检查居民 252 人,受到广大村民,特别是白内障患者的好评。 (三茅街道 于雅婷)

**【AAA 级数字档案室】**2016 年 2 月,三茅街道综合档案室顺利通过档案部门评估组检查,建成 AAA 级数字档案室。AAA 级数字档案室提升部门档案管理现代化、科学化水平,建成文书、照片、音频、视频、专题等多个数据库,实现档案资源在线利用和共享,方便利用者快速查询。 (三茅街道 于雅婷)

**【奇佩支吊上市合作共赢主题会】**2016 年 2 月,镇江奇佩支吊架有限公司举行上市合作共赢主题会,多个合作项目在主题会上成功签约。市委常委、常务副市长艾晓晖参加活动并致辞。主题会现场,奇佩公司与江苏大学、河北工业大学、华东理工大学等高校,与中建三局、德国曼卡特科技公司签订集研发、生产、经营与一体的多个战略合作协议。 (三茅街道 于雅婷)

2016 年 2 月,镇江奇佩支吊架有限公司签约仪式现场

**【计生奖扶特扶金发放】**2016 年 2 月,三茅街道新增农村计生奖扶对象 413 名、农村无子女奖扶对象 76 名以及计生特扶对象 9 名,计生奖扶特扶金 60.25 万元,通过“一卡通”全部发放到位,计划生育奖、特扶工作的申报准确率、及时率及奖励扶助金兑现率均为 100%。

(三茅街道 于雅婷)

**【优抚对象联络员制度建立】**2016 年 3 月,三茅街道民政办在三茅敬老院举办双拥优抚会议,努力探索建立优抚对象联络员制度。会议上要求各个联络员认真学习掌握各项优抚安置政策,主动服务,加强与优抚对象的沟通联系,及时了解优抚对象的服务需求,精细做好服务保障,提高优抚工作水平。 (三茅街道 于雅婷)

**【慈善基金募集活动】**2016 年 3 月,三茅街道与丰裕社区联合举办“爱心涌动,情暖人间”慈善基金募集活动。辖区内社会各级人士积极响应,各村民代表、老党员等献出爱心。此次活动募集善款 16 万元。

(三茅街道 于雅婷)

**【流动人口信息系统培训】**2016 年 3 月,三茅街道分片举办省流动人口卫生计生服务管理信息系统操作应用培训班。此次培训班采取实际案例与系统运用相结合的方式,对省系统各个功能模块进行操作演示,详细讲解流动人口个案信息采集、录入、反馈操作流程以及电子婚育证明网上查验等内容,并就各村(社区)在开展流动人口管理服务过程中存在和发现的问题进行现场答疑和讨论。 (三茅街道 于雅婷)

**【计生巡讲】**2016 年 3 月,三茅街道计生办“送政策、送知识、送服务”工作团队第二轮巡讲开课,课堂设在永勤村人口学校,特邀人民医院妇科专家讲解“女性健康知识”,200余名育龄妇女到课。2016年,三茅街道计生工作团队将围绕“全面两孩”政策解读,优生优育、科学育儿、避孕节育、生殖保健等知识普及,分片举办巡回课堂。 (三茅街道 于雅婷)

**【艺术教育进社区展演】**2016年5月,扬中市中小学校艺术教育进社区系列展演活动正式启动。副市长蔡萍、次吉卓玛出席活动。活动以“健康扬中·锦绣三茅·校园风采”为主题,以舞台表演和书画展览为主要表现形式,依托社区群众性文化阵地,分批次进社区开展专场文艺演出和作品展览。活动分别在三茅街道港联社区、文化新村、中桥社区等村、社区开展6场专场文艺演出。展演活动后举行全市中小学生优秀书画展览活动。 (三茅街道 于雅婷)

**【众创空间】**三茅众创空间占地面积3.9万平方米。其中首期的科技孵化面积2200平方米,作为三茅街道重点打造的全要素创新创业载体,集聚众创空间、创业咖啡、创业导师、科技金融等多种创新创业要素。依托四大“三集”园区,鼓励支持企业对接复旦大学、江苏大学技术转移中心,组建产业技术创新联盟,推动科技与经济深度融合,以期培育发展一批充满活力的大众创新企业,逐步形成要素齐全、功能完善、合作开放、专业高效的“众创生态圈”。 (三茅街道 于雅婷)

**【缝纫工职业技能大赛】**2016年5月,三茅街道总工会联合镇江辰龙纺织制品有限公司工会开展第五届“辰龙杯”缝纫工职业技能大赛。比赛现场,选手们个个精神饱满,技术娴熟,操作仔细,比赛过程紧张有序,充分展示纺织从业人员的精神风貌,促进技能水平的全面提升。 (三茅街道 于雅婷)

**【农作物面积遥感测量试点】**2016年5月,永和村作为三茅街道开展第三次农业普查农作物面积遥感测量工作的试点村之一,按照街道统一安排部署,组织开展测量工作。据悉,此次农作物面积遥感测量工作涉及该村5个样本点。该村实地调查取得每一个自然地块内的地物信息情况,通过实地查看、填表、拍照相结合的方式进行;根据抽中普查区分布图,安排调查队深入田间地块现场开展调查,确保做到“人到现场、一手调查、细致准确”。 (三茅街道 于雅婷)

**【人口文化书画展】**2016年7月,三茅街道计生服务中心联合计生协、文化新村社区举办人口文化书画展。此次书画展征集到国画、油画、手工等书画作品68幅,作品主题突出、内容丰富、形式多样,富有浓郁的生活气息。作品围绕“实施全面两孩政策,建设和谐幸福家庭”主题,以全新的形式传播关爱女孩、男女平等、优生优育等新型人口文化,弘扬婚育新风、幸福家庭的主旋律。 (三茅街道 于雅婷)

**【农普试点工作】**2016年7月,扬中市全国第三次农业普查入户登记试点工作在三茅街道友好村展开。试点工作以友好村为试点区域,近80名农业普查人员依着农普方案进村入户逐项登记。试点培训期间,农业普查人员接受各类业务培训,包括熟悉使用遥感、手持智能数据采集终端、联网直报等新的调查技术,并开展现场观摩、入户试登记等训练。 (三茅街道 于雅婷)

**【首家省级电子商务示范村】**2016年8月,江苏省商务厅公示省级电子商务示范村名单,三茅街道中桥社区榜上有名。7月,中桥社区顺利通过省商务厅组织的专家评审。2015年,中桥社区累计实现电子商务交易总额3.8亿元。其中5家企业2015年线上销售额1.63亿元,占社区电子商务交易额的42.8%。中桥社区从事电子商务网店有820家,直接从事电子商务有1480余人,从事电子商务产品生产、加工、包装物流等相关从业人员近6000余人。 (三茅街道 于雅婷)

**【英雄社区“智慧养老”】**英雄社区海阳智慧养老中心的“智慧养老”又被称为“智能居家养老”,利用互联网、物联网和大数据、云技术,采用多项世界领先的无线通信技术和现代医学相结合的手段,通过数字化医疗设备、智能定位通讯手表、移动通信网络、呼叫中心、健康服务管理中心及亲情关爱和生活助理网络平台等,构成一套集健康服务、安全管理、快乐支持和生活助理于一体的整体解决方案。据介绍,“智慧养老”核心在于用先进的管理和信息技术,将老人、政府、社区、医疗机构、医护人员等紧密联系起来,全方位服务老人起居,给老年人一个健康幸福的晚年生活。

(三茅街道 于雅婷)

**【思亲苑乔至璟春园】**2016年9月,三茅街道思亲苑骨灰盒陆续搬迁至新址璟春园。本次中心安息堂搬迁搬运5873只骨灰盒、1.7余穴骨骸,搬迁工作从骨灰盒的搬迁着手,专设6辆运输车、10辆骨灰盒手推车、200只收纳防撞箱,严格按照“三对照、五小心”的原则,对骨灰盒(骸)进行搬迁。 (三茅街道 于雅婷)

【复旦大学入驻创客空间】2016年9月，复旦大学团队正式入驻三茅创客空间，成为首家入驻的高等院校。作为首期工程，建筑面积2200平方米的创客空间设有公共接待室、培训会议室、集中办公区等设施设备，为入驻的企业和创客提供技术、人才、专利等一条龙服务。除复旦大学、飞天众智等已经签约入驻的高校与企业外，包括江苏大学在内的8家校企以及科技项目的入驻洽谈正在进行中。 （三茅街道 于雅婷）

【医养融合新模式】2016年11月，三茅街道敬老院与镇江力康医院有限公司签订医养结合合作协议书，老年人在敬老院可以有病治病、无病疗养。医养融合模式的优势在于有效整合养老和医疗两方面资源，为老年人持续提供服务，在一定程度上省去老年人频繁往返于医院和养老机构的麻烦，缓解医疗资源紧张，提高医院床位的周转率，解决“养老院里看不了病，医院里养不了老”的矛盾。 （三茅街道 于雅婷）

## 2016年三茅街道行政村、居委会情况一览表

表54

| 行政村、居委会名称 | 书记姓名 | 主任姓名 | 总人口（人） | 工业销售收入（万元） |
|---|---|---|---|---|
| 民主村 | 蒋恒华 | 田　龙 | 3688 | 347161 |
| 永勤村 | 朱秀斌 | 于小芹 | 2550 | 83960 |
| 普济村 | 王笃明 | 吴昌生 | 3885 | 39339 |
| 大众村 | 赵云良 | 赵贞阳 | 2782 | 17932 |
| 友好村 | 郭茂祥 | 季正义 | 3442 | 63713 |
| 三桥村 | 陈永福 | 王成余 | 2927 | 42061 |
| 指南村 | 祝瑞成 | 张　勇 | 2090 | 109768 |
| 兴阳村 | 陆廷余 | 孙纪华 | 3167 | 39824 |
| 兴华村 | 陈兴玉 | 朱秀才 | 2150 | 30818 |
| 中华村 | 严荣斌 | 陈庆荣 | 3695 | 104572 |
| 锦程村 | 崔德良 | 崔德良 | 2598 | 240103 |
| 明华村 | 印洪生 | 何桂林 | 3139 | 44625 |
| 永和村 | 陈纪福 | 王龙美 | 3670 | 41319 |
| 滨江村 | 张广柏 | 刘建忠 | 4401 | 52336 |
| 企东村 | 张怀根 | 朱纪双 | 2979 | 44221 |
| 营房村 | 陈永明 | 冯义永 | 1739 | 35106 |
| 广宁社区 | 郭玉姝 | 陆廷军 | 4585 | 14065 |
| 建设社区 | 郭俊峰 | 陆纪平 | 7288 | 124724 |
| 同心社区 | 朱美玲 | 朱纪才 | 4566 | 16996 |
| 英雄社区 | 秦安荣 | 秦安荣 | 4331 | 50716 |
| 中桥社区 | 朱照明 | 袁立新 | 3573 | 60796 |
| 金星社区 | 郭道元 | 朱爱勤 | 2078 | 82602 |
| 新胜社区 | 张　健 | 解　珂 | 2592 | 141342 |
| 港联社区 | 唐　庆 | 唐　庆 | 3996 | 12456 |
| 新民社区 | 郭纪才 | 郭文华 | 2532 | 79684 |
| 新扬社区 | 王笃成 | 张纪贵 | 4912 | 32108 |
| 丰裕社区 | 冷跃华 | 陈高健 | 2998 | 54858 |
| 扬子新村社区 | 吴晓芳 | 戴　成 | 2350 | — |
| 文化新村社区 | 朱孝卫 | 陈　雄 | 7220 | — |
| 江洲路社区 | 徐红月 | 方　舟 | 10245 | — |
| 集镇人口（含水上人口） | | | 765 | — |

（三茅街道 于雅婷）

## 2016年三茅街道主要经济社会指标一览表

表55

| | | | |
|---|---|---|---|
| 地区生产总值(万元) | 1035100 | 实际利用外资(万美元) | 2413 |
| 财政收入(万元) | — | 进出口总额(万美元) | 6757 |
| 工业总产值(万元) | 2368093 | 第三产业增加值(万元) | 665258 |
| 产品销售收入(万元) | 2264575 | 三产从业人员(人) | 36369 |
| 农业总产值(万元) | 51689 | 个体工商户(户) | 11663 |
| 粮食总产量(吨) | 16132 | 电话总数(门) | — |
| 水果产量(吨) | 518 | 电话普及率(%) | — |
| 水产品产量(吨) | 2151 | 有线电视开通数(户) | — |
| 工业投入(亿元) | 38.49 | 有线电视普及率(%) | — |
| 工业用电(万千瓦小时) | — | 中小学校(所) | 11 |
| 工业企业总数(个) | 122 | 医院、卫生院(所) | 6 |
| 三资企业数(个) | 12 | 卫生室(个) | 39 |
| 私营企业数(个) | 763 | 职工年人均工资(元) | — |
| 当年新办三资企业数(个) | — | 农民年人均纯收入(元) | 26572 |

(三茅街道 于雅婷)

## 2016年三茅街道骨干企业情况一览表

表56

| 单 位 名 称 | 法人代表 | 销售收入(万元) | 工业增加值(万元) |
|---|---|---|---|
| 江苏百乐电器有限公司 | 孙 宏 | 20685 | 4757.55 |
| 江苏扬碟钻石工具有限公司 | 唐圣龙 | 49002 | 11270.46 |
| 镇江市电站辅机厂 | 虞瑞鹤 | 689120 | 158497.60 |
| 镇江市长江机电设备厂 | 丁恒锦 | 20612 | 4740.76 |
| 江苏亚光电器有限公司 | 汪小平 | 28032 | 6447.36 |
| 江苏扬子江制衣有限公司 | 童中连 | 32771 | 7537.33 |
| 江苏港龙集团公司 | 高金宝 | 127514 | 29328.22 |
| 镇江市英雄电器成套有限公司 | 钱纪发 | 21057 | 4843.11 |
| 江苏省福达特种钢有限公司 | 顾炳福 | 720153 | 165635.19 |
| 扬中市兴达绝缘材料有限公司 | 严维国 | 21645 | 4978.35 |
| 江苏恒威集团公司 | 蒋恒华 | 23550 | 5416.50 |
| 江苏华美制衣有限公司 | 陈国俊 | 98832 | 22731.36 |
| 万宝电气集团有限公司 | 陈建军 | 108437 | 24940.51 |
| 镇江圣富龙电器设备有限公司 | 薛桂兰 | 22284 | 5125.32 |
| 江苏环宇电气股份备有限公司 | 钱朝贵 | 25030 | 5756.90 |
| 江苏宏飞电器制造有限公司 | 蔡桂洪 | 30115 | 6926.45 |
| 镇江飞翔电器有限公司 | 贾永根 | 160081 | 36818.63 |

续表 56

| 单 位 名 称 | 法人代表 | 销售收入<br>(万元) | 工业增加值<br>(万元) |
|---|---|---|---|
| 镇江市神龙电器管件有限公司 | 郭洪富 | 35317 | 8122.91 |
| 扬中市中保机电设备有限公司 | 朱秀才 | 22355 | 5141.65 |
| 扬中市远洋船舶阀门有限公司 | 石春娣 | 26917 | 6190.91 |
| 扬中金州水务有限公司 | 顾晓钟 | 40544 | 9325.12 |
| 江苏康华电气设备有限公司 | 何 华 | 278141 | 63972.43 |
| 扬中市盛大实业有限公司 | 姚圣法 | 2156652 | 496029.96 |
| 江苏华欧电器设备制造有限公司 | 朱 斌 | 22846 | 5254.58 |
| 扬中市正大机电设备制造总厂 | 郭振国 | 21433 | 4929.59 |
| 江苏双联集团公司 | 冯锦辉 | 190424 | 43797.52 |
| 江苏光华机电设备有限公司 | 王笃富 | 22658 | 5211.34 |
| 扬中市永新镀业有限公司 | 杜庆新 | 119447 | 27472.81 |
| 扬中市春艳服装厂 | 顾祥军 | 22425 | 5157.75 |
| 江苏鑫源钢铁集团有限公司 | 窦方林 | 267928 | 61623.44 |
| 江苏东升电器集团公司 | 陈志斌 | 35025 | 8055.75 |
| 扬中市宏大工贸公司 | 蔡振贵 | 312217 | 71809.91 |
| 扬中市阀门制造总厂有限公司 | 陈 斌 | 34250 | 7877.50 |
| 江苏永兴电能设备科技有限公司 | 李高依 | 22084 | 5079.32 |
| 江苏泰宇电气有限公司 | 朱 云 | 26903 | 6187.69 |
| 江苏凯芙科技有限公司 | 马真才 | 100785 | 23180.55 |
| 扬中市弘宇机械制造有限公司 | 董贞祥 | 23920 | 5501.60 |
| 镇江市永固轨道客车配件有限公司 | 顾久林 | 27057 | 6223.11 |
| 江苏兴阳能源科技有限公司 | 季正兵 | 25846 | 5944.58 |
| 江苏至友三箱电器制造有限公司 | 朱 昊 | 30286 | 6965.78 |
| 江苏锐科电气有限公司 | 郭如凤 | 27564 | 6339.72 |
| 江苏中顺电气有限公司 | 杨 燕 | 102400 | 23552.00 |
| 镇江长江电器有限公司 | 丁恒锦 | 21110 | 4855.30 |
| 扬中江亚工艺品有限公司 | 徐 鹏 | 27041 | 6219.43 |
| 镇江德利纺织制品有限公司 | 郭克元 | 261023 | 60035.29 |
| 江苏香江电信设备有限公司 | 沙正勇 | 233306 | 53660.38 |
| 镇江安华电气有限公司 | 韦成歌 | 105397 | 24241.31 |
| 华朋(镇江)工程控制设备有限公司 | 何维军 | 32756 | 7533.88 |
| 江苏瑞克健身用品有限公司 | 朱庆豹 | 145046 | 33360.58 |
| 镇江市东方节能设备有限公司 | 佘广根 | 31448 | 7233.04 |
| 镇江市华阳机电制造有限公司 | 陈雨民 | 60201 | 13846.23 |
| 镇江市明兴绝缘材料有限公司 | 何广仁 | 25785 | 5930.55 |
| 江苏华厦电器有限公司 | 姚 冰 | 21850 | 5025.50 |

续表 56

| 单位名称 | 法人代表 | 销售收入（万元） | 工业增加值（万元） |
|---|---|---|---|
| 镇江市惠普车辆配件有限公司 | 戴　新 | 135072 | 31066.56 |
| 镇江恒隆电气设备有限公司 | 严维祥 | 20979 | 4825.17 |
| 镇江易旺宠物用品有限公司 | 张荷娣 | 37729 | 8677.67 |
| 镇江奇佩支吊架有限公司 | 刘纪才 | 21136 | 4861.28 |
| 江苏京恒电气有限公司 | 于根生 | 24651 | 5669.73 |
| 江苏中天电气有限公司 | 苏　文 | 37478 | 8619.94 |
| 扬中市宏飞镀业有限公司 | 王叶清 | 26238 | 6034.74 |
| 江苏丰泽生物工程设备制造有限公司 | 王泳胜 | 23997 | 5519.31 |
| 扬中市众成管路配件有限公司 | 陆　林 | 32169 | 7398.87 |
| 江苏中能电力设备有限公司 | 丁为平 | 55866 | 12849.18 |
| 扬中市威柯特生物工程设备有限公司 | 严荣飞 | 33400 | 7682.00 |
| 江苏三星科技有限公司 | 刘建春 | 738253 | 169798.19 |
| 扬中市新颖橡塑电器有限公司 | 何建平 | 22140 | 5092.20 |
| 江苏绿扬电子仪器集团有限公司 | 王金堂 | 301586 | 69364.78 |
| 江苏通灵电器股份有限公司 | 郭　忠 | 625809 | 143936.07 |
| 江苏生美工业技术集团有限公司 | 赵庆生 | 2374599 | 546157.77 |
| 扬中市群英塑电有限公司 | 许荣祥 | 32065 | 7374.95 |
| 镇江鼎圣电器有限公司 | 张开银 | 268442 | 61741.66 |
| 扬中市海腾氟塑制品厂 | 季　明 | 100256 | 23058.88 |
| 江苏精通电气工程设备有限公司 | 郭　兵 | 31023 | 7135.29 |
| 镇江市耐尔特钻石有限公司 | 方国祥 | 23863 | 5488.49 |
| 镇江市扬子化塑制品有限公司 | 叶　祥 | 22739 | 5229.97 |
| 江苏万奇电器集团有限公司 | 马纪才 | 36424 | 8377.52 |
| 扬中市神通焊接设备有限公司 | 王　勇 | 38360 | 8822.80 |
| 扬中市华龙橡塑电器有限公司 | 冷柏龙 | 50513 | 11617.99 |
| 镇江市生生电器设备有限公司 | 王桂生 | 23608 | 5429.84 |
| 江苏润圣电气有限公司 | 蔡拥军 | 24658 | 5671.34 |
| 扬中市锦程金属表面处理中心 | 朱孝阳 | 131105 | 30154.15 |
| 江苏普尔菲电气有限公司 | 陈文龙 | 21831 | 5021.13 |
| 镇江市云鹏电器有限公司 | 仲章云 | 36880 | 8482.40 |
| 扬中市华鑫氟塑电器设备有限公司 | 贡金荣 | 26061 | 5994.03 |
| 江苏华联电力器材有限公司 | 鄂友亮 | 30818 | 7088.14 |
| 扬中市南方矿用电器有限公司 | 袁立清 | 59551 | 13696.73 |
| 扬中科泰电子仪器有限公司 | 雍黎明 | 24775 | 5698.25 |
| 镇江欣亚汽车部件有限公司 | 张　欣 | 68735 | 15809.05 |
| 扬中市灵新风机氟塑有限公司 | 朱　新 | 26326 | 6054.98 |
| 江苏泰德电气制造有限公司 | 孙可武 | 31850 | 7325.50 |

续表 56

| 单 位 名 称 | 法人代表 | 销售收入<br>(万元) | 工业增加值<br>(万元) |
|---|---|---|---|
| 扬中市荣鑫磨具磨料有限公司 | 王先荣 | 22100 | 5083.00 |
| 江苏中电输配电设备有限公司 | 陆廷秀 | 8436561 | 1940409.03 |
| 扬中市江洲汽车内饰件有限公司 | 蒋丰根 | 32895 | 7565.85 |
| 镇江华荣电器有限公司 | 朱秀亮 | 35710 | 8213.30 |
| 扬中市神华电仪设备有限公司 | 蔡文华 | 31691 | 7288.93 |
| 江苏通华机电成套有限公司 | 严福华 | 20087 | 4620.01 |
| 扬中普荣电器有限公司 | 张加文 | 28547 | 6565.81 |
| 镇江宝利玛复合材料有限公司 | 周恒勇 | 26231 | 6033.13 |
| 江苏华鼎电气有限公司 | 张华勤 | 49655 | 11420.65 |
| 江苏中源电力设备有限公司 | 刘国祥 | 22310 | 5131.30 |
| 扬中中燃燃气发展有限公司 | 王　强 | 150215 | 34549.45 |
| 江苏华坤电气有限公司 | 施光泉 | 34577 | 7952.71 |
| 江苏恒邦工艺品有限公司 | 秦　梅 | 98464 | 22646.72 |
| 扬中市红叶管阀密封件有限公司 | 方文明 | 23816 | 5477.68 |
| 江苏华吉电气科技有限公司 | 戴敬华 | 36050 | 8291.50 |
| 镇江市利浦电器设备有限公司 | 印金萍 | 23227 | 5342.21 |
| 扬中市大唐电器制造有限公司 | 唐瑞仙 | 220674 | 50755.02 |
| 江苏爱伊替科技工程有限公司 | 何文秀 | 158526 | 36460.98 |
| 扬中市三利石化机械有限公司 | 邱昌海 | 22675 | 5215.25 |
| 江苏汇成电气有限公司 | 蔡纪龙 | 25611 | 5890.53 |
| 镇江泽荣陶瓷有限公司 | 马守信 | 17250 | 3967.50 |
| 香江科技股份有限公司 | 沙正勇 | 534384 | 122908.32 |
| 镇江力帆防爆电器有限公司 | 郭道荣 | 20519 | 4719.37 |
| 永固新科电气(江苏)有限公司 | 刘文明 | 24047 | 5530.81 |
| 镇江乐州电气有限公司 | 郭伟群 | 28315 | 6512.45 |
| 扬中市荣昌汽配有限公司 | 常月兰 | 20613 | 4740.99 |
| 扬中市美达电力器材配件有限公司 | 徐红根 | 39206 | 9017.38 |
| 扬中市华能电力设备有限公司 | 丁基成 | 25200 | 5796.00 |

(三茅街道　于雅婷)

## 扬中经济开发区

**【概况】**扬中经济开发区(以下简称经开区)位于江苏省扬中市东南部,下辖8个村(社区),总面积27.4平方公里,常住人口4.2万人,拥有深水岸线7.2公里。2016年,实现地区生产总值51.86亿元,工业应税销售112.5亿元。在江苏省开发区科学发展综合考核评价中,经开区在83家省级开发区中位列17位。

2016年,经开区研发经费占GDP比重2.85%。新增高新技术企业4家、民营科技企业9家、知识产权优势培育企业4家,获批省双创人才项目2个,获批镇江市知识产权项目3个,申报高新技术产品18个,申请发明专利288件,授权发明专利60件;全区新增上市挂牌企业4家;江苏尚昆生物设备有限公司获批省级重大成果转化项目;星河集团成功与以色列哈姆雷特公司“强强联手”,实现从国内行业领军企业向国际高端技术企业的“转型突破”。成功设立华东理工大学国家技术转移中心扬中分中心。国家级科技企业孵化器科创中心全年新增入孵企业12家，成功培育“3D打印”“智能视窗”等多个特色项目,在科技部火炬中心新一轮考核评价中，从合格类升级为良好类国家级科技企业孵化器。

2016年,全区重点项目32个。其中列入省重点项目2个,市重点项目6个,总投资86亿元。全区积极推进中小企业产业园、科技创新园两个新的“三集”园区建设。其中,科技创新园首个项目智慧园区一期项目成功落户并开工建设,7家企业入驻中小企业产业园并开工建设。

2016年,重点实施长征路、美科北侧等多个项目区的拆迁安置。全年腾地1600余亩,拆迁500余户,危房收储40余户,包含兴隆中学、兴隆卫生院、三跃小学等项目的移址建设涉及的征地拆迁。污水处理厂完成二期4万吨扩能建设,四号线延伸工程竣工通车,沿线绿化全面完成。全区主要干道、骨干河港持续清理整治,不断实施绿化、亮化、美化工程。累计投入30余万元,清理河道28条、14.5公里,查处违法建设143件,拆除违章建设29处,拆除面积3300余平方米,农村生活环境进一步改善,两大集镇面貌持续改观。

百姓民生和保障得到改善。全年累计发放农业补贴130余万元;创新慈善资金募集方式,累计募集800万元;全年新办居民养老补贴285人,发放社会保障卡5300余张，开展退休人员免费体检;“经开区艺术社团”品牌形象持续彰显,运行机制不断优化,累计举办大型文艺演出8次，受到基层群众的广泛好评；发放“助医兴教”奖励金额109.13万元。(经开区　贺红旗)

**【控制性详规成果论证会】**2016年1月19日，扬中市经济开发区控制性详细规划成果论证会召开。邀请镇江市规划局部分领导、专家,以及市发改经信委、住建、交通、农委等部门相关负责人对《扬中经济开发区控制性详细规划》成果进行论证并提出修改完善意见。2014年年底,经开区正式启动《扬中经济开发区控制性详细规划》编制工作,委托上海经纬建筑规划设计研究院有限公司组织实施。经过多轮的征求意见、反复的修改调整,形成最终方案成果。论证会上,规划设计单位从控规的背景、定位、战略、保障等方面进行详细的介绍。与会专家、领导及各部门相关负责人就规划成果中存在的不足提出各自的意见和建议。

(新闻中心)

**【首届先进典型评选】**2016年1月22日,扬中市经济开发区举行“大行杯”首届先进典型评选暨“2015,感动在身边”颁奖典礼。表彰林澎、倪志成、笪宏杰等8位感动人物。2015年7月，经开区党工委、管委会在全区范围内开展“2015,感动在身边”先进典型评选活动。大行公司、区机关、村(社区)、企事业单位广泛参与、积极推荐,活动推选出60余位先进典型参与评选。经过区评选活动组委会综合审议,产生“创业先锋、敬业模范、身边好人、最美少年”4个类别8位先进典型人物。(新闻中心)

**【助医兴教活动】**2016年9月12日，扬中市经济开发区教育卫计事业风采展活动在园博园举行。活动现场进行“助医兴教”政策兑付颁奖,及全区教育卫计成果展示。2016年,经开区党工委、管委会研究决定,再次对助医兴教政策做出重大调整,出台《关于进一步深化开发区教育卫生事业发展的实施意见》(扬经开〔2016〕51号),对各单位开展创新、特色工作给予大力支持，对一线教师和医务工作者给予关心,对优秀学生、贫困学生给予更多帮助和奖励，培植来经开区工作的名师名医,“助医兴教”奖补金额从2013年的30.8万元提升至2016年的109.13万元,年均增长率超过50%,受奖补对象的比重也逐年提高,学生、医师、教师受奖补的比重分别为8%、33%、80%。(经开区　贺红旗)

2016年9月12日,助医兴教活动

**【智慧服务中心开工奠基】**2016年8月15日，由中国电子集团与经开区牵手合力打造的智慧园区项目一期工程智慧服务中心开工奠基。项目以区域管理、企业生产经营、社会服务三个核心领域的信息化建设为主要组成部分,着力建设一个管理先进、服务周全、可持续发展的智慧园区体系。智慧服务中心是智慧园区项目的核心工程,总投资约10亿元,建设高20层、建筑面积6.8万平方米的智慧总部大厦,包括智慧控制中心、智慧展厅、智慧园区网络平台、智慧化公共服务平台等多个智慧子项目。智慧服务中心建成后,为园区的建设和发展提供全方位的智慧化服务，形成集科技研发、创业孵化、综合服务、生产办公为一体的现代化楼宇经济示范区。 （经开区 贺红旗）

【爱心传递俱乐部成立】2016年2月，扬中市经济开发区爱心传递俱乐部在福源村正式成立。经开区经济部门相关同志与福源村9名贫困人员进行一对一结对帮扶。爱心传递俱乐部的成立是经开区“2015感动在身边”先进典型评选活动的延伸和继续，是经开区经济部门培育和践行社会主义核心价值观的重要举措。爱心传递俱乐部将以点带面，营造全区扶贫帮困氛围，传递社会正能量。 （新闻中心）

【绿色高效超薄硅片项目签约】2016年12月16日，扬中市举行“2GW绿色高效超薄硅片项目”签约仪式，经开区与环太集团签署投资合作协议。项目以金刚线切割超薄多晶硅片为主，具有绿色智能、技术先进、成熟可靠特点。总投资10.1亿元，征地230亩，项目分二期实施，一期新建厂房三栋（切片车间、铸锭车间和外围综合设施大楼），新增多晶炉、切片机、智能分选机等各类设备260台（套）；项目投产后，年生产能力2兆瓦，年产4.3亿片硅片，年营业收入15.5亿元。此次签约的“2GW绿色高效超薄硅片项目”总投资10亿元，采用独创的全熔高效多晶铸锭技术，代表当今光伏硅片主流发展方向，处于国际先进水平。 （经开区 贺红旗）

## 2016年经开区行政村、居委会情况一览表

表57

| 行政村、居委会名称 | 书记姓名 | 主任姓名 | 总人口（人） | 工业销售收入（万元） |
|---|---|---|---|---|
| 兴隆 | 蔡　文 | 张　峰 | 4989 | 112.5 |
| 三跃 | 王正法 | 夏太君 | 5085 | |
| 新星 | 鄂道林 | 戴忠祥 | 3252 | |
| 德云 | 陆昌鹏 | 范公成 | 2928 | |
| 福源 | 徐纪荣 | 唐培华 | 3712 | |
| 双跃 | 匡存宝 | 王炳良 | 2860 | |
| 兴城 | 姚月萍 | 陈　健 | 3383 | |
| 恒跃 | 王世海 | 刘贤春 | 4041 | |

（经开区 贺红旗）

## 2016年经开区主要经济社会指标一览表

表58

| | | | |
|---|---|---|---|
| 地区生产总值（亿元） | 51.86 | 实际利用外资（万美元） | 4000 |
| 财政收入（万元） | 47925 | 自营出口额（万美元） | 8727 |
| 工农业总产值（亿元） | 39.41 | 第三产业增加值（万元） | 124500 |
| 产品销售收入（亿元） | 211.01 | 三产从业人员（人） | 5704 |
| 粮食总产量（吨） | 9573 | 个体工商户（户） | 178 |
| 粮经种植比例 | 6:4 | 电话总数（门） | 10695 |
| 水果产量（吨） | 612 | 电话普及率（%） | 99 |
| 水产品产量（吨） | 786 | 有线电视开通数（户） | 10155 |
| 工业投入（万元） | 448100 | 有线电视普及率（%） | 99 |
| 工业用电（万千瓦小时） | 51060 | 中小学校（所） | 3 |
| 工业企业总数（个） | 221 | 医院、卫生院（所） | 1 |
| 三资企业数（个） | 19 | 卫生室（个） | 6 |
| 私营企业数（个） | 168 | 职工年人均工资（元） | 45162 |
| 当年新办三资企业数（个） | 3 | 农民年人均纯收入（元） | 25772 |

（经开区 贺红旗）

# 2016年经开区“三十”强工业企业情况一览表

表59

| 单 位 名 称 | 法人代表 | 销售总额（万元） | 税收合计（万元） |
|---|---|---|---|
| 镇江荣德新能源科技有限公司 | 何培林 | 412494 | 11994 |
| 江苏尚昆光伏科技集团 | 严荣飞 | 67988 | 5624 |
| 荣马实业有限公司 | 马安明 | 213673 | 2105 |
| 江苏银佳企业集团有限公司 | 姚建明 | 46815 | 2510 |
| 金海新源电气江苏有限公司 | 朱冬洪 | 46133 | 2807 |
| 江苏亿能电气有限公司 | 周桂根 | 37347 | 2023 |
| 江苏星河集团有限公司 | 匡锡和 | 26112 | 1598 |
| 江苏天辰新材料股份有限公司 | 王栋葆 | 35556 | 1710 |
| 江苏绿洲制衣有限公司 | 孙华忠 | 15299 | 881 |
| 佳明新材料科技有限公司 | 王允佳 | 13469 | 348 |
| 江苏荣胜集团 | 黄良胜 | 10820 | 1009 |
| 扬中兴盟纸制品有限公司 | 陈启才 | 10345 | 354 |
| 扬中市阀门厂有限公司 | 吴会友 | 9234 | 678 |
| 江苏巴威工程技术股份有限公司 | 何文秀 | 7847 | 803 |
| 江苏苏电电气科技有限公司 | 何　飞 | 7283 | 442 |
| 江苏兴隆防腐设备有限公司 | 常大明 | 6931 | 189 |
| 江苏精科新能源科技有限公司 | 严维良 | 6512 | 146 |
| 江苏天力钢结构有限公司 | 朱红军 | 5615 | 329 |
| 镇江施耐德电器有限公司 | 陈跃宏 | 5334 | 259 |
| 江苏隆晟医药包装材料有限公司 | 高文定 | 4943 | 247 |
| 江苏舒克服饰有限公司 | 杨俭春 | 4801 | 193 |
| 蕴能江苏有限公司 | 孙春林 | 4324 | 275 |
| 镇江荣诚管业有限公司 | 朱加荣 | 2937 | 198 |
| 江苏瑞能电力设备有限公司 | 王春女 | 2899 | 140 |
| 江苏泓彦塑料科技有限公司 | 季成福 | 2712 | 186 |
| 江苏亚奥精密机械有限公司 | 张国祥 | 2661 | 167 |
| 江苏航天惠利特环保科技有限公司 | 张柄权 | 2477 | 193 |
| 江苏星鑫工程管道有限公司 | 朱根宝 | 2405 | 180 |
| 江苏常新密封材料有限公司 | 夏森林 | 2180 | 310 |
| 扬中新亚自控工程有限公司 | 王成坤 | 1719 | 120 |

（经开区　贺红旗）

# 人物 荣誉

## 地方领导

### ·中共扬中市委·

潘早云，男，1968年8月出生，江苏句容人，研究生学历，1993年5月加入中国共产党，1986年8月参加工作。1986年8月，句容县实验小学教师。1991年9月，句容县实验小学大队辅导员，团县委学少部副部长、部长，县委组织部组织科副科长。1995年7月，句容团市委书记。1996年11月，句容市天王镇党委副书记、镇长。1997年8月，句容市天王镇党委书记；2003年1月，句容市副市长。2004年7月，句容市委副书记(正县级)，赴西藏工作，任拉萨市达孜县委书记。2007年9月，镇江市农发局局长、党组书记。2008年2月，镇江市农林局局长、党组书记兼市农发局局长、党组书记。2010年2月，镇江市农委主任、党组书记兼市农发局局长。2013年12月，扬中市委副书记，提名为扬中市市长人选。2013年1月，扬中市委副书记、市长。2016年2月，扬中市委书记、市长。2016年6月，扬中市委书记。

张德军，男，1971年7月出生，江苏句容人，大学文化，1991年5月加入中国共产党，1988年8月参加工作。1988年8月，镇江师范专科学校毕业后，分配至句容县陈武乡政府任文书、团委书记、秘书。1992年9月，江苏省青年管理干部学院行政管理专业学习。1994年7月，句容县委组织部干部科干部。1995年7月，句容县(市)东昌镇党委副书记、镇长。2001年3月，句容市行香镇党委书记；2005年12月，句容市白兔镇党委书记，2006年7月，明确副县级。2007年11月，句容市委常委、茅山风景区管委会主任。2011年5月，京口区委常委、副区长。2012年1月，京口区委副书记。2012年9月，镇江市园林局党委书记、南山风景区党工委书记兼市风景旅游发展有限责任公司董事长。2013年11月，镇江市旅游局局长、党委书记。2014年5月，镇江交通产业集团董事长、党委书记。2016年6月，扬中市代市长。2016年7月，扬中市委副书记。2017年1月，扬中市市长。

马家胜，男，1969年6月出生，江苏扬中人，研究生学历，1991年1月加入中国共产党，1991年8月参加工作。1991年8月，扬中县(市)委组织部工作，历任办公室科员、副主任，干审科、干部二科副科长。1999年5月，扬中市委组织部干部二科科长，2000年1月，明确为副局级组织员。2001年4月，扬中市三茅镇党委副书记。2003年3月，扬中市三茅镇党委副书记、镇长。2005年8月，扬中市三茅镇党委书记。2006年7月，明确副县级。2011年5月，句容市委常委、纪委书记。2014年7月，丹阳市委常委、纪委书记。2016年6月，扬中市委副书记。

陆艳华，女，1972年9月出生，江苏丹阳人，研究生学历，1993年7月加入中国共产党，1990年9月参加工作。1990年9月，江苏丹阳师范学校普师专业毕业后，在丹阳市新桥职业中学工作。1991年9月，镇江师专中文系汉语言文学专业学习。1993年7月，镇江

师专宣传部工作。1995年4月，京口区政府办公室工作。1998年3月，京口区政府办公室信息督查科副科长。2000年12月，京口区政府办公室信息督查科科长。2002年1月，京口区政府办公室副主任、党组成员。2004年12月，京口区文化体育局局长，2007年8月，兼旅游局局长。2008年12月，镇江市文化局副局长、党委委员。2010年2月，镇江市文广集团副总经理、党委委员。2011年3月，镇江市文广集团（广播电视台）副总经理（副台长）、党委委员。2013年11月，镇江市文广集团（广播电视台）党委副书记、纪委书记。2016年6月，扬中市委常委。2016年7月，扬中市委宣传部部长。

庄旭，男，1967年9月出生，江苏丹徒人，全日制大专文化，在职大学学历，1988年8月参加工作，1995年12月加入中国共产党。1988年8月，任镇江市润州区检察院书记员、助理检察员、检察员。1998年6月，任润州区检察院反贪局副局长。2002年8月，任润州区检察院党组成员、反贪局局长（副科）。2005年5月，任润州区检察院副检察长、党组成员兼反贪局局长，2006年8月，明确正科级。2008年10月，任镇江市检察院反贪局副局长。2009年11月，任镇江市纪委第一纪检监察室主任。2015年12月，任扬中市委常委、纪委书记。

王成明，男，1969年11月出生，江苏扬中人，研究生学历，1992年5月加入中国共产党，1988年8月参加工作。1988年8月，在扬中县油坊中心校任教。1989年7月，在共青团扬中县委工作。1992年10月，在中共扬中县委组织部工作。1997年3月，任长旺镇党委组织委员。1999年12月，任长旺镇党委副书记。2001年4月，任油坊镇党委副书记。2003年2月，任油坊镇党委副书记、镇长。2006年6月，任油坊镇党委书记。2010年6月，任扬中市委常委，9月兼任新坝镇党委书记。2016年6月，任扬中市委常委、市政府常务副市长。

黄子来，男，1965年6月出生，江苏镇江人，大学文化，1995年4月加入中国共产党，1987年8月参加工作。1987年8月，在镇江市第十三中学任教。1989年9月，镇江市丹徒县司法局公证处公证员。1992年2月，任丹徒县政法委办公室办事员、主任。1995年8月，任丹徒县综合治理办公室副主任。1996年5月，任宝堰镇镇长助理。1997年1月，任丹徒县上会镇副镇长。1998年11月，任丹徒县上会镇党委副书记。2001年11月，任丹徒县（区）宝堰镇党委副书记、镇长。2003年8月，任丹徒县宝堰镇党委书记。2005年12月，任丹徒区委组织部副部长（正科级）。2012年2月，任丹徒区人民政府党组成员、区委组织部副部长。2012年3月，任丹徒区人民政府副区长。2014年7月，任扬中市委常委、组织部部长。2016年7月，兼任扬中市委统战部部长。

孙健，男，1971年1月出生，江苏扬中人，研究生学历，1995年8月加入中国共产党，1991年8月参加工作。1991年7月，上海港湾学校毕业。1991年8月，中国外轮理货总公司镇江分公司工作。1993年10月，任扬中市粮食局科员、办公室副主任。1998年4月，任扬中市委办公室科员、综合二科副科长、科长（1997年，参加扬中市“333”工程南大研修班学习半年，1998年9月至2001年7月，江苏省委党校函授学院党政管理大专毕业；2000年9月至2003年7月，南京政治学院经济管理专业函授本科毕业）。2003年5月，任扬中市委办副主任。2006年7月，任扬中市委办副主任、市委研究室主任。2007年2月，任扬中市委办主任、市委农办主任。2010年9月，任扬中市油坊镇党委书记。2013年5月，任扬中市委常委，赴西藏达孜县挂职。2016年11月，任扬中市委党校校长。

刘永希，男，1970年10月出生，湖南湘乡人，硕士研究生，2006年4月加入中国共产党，1992年7月参加工作。1992年7月，复旦大学历史系毕业后，分配至镇江市交通工程建设管理处工作，任沪宁高速镇江段指挥部秘书。1996年12月，镇江市交通局办公室工作。2000年5月，润扬大桥南线指挥部工作。2002年4月，镇江市交通局机关服务中心副主任。2002年7月，镇江市交通局政策法规处副处长(主持工作)。2007年8月，镇江市交通局政策法规处处长。2008年12月，镇江市政府办公室综合七处处长。2013年11月，丹阳市副市长。2015年7月，镇江市政府法制办公室副主任、党组成员。2016年6月，扬中市委常委。2016年7月，扬中市委政法委书记。

王汉英，男，1969年7月出生，江苏扬中人，大学文化，1991年8月参加工作，1999年6月加入中国共产党。1987年9月至1991年6月，南京师范大学历史系历史学专业学习。1991年8月至1997年7月，扬中市高级中学教师。1997年9月至1999年12月，扬中市开发区管委会秘书。1999年12月至2001年12月，扬中市开发区管委会办公室副主任。2001年12月至2002年7月，扬中市委政法委办公室秘书。2002年7月至2003年12月，扬中市政法委办公室副主任(2003年7月兼扬中市政法委执法督查科科长)。2003年12月至2005年5月，新坝镇党委宣传委员。2005年5月至2010年9月，新坝镇党委委员兼任副镇长。2008年2月至2010年9月，新坝镇党委副书记。2010年9月至2011年5月，三茅镇党委副书记、三茅镇镇长。2011年5月至2011年10月，三茅镇党委书记、三茅社区工作委员会书记。2011年10月起，任扬中市三茅街道党工委书记。2015年8月起，任扬中市委常委、扬中市三茅街道党工委书记。

王东浩，男，1969年11月出生，江苏丹阳人，大学文化，中共党员，1987年10月参加工作。1987年10

月，第一集团军某连战士。1990年9月，南昌陆军学院学员。1993年7月，第一集团军某连排长。1996年5月，第一集团军某连副连长。1997年9月，第一集团军某连连长。1998年5月，第一集团军某部作训股正连职参谋。1998年11月，第一集团军某中队正连职中队长。1999年7月，第一集团军某部训科正连职参谋。2000年1月，第一集团军某部作训科副科长。2000年5月，第一集团军某营副营长。2003年3月，丹阳市人武部政工科科长、军事科科长。2006年6月，镇江军分区司令部副团职参谋。2011年3月，扬中市人武部部长。2016年6月，扬中市委常委。

潘杰，男，1980年8月出生，江苏丹阳人，研究生学历，2004年8月参加工作，2002年12月加入中国共产党。2004年8月，扬中市行政服务中心科员。2005年5月，扬中市委组织部党教科科员。2005年10月，扬中市委组织部干部二科副科长。2006年3月，扬中市油坊镇党委委员。2007年11月，共青团扬中市委书记、党组书记。2011年3月，扬中市西来桥镇党委副书记、镇长。2013年7月，扬中市新坝镇党委副书记、镇长。2015年8月，扬中市西来桥镇党委书记。2016年5月，扬中市新坝镇党委书记。2016年7月，扬中市委常委。

朱建强，男，江苏淮安人，1971年8月出生，研究生学历，1995年8月参加工作，1994年12月入党。1995年5月，省国资局办事员、科员。2001年7月，省国资局副主任科员。2004年3月，省国资委副科级干部。2004年6月，省国资委企业分配处副主任科员。2004年12月，省国资委企业分配处主任科员。2009年5月，省国资委企业分配处副调研员(其间，2008年8月省援建四川绵竹指挥部综合处工作)。2010年12

月，省国资委产权与收益管理处副处长(其间，2012年省委党校区域经济学专业研究生学习)。2015年7月，省国资委正处职专职监事。2016年12月，扬中市委常委、市政府副市长(挂职)。

## ·扬中市人大常委会·

冯锦跃，1963年9月出生，江苏扬中人，汉族，大学文化，中共党员。1982年7月，在扬中联合公社农技站工作，并任公社团委副书记。1983年8月，任扬中县农技推广站站长兼县级机关团委书记。1985年1月，任扬中县农业局秘书、县级机关团委书记。1986年5月起，先后任扬中县委组织部干事，组织科副科长、科长，秘书科科长、副局级组织员。1993年11月起，任扬中县(市)委办公室、政策研究室副主任。1995年7月，任扬中市委办公室、政策研究室主任。1998年2月，任扬中市油坊镇党委书记兼镇人大主席。2001年2月，任扬中市委常委、新坝镇党委书记。2002年12月，任扬中市委常委、市政府常务副市长。2004年9月，任扬中市委副书记、市政府常务副市长。2006年6月，任扬中市委副书记，2012年3月，兼任政协扬中市第九届委员会主席。2014年7月，不再担任扬中市委副书记职务。2015年12月，任扬中市人大常委会主任、党组书记。

唐崇林，1962年2月出生，江苏扬中人，汉族，大学文化，中共党员。1981年7月起，先后任扬中县联合中心校教师、总辅导员、团支部书记、副教导主任。1988年8月，任扬中教育局秘书、人秘股副股长。1993年3月，任扬中市委组织部秘书科副科长。1994年2月，任扬中县委组织部秘书科科长。1994年11月，任扬中市委组织部干部一科副科长兼审干办公室主任。1995年8月起，先后任扬中市委组织部组织员（副科级）、科长、部长助理。1999年9月，任扬中市委组织部副部长兼干部一科科长。2000年3月，任扬中市委组织部副部长(2001年4月明确正科级)。2003年6月，任新坝镇党委书记。2005年7月，任中共扬中市委常委、新坝镇党委书记。2006年7月，任中共扬中市委常委、扬中市人民政府副市长。2012年3月，任中共扬中市委常委、扬中市人民政府常务副市长。2015年7月，任扬中市委常委、市委副书记。2015年12月，任扬中市人大副主任。2016年7月，不再担任扬中市委副书记职务。

沈大银，1962年9月出生，江苏扬中人，中共党员，大学文化。1983年8月，任扬中市三茅中学教导处副主任。1985年8月至1999年11月，先后任扬中县(市)委党校教员，教务科副科长、科长，副校长。1999年12月，任扬中市西来桥镇党委书记。2001年6月，任扬中市委常委，西藏达孜县县委副书记、常委副县长。2004年9月，任扬中市人民政府副市长。2009年4月，任扬中市委常委、政法委书记。2015年12月，任扬中市人大常委会副主任。2016年7月，不再担任扬中市委常委、政法委书记职务。

戴少华，1959年1月出生，江苏扬中人，汉族，大学文化，中共党员。1981月1月至1984月7月，在句容县陈武中学任教。1984年7月至1990年7月，任扬中县政府办公室秘书股科员、股长。1990年7月至1994年12月，任扬中县(市）政府办公室副主任。1994年12月至1996年12月，任扬中市文联主席。1996年12月至1999年12月，任三跃镇镇长。1999年12月至2001月3月，任三跃镇党委书记。2001年3月至2003年1月，任兴隆镇党委书记。2003年1月，任扬中市人民政府副市长。2011年1月、2012年3月，分别当选为扬中市第十五届、第十六届人民代表大会常务委员会副主任。

常　云，1962年11月出生，江苏扬中人，硕士研

究生。1997年4月，任扬中市教育局副局长。2001年4月，任扬中市科委副主任。2001年10月，任扬中市工商业联合会（商会）会长。2002年1月，任扬中市政协副主席、市工商业联合会（商会）会长。2007年12月，当选为政协扬中市第八届委员会副主席。2012年3月，当选为扬中市十六届人民代表大会常务委员会副主任。

蒋金龙，1963年6月出生，江苏扬中人，大专文化，中共党员。1983年7月，任扬中县百货公司会计。1984年9月，任扬中县商业局统计员、业务股副股长、调研室副主任。1989年12月，任扬中县物价局物价检查所所长。1994年4月，任扬中县联合镇经贸实业总公司副总经理。1995年7月，任扬中市标准计量局副局长。1996年3月，任扬中市永胜镇党委副书记。1999年12月，任扬中市三茅镇党委副书记。2003年2月，任扬中市八桥镇党委副书记、镇长。2005年11月，任扬中市发改委副主任兼工业（集团）总公司总经理、党委书记。2007年12月、2012年3月，当选为扬中市第十五届、第十六届人民代表大会常务委员会副主任。2010年3月，兼任市城投公司董事长、党委书记

## ·扬中市人民政府·

卜兴荣，江苏扬中人，1972年5月出生，1989年7月参加工作，1994年11月加入中国共产党，本科文化。1986年9月，在连云港中药学校中药专业学习。1989年7月，任扬中县医药公司药师。1991年12月，任扬中县卫生局办公室秘书。1994年10月，任扬中市卫生局办公室副主任、团委书记。1998年2月，任共青团扬中市委副书记。2001年10月，任扬中开发区工委副书记。2003年2月，任扬中开发区工委副书记、管委会副主任。2005年8月，任扬中开发区工委书记、管委会副主任。2010年6月，任中共扬中市委常委（西藏挂职）。2013年11月任扬中市人民政府副市长。

于德祥，1966年3月出生，江苏扬中人，大学文化，中共党员。1984年7月，在江苏句容农校工作。1989年6月，在扬中县农技推广中心工作。1991年1月，任扬中县职改办办事员。1993年12月，任扬中县（市）资格考试指导中心副主任。1994年12月，任扬中市科技培训中心副主任。1995年5月，任扬中市科委办公室主任。1996年8月，任扬中市科委主任助理。1998年2月，任扬中市科委副主任。2000年1月，任八桥镇党委副书记。2001年3月，任八桥镇党委副书记（主持行政工作）。2001年4月，任八桥镇党委副书记、镇长。2003年2月，任新坝镇党委副书记、镇长。2006年7月，任八桥镇党委书记。2011年1月，任扬中市政府副市长。

宫金生，扬中油坊镇人，1973年1月出生，1994年8月参加工作，大学文化。1990年9月，苏州大学财经学院财政学专业学习。1994年7月，在扬中市兴达会计事务所工作。2000年12月，任扬中市审计局副局长。2012年3月，任扬中市人民政府副市长。

## ·政协扬中市委员会·

施健华，1960年10月出生，江苏扬中市人，汉族，研究生，中共党员。1978年2月，在永胜中学任教。1984年7月，任镇江市教育局秘书。1985年10月，任扬中县委经济案件办公室秘书。1987年4月起，先后任扬中市纪委副局级检查员、纪委常委、办公室主任。1994年1月，任扬中县八桥镇

党委副书记。1995 年 11 月起，先后任扬中市委办公室副主任、主任。2002 年 8 月，任扬中市检察院副检察长。2002 年 12 月，任中共扬中市委常委、宣传部部长。2006 年 7 月至 2012 年 3 月，任中共扬中市委常委、常务副市长。2012 年 2 月，明确正县级。2012 年 3 月，当选为扬中市第十六届人民代表大会常务委员会副主任，任市人大常委会党组书记、常务副主任。2015 年 12 月，任扬中市政协主席、党组书记。

王继兰，1963 年 4 月出生，汉族，山东济南人，研究生，中共党员。1981~1987 年，在济南市第五人民医院内科工作。1987 年，任济南市儿童医院团委书记、党办主任。1996 年 12 月，任扬中市卫生局办公室副主任、妇幼保健所所长。1998 年 12 月起，先后任扬中市丰裕镇党委组织委员、永胜镇副镇长。2001 年 4 月，任扬中市计生委主任。2006 年 6 月，任中共扬中市委常委、宣传部部长。2015 年 12 月，任扬中市政协副主席。2016 年 7 月，不再担任扬中市委常委、宣传部部长职务。

陆国平，1965 年 1 月出生，江苏扬中人，研究生学历，中共党员。1981 年 9 月，在扬州师范学院中文系学习。1985 年 8 月，在扬中县城镇中学任教。1986 年 10 月，任扬中县委办公室秘书科秘书。1991 年 11 月，任扬中县委办公室综合科副科长。1992 年 6 月，任扬中县委办公室调研科科长。1993 年 4 月，任扬中县委办公室调研科科长、副局级秘书。1994 年 1 月，任扬中市政府办公室副主任。1995 年 11 月，任长旺镇党委副书记。2000 年 2 月，任扬中市科委主任、党组书记。2001 年 10 月，任扬中市科技局局长、党组书记。2006 年 3 月，任扬中市政府党组成员、市政府办公室主任、党组书记。2011 年 1 月，当选为扬中市第十五届人民代表大会常务委员会副主任。2012 年 3 月，当选为政协扬中市第九届委员会副主席，并任市政协党组副书记。

蒋相根，汉族，江苏扬中人，1966 年 8 月出生，1987 年 7 月参加工作，1985 年 6 月加入中国共产党，大学文化。1983 年 9 月，江苏农学院学习。1987 年 7 月，扬中县农业技术推广中心助理农艺师。1989 年 3 月，扬中县种子公司助理农艺师。1991 年 11 月，在扬中县农业局工作(1992 年 9 月至 1993 年 12 月，在八桥儿童风琴厂挂职厂长助理)。1993 年 12 月，任扬中县种子公司党支部副书记。1994 年 2 月，任市委组织部科员、副科长。1998 年 12 月，任扬中市政府办公室副主任。2001 年 4 月，任兴隆镇党委副书记、镇长。2003 年 2 月，任兴隆镇党委书记。2004 年 3 月，任扬中市委组织部副部长(2006 年 3 月至 2012 年 2 月，兼任市级机关工委书记)。2012 年 3 月，当选为政协扬中市第九届委员会副主席，2012 年 4 月兼任扬中市委统战部部长。2016 年 7 月，不再担任扬中市委统战部部长职务。

黄成刚，汉族，江苏扬中人，1969 年 1 月出生，1991 年 7 月参加工作，党外人士，大学文化，硕士学位。1987 年 9 月，在苏州大学法学院法律系学习。1991 年 7 月，任扬中县法院经济庭书记员、助审员。1996 年 1 月，任扬中市法院八桥法庭副庭长。1999 年 4 月，任扬中市法院刑庭副庭长。2000 年 7 月，任扬中市法院院长助理。2000 年 12 月，任扬中市法院院长助理、审判委员会委员。2001 年 10 月，任扬中市法院院长助理、审判委员会委员、副局级审判员。2003 年 5 月，任扬中市法院副院长。2004 年 12 月，任扬中市法院副院长、正局级审判员。2012 年 3 月，当选为政协扬中市第九届委员会副主席。

# 组织机构及领导人

## 中共扬中市委员会

书　记　孙乾贵(1月免)
　　　　潘早云(3月任)
副书记　张德军(7月任)
　　　　徐申锋(6月免)
　　　　唐崇林(7月免)
　　　　马家胜(6月任)
常　委　沈大银(7月免)
　　　　王继兰(女,7月免)
　　　　陆艳华(女,6月任)
　　　　庄　旭
　　　　王成明
　　　　杨富森(6月免)
　　　　黄子来
　　　　孙　健
　　　　刘永希(6月任)
　　　　王汉英
　　　　王东浩(6月任)
　　　　潘　杰(7月任)
　　　　朱建强(挂职,12月任)

### 市委办公室

主　任　陈　军
副主任　范选华(10月免)
　　　　郭连志
　　　　张克祥(10月免)
　　　　郭建中(11月任)
　　　　左　杰
　　　　徐子平(11月任)

### 机要保密局
(市委办管理)

局　长　郭连志
副局长　陈　薇(女)
　　　　徐子平(11月免)
　　　　马　健(11月任)

### 督查室

主　任　郭建中(11月免)
　　　　沈　韵(11月任)

### 台湾工作办公室

主　任　陆纪云(女)
副主任　朱家生

### 组织部

部　长　黄子来
副部长　徐昌桂
　　　　周春林
　　　　姚新春
　　　　张小华(女)
市人才工作领导小组办公室副主任　姚建华
保留副科职待遇　张芙蓉(女,6月免)
组织员办主任　高　剑(10月免)
副科级组织员　吴昌松(11月任)
　　　　杨　娟(女)
组织部办公室主任　王乔林

### 市委"两新"工委

书　记　徐昌桂(11月免)
　　　　姚新春(11月任)
副书记　孙　伟(11月免)
　　　　陈　雄(11月任)
　　　　吴昌松(11月免)

### 宣传部

部　长　王继兰(女,7月免)
　　　　陆艳华(女,7月任)
副部长　严　峰
　　　　管拥军
　　　　方学建

### 市网信办

主　任　郭泰莱

### 精神文明建设指导委员会办公室

主　任　管拥军
副主任　唐　玲(女,11月任)

### 市新闻中心

主　任　严　峰
党支部副书记、纪检组长　夏福洪
副主任　解春玲
　　　　蔡小俊

### 政法委

书　记　沈大银(7月免)
　　　　刘永希(7月任)
副书记　吴明成(10月任)
　　　　孙廷俊
　　　　吴国彬

### 社会治安综合治理委员会办公室

主　任　孙廷俊
副主任　戴振东
　　　　祝　玲(女)

### 国家安全领导小组办公室

主　任　吴国彬

### 依法治市领导小组办公室

副主任　蒋丰华
政治处主任　倪其兵(11月免)

### 统一战线工作部

部　长　蒋相根(7月免)
　　　　黄子来(7月任)
副部长　瞿廷辉
　　　　张　俊
　　　　杨全贵

### 民族宗教事务局

局　长　瞿廷辉
副局长　张　俊

### 机关工委

书　记　吴昌连
副书记　徐美琴(女)
　　　　王乔林
纪工委书记　司晓玲(5月免)
　　　　李成明(5月任)

### 市委党校

校　长　唐崇林(11月免,兼)
　　　　孙　健(11月任,兼)
常务副校长　孙国荣
副校长　张广武
　　　　张跃平
　　　　陈定春
副科级校委　郭伟英(女)

### 机关事务管理局

局　长　朱华根(12月任)

副局长　倪明霞(女,12月任)
纪检组长　薛　丽(女,12月任)
副局长　封　光(12月任)
王　凯(12月任)

### 信访局

局　长　常纪成(5月免)
陆学兵(5月任)
副局长　王国平
何光林
于梅华
纪检组长　吴江霞(女)

### 档案局

局、馆长　郭　渝(女)
副局、馆长　徐凤琴(女)
副局长　郭纪波
姚纪才

### 老干部局

局　长　张小华(女)
副局长　陈　钧(7月任)
赵　洁(女)

### 史志办

主　任　冯鸿鸣
副主任　朱怀林
常燕萍(5月任)

## 扬中市人民代表大会常务委员会

主　任　冯锦跃(1月任)
副主任　唐崇林(1月任)
沈大银(1月任)
戴少华
常　云
蒋金龙
党组成员　祝寒冰(11月任)

### 办公室

主　任　张　伟
副主任　施正裕(12月免)
郭伟国

### 财经经济委

主　任　毛海金
副主任　王　凤(5月任)

### 内务司法委

主　任　张　林
副主任　冯煜蘋(女)

### 环境资源城乡建设委

主　任　何尔平(11月免)
徐万军(11月任)
副主任　张红兵

### 科教文卫工委

主　任　祝晓东(11月免)
戴桂平(11月任)
副主任　黄海燕(女)

### 人事代表联络工委

主　任　李德才(6月免)
施正裕(11月任)
副主任　何　敏(女)

### 农业和农村经济工委

主　任　徐桂平
副主任　顾启伟

## 扬中市人民政府

市　长　潘早云(6月免)
代市长　张德军(6月任)
常务副市长　王成明(6月任)
副市长　卜兴荣
于德祥
宫金生
刘　鹏
蔡　萍(12月免)

### 办公室

主　任　仲　泉
副主任　耿晓晴
薛　兵
唐　健(挂职,5月任)
殷　晗
陈小锋
马意俊
林　帅
纪检组长　姚俊洪
党组成员　蔡国庆
副主任科员　汪永新(12月任)

### 接待办

主　任　孙春祥

### 应急办

主　任　卞为民(10月免)
薛　兵(10月任)
副主任　蒋习平(5月任)
孟志强(10月任)
左昌宇(10月免)

### 侨务办公室

主　任　沈　勤(女)

### 发展改革和经济信息化委员会

党委书记、主任　吴玉青
副主任　潘贤道
庄同顺
包勇军(6月任)
朱光辉
金红伟(女)
黄贤成
曹广金
孙显文
纪委书记　陈丽明(女)

### 物价局

局　长　庄同顺
副局长　虞阳升(6月免)
施荣祥
王　琪
市发改经信委副科职干部
潘大军(10月任)

### 政务服务管理办公室

主　任　梅稳山
副主任　施积信
徐　剑
姚荣生
纪检组长　李成明(5月免)
朱　波(5月任)
公共资源交易中心主任　施　云

**人社局**

党委书记、局长　周春林
副局长、党委委员　崔　晶(女)
党委副书记　刘国斌
副局长、党委委员　吴　敏(女)
金舜之
周　斌
杨长秀
宗加洪
蒋长春
纪委书记、党委委员　鄂彩华(女)
党委委员　李荣林
戴伟柱

**机构编制委员会办公室**

主　任　周春林
副主任　吴　敏

**劳动就业管理中心**

主　任　李荣林

**医疗保险管理中心**

主　任　崔　晶(女)
副主任　张拥军
黄高伟
冷新星

**社会保险管理中心**

主　任　戴伟柱

**人力资源管理办公室**

主　任　蓝厚国

**统计局**

局长、党组书记　司信年
党组副书记、副局长　王　清
纪检组长　缪玉明
副局长　陆文龙
汤小丰

**安全生产监督管理局**

党组书记、局长　童　中
副局长　黄贤华
朱建中
张泽民
吴章华
纪检组长　蒋丰庆

**商务局**

局　长　常本宽
副局长　包勇军(5月免)
郭明华
莫纪奎
张孝明
朱文生(5月任)
纪委书记　章　琴(女)
党委委员　方　勇
主任科员　秦安年
招商中心主任　袁　进

**粮食局(粮食收储中心)**

主　任　印永洪
副主任　赵文俊
黄　馨
王　洁
郭马莉(女)
纪检书记　瞿靖承(5月免)
于忠诚(5月任)
潘照瑾(女,10月任)

**旅游局**

局　长　张庆平
副局长　郭　翔
陈太昌

**外贸公司**

副经理　黄　成
顾　彬

**工业集团总公司**

总经理　何　勇
副总经理　刘　生
刘良福
魏　奇
郭纪俊
纪检组长　徐秋霞(女)

**供销总社**

主　任　陈宝瑞
党委书记、副主任　赵徐平(女)
副主任　杨迎春
陆　俊
施晓晖(女)
纪委书记　黄　刚

**商业集团总公司**

党委书记、总经理　包良俊
党委副书记、副总经理　金　红(女)
副总经理　陈国梅(女)
郭玉生
缪剑刚
纪委书记　朱　枫(女)
副总经理　张　勤(女,11月任)

**住房和城乡建设局**

书记、局长　周丁文
副局长　满江春
(5月免,保留正科级干部)
副书记、副局长　杨富森(11月任)
耿海铭
副书记　倪留章
祝瑞平
副局长　张开华
姜金龙
卢　健(10月免)
刘　祥
王笃龙
翟　骏
纪委书记　马万喜
副局长　张　钰(5月任)

**人民防空办公室**

主　任　满江春(5月免)
副主任　汤士云

**市政园林工程处**

主　任　周丁文(11月免)
主任、党组副书记　祝晓东(11月任)
党组书记　倪留章
副主任　朱新耀
张建荣
唐纪彬
杨晨辉(4月免)
景书红
纪检组长　方　敏
副主任　黄振亮(4月任)

### 城市建设投资发展总公司

党委书记、董事长　方正和
党委副书记、总经理　孙万华
党委副书记　凌　松
　　姚俊岭
副总经理　何新民
　　朱信洪
　　王东升
　　陶旭红
纪委书记　蔡　艳(女)
党委委员　张小强
　　张开慧
　　苏劲鸥(10月任)
　　吴红梅(女,10月任)
　　王宇峰(5月任,10月免)
党委委员、副总经理　陈纪岚(女)

### 中扬建设集团

总经理　凌　松
副总经理　姚俊岭(10月免)
　　朱信洪(10月免)
　　张小强
　　张开慧
　　苏劲鸥(10月任)
　　吴红梅(女,10月任)
　　王宇峰(5月任,10月免)

### 江城公司

总经理　何新民

### 绿洲新城实业集团有限公司

董事长　张晓阳(10月任)
党委书记　董泽富(10月免)
　　张晓阳(10月任)
党委副书记　董泽富(10月任)
总经理　张晓阳(10月免)
　　董泽富 (10月任)
副总经理　张玉荣
　　张明荣
　　恽　然(12月任)
　　张秀娟(女)
纪委书记　徐　斌(5月任)

### 规划局

党组书记、局长　王明华
党组副书记、副局长 杨庆林
党组成员、副局长 姚庆富 (5月任)
党组成员、副局长　郭荣庆
党组成员、纪检组长 朱志林
党组成员、副局长 徐万军(11月免)
副局长　周亚东
党组成员　奚有根
党组成员、规划管理处主任
　　贾　燕(女)

### 环境保护局

党组书记、局长　郑鲁军
党组副书记　朱春耕
副局长　黄　勇
　　钱建平
　　陈　刚
　　范　彬
　　肖勇泉
纪检组长　陆真贵

### 城管局

局长、党组书记　匡越石
副局长、党组副书记　陆元国
副局长　沈俊禄
　　孙显华(5月免)
　　吴　涛(5月免)
　　赵启生(11月任)
　　赵　阳
　　王家金
　　朱中宏(5月任)
纪检组长 朱中宏(5月免)
　　徐庆文(5月任)
城管行政执法大队党支部书记
　　孔红梅(女)
城管行政执法大队大队长
　　朱中宏(5月免)
　　王　唯(5月任)

### 交通运输局

党委书记、局长　陈泰鸿
党委副书记、副局长　林鹤亭
党委委员　张　华
副局长　祝明伦
　　顾红俊(11月任)
　　朱爱锋
　　何柏进
　　孙　军
纪委书记　顾锦川
总　　工 王中和
党委委员　孔祥熔

### 运管处

主　任　王　俊
党支部书记　张跃峰
副主任　施荣富
　　魏　祥

### 公路管理处

主　任　张　华
党支部书记　柴亚林(女)

### 地震局

局　长　陈学兵
副局长　王小冬

### 财政局

党委书记、局长　周鹤军
党委副书记、副局长 田启发
党委副书记　姚红梅(女)
党委委员、副局长　吴跃峰
　　张秉昌
　　陆红艳(女)
　　印邦宁
党委委员、纪委书记　高　飞
党委委员　丁　燕(女,11月任)
　　狄明娣(女)
三茅分局局长　施　稳
油坊分局局长　周　英(女)
八桥分局局长　刘效兵

### 会计服务中心

主　任　张秉昌
副主任　狄明娣(女)
　　郭殿中

### 住房基金管理中心

主　任　秦　云(女)

### 国有资产管理委员会办公室

主　任　吴跃峰
副主任　薛　萍(女)

**审计局**

局长、党组书记　　杜成福
副局长、党组副书记　宗秋生
副局长　　蒋晓梅
纪检组长　张德贵
副局长　　沈　健
　　　　　施转建

**农业委员会**

党委书记、主任　　印　斌
纪委党委副书记　刘乔龙
书　记　徐友明
副主任　仲纪跃
　　　　陆　军
　　　　彭　君
　　　　何　玫(女)
　　　　顾春健

**农业技术推广中心**

主　任　　施积文
支部书记　张　俊

**良种场**

场　长　郭如彬

**农林行政综合执法大队**

队　长　许鸿鸽(11月任)

**水利农机局**

党总支书记、局长　刘　俊
党总支副书记、副局长
　　　　施周泉(10月任副书记)
副局长　汤树良(3月免)
　　　　马万红(5月任)
　　　　郭　峰
纪检组长　耿明华(女)
副局长　黄裕文
　　　　马小平(8月免)

**防汛抗旱办公室**

主　任　黄健芳

**科技局**

局长、党组书记　朱　勇
副局长　　陈学兵
　　　　　鞠　勇
　　　　　朱发平
纪检组长　马晓梅

**教育局**

局长、党委书记　张源泉
市政府教育督导室主任、副局长
　　　　　戴凤云(女)
副局长　　王家新
党委副书记　王家新(10月任)
纪委书记　　司晓玲(女,5月任)
　　　　　　王　震(5月免)
副局长　杨卫群
副局长　冯丽娟(女)

**文化广电体育局**

局　长　黄声亮
副局长　胡敏生
　　　　戴桂平(11月免)
　　　　杨　敏(女)
　　　　孙　平
　　　　潘　洁(女)
纪检组长　蒋陈超

**广电中心**

主　任　　陈吕明
副主任　　戴维平
　　　　　左菁华(女)
　　　　　郭　岚(女)
　　　　　徐彦玲(女,11月任)
纪检组长　徐　飞

**网络中心**

主　任　顾永生(11月免)
　　　　左元俊(11月任)

**卫计委**

主任、党委书记　　周春燕(女)
副主任、党委副书记 张贵福
　　　　　　　　　陈太全
纪委书记、党委委员 方礼兵
副主任　　吴永忠
副主任、党委委员　　朱冠华
　　　　　　　　　朱戊申
　　　　　　　　　施薇(女)
　　　　　　　　　杨国荣
　　　　　　　　　贾美红
　　　　　　　　　傅法新(5月免)

**扬中市卫生监督所**

所　长　张开祥(5月免)
　　　　杨国荣(5月任)

**扬中市疾病预防控制中心**

主　任　张庆东(5月免)
　　　　张开祥(5月任)
党支部书记　朱　文(女,5月免)
　　　　　　陶卫国(5月任)

**公安局**

党委书记、局长　　吴明成
党委副书记、政委　　仲纪华
党委委员、副局长　　赵成祥(5月免)
党委委员、副政委　　姜洪才
党委委员、副局长　　卞为民
党委委员、政治处主任、主任科员
　　　　　　　　　祝瑞平
党委委员、副局长　　冯太伟
党委委员、副局长、主任科员
　　　　　　　　　王昌法
党委委员、副局长　　钱学友
党委委员、纪委书记 刘良珍
党委委员、副局长　　童国际(5月任)
党委委员、副局长、办公室主任
　　　　　　　　　孔　勇(5月任)
党委委员　缪　剑(10月任)
　　　　　何　龙(10月任)
主任科员　黄良保(12月任)

**维稳办**

主　任　冯太伟(10月任)
副主任　许正平
　　　　张炳华(5月任)

**市委“610”办**

主　任　姜洪才
副主任　杨全兵
　　　　陈留生

**指挥中心**

主　任　孔　勇(10月免)

教导员 顾鸣鹤

### 公安局政治处

主　任 祝瑞平

### 经济犯罪侦查大队

大队长 黄良保

教导员 吴国标

### 交通警察大队

大队长 何　龙

教导员 陆纪权

### 巡特警大队

大队长 王　峰(10月任)

教导员 吴圣海(10月任)

### 刑事侦查大队

大队长 童国际(10月免)

缪　剑(10月任)

教导员 王小中

### 水上警察大队

大队长 蒋元海(10月免)

蒋爱荣(10月任)

教导员 沈　阳(10月任)

### 治安警察大队

大队长 孙德洪

教导员 孙　帆

### 国内安全保卫大队

大队长 朱嵘臻

教导员 蒋道文(10月免)

蒋元海(10月任)

### 警务警察大队

大队长 肖　峰

教导员 蒋道文(10月任)

### 法制大队

大队长 吴蓉梅(女)

教导员 崔卫东

### 网络安全保卫大队

大队长 马万军

教导员 王顺祥

### 司法局

党组书记、局长 仲　斌

党组副书记、副局长 蔡巧珍(女)

党组成员、副局长 杨　军(11月免)

张　华

王晓雪

副局长 孙小华(女)

党组成员、纪检组长 朱霞萍(女)

### 社会矛盾纠纷调处服务中心

主　任 黄贤勇

### 民政局

党组书记、局长 李跃林

党组副书记、副局长 黄保年

副局长 魏晓明

张雨冬(女)

纪检组长 陆永生

副局长 张正全

朱红芸(6月任)

常扣岚

## 政协扬中市委员会

主　席 冯锦跃(1月免)

施健华(1月任)

党组书记 施健华(1月任)

党组副书记 陆国平

副主席 王继兰(女,1月任)

陆国平

汤树良(3月免)

蒋相根

黄成刚

秘书长 姚中庆

### 办公室

主　任 姚中庆

副主任 方日新

胡　婕(女)

### 研究室

主　任 张初明

### 经济科技委

主　任 兰云林(7月免)

蔡爱华(7月任)

副主任 蔡华明

### 城乡建设法制委

主　任 杨怀康

副主任 羊国际(11月任)

### 文卫委

主　任 卢正华

副主任 左志鹏

### 提案和联络委

主　任 施朝阳

副主任 孙　可(女)

### 学习和文史委

主　任 唐桂林

副主任 张　勇

## 中共扬中市纪律检查委员会

书　记 庄　旭

副书记 何世平

王东升(6月任)

常　委 姚庆富(5月免)

赵　斌

丁建东

黄　峰(7月任)

石　力(7月任)

### 市监察局

局　长 何世平

副局长 姚庆富(6月免)

王东升

徐　跃(6月任)

张孝明

## 人民武装　检察　审批机构

### 人武部

部　长 王东浩

副部长 张建华

### 人民检察院

党组书记、检察长
司马兆二(11月免)
党组书记、代检察长、副检察长
黄卫群(12月任)
党组副书记 赵明生
副检察长 张 春(5月免)
赵明生
倪 军
纪检组长 于有龙
政治处主任 张正祥
检委会专职委员 施正矛
反贪污贿赂局局长 朱静波
检委会专职委员 姚 俊
反渎职侵权局局长 朱文霞(女)

### 人民法院

党组书记、院长 汤国生(12月免)
党组书记、代院长、副院长 岳益民(12月任)
党组副书记、副院长 祝纪网
副院长 朱小中
杨佳龙
政治处主任 陈 前
审委会专职委员 周 荣(5月任)
朱亚平
副院长 王 彤(6月任)
审委会专职委员 陈 明
纪检组长 陆丽华(6月任)

## 社会团体

### 总工会

主 席、党组书记 陈廷荣
副主席 王德洲
方文忠
孙春艳(女)
纪检组长 王 凤(5月免)
李卫国(5月任)

### 团市委

书 记 张皓玮(5月免)
副书记 王 丹(女)
包熙鹏
柴昊淼(不驻会,女,5月任)

### 妇女联合会

主席、党组书记 黄红兰(女)
副主席 祝志平(女)
段欢欢(女)
党组成员 奚 彩(女)

### 妇儿工委

主 任 奚 彩(女)

### 科学技术协会

主 席 何明根
副主席 董三明(6月任)
吴春福
方 云(女,6月免)
于海涛(不驻会)

### 归侨侨眷联合会

主 席 局春霞(女)
副主席 朱秋敏(女)

### 工商业联合会

主 席 兰云林
副主席 王 梅(女)

### 文学艺术界联合会

党组书记、主 席 方泽华
副书记 王中民

### 残疾人联合会

理事长、党组书记 姚久荣
副理事长 严久霖
张咏梅(女)
纪检组长 李卫国(5月免)
蒋 勇(5月任)

### 红十字会

常务副会长 耿晓晴(女)
副会长 张 慧(女)

## 学校 医院

### 省扬高中

校 长 王成杰
副校长 杜庆宏
黄安彪
朱小明

### 第二高级中学

校 长 陈大庆

### 省扬中中等专业学校

校 长 奚必政
党总支书记 陈 霞

### 教师发展中学

主 任 蔡华新
党支部书记 刘新春

### 人民医院

院 长 朱阳春(6月免)
朱进华(6月任)
党委书记 朱阳春
党委副书记 胡红云(女)
副院长 陆 洋
瞿彩平
蒋纪祥

## 镇、开发区、街道

### 新坝镇

党委书记 王成明(5月免)
潘 杰(5月任)
镇 长 陶建国
副书记 姚建华(11月免)
张芙蓉(5月任)
张皓玮(挂职,11月任)
张正荣(11月任)
人武部长 徐晓静
纪委书记 祝 华
组织委员 祝启彤(5月免)
吴 燕(女,5月任)
宣传委员 陈泽坤(5月免)
顾永生(5月任)
政法委员 周中华(5月免)
朱巧生(5月任)
统战委员 陆 春(女,5月免)
周 红(女,5月任)

党委委员　王义波(11月任)
人大主席　张庆林(5月免)
　周中华(5月任)
副镇长　张正荣(11月免)
　顾小春(5月免)
　王义波
　徐　静(女,5月免)
　钱　宏(5月任)
　杨晨辉(5月任)
　祝启彤(5月任)
　陆　春(5月任)
　陈　健(12月任)
　张　钰(5月免)
　徐子平(5月免)
主任科员　张庆林(5月任)
　陈泽坤(5月任)
挂职领导　薛志勇

## 江苏省高新技术开发区

副书记、副主任　张皓玮(5月任)
副主任　朱　阳(11月任)
　顾小春(5月任)
　江　屏(挂职,10月任)

## 大航集团

董事长　薛　军
副总经理　施健中
　陈　晔
　孙　伟(11月任)

## 油坊镇

党委书记　文层耕
副书记　瞿惠辉
　童　峰
镇　长　瞿惠辉
人大主席　黄克良
组织统战委员　白玉卿
宣传委员　薛　为(女,6月免)
　瞿靖承(6月任)
纪委书记　丁照霞(女)
政法委员　何桂根
人武部长　王存峰(5月免)
　施光宏(5月任)
副镇长　朱建兰(女)
　王宇峰(5月免)
　王存峰(5月任)
　徐　跃(6月免)
　周小波
　姚　星
　陈国云(挂职)
　杨　波(5月免)

## 八桥镇

党委书记　孙冬梅(女)
党委副书记、镇长　杨友军
党委副书记　杨立维
　王耀辉(12月任)
政法委员　朱红军
党委委员、副镇长　高　琴(女)
党委委员、纪委书记　刘　平
宣传委员　潘菊梅(女,5月任)
组织、统战委员　钱道兵
人武部长　包智凤(5月免)
　刘乔荣(5月任)
人大主席　姚永洪
副镇长　陈为民
　蔡　华
　何耀武
　陈　雄(11月免)

## 西来桥镇

党委书记　潘　杰(5月免)
　曹学松(5月任)
镇党委副书记、镇长
　曹学松(5月免)
　张　豫(5月任)
镇党委副书记　董三明(5月免)
　王晓东
镇人大主席　姚　红
镇党委委员、人武部部长
　曹德友(5月免)
　陈雪华(5月任)
镇党委委员、副镇长
　常加玲(5月免)
　郭　波(5月免)
镇党委纪委书记　陆　庆
镇党委组织委员　邹东平(5月免)
镇党委组织、统战委员
　郎　墨(5月任)
镇党委政法委员　陆学兵(5月免)
　汤仁文(5月任)
镇党委宣传委员　冯义成(5月任)
副镇长　陈金海
　王　华
　李培志
　张文俊(挂职,10月任)

## 三茅街道

党工委书记　王汉英
党工委副书记、办事处主任　季广华
党工委副书记　童　涛
党工委副书记、科技新城管委会主任　孙　斌
党工委副书记　潘金东(11月免)
人大工委主任　陈益俊(11月免)
　潘金东(11月任)
政法委员　陆学文(11月任)
人武部长　陈兰林(5月免)
　左绍阳(5月任)
纪工委书记　钱廷伟(5月免)
纪工委书记　王　震(5月任)
党工委委员、办事处主任　陈小平
宣传委员　杨淑静(女)
政法委员　缪　剑(11月免)
组织统战委员　贾子彬
办事处副主任　宦建明(5月任)
　林晓宁(女)
　马　云(女)
　祝元元(女)
　吴培枫
　朱红芸(女,5月免)
　姚文笋
　邹东平(5月任)
科技新城管委会副主任　奚松平
科技新城管委会副主任　周艳阳
科技新城管委会副主任　付德军

## 开发区(兴隆街道)

党工委书记　翟德智(6月免)
　林成春(7月任)
管委会主任　林成春

党工委副书记、街道党工委书记
杨　亮(10月免)
管委会常务副主任、街道党工委副书记、办事处主任　蔡爱国
区(街)人大工委主任
徐卫星(5月免)
李德才(5月任)
党工委副书记　黄　勇
街道党工委副书记　田广权
街道主任科员　陆志扬(5月任)
区(街)宣传统战委员
李　波(5月免)
街道办事处副主任　李　波
区(街)纪工委书记　姚恒志
区(街)政法委员　陆学文(11月免)
倪其兵(11月任)
区(街)宣传委员　薛　为(5月任)
区(街)组织委员　李茂福
街道办事处副主任
常加玲(5月任)
高绍海
朱天森
马万红(5月免)
管委会副主任　傅法新(5月任)
奚松峰
王俊杰
钱　宏(5月免)
陶　峰(8月免)
张晓晖(8月任)
区(街)人武部长　蔡　文
市科创中心主任　黄克勇

**大行集团**

总经理　王宇峰(10月任)
副总经理　姚永龙
恽美云(女)
张立华(10月任)

## 银行 保险 证券

**中国人民银行扬中市支行**

党组书记、行长　季步胜
党组成员、纪检组长、副行长
张　辉(7月免)
徐海波(12月任)
党组成员、副行长　乔后春

**中国农业发展银行扬中支行**

行　长　谭　文

**中国农业银行扬中支行**

行　长　魏灿斌

**中国工商银行扬中支行**

行　长　顾宏平

**中国银行扬中支行**

行　长　祝鸿洲

**中国建设银行扬中支行**

行　长　朱　春

**中国交通银行扬中支行**

行　长　袁　伟(6月免)
陈　斌(6月任)

**邮政储蓄银行扬中支行**

行　长　徐　纲(11月免)
徐丽萍(11月任)

**江苏扬中农村商业银行**

董事长　陈幼元
行　长　施正峰

**江苏银行扬中支行**

行　长　马海兵

**江苏太仓农村商业银行扬中支行**

行　长　周士龙(11月免)
顾　欣(11月任)

**扬中恒丰村镇银行**

董事长　王　栋(1月免)
凌　勇(1月任)
行　长　潘　春(10月免)
陈　军(10月任)

**浦发银行扬中支行**

行　长　奚俊松

**民生银行扬中支行**

行　长　王雪梅

**中信银行扬中支行**

行　长　陆　斌

**兴业银行扬中支行**

行　长　姚　燕

**华夏银行扬中支行**

行　长　杜　军

**中国人民财产保险公司扬中支公司**

总经理　徐立红

**中国人寿保险公司扬中支公司**

总经理　王　祥

**中国太平洋财产保险股份有限公司扬中支公司**

总经理　陈志斌

**中国太平洋人寿保险股份有限公司扬中支公司**

总经理　田　军

**人民人寿保险公司**

总经理　张卫民

**中国平安人寿保险股份有限公司镇江中心支公司**

总经理　高　民

## 条线管理部门

**国税**

党组书记、局长　刘万龙
副局长　解庆红

周生和
何文革
纪检组长 党传珏
副局长 朱未彦

## 地 税

局 长 王金龙
副局长 张达峰
孙 玉(女)
马剑华
纪检书记 丁勇林
稽查局局长 孙桂凤(女)
一分局分局长 陶国清
二分局分局长 张孝龙
三分局分局长 赵中洋
四分局分局长 王国庆
五分局分局长 李国全
契税所所长 施 军

## 市场监督管理局

局长、党委副书记 兰乔根
党委书记、副局长 陈 兵
副局长 杨恒春
唐 立
王 成
吴振军
李 红
姚 俊
杨国泉
陶书斌
陈佩银

## 国土资源局

局长、党组副书记 殷新华
党组书记、副局长 何跃兵
党组副书记、副局长、土地储备中心副主任 王文生
党组副书记、纪检组长
唐发荣(5月免)
严华万(5月任)
党组成员、副局长 王中连
毛艳阳(女)
张恒平
党组成员、土地储备中心副主任
陶华平

## 气象局

局 长 杨建全
副局长 缪士荣

## 中国电信扬中分公司

总经理、党委书记 张明乔
副总经理、纪委书记、党委委员
方广春
副总经理、工会主席、党委委员
施红敏(女)
副总经理 刘 力(4月免)

## 中国移动扬中分公司

总经理 张伟俊
副总经理 樊 澎(10月任)
副总经理 顾明清(10月免)

## 中国联通扬中分公司

总经理 朱健峰
副总经理 高 磊(8月免)

## 中国邮政扬中分公司

总经理、党委书记 冷 健
副总经理、工会主席
黄 萍(女,5月任)
陈洪阳(5月免)
副总经理、纪委书记
李 杰(7月任)
管 刚(7月免)

## 供电公司

总经理、党委副书记 马文捷
党委书记、副总经理 徐向东
副总经理 周 健
运维站经理 赵海林
副总经理 赵海林(2月任)
纪委书记兼工会主席 张 毅
副总经理 张小玲(10月免)
陈 成(10月任)
白少锋(2月免)

## 长江南京航道局扬中航道处

处长、书记 包兴富
副书记兼工会主席 王晶晶(女)
副处长 陆 华
张芝铭(女)

## 石油公司

经 理 朱年明(3月免)
范公良(3月任)

## 烟草专卖局

局长、经理 翟兆春
副局长 张顺涛(10月免)
陆 军(10月任)
副经理 吴 军

## 金控集团

董事长 彭全胜(10月任)
总经理 张克祥(10月任)
副总经理 徐君明(10月任)

## 扬中水务集团有限公司

董事长 范选华(10月任)
总经理 卢 健(10月任)

# 第四届扬中市“十佳新市民”

王爱花，女，1969 年 11 月出生，江苏淮安人，高中学历，2004 年 2 月到扬中工作，现为江苏五星电器有限公司扬中大卖场商管办经理。她从公司基础工作做起，踏实苦干，任劳任怨，为企业的发展倾注满腔的热情。她坚持一手抓管理，一手抓业务，在企业职工中开展丰富多彩的文化营销和商品促销活动，企业销售业绩连年攀升。她注重管理，制定各项管理制度，并提出“以人为本、从严治店，内提素质、外树形象”的管理理念。她利用每周的晨会时间，对员工进行柜台纪律、作息时间、卫生环境、商品陈列等培训，使员工素质全面提升，服务工作升档晋位，全面增强企业的凝聚力和战斗力。

王淇缘，女，1964 年 2 月出生，中共党员，辽宁人，1998 年到扬中工作，现经营淇缘理发店。她坚持 12 年为困难群体免费理发 1.2 万人次。她把每月 11 号定为“感恩回报日”，坚持到敬老院为老人们免费理发。2003 年，她第一个加入扬中志愿者团队，义务为特教中心、外来子弟学校孩子、残疾人理发。2006 年，她主动上门为一对瘫痪在床的残疾姐弟理发，并长期坚持下来，寒来暑往，风雨无阻，从不计较个人经济得失。她在自己经营的小理发店遇到困难时，仍不放弃公益事业，并用自己的乐观、开朗、坚强去感染、鼓励每一位受她帮助的人，帮他们树立战胜困难信心。

余小兵，男，1983 年 11 月出生，中共党员，重庆丰都人，本科学历，2008 年 7 月到扬中工作，现为江苏威和海洋工程设备有限公司技术副总。他从一名基层技术人员一步一步成长为技术副总，多次参与企业重大科技项目的研发工作，其研发的产品销售到各大船厂，得到各个供货商的一致好评，并为企业带来巨大的经济效益。他注重学习，在相关刊物发表科技论文 2 篇，获得 4 项发明专利和 10 项实用新型专利授权。他参加国家标准《企业知识产权管理规范》内审员考试，成功取得内审员合格证书。他凭借扎实的技术、一流的业绩，成功当选扬中市工程学会第一届理事会理事。

刘绍民，男，1967 年 3 月出生，研究生学历，台湾人，2009 年到扬中工作，现为美嘉科技（镇江）有限公司总经理。他为人低调，心胸豁达，许多与他合作过的老板都很信任他。他热心公益事业，从 2011 年起，每年都以个人名义拿出善款，主动参加贫困慈善捐助、麦田计划、格桑花西部助学等活动。他经常组织公司员工，参加无偿献血活动。他还利用过年过节时间，前往河南等地看望山区的贫困孩子以及探望革命老前辈，让许多困难群体得到及时有效的帮助。他关爱公司职工，每逢端午、中秋、国庆等重大节日，都会组织员工外出游玩，放松心情，陶冶情操。

吴金宜，女，1984 年 11 月出生，中共党员，江苏扬州人，研究生学历，2012 年 9 月到扬中工作，现为扬中市环卫处污水处理厂副厂长。她到环卫处工作以后，短短三个月便适应三班倒的工作节奏，熟悉所有流程并独立操作整套系统。在工作中遇到难以解决的问题，她总在第一时间联系请教厂方技术专家，同时边看边学解决的方法。工作之余，她还经常去高等院校听公开课或技术讲座，了解前沿科学和应用分析技术，提升自己的业务水平。每当有新进的职工，她总是放弃自己难得的休息时间，有针对性地安排职工的学习，将自己的宝贵经验毫无保留地传授给他们，用自己的实际行动为扬中环卫事业默默奉献。

杭友斌，男，1974 年 11 月出生，江苏扬州人，大专学历，2007 年到扬中工作，现为江苏大津重工有限公司总经理。他工作认真，敢于创新，勇挑重担，面对当前船舶市场持续低迷的不利形势，他带领大津重工全体员工树立信心，攻坚克难，公司发展逆势上

扬,呈现出较强的发展势头,无论是生产能力还是管理水平都有较大提升。公司先后获得江苏省高新技术企业、江苏省科技型中小企业、扬中市最具发展潜力工业企业等多项荣誉称号。在生活中,他孝敬父母,关爱子女,能正确妥善处好家庭和事业的关系,并树立起个人的良好形象。

周继斌，男,1975年2月出生,江苏仪征人,高中学历,1991年5月到扬中工作,现为扬中市永达汽车销售服务有限公司副总经理。他16岁从仪征农村到扬中工作，一干就是二十余年。他每天蹲在地沟里、趴在汽车下,跟汽油、机油密切接触,和乱如麻、理不清的一束束电线打交道,一天工作下来,经常是一脸汗水、满身油泥,每天累得腰酸腿疼,但他毫无怨言。他坚信青春不能在清闲懒散中流失,而应在紧张繁忙中度过,要在艰苦的工作岗位上把手艺学好学精,实现自己的人生价值。在首届扬中市"大众杯"汽车维修大赛中,他获得第一名,并被授予"扬中市技术能手"荣誉称号。

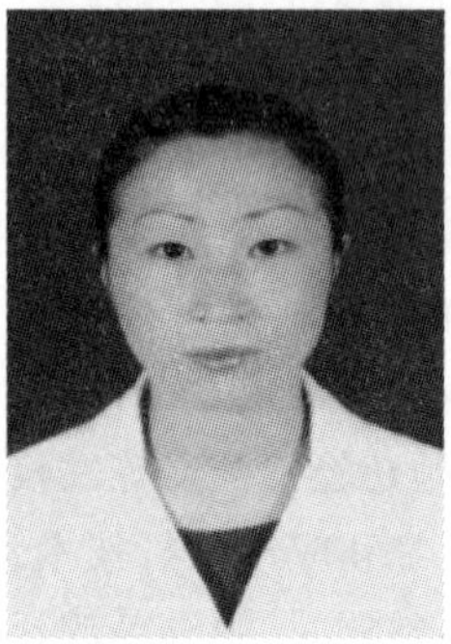

林素端，女,1973年3月出生,浙江洞头人,中共党员,2002年9月到扬中工作,现为扬中市三茅街道社区卫生服务中心兴阳站站长。她从参加工作开始就奋战在医护事业第一线。到村卫生室工作后，她完善规章制度,规范用药管理,自觉抵制药贩的高额回报，维护药品的正规渠道,让老百姓用上廉价药、放心药。她与同事们齐心协力,完成全区居民的健康档案建档工作,从居民健康档案中筛查出有高血压、糖尿病及精神病患者,并做好规范管理。她一心扑在全村900余户3000余人的疾病预防、卫生保健和基本医疗服务这些平凡而又崇高的工作上，为社区的公共卫生建设做出自己应有的贡献。

赵忠亮,男,1984年6月出生,黑龙江人,本科学历,中共党员,2008年6月到扬中工作,现为大全集团总裁办副主任。他是共青团江苏省第十四届代表，共青团镇江市委第十六届委员。在日常工作和生活中,他时刻注重发挥一名共产党员的先锋模范作用，在大全集团争创全国文明单位、全国模范职工之家、全国职工书屋建设示范点、江苏省先进基层党组织等工作中,都能认真负责,全力以赴,扎实做好各项工作,为集团的发展和各类荣誉的取得立下汗马功劳。他热心公益事业,连续3年获扬中市18公里公益暴走最佳组织奖。他多次组织募捐活动,为部分困难职工募集资金超过50万元。

蔡霞，女,1972年11月出生,中共党员,江苏盐城人,2004年到扬中工作，现为江苏省扬中高级中学语文教师。2009年,她首次任教高三,已在高三战线连续奋战八个年头。2012年,她任教的文科普通班,在高考语文中以5分的优势远超同届理科强化班。2015年,她任教的文科强化班有3人达清华北大分数线,2人报考清华大学并被录取。其中方之澜同学更是取得江苏省文科第二名、镇江市文科第一名的好成绩。她注重学习,多才多艺,经常代表学校参加各级各类普通话比赛、演讲比赛、诗歌朗诵比赛,还多次主持学校大型文艺晚会，以全面发展的自身形象不断激励着学生的进步。

# 第二届扬中市优秀科技工作者

陈昭远，男，37岁，中国台湾籍，美国加州大学伯克利分校博士后。2011年12月加入江苏和成担任副总经理，先后获得国家千人计划、江苏省双创人才、江苏省“333工程”、江苏省科技企业家、镇江市“331人才计划”等荣誉和称号。

陈昭远多次承担国家、省、市及地方项目，熟悉本领域的国际国内发展趋势，掌握相关核心技术，拥有自主知识产权，对产业领域具有敏锐的观察力及技术基础，把握产业市场和研发方向，建立良好的产学研合作关系。

陈昭远带领团队成功开发出具有自主知识产权产品，打破核心技术被国外垄断局面。研发成果多次获得国家优秀专利奖、江苏省优秀专利奖、江苏省科技进步奖、国家重点新产品奖、江苏省优秀新产品奖、江苏省高新技术产品奖等荣誉。

冯锦法，男，45岁，本科，高级工程师，现任江苏绿扬电子仪器集团有限公司副总经理。先后主持或参与多个新产品项目的研发与管理工作。在技术开发方面，承担示波器、数字电桥、图示仪等系列产品设计和多项生产制造工艺技术改进工作，参与修订国家标准2项，申请发明专利4件。在项目管理方面，组织实施国家重大科学仪器设备开发专项1项、总装备部军用电子测试仪器型号项目12项、省科技成果转化资金项目1项等多项省部级科技计划项目。近几年来，他直接主持或管理的项目实现良好的社会经济效益，有多项产品为国防军工单位配套，为绿扬集团乃至我国民族仪器产业的发展做出积极贡献。

华召来，男，41岁，硕士研究生，副主任医师。1997

年至今从事恶性肿瘤防治工作，现任市人民医院肿瘤防治研究所副所长。2006年起承担国家医改重大项目“上消化道肿瘤早诊早治”，为19230例群众免费胃镜筛查，查出上消化道肿瘤150例、癌前期513例，所有检查对象均进行随访、长期跟踪，目前该项目仍在进行之中。项目投资1900余万元，真正实现普查全免费，产生良好社会效益，高发区肿瘤早诊早治产生较好的辐射作用。

其撰写科研论文数十篇，获镇江二等奖一次、扬中二等奖二次。承担多项国家、省市科研项目，获镇江科技进步二等奖、三等奖各一次，获扬中科技进步一等奖、二等奖各一次。

黄继锋，男，53岁，工程硕士，教授级高工，现任江苏中海基础工程有限公司技术负责人兼副总经理。多年来，他刻苦钻研基础工程理论，努力探索适合扬中市地质特征的基坑支护设计、施工理论及方法，圆满完成多项代表性地下城建工程，如2009年主持扬子城市广场两层地下室基坑支护工程（开挖深度11~13米）创造扬中之最。结合实践撰写论文数十篇，其中国家级奖一篇、省级奖两篇、市级奖三篇；在省级及以上杂志发表论文十二篇。

黄继锋是江苏省土木建筑学会第八、第九届理事会地基与基础专业委员会学组委员。先后多次被扬中市委、市政府授奖，一次被镇江市委、市政府授奖，连续三年被省建管局授奖。2011年获“扬中市优秀专业技术人才”称号，2012年获“扬中市首届优秀科技工作者”称号，2015年获“扬中市2014~2015年度优秀科普志愿者”称号。

匡红卫，男，47岁，中共党员，本科，高级工程师，现任江苏星河集团有限公司总经理。他多次担任国家核电建设领域重大省级企业创新与成果转化项目、省科技支撑等项目负责人，其主持研发的核电用新型阀

门一举打破国际垄断，成功应用于核电站核岛关键系统中，并受到国家核电部门多次表彰。他先后在国家级、省级及行业期刊发表科技论文数篇。是国家标准GB/T19742《埋地用聚乙烯(PE)结构壁管道系统》主要起草人，拥有各项国家专利十数项。现被聘请为国家塑料管道产品专业委员会委员、中国塑料加工工业协会塑料管道专业委员会副理事长、中国管路附件标准化技术委员会观察员、扬中市高级技能人才专业评委。

李保春，男，33岁，中共党员，研究生，现任天源华威集团电力公司技术研发部部长。工作期间，他参与江苏天源华威电力补偿装备工程技术研究中心的建设，主动承担并出色完成多项技术研发任务，多次获得公司的表彰，曾被委派到清华大学机电系学习深造，被推荐为扬中"321工程"培训对象。2016年，他代表公司与华北电力大学马静教授接洽合作，致力于智能配电产品项目研发。

卢之芹，女，48岁，高级工程师，大专，全国女职工建功立业标兵、扬中市优秀科技人才、扬中市优秀专业技术人才、扬中市总工会"五一巾帼标兵"，现任中电电气(江苏)股份有限公司科技中心总经理。任职期间，多次参与省、市级重大项目的实施，如省级科技成果转化项目、省级科技支撑项目等；多次成功主持重大技术改造项目，为公司大大降低主材成本。她还荣获扬中市青年英才奖，多项成果被评为江苏省科技进步三等奖、扬中市重大科技转化项目奖。

田芝龙，男，51岁，大专，是目前扬中唯一的省水利系统高级工程师，扬中市专业技术带头人，现任扬中市水利工程管理处党支部书记、副主任。1999年，被扬中市人民政府记三等功，多次获市先进个人、优秀共产党员和市人事局嘉奖。他承担的扬中水利系统第一个省级水利科技项目"扬中城市水环境治理优化调度系统的研究"通过验收，达到国内领先水平，提升扬中水利科研层次；主持水文测报新技术——水文遥测系统应用研究，在镇江首家应用水文数话自动测报系统；承担的"三跃港闸自动化监控系统应用研究"获得市科技创新专项；此外，多篇论文获得省市奖项。

万超建，男，51岁，河南平舆人，硕士高级工程师，扬中市"321工程"专业技术带头人，扬中市优秀专业技术人员，现任向荣集团有限公司技术中心主任，兼任向荣集团有限公司科技协会秘书长。万超建二十年如一日，为输配电行业科技进步和企业经济发展默默奉献自己的青春和热血。在他的带领下，向荣集团技术中心已发展成为江苏省(向荣)风电配电设备工程技术研究中心，累计承担10余项国家、省级科技项目。其中2项国家科技计划项目、1项省产学研联合创新资金项目、8项省级自主创新和产业升级专项及科技支撑(攻关)项目、2项省科技基础设施建设计划项目。申报专利80余项，授权61项。

周金龙，男，34岁，博士，工程师。现任金海新源电气江苏有限公司研发中心主任，主持研发分布式

光纤传感系统及相关新产品，为公司取得可观的经济效益。承担江苏省科技型中小企业技术创新基金、物联网和新一代信息技术等科研项目。发表论文18篇，其中EI、SCI收录6篇，获授权5项发明专利、10项实用新型、2项软件著作权。入选“江苏省博士集聚计划”及镇江市“331人才计划”。荣获镇江市科技进步二等奖，扬中市“科技之星”称号，金海新源“总经理特别贡献奖”。

## 扬中市十佳优秀科技工作者

陈卫国，男，43岁，本科，高级工程师，现任江苏大全凯帆电器股份有限公总经理，全国电器附件标准化技术委员会桥架分委会(SAC/TC67/SC2)委员兼秘书长。作为大全集团当之无愧的技术先锋，他长期致力于技术研发，把“科技兴企”的金色标签变成凯帆电器最核心的竞争实力，不断推进大全技术攀升新的高度。先后组织实施省级以上科技项目6项，开发新产品20余项，取得省级以上新产品鉴定13项，获得省级高新技术产品6项，获得授权专利83件，中国名牌产品1件，国家免检产品1件，省名牌产品3件，发表论文3篇，累计取得经济效益15亿元。负责与中国人民解放军海军工程大学联合开发的“2兆瓦级永磁直驱风力发电变流器”通过国家发改委能源局和机械工业联合会组织的科技成果暨产品鉴定，填补国内空白，达到国际先进水平。2011年获首批“科技企业家培训工程”培训对象称号，2015年获“江苏省有突出贡献的中青年专家”称号。

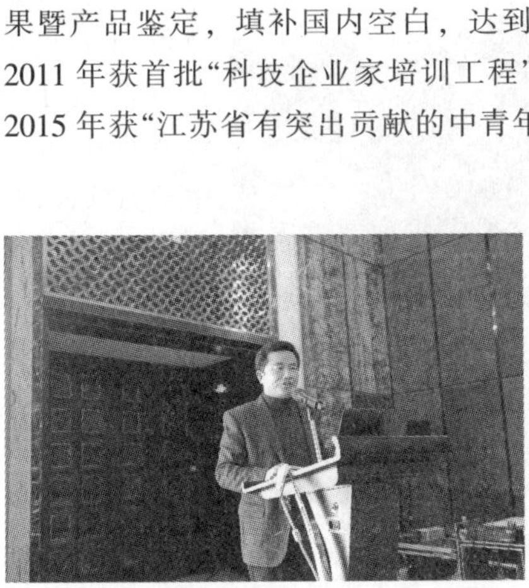

蔡金良，男，57岁，本科，高级工程师，现任江苏威腾母线有限公司总工程师、质量总监。他从事母线研发工作20余年，带领团队以多项填补国内空白的研究成果，一举打破国外技术垄断，促进核电输配电国产化的进程。他所主持研发的威腾母线LV密集型母线槽先后获得多项国家专利、国家重点新产品、高新技术产品、十大电气创新产品、中国国际专利与名牌博览会金奖、江苏省名牌产品等称号，促进威腾母线迅速崛起，成就威腾母线“中国智能母线NO.1”的豪迈传奇。个人曾获得多项科技工作领域荣誉，如河北省科技进步一等奖、扬中市科技进步一等奖、镇江市科技进步三等奖等；多次参与机械行业和能源行业的行业标准和知识产权的编著工作。

李泓，男，45岁，博士，高级工程师，现任江苏三星科技有限公司研发中心主任。他坚持以技术说话，近5年来先后主持或参与中石化、中石油等6项科研课题和政府资助4项课题，申请发明专利6件，授权实用新型专利3件，在省级以上专业刊物发表论文16篇。其中2篇被SCI收录，1篇被EI收录。获得科研经费1976.8万元，因为他的加盟和培育，一个个重大科技专项课题在三星的科研沃土上落地生根，研发的新产品获中国石化工业联合会科技进步二等奖、中石化科技进步三等奖，省科学技术奖三等奖。已累计销售收入9414万元。他是江苏省333工程中青年科学技术带头人培养对象和六大人才高峰培养人选，镇江市有突出贡献的中青年专家，扬中市青年科技标兵、“321工程”专业技术带头人，扬中市第九届政协委员。

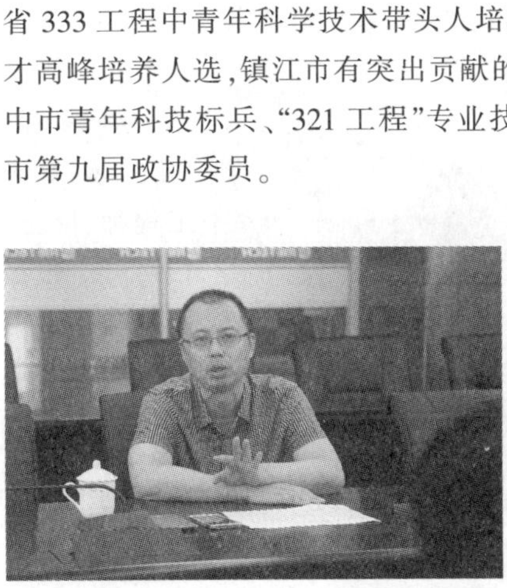

唐骏，男，48岁，中共党员，双硕士，高级工程师，现任镇江荣德新能源科技有限公司总工程师/总裁。他执着于光伏行业21年，筹建国内第一条多晶硅生产线，亲手制造出中国第一片多晶硅片。最早将多晶硅片在中国产业化；常年协助科技部高新技术产业化司，负责由科技部资助的中国光伏产业的科研项目管理，主持多项国家科技攻关课题；拥有专利5件，先后发表论文十余篇，参与主持多项国家“太阳电池用多晶硅片标准”的制定。在镇江荣德最低谷的时期，主持开展多项研发项目，主打产品多晶硅片转换效率提高到18.5%，产品牢固占据国内外市场，品牌效应日益凸显；产品产能提升46%，成本持续降低，2015年销售收入27亿元，较2014年增长65%，净利润可达1亿元。2015年10月荣获第15届中国光伏学术年会“中国光伏特别奖”。

刘明权，男，29岁，工程师，硕士研究生，现任江苏环太集团技术研发部高级工程师，从事高效多晶硅片、热场等技术开发和产业化生产。2015年，考取江苏大学在职博士。作为集团重点攻关项目负责人，支撑起环太硅科技的技术研发大厦。成功研发出新型半熔高效多晶硅铸造等技术，使集团公司生产的多晶硅片光电转换效率由16.8%大幅提升至18.9%以上，达到国内领先水平；开发的新技术、新方法给集团直接创造利润累计8000万元以上。相关研发项目获得“2013年度江苏省科学技术进步二等奖”“2014年度镇江市自主创新重大成果奖”“镇江市职工十佳先进操作法”及2015年中央预算内投资备选项目等多项荣誉，项目共申请发明专利12项、实用新型专利1项。

张乐山，男，59岁，高级工程师，博士。1994年，以最优成绩获得德国汉堡大学造船学院工学博士学位，并在此期间获得Georg Weinblum最佳博士论文奖，为获得该奖的亚洲第一人。2012年9月1日，带着国外历练十多年积累的船舶设计与研发经验，他毅然回国，踏上报效祖国船舶制造业的征程。在江苏新韩通船舶重工有限公司任职技术总经理，主要领导38000吨、57000吨、64000吨、82000吨及208000吨散货船及各类集装箱船、自卸船、化学品船的创新及技改，CNG(压缩天然气)运输船的研发和制造工作以及国家科技部的重大装备——近海风电安装船的研发制造。三年多来，拥有7项实用新型专利、2项发明专利。由于在船舶行业的知名度，2015年年末，在上海举办的国际海事会上，他被聘请为峰会论坛的主持人。

周铭，男，52岁，安徽无为人，博士，研究员级高级工程师，省有突出贡献中青年专家、中下游科研型专家，入选省科技厅、建筑材料国际招标网、科技部创新基金等专家库及省“333”人才培养工程，作为第一发明人拥有发明专利20余项，主持承担国家、省市级科研项目10余项，发表论文40余篇，拥有省部级科技奖、技术发明奖5项，参与编撰《中国化工大辞典》，负责高分子材料合成与涂料中的应用。现任江苏荣昌新材料科技有限公司技术总监，致力于健康、环保、节能等新型涂料的研发与推广工作，组建博士后工作站、院士工作站坐阵破解企业发展的重大技术难题，取得一系列具有国内外领先水平的创新成果。同时组建完整技术团队，吸收数位博士、硕士及专家学者，为企业培养优秀技术人才，助推老牌荣昌实现科技强企的华丽转身。

杜庆宏，男，53岁，本科，江苏省特级教师、正教授高级教师，现任江苏省扬中高级中学副校长、副书记。1985年任教至今，痴心教改、爱生如子、培育英才，他把枯燥深奥的数学课堂变成鸟语花香的智慧乐园。31年的寒来暑往中，他老了容颜，但桃李天下。其中2002届5人考取清华北大；2005届1人保送北大；2012届3人考取清华北大；2015届3人考取清华北大，1人获得省文科第2名，1人获省理科第5名，打破扬中高考的历史。

辅导学生参加奥数竞赛近6年，有4人获得全国一等奖。连续十余年参与省数学夏令营并担任教练，为江苏奥数普及工作做出贡献。曾获"全国优秀教师"、镇江市"科技新星"、镇江市学科带头人、全国数学竞赛优秀教练员、镇江市科技骨干、江苏省优秀青少年科技教育校长等荣誉称号。

李文骅，男，46岁，本科，研究员级高工，现任扬中市农业科教信息站站长，长期从事林业工作。他把人生的百年追求与学术的研究课题实现近乎完美的对接，多年来依据扬中市情，先后参与实施国家长防林工程、国家血防林工程、万木增绿工程等，切实改善生态环境，提高森林覆盖率，扬中市先后被评为全国造林绿化百佳县、国家森林城市、全国环保模范城市。作为"169"科技骨干、"321"专业技术带头人，先后主持十余项林业技术研究，在湿地造林树种、乡土树种枫杨和杞柳等良种引繁与示范等方面成绩显著。获国家发明专利2项、省地方标准2项、镇江市科技进步奖4项、扬中市科技进步奖4项；撰写并在省级以上刊物发表论文约20篇，其中获国家级奖1篇。先后6次被省级多部门表彰，2次被镇江市政府表彰，获"扬中市青年英才奖""扬中市新长征突击手"荣誉及称号。

戴中怀，男，52岁，高级工程师，本科。现任扬中市产品质量监督检验所所长、江苏省配电设备产品质量监督检验中心主任。他长期致力于国家重大项目的国产化研究和企业新技术的开发与创新，用专业的追求和奉献的情怀，把"扬中标准"写进"国家骄傲"，大大提升扬中作为"国家电力电气产业基地"的品位与影响。曾获"航空部科技进步三等奖""七五攻关项目轻工部博览会一等奖""北京市优秀军转民项目一等奖"等科研成果，并得到推广和应用。在服务地方经济中，开展3C及9000认证咨询250余家，企业标准制修订2000余份，开展质量检验1万余批，参加国家行业标准起草3个，申报科技创新项目2个，主持检验项目30余项，为企业解决质量问题50余件，产生经济效益2000余万元，减少企业经济损失8000余万元。他还兼任国家标委会桥架分技术委员会副秘书长、委员，镇江质监局标准化专家，江苏省质量技术监督局"121人才""169工程"人才，并获省市多项表彰。

## 扬中市优秀青年科技创新工作者

卞国文，男，1980年10月出生，中共党员，汉族，大学本科，中学一级教师，江苏省扬中高级中学数学老师，中国数学奥林匹克壹级教练，江苏省数学竞赛优秀教练员。

他从教十二年来，始终以"学高为师、身正为范"的要求鞭策自己，先后获得扬中市第二届"新秀杯"课堂教学比武大赛一等奖、镇江市青年教师优质课比赛二等奖、镇江市首届青年教师解题大赛一等奖、镇江市首届青年教师说题大赛一等奖(高中组第1名)。任江苏省奥数夏令营讲师，参与编写《数学竞赛读本教程》(江苏教育出版社出版)，培养数十名学生奥数比赛获省一等奖（2015年两人获得国家一等奖)。高考业绩显著，2013年，孙韵琪、姚宇琪同学考取清华大学，同时高三(1)班被评为2013年度高考优秀团队；2015年，陈宇飞同学考取清华大学(全省第五、镇江市理科状元)。多年度考核优秀，1次被市人社局、教育局嘉奖，两次被市教育局评为"优秀党员"，多年被聘为扬中市数学学科核心专家组成员。多次参与大市级考试命题、审题工作。已有多篇专业论文入选核心期刊，参与两个镇江市级课题。

方翔，男，1986年5月出生，团员，汉族，本科，学士，助理工程师，江苏海晟涂料有限公司技术工程师。

他于2008年6月毕业于江苏工业学院，8月被江苏海晟涂料有限公司录用，从事技术研发工作，现任技术工程师。自进入海晟涂料有限公司以来，他以对事业

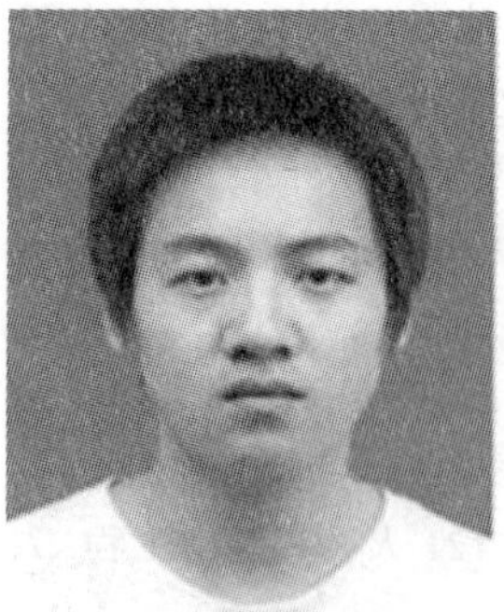

执着追求、对工作认真负责、对技术一丝不苟的态度取得一个又一个光彩的成绩。他先后参与船舶涂料、风电涂料、工业重防腐涂料及汽车、轨道车辆油漆的工艺配方设计，为海晟“二合一柴油机专用漆”的研究与开发及其获得“江苏省名牌产品”的称号做出积极的贡献。同时他参与高速列车表面防腐涂料的研发，参与研发的水性丙烯酸底面合一快干油漆取得成果转化，并形成专利2件。

他于2013年获得“扬中市十佳知识型职工”称号。历年来，被公司评为“先进工作者”荣誉称号。

田顺泉，男，1981年7月15日出生，团员，汉族，大专，助工，有能集团风门事业部技术主管。1996年9月至2000年7月就读于江苏省常州市轻工业学校。2004年5月至2008年3月在江苏联合电力制作有限公司技术部工作。2008年5月至今在有能集团风门事业部技术部部长。2012年3月至今淮海工学院成人高等教育本科在读。

他自2008年加入有能以来，一直担任集团风门事业部技术部长职务，专业技术扎实。近年来，他打破常规，开发许多新产品，满足项目合同的需要。云浮火电项目需要直径达4米的圆形挡板风门，金山热电的翻板隔绝门，恒力石化的煤粉逆止门，魏桥一电的双插板隔绝门等，产品成功运用在国内外300兆瓦、600兆瓦、1000兆瓦机组，在风门行业中快速树立有能品牌的良好形象。

2009年以来，他连续获得“有能集团先进个人”“有能集团科技标兵”“有能集团十佳青年”“有能集团劳模”“有能集团科技标兵”等荣誉称号，主持设计的正负压烟道余热利用脱硫风门通过新产品鉴定，累计获得国家发明专利1项、实用新型专利4项，是公司知识产权工作方面的专家能手。

刘瑞鸿，男，1979年1月出生，中共党员，汉族，博士研究生，镇江荣德新能源科技有限公司实验室主任。

2002年7月至2009年，在大连理工大学机械学院攻读硕士学位和博士学位。2009年5月至2012年1

月，任职大连理工大学半导体技术学院集成电路制造技术教研室工程师。从2011年11月至今，任职于镇江荣德新能源科技有限公司实验室主任。

他主要负责荣德公司砂浆和金刚线切片技术和机理研究，建立荣德公司太阳能硅片切割主辅材评价指标，开发自制调和液补充切割液，每年为公司节约成本400余万元。研发油基和水基两种金刚线切割用冷却液，使用乙二醇替代鞘液，降低碳化硅圆度检测成本，每年节约成本70余万元。2015年，完成江苏省自然科学基金项目——磁场控制生长大晶粒多晶硅的传热传质研究。2014年，主持扬中市科技创新专项资金项目——纳米材料在太阳能用硅片切割液中的应用研究。申请多项发明专利，节约成本，增加销售收入3000余万元，取得一定的经济和社会效益。2015年，被聘为“镇江市创业导师”。

李前进，男，1981年2月出生，中共党员，汉族，北京大学EMBA硕士学位，江苏通灵电器股份有限公司总裁。

2002年9月至2005年7月，在连云港职业技术学院学习。2004年9月至2005年7月，在韩国木浦技能大学学习。2005年7月至今，任江苏通灵电器股份有限公司总裁。2012年9月至2015年7月，在北京大学EMBA学习。

他自2005年创办公司以来，历经十余年将公司发展成为固定资产近1亿元、职工800余人、年销售达6亿元的股份公司，连续六年获得“扬中市工业企业三十强”，并于2015年10月成功上市。积极参与科技研发，先后获得“薄膜组件防反汇流盒”“一种二极管集成模块式光伏组件接线盒”等实用新型专利。

他带领公司先后获得江苏机械工业科技进步一等奖、扬中市市长质量奖、扬中市“五一劳动奖章”、纳税贡献奖、科技人才奖、镇江慈善奖等奖项，公司积极关注慈善事业，建立500万元慈善基金，目前已资助40余人次、90余万元。

杨华，男，1984年3月出生，群众，汉族，本科，高经工程师，江苏环太集团有限公司下属江苏吉星新材料有限公司副总经理。

他于2010年1月应聘于江苏环太集团旗下江苏

吉星新材料有限公司,任技术研发部高级工程师,主要负责硅料回收清洗、蓝宝石切磨抛技术开发和蓝宝石衬底无尘清洗技术的开发和产业化。工作期间,作为集团重点攻关项目负责人或重要成员,开发的新技术、新产品给集团直接创造利润累计千万元以上,同时对蓝宝石衬底行业技术具有引领作用。

他获得的主要奖项及荣誉有"2014年度镇江市科学技术进步二等奖""2015年度江苏省科学技术进步三等奖""2015年度江苏省成果转化项目"等,研发项目共申请专利8项。

沈静,女,1982年9月出生,中共党员,汉族,大学本科学历,学士学位,农艺师职称,扬中市农业技术推广中心植保植检站副站长,主要负责全市农作物病虫草害预测预报和防治技术指导、植保新技术试验示范与推广、外来有害生物普查与防控、农药减量工程、农作物病虫害绿色防控及农作物病虫害专业化统防统治等工作。

她累计推广植保新技术5项、农药新品种10余个,参与完成各类科研项目4项。其中"蔬菜病虫害绿色防控技术推广" 项目被江苏省农委授予2012~2013年度江苏省农业丰收奖一等奖(第6完成人);在省级以上刊物发表论文6篇;参与编写书籍《农作物病虫害绿色防控技术模式》及《江苏省扬中市耕地地力评价》。

她2010年被扬中市农委评为先进个人,2011年被扬中市农委评为优秀共产党员,2012年被镇江市植保站评为专业化统防统治先进个人,2012年被评为扬中市"321培养工程"扬中市级专业技术带头人,2013年被扬中市农委评为先进个人,2014年被农业部授予农作物病虫害绿色防控技术高级培训师,2015年被评为扬中市"321培养工程"镇江市级专业技术带头人。

张世福,男,1983年3月生,中共党员,汉族,学士学位,就职于扬中市人民医院,重症医学科主治医师。

他于2006年毕业于南京医科大学临床医学系,毕业后在扬中市人民医院工作至今。2007年顺利通过国家执业医师考试,取得医师资格。按照国家住院医师规

培,在多科轮转学习,并通过住院医师一阶段、二阶段考试,在急诊科工作4年。2010年进修学习重症医学科,并与重症监护病区的组建工作。2012年起一直在重症监护病区工作,取得扬中地区第一个重症医学中级职称。

他平时工作认真,刻苦专研,熟练掌握急性心力衰竭、呼吸衰竭、休克、重症感染、重症哮喘、癫痫持续状态、多发伤、中毒等多种急、危重病人的抢救与治疗,掌握气管插管、机械通气、动静脉置管、心肺复苏、支气管镜肺泡灌洗等操作技能,为挽救重症患者的生命奠定坚实的基础,先后获得人民医院首届青年医务人员技能比武一等奖、扬中市卫生局"萌芽呵护"青年医务人员技能比武团体一等奖、扬中市人民医院岗位练兵团体一等奖,成为扬中市人民医院青年医务工作者中的佼佼者。

陆昌伟,男,1980年出生,中共党员,汉族,本科学历,现任镇江市华银仪表电器有限公司技术副总。

他自2004年9月入职镇江市华银仪表电器有限公司以来至今,主要负责产品的国外认证和知识产权以及新项目的申报和产品的品质和质量控制管理工作。从2006年起,坚持每年申报各类专利,目前拥有授权专利21件。其中发明专利1件,实用新型专利9件,外观设计专利11件。2012年,新申请专利20项。其中发明专利10项,实用新型专利10项。

2008年,公司新上环保PVC电缆料和高弹力螺旋电缆。在产品开发和研制过程中,他全程参与样品的试制、配方的验证和小批量试样及后续的质量控制管理工作,两个产品在2010年同时通过新产品技术鉴定验收和科学技术成果鉴定,并被评定为江苏省高新技术产品,同时获得扬中市科技进步二等奖。

他获得的主要奖项及荣誉有:1.江苏省高新技术企业证书(证书编号:GB201132000935);2.高新技术产品认定证书(HY-1高弹力螺旋电缆 产品编号:111182G0087N);3.高新技术产品认定证书(HYP-1环保型PVC电缆料 产品编号:111182G0088N);4.江苏省民营科技企业(江苏省民营科技企业协会 L-20100108

号);5.科学技术成果鉴定证书(HY-1 高弹力螺旋电缆 镇科鉴字〔2010〕第 94 号);6.新产品新技术鉴定验收证书 (HY-1 高弹力螺旋电缆 苏经信鉴字〔2010〕363 号);7.科学技术成果鉴定证书(HYP-1 环保型 PVC 电缆料 镇科鉴字〔2010〕第 95 号);8.新产品新技术鉴定验收证书 (HYP-1 环保型 PVC 电缆料 苏经信鉴字〔2010〕364 号);9.扬中市科技进步二等奖(HY-1 高弹力螺旋电缆项目);10.扬中市科技进步二等奖(HYP-1 环保型 PVC 电缆料项目)。

陆骁璐，男，1987 年 10 月出生，中共党员，本科学历，学士学位，工程师，现就职于江苏绿扬电子仪器集团有限公司技术研发中心，从事仪器研发、软件开发等工作。

2009 年 8 月至 2010 年 3 月，在绿扬集团制造部进行仪器的调试工作；2010 年 3 月至 2011 年 3 月，在绿扬集团信息中心工作，从事企业级软件开发；2011 年 3 月至今，在绿扬集团开发中心从事产品的软硬件研发工作。

他先后参与多个新产品项目的研发工作，在技术开发方面，圆满完成 LDS20000N/W 系列数字存储示波器、LDS40000 系列手持式数字存储示波表、LFC3389 野战型频率计、YB32000 系列任意波信号发生器等多项新产品开发任务，申请发明专利 14 件。在科研方面，参与国家重大科学仪器设备开发专项 1 项、总装备部军用电子测试仪器型号项目 2 项等多项省部级科技计划项目。由他直接参与的项目实现良好的社会经济效益，有多项产品为国防军工单位配套，为绿扬集团乃至我国民族仪器产业的发展做出积极贡献，被评为镇江市“169 五期工程”科技骨干，扬中市第四期“321 培养工程”镇江市级专业技术带头人。

黄振年，男，1977 年 6 月生，中共党员，汉族，大学学历，高级工程师，扬中市住建局代建中心主任。

1996 年 7 月至 2000 年 7 月，在扬州大学建筑工程专业 学习；2000 年 12 至 2011 年 11 月，任扬中市住建局拆迁办公室副主任；2011 年 11 月至今，任扬中市住建局代建中心主任、扬中市住建局质监站副站长。

他自 2011 年 11 月任住建局代建中心主任以来，全身心的投入到扬中市奥体中心的工程的建设中去，大力倡导新工艺、新材料、新技术在工程建设上的应用，努力克服建设过程中的难题，圆满完成扬中市奥体中心工程的建设任务。

2013 年被扬中市市委、市政府授予城乡建设“建设功臣”荣誉称号。

戴罡，男，1984 年 7 月出生，九三学社成员，汉族，博士研究生，现任大全集团技术中心总经理助理。

1998 年 9 月至 2001 年 7 月期间，在江苏省扬中市高级中学高中就读；2001 年 9 月至 2005 年 7 月，在南京理工大学应用物理专业就读本科；2005 年 9 月至 2011 年 1 月，在南京理工大学理学院仪器科学与技术专业攻读博士；2011 年 2 月至 2011 年 9 月，任大全集团技术中心高级研发工程师；2011 年 10 月至 2016 年 1 月，任大全集团南京研究院总经理助理；2016 年 2 月至今，任大全集团技术中心总经理助理。

2012~2015 年，他主持研发新一代双断点式塑壳断路器。三个产品系列均已通过 150KA 的分断试验，并获取 3C 认证。产品技术指标已超过施耐德、西门子等国际知名品牌。该产品系列已于 2015 年年底形成销售，2016 年形成销售 3000 万元。目前已获得发明专利 3 项，实用新型专利 5 项。申请阶段专利 10 项，授权阶段发明专利 5 项。在国内外核心期刊发表学术论文数十篇。其中 SCI 检索五篇，EI 检索六篇。2013 年，他获得美国项目管理委员会授予的项目管理专家认证。

# 2016年扬中市获国家级和国家条线表彰的先进集体一览表

(部分荣誉选录)

表60

| 获奖单位 | 奖　项 | 颁奖单位 |
|---|---|---|
| 扬中市 | 2016~2020年度全国科普示范市 | 中国科协 |
| 扬中市 | 2011~2015年全国法治宣传教育先进市 | 司法部 |
| 扬中市人民政府 | 全国知名品牌创建示范区 | 质监总局 |
| 扬中市教育局 | 全国第五届中小学生艺术展演活动优秀组织奖 | 教育部 |
| “皂亮未来” | 第三届中国青年志愿服务项目大赛银奖 | 中央文明办、团中央 |
| 新坝镇科技办 | 国家级科技企业孵化器 | 科技部 |
| 扬中市工商联 | 全国“五好”县级工商联 | 全国工商联 |
| 扬中市价格认定局 | 2015~2016年度全国价格认定机构先进单位 | 国家发展改革委价格认证中心 |
| 扬中市价格认定局 | 2016年度全国价格认定工作法治建设年活动先进单位 | 国家发展改革委价格认证中心 |
| 扬中市检察院 | 全国检察宣传先进单位 | 最高人民检察院、检察日报社 |
| 扬中市三茅街道司法所 | 全国法律援助工作先进集体 | 司法部 |
| 扬中市人民政府残疾人工作委员会 | 残疾人工作先进单位 | 国务院残疾人工作委员会 |
| 扬中市 | 全国健康促进县(市、区) | 全国爱卫会 |
| 扬中市卫计委 | 国家计划生育优质服务先进单位 | 国家卫生计生委 |
| 太平村 | 全国计划生育协会工作先进单位 | 中国计划生育协会 |
| 扬中市科协 | 2016年全国科普日活优秀组织单位 | 中国科协 |
| 扬中市民政局 | 2016年度民政宣传工作先进单位 | 《中国社会报》 |
| 三茅镇司法所 | 第五届全国法律援助工作先进集体 | 司法部 |

# 2016 年扬中市获省级和省级条线表彰的先进集体一览表

（部分荣誉选录）

表 61

| 获奖单位 | 奖　项 | 颁 奖 单 位 |
|---|---|---|
| 市委政法委 | 复核确认继续保留的全省法治建设示范县(市、区) | 江苏省委、省政府 |
| 扬中市人民政府 | 江苏省促进义务教育均衡发展先进集体 | 江苏省人民政府 |
| 扬中河豚食俗、扬中篾笛制作技艺 | 省政府关于公布第四批省级非物质文化遗产代表性项目目录的通知(苏政发〔2016〕5号) | 江苏省人民政府 |
| 新坝镇 | 江苏省文明镇 | 江苏省文明委 |
| 油坊镇 | 江苏省文明镇 | 江苏省文明委 |
| 西来桥镇 | 江苏省文明镇 | 江苏省文明委 |
| 市场监督管理局 | 江苏省文明单位 | 江苏省文明委 |
| 开发区 | 2015~2016 年度全省基层党员冬训工作示范乡(镇、街道) | 中共江苏省委组织部、中共江苏省委宣传部 |
| 扬中市乡村行艺术团 | 江苏省首批群众文化“百千万”工程优秀群文团队 | 江苏省委宣传部 |
| 扬中市新坝镇新治村农家书屋 | 先进基层图书发行单位 | 江苏省委宣传部、江苏省文化厅、江苏省新闻出版广电局 |
| 扬中市委宣传部 | 《借力“融媒体”平台 打造“升级版”外宣——扬中市城市形象与节会外宣融合推介的探索与思考》获 2015 年度江苏外宣优秀稿件 | 江苏省委外宣办、省政府新闻办 |
| 扬中市广播电台 | 发稿优秀单位 | 省广电总台(集团)广播传媒中心 |
| 舞蹈《咱们班》 | 在江苏省第五届社会舞蹈大赛暨第七届少儿舞蹈比赛中获得(少儿组)创作一等奖、表演二等奖 | 江苏省舞蹈家协会 |
| 市委政法委 | 2015 年度平安县(市、区) | 江苏省综治委 |
| 新坝镇人社中心 | 扬中市大学生创业示范园 | 江苏省人社厅 |
| 新坝镇司法所 | 第四批省级法制文化建设示范点 | 中共江苏省委宣传部、江苏省依法治省领导小组办公室、江苏省法制宣传教育工作领导小组办公室、江苏省司法厅、江苏省文化厅、江苏省新闻出版广电局 |
| 新坝镇农服中心 | 2015~2016 年稻麦丰产方获得省 A 级 | 江苏省农业委员会 |
| 新坝镇计生中心 | 康乃馨家园被确定为“省级连心家园”项目基地 | 江苏省卫计委、江苏省计生协 |
| 油坊镇 | 江苏省文明乡镇 | 江苏省精神文明建设指导委员会 |
| 油坊镇 | 江苏省和谐社区建设师范乡镇 | 江苏省民政厅 |
| 油坊镇司法所 | 江苏省人民调解委员会规范化建设示范点 | 江苏省司法厅 |
| 油坊镇司法所 | 江苏省优秀管理示范单位 | 江苏省广播电视总台 |
| 油坊镇党政办 | 海纳机电获得省三星级档案室 | 江苏省档案局 |
| 长旺村 | 江苏省文明村 | 江苏省精神文明建设指导委员会 |
| 邻丰村 | 江苏省文明村 | 江苏省精神文明建设指导委员会 |
| 振兴村 | 江苏省人民调解委员会规范化建设示范点 | 江苏省司法厅 |

续表 61

| 获奖单位 | 奖　　项 | 颁 奖 单 位 |
|---|---|---|
| 同德村 | 水美乡村 | 江苏省水利厅 |
| 油坊村 | 省级居民学校 | 江苏省教育厅 |
| 扬中市档案局 | 全省档案系统先进集体 | 江苏省档案局 |
| 扬中市供销合作总社 | 二十强县级供销合作社 | 江苏省供销合作总社 |
| 扬中市供销合作总社 | 农村综合服务社提升工程先进单位 | 江苏省供销合作总社 |
| 扬中市烟草专卖局 | 2013~2015 年度江苏省文明单位 | 江苏省文明办 |
| 扬中市烟草专卖局(分公司)客户服务科 | 《提高扬中地区低焦油卷烟销售占比》课题获江苏省质量管理协会优秀 QC 小组成果二等奖 | 江苏省质量协会 |
| 中国移动通信集江苏有限公司扬中分公司 | 2013~2015 年度江苏省文明单位 | 江苏省精神文明建设指导委员会 |
| 扬中市物价局 | 2016 年度全省价格工作先进单位 | 江苏省物价局 |
| 扬中市物价局 | 2016 年度全省价格系统宣传信息奖 | 江苏省物价局 |
| 扬中市民政局 | 青少年维权岗 | 共青团江苏省委、江苏省民政厅 |
| 扬中市安全生产监督管理局 | 2016 年度江苏省职业健康监管工作先进集体 | 江苏省安全生产监督管理局 |
| 扬中市安全生产监督管理局 | 2016 年度江苏省安全生产行政执法工作先进集体 | 江苏省安全生产监督管理局 |
| 扬中市安全生产监督管理局 | 2016 年度江苏省“安全生产月”活动先进集体 | 江苏省安全生产监督管理局 |
| 扬中市人民政府 | 江苏省平安校园建设示范县(市、区) | 江苏省教育厅、江苏省综治办、江苏省公安厅 |
| 扬中市教育局 | 江苏省统计局部门统计示范点 | 江苏省统计局 |
| 扬中市科技局 | 荣获“江苏省部门统计示范点”称号 | 江苏省统计局、江苏省知识产权局 |
| 扬中市 | 江苏省健康促进县(市、区) | 江苏省爱卫办 |
| 扬中市卫计委 | 江苏省人口协调发展先进县 | 江苏省人民政府 |
| 新坝中心卫生院 | 江苏省免疫规划(预防接种)工作先进集体 | 江苏省卫计委 |
| 扬中市八桥中心卫生院 | 全国 2015~2016 年度群众满意的乡镇卫生院 | 江苏省卫计委 |
| 扬中市卫计委 | 全省基本公共卫生服务项目绩效考核优秀 | 江苏省卫计委、江苏省财政厅 |
| 扬中市城管局 | 江苏省文明单位 | 江苏省精神文明建设指导委员 |
| 扬中市城管局 | 2015 年度江苏省五四红旗团支部 | 共青团江苏省委 |
| 扬中环境保护局 | 2016 年度“生态文明建设宣传一条街”活动优秀奖 | 江苏省环境保护宣传教育中心 |
| 长江扬中航道管理处 | 文明建设先进集体 | 长江航道局 |
| 长江扬中航道管理处 | 江苏省文明单位 | 江苏省精神文明建设指导委员会 |
| 长江扬中航道管理处 | 三个文明建设先进单位 | 长江南京航道局 |
| 政务服务办公室 | 2014~2015 年度江苏省青年文明号 | 共青团江苏省委 |

续表 61

| 获奖单位 | 奖　　项 | 颁 奖 单 位 |
|---|---|---|
| 扬中市残联 | 2015 年度按比例安排残疾人就业工作先进单位 | 江苏省人民政府残疾人工作委员会 |
| 扬中市"平安家庭"创建活动领导小组 | 江苏省"平安家庭"创建活动先进集体 | 江苏省妇女联合会、江苏省维护妇女儿童合法权益联席会议暨"平安家庭"创建活动领导小组 |
| 扬中市女性社会组织服务中心 | 江苏巾帼志愿服务示范基地 | 江苏省妇女联合会 |
| 扬中市科协 | 县级科协创新发展能力提升计划优秀单位 | 江苏省科协 |
| 扬中市科协 | 第 27 届江苏省青少年科技创新大赛优秀组织者 | 江苏省青少年科技创新大赛组委会 |
| 镇江市扬中市文联 | 江苏省基层文联工作先进单位 | 江苏省文学艺术界联合会 |
| 扬中市总工会 | 2015 年度职工互助保障工作考核成绩优秀单位 | 中国职工保险互助会 |
| 扬中市总工会 | 2015 年度江苏省"安康杯"竞赛组织工作优秀单位 | 江苏省总工会江苏省安全生产监督管理局 |
| 扬中市总工会 | 2015 年县以上工会财务会计工作竞赛评比一等奖 | 江苏省总工会 |
| 扬中市总工会 | 实施《促进和谐劳动关系五步工作法》被评为全省厂务公开民主管理创优实践项目 | 江苏省厂务公开协调小组办公室 |
| 扬中市团市委 | "扬民族文化 树文明家风"治家格言全市中小学展播活动被团省委确定为第二届"Show 青春·正能量"网络文化产品创作征集活动重点项目 | 团省委 |
| 扬中市团市委 | "多媒体融合'O2O'模式:让青年成为活动的'主人'"获得全省共青团运用新媒体引导青年创新案例三等奖 | 团省委 |
| 扬中市团市委 | 第二批全省共青团网络文明志愿行动建设示范单位 | 团省委 |
| 扬中市团市委 | 2016 年度全省团属报刊宣传工作"先进单位" | 团省委 |
| 扬中市新坝镇团委 | 2015 年度江苏省五四红旗团委 | 团省委 |
| 扬中市城管局团支部 | 2015 年度江苏省五四红旗团支部 | 团省委 |
| 扬中市兴隆中学 | 《校门口的那条路》获第四届江苏省中小学生自我保护情景剧大赛中学组一等奖 | 团省委、省文明办、省综治办、省教育厅、省公安厅、省民政厅、省卫计委、省工商局、省新闻出版广电局、省少工委 |
| 扬中市人大常委会 | 2016 年度《人民与权力》杂志通联先进集体 | 江苏省人大常委会 |
| 扬中市 | 全省人民防空先进城市 | 江苏省民防局 |
| 扬中市工商联 | 2015 年度全省县(市、区)工商联先进集体 | 江苏省工商联 |
| 扬中市工商联 | 江苏省"五好"县(市、区)工商联 | 江苏省工商联 |
| 镇江市扬中地方税务局 | 江苏省文明单位 | 江苏省精神文明建设指导委员会 |
| 镇江市扬中地方税务局第一税务分局 | 江苏省"三八红旗先进集体" | 江苏省妇联 |
| 扬中法院 | 二等功 | 江苏省高级人民法院 |
| 扬中法院办公室 | 全省法院信息工作先进集体 | 江苏省高级人民法院 |

续表 61

| 获奖单位 | 奖 项 | 颁 奖 单 位 |
|---|---|---|
| 扬中法院 | 全省法院 2015 年度优秀司法建议 | 江苏省高级人民法院 |
| 公安局政治处 | 民警的“好娘家”,记集体二等功 | 江苏省公安厅 |
| 刑警大队 | 全省公安机关打击侵财犯罪质效提升年活动成绩突出集体 | 江苏省公安厅 |
| 治安大队 | 全省公安机关 G20 峰会安保工作成绩突出集体 | 江苏省公安厅 |
| “3G 智能防控管理平台”项目 | 2015 年度省厅科技强警奖(开发与建设类)三等奖 | 江苏省公安厅 |
| 扬中市公安局互联网站 | 2015 年度全省公安优秀外网网站 | 江苏省公安厅 |
| 扬中市公安局 | 命名为江苏省维护妇女儿童权益示范岗 | 省妇女联合会、省维护妇女儿童合法权益联席会议暨“平安家庭”创建活动领导小组 |
| 扬中市检察院 | 2013~2015 年度江苏省文明单位 | 江苏省文明委 |
| 检察院未检科 | 2015 年度全省预防青少年违法犯罪工作先进集体 | 江苏省综治委预防青少年违法犯罪工作领导小组 |
| 检察院课题组(倪军主持) | 一等奖 | 江苏省行政法学年会 |
| 扬中市司法局 | 2015 年度信息工作先进集体 | 江苏省司法厅 |
| 扬中市司法局 | 2014~2015 年度江苏省优秀司法局 | 江苏省司法厅 |
| 三茅街道司法所 | 2014~2015 年度江苏省优秀司法所 | 江苏省司法厅 |
| 扬中市司法局 | 2015 年度绩效评价优秀单位 | 江苏省司法厅 |
| 扬中市人民调解委员会、新坝镇人民调委会、油坊镇调委会、新坝镇新治村调委会、油坊镇振兴村调委会 | “江苏省人民调解委员会规范化建设”示范点 | 江苏省司法厅 |
| 扬中市司法局 | 省司法行政系统宣传工作先进集体 | 江苏省司法厅 |
| 新坝司法所 | “2015 年法润江苏”系列专项活动先进集体 | 江苏省司法厅 |
| 司法局办公室 | 2015 年度办公室工作先进集体 | 江苏省司法厅 |
| 扬中经济开发区商道–法治经济文化体验馆、扬中市新坝镇平安法治文化长港 | 第四批“省级法治文化建设示范点” | 江苏省司法厅 |
| 三茅街道司法所 | 第五届全国法律援助工作先进集体 | 江苏省司法厅 |
| 三茅街道司法所 | 2014~2015 年度江苏省优秀司法所 | 江苏省司法厅 |
| 三茅街道关心下一代工作委员会 | 全省关心下一代工作先进集体 | 江苏省关心下一代工作委员会、江苏省精神文明建设指导委员会办公室 |
| 友好村 | 2016 年度省级城乡环境综合整治(村庄环境改善提升)专项资金(第二批) | 江苏省村庄环境整治推进工作领导小组办公室 |

续表 61

| 获奖单位 | 奖　　项 | 颁 奖 单 位 |
|---|---|---|
| 文化新村 | 第三届中国青年志愿服务项目银奖 | 共青团中央、中央文明办、民政部、水利部、中国残疾人联合会、中国志愿服务联合会 |
| 文化新村 | 2016 年度江苏省文明社区 | 江苏省精神文明建设指导委员会 |
| 指南村 | 2016 年度江苏省文明村 | 江苏省精神文明建设指导委员会 |
| 广宁社区 | 2015 年度省级充分就业示范社区 | 江苏省人力资源和社会保障厅 |
| 英雄社区 | 2015 年度省级充分就业示范社区 | 江苏省人力资源和社会保障厅 |
| 中桥社区 | 第四批江苏省农村电子商务示范村 | 江苏省商务厅 |
| 滨江村 | 镇江市敬老文明号 | 镇江市老龄工作委员会 |
| 滨江村 | 江苏省敬老文明号 | 江苏省老龄工作委员会 |
| 中华村 | 江苏省档案工作三星级 | 江苏省档案局 |

## 2016 年扬中市获镇江市级和市级条线表彰的先进集体一览表

（部分荣誉选录）

表 62

| 获奖单位 | 奖　　项 | 颁 奖 单 位 |
|---|---|---|
| 扬中市委办公室 | 2016 年度辖市区绩效管理考核二等奖 | 中共镇江市委、镇江市人民政府 |
| 扬中市人民防空办公室 | 2012~2014 年度市级文明系列先进单位 | 中共镇江市委、镇江市人民政府 |
| 扬中市人民防空办公室 | 健康单位 | 中共镇江市委、镇江市人民政府 |
| 扬中市档案局 | 镇江市文明单位 | 中共镇江市委、镇江市人民政府 |
| 扬中市委党校 | 2012~2014 年度镇江市文明单位 | 中共镇江市委、镇江市人民政府 |
| 扬中市司法局 | 2011~2015 年全市普法工作先进集体 | 中共镇江市委、镇江市人民政府 |
| 扬中市卫计委 | 2011~2015 年镇江市普法工作先进单位 | 中共镇江市委、镇江市人民政府 |
| 振兴村 | 全市普法工作先进单位 | 中共镇江市委、镇江市人民政府 |
| 油坊镇司法所 | 2011~2015 年全市普法工作先进单位 | 中共镇江市委、镇江市人民政府 |
| 扬中市烟草专卖局 | 2012~2014 年度镇江市文明行业 | 中共镇江市委、镇江市人民政府 |
| 广宁社区 | 2012~2014 年度镇江市文明社区 | 中共镇江市委、镇江市人民政府 |
| 扬中市委、市政府 | 双拥七创二等功单位 | 中共镇江市委 镇江市人民政府 镇江分军区 |
| 新坝镇民政办 | 2016 年镇江市双拥小组创拥模范镇三等功 | 中共镇江市委、镇江市人民政府、镇江分军区 |
| 三茅街道 | 镇江市第七次创建全国双拥模范城三等功 | 中共镇江市委、镇江市人民政府、镇江军分区 |
| 扬中市住建局 | 先进基层党组织 | 中共镇江市委员会 |

续表 62

| 获奖单位 | 奖　　项 | 颁 奖 单 位 |
|---|---|---|
| 三茅街道 | 先进基层党组织(镇江市委) | 中共镇江市委员会 |
| 油坊镇 | 镇江市教育现代化先进镇 | 镇江市人民政府 |
| 新坝镇园区办 | 2016 年全市产业“三集”发展工作先进单位 | 镇江市人民政府 |
| 《扬中文化产业发展路径刍议》(方学建) | 镇江市第十一届哲学社会科学优秀成果三等奖(3 个) | 镇江市人民政府 |
| 《扬中地名故事》 | 镇江市第十一届哲学社会科学优秀成果三等奖 | 镇江市人民政府 |
| 《以审判为中心的诉讼模式对公诉工作的影响》(扬中市检察院) | 镇江市第十一届哲学社会科学优秀成果三等奖 | 镇江市人民政府 |
| 邻丰村 | 美丽宜居村 | 镇江市人民政府 |
| 中华村 | 镇江市美丽宜居村 | 镇江市人民政府 |
| 扬中市安全生产监督管理局 | 2016 年度镇江市安全生产先进单位 | 镇江市人民政府办公室 |
| 国土窗口 | 2016 年度群众满意窗口 | 镇江市人民政府办公室 |
| 市检察院课题组(姚俊主持) | 镇江市第十一届哲学社会科学优秀成果三等奖 | 镇江市人民政府办公室 |

## 2016 年扬中市获国家级和国家条线表彰的先进个人一览表

(部分荣誉选录)

表 63

| 获 奖 个 人 | 奖　　项 | 颁 奖 单 位 |
|---|---|---|
| 唐红梅 | 中国好人 | 中央文明办 |
| 郭纪荣、郭巧珍夫妇 | 中国好人 | 中央文明办 |
| 童　峰 | 中国职工互助保障先进个人 | 中国职工互助互济会 |
| 邹莉娟 | 三八红旗手 | 全国妇联 |
| 邹莉娟 | 五一劳动奖章 | 中华全国总工会、共青团中央 |
| 朱孟超 | 提名奖 | 中国检察官文联、中国楹联协会 |
| 孙　薇 | 2015 年度中国县市区域报新闻奖一等奖 | 中国县市区域报协会 |
| 孙静等 | 2015 年度中国县市区域报新闻奖一等奖 | 中国县市区域报协会 |
| 邵圆圆、陈沁雨 | 2015 年度中国县市区域报新闻奖一等奖 | 中国县市区域报协会 |
| 刘　帆 | 2015 年度中国县市区域报新闻奖二等奖 | 中国县市区域报协会 |
| 邵圆圆 | 2015 年度中国县市区域报新闻奖二等奖 | 中国县市区域报协会 |
| 陈　燕 | 2015 年度中国县市区域报新闻奖三等奖 | 中国县市区域报协会 |
| 徐　琳 | 2015 年度中国县市区域报新闻奖三等奖 | 中国县市区域报协会 |

续表63

| 获奖个人 | 奖项 | 颁奖单位 |
|---|---|---|
| 夏庆 | 2015年度中国县市区域报新闻奖三等奖 | 中国县市区域报协会 |
| 匡雪莲、孙薇、蔡小俊 | 2015年度中国县市区域报新闻奖三等奖 | 中国县市区域报协会 |
| 刘帆 | 2015年度中国县市区域报新闻奖三等奖 | 中国县市区域报协会 |
| 刘梦琪 | 2015年度中国县市区域报新闻奖三等奖 | 中国县市区域报协会 |
| 秦天、孙薇、徐琳 | 2015年度中国县市区域报新闻奖三等奖 | 中国县市区域报协会 |
| 邵圆圆、陈云 | 2015年度中国县市区域报新闻奖三等奖 | 中国县市区域报协会 |

## 2016年扬中市获省级和省级条线表彰的先进个人一览表

（部分荣誉选录）

表64

| 获奖个人 | 奖项 | 颁奖单位 |
|---|---|---|
| 黄琳 | 第四届江苏省中小学生自我保护情景剧大赛优秀指导老师 | 团省委、省文明办、省综治办、省教育厅、省公安厅、省民政厅、省卫计委、省工商局、省新闻出版广电局、省少工委 |
| 沈雨航 | 第四届江苏省中小学生自我保护情景剧大赛优秀演员 | 团省委、省文明办、省综治办、省教育厅、省公安厅、省民政厅、省卫计委、省工商局、省新闻出版广电局、省少工委 |
| 宋冬英 | 江苏好人 | 江苏省文明办 |
| 顾秀珍 | 江苏好人 | 江苏省文明办 |
| 孙斌 | 江苏好人 | 江苏省文明办 |
| 何纪顺 | 江苏好人 | 江苏省文明办 |
| 知心姐姐 | 江苏好人 | 江苏省文明办 |
| 马强、杨世星、姚田芳 | 江苏省首批群众文化“百千万”工程优秀文艺骨干 | 江苏省委宣传部 |
| 孙国荣 | 全省理论宣讲先进个人 | 江苏省委宣传部办公室 |
| 马旭 | 2015~2016年度全省基层党员冬训工作先进个人 | 中共江苏省委组织部、中共江苏省委宣传部 |
| 印锦兵 | 江苏省1%人口抽样调查先进个人 | 江苏省人口抽样调查领导小组 |
| 姚久荣 | 2015年度按比例安排残疾人就业工作先进个人 | 江苏省人民政府残疾人工作委员会 |
| 吴柳 | 2015~2016年度全省妇联系统信息工作先进个人 | 江苏省妇女联合会 |
| 吴春福 | 省《全民科学素质行动计划纲要》“十二五”实施工作先进个人 | 省科协、省委组织部、省委宣传部、省发改委、省教育厅、省科技厅、省财政厅、省人社厅、省农委 |
| 吴玉莲 | 2016年全省工业统计业务能手 | 江苏省统计局 |
| 蔡沁珊 | 2015年度江苏省优秀共青团员 | 团省委 |

续表 64

| 获奖个人 | 奖　　项 | 颁 奖 单 位 |
|---|---|---|
| 张　虹 | 作品《打过长江去新四军渡江跳板》获全省党史优秀成果奖 | 江苏省党史工作办公室 |
| 王中明 | 美术作品《厚土》获得首届江苏美术奖 | 江苏省文联 |
| 王中明 | 美术作品《江湾渔隐》入选苏风艺韵“新京江画派”中国画展 | 江苏省文联 |
| 王中明 | 美术作品《秋壑飞泉》入选苏风艺韵“新京江画派”中国画展 | 江苏省文联 |
| 唐杏明 | 全省司法行政系统安置帮教工作先进个人 | 江苏省司法厅 |
| 韩　婷 | 江苏省社区矫正“严格执法、严格管理”集中整治先进个人 | 江苏省司法厅 |
| 陈　维 | 江苏省司法厅安置帮教工作先进个人 | 江苏省司法厅 |
| 韩　婷 | 《江苏省社区矫正工作条例》有奖征文优秀奖 | 江苏省司法厅 |
| 唐杏明、陈　维 | 全省司法行政系统安置帮教工作先进个人 | 江苏省司法厅 |
| 张　松 | 全省法律援助工作先进个人 | 江苏省司法厅 |
| 陈彩云 | 2015 年度信息工作先进个人 | 江苏省司法厅 |
| 仲　斌、陆学文 | 2011~2015 年全省普法工作先进个人 | 江苏省委宣传部、江苏省法制宣传教育工作领导小组、江苏省司法厅 |
| 黄良成 | 全省关心下一代工作先进个人 | 江苏省关工委、文明委 |
| 苏　霞 | 全省粮食行业安全生产工作先进个人 | 江苏省粮食局 |
| 张源泉 | 江苏省促进义务教育均衡发展先进个人 | 江苏省人民政府 |
| 王巧芳 | 江苏省免疫规划(预防接种)工作先进个人 | 江苏省卫计委 |
| 施桂欣 | 江苏省免疫规划(预防接种)工作先进个人 | 江苏省卫计委 |
| 仇家军 | 全省疾病预防控制工作先进个人 | 江苏省卫计委 |
| 孙纪新 | 全省疾病预防控制工作先进个人 | 江苏省卫计委 |
| 潘照瑾 | 全省人民防空先进个人 | 江苏省民防局 |
| 陆　玉 | 2016 年江苏省危险化学品安全监管先进个人 | 江苏省安全生产监督管理 |
| 朱连祥 | 2016 年度江苏省冶金等工贸行业安全生产工作先进个人 | 江苏省安全生产监督管理 |
| 王红贵 | 江苏省城市环境综合整治工作先进个人 | 江苏省城市环境综合整治工作推进小组办公室 |
| 何光明 | 2016 年度江苏省城市管理宣传工作先进个人 | 江苏省城市市容和环境卫生协会 |
| 陈　前 | 全省法院党建工作优秀党务工作者 | 江苏省高级人民法院 |
| 王　波 | 信息工作先进个人 | 江苏省高级人民法院 |
| 林　星 | 全省法院执行系统先进个人 | 江苏省高级人民法院 |
| 祝瑞平 | 个人二等功 | 江苏省公安厅 |
| 童国际 | 个人二等功 | 江苏省公安厅 |
| 聂朝军 | 第四届江苏最美警察提名奖,记个人二等功 | 江苏省公安厅 |

续表 64

| 获奖个人 | 奖　　项 | 颁 奖 单 位 |
|---|---|---|
| 蒋爱荣 | 全省公安机关打击侵财犯罪质效提升年活动成绩突出个人 | 江苏省公安厅 |
| 陈留生 | 全省公安机关警务保障工作成绩突出个人 | 江苏省公安厅 |
| 张澄华 | 2016 年度全省检察机关民事行政执行监督专项行动先进个人 | 江苏省检察院 |
| 孔靓梅 | 优秀论文三等奖 | 江苏省法学会 |
| 黄馨叶 | 2016 年年会优秀论文 | 江苏省法学会 |
| 姜巍巍 | 书法作品《啄拟新燕姜巍巍印记》入选江苏省第十届新人书法篆刻作品展 | 江苏省书法家协会 |
| 胡　漫 | 美术作品《船》入选"童心·童梦·童画"——江苏、黑龙江、台湾两岸三地少儿美术作品江苏巡回展 | 江苏省美术家协会 |
| 孙珮涵 | 美术作品《舞狮子》入选"童心·童梦·童画"——江苏、黑龙江、台湾两岸三地少儿美术作品江苏巡回展 | 江苏省美术家协会 |

## 2016 年扬中市获镇江市级及市级条线表彰的先进个人一览表

（部分荣誉选录）

表 65

| 获奖个人 | 奖　　项 | 颁 奖 单 位 |
|---|---|---|
| 傅德纯 | 优秀共产党员 | 中共镇江市委、镇江市人民政府 |
| 孙国荣 | 镇江市学术技术带头人 | 中共镇江市委、镇江市人民政府 |
| 张广武 | 全市普法工作先进个人 | 中共镇江市委、镇江市人民政府 |
| 韩雪华 | 七创双拥模范城二等功 | 中共镇江市委 镇江市人民政府 镇江分军区 |
| 戴永兴 | 2011~2015 年全市普法工作先进个人 | 中共镇江市委、镇江市人民政府 |
| 傅德纯 | 优秀共产党员 | 中共镇江市委、镇江市人民政府 |
| 孙国荣 | 镇江市学术技术带头人 | 中共镇江市委、镇江市人民政府 |
| 张广武 | 全市普法工作先进个人 | 中共镇江市委、镇江市人民政府 |
| 戴永兴 | 2011~2015 年全市普法工作先进个人 | 中共镇江市委、镇江市人民政府 |
| 唐　云 | 2016 年度镇江市安全生产先进个人 | 镇江市人民政府办公室 |
| 翟　飞 | 2016 年度群众满意工作人员 | 镇江市人民政府办公室 |
| 赵伟航 | 2016 年度镇江市安全生产先进个人 | 镇江市人民政府办公室 |
| 方泽华、李跃林 | 《扬中地名故事》在镇江市第十一届哲学社会科学优秀成果评奖中荣获三等奖 | 镇江市人民政府 |
| 戚金林 | 2011~2015 年全市普法工作先进集体和先进个人 | 中共镇江市委 |

# 统计资料

## 扬中市国民经济与社会发展主要指标一览表

表 66

| 指　　标 | 单位 | 2016 年 | 2015 年 |
|---|---|---|---|
| 一、行政概况 | | | |
| 镇政府 | 个 | 4 | 4 |
| 街道办事处 | 个 | 2 | 2 |
| 经济开发区 | 个 | 1 | 1 |
| 村民委员会 | 个 | 58 | 58 |
| 村民小组 | 个 | 2268 | 2269 |
| 二、土地面积 | 平方公里 | 331 | 331 |
| 年末耕地面积 | 千公顷 | 9.01 | 9.1 |
| 三、人口 | | | |
| 总户数 | 户 | 105373 | 105240 |
| 总人口(户籍) | 人 | 282046 | 281606 |
| 男 | 人 | 138089 | 137962 |
| 女 | 人 | 143957 | 143644 |
| 年平均人口 | 人 | 281826 | 282088 |
| 全年出生人数 | 人 | 2341 | 2708 |
| 出生率 | ‰ | 8.30 | 9.60 |
| 全年死亡人数 | 人 | 2142 | 2384 |
| 死亡率 | ‰ | 7.59 | 8.45 |
| 人口自然增长率 | ‰ | 0.71 | 1.15 |
| 常住人口 | 万人 | 34.26 | 34.21 |
| 四、人口密度 | 人/平方公里 | 852 | 851 |
| 城镇化率 | % | 62.08 | 60.45 |
| 五、地区生产总值 | 亿元 | 504.73 | 475.8 |
| 第一产业增产值 | 亿元 | 12.96 | 11.87 |
| 第二产业增加值 | 亿元 | 261.44 | 249.82 |

续表 66

| 指　　标 | 单位 | 2016 年 | 2015 年 |
|---|---|---|---|
| #工业增加值 | 亿元 | 250.74 | 240.57 |
| 第三产业增加值 | 亿元 | 230.33 | 214.11 |
| 人均地区生产总值 | 元 | 147431 | 139082 |
| 六、工农业总产值 | 万元 | 18418863 | 16420337 |
| #农业总产值 | 万元 | 255344 | 235365 |
| 工业总产值 | 万元 | 18163519 | 16184972 |
| 七、财政总收入 | 亿元 | 80.13 | 71.20 |
| #公共财政预算收入 | 亿元 | 32.50 | 34.03 |
| 财政支出 | 亿元 | 67.61 | 59.26 |
| #地方一般预算支出 | 亿元 | 38.66 | 38.53 |
| 八、进出口总额 | 亿美元 | 5.73 | 5.62 |
| #出口总额 | 亿美元 | 4.54 | 4.79 |
| 进口总额 | 亿美元 | 1.19 | 0.83 |
| 新批三资企业个数 | 个 | 7 | 5 |
| 实际利用外资 | 万美元 | 14055 | 13073 |
| 九、社会消费品零售总额 | 亿元 | 140.92 | 126.78 |
| 十、全社会固定资产投资额 | 万元 | 3050978 | 2561921 |
| #全社会工业性投资额 | 万元 | 2577108 | 2193719 |
| 十一、粮食总产量 | 万吨 | 9.19 | 9.84 |
| 十二、全年用电量 | 万度 | 182594 | 168372 |
| #工业用电量 | 万度 | 129562 | 121794 |
| 城乡居民生活用电量 | 万度 | 28456 | 24084 |
| 十三、邮电业务总量 | 万元 | 103058 | 42489 |
| 客运量 | 万人/次 | 360 | 388 |
| 货运量 | 万吨 | 423 | 415 |
| 十四、保费收入 | 亿元 | 10.7 | 9.49 |
| 财产险 | 亿元 | 2.42 | 2.22 |
| 人寿险 | 亿元 | 8.28 | 7.26 |
| 赔款和给付 | 亿元 | 3.54 | 2.78 |

续表 66

| 指　　标 | 单位 | 2016 年 | 2015 年 |
|---|---|---|---|
| 财产险 | 亿元 | 1.32 | 1.31 |
| 人寿险 | 亿元 | 2.22 | 1.46 |
| 十五、人民生活 | | | |
| 城镇居民人均可支配收入 | 元 | 45841.8 | 42407 |
| 城镇居民人均生活消费支出 | 元 | 24103.4 | 22486 |
| 农村居民人均可支配收入 | 元 | 23855.2 | 21885 |
| 农村居民人均生活消费支出 | 元 | 16574.4 | 14890 |
| 十六、年末金额机构存款余额 | 万元 | 5868991 | 4756847 |
| #城乡居民储蓄存款余额 | 万元 | 2767771 | 2611125 |
| 年末金融机构贷款余额 | 万元 | 4317181 | 3853125 |
| 城乡居民人均储蓄款余额 | 元 | 81348 | 76010 |
| 十七、教育、卫生 | | | |
| 普通中学在校学生数 | 人 | 9667 | 9423 |
| 小学在校学生数 | 人 | 14307 | 14171 |
| 幼儿园在园幼儿数 | 人 | 7247 | 7271 |
| 卫生机构数 | 个 | 94 | 88 |
| 医院、卫生院技术人员数 | 人 | 1733 | 1174 |
| 十八、年末从业人员 | 万人 | 21.72 | 21.58 |
| #第一产业 | 万人 | 1.33 | 1.37 |
| 第二产业 | 万人 | 11.73 | 11.79 |
| #工业 | 万人 | 4.72 | 10.36 |
| 第三产业 | 万人 | 8.66 | 8.42 |
| #交通运输 | 万人 | 0.09 | 0.55 |
| 批发和零售业 | 万人 | 0.25 | 1.81 |
| 年末从业人员中：个体从业人员 | 万人 | 2.82 | 2.34 |

## 扬中市各镇(区)社会经济指标一览表(一)

表 67

| | 单位 | 新坝镇 | | 三茅街道 | | 油坊镇 | |
|---|---|---|---|---|---|---|---|
| | | 2016 年 | 2015 年 | 2016 年 | 2015 年 | 2016 年 | 2015 年 |
| 年末总人口 | 人 | 47208 | 47511 | 112933 | 110980 | 41684 | 42167 |
| 年平均人口 | 人 | 47360 | 47741 | 111957 | 110377 | 41926 | 42708 |
| 地区生产总值 | 亿元 | 170.32 | 153.26 | 103.51 | 94.10 | 61.27 | 55.55 |
| # 第一产业增加值 | 亿元 | 2.44 | 2.43 | 2.95 | 2.93 | 2.63 | 2.71 |
| 第二产业增加值 | 亿元 | 119.51 | 108.66 | 34.03 | 32.51 | 41.91 | 38.34 |
| 第三产业增加值 | 亿元 | 48.37 | 42.17 | 66.53 | 58.65 | 16.73 | 14.49 |
| 工农业总产值 | 万元 | 6468879 | 6467383 | 2419782 | 3450958 | 1853024 | 1707575 |
| # 工业总产值 | 万元 | 6426526 | 6428812 | 2368093 | 3403757 | 1806393 | 1664084 |
| 农业总产值 | 万元 | 42353 | 38571 | 51689 | 47201 | 46631 | 43491 |
| 行政区域面积 | 公顷 | 4920 | 4920 | 7716 | 7716 | 4593 | 4593 |
| 年末常用耕地面积 | 公顷 | 1748 | 1774 | 1824 | 1841 | 2108 | 2104 |

## 扬中市各镇(区)社会经济指标一览表(二)

表 68

| | 单位 | 八桥镇 | | 西来桥 | | 经开区 | |
|---|---|---|---|---|---|---|---|
| | | 2016 年 | 2015 年 | 2016 年 | 2015 年 | 2016 年 | 2015 年 |
| 年末总人口 | 人 | 33034 | 33357 | 17724 | 17798 | 29463 | 29793 |
| 年平均人口 | 人 | 33196 | 33479 | 17761 | 17859 | 29628 | 29923 |
| 地区生产总值 | 亿元 | 40.05 | 36.40 | 20.64 | 18.49 | 51.86 | 47.32 |
| # 第一产业增加值 | 亿元 | 1.91 | 1.96 | 0.93 | 0.94 | 1.48 | 1.51 |
| 第二产业增加值 | 亿元 | 26.36 | 21.37 | 13.17 | 11.96 | 37.93 | 34.91 |
| 第三产业增加值 | 亿元 | 11.78 | 13.07 | 6.45 | 5.59 | 12.45 | 10.90 |
| 工农业总产值 | 万元 | 770813 | 1481257 | 461664 | 472123 | 2421459 | 2805461 |
| # 工业总产值 | 万元 | 736475 | 1449849 | 445282 | 457190 | 2395503 | 2781280 |
| 农业总产值 | 万元 | 34338 | 31408 | 16382 | 14933 | 25956 | 24181 |
| 行政区域面积 | 公顷 | 3458 | 3458 | 1950 | 1950 | 2740 | 2740 |
| 年末常用耕地面积 | 公顷 | 1531 | 1533 | 728 | 756 | 1009 | 1021 |

## 扬中市工业基本情况一览表(一)

表 69

单位:个、人、万元

| 项目 | 单位数 | 现价产值 | 职工人数 |
|---|---|---|---|
| 总计 | 4171 | 18163519 | 105355 |
| 其中:2000 万元以上企业 | 460 | 14178272 | 78938 |
| 2000 万元以下企业 | 3711 | 3985247 | 26417 |
| 村以下企业 | — | — | — |
| 全部工业产值分组 | — | — | — |
| 村以下工业 | — | — | — |
| 2000 万元以下工业 | 3711 | 3985247 | 26417 |
| 2000~3000 万元 | 202 | 474555 | 10991 |
| 3000~4000 万元 | 67 | 236131 | 4487 |
| 4000~6000 万元 | 38 | 181899 | 3042 |
| 6000~8000 万元 | 18 | 120887 | 1702 |
| 8000~10000 万元 | 14 | 125782 | 2345 |
| 10000 万元以上 | 121 | 13039018 | 56371 |

## 扬中市工业基本情况一览表(二)

表 70

单位:个、人、万元

| 镇区 | 单位数 | 职工人数 | 工业总产值 |
|---|---|---|---|
| 合　计 | 460 | 78938 | 14178272 |
| 新　坝 | 116 | 31546 | 6426526 |
| 三　茅 | 122 | 14863 | 2368093 |
| 油　坊 | 72 | 9598 | 1806393 |
| 八　桥 | 52 | 5862 | 736475 |
| 西来桥 | 23 | 2699 | 445282 |
| 经开区 | 75 | 14370 | 2395503 |

## 扬中市工业基本情况一览表(三)

表 71

单位:万元

| 镇区 | 产品销售收入 | 利税总额 | 其中:利润总额 |
|---|---|---|---|
| 合　计 | 13659502 | 1548701 | 941584 |
| 新　坝 | 6179763 | 729862 | 442896 |
| 三　茅 | 2264575 | 206819 | 131302 |
| 油　坊 | 1750803 | 202447 | 129036 |
| 八　桥 | 697138 | 59771 | 37224 |
| 西来桥 | 426918 | 32556 | 17744 |
| 经开区 | 2340305 | 317246 | 183382 |

## 扬中市规模工业分行业情况一览表

表 72

单位:个、万元

| 行业名称 | 单位数 | 工业总产值 | 销售收入 | 利税总额 |
|---|---|---|---|---|
| 合　计 | 460 | 14178273 | 13659502 | 1548701 |
| 工程电气 | 239 | 8673189 | 8350215 | 916513 |
| 其中:桥架等金属制造业 | 108 | 1568724 | 1506328 | 139190 |
| 开关柜 | 116 | 6940104 | 6688036 | 757773 |
| 其他 | 15 | 164361 | 155851 | 19550 |
| 新能源产业 | 28 | 3012507 | 2917797 | 412886 |
| 其中:光伏产业 | 27 | 2481162 | 223625 | 328399 |
| 装备制造业 | 52 | 952016 | 902743 | 77762 |
| 其中:船舶制造 | 6 | 687127 | 636073 | 50525 |
| 农副食品加工制造业 | 1 | 53338 | 53331 | 2313 |
| 纺织、服装及鞋帽制造业 | 16 | 146308 | 142416 | 12789 |
| 化工及医药制品制造业 | 23 | 242308 | 234274 | 21388 |
| 木、纸制品及文体用品制造业 | 17 | 152018 | 152749 | 12562 |
| 四氟、塑料制品制造业 | 37 | 214703 | 208714 | 18633 |
| 砂布、焊料等非金属制造业 | 19 | 364955 | 352548 | 36065 |
| 金属冶炼和压延加工制造业 | 9 | 157908 | 147218 | 8783 |
| 仪器仪表及其他制造业 | 17 | 191206 | 178419 | 23933 |
| 水、电及燃气的生产供应业 | 2 | 17817 | 19078 | 5074 |

## 扬中市农林牧渔业总产值一览表(一)

表 73

单位:万元、%

| | 总计 | | | 种植业 | | | 林业 | | |
|---|---|---|---|---|---|---|---|---|---|
| | 2016年 | 2015年 | % | 2016年 | 2015年 | % | 2016年 | 2015年 | % |
| 合 计 | 255344 | 235365 | 8.49 | 124629 | 115247 | 8.14 | 9720 | 8673 | 12.07 |
| 新 坝 | 42353 | 38571 | 9.81 | 24682 | 22541 | 9.50 | 2465 | 2189 | 12.61 |
| 三 茅 | 51689 | 47201 | 9.51 | 25298 | 23418 | 8.03 | 2001 | 1746 | 14.60 |
| 油 坊 | 46631 | 43491 | 7.22 | 23086 | 21675 | 6.51 | 1882 | 1858 | 1.29 |
| 八 桥 | 34338 | 31408 | 9.33 | 19377 | 17836 | 8.64 | 1251 | 859 | 45.63 |
| 西来桥 | 16382 | 14933 | 9.70 | 7460 | 6879 | 8.45 | 778 | 624 | 24.68 |
| 经开区 | 25956 | 24181 | 7.34 | 13647 | 12711 | 7.36 | 580 | 646 | -10.22 |
| 场 圃 | 37995 | 35580 | 6.79 | 11079 | 10147 | 9.18 | 763 | 751 | 1.60 |

## 扬中市农林牧渔业总产值一览表(二)

表 74

单位:万元、%

| | 畜牧业 | | | 渔业 | | | 农业服务业 | | |
|---|---|---|---|---|---|---|---|---|---|
| | 2016年 | 2015年 | % | 2016年 | 2015年 | % | 2016年 | 2015年 | % |
| 合 计 | 33697 | 31283 | 7.72 | 40820 | 36437 | 12.03 | 46478 | 43765 | 6.20 |
| 新 坝 | 4724 | 4386 | 7.71 | 7195 | 6360 | 13.13 | 3287 | 3095 | 6.20 |
| 三 茅 | 8875 | 8226 | 7.89 | 11711 | 10229 | 14.49 | 3804 | 3582 | 6.20 |
| 油 坊 | 7506 | 6971 | 7.67 | 10089 | 9156 | 10.19 | 4068 | 3831 | 6.19 |
| 八 桥 | 5626 | 5225 | 7.67 | 4788 | 4384 | 9.22 | 3296 | 3104 | 6.19 |
| 西来桥 | 2424 | 2254 | 7.54 | 2789 | 2416 | 15.44 | 2931 | 2760 | 6.20 |
| 经开区 | 4516 | 4196 | 7.63 | 4040 | 3640 | 10.99 | 3173 | 2988 | 6.19 |
| 场 圃 | 26 | 25 | 4.00 | 208 | 252 | -17.46 | 25919 | 24405 | 6.20 |

## 扬中市农林牧渔业增加值一览表(一)

表 75

单位:万元、%

| | 总计 | | | 种植业 | | | 林业 | | |
|---|---|---|---|---|---|---|---|---|---|
| | 2016 年 | 2015 年 | % | 2016 年 | 2015 年 | % | 2016 年 | 2015 年 | % |
| 合　计 | 161906 | 149182 | 8.53 | 80510 | 74260 | 8.42 | 5881 | 5272 | 11.55 |
| 新　坝 | 26719 | 24328 | 9.83 | 15912 | 14533 | 9.49 | 1499 | 1331 | 12.62 |
| 三　茅 | 32188 | 29381 | 9.55 | 16310 | 15098 | 8.03 | 1216 | 1061 | 14.61 |
| 油　坊 | 29141 | 27179 | 7.22 | 14884 | 13975 | 6.50 | 1144 | 1129 | 1.33 |
| 八　桥 | 21444 | 19619 | 9.30 | 12492 | 11499 | 8.64 | 760 | 522 | 45.59 |
| 西来桥 | 10335 | 9421 | 9.70 | 4809 | 4435 | 8.43 | 473 | 379 | 24.80 |
| 经开区 | 16222 | 15112 | 7.35 | 8798 | 8195 | 7.36 | 353 | 393 | -10.18 |
| 场　圃 | 25857 | 24116 | 7.22 | 7305 | 6525 | 11.95 | 436 | 457 | -4.60 |

## 扬中市农林牧渔业增加值一览表(二)

表 76

单位:万元、%

| | 畜牧业 | | | 渔业 | | | 农业服务业 | | |
|---|---|---|---|---|---|---|---|---|---|
| | 2016 年 | 2015 年 | % | 2016 年 | 2015 年 | % | 2016 年 | 2015 年 | % |
| 合　计 | 16680 | 15479 | 7.76 | 26533 | 23734 | 11.79 | 32302 | 30415 | 6.20 |
| 新　坝 | 2337 | 2170 | 7.70 | 4687 | 4143 | 13.13 | 2284 | 2151 | 6.18 |
| 三　茅 | 4391 | 4070 | 7.89 | 7628 | 6663 | 14.48 | 2643 | 2489 | 6.19 |
| 油　坊 | 3714 | 3449 | 7.68 | 6572 | 5964 | 10.19 | 2827 | 2662 | 6.20 |
| 八　桥 | 2783 | 2585 | 7.66 | 3119 | 2856 | 9.21 | 2290 | 2157 | 6.17 |
| 西来桥 | 1199 | 1115 | 7.53 | 1817 | 1574 | 15.44 | 2037 | 1918 | 6.20 |
| 经开区 | 2234 | 2076 | 7.61 | 2632 | 2371 | 11.01 | 2205 | 2077 | 6.16 |
| 场　圃 | 22 | 14 | 57.14 | 78 | 163 | -52.15 | 18016 | 16961 | 6.22 |

# 扬中市农村住户人均收支情况一览表

表 77

| 指标名称 | 单位 | 2016 年 | 2015 年 | 增幅 |
|---|---|---|---|---|
| 常住人口 | 人 | 352.0 | 351.0 | 0.3 |
| 农村常住居民可支配收入 | 元 | 23855.2 | 21885.5 | 9.0 |
| (一)工资性收入 | 元 | 15338.9 | 14028.6 | 9.3 |
| (二)经营净收入 | 元 | 4818.7 | 4442.8 | 8.5 |
| (三)财产净收入 | 元 | 1335.9 | 1225.6 | 9.0 |
| (四)转移净收入 | 元 | 2361.7 | 2188.6 | 7.9 |
| 生活消费支出 | 元 | 16574.4 | 14889.9 | 11.3 |
| 1.食品烟酒 | 元 | 4906.0 | 4392.5 | 11.7 |
| 2.衣着 | 元 | 1955.8 | 1771.9 | 10.4 |
| 3.居住 | 元 | 2651.9 | 2412.2 | 9.9 |
| 4.生活用品及服务 | 元 | 812.2 | 744.5 | 9.1 |
| 5.交通通信 | 元 | 1872.9 | 1682.6 | 11.3 |
| 6.教育文化娱乐 | 元 | 3016.5 | 2695.1 | 11.9 |
| 7.医疗保健 | 元 | 861.9 | 759.4 | 13.5 |
| 8.其他用品和服务 | 元 | 497.2 | 431.8 | 15.1 |
| 恩格尔系数 | % | 29.6 | 29.5 | 0.3 |
| 文教娱乐系数 | % | 18.2 | 18.1 | 0.6 |
| 期末耐用消费品情况 | | | | |
| 1.家用汽车 | 辆 | 29 | 25 | 16.00 |
| 2.摩托车 | 辆 | 22 | 22 | — |
| 3.助力车 | 台 | 145 | 145 | — |
| 4.洗衣机 | 台 | 98 | 98 | — |
| 5.电冰箱(柜) | 台 | 98 | 98 | — |
| 6.微波炉 | 台 | 84 | 84 | — |
| 7.彩色电视机 | 台 | 196 | 196 | — |
| 其中:接入有线电视 | 台 | 164 | 168 | -2.38 |
| 8.空调 | 台 | 172 | 167 | 2.99 |
| 9.热水器 | 台 | 93 | 93 | — |
| 其中:太阳能热水器 | 台 | 87 | 87 | — |
| 10.消毒碗柜 | 台 | 2 | 2 | — |
| 11.洗碗机 | 台 | — | — | — |

续表 77

| 指标名称 | 单位 | 2016 年 | 2015 年 | 增幅 |
|---|---|---|---|---|
| 12.排油烟机 | 台 | 23 | 23 | — |
| 13.固定电话 | 线 | 81 | 80 | 1.3 |
| 14.移动电话 | 部 | 254 | 254 | — |
| 其中:接入互联网 | 部 | 85 | 88 | -3.4 |
| 15.计算机 | 台 | 69 | 69 | — |
| 其中:接入互联网 | 台 | 66 | 66 | — |
| 16.摄像机 | 台 | — | — | — |
| 17.照相机 | 台 | 23 | 23 | — |
| 18.中高档乐器 | 架 | 1 | 1 | — |
| 19.健身器材 | 台 | 8 | 8 | — |
| 20.组合音响 | 套 | 13 | 13 | — |

## 扬中市城镇住户人均收支情况一览表

表 78

| 指标名称 | 单位 | 2016 年 | 2015 年 | 增幅 |
|---|---|---|---|---|
| 常住人口 | 人 | 344.3 | 338.8 | 1.6 |
| 城镇常住居民可支配收入 | 元 | 45841.8 | 42406.8 | 8.1 |
| (一)工资性收入 | 元 | 29247.1 | 26758.7 | 9.3 |
| (二)经营净收入 | 元 | 8526.6 | 8057.3 | 5.8 |
| (三)财产净收入 | 元 | 2051.4 | 1908.3 | 7.5 |
| (四)转移净收入 | 元 | 6016.7 | 5682.5 | 5.9 |
| 生活消费支出 | 元 | 24103.4 | 22486.4 | 7.2 |
| 1.食品烟酒 | 元 | 7110.5 | 6633.5 | 7.2 |
| 2.衣着 | 元 | 3109.3 | 2945.7 | 5.6 |
| 3.居住 | 元 | 2940.6 | 2743.3 | 7.2 |
| 4.生活用品及服务 | 元 | 1181.1 | 1124.3 | 5.1 |
| 5.交通通信 | 元 | 2506.8 | 2316.1 | 8.2 |
| 6.教育文化娱乐 | 元 | 4459.1 | 4115.0 | 8.4 |
| 7.医疗保健 | 元 | 1976.5 | 1821.4 | 8.5 |
| 8.其他用品和服务 | 元 | 819.5 | 787.0 | 4.1 |

续表 78

| 指标名称 | 单位 | 2016 年 | 2015 年 | 增幅 |
|---|---|---|---|---|
| 恩格尔系数 | % | 29.5 | 29.5 | — |
| 文教娱乐系数 | % | 18.5 | 18.3 | 1.1 |
| 期末耐用消费品情况 | | | | |
| 1.家用汽车 | 辆 | 57 | 54 | 5.6 |
| 2.摩托车 | 辆 | 26 | 29 | -10.3 |
| 3.助力车 | 台 | 131 | 131 | — |
| 4.洗衣机 | 台 | 107 | 107 | — |
| 5.电冰箱(柜) | 台 | 105 | 105 | — |
| 6.微波炉 | 台 | 102 | 102 | — |
| 7.彩色电视机 | 台 | 232 | 232 | — |
| 其中:接入有线电视 | 台 | 223 | 225 | -0.9 |
| 8.空调 | 台 | 237 | 237 | — |
| 9.热水器 | 台 | 121 | 121 | — |
| 其中:太阳能热水器 | 台 | 98 | 98 | — |
| 10.消毒碗柜 | 台 | 14 | 14 | — |
| 11.洗碗机 | 台 | 3 | 3 | — |
| 12.排油烟机 | 台 | 85 | 85 | — |
| 13.固定电话 | 线 | 110 | 110 | — |
| 14.移动电话 | 部 | 252 | 251 | 0.4 |
| 其中:接入互联网 | 部 | 196 | 196 | — |
| 15.计算机 | 台 | 121 | 121 | — |
| 其中:接入互联网 | 台 | 119 | 119 | — |
| 16.摄像机 | 台 | 13 | 13 | — |
| 17.照相机 | 台 | 61 | 61 | — |
| 18.中高档乐器 | 架 | 8 | 9 | -11.1 |
| 19.健身器材 | 台 | 27 | 28 | -3.6 |
| 20.组合音响 | 套 | 26 | 26 | — |

## 扬中市全社会固定资产投资完成情况一览表

表 79 单位：万元

| 项　　目 | 2016 年 | 2015 年 |
| --- | --- | --- |
| 固定资产投资 | 3050978 | 2561921 |
| 一产投资 | 1900 | 1500 |
| 二产投资 | 2577108 | 2193719 |
| 三产投资 | 471970 | 366702 |
| 投资总额中： 产业投资 | 2675733 | 2301888 |
| 工业投资 | 2577108 | 2193719 |
| 工业技改投资 | 1128490 | 856162 |
| 新兴产业投资 | 1861679 | 1965996 |
| 文化产业投资 | 87742 | 91450 |
| 房地产投资 | 248612 | 174728 |
| 投资总额中： 亿元以上项目投资 | 1964625 | 2052918 |

## 扬中市财政收入一览表

表 80 单位：万元

| 预算科目 | 2016 年 | 2015 年 |
| --- | --- | --- |
| 财政收入 | 801360 | 712033 |
| 中央财政收入 | 180524 | 173635 |
| 增值税(75%) | 127686 | 127034 |
| 消费税 | 168 | 156 |
| 企业所得税(60%) | 38780 | 32615 |
| 个人所得税(60%) | 13890 | 13830 |
| 地方财政收入 | 620836 | 538396 |
| # 公共财政预算收入 | 325028 | 340328 |
| # 各项税收 | 267228 | 292189 |
| # 增值税(25%) | 84749 | 42345 |
| 营业税 | 81471 | 148026 |
| 企业所得税(40%) | 9499 | 21743 |
| 个人所得税(40%) | 9260 | 9220 |

# 附 录

## 中共扬中市委 扬中市人民政府 关于深入实施农业现代化工程建设“强富美高”新农村的实施意见

扬发〔2016〕1号

各镇党委、政府，各街道党工委、办事处，开发区党工委、管委会，市委各部委办局，市各委办局，各人民团体，市直各单位：

2016年是“十三五”发展的开局之年，也是扬中农业现代化提标奋进之年。为深入贯彻“五大发展”理念，扎实推进新型城镇化和农业现代化，全力建设“强富美高”新农村，结合我市实际，制定本实施意见。

一、总体要求

以党的十八大、十八届五中全会以及习总书记系列重要讲话精神为引领，坚持创新、协调、绿色、开放、共享发展理念，紧紧围绕农业增效、农民增收、农村增色，扎实推进农业供给侧结构性改革，加快转变农业发展方式，推动城乡一体化与农业现代化双轮驱动、互促共进，全力建设“强富美高”新农村。

二、目标任务

2016年完成农林牧渔增加值15.4亿元以上，粮食亩产510公斤以上，设施园艺面积占耕地比重达25.8%以上；农村居民人均可支配收入增长9%以上，村均经营性收入增长10%以上；农村环境明显改善，建成省级“美丽乡村”3个、“水美乡村”5个，镇江市“美丽宜居镇”1个、“美丽宜居村”2个；农民文明素质、乡村社会文明程度明显提高，“强富美高” 新农村建设取得明显成效。

三、工作举措

(一)加快转变农业发展方式，开辟“农业强”的转型路径。

1.优化产业布局和生产结构。根据我市自然禀赋，合理划定农业产业区域空间，科学规划特种水产养殖、设施蔬菜园艺和休闲观光农业等优势主导产业，形成规模化生产、集约化经营为主的现代农业产业发展格局。

(1)加快现代农业园区建设。按照“三集”发展要求，以创建国家级现代农业园区为目标，充分整合各方资源，推进农业园区基础设施建设，力争园区固定资产投资增幅达17%，农业总产值增幅达12%。市财政每年安排100万元专项资金，用于省级现代渔业产业园区创新平台等基础设施建设。

(2)大力发展特种水产养殖业。加快现代渔业发展，建设一批高水平的水产品生产基地和健康养殖示范场。对当年新增工厂化养殖面积2000平方米以上，严格按照标准化技术规程实施，从事鮰鱼、刀鱼、河豚等养殖的，奖励投资主体6万元；对当年新增网箱养殖面积1万平方米以上，严格按照标准化技术规程实施，从事鮰鱼、刀鱼、河豚等养殖的，奖励投资主体20万元；对当年新增标准化连片池塘100亩以上，从事螃蟹养殖且严格按照标准化技术规程实施的，奖励投资主体1000元/亩。

(3)扶持发展设施蔬菜园艺业。积极开展以蔬菜园艺优质品种引选和高效技术推广示范为目标的 “一村一品”特色村和示范镇创建，对获得省、市认定的“一村一品”示范村镇按省、市补贴资金1:1进行配套奖励。加强蔬菜园艺生产设施化建设，对当年新建连栋大棚10亩(投影面积)、智能温室5000平方米以上的，按连栋大棚、智能温室建设财务支出的6%给予奖励。深入推进万亩秧草产业化工程，开展村级示范基地评选，市财政每年设立100万元的专项资金，扶持秧草产业发展(考核细则另行制定)。

(4)鼓励发展休闲观光农业。加强休闲农业市场推广及特色农产品推介和产销对接，促进休闲农业与文化、科技、旅游深度融合，丰富休闲农业发展内涵，打造一批休闲农业示范点。对新评定为国家乡村旅游示范点的奖励10万元；对新评定为江苏省旅游强镇、特色旅游村的分别奖励10万元、5万元；对新评定的省四星、三星、二星级乡村旅游点的分别奖励5万元、3万元、2万元。

(5)加强农产品品牌建设。深入实施农产品品牌战略，用好扬中秧草、江蟹、江虾、刀鱼、河豚等国家地理标志商标，不断提升扬中农产品知名度。对当年发布的国家级、省级农业行业标准，分别奖励标准起草单位5万元、3万元；对当年获得国家地理标志产品、地理标志集体商标、地理标志证明商标、农产品地理标志产品的单位，每个证书分别奖励5万元；对当年创成省农业标准化示范区、省农产品"创牌立信"示范单位的奖励1万元；对当年新申报获得省级无公害、绿色、有机认证的农产品，且生产记录完整的，每个分别奖励0.3万元、0.5万元和1万元。

2.培育新型农业经营主体。积极发展多种形式的适度规模经营，大力培育家庭农场、农民合作社、农业龙头企业等新型农业经营主体。

(1)积极发展家庭农场。鼓励有一定规模的种养大户成立家庭农场，经工商注册登记，从事蔬菜或粮食种植，面积达到100亩以上，且当年基础设施、生产设施投入100万元（粮食类30万元、农机具投资除外）以上，运行管理规范的，按财务支出的5%给予奖励。

(2)鼓励开展合作经营。支持农民土地股份合作、社区股份合作等多种形式的合作组织发展，对当年农户以土地经营权入股面积500亩，且从事农业生产(非粮食种植)的农民土地股份合作社，奖励10万元，每增加50亩再奖励1.5万元。

(3)扶持发展龙头企业。引导农业企业发展精深加工，促进做特做强，提升农业产业化水平。对首次被评为国家级、省级、镇江市级的重点农业龙头企业，分别奖励30万元、20万元、5万元。

(4)发展农业社会化服务。积极组建统一品种、机播、配方施肥、灌溉、病虫害防治、机收的新型农业社会化服务组织，对当年"六统一"作业面积达300亩(含)以上的，有固定场所、专业人员、作业机械并建有完善的作业台账的社会化服务组织，奖励服务经营主体3万元，每增加100亩再奖励1万元。

3.加强农业要素保障。切实加强农业基础设施、农机装备等保障，为农业转型发展创造良好条件。

(1)加大用地保障力度。对高效设施农业用地，凡不破坏耕作条件的，按农业用地管理；现代农业园区建设中的管理、仓储用房以及配套服务等附属设施用地，按照农村集体建设用地管理，但不得超过农业项目用地指标的3%。

(2)加大资金保障力度。现代农业园区内道路、供电、供气、给排水、通信等公共基础设施建设过程中涉及的各类行政事业性收费，参照《关于进一步加快开发区和各工业集中区建设的意见》(扬发〔2008〕12号)执行。

(3)加大农机装备力度。设立300万元农机专项资金，对农机具继续给予补贴，并开展农业生产全程机械化整村推进示范村创建，提高粮食生产和秸秆还田机械化水平。对粮食作物种植面积在2000亩以上，且已成立农机服务专业合作社，在粮食生产主要环节全程机械化推进的行政村给予资金奖励（考核奖励办法另行制定）。

(二)多元推进农民收入增长，提升"农民富"的内涵品质。

1.积极引导农民创业就业。完善城乡平等的就业制度和公共就业服务体系，将农村创业富民纳入"四大行动计划"统筹推进，提升创业孵化载体建设水平，打造"众创空间"。全面实施农村劳动力转移就业计划，有序推进农业转移人口就地就近市民化。完善农民工参保和社保关系转移接续政策，畅通参保人员双向流动通道，依法维护农民工合法权益。

2.加快发展农村电子商务。大力推广"一村一品一店"模式，引导新型农业经营主体发展"互联网+农业"，推动实物流通和电子商务相结合，拓展农产品流通渠道，对当年加盟电商平台或自主建设电商平台，且实现网上销售50万元以上的奖励2万元。

3.着力深化农村综合改革。积极稳妥推进农村集体产权制度改革，稳步开展农村集体资产产权登记，全面完成农村土地承包经营权确权登记颁证。建成市镇两级农村产权交易平台，经费由各级财政予以保障。推进农村金融改革创新，稳妥开展农村土地承包经营权和农民住房财产权抵押质押融资，市财政根据贷款金额给予金融机构2‰的奖励。鼓励担保公司加大对新型农业经营主体的贷款担保服务力度，市财政根据贷款担保额度给予6‰的奖励。

4.实施精准扶贫、精准脱贫工程。制定新一轮农村扶贫开发规划，健全精准扶贫工作机制。实施村级集体经济发展"1010"行动，完善"第一书记"驻村帮扶制度，整合各方资源，加快经济薄弱村发展。对镇江市认定的经济薄弱村实施的稳定增收项目，市财政按照镇江市奖补资金1:1进行配套奖励；对村集体建设物业用房的，行政事业性收费一律按下限减半征收；对年经营性收入150万元以下的行政村(社区)出租物业用房收入相关税收,地方留成部分实行全额补贴。继续推行低收入人口“5+1”结对帮扶,完善城乡社会救助体系,实行特困群众基本生活救助、医疗救助、住房保障、托底工程,全面消除年收入8000元以下的农村低收入人口。

(三)加强农村生态环境建设,彰显“农村美”的宜居特质。

1.加强农村生态保护修复。严守耕地保护、开发强度和生态保护“三条红线”,划定永久基本农田,推进高标准农田建设,实行耕地数量、质量和生态“三位一体”保护。加大江滩、河道管理和保护力度,严肃查处非法侵占和违章违法建设行为,并纳入所在村(社区)公共服务“八位一体”运行维护考核。深化农业面源污染防控治理,加强农药、化肥等农资市场监管,开展畜禽污染减排治理,从源头控制和削减农业面源污染。严格执行休渔禁渔制度,大力实施增殖放流,促进渔业经济与资源环境协调发展。鼓励现有畜禽养殖场改造升级,对当年创建成农业部、省级畜禽标准化示范场的分别奖励2万元、1万元。积极推进秸秆综合利用,对加工销售秸秆固化成型成品的给予适当补助。

2.改善农村基础设施条件。健全农村基础设施长效投入机制,每年安排土地调规指标和专项资金,推进农村新社区和规划居民点建设,引导农民集中居住。实施农村公路提档升级工程和安防工程,拓宽改造农村公路20公里。推进城乡客运一体化建设,增设公交设施和线路,全面实现“一卡通”。

3.推进农村人居环境整治。实施“五水联治”行动,打造水清岸绿景美的水乡风貌。完善村级公共服务“八位一体”运行维护机制,完成标准化试点,提升农村公共服务运行维护水平。开展绿色低碳示范村庄(小区)创建,统筹实施小区庭院绿化、农村河道清淤、生活污水处理、“金屋顶”计划、村庄环境综合整治等行动,每年评选2~3个,对创成绿色低碳示范村庄(小区)的奖励100万元(具体评审办法另行制定)。

(四)改善农村公共管理服务,开创“农村社会文明程度高”的崭新局面。

1.提升农村公共服务水平。加快发展农村学前教育,推进农村学校教育布局调整,改善义务教育薄弱学校办学条件,健全城乡一体化的教育发展机制。加强城乡居民医疗保险信息平台建设维护,健全城乡医疗救助制度,构建市镇村一体的协作医疗,提升基层诊疗水平。实施“全民参保登记计划”,巩固扩大农村社会保险覆盖面。加快推进国家基层综合文化服务中心建设试点,合理规划布点城乡社区健身休闲场地,完善城乡公共文化服务网络。

2.加强农村基层党的建设。按照“六强六过硬”的要求,认真做好村(社区)“两委”集中换届工作,健全优秀村书记考核激励政策,打造坚强的基层战斗堡垒。加强“双型”党支部建设,确保四星级以上党支部占比达15%。深入推进联系服务群众“六项工程”,开展村级“四有一责”建设提升行动,深化“四个一”、“四式”联系服务群众机制,打通联系服务群众的“最后一米”。

3.创新完善农村治理体系。加强镇(街、区)服务型政府建设,探索以农村社区为基本单元的村民自治制度,完善充满活力的基层社会治理体系。加快推进“三社联动”,构建多元主体参与社区建设机制。推进“政社互动”,保障基层政府对村(社区)指导到位、“费随事转”经费到位。

4. 提升农村文明法治水平。加强农民思想道德建设,深化文明村镇等各类创建评选,提高农民文明素质和农村社会文明程度。深入推进平安法治村(社区)创建,广泛开展“送法下乡入户”、“手拉手、与法同行”等普法活动,进一步弘扬法治精神和法治理念。开展“邻里守望”、生态文明等志愿服务,宣传优秀基层干部、道德模范、身边好人,培育人文精神、乡贤文化、和谐村风。

四、工作要求

1.强化组织领导。进一步健全市委统一领导、党政齐抓共管、部门各负其责的农村工作领导体制和工作机制。党政“一把手”亲自抓,分管领导具体抓,把重中之重的要求体现在工作推进、资金投入中,推动习总书记“三农”讲话精神落地生根。

2.强化宣传引导。切实加大农村政策宣传力度,广泛运用新闻媒体,宣传“三农”政策、农业科技、文明乡风,不断提升宣传覆盖面。及时总结推广基层实践中探索的好经验、好做法,加大对外推介力度,以点带面推进“强富美高”新农村建设不断引向深入。

3.强化考核奖惩。对各项涉农奖补政策严格考核、从严把关,擅自改变土地农业用途,以及农业项目内存在违法、违规建设或项目位于城市、集镇规划控制区范围内的,均不得享受本意见扶持政策。所有农业项目奖项均不重复奖补,凡当年享受市本级以上财政资金投入的,按照就高不就低的原则,抵减奖补金额。所有按财务支出考核的奖补项目须提供正规的合同和票据。对弄虚作假骗取奖补资金的,追回全部奖补资金,并追究相关责任人责任。

本意见自下发之日起执行,过去有关政策与本意见不一致的,以本意见为准。

2016年3月31日

# 中共扬中市委　扬中市人民政府 关于开展“扬帆‘十三五’　开启新征程”大讨论大推进活动的实施意见

扬发〔2016〕11 号

各镇党委、政府，各街道党工委、办事处，开发区党工委、管委会，市委各部委办局，市各委办局，各人民团体，市直各单位：

为深入开展“两学一做”学习教育，更加准确把握“十三五”发展面临的形势和任务，清醒认识扬中发展存在的优势和不足，动员全市上下进一步明确方向、理清思路，创新作为、实干担当，全力打造“强富美高”新扬中，决定在全市范围内开展“扬帆‘十三五’　开启新征程”大讨论大推进活动，现制定如下实施意见：

一、指导思想

深入学习贯彻党的十八大、十八届五中全会、习近平总书记系列重要讲话以及省委、镇江市委全会精神，按照“四个全面”战略布局，紧扣“创新、协调、绿色、开放、共享”五大发展理念，以“扬帆‘十三五’　开启新征程”为主题，结合“两学一做”学习教育，组织全市广大干部群众，开展多层面、多形式的大讨论大推进活动，持续推进思想大解放、环境大优化、扬中大发展，形成全面深化改革、加快建设“强富美高”新扬中的生动局面。

二、目的任务

1. 总结提炼行之有效的“扬中经验”，进一步增强发展自信。在全景回顾扬中发展历程，全面总结我市经济、社会、民生、党建等方面取得的成绩基础上，系统归纳、提炼被实践证明的成功做法和经验，加大宣传推广力度，争取在全国、全省形成 2~3 个“扬中亮点”，扩大扬中的影响力，增强干部群众的自豪感。

2. 梳理分析得天独厚的“扬中优势”，进一步激扬发展热情。全面梳理分析我市在产业、资源、生态、科技、人文等方面具备的显著优势，科学谋划如何充分利用优势，不断放大优势，真正把既有的发展优势转化为现实的发展成果。

3. 厘清找准客观存在的“扬中短板”，进一步提高发展自觉。针对扬中发展中面临的突出问题，深入分析原因、查找症结，厘清找准当前我市存在的问题和“短板”，使全市上下清醒地认识到“扬中优势”与“扬中短板”兼具、机遇与挑战并存，必须切实增强责任感和紧迫感，迎难而上、创新作为、实干担当，才能实现“十三五”的大发展、大繁荣。

4. 深入研究事关发展的“扬中大事”，进一步明晰发展路径。按照“精而准、准而优”的原则，通过广泛研讨、集思广益、充分比选，深入研究若干个事关扬中长远发展、事关群众切身利益的重点课题，形成一批富有创新性、操作性的研究成果，为“十三五”发展提供理论指导和智力支持。

5. 全面推进比学赶超的“扬中实践”，进一步提升发展成效。各地、各部门、各单位要围绕解放思想、创新改革、加快发展，精心选择追赶对象，确立比学赶超的“标杆”，对照榜样学习好经验、好做法，对照标杆找问题、找差距，在全市掀起一轮干事创业、创先争优的热潮，推动扬中发展升档进位。

三、基本原则

1. 坚持学习为先。根据“两学一做”学习教育内容，坚持集中学习与个人自学相结合、专题学习与经常性学习相结合、“请进来”与“走出去”相结合，引导广大党员干部切实把思想和行动统一到市委、市政府的决策部署上来，为大讨论大推进活动奠定坚实思想基础。

2. 突出问题导向。各地各部门要结合各自实际，认真对照工作目标，对照上级要求，对照群众期盼，深入查摆自身存在的问题和事业发展的“短板”，落实整改举措，全面补齐补短补软。

3. 注重实际成效。通过开展大讨论大推进活动，进一步激发干事创业的热情，坚定深化改革的决心，增强创新克难的动力，积极探寻扬中率先发展、转型发展、绿色发展、特色发展的新路径和新举措，为创造“十三五”新辉煌、建设“强富美高”新扬中提供强劲动力。

四、活动安排

(一)组织发动，深入学习

1. 制定方案。研究出台全市“扬帆‘十三五’　开启新征程”大讨论大推进活动方案。各镇(街、区)、各部门结合自身实际，分别制定相应的活动方案和计划。

2. 组织学习。①专题学习。结合“两学一做”学习教育，系统深入地学党章党规，学系列讲话。结合贯彻落实“十三五”规划纲要，系统深入地学习中央、省市有关重要会议精神、“四个全面”战略布局、“新常态”经济学、供给侧结构性改革理论等。②专家论坛。围绕建设“强富美高”新扬中，举办扬中发展高层论坛。③外出考察。组织市党政代表团赴先进地区参观学习，现场举办研讨会，进一步明目标、找差距、谋对策。

（二）梳理经验，排找问题

1. 媒体征集。在本市“两台一报”、网站论坛、手机客户端等媒体举办“扬中，我想对你说”有奖征集活动，提炼“扬中经验”、“扬中优势”、“扬中短板”、“扬中大事”。

2.座谈讨论。各镇（街、区）、各部门、各企事业单位组织开展座谈讨论，提炼“扬中经验”、“扬中优势”、“扬中短板”、“扬中大事”。

3.定向征询。①扬中发展促进会面向广大会员征询“扬中经验”、“扬中优势”、“扬中短板”、“扬中大事”。②市级机关部门征求省、镇江市对口部门相关领导对扬中发展的意见和建议。

（三）筛选课题，开展研讨

1. 确定课题。在前期征集汇总的基础上，经过充分比选论证，提出初步的研讨课题方案，并提请市党政联席会议研究确定重点研讨课题。

2. 座谈研讨。在市一级，分别组织召开镇（街、区）党政领导、机关部门负责同志、党代表、人大代表、政协委员、老干部、企业家、政法界人士、理论界人士、网民、在外扬中人士、企业管理人才和科技人才等座谈会。各镇（街、区）、各部门、各企事业单位也要结合实际、合理安排，对各个课题分别组织形式多样的研讨活动。

3.专题研究。成立由分管市领导任组长，相关部门、镇（街、区）领导和专家学者组成的专项课题研究组。各课题组根据工作需要，参加相关单位和层面的座谈活动，并组织开展相关调研工作。在深入研究基础上，形成相应的研究报告，提请市党政联席会议研究讨论，形成最终的研究成果。

（四）成果学习，宣传推广

1. 开展成果学习。各地、各部门、各单位组织对研究成果进行深入、系统学习，让大家对“扬中经验”、“扬中优势”、“扬中表现”有更加准确、深入的理解和把握。

2.加强成果转化。将课题研究成果吸收进党代会报告，为扬中“十三五”发展提供指导和遵循。

3. 组织专题轮训。将大讨论成果作为今年干部教育培训的重要内容，对党员干部进行专题轮训。

4. 加强成果宣传。争取中央、省、镇江市重点媒体对大讨论成果进行报道、刊载，进一步扩大影响、形成声势。

（五）落实举措，发展提升

1. 制定行动方案。结合本地区、本单位和个人工作实际，对照问题清单，确定赶超对象，制定行动计划方案，明确工作重点。

2. 强化行动落实。对照行动计划方案，全力以赴抓好贯彻落实，尤其是针对查摆出的“短板”和“不足”，抓紧落实工作措施。强化过程控制，对重点工作“每月一通报、双月一过堂、一季一点评、半年一观摩、一年一述职”。严格考核兑现，将考核结果与干部业绩评价、奖惩任用挂钩。

3. 推进建章立制。重点围绕加快发展、简政放权、减轻企业负担、提高办事效率、提升服务水平等方面，制定出台一系列推动改革发展的规章制度与规范性文件。

五、相关要求

1. 层层落实责任。成立由市委、市政府领导挂帅，各镇（街、区）、各有关部门负责同志组成的市“扬帆‘十三五’开启新征程”大讨论大推进活动领导小组，领导小组下设办公室，具体负责大讨论大推进活动的方案制定、统筹协调和督查推进等。各镇（街、区）、各部门也成立相应的活动领导机构，明确专人负责，落实工作责任，切实做好大讨论大推进各项工作。

2. 精心组织实施。各地各部门要进一步统一思想、提高认识，将大讨论大推进活动作为当前一项重要工作，摆上重要位置，严格按照市委、市政府的统一要求，精心研究部署，认真抓好落实，确保不折不扣完成各环节工作。对大讨论形成的成果，要积极运用到工作实践中，最大限度地实现成果转化，努力使大讨论大推进活动取得实实在在的成效。

3. 浓厚活动氛围。市宣传部门要充分利用各类媒体，通过多种形式、多种途径宣传大讨论大推进活动的目的意义、工作动态、理论成果等，报道各单位大讨论大推进活动的好做法和好经验，在全市营造浓厚的舆论氛围。各地各部门要把大讨论大推进活动与促进实际工作结合起来，引导鼓励更多的群众参与讨论，进一步扩大活动的参与面和影响力。

4. 严格督查问效。着力构建倒逼责任落实机制，完善惩戒交流机制和绩效管理机制，激发主动作为、务实作为的强大内生动力。加强对大讨论大推进活动的督查评估工作，及时掌握活动动态，通报工作情况，会商推进工作落实，确保活动有序有效开展。

附：扬中市“扬帆‘十三五’开启新征程”大讨论大推进活动领导小组成员名单

2016年3月8日

附：

**扬中市“扬帆‘十三五’ 开启新征程”大讨论**
**大推进活动领导小组成员名单**

组 长：唐崇林 市委副书记、市人大常委会副主任
副组长：王继兰 市委常委、宣传部部长、市政协副主席
艾晓晖 市委常委、市政府常务副市长
黄子来 市委常委、组织部部长
成 员：陈 军 市委办主任
张 伟 市人大办主任
仲 泉 市政府办主任
姚中庆 市政协秘书长、政协办主任
周春林 市委组织部副部长、市人社局局长、编办主任
姚新春 市委组织部副部长
严 峰 市委宣传部副部长、市新闻中心主任
方学建 市委宣传部副部长
孙廷俊 市委政法委副书记、市综治办主任
吴昌连 市委市级机关工委书记
孙国荣 市委党校副校长(主持工作)
吴玉青 市发改经信委主任
王晓芳 扬中发展促进会副秘书长
姚建华 新坝镇党委副书记
童 峰 油坊镇党委副书记
杨立维 八桥镇党委副书记
董三明 西来桥镇党委副书记
童 涛 三茅街道党工委副书记
田广权 开发区党工委委员、党群工作部部长、党政办主任，兴隆街道党工委副书记

领导小组下设办公室，办公室设在市委宣传部，方学建兼任办公室主任。

# 中共扬中市委 扬中市人民政府 关于支持江苏省扬中高新技术产业开发区加快发展的意见

扬发〔2016〕13号

各镇党委、政府，各街道党工委、办事处，开发区党工委、管委会，市委各部委办局，市各委办局，各人民团体，市直各单位：

江苏省扬中高新技术产业开发区（以下简称高新区）是市委、市政府实施创新驱动战略的重要载体，也是引领区域创新发展的主引擎。为加快创新要素资源向高新区集聚，发挥高新区在创新转型中的引领作用，特制定如下实施意见。

一、明确高新区发展的指导思想、总体定位和目标任务

1.指导思想。紧抓苏南国家自主创新示范区建设战略机遇，以“工业化、信息化深度融合”为引领，坚持高起点规划、高标准建设、高效能管理，把高新区打造成以智能电气为主导、战略性新兴产业多元发展的高新技术产业集聚区。

2. 总体定位。突出“一区一战略产业”，打造智能电气产业核心技术突破能力强、高层次人才加速集聚、技术创新载体平台完善的全国智能电气创新核心区；依托国家火炬计划电力电器产业基地，开拓创新视野，提高创新能力，优化创新环境，打造苏南自主创新先行区；推进区域内工业向高技术、高质量、高效益、低污染、生态化方向发展，打造全省绿色低碳发展示范区。

3.目标任务。到2020年，全面达到创新型特色园区的各项指标。具体指标：高新区总产值力争达到1000亿元；全社会研发经费支出占GDP比重达到3.6%；高新技术产业产值占规模以上工业产值比重不低于80%；高新技术企业突破80家；上市企业达到20家；每万人发明专利拥有量达到40件；每万名劳动力研发人员数达到220人。

二、加快高新区建设的政策举措

4.建立高效的管理运行机制。高新区党工委、管委会分别是市委、市政府的派出机构，正科级建制，同时积极争取建制升格。采取镇区合一的行政架构，与新坝镇合署办公。高新区以服务科技发展、企业创新为主职，新坝镇以服务民生、提供保障为重心。适时在高新区设立科技、国土、规划等相关派出机构，服务高新区的建设和发展。支持高新区创新用人机制，实行绩效管理，除市管干部外，高新区根据市机构编制部门下达的

总编制，优化“小机构、大服务”、“小政府、大社会”的管理服务体系，遵循规范、精简、高效的原则，依法依规自主决定高新区工作人员的录用调配、考核培训、福利待遇、任免奖惩等。

5.创新高新区运作模式。放大高新区辐射示范效应，整合全市其他园区优势产业、优质资源，纳入高新区产业规划范围统一管理，构建“一区多园”的创新发展新格局。创新实施“管委会+总公司”的市场化运行模式，突出产业投资，突出造血功能，突出可持续发展，积极发展壮大江苏大航集团。江苏大航集团享受市城投、绿洲新城公司同等政策。

6.优先支持高新区土地供应和基础设施建设。市规划部门要坚持统一规划、集中管理的原则，会同高新区管委会编制高新区总体规划、控制性详细规划和专业规划。坚持节约集约利用土地，优先保证高新区项目建设用地供给。优先安排高新区内道路、供水、供电、供气、通讯等基础设施及其他公共服务设施建设，重点投入，优先施工。

7.强化高新区财税扶持。高新区实施财政单列，实行财政体制倾斜，以2015年财政收入为基数，高新区范围内新增的地方财力，3年内全额用于高新区建设。市级财政不断增加对高新区的财力性转移支付，连续3年每年设立3000万元苏南国家自主创新示范区建设专项资金。其中专项支持高新区建设每年不低于1000万元。在安排产业三集、生态补偿、科技人才、技改升级等专项资金统筹分配时，向高新区倾斜。高新区自身要建立符合财政分配政策要求的财政支出管理办法，每年新增财力应主要用于科技创新。

8.加快产业高新化发展。围绕构建现代产业体系，结合新坝镇产业基础，聚焦资源、聚集政策、聚合力量重点推进智能电气、新能源、微电网及相关产业，重点突破再生能源接入及控制技术、电能管理等智能电网微电网管理系统核心技术，研制生产大功率电力电子器件、变流器等关键核心设备，引领制造业向中高端迈进。积极发展服务型制造，深化互联网、物联网在制造业的集成应用，推动工业互联网模式创新，鼓励制造业企业延伸服务链，提供面向产品全生命周期的个性化定制与服务，推广基于消费需求的动态感知研发、制造和产业组织方式。加快发展现代物流、电子商务、服务外包等生产性服务业，大力发展研发设计、技术转移、创业孵化、知识产权、检验检测认证等科技服务业，创新产业发展新模式。

9.全面提升企业创新能力。大力开展国内外产学研合作，积极推动产学研合作方式以技术合同交易为主向技术入股、股权转让等方式并存转变。推进企业创新国际化，鼓励大全集团等龙头骨干企业提升吸纳配置国际创新资源的能力。鼓励支持企业与高校院所联合承担国家科技专项、重点研发、省科技成果转化等重大科技计划项目，提升企业持续创新基础能力。加强研发平台建设，重点建设华北电力大学(扬中)智能电气研究院，在机构组建、人才引进、建设资金等方面对研究院予以倾斜。支持企业建设工程技术研究中心、院士工作站等研发机构，整合创新链上下游资源，开展产业关键共性技术研发和重大技术标准研制。高标准建设国家级科技企业孵化器，着力打造“苗圃—孵化器—加速器”孵化链条。建设“众创空间”、大学生创业园和高层次人才创业园，扶持一批有潜力的小微企业发展壮大。大力实施专利、标准化和名牌发展战略，探索专利导航智能电气产业发展新模式，培育一批知识产权密集型企业，培育高价值知识产权，推动企业主导或参与制定国家标准、行业标准，到境外申请注册知识产权、参与国际技术标准制定。加大对发明专利申请与授权的资助力度和产业化成效明显的专利奖励力度。建立知识产权保护法律援助中心，加强知识产权保护。

10.打造高层次人才集聚高地。积极对接国家“千人计划”、省“十大领域海内外引才行动计划”、镇江“金山英才计划”、市“江雁计划”，面向国内外选聘投融资经验丰富、专长于园区市场化运营管理、站在产业发展前沿的技术带头人、拥有科研成果的海归以及民生、社会发展领域的领军人才(团队)。重视“本土化”人才培养使用，加强科技企业家队伍建设，加强高技能人才培训。改革人才资金资助方式，由无偿“补”改为“补”、“投”结合，实行资助资金审批与管理监督相分离的管理体制，撬动社会资本支持人才创新创业。完善高层次人才在高新区创新创业的扶持优惠政策，鼓励通过股权、期权、年薪制等方式引进人才、留住人才、用好人才，打造高新区吸引人才的整体品牌优势。

11.建设科技金融示范区。积极推进高新区政、银、企合作。支持在高新区设立科技银行、科技风险基金等金融平台，建设市场化运作、专业化服务的科技金融服务中心，开展创业投资、银行信贷、科技保险等一站式服务。积极开展天使投资，促进天使投资支持种子期、初创期科技型中小企业发展壮大。积极开展科技贷款，放大科技贷款风险补偿金的作用，撬动社会资金和金融资本增加对科技创新的投入。建立科技型企业上市绿色通道，制定“一对一”的上市扶持计划，推进科技型企业通过资本市场直接融资。

三、加强对高新区建设的组织保障

12.加强组织领导。市委、市政府成立高新区建设领导小组，具体负责高新区建设指挥、协调、推进、督查等重大事项。建立健全领导小组议事规则和工作制度，定期研究高新区重大决策，协调解决高新区开发建设中的重大问题。市有关部门要根据各自职责范围，条块结合、上下联动，形成强大工作合力。

13.强化政策落实。进一步完善市场主导、政府引导的高新区发展政策体系，建立健全支持高新区经济发展的有效措施，综合运用财政、税收、政府采购、土地、环保、人才、成果转移转化、企业孵化、技术支撑等优惠政策，支持高新区创新要素集聚、企业创新能力提升、产业提档升级，推动高新区良性、有序、快速发展。加快出台支持高新区建设的政策细则、相关实施意见，确保各项政策落地见效。

14.完善督查考核。完善高新区考核评价制度和指标体系，突出创新要素投入、创新能力提升、中小企业孵化、战略性新兴产业培育、资源节约、生态环境保护、机制体制创新、人才引领等方面的权重，引导高新区更大力度地推进创新和提升效益。明确目标任务，加强督促检查，强化奖惩措施，确保各项目标任务贯彻落实到位。

15. 营造服务氛围。提升高新区政务服务水平，不断完善园区企业服务大厅功能，建立完善“一站式”办公、“一网式”审批服务和“全程代理制”等绿色服务通道，提升管委会服务效率和水平。创新服务模式，为园区高新技术企业提供领办服务、跟办服务、代办服务、预约服务、上门服务等项目。强化舆论宣传，加强对创新成果、创业人才、创新企业的宣传、表彰和奖励力度，进一步浓厚大众创业、万众创新的良好局面。

2016 年 3 月 11 日

# 中共扬中市委　扬中市人民政府<br>关于进一步加快服务业发展的若干意见

扬发〔2016〕53 号

各镇党委、政府，各街道党工委、办事处，扬中经开区，扬中高新区，市委各部委办局，市各委办局，各人民团体，市直各单位：

服务业是促进经济社会持续健康发展、引领经济转型升级的新引擎、新动力。为进一步激发市场活力，鼓励创新创业，促进我市服务业结构优化、质态提升、发展提速，结合我市实际，现制定如下意见：

一、资金安排和支持范围

1.市财政设立“服务业发展专项引导资金”，实行预算管理和总量控制。

2.在本市区域内注册、纳税的服务业企业、组织和个人，均属专项资金支持范围。

二、扶持政策

（一）鼓励招新引优，促进质态提升

3.对具有首创性、引领性的服务业新型业态且具备一定带动能力的服务业企业，经考评领导小组认定后，给予不超过 5 万元的一次性奖励。

4.对符合《江苏省现代服务业产业指导目录》的信息传输、计算机服务和软件业，科技服务业，商务服务业等新办现代服务业企业，经考评领导小组认定后，自注册年度起，三年内每年奖励该企业入库税收地方留成的 50%，每年度不超过 20 万元。

5.对总投入 2000 万元以上（不含土地投入）新建、改建、扩建的现代服务业项目，经竣工验收，按实际财务支出的 0.3%奖励投资主体。

6.对研发设计、检验检测、技术产权交易、知识产权保护、电子商务、中小企业融资、服务业专业化人才培养等公共服务平台建设，分别按其年度实际投入的 10%予以补助，累计不超过 50 万元。

7.对当年物流信息技术和设备投资超过 100 万元且投入使用的物流企业，奖励其物流信息技术和设备实际财务支出的 20%，不超过 30 万元。

（二）鼓励创新创优，促进提档升级

8.对获得“国家级文化产业示范基地（园区）”和“省级文化产业示范基地（园区）”称号的，分别奖励 50 万元、10 万元；对具有自主知识产权的文化企业、产品和文化服务被国家和省有权部门评定为文化品牌（称号）的，分别奖励 10 万元、5 万元；对原创的影视、动漫产品，在国家级和省级媒体展播的，分别奖励创作单位 30 万元、10 万元。

9.对当年新认定的国家级、省级“特色商业街区”“示范商贸功能区”，分别给予 50 万元、10 万元的一次性奖励。

10.对获得国家、省电子商务示范基地(镇、园区)称号的,分别给予50万元、10万元的一次性奖励;对获得国家、省电子商务示范企业(村、社区)的,分别给予20万元、5万元的一次性奖励。

11.对认定为国家级、省级软件产业园区(软件产业基地等)的,分别给予50万元、10万元的一次性奖励。

12.对新认定为中国驰名商标、省著名商标、省名牌的服务业企业,分别给予50万元、5万元、5万元的一次性奖励;对获得国家部委评定荣誉称号的服务业企业,给予5万元的一次性奖励;对认定为省"正版正货"示范街区的企业,给予5万元的一次性奖励。

13.对申报并获得评审确定的国家级、省级服务业标准化试点示范项目,分别给予50万元、10万元的一次性奖励。

14.对新创成国家级、省级现代服务业"特色小镇"的,分别给予50万元、30万元一次性奖励;对新创成省级现代服务业集聚区和镇江市级现代服务业集聚区的,分别给予15万元、5万元一次性奖励。

15. 对新认定的省重点物流基地、省重点物流企业、省物流企业技术中心,分别给予10万元、5万元、5万元的一次性奖励。

(三)鼓励做优做强,壮大产业规模

16.对位列扬中市"十强"现代服务业企业前三名且入库税收超过上年、首次进入"十强"的现代服务业企业、在"十强"现代服务业企业中排名晋升3位以上的企业,分别奖励企业法人代表3万元、3万元、5万元。

17. 对年入库税收首次达到300万元、500万元、800万元、1000万元的服务业企业(金融保险、信息通讯、烟草、石油等国家专营类企业及房地产开发企业除外),分别奖励10万元、15万元、20万元、30万元。

18.对年纳税销售首次达到1亿元、2亿元、3亿元的商业零售企业,分别奖励5万元、10万元、15万元。

19. 对当年新入围省服务业百强且总部注册在扬中的服务业企业,给予20万元的一次性奖励。

三、附则

20.有下列情形之一,对各项奖励实行一票否决:

(1)发生重大环保等违法事件和不履行社会责任的;

(2)发生重大安全生产事故、影响社会稳定重大事件的;

(3)有偷漏税行为被查处、向市外转移税收的。

21.享受"一事一议"政策的项目,不重复享受其他扶持政策;符合本政策意见及其他政策意见的同一奖项按最优惠条款执行,同类奖项均不重复计奖。

22. 年终考核兑现实际投资额以有资质的第三方中介机构出具的审计报告为准,纳税销售、入库税收以税务部门数据为准,各类争创工作成果以各级政府或行政主管部门文件为准。

23.成立考评工作领导小组,负责考核兑现日常工作。成员由市发改经信委、财政局、统计局、商务局、科技局、市场监管局、文体局、监察局等部门组成,下设办公室,办公室设在市发改经信委,具体负责本意见的解释和操作。

24.本意见自2016年1月1日起施行,原《关于进一步加快服务业发展的政策意见》(扬发〔2013〕34号)废止。

2016年12月29日

# 市委办公室　市政府办公室<br>关于开展绿色低碳示范村庄(小区)<br>创建的实施办法

扬办发〔2016〕38号

各镇党委、政府,各街道党工委、办事处,开发区党工委、管委会,市委各部委办局,市各委办局,各人民团体,市直各单位:

为巩固提升城乡环境综合整治及"四城同创"成果,打造一批美丽乡村典范,充分彰显绿色能源岛、生态宜居市的特质,根据《关于深入实施农业现代化工程建设"强富美高"新农村的实施意见》(扬发〔2016〕1号),决定在全市范围内开展绿色低碳示范村庄(小区)

创建活动，现制定如下实施办法：

一、指导思想

深入贯彻落实党的十八届五中全会精神，以创新、协调、绿色、开放、共享五大发展理念为指导，策应扬中绿色能源岛和美丽乡村建设，通过绿色低碳示范村庄（小区）创建活动，进一步完善基础设施，优化公共服务，推进生态建设，倡导社会文明，助推“强富美高”新扬中建设。

二、参创对象

新一轮镇村布局规划确定的农村居民点，可适度延展至周边规划保留村庄，总户数在150户以上。

三、创建标准

（一）设施完备

1.主次干道通畅，优先选用沥青路面，硬质化率达100%。利用道路周边、空余场地，规划建有公共停车场。村口设有路标，与周边环境相协调。

2.根据村庄（小区）区位、聚集程度等特点，选择适宜的污水收集处理模式，雨污分流和生活污水收集率达100%，处理后的污水排放达到一级B标准。

3.拥有1处以上小型农民健身公园或小游园（其中包括公共绿化用地、健身广场、篮球场、健身步道），总用地面积不低于1000平方米。

4.村庄供电、通信、有线线路等基础设施建设到位，线路架设安全有序，杆线排列整齐，无私拉乱接现象。主要道路设置路灯照明，光源采用节能灯或太阳能灯具，社区服务中心等公共场所设有免费WIFI。

（二）生态秀美

1.村口、道路两侧、滨水地区建有公共绿化，林相整齐，树冠完整，长势旺盛；群众庭院绿化积极性高，村庄绿化覆盖率达到30%以上。

2.村内水系互联互通，滨水驳岸以自然、生态形式为主，滨水绿化以亲水型植物为主，做到水清、岸绿、景美、流畅。

3.所在行政村（社区）村级公共服务“八位一体”运行维护机制年度考核排名位于全市前20名。

（三）生活低碳

1.策应“绿色能源进社区”活动，鼓励住户安装分布式光伏发电站，实现并网发电，安装户数占总户数的比重达到50%（不少于75户）。

2.村域范围内公共服务设施、标准化厂房建有分步式光伏发电站。

3.综合服务中心、公共停车场等区域建有汽车充电桩，鼓励农民购买新能源汽车，倡导绿色出行方式。

（四）乡村文明

1.所在村（社区）党组织近三年来无“两委”班子成员因违纪、违法受到处理。

2.所在行政村（社区）村务公开、村民议事、村级财务管理和村规民约等自治制度得到有效落实，保障村民的知情权、参与权、管理权和监督权。

3.积极开展多种形式的精神文明创建活动，所在村（社区）创成市级以上文明村，无违反“移风易俗、文明殡葬”行为发生，无进京非正常上访和群体性事件，无电（气）捕鱼行为。

四、评选程序

1.各镇（街、区）依据创建标准，自评、筛选、推荐1~2个村庄（小区）报市委农办。市委农办会同宣传部、财政局、发改经信委、治水办、水农局、农委、住建局、城管局等部门组成联合考评组，对各镇（街、区）推荐上报的村庄（小区）进行实地考评，筛选确定2~3个村庄（小区）为创建对象（每年度5月）。

2.各镇（街、区）组织创建村庄（小区）制定创建方案，编制建设规划，有序推进项目实施。项目实施方案批准后，市财政预拨30%的奖补资金至相关镇（街、区）；年底对项目实施情况进行中期考核，对按序时推进的，市财政再拨付40%的奖补资金（每年度6月至第二年度10月）。

3.各镇（街、区）组织对项目实施情况进行初审，符合验收条件后，向市提出验收申请（第二年度11月）。

4.市检查验收组对创建绿色低碳示范村庄（小区）开展检查验收，确定名单报市党政联席会讨论，由市委、市政府命名。对创建成功的，拨付剩余30%奖补资金；创建不成功的，市财政将通过结算方式扣回所有奖补资金（第二年度12月）。

五、保障措施

1.强化领导，落实责任。各镇（街、区）要高度重视，根据创建标准，精心选定参与创建的村庄（小区），实时跟踪推进。各相关部门要立足本职，加强对创建村庄（小区）的全程业务指导，整合各方资金和资源予以支持，确保创建工作有序推进。

2.广泛宣传，营造氛围。要坚持宣传先行，通过电视、网络等多种媒介，在全市范围内广泛宣传绿色低碳示范村庄（小区）创建的重要意义和成果，引导广大群众培育科学环保、绿色低碳的生活方式，充分激发全市上下共享绿色生活、共建美好家园的热情。进一步加大对先行先试村庄（小区）的宣传报道力度，打造“强富美高”新农村建设的典范。

3.加强督查，严格考核。对已创成的绿色低碳示范村庄（小区），市委、市政府将严格按100万元/村的标准重奖。各镇（街、区）要督促创建村（社区）扎实推进各项工作，按进度拨付奖补资金。各相关部门要严格标准、各司其职，对参与创建的村庄(小区)严督实查，确保考核公开、公平、公正。对已创建成功的绿色低碳示范村庄(小区)，市检查组将每年组织“回头看”，对发现的问题限期整改，整改不到位的，取消其荣誉称号。

2016 年 5 月 13 日

# 市委办公室 市政府办公室<br>关于印发《“扬帆‘十三五’ 开启新征程”大推进实施方案》的通知

扬办发〔2016〕53 号

各镇党委、政府，各街道党工委、办事处，开发区党工委、管委会，市委各部委办局，市各委办局，各人民团体，市直各单位：

《“扬帆‘十三五’ 开启新征程”大推进实施方案》已经市党政联席会研究同意，现印发给你们，请结合实际，认真抓好贯彻落实。

特此通知。

2016 年 8 月 16 日

## “扬帆‘十三五’ 开启新征程”大推进实施方案

为深入贯彻落实市第十二次党代会精神，将“扬帆‘十三五’ 开启新征程”大讨论大推进活动业已凝聚的共识、汇聚的智慧、集聚的力量转化为实实在在的发展业绩，根据《中共扬中市委 扬中市人民政府关于“扬帆‘十三五’ 开启新征程”大讨论大推进活动的实施意见》(扬发〔2016〕11 号)，现就全面开展大推进阶段的工作制定如下实施方案：

一、充分消化吸收大讨论阶段的工作成果

“扬帆‘十三五’ 开启新征程”大讨论大推进活动取得了认识层面的丰富成果，要乘势而上，通过扎实的举措，将系列成果运用到发展实践中去，转化为具体实在的发展业绩。

1.进一步巩固全市人民共同奋斗的思想基础。要倍加珍惜大讨论阶段全市上下日渐浓厚的对党委政府坚定信任、对“十三五”坚定信心、对共谋扬中发展坚定信念的良好氛围，努力开拓“凝聚人心、解放思想，认真反思、勇于剖析，寻找短板、克服自满，激励斗志、实现赶超”的新境界。

2.进一步形成新的发展自信，彰显比较优势。大讨论中形成的关于“扬中经验”的共识，凝聚着全体扬中人对历史发展的自豪和荣光，这是我们进一步解放思想、科学发展的坚实基石，需要赋予新的时代内涵，进一步升华、弘扬。扬中业已形成的比较优势既为我们扬帆“十三五”提供了起飞的平台，更需要注入新的时代使命，进一步放大、变现。

3.进一步统一“补短板、优路径、抓落实、促提升”的行动步伐。对照“十三五”发展的新要求，根据市第十二次党代会确定的新战略，针对制约发展的短板，大力实施创新驱动工程、产业升级工程、生态优化工程、文化提升工程、民生提标工程，在加快建设“强富美高”新扬中的征程中不断取得新的进展与突破。

二、深入认识大推进工作的重要性和紧迫性

1.是贯彻党代会精神的必然要求。市第十二次党代会是在全面开启“十三五”发展新征程的关键阶段召开的具有十分重要意义的大会。作为当前和今后一个时期首要的政治任务，贯彻落实好党代会精神，要求全市上下牢记历史使命，以时不我待的紧迫感和责任感，迅速投入到新的伟大实践中。“扬帆‘十三五’ 开启新征程”大推进活动就是要将宝贵的“扬中经验”进一步弘扬，将党代会确定的新目标和新举措再分解、再落实，为确保新一届市委全面工作的良好开局迈出坚实步伐。

2.是大讨论活动的根本点和落脚点。大讨论阶段的各项工作为大推进提供了基础和准备，大推进则是大讨论的根本点和落脚点。全市上下要坚持以发展业绩的升档进位为衡量大讨论大推进活动成效的鲜明导向，要以真真切切的发展成果、实实在在的发展业绩回应社会关切、落实讨论成果、兑现干群期盼。

3.是实现今年工作“开门红”的现实需要。今年是“十三五”的开局之年，是市委换届之年。做好今年的工作，具有十分重要的意义。全力确保实现今年的发展目标，并努力超额实现更高目标，必将为再造一个新的“黄金五年”、为未来更大的发展提升，提供坚强的信心之源和坚实的发展基础。

三、全面落实大推进工作的各项任务措施

“扬帆‘十三五’ 开启新征程”大推进活动从7月下旬开始到今年年底结束。活动在全市范围内开展，上下联动、整体推进，着力聚焦下半年重点目标和重点工作，组织开展“三大行动”。

（一）精神激扬行动

1.主要内容：深入挖掘新时期“四千四万”精神的时代内涵，让激情、创新、实干、争先、包容、向善成为全市上下、各行各业共同践行的精神标杆。

2.主要措施：(1)不断深化“两学一做”学习教育，坚定理想信念，强化宗旨意识，勇于担当作为。(2)组织开展以党代会精神和大讨论课题报告为主要内容的基层宣讲和党员干部培训。(3)组织开展“一切在于干”主题教育活动。(4)培树先进典型，发挥示范样板作用。(5)深化效能提升“五大行动”，切实推行“五心”服务。

（二）整改补短行动

1.主要内容：全面、逐项整改排查出的制约发展的各类问题。突出建章立制，各单位立足自身职能，制定出本单位推动改革发展的规章制度，运用制度、政策、文件等形式，固化活动成果，构建长效机制。

2.主要措施：针对大讨论活动中查摆出的问题，逐条梳理、归类、聚焦，列出整改清单，制定整改方案，落实整改措施，建立整改落实责任书、责任状。围绕整改清单，实行限时办结，逐个销号。加强制度创新，重点围绕加快发展、简政放权、减轻企业负担、提高办事效率、提升服务水平等方面，制定出台推动改革发展的规章制度与规范性文件。

（三）全面提升行动

1.主要内容：贯彻落实党代会精神，调高发展标杆，发扬经验，放大优势，在发展速度、发展质态、发展成效上争先、率先、领先，实现全市经济社会全面发展提升，实现各项工作的升档进位。

2.主要措施：(1)找准目标。根据市委、市政府修订后的镇（街、区）转型升级特色发展和市级机关绩效管理考核办法，各地各部门确定新的综合标杆单位和单项标杆单位。(2)学习目标。走出去、请进来，虚心请教，把标杆的精神实质学到手，将自身存在的影响发展提升的主要矛盾和根本原因理清楚。(3)追赶目标。形成详实、可行的赶超目标计划书，落实赶超的措施办法，明确达标、夺标的时间表和路线图。(4)勇当标杆。积极创造更多可复制可推广的扬中经验、扬中模式，始终保持一流的精神状态、一流的发展态势、一流的工作业绩。

四、整体把握大推进工作的总体要求

1.加强领导、明确责任。大推进活动是“扬帆‘十三五’开启新征程”大讨论大推进活动的重要组成部分。全市上下要将大推进活动摆上重要位置，主要领导负总责、亲自抓，做到一级抓一级、一级带一级，形成整体合力，按照“谁主管、谁负责”的原则，以领导的带头示范，推动大推进活动的有效深入开展。

2.精心组织、注重实效。“三大行动”是整个大推进活动的重点与抓手，必须逐一展开、逐项落实。各地各部门应从自身实际出发，严格按照市委、市政府的统一要求，与下半年重点工作紧密结合，精心研究部署，大力苦干、实干、巧干、创新干，努力使大讨论大推进活动取得实实在在的成效。

3.浓厚氛围、扩大影响。各地各部门要结合各自实际，积极采取多种形式，层层发动，广泛宣传，确保活动的良好局面。要充分利用各类媒体，通过多种形式、多种途径宣传报道大推进活动的好做法和新成效，形成正面舆论强势。同时，适时曝光行动不力、效果不佳的案例。

4.督查考核、加强指导。要全过程、全方位对活动开展情况进行跟踪督查评估。通过严格的督查机制，强化过程控制。要完善考评奖惩，将大推进进展与成效作为年度工作目标纳入目标管理考核，做到奖罚分明。

## 市委办公室 市政府办公室
## 关于印发《江苏省扬中高新技术产业开发区党工委、管委会职能配置、内设机构和人员编制规定》的通知

扬办发〔2016〕76号

各镇党委、政府，各街道党工委、办事处，开发区党工委、管委会，市委各部委办局，市各委办局，各人民团体，市直各单位：

《江苏省扬中高新技术产业开发区党工委、管委会

职能配置、内设机构和人员编制规定》已经市委、市政府批准，现予印发。

特此通知。

2016 年 10 月 26 日

## 江苏省扬中高新技术产业开发区党工委、管委会职能配置、内设机构和人员编制规定

根据《省政府关于筹建江苏省扬中高新技术产业开发区的批复》(苏政复〔2015〕123 号)、《关于同意成立江苏省扬中高新技术产业开发区管理委员会的批复》(镇编发〔2016〕11 号)和《关于支持江苏省扬中高新技术产业开发区加快发展的意见》(扬发〔2016〕13 号)精神，江苏省扬中高新技术产业开发区(以下简称高新区)党工委、管委会分别为市委、市政府的派出机构，正科级建制，与新坝镇党委、政府合署办公。其职能配置、内设机构和人员编制规定如下：

一、主要职责

(一)贯彻执行国家和省、市有关高新区建设、管理的法律法规和方针政策；研究拟订高新区总体规划和发展计划，经批准后组织实施。

(二)依据市土地利用总体规划和城市总体规划，做好高新区相关规划的编制及配合工作，经批准后组织实施。

(三)负责区内党的建设、精神文明建设、纪检监察、人民武装、社会治安综合治理和群团工作；负责区内干部人事和机构编制管理工作。

(四)按规定负责审核、审批区内投资项目和科技人才项目，管理区内的进出口和对外经济技术合作工作；按权限负责处理高新区的涉外事务；研究拟订高新区的投资优惠政策，经上级批准后执行。

(五)负责区内招商引资、招才引智、招高引新工作；做好区内企业的管理服务工作。

(六)负责区内统计、审计、科技、人才、安全生产监督、环境保护、人力资源和社会保障等工作。

(七)负责区内基础性公共设施的建设和管理工作。

(八)负责研究制定和实施区内投融资体系建设工作方案，指导并做好区内各类投融资工作。

(九)负责政府投入高新区资金的管理和使用，负责区内财政计划安排、支出管理；负责国有、集体资产的管理工作；协调涉及高新区的税务、工商、审计、物价等管理工作。

(十)指导区内企业落实经营自主权，建立现代企业制度，保障企业依法自主经营，力促资产保值增值、资本运作有效、企业良性发展。

(十一)承办市委、市政府交办的其他事项。

二、内设机构

根据上述职责，江苏省扬中高新技术产业开发区党工委、管委会设 6 个内设机构，均为股级建制。

(一)党政办公室

组织协调党工委、管委会日常事务；协助做好重大活动的组织协调工作；负责对贯彻落实有关法律法规、方针政策和党工委、管委会各项工作部署情况进行监督检查；负责对外联络和宣传工作；负责起草党工委、管委会的工作计划、总结等综合性文稿和核发文件；负责政策调研、文印、文电、会务、电子政务、信息、档案、保密机要、应急、安全保卫、后勤服务等工作；负责办理人大建议、政协提案；负责行政复议受理和行政诉讼应诉工作。

(二)党群工作部

协助处理党工委日常事务工作；贯彻执行党和政府有关干部管理方面的法规政策，按照干部管理权限，负责高新区机关内设机构和所属企事业单位领导干部的管理、培养、配备工作；负责做好区内党的建设、精神文明建设及党的宣传工作；指导和协调区内党的组织建设、党员发展、干部教育、统一战线工作；负责机关和直属单位党员发展、宣传教育、理论培训工作；负责机关和所属事业单位的机构编制、组织人事、劳动工资、专业技术职务的申报和退休人员管理工作；负责绩效考评工作。

(三)经济发展部

负责编制高新区经济发展计划、产业发展规划和年度计划并组织实施；负责区内经济发展和外经外贸管理、技改项目的组织协调、管理和服务；负责区内企业信息化、资源节约和综合利用工作；负责做好区内全社会固定资产投资管理，编制投资计划和项目统筹并定期进行投资进度统计分析；负责区内相关项目核准、备案及后续跟踪管理工作；负责做好区内重点项目的组织协调工作，牵头组织项目初步(扩初)设计评审工作；协调区内外资外经外贸等工作；负责与综合经济管理部门的对口衔接工作。

负责高新区经济统计和经济运行情况监测分析并编报统计月度年度报告；负责区域经济、社会统计数据采集上报、统计数据审核、统计名录库维护和统计资料管理；负责调查区内“四上”企业生产情况；负责区内专项调查和普查、统计服务、统计业务指导和培训；负责区内其他各项统计工作。

贯彻执行国家高新技术产业发展战略和相关政策；负责投资环境、政策的对外宣传；负责编制招商引资计划并组织开展各类招商活动；负责内外商投资项目联络协调工作；负责招商项目洽谈、引进与协议签订工作；负责进驻企业代办有关手续；牵头组织产业项目准入评估预审工作；参与培育战略性新兴产业和现代服务业；配合做好对外经济技术合作与交流。

贯彻国家和省、市有关安全生产的法律法规，负责起草高新区安全生产规划、安全生产规章制度；负责提出区内年度安全生产工作任务、指标及考核办法，并组织考评；负责行使区内安全生产监督管理职权，指导、协调和监督有关部门安全生产监管工作；综合管理区内生产安全事故统计工作，发布安全生产综合信息，分析和预测安全生产形势，提出对策措施；配合市安监部门查处区内安全生产非法违法行为，协助市有关部门开展生产安全事故的调查处理工作；承担区安委会办公室日常工作。

下设安全生产监督管理办公室。

(四)科技人才部

贯彻执行省高新技术产业发展战略和方针政策；配合编制高新区产业发展规划和实施方案；负责拟定高新区科技创新激励政策，参与拟订科技人才激励政策；负责区内科技创新激励资金管理工作；负责区内企业科技人才工作；负责高新区人才公寓入住、孵化企业入驻审批管理工作；负责区内各类孵化器建设的组织、协调、考核工作；负责区内高新企业、研发机构服务管理工作和科技项目、专项资金申报工作，培育和扶持战略性新兴产业；负责指导区内企业科技创新和对外技术合作交流工作；负责区内知识产权管理服务工作；负责组织开展区内相关高校院所、科技金融对接、知识产权培训、沙龙交流活动；负责联系推动高新区与金融机构、中介平台、境内外高校、科研院所的“政产学研金介”合作；负责与国家和省、市科技部门的沟通联系。

(五)规划建管部

贯彻执行国家有关城市规划的法律、法规和方针、政策；负责编制高新区控制性详细规划并组织实施；参与地下空间、地下管线规划管理工作；负责区内建设项目的审核报批；负责区内新建项目的协调和各项手续的办理指导工作；配合区内新建项目的规划批后跟踪管理和规划核实工作；负责区内地名规划和管理工作；负责区内自建载体、公共基础设施、形象标识系统的设计，以及引进项目的设计审查工作；负责并配合做好区内工程项目的进度、质量、安全、资金给付计划等具体管理、运作工作；做好区内规划、建设档案收集、整理、管理等工作；负责与发改、国土、规划、住建等相关部门的协调对接工作；按权限和上级授权做好区内工程建设的招投标和内审工作；负责做好区内公共基础设施的建设和维护管理工作；配合做好区内规划信访调处工作。

(六)财务审计部

负责宣传并贯彻执行国家财政、审计及税收工作的法律、法规和方针、政策；负责编制实施高新区财政支出预决算；负责做好与市镇财政、审计部门所对应的财政资金结算及相关审计工作；负责对区内财政资金使用的调度和监督；筹集安排并核算监督使用区内开发建设资金；负责研究制定和实施区内投融资体系建设工作方案；指导并做好区内各类投融资工作；负责行政事业单位统一核算工作；负责预算外资金管理；负责区内国有资产管理；负责区内财务管理、会计核算、工程预决算审核；负责组织区内财务内部审计工作；负责对区内各类资产、负债、损益进行审计监督，对社会审计机构的业务质量依照有关法律和国务院的规定进行监督；负责区内相关收入的管理及统计工作；承担区内政府采购工作。

另按规定设置纪检监察机构、人武部，群众团体按章程设立，并配备相应职数。

三、人员编制和领导职数

江苏省扬中高新技术产业开发区党工委、管委会机关核定行政编制25名。

领导职数为：副书记、常务副主任(正科级)1名，副主任(副科级)2名；正副部长(主任)12名。其中正部长(主任)6名，副部长(主任)6名。

四、高新区机关具体编制分解、职位设置

由江苏省扬中高新技术产业开发区党工委、管委会在相应的编制限额内，视其职能情况拟订具体职位并制定相应的职位说明书，报市机构编制委员会办公室、市人力资源和社会保障局批准后执行。

五、事业单位的设置

1.华北电力大学扬中智能电气研究中心，股级建制，核定事业编制3名，经费渠道为自收自支。

2. 江苏省扬中高新技术产业开发区招商中心，股级建制，核定事业编制3名，经费渠道为财政全额拨款。

3.江苏省扬中高新技术产业开发区生产力促进中心，股级建制，核定事业编制3名，经费渠道为财政全额拨款。

本规定由市机构编制委员会办公室负责解释。

# 索　引

## A



## B



## C



## D



## F

## K



## L



## M



## N



## P



## Q



## R

## Y



## Z